INTERNATIONAL DISPUTE

국제통상 분쟁사례이해

박형래 저

SETTLEMENT

도서출판 청람

머리말

전후 세계무역질서를 주도해온 GATT체제를 대체한 WTO체제는 서비스나 지적재산권 같은 분야에 대한 새로운 규정을 갖춤으로써 사실상 모든 국제교역을 관할하는 기본적인 제도라고 해도 과언이 아니다. 특히, WTO는 단순한 협의체 성격의 국제협정에 불과했던 GATT와 달리 구속력 있는 국제기구라는 점에서 안정된 국제무역질서 확립에 크게 기여하고 있으며 앞으로도 그 역할은 더욱 강화될 것이다.

대외의존도가 높은 한국과 같은 경제에 대해서 WTO의 출범이 미치는 영향은 매우 클 것이라는 것은 쉽게 예상할 수 있다. 물론 농산물이나 서비스시장의 개방, 보조금 규율 강화와 같이 부분적으로는 부정적인 영향이 있을 수 있으나 다른 한편으로는 주요 교역국의 대폭적인 관세인하 및 비관세장벽의 철폐, 반덤핑관세 및 세이프가드 등의 각종 무역구제제도 규범의 명료화·객관화 등으로 인하여 한국의 세계시장 진출에 긍정적인 영향을 주고 있는 것 또한 사실이다. 따라서 WTO에 대한 찬성이나 반대와 같은 논쟁보다는 이러한 WTO의 부정적 영향을 최소화하고 순기능과 긍정적인 영향을 극대화하여 WTO의 출범에 따른 경제적 이득을 최대로 만들기 위하여 우리에게 필요한 것이 무엇인지를 생각하는 것이 훨씬 더 도움이 될 것이다. 이를 위하여 WTO 체제에 대한 정확한 이해와 적응은 필수적으로 요구되는 가장 기초적인 일이 될 것이다. 특히, WTO 체제가 기본적으로 국제교역 관할에 필요한 협정들로 구성되어 있다는 것을 고려한다면 WTO의 세부협정에 대한 이해의 중요성은 이론의 여지가 없을 것이다.

따라서 본서는 이와 같은 상황에서 본서는 WTO의 기능과 역할을 체계적으로 전달하기 위하여 WTO의 각각의 세부협정에 해당하는 대표사례를 첨부하여 어려운 WTO 규정을 쉽게 이해하는 데 도움을 줄 수 있도록 작성되었다. 또한 본서는 여러 무역마찰 사례 중에서 한국과 관련된 대표적인 분쟁사례를 중점적으로 소개하고 이를 통하여 분쟁 당사국들 모두의 입장에서 무역마찰을 최소화하고 무역마찰을 극복하기 위한 방법과 나아가 통상분쟁에 대한 창의적인 해결방법을 모색하는 데 필요한 기초적인 자료로 이용될 수 있도록 작성되었다.

분쟁사례를 통하여 WTO의 협정과 국제통상 규범을 이해하고자 하는 본서의 의도는 좀 더 근본적으로 국제무역환경에 대한 이해를 목적으로 하고 있다. 일반적인 경우 국제무역환경에 대한 이해는 국제무역론과 같은 경제학적 모형을 바탕으로 한 과목이나 국제통상론에서의 법률적·제도적 측면에 대한 분석과 같은 이론적 접근을 통하여 이루어지고 있다. 그러나 분쟁사례를 통한 분석과 이해를 시도한다면 독자들이 실질적으로 무역협상의 현실적인 문제를 접할 수 있기 때문에 이론적 접근과는 달리 현실문제에 대한 실질적인 이해의 폭을 넓힐 수 있을 것으로 기대된다. 또한 사례를 통하여 무역마찰과 분쟁해결의 방법을 생각해 보는 것은 국제무역 및 국제통상환경을 이해하려는 많은 사람들에게 특정한 상황을 이해하는 판단능력과 분석능력을 제고시키며 논리적인 사고를 크게 향상시킬 수 있을 것이다.

따라서 본서는 무역학과를 비롯하여 국제통상과 관련된 학과에서 전공필수과목으로 다루어지는 국제무역론 또는 국제통상론의 교재나 부교재로 이용될 수 있을 뿐만 아니라 한국무역론 및 무역세미나와 같은 과목의 교재로도 사용될 수 있을 것이다. 또한 무역마찰이나 통상문제와 관련된 현업에 종사하는 실무자의 지침서로도 활용될 수 있을 것이다.

본서에서는 WTO가 포괄하는 대부분의 협정을 간략하게 소개하되 해당 협정에 맞는 사례를 포함시키기 위해 노력하였다. 본서에 포함된 대부분의 사례는 저자들이 강릉대학교 사회과학대학 및 무역학과에서 국제무역론이나 국제무역환경론 등을 강의하면서 수집한 자료들을 근간으로 하여 교육적 가치가 있는 것들을 선정한 것이다. 이러한 과정에서 자료를 제공하고 원고정리에 도움을 줌 많은 분들에게 이 지면을 빌어 감사드리고자 한다. 특히 한국무역학회에 소속된 여러 교수님들의 도움이 없었더라면 이 책의 완성은 기대할 수 없었을 것이다. 한국무역학회의 학술발표 때마다 국제통상의 민감한 이슈를 주제로 발표한 내용과 토론은 본서를 집필하는 데 큰 도움이 되었다. 또한 본서의 집필과 편집과정에서 도움을 주신 도서출판 청람의 편집담당 직원에게 감사를 드린다.

그러나 무엇보다도 본서는 저자들에게 항상 새로운 것을 가르쳐 주는 학생들에게 큰 빚을 지고 있다. 강릉대학교 무역학과 학생들은 저자들의 강의를 수강하면서 무역마찰과 통상분쟁에 대한 다양한 사례의 수집과 정리, 발표 및 토론을 마다하지 않았으며 그 과정에서 저자들에게 도전과 격려의 원동력을 제공하였다. 강의 시간과 학교에서 늘 배움의 열정으로 우리에게 다가왔던 강릉대학교 학생들을 생각하며 조금이라도 더 좋은 내용과 색다른 저서를 만들어야 한다는 욕심과 의무로 스스로를 채찍질했지만 욕망과 욕심만이 앞섰을 뿐, 너무나 많은 것들이 부족하고 빈약하여 부끄러운 마음뿐이다. 이러한 점들은 앞으로 계속 더 연구하고 공부하면서 보충하고자 한다. 항상 저자들에게 새로운 것을 질문하고 도전하던 학생들에게 다시 한번 감사의 말을 전한다.

2009년 9월

저자 씀

목차

Chapter

1

사례분석의 기초

1. 사례와 사례분석의 의미
2. 사례분석의 목적과 효과
3. 사례분석의 준비
4. 사례를 통한 수업의 진행

Chapter 01

사례분석의 기초

본서는 WTO의 각각의 세부협정에 해당하는 대표사례를 첨부하여 WTO의 기능과 역할을 체계적으로 전달하고 어려운 WTO 규정을 쉽게 이해하는 데 도움이 되는 것을 목적으로 하고 있다. 특히 본서는 여러 무역마찰 사례 중에서 한국과 관련된 대표적인 분쟁사례를 중점적으로 소개하고 이를 통하여 분쟁 당사국들 모두의 입장에서 무역마찰을 최소화하고 무역마찰을 극복하기 위한 방법과 나아가 통상분쟁에 대한 창의적인 해결방법을 모색하는 데 필요한 기초적인 자료로 이용될 수 있도록 작성되었다.

일반적인 경우 국제무역환경에 대한 이해는 국제무역론과 같은 경제학적 모형을 바탕으로 한 과목이나 국제통상론에서의 법률적·제도적 측면에 대한 분석과 같은 이론적 접근을 통하여 이루어지고 있다. 그러나 현실에서의 통상환경은 살아 움직이는 생명체와 같이 시시각각 다양한 변화를 경험하고 있으며 그런 이유로 해서 간단한 이론이나 협정문에 나타나는 조항 등으로 분석하기에는 매우 복잡한 모습을 하고 있다. 결국 이러한 통상환경의 현실과 복잡성은 분쟁사례를 통한 통상환경의 학습과 이해가 유용한 대안이 될 수 있음을 의미한다.

분쟁사례를 통한 분석과 이해를 시도한다면 독자들이 실질적으로 무역협상의 현실적인 문제를 접할 수 있기 때문에 이론적 접근과는 달리 현실문제에 대한 실질적인 이해의 폭을 넓힐 수 있을 것으로 기대된다. 또한 사례를 통하여 무역마찰과 분쟁해결의 방법을 생각해 보는 것은 국제무역 및 국제통상환경을 이해하려는 많은 사람들에게 특정한 상황을 이해하는 판단능력과 분석능력을 제고시키며 논리적인 사고를 크게 향상시킬 수 있을 것이다.

물론, 본서가 본격적인 사례연구를 위한 교재는 아니다. 다만, 통상환경과 WTO의 구조 및 작동을 이해하는 데 분쟁사례를 이용하려는 것이다. 따라서 분쟁사례를 아주 전문적인 관점과 분석도구를 이용하여 접근한 것이 아니라 초보적인 수준에서 독자들의 이해를 돕는 수준에서 정리하였다. 그러나 기본적으로 사례를 통한 학습을 목적으로 두고 있으므로 사례에 대한 일반론적인 소개를 하는 것이 좋을 것으로 생각된다. 사례에 대한 본장의 기초적인 소개를 통하여 사례를 통한 학습을 이해하고 사례학습의 효과를 더 크게 얻을 수 있기를 기대한다.

1. 사례와 사례분석의 의미

사례는 어떤 일의 본보기가 되는 다양한 현상, 사건, 주장 또는 연속적인 일련의 사건의 집합체라고 할 수 있으며 이러한 특정한 사례를 객체로 삼아 그 특성이나 문제를 종합적이고 심층적으로 기술하고 분석하는 과정을 사례분석 또는 사례연구라고 한다. 분석과 연구의 대상이 되는 사례는 연구의 분야와 목적에 따라 특정한 개인이나 특정한 기업 등 모든 주체의 행동이나 주장 등이 포함될 수 있다. 그리고 그 내용은 긍정적일수도 있고 부정적일 수도 있다.

통상분쟁사례는 일반적으로 국가와 국가 사이의 충돌이 많으므로 그 주체는 한 국가(물론 어떤 특정한 기업이 될 수도 있다)가 되는 경우가 보통이고 주로 WTO의 조항에 대한 해석을 둘러싼 의견충돌이 주요한 내용이 된다. 그리고 한국의 입장에서 본다면 한국이 어떤 외국기업이나 외국정부를 제소할 수도 있고 한국이 제소를 당한 경우가 있을 수 있으며, 분쟁의 최종결과가 한국정부나 기업에게 유리할 수도 있고 불리할 수도 있다.

사례연구는 주로 특정 개체나 단체의 특성이나 문제를 진단하거나 시정하는 데 활용되며 어떤 특정한 주제나 현상에 대하여 문제해결 방법을 찾는 데 활용된다. 또한 사례연구 과정에서 수집된 자료 자체가 어떤 특정한 이론이나 논리 등을 이해하는 기초자료로 활용될 수 있으며, 연구를 통하여 발견된 사실이 이론을 구성하거나 체계화하고 나아가 이론의 실용화에 이용될 수 있다. 이러한 관점에서 본다면 통상환경과 WTO를 이해하는 데 있어서 분쟁사례를 이용하게 되면 통상환경과 WTO 자체를 좀 더 쉽게 이해할 수 있으며 현실적인 통상문제 있어서 발생할 수 있는 여러 논란과 논쟁을 접함으로써 현실의 문제에 내재되어 있는 논란의 핵심을 발견할 수 있게 된다. 또한, 분쟁사례의 분석과 축적된 사례를 바탕으로 향후 발생할 수 있는 통상분쟁을 미연에 방지하거나 그런 분쟁이 발생하였을 때 문제는 좀 더 쉽게 이해하고 합리적으로 문제해결에 접근할 수 있게 된다.

사례연구를 통한 학습이 갖는 가장 큰 장점은 문제에 대한 현실적인 접근과 이해가 가능하다는 데 있다. 앞에서도 언급한 바와 같이 경제학적 접근이나 법률적 접근은 통상환경이나 WTO에 대한 이론적인 관점의 이해도를 높일 수는 있으나 그것이 현실에서 어떤 식으로 전개되고 어떠한 문제를 나타내게 될지에 대해서 알려주는 것은 거의 없다. 사례를 통한 학습은 바로 이러한 한계를 극복하고 좀 더 현실적인 차원에서 이론적 분석과 이해의 부족한 면을 보충하고 나아가 이론적 접근에 있어서 발견하지 못했던 것들을 찾는 데 있어서 큰 도움이 된다. 사례연구와 학습을 통하여 목적을 달성하고 학습의 효과를 극대화하기 위해서는 사례연구의 특징을 이해하는 것이 필요하다.

사례연구의 특징은, 첫째 어떤 특정 내용을 담고 있는 사례를 증거자료로 하여 기술적이고 해석적인 과정을 거치게 된다. 따라서 사례연구는 주로 연역적 추리보다는 귀납적 추리에 의존하는 경향이 강하다.

둘째, 사례연구에서는 새로운 시각을 얻기 위하여 선행연구나 기초이론을 미리 규정하지 않는 경우가 많다. 물론, 기존이론을 지지하거나 증명하는 경우, 또는 기존이론을 검증하기 위한 목적에서 사례연구를 하는 경우에는 관련 선행연구나 기존이론을 명시적으로 분석하고 그를 통하여 가설을 설정하는 경우가 있으나 대체적으로 사례연구는 명시적으로 특정 가설을 설정하지 않는 것이 보통이다. 특히, 분쟁사례와 같이 어떤 특정 조항의 해석을 둘러싼 논쟁과 이를 이해하는 데 있어서 굳이 특정한 가설을 세울 필요는 없을 것이다.

셋째, 사례연구에서는 일반적인 원리나 보편적인 사실을 이끌어내기보다는 특정 개체나 단체의 특성이나 문제를 구체적으로 기술하고 분석하는 것을 일차적인 목적으로 한다. 역시 이러한 특성은 분쟁사례연구에서 잘 드러나고 있다. 즉, 하나의 분쟁사례는 하나의 구체적인 내용을 담고 있는 경우가 보통이므로 이를 통하여 일반적인 원칙이나 보편적인 규칙을 도출하기보다는 그 분쟁사례 자체의 내용을 기술하고 이해하는 것이 더 중요할 수 있다는 것이다.

넷째, 사례연구는 특정 개체나 단체, 주제에 대한 것이므로 그 결론을 일반화하는 데 한계가 있다. 이러한 한계는 사례연구에만 국한되는 것은 아니나 하나의 사례를 통한 성급한 일반화 시도는 문제가 있을 수 있음을 잘 나타내주고 있다. 통상분쟁에 있어서도 하나의 분쟁사례를 통하여 한 국가의 전체적인 통상정책을 평가하거나

WTO 자체의 의미나 효과 등에 대해서 어떤 결론을 도출하는 경우를 종종 볼 수 있지만 사례연구의 한계점을 기억한다면 그러한 결론 도출에서 성급한 일반화의 오류는 최소화할 수 있을 것이다.

2. 사례분석의 목적과 효과

사례분석과 연구를 통한 학습은 사회과학 전 분야에 걸쳐서 쉽게 볼 수 있다. 기존 판례의 분석을 통하여 법률적인 지식과 논리를 습득하는 법학뿐만 아니라 경영학, 행정학, 사회학, 교육학 등 거의 대부분의 사회과학 연구와 학습에 있어서 사례분석은 중요한 위치를 차지하고 있다. 이는 사례를 통한 교육이 많은 장점을 갖고 있으며 실제로 교육의 효과도 매우 높게 나타나고 있음을 간접적으로 증명하는 것이라고 볼 수 있다.

사례연구와 학습이 갖는 가장 큰 장점은 어떤 주제나 내용에 대한 현실적인 학습과 이해가 가능하다는 것이다. 물론, 가상적인 상황에 대한 사례가 교육용으로 사용되는 경우가 없는 것은 아니나 그러한 경우에도 단지 이론적이고 분석적인 차원에서만 문제를 다루는 것이 아니라 현실적인 상황에 응용하도록 하는 것이 기본적인 목적인 경우가 많다. 사례연구는 또한 이론의 검증에도 유용하고 적용할 수 있으며 새로운 이론 개발의 계기를 제공하는 새로운 문제의 발견을 촉진한다. 따라서 이론적인 접근을 보충하는 방법이 되기도 하며 기존의 이론이 갖는 문제점을 자각하고 그 대안을 찾는 과정으로 활용할 수 있다.

사례연구는 학생들이 수동적인 자세에서 이론을 교조적으로 받아들이는 것을 거부하고 지식을 응용할 수 있는 방법을 알려준다. 특히, 학생들은 사례분석을 준비하는 과정에서 분석, 의사결정, 관찰, 설득 등의 중요한 기술들을 배울 수 있다. 이는 사례분석과 연구의 결과와 상관없이 그 과정 자체가 매우 소중한 교육적 가치를 가질 수 있다는 것이다. 또한, 학생들은 사례분석을 통하여 어떤 특정 상황의 복잡성과 그 상황에 대한 부분적인 지식에도 불구하고 현실적으로 의미를 가지며 현실에서 응용할 수 있는 확실한 행동을 개발하는 방법을 배울 수 있다.

현실은 우리가 생각하는 것보다 훨씬 더 복잡한 경우가 대부분이다. 통상분쟁의 경우도 겉으로 드러난 사실과 달리 그 이면에는 매우 복잡한 내용과 이해관계가 얽혀있다. 학생들은 사례의 분석을 통하여 곧 현실을 결코 완벽하게 추적할 수 없다는 것을 알 수 있게 되는데 이는 결국 학생들 입장에서 다양하고 불확실한 환경에 적응하고 기존의 이론과 분석을 응용할 수 있는 시작점이 된다. 사례연구와 사례를 통한 학습이 갖는 장점과 효과를 좀 더 구체적으로 정리하면 다음과 같다.

첫째, 사례학습을 통하여 참여자의 분석능력과 판단능력을 향상시킬 수 있는 기회를 제공한다. 사례는 기본적으로 복잡한 현실적 사건에 대한 정확한 이해를 요구하며 이는 곧 사례학습이 일련의 분석과 판단의 연속임을 의미한다.

둘째, 사례에 대한 학습은 문제파악능력과 문제해결을 위한 우선순위에 대한 이해를 향상시킨다. 통상분쟁사례는 어떤 하나의 주제에 대하여 서로 다른 생각을 가진 당사자들 사이의 의견충돌이라고 볼 수 있다. 따라서 분쟁사례를 이해하는 것은 분쟁의 원인이 되는 핵심적인 문제를 이해한다는 것이다. 그리고 이 분쟁이 해결되는 과정에 대한 학습을 통하여 합리적이고 논리적인 문제해결 능력을 습득할 수 있다. 이와 관련하여, 사례분석 과정에서 올바른 질문은 하는 연습을 할 수 있다는 것도 매우 중요한 사례학습의 장점이다. 분쟁의 논점을 파악하지 못하면 그 사례는 사실상 이해할 수 없는 사건이 되고 만다. 분쟁의 핵심을 이해하기 위해서는 문제의 요지를 정확하게 파악하여 질문을 할 수 있어야 한다. 즉, 관련된 조항이나 문제에 대하여 정확하게 초점을 맞춘 질문을 할 수 있게 된다는 것이다.

셋째, 사례교육을 통하여 짧은 시간에 다양한 경험과 지식을 축적할 수 있다. 통상분쟁 사례는 다양한 국가가 관련되어 있으며 분쟁대상이 되는 제품이나 서비스, 문제가 되는 조항의 내용 등이 매우 다양하다. 따라서 사례의 학습을 통하여 통상과 관련된 여러 분야의 상식과 지식을 습득할 수 있으며 간접적으로라도 실제 통상에 대한 경험을 할 수 있게 된다.

넷째, 사례에 대한 이해와 토론을 통하여 자신의 주장을 타인에게 논리적으로 전달하고 그들을 설득하는 의사소통의 기술을 배울 수 있다. 사례를 학습하고 분석하다보면 다양한 관점과 이해관계가 존재한다는 것과 하나의 사례의 결론에 대한 여러 해석이 가능하고 사례와 관련된 향후 대응방안이나 문제해결에 필요한 대안에 있어서 타인이 반드시 본인과 동일한 생각을 하지 않는다는 것을 알 수 있다. 결국, 사례분석과 토론을 통하여 자신의 생각을 정리하여 전달하고 의견의 차이가 있는 경우 타인을 설득하게 되는 기회가 제공된다.

3. 사례분석의 준비

사례를 이용한 학습에 있어서 가장 중요한 것은 미리 사례에 대한 기초적인 학습이 되어 있어야 한다는 것이다. 그러한 준비가 되어 있지 않다면 사례를 통하여 많은 효과를 기대할 수 없다. 따라서 사례를 유의 깊게 읽고 충분히 생각하며 합리적인 분석과 문제에 대한 대안이나 다른 관점에서의 분석을 미리 해보는 것이 매우 중요하다. 이를 위하여 사례의 학습과 토론에 도움이 될 만한 6단계를 소개한다.

▪ 단계 1 : 사례에 익숙해지기

여기서는 사례에 드러난 사실에 익숙해지는 단계이다. 사건의 내용, 경과, 최종적인 결론 등 사례가 포함하고 있는 기초적인 사실들을 정확히 숙지하는 것이 중요하다.

▪ 단계 2 : 현상의 인식

이제 사례의 단순한 사실을 알아보는 단계를 넘어서 사례의 내용을 좀 더 깊이 이해할 필요가 있다. 특히, 분쟁사례의 경우에 있어서 분쟁의 대상이 되는 것이 무엇인가를 파악하고자 노력해야 할 것이다. 물론, 이것이 쉽게 파악되는 것은 결코 아니다. 다만, 본격적인 사례에 대한 학습과 토론에 앞서서 가급적이면 사례가 포함하고 있는 현상을 분석할 필요가 있다는 것이다.

▪ 단계 3 : 당사자들의 주장 파악

분쟁이 발생하였다는 것은 당사자들 사이의 주장이 서로 다르기 때문에 논란이 있다는 것을 의미한다. 따라서 당사자들의 주장의 내용을 정확하게 파악해야 사례의 핵심적인 내용에 접근할 수 있을 것이다. 또한, 당사자들의 주장은 각 당사자 입장에서는 충분한 논리적인 근거를 바탕으로 이루어지고 있다. 특정한 선입견을 갖거나 개인적인 선호에 근거하지 말고 가급적이면 각 당사자들의 주장에 객관적으로 접근할 필요가 있다.

▪ 단계 4 : 분석 수행

본격적으로 분쟁에 대한 체계적인 이해를 위한 분석을 시도하는 단계이다. 사례의 기초적인 사실과 분쟁의 내용, 당사자들의 주장 정도를 파악했다면 이제 당사자들의 주장의 근거와 논리적인 구조, 근거조항과의 관계 등을 분석해야 할 것이다. 이 책에 등장하는 사례는 거의 대부분이 분쟁사례인데, 분쟁은 당사자들 사이에 의견의 차이가 있고 그것이 좁혀지지 않아서 결국 제3자의 조정이나 판단을 요구하는 단계로 발전한 것이라고 할 수 있다. 결국, 이러한 분쟁사례들은 각 당사자들의 주장이 어느 정도 합리적인 부분을 갖고 있음을 의미한다. 실제로 대부분의 분쟁에서 어느 한 당사자가 일방적으로 잘못한 경우는 거의 없으며 WTO에 제소된 내용 중에서 일부는 문제가 있는 것으로, 일부는 문제가 없는 것으로 판결하는 경우가 대부분이다. 따라서 분쟁사례에서 분쟁당사자들의 주장에 입각하여 분쟁의 내용을 이해하고 분석하는 것이 가장 중요하다.

▪ 단계 5 : 진단과 처방

분쟁의 내용에 대한 분석이 되었다면 문제점에 대하여 나름대로 진단을 하고 처방을 내리는 연습이 필요하다. WTO와 관련된 분쟁사례는 일반적으로 분쟁해결기구의 판결로 끝나게 되는데, 그렇다고 해서 그 판결로 모든 문제가 해소되는 것은 결코 아니다. 여러 조항이나 제도는 반드시 부족한 면이 있기 때문에 어떤 분쟁의 핵심적인 쟁점은 다음에 유사한 형태의 분쟁으로 다시 제기되는 경우가 많다. 따라서 분쟁사례를 공부하는 학생들은 최종적인 판결내용에 대한 학습에서 그치지 말고 자신이 스스로 그 분쟁에 대한 판결을 내려 보는 것이 큰 도움이 된다.

▪ 단계 6 : 대안의 제시

위에서 언급한 바와 같이 모든 제도나 조항은 부족한 면을 갖고 있으며 이것이 분쟁의 원인이 되기도 한다. 또한, 통상분쟁에 휘말리지 않는 것이 여러 측면에서 더 나을 것이다. 결국, 어떤 하나의 분쟁사례를 통하여 미래를 준비하는데 필요한 교훈을 얻을 수 있다. 그것은 WTO의 법적 조항이나 운영 측면에 대한 대안일 수도 있고 한국의 통상정책 차원에서 향후 통상분쟁의 발생을 막기 위한 정책적 대안일 수도 있다.

[표 1-1] 효과적인 사례학습 준비 과정

단계	내용
1. 사례에 익숙해지기	• 전체적/구체적 사실의 파악 • 분쟁의 복잡성과 수준 파악
2. 현상의 인식	• 분쟁의 주제 파악 • 분쟁사례 전반의 구체적인 내용 파악
3. 당사자들의 주장 파악	• 당사자들의 주장 파악 • 주장의 근거 이해
4. 분석 수행	• 당사자들 사이의 이해관계 충돌 이해 • 분쟁의 핵심적인 논란 이해 • 각 주장의 근거 분석 • 최종판정 이해
5. 진단과 처방	• 분쟁과정과 문제점 평가 • 최종판정의 문제점 분석
6. 대안의 제시	• WTO의 조항이나 운영상의 문제점 파악 • 통상정책 관점에서 적절한 대안 개발

사례 분석을 준비하는 과정에서 다음과 같은 몇 가지 주의할 점을 열거해 볼 수 있다.

첫째, 법률적인 지식이 어느 정도 필요한가에 관한 것이다. 거의 대부분의 통상분쟁은 WTO 조항이나 관련 당사국의 통상정책 및 제도에 대한 법률적인 해석의 차이로부터 발생한다. 따라서 하나의 통상분쟁을 이해하는 데 있어서 조항의 의미 및 그에 대한 해석을 법률적으로 이해하는 것이 필요하다. 그렇다면 분쟁사례에 대한 올바른 해석을 위해서 반드시 상당한 수준의 법률적 배경과 지식을 갖추어야 하는가? 물론, 그렇지는 않다. 법률을 전문적으로 다루는 경우에는 전문적인 지식을 당연히 갖추어야 하겠지만 일반적인 수준의 학생이나 독자들에게는 사례를 이해하고 분석하는 데 있어서 법률적 지식이 반드시 필요한 것은 아니다. 더 중요한 것은 상세한 조항의 의미나 해석이 아니라 분쟁사례의 전체적인 의미를 파악하는 것이다. 즉, 분쟁의 핵심적인 내용, 당사자들의 주장과 근거, 최종적인 결론의 의미 등을 이해하는 것이 더 중요하다는 것이다. 이 정도를 이해하는 데 있어서 그리 높은 수준의 법률적인 지식이 필요한 것은 아니며 분쟁사례를 통하여 무엇을 알아야 할지를 정확하게 인식한다면 분쟁사례에 포함되어 있는 법률적 내용들도 좀 더 쉽게 이해할 수 있다.

둘째, 한국과 관련된 사례를 이해하는 시각이다. 본서의 사례는 주로 한국이 연관된 분쟁사례가 중심을 이루고 있다. 그리고 한국이 제소한 사건뿐만 아니라 외국이 한국을 제소한 사건도 포함되어 있다. 또한, 최종결론이 한국에게 유리한 사건도 있고 불리한 판정을 받은 사건도 있다. 이렇게 다양한 내용과 결론을 갖는 한국 관련 사례를 분석하는 데 있어서 어쩔 수 없이 갖게 되는 시각은 한국중심의 시각일 것이다. 즉, 한국이 제소한 국가는 무엇인가 우리에게 잘못한 것이 있을 것이라고 생각하거나 한국을 제소한 국가에 대해서는 그리 유쾌한 생각을 가질 수 없다거나 한국에게 불리한 결론이 난 사례에 대해서는 기분 나쁘게 생각할 수도 있다는 것이다. 너무나도 당연하겠지만, 사례를 분석하고 학습할 때는 가급적이면 객관적으로 이해하려고 노력하는 것이 중요하다. 한국의 사례를 선정한 것은 통상분쟁의 내용을 조금이라도 쉽게 이해하는 데 도움이 되기 때문이지 모든 분쟁을 한국의 시각에서 정리하려는 것은 아니기 때문이다.

4. 사례를 통한 수업의 진행

본서를 이용하여 사례중심의 수업을 진행하고자 할 때 참고하면 도움이 될 만한 것들이 몇 가지 있다. 사례는 그 성질상 교수의 일방적인 설명이나 강의보다는 학생들이 참여하여 발표나 토론을 통하여 수업이 진행될 때 그 교육적 효과가 더 높게 나타나는 것이 보통이다. 따라서 전체적인 수업의 형태는 학생들이 사례분석을 하여 그 결과를 발표하고 그 내용을 바탕으로 청중이 되는 다른 학생들과 발표 학생들 사이의 토론이 이루어지고 교수는 전체적인 사례 작성과정을 검토하고 발표 및 토론의 방향을 적절히 통제하는 것이 가장 이상적일 것이다. 이렇게 사례를 통한 수업이 효과적으로 이루어지기 위해서 수업에 참여하는 학생과 교수가 유의해야 할 사항은 다음과 같다.

(1) 수업참여자의 자세

우선, 수업에 참여하는 학생들에게는 적극적인 참여자세가 요구된다. 교수의 일방적인 강의와 설명에 의한 수업이 아닌 발표와 토론 수업이 정상적으로 진행되기 위해서는 학생들의 자발적이고 적극적인 참여가 무엇보다도 필요하다. 수업에 참여할 때, 단지 어떤 한 과목의 이수나 학점 취득을 목적으로 하는 것이 아니라 수업 진행의 주체가 바로 자신이라는 것을 인식하고 수업과정 전반에 걸쳐 자발적으로 참여한다면 수업의 효과가 극대화될 뿐만 아니라 과목의 이수나 높은 학점은 부수적으로 얻을 수 있음을 알아야 할 것이다.

둘째, 다른 학생의 생각이나 의견을 청취하고 받아들이는 데 있어서 개방적인 자세를 가져야 한다. 하나의 사례는 하나의 정답만을 갖는 경우는 없다. 매우 다양한 사건과 현상, 문제점 등을 동시에 포함한다. 따라서 하나의 사례에 대한 여러 학생들의 생각은 학생들 수만큼 다양하고 복잡할 것이다. 발표와 토론을 통하여 수업을 진행하는 것도 이러한 다양한 생각들을 이야기하고 들음으로써 사고의 폭을 넓히는 것을 목적으로 하기 때문이다. 따라서 다른 학생들의 발표와 주장을 듣거나 그에 대하여 질문을 하거나 반론을 제기할 때 항상 타인의 생각과 입장을 생각하고 그를 존중하는 자세가 필요하다. 그렇지 않고 타인을 무시하거나 선입견을 갖고 있거나 자신의 생각만을 고집한다면 발표와 토론을 통한 수업에서 얻을 수 있는 것은 감정이 상하는 것뿐이다.

셋째, 발표와 토론기법에 대한 연습이 필요하다. 주어진 시간 안에 자신이 연구하고 분석한 사례를 제대로 발표하는 것은 결코 쉬운 일이 아니다. 사례 자체에 대한 분석만큼 사례 발표에 대해서도 충분히 연습을 해야지만 좋은 발표가 이루어질 수 있다. 또한, 이러한 과정을 통해서 다른 여러 상황에서 자신의 의견을 정확하고 효과적으로 전달할 수 있는 기술을 연습하게 된다.

(2) 사례수업에 있어서 교수의 역할

전체적인 수업의 방향을 제시하고 효과적으로 수업이 진행되는 데 있어서 교수의 역할은 매우 중요하다. 이를 위해 사례수업에 있어서 교수가 하는 역할을 생각해 보기로 한다.

첫째, 사례가 미리 작성되어 있다고 하더라도 다른 시각에서 분석이 가능하므로 학생들에게 교재에 있는 사례에 대한 조사 및 발표를 요구할 수 있다. 이렇게 하면 교재의 사례는 학생들의 사례분석에 있어서 기초자료로 사용될 수 있을 것이다.

둘째, 학생들이 사례를 분석하고 발표자료를 작성하는 과정에 있어서 어느 정도의 개입이 필요하다. 방향을 잘못 잡거나 사례의 핵심을 이해하지 못하여 난관에 봉착한 학생들을 도와줄 수도 있고 전체적인 분석의 방향과 틀을 알려줌으로써 필요 없는 시간낭비를 방지할 수도 있다. 무엇보다도 주어진 시간 내에 정확한 사례분석이 가능하고 그 과정에서 학생들의 분석능력을 향상시키는 데 모든 지도가 집중되어야 할 것이다.

셋째, 학생들의 자발적이고 적극적인 참여를 이끌어내기 위하여 노력해야 할 것이다. 학생들 스스로가 적극적으로 참여하는 것이 가장 이상적이겠으나 수업을 진행하는 교수의 노력이 어느 정도 필요한 것이 보통일 것이다.

넷째, 사례를 통하여 전달하고자 하는 주제에 대한 확실한 이해가 있어야 하고 실제로 수업이 이 주제를 중심으로 진행될 수 있도록 통제해야 한다. 이를 통하여 수업이 생각지 않은 방향으로 흐르는 것을 미연에 방지하고 학생들이 논리적인 함정에 빠지거나 토론의 초점이 상실되는 상황이 발생하지 않도록 해야 할 것이다.

다섯째, 지속적이고 건설적인 발표와 토론이 계속될 수 있는 분위기를 만들고 유지해야 한다. 이를 위하여 각 수업상황에 맞는 유연한 수업진행이 되도록 해야 할 것이고 수업분위기 자체를 즐겁고 유익하게 만들어야 할 것이다.

Chapter

2

GATT체제와 국제무역환경의 이해

제1절 GATT체제의 이해

1. 설립배경과 탄생
2. GATT의 목적과 역할
3. GATT의 기본원칙
4. GATT의 주요 규범
5. GATT체제의 한계

제2절 GATT와 다자간무역협상

1. 개관
2. 제6차 다자간 무역협상
3. 제7차 다자간 무역협상
4. 제8차 다자간 무역협상(우루과이 라운드)

Chapter 02

GATT체제와 국제무역환경의 이해

제1절 GATT체제의 이해

1. 설립배경과 탄생

세계 각국은 1929년의 세계대공황을 전후하여 자국산업의 보호 및 육성을 위하여 여타국의 수출을 억제하는 정책을 취하게 되었다. 이로 인하여 세계경제의 경기침체 및 국제경제질서가 붕괴되기에 이르고 전 세계가 무역전쟁에 휘말리게 되었다. 이와 같은 혼란 속에서도 국제경제질서를 회복하려는 노력이 없었던 것은 아니나 결실을 보지 못하였다.

또한 경기침체가 장기화되자 각국은 경기침체를 방어하기 위한 수단으로 보호무역을 강화하는 한편 국내산업의 활성화를 위하여 관세인상, 수입수량제한 등과 같은 일련의 보호무역조치를 시행하였다.

이와 같은 배타적이고 폐쇄적인 세계경제가 제2차 세계대전의 주요 원인이라는 단정을 내렸고 세계의 평화를 지속적으로 유지하기 위해서는 세계 각국의 경제번영이 이룩되어야 한다는 것을 인식하게 되었다. 이러한 인식하에서 범세계적인 차원에서 각국이 협력하고 국제무역을 자유롭고 활발하게 하기 위한 움직임이 연합국을 중심으로 제2차세계대전 중에 대두되었고 대전 종식을 앞두고 통화와 투자 및 무역문제를 처리하기 위한 국제기구의 설립문제를 검토하게 되었다.

이러한 노력의 결과 1944년 브레튼우즈 협정[1]에 의해서 제2차 세계대전 후의 새로운 국제경제질서의 구조가 조정되어 IMF(국제통화기금)와 IBRD(국제부흥개발은행, 일명 '세계은행')가 1945년 말에 발족됨으로써[2] 금융면에서 국제경제 협력이 추진되

1) 1944년 미국의 브레튼우즈에서 열린 연합국 통화금융회의에서 채택된 국제금융기구에 관한 협정을 말한다.

는 성과를 거두었으나 무역에 관한 국제기구를 설립하려는 노력은 순조롭게 진전되지 않았다.

GATT의 설립은 미국과 UN이 주도하였는데 미국은 1945년 11월에 「세계무역 및 고용의 확대에 관한 제안」을 발표하였다. 이 제안은 세계무역에 대한 국제협정을 체결하고 「국제무역기구(ITO)」라는 새로운 국제기구를 설립하여 이를 통해서 국제적인 상품의 교류와 분배에 대한 장벽을 제거하고 고용 및 소비의 증대를 도모하려는 의도를 표명한 것이었다. 미국의 제안에 근거를 두어 1946년 2월 국제무역기구 헌장 작성과 관세인하 협상을 추진하기 위한 국제회의, 즉 '국제무역 및 고용에 관한 회의'[3]에서 동 원칙이 처음 결의되었으며 그 후 2차에 걸친 예비회담 끝에 1948년 23개국이 모인 하바나회의[4]에서 '국제무역기구 설립에 관한 헌장'(ITO헌장, 일명 하바나헌장(Havana Charter)이라고 한다)이 채택되었다.

한편 미국은 ITO구상의 발표와 함께 관세의 상호인하를 제창하고, 1947년 제네바회의[5]에서 미국・영국・프랑스 등 23개국이 참가한 관세교섭이 진행되었고 그 결과 1948년 1월 1일에 발효한 것이 관세 및 무역에 관한 일반협정(GATT)[6]이다. 원래 GATT는 ITO헌장 중 통상정책에 관한 부분의 협정으로서 작성되고 ITO헌장 아래서 관세교섭부분을 취급하는 보조기관으로서의 역할을 수행할 예정이었다.

그러나 국제무역기구(ITO : International Trade Organization) 설립에 관한 하바나헌장(Havana Charter)은 국제무역을 규율 하는데 있어서 너무나 엄격하였을 뿐만 아

---

2) 1944년 7월 브레튼우즈협정에 따라 설립된 것으로 국제통화기금(IMF)은 국제수지가 일시적인 불균형에 처한 나라에 자금을 제공해 국제통화제도의 안정을 도모하는 목적으로 설립되었고 세계은행(IBRD)은 제2차 세계대전으로 파괴된 가맹국 경제의 부흥과 개발도상국의 경제발전을 위한 장기융자가 기본 설립 목적이다.

3) 이 회의 결과 GATT 설립준비위원회가 구성되었고, 준비위원회는 1946년부터 1948년 사이에 GATT 및 ITO헌장 작성을 위해 1946년 9월에 개최된 런던회의(GATT 제정 필요성 합의), 1947년 1월 20일부터 2월 25일까지 개최된 뉴욕회의(GATT 초안 작성 및 GATT의 ITO 부속협정으로 합의), 1947년 4월 10일 개최된 제네바회의, 1947년 11월 21일부터 1948년 3월 24일까지 개최된 하바나회의 등 4차례의 회의를 개최하였다.

4) 하바나회의는 UN주관으로 1947년 11월 21일부터 1948년 3월 24일까지 쿠바의 하바나에서 개최된 회의로 공식명칭은 'UN Conference on Trade and Employment'로 되어 있다.

5) 제네바회의는 ITO헌장 제정의 완결 및 관세의 상호인하 협상을 개시하기 위한 목적으로 1947년 4월 10일부터 개최된 회의로서 회의결과 ITO헌장이 완성되었고 이를 각국 정부는 의회의 비준을 받아 확정시킬 예정이었다.

6) 제네바회의에서 ITO헌장에 대한 각국의 비준이 늦어지자 23개 참가국 중 벨기에, 네덜란드, 룩셈부르크, 영국, 프랑스, 미국, 캐나다, 호주 등 8개국은 GATT협정이라도 성립시키기 위하여 잠정적용의정서(Protocol of Pro- visional Application)를 1947년 10월 30일에 채택하였고 이 잠정적용협정은 1948년 1월 1일부터 발효되었다. 이렇게 탄생된 GATT는 당초의 의도대로 ITO의 부속협정으로 태어나지 못하고 잠정협정 형식으로 출범되었다.

니라 이상에 치우쳐 있다는 참가국의 비난과 함께 각국의 비준을 얻지 못하였고 특히 미국은 ITO 설립이 통상문제에 대한 입법부의 고유권한을 제약시킨다는 미의회의 부정적 태도를 인식한 미국 행정부가 1950년 12월 ITO헌장의 비준요청을 미의회에 제출하지 않기로 발표함에 따라 ITO 설립은 완전히 무산되고 말았다.

이렇듯 GATT는 설립 당시부터 필요한 행정적인 기능은 ITO에 의해 수행될 것을 전제로 하고 있었기 때문에 GATT는 별도의 하나의 국제기구로 고려될 수 없었다. 그러나 ITO 설립의 실패로 GATT는 설립목적과는 다르게 발전하여 국제기구로서의 중요한 모든 특성을 갖추어 역할을 수행하여온 것이다. 즉 하바나헌장의 발효와 국제무역기구 설립까지의 연결고리 역할을 할 것으로 기대되었던 GATT는 엄격한 규율과 이상에 치우친 하바나헌장의 폐기로 인하여 잠정적용협정으로서 GATT가 발효되었던 1948년 1월 1일을 기하여 세계무역의 기본규범으로서 출발하게 된 것이다. 이에 따라 1954년 10월부터 1955년 3월까지 개최된 제9차 GATT총회에서는 하바나회의 결과로 수정된 ITO헌장의 주요 부분이 GATT협정에 도입되었고, GATT는 ITO가 수행하기로 되어 있었던 국제무역기구로서의 역할도 수행하게 되었다.

2. GATT의 목적과 역할

GATT는 국제무역규범으로서 사실상의 국제기구로서의 역할을 수행하며 국제무역에 지대한 영향을 미쳤다. 즉 일련의 무역혜택과 원칙을 제시하는 GATT규범은 국제무역의 총체적인 기본질서를 규율하였으며, 우루과이라운드를 포함하여 8차례에 걸친 다자간 무역협상을 통하여 세계무역의 확대에 크게 공헌하였다.

GATT의 목적은 관세 및 비관세 분야에 있어서, 첫째 상호양허의 원칙, 둘째 최혜국대우(MFN : Most-Favoured-Nation Treatment)의 원칙, 셋째 국내세(Internal Taxation) 및 국내규범(Regulation)에 있어서의 내국민대우(National Treatment)의 원칙, 넷째 무차별(Non-discrimination)원칙 등에 기하여 세계무역의 확대·생활수준의 향상, 완전고용 유지, 자원의 완전한 이용을 달성하는 것이었다.

이러한 GATT의 목적에 비추어 볼 때 그 역할은 다음과 같다. 첫째, 관세 및 기타의 무역장벽을 감축 또는 철폐하기 위한 장(場)을 제공하는 것이다. 1947년 4월 스위스 제네바에서 개최된 1차 협상을 시작으로 제6차 케네디라운드, 제7차 동경라운드 등의 다자간 무역협상을 통하여 공산품에 있어서의 관세인하가 행해졌으며, 특히 동경라운드에서는 비관세장벽에 관한 표준규정, 허가규정 등 국제규칙이 제정되었다. 또한 제8차 다자간 무역협상(우루과이라운드)을 통하여 세계무역기구(WTO)를 출범시켰다.

둘째, GATT 계약체결국의 무역정책상의 행동을 규율하는 국제무역 규범을 제시하는 것이다. WTO 설립 이전까지 GATT의 규범에 의하여 국제무역이 규율되어 국제무역법전의 성격을 가지고 있었다.

마지막으로 GATT는 국제무역규범에 관한 해석기관이자 무역규범을 둘러싼 대립과 분쟁의 조정기관으로서의 역할을 수행하였다.

3. GATT의 기본원칙

GATT는 무차별원칙(Non-discrimination)을 그 기본원칙으로 하고 있으며, GATT의 무차별원칙은 체약국의 어떤 국가에도 타국가보다 특혜를 베풀지 않는다는 소위 최혜국대우의 조항에 나타나 있다. 즉 GATT는 이국 간의 특혜조치는 인정하지 않으며, 다국간의 협정을 그 기본원칙으로 하고 있다는 점이다. 또한 GATT는 보호 무역정책수단으로서 관세 이외의 기타의 수량할당을 포함한 비관세장벽(NTB : Non Tariff Barrier)을 철폐할 것을 규정하고 있으며, 관세인하교섭의 방법으로서는 한 체약국이 관세를 인하하면 상대 교역국 역시 관세를 인하해야 된다는 호혜주의를 기본원칙으로 하고 있다.

그러나 GATT는 최혜국대우의 기본원칙과 무역협상의 원칙적인 도구로서의 관세에 대해서는 몇 가지 예외조건을 규정하고 있다. 최혜국대우의 기본원칙에 대한 예외조항의 내용에 있어서 주목할 만한 사항은 관세동맹과 자유무역지역의 형성을 인정하고 있다는 점이며, 무역제한의 원칙적인 도구로서 수량할당의 철폐에 관하여도 ① 국제수지의 악화를 방지하기 위하여 필요하다고 인정될 경우, ② 식량의 자급자족의 위협을 받을 경우, ③ 저개발국의 경제발전을 위하여 수입할당이 필요하다고 인정될 경우, ④ 덤핑의 방지를 위하여 필요하다고 인정될 경우 등과 같은 예외조항을 허용하고 있다.

GATT의 일반적인 원칙과 예외조항에 관하여 살펴보기로 하자.

(1) 최혜국대우(MFN)원칙

최혜국대우(MFN : Most-Favoured-Nation Treatment)원칙은 특정 국가에 대하여 다른 국가보다 불리한 교역조건을 부여해서는 안 된다는 원칙으로 GATT 규범 제1조에 근거하고 있다. 즉, 모든 체약국이 그 상호 간의 무역에 있어서 서로 동등하고 가장 유리한 조건하에서 무역하는 것을 골자로 하고 있는 것이 최혜국대우원칙이다.

한 · 일, 캐나다 자동차 차별관세 대응 공조 및
캐나다 자동차 차별관세 WTO 위반판정

한국과 일본이 캐나다의 외국산 자동차에 대한 차별관세제도에 맞서 공조체제를 구축한다. 우리 정부는 최근 일본이 캐나다의 외국산 자동차 차별관세제도를 세계무역기구의 분쟁해결기구에 정식 제소함에 따라 우리나라도 이해관계자(제3자 참여) 자격으로 일본의 입장을 적극 시시하기로 했다.

캐나다는 지난 1996년부터 캐나다에 투자한 미국의 소위 빅3 자동차회사와 스웨덴의 볼보사가 외국으로부터 수입하는 자동차에 대해서는 일정조건하에 관세를 부과하지 않고 무관세로 수입하는 반면, 그 이외 업체가 수입하는 자동차에 대해서는 6.7%의 관세를 부과하고 있다. 현재 도요타, 혼다 2개 업체가 현지 투자하고 있는 일본은 그동안 자국이 투자한 업체에 대해서도 동등한 혜택을 부여할 것을 주장하여 왔으나, 이를 최근 다시 검토한 캐나다 정부는 캐나다 내 자동차 노조의 반발 등으로 일본의 주장을 받아들이지 않고 기존의 관행을 계속 유지키로 결정한 바 있다.

이에 따라 일본은 이러한 캐나다의 조치가 WTO의 최혜국대우와 내국민 동등대우원칙에 위배될 뿐 아니라 WTO의 무역관련 투자협정과 서비스(GATS) 협정에도 위배된다며 제소하기에 이른 것이다. 우리 정부는 이러한 일본의 제소조치에 대하여 관련 업계와 협의·논의한 결과 우리도 일본의 제소조치에 이해당사자로 참여하기로 결정하였다. 산업자원부는 캐나다의 수입관세는 역외국가에 대해 동등하게 무차별적으로 적용되어야 하고 선별적인 무관세는 협정위반이라는 입장에서 WTO 분쟁과정에 이해당사자의 자격으로 적극 참여키로 결정하였다.

2000년 2월 11일 WTO 패널은 캐나다의 외국산 자동차에 대한 차별적인 관세부과와 관련한 분쟁에서 캐나다의 제도가 WTO 협정에 위반된다고 판정하였다. 우리나라는 대캐나다 연간 자동차 수출물량이 2만여 대에 달하여 분쟁에 실질적 이해관계를 갖고 있음을 감안하여 1999년 1월 분쟁 관련 패널이 설치되었을 때 제3자로 참여하였으며 약 1년간의 패널절차에서 우리나라는 캐나다의 제도가 WTO의 최혜국대우와 내국민대우 등의 원칙에 위반된다는 내용의 서면 입장을 제출하는 등 캐나다 제도의 WTO 위반 판정을 이끌어내기 위해 노력하였다(자료 : 외교통상부 보도자료(1998. 7. 16 및 2000. 2. 12)).

(2) 내국민대우원칙

무차별원칙의 또 다른 기본원칙이 내국민대우(National Treatment)원칙이다. 이를 정확하게 표현한다면 국내세와 국내규범에 있어서의 내국민대우원칙(National Treatment on Internal Taxation and Regulation)을 말한다. 이는 GATT 제3조의 규범에 근거한 것으로 수입물품에 대하여 국내세 및 국내규범에 의하여 같은 종류의 국내상품에 대하여 주어지는 대우보다도 불리하지 않은 대우를 부여하여야 한다는 원칙을 말한다. 즉, 수입물품과 국내물품을 차별대우하여서는 안 된다는 원칙이다.

여기서 유의해야 할 점은 최혜국대우원칙이나 내국민대우원칙이나 모두 무차별원칙으로 의미는 같으나 최혜국대우원칙은 GATT 체약국 사이에 경쟁조건의 균등, 즉 국경통관시의 무차별대우를 확보하기 위한 것이고, 내국민대우원칙은 수입 국내의 국내상품과 수입물품 사이에 경쟁조건의 균등, 즉 국내거래에서의 무차별 대우를 확보하기 위한 것이다.

United States versus Thailand – Restriction on Imports of & Internal Taxes on Cigarettes – (담배에 있어서의 국내세와 수입제한)

1990년 미국과 태국의 담배분쟁으로 태국이 수입하는 담배에 대하여 국내세를 추가로 부과하고 수입을 제한하였다. 태국은 GATT 제20조 (b)항 인간, 동·식물의 생명과 건강의 보호를 위한 필요조치에 의거하여 미국 및 외국산 담배로부터 국민을 보호하고 담배 피우는 것을 통제하기 위하여 무역제한을 실시한다는 주장이었다.

패널은 흡연(smoking)이 인간의 건강에 심각한 위험으로 제20조 (b)항의 범위 내에서 담배소비의 감소를 의도하는 조치에 관해서는 공감을 하였으나 문제는 그러한 무역제한 조치를 실시함에 있어서 국내에 있어서는 아무런 규제조치가 없었다는 것이다. 즉 국내프로그램도 병행되어졌어야 한다는 것이다. 이는 바로 태국이 국산담배에 있어서는 아무런 제한조치가 없었기 때문에 태국의 무역제한조치는 자국의 담배산업을 보호하려는 의도를 가지는 것으로 내국민대우원칙 및 수량제한의 일반적 제거 원칙에도 위배되며, 또한 GATT 제20조 일반적 예외 (b)항에 근거한 태국의 조치는 GATT 제20조 (b)항 예외에 해당되지 않는다고 판정하였다.

4. GATT의 주요 규범

1948년 1월 정식 발효된 GATT체제의 규범은 GATT 출범 후 우루과이라운드 협상 전까지 여러 차례의 다자간협상을 통하여 변경과 수정을 통하여 보완되어져 왔다. GATT 규범은 체약국 간에 이루어진 합의(agreement)이기 때문에 검토회의를 통하여 규정이 수정되거나 본문에 부속되는 해설주석(interpretative notes annexed to the text)이 추가되기도 하였고, 1965년에는 협상을 통하여 개도국의 무역과 개발문제를 중점적으로 취급하기 위하여 제4편 무역과 개발이 신설되기도 하였다. 1973년부터 1979년까지 협상이 이루어진 동경라운드에서는 본문 38개 조항, 부속서, 관세양허표의 3개 부문으로 구성되어 있는 GATT규범(GATT articles)과 비관세장벽을 주로 다룬 9개의 다자간무역협상협약(9 MTN Codes)의 이원화된 체계를 갖추게 되었다. GATT 규범(GATT 1947)은 목적(전문), 관세, 무역상의 장애 제거, 예외규정, 분쟁처리, 절차 규정으로 나누어져 있다.

EC – 한국, 중국, 일본 카라디오 반덤핑 Case

1990년 5월 8일 EC 유럽카라디오규격협회(ALARM)는 한국, 일본, 중국의 카라디오에 대하여 반덤핑제소를 하였다. 우리나라는 삼성전자, 현대전자를 비롯하여 60여 개 업체에 달하였다. 네덜란드의 필립사와 독일의 브라우푼트크사, 그룬딕사가 주도하는 가운데 유럽 카라디오규격협회가 한국 · 일본 · 중국산 카라디오 제품에 대해 반덤핑제소를 해 옴에 따라 1990년 5월 8일 EC 집행위원회가 조사를 개시하였다.

제소자측은 최근 2년간 카라디오 수입의 급증으로 유럽의 시장기반이 흔들리고 생산단축이 초래되고 있으며 특히 한국산 카라디오의 경우 1985년 170만 대 정도였던 수출물량이 1988년에는 580만 대로 급증하였고 한국업체들의 덤핑마진도 평균 70%가 넘어 역내 업계의 경쟁이 사실상 불가능한 상황이라고 주장하였다.

카라디오의 최대수출시장인 EC에서의 반덤핑규제로 인해 대부분 영세 중소기업인 국내 카라디오업계는 큰 타격을 받게 되었다. 카라디오의 대 EC수출은 조사가 개시되었던 1990년에 2.6억 달러, 1991년에는 2억 달러였다가 1992년 1월부터 4월까지 0.2억 달러로 급감하는 등 사실상 대EC 수출이 어려운 상태에 놓이게 되었다. 이에 따라 많은 국내업체들이 국내생산을 포기하고 업종을 전환하거나 해외생산을 모색하게 되었다. 이를 계기로 결국 세계 최대 카라디오 생산국의 하나였던 한국은 중국을 포함한 아시아 후발주자에게 그 위치를 넘겨주게 되었다.

1997년 2월 EC 집행위원회는 자동소멸 규정에 따라 1997년 8월 9일부터 반덤핑조치를 종료할 방침을 발표하였다. 이에 대해 네덜란드의 필립스사는 규제의 연장을 청원하면서 동시에 중국·말레이시아·인도네시아·태국 등 아시아국가의 카라디오에 대해서도 반덤핑조사를 개시하도록 요청하였다. 그러나 EU 집행위원회는 이를 기각하고, 1997년 7월 30일자 관보를 통해 한국산 카라디오에 대한 반덤핑조치를 1997년 8월 9일부로 종결한다고 발표하였다. 이에 따라 1992년 8월 이래로 한국산 카라디오에 부과되어 온 최고 34.4%의 반덤핑관세가 해제되었다(포스코 경영연구소, 한국의 산업별 무역분쟁 사례에서 발췌).

✲ 살펴보기

음식점 육류 원산지표시제 논란

현재 대부분의 농수산물과 농산물을 원료로 하는 가공품에는 농산물 품질관리법에 의거 원료의 원산지가 표시되도록 되어 있으나 음식점에는 원산지 표시제가 실시되지 않고 있다. 그러나 음식점도 원료농산물을 가공해 판매하는 것이므로 가공농산물 원료에 원산지를 표시하는 것과 크게 다르지 않다.

쇠고기는 수입산과 국산 간에 2~3배의 가격차이가 존재하고 수입육의 50%를 소비하는 음식점에서 둔갑판매가 성행하고 있음에도 이를 단속할 아무런 규정이 없는 실정인데 이러한 제도 미비로 인해 소비자는 높은 가격에 수입육을 한우로 알고 사먹게 되는 반면 한우농가는 적정가격을 받기가 어렵게 되어 있다. 소비자의 알권리 차원에서 소비자가 원하는 쇠고기를 알고 먹을 수 있도록 하는 제도적 장치를 마련할 필요가 있다.

음식점 육류표시제 시행으로 한우와 쇠고기의 적정가격이 형성될 경우 한우가격은 올라가고 수입육 가격은 내려갈 것이므로 오히려 수입이 늘어날 수도 있지만 보다 중요한 것은 한우와 수입육에 공정한 가격이 형성되도록 하고 소비자의 알권리를 보장해 주는 것이다.

패널의 판정결과 쇠고기 구분판매제를 WTO 위반으로 판정한 주된 사유가 쇠고기 구분판매제는 수입육과 한우를 물리적으로 구분하고 있어 경쟁을 제약한다는 것이다. 그러나 음식점 육류원산지 표시제는 같은 장소에서 수입육과 국산육에 대해 동등한 판매기회를 부여하므로 구분판매제에 대한 판결결과만 가지고 음식점 육류원산지표시제가 WTO에 위반되는지에 대한 명확한 결론을 내리기가 어려운 실정이다.

이러한 상황에서는 국내적으로 필요한 제도라면 일단 도입하는 방향으로 검토하고 통상차원에서 문제가 되면 관계부처가 협조하여 국익차원에서 적절히 대처하는 것이 바람직한 접근방법이라 할 것이다.

수량제한의 금지와 관련한 쇠고기수입제한 Case

우리나라는 미국을 비롯한 쇠고기 수출국들에게 1984년부터 1985년까지 그리고 1988년에 쇠고기 수입을 금지하였으며 1988년 8월에는 수량제한과 기타 우육수입제한 조치를 하였다. 미국은 이러한 조치에 대해 GATT 제11조의 위반 및 우리나라의 국영무역기업인 축산물유통사업단이 수입을 독점하면서 일정한 이득을 부과하였기 때문에 GATT 제2조의 관세양허에도 위반된다고 주장하였다. 이에 대하여 우리나라는 수입제한조치는 국내우육산업의 보호와 육성을 위한 것이 아니라 국제수지를 이유로 한 것이며 축산물유통사업단의 설치운영은 관세양허를 규정한 GATT 제2조나 수량제한의 비차별적 운용을 규정한 GATT 제13조에 위배되지 않는다고 주장하였다.

패널은 우리나라가 제시한 GATT 제18조는 수량제한의 일반적 제거를 규정한 GATT 제11조에 대한 정당한 사유가 되지 못한다고 판정하였으며 축산물유통사업단의 설치운영과 관련해서는 GATT 제17조 국영무역기업조항에 의거하여 설립운영을 허용하고 있기 때문에 수입독점을 하는 국영기업의 존재 자체가 GATT 규정에 위반되는 별도의 수입제한이리고는 볼 수 없다는 결론을 내렸다. 또한 축산물유통사업단이 수입마진에 대해서는 수량제한이 있는 경우 부득이 하게 초래되는 현상으로 수입제한조치가 철폐되면 자동적으로 소멸되기 때문에 패널은 이 부분에 대해서 별도로 판단하지 않았다.

패널은 우리나라의 쇠고기수입제한조치를 폐지하든가 다른 방법으로 GATT에 합치되도록 하고 미국 및 다른 이해당사국들과 협의하여 제한조치 철회일정을 마련하도록 권고하였다(서근태 외 4인, 국제통상론 p. 308에서 발췌).

알고가기 관세양허란?

당사국간 상호교섭을 통해 관세율을 인하하는 것을 말하며 GATT 제2조 및 부속서에 규정돼 있다. GATT는 세계무역의 확대발전을 위해 가맹국 상호 간 교섭을 통해 관세율을 인하하고 가맹국 간에는 최혜국대우를 부여함으로써 관세상의 차별대우를 없애는 것을 주요 내용으로 하고 있다. 이에 따라 부속서로 관세양허발표를 만들어 양허품목 및 양허세율을 지정하고 있다. GATT는 세계무역의 확대발전을 위해 가맹국 상호간의 교섭을 통해 관세율을 인하하고 가맹국 간에는 최혜국대우를 부여함으로써 관세상의 차별대우를 없애는 것을 주요 내용으로 하고 있다.

이와 같이 가맹국 간의 상호교섭에 의하여 관세율을 인하하는 것을 관세양허라고 하며 GATT의 부속서인 관세양허표에는 양허품목, 양허세율 등이 기재되어 있다.

5. GATT체제의 한계

GATT체제 출범 이후 수차에 걸친 다자간 무역협상은 관세인하 교섭에 있어서 상당한 성과를 보여 GATT체제는 소기의 성과를 얻었으나 동시에 새로운 문제가 나타나기 시작하였다. 첫째로 EEC의 성립(1957)으로 GATT 규범에서도 제24조에 근거하여 무차별원칙의 예외를 인정하고 있는 관세동맹(Customs Unions), 자유무역지역(Free Trade Areas)이 조건에 합치하는가의 논란이다. 이러한 지역주의의 대두는 연쇄반응을 만들어내게 된다.

둘째, 1980년대에 들어오면서 규범력의 한계를 드러내기 시작하였다. 주요 교역국이 경쟁력을 상실한 자국의 산업을 보호하기 위해 경쟁적으로 보조금을 지급하기 시작하였고, GATT규제를 회피하는 수단으로 수출자율규제 등을 확대하여 왔지만 GATT는 이에 대해 거의 속수무책이었다.

셋째, GATT체제가 국제경제질서의 변화에 대처하지 못한 다른 이유는 법적인 결함으로 GATT 회원국 중에서도 이들 협정에 가입한 국가들과 그렇지 않는 국가들 간의 차별적 대우에 관한 문제점이 노출되었다. 또한 GATT 규정과 각국의 국내법과의 관련성이 매우 모호하여 GATT 규범을 회피하는 경우가 많았다.

넷째, 선진국 간에서의 무역관계의 '정치화'와 평행해서 남북문제가 '정치화'하였다. UNCTAD의 발족에 상징되듯이 이 문제는 GATT체제의 자유무역의 한계를 노정시키게 된다. 일반특혜, 원조요구라는 주장은 GATT의 틀을 넘어서는 형태로 세계규모의 소득재분배를 추구하는 것이며, 1974년의 NIEO선언에서 극에 달하게 된다. 이런 움직임은 자유무역체제의 정비에 의해서 후진국의 경제상황은 개선되지 않고, 오히려 개선되지 않는 구조적 요인이 국제경제질서에 자리잡는다는 논리에 의해 지지되고 있다. 이들 두 가지는 GATT체제 외부로부터의 문제를 첨가시키는 것이었으나 동시에 GATT체제의 성공이 역으로 그 한계를 명백히 한 것이란 측면이 있는 것이다.

우선 무역자유화는 세계경제확대에 크게 기여했으나 동시에 시장기구는 그 자신의 움직임에 의해 경제실체에 영향을 주고, 특히 경제적·정치적 힘의 변동을 초래하였다. 새로운 무역의 가능성 증대는 고용, 부의 증식에 있어서 바람직한 조건이었으나 다른 한편, 시장의 개방은 용서없는 경쟁을 조장하고, 그것에의 적응과 비용절하 없이는 그 힘을 가질 수 없게 된다.

불균등한 성장과 발전은 시장기구에 따라 자극되고, 혹은 그것을 통하여 전해지고, 부단히 힘의 재편성, 변동을 만들어내는 것이다. 한마디로 GATT체제는 기존의 국제권력구조를 유동화시키는 요인을 포함하고 있는 것이다. 이것은 전후 압도적인 경제력을 일시에 장악한 미국의 상대적 후퇴를 초래한 것에 극명하게 나타나고 있다.

다음으로 GATT의 내재적인 문제에 관하여 보면 관세의 인하교섭이 진전됨에 따라 넓은 의미에서의 비관세장벽(NTB)이 더욱 커다란 장벽으로 나타나게 된 것도 중요하다. 동경라운드의 주된 논제는 농산물무역과 비관세장벽문제였다. 이 어느 것도 고관세라는 국경조치에 관여된 것이라기보다는 정치와 경제활동과의 각국의 국내관계를 직접 문제로 하는 성격이 강한 것이다. 원래 GATT를 계획된 자유무역주의로 부르고 있듯이 각국 국내의 정치적 조건에 의하여 규정된 자유무역주의로서, 예를 들면 완전고용이란 국내의 정치적 조건에 결코 무관심일 수는 없다는 것이다.

이렇듯 비관세장벽(NTB) 문제에만 신경을 쓰고 있을 때 현실경제에서는 2국간 수출자율규제란 형태로 수량제한 및 관리무역이 급속하게 진전된다. 이는 본래 수입국이 수입을 제한해야 하나 GATT위반을 면하기 위하여 취한 일종의 회색조치인 것이다. 그리고 수출자율규제를 압도적으로 요구하는 것은 미국, EC 등 선진국이었음은 중대한 사실이다.

또한 무역문제의 정치화에 크게 영향을 미치게 된 것은 다름 아닌 냉전의 종식이었다. 사회주의체제의 붕괴와 시장경제체제의 도입은 한편으로는 GATT로 대표되는 자유시장의 이념이 권위를 높였으나 다른 한편으로는 공통의 적이 소멸됨에 따라 내부대립에 제동을 걸기가 어렵게 된 것이다.

사례연구

미국과 멕시코 간의 참치·돌고래 분쟁 사례연구

Ⅰ. 문제 발생 배경

수십년간 어부들은 황색참치가 돌고래와 함께 헤엄친다는 사실을 목격하였다. 따라서 동태평양에서 어부들은 황색참치를 발견하기 위하여 돌고래를 수색하였다. 즉, 돌고래가 공기를 호흡하기 위해서 수면으로 올라왔을 때 돌고래의 위치를 확인하고 대형건착망으로 그들을 포위하면 그 아래로 헤엄치는 많은 양의 참치들을 어획하게 된다. 그러나 이 과정에서 죽거나 다치는 돌고래 수효가 상당수에 이르자 환경보호단체를 중심으로 미국민의 여론은 돌고래 보호에 관심을 갖게 되었고 그에 따라 미국 의회에서는 1972년 해양포유동물보호법[7]을 제정하기에 이르렀다. 동 법은 동태평양에서 조업하는 다랑어잡이 어선들이 다랑어를 잡는 과정에서 죽이거나 다치게 할 수 있는 돌고래 수효를 제한함으로써 어부들이 더 이상 예인망식의 어업방식을 고수하지 못하게 하였다. 아울러 동 법은 미국 외의 국가의 어선들을 규제하지 않고서는 돌고래 보호라는 동 법의 제정목적을 충분히 살릴 수 없다는 이유에서 상업적인 어업방식을 통하여 통상적으로 미국 어선들이 죽이거나 다치게 하는 돌고래 살상률을 일정 수준 이상 초과하는 나라로부터의 다랑어 수입을 제한할 수 있는 근거를 마련하였다. 그럼에도 불구하고 멕시코를 비롯한 여타 국가에서 여전히 돌고래 살상률이 높은 어업방식을 고수하고, 또한 미국시장에 계속적으로 다랑어 및 그 제품을 수출해 옴에 따라 돌고래보호에 적극적인 Earth Island Institute는 미국 상무부를 상대로 동 법률에 근거하여 멕시코산 다랑어 수입을 규제하도록 제소하였다.

법원의 관점에 따라 멕시코산 다랑어 수입이 금지되자 멕시코에서는 이를 GATT에 제소하기에 이르렀다. GATT 패널에서는 미국의 수입규제가 부당하다는 의견을 제시하였으나, 때마침 미국과 북미자유무역협정(NAFTA)을 진행 중인 멕시코로서는 다랑어 문제가 동 협정을 성사시키는 데 방해가 되지 않을까 하는 정치적인 고려 때문에 이 문제를 GATT 안에서 더 이상 진행시키지 않았다.

Ⅱ. 주요 쟁점

멕시코는 멕시코산 다랑어 및 그 제품에 대한 수입제한의 근거가 되는 미국 해양포유동물보호법이 수량제한의 일반적 금지를 규정하고 있는 GATT 제11조에 위배된다고 주장하였다. 멕시코는 또한 적도 인근 동태평양이라는 특정지역에 대하여 돌고래 살상률이 일정수준 이상인 조업방식이라는 특정한 조건을 정하여 수입제한을 규정하고 있는 동 법이 동종 제품에 대하여 무차별적인 수입제한의 금지를 규정하고 있는 GATT 제13조에 위배된다고 주장하였다. 이에 대하여 미국은 이러한 수입제한조치는

7) 해양포유동물보호법(Marine Mammal Protection Act : MMPA)
MMPA는 인간의 남획 등으로 멸종위기에 있는 해양동물을 보호하려는 것이다. MMPA의 1371 (a) (2)는 예기치 않은 해양동물의 어획을 다루고 있으며 1988년 개정법은 특히 돌고래의 문제를 다루고 있다. MMPA하에서 타국이 미국으로 황색참치를 수출하려면 다음 세 가지 안건을 따라야 한다. 첫째, 그 국가는 미국과 같거나 동일한 수준으로 해양동물의 우연적 어획을 제한하는 계획을 공표하거나 채택하여야 한다. 둘째, 중계국은 반드시 금수조치 60일 이전에 미국으로 위와 같은 제한된 방법으로 포획된 참치를 수출하지 않을 것을 입증하여야 한다. 마지막으로 통상장관은 대통령에게 금수조치가 부과되었다는 것을 증명하여야 한다.

GATT 제11조나 제13조에 적용할 것이 아니라 미국 내에서의 판매나 수송·유통 등만을 문제삼고 있으며, 그러한 규제는 미국 어선들에 대하여도 적용되고 있으므로 GATT 제3조에서 규정하고 있는 '내국민대우'에 전적으로 부합하는 것이라고 주장하면서, 또한 설령 그러한 조치가 GATT 제3조에 부합하지 않는다 하더라도 이는 다시 일반적 예외를 규정하고 있는 GATT 제20조 (b)항 (g)항에 의하여 인정될 수 있을 것이라고 반박하였다.

1. GATT 제3조

미국은 멕시코산 다랑어나 그 제품에 대해 취한 수입규제는 미국 어선에 대하여도 똑같은 돌고래 살상률이 높은 조업방식을 통하여 생산하는 것을 규제하고 있으므로, "제품의 판매, 판매제안, 구매, 운반, 유통, 사용 등에 영향을 미치는 모든 법률이나 규정, 조건 등에 있어서 수입제품을 국내외 동종 제품에 비하여 불이익하게 취급하지 말아야 한다."는 GATT 제3조의 내국민대우에 부합한다고 주장하였다. 이에 대하여 GATT 패널은 GATT 제3조에서 규정하고 있는 것은 수입된 '제품'에 대한 대등한 취급을 의미하는 것이지 그 제품을 어떠한 '방법'으로 생산하였는가는 문제가 되지 않기 때문에 멕시코산 다랑어나 그 제품이 일단 동종제품으로 인정되는 이상 그에 대한 수입규제는 GATT 규정에 위배된다고 결정하였다. 미국은 그들의 해양포유동물보호법에서 다랑어를 포획하는 조업방식, 즉 공정 및 생산방법에 대한 규제를 미국 어선과 외국어선에 대하여 함께 적용하고 있으므로 GATT의 내국민대우원칙에 부합한다고 주장하였다. 이에 대하여 GATT에서는 '조업방식'이 문제가 아니고 어떤 방법을 통하거나 그렇게 해서 생산된 '제품'이 동종제품인 이상 국내제품과 수입제품을 대등하게 취급해야 GATT 제3조의 '내국민대우'원칙에 부합하는 것이라고 해석하여 멕시코의 입장을 지지하였다. 즉 문제가 되고 있는 적도인근 동태평양의 해역에서 다랑어를 포획함에 있어서 미국 어선들의 조업방식은 돌고래 살상률이 낮은 데 반하여, 멕시코 어선의 경우에는 그 살상률이 높다 하더라도, 미국 내에서 판매되고 있는 미국산 및 멕시코산 '다랑어나 그 제품'을 동종제품으로 볼 수 있는 이상, 이러한 조업방식의 차이를 이유로 한 수입제한은 인정될 수 없다는 것이다.

GATT 패널은 미국과 멕시코 간 다랑어·돌고래 분쟁사례를 통하여 GATT 제3조를 둘러싼 해석에 있어서 동 조항에서 규정하고 있는 '내국민대우'원칙은 '생산공정이나 방법'에 대한 것이 아니라 '제품'에 대한 것이며, 아울러 '공정 및 생산방법'상의 차이는 '동종제품'을 구분하는 데 영향을 미치는 요인이 아님을 분명히 하였다.

2. GATT 제20조 (b)

미국은 해양포유동물보호법에 근거하여 멕시코산 다랑어나 그 제품에 대해 취한 수입규제조치가 설령 GATT 제3조의 내국민대우에 해당되지 않는다 하더라도 '인간이나 동·식물의 생존이나 건강을 보호하기 위하여 필요한 경우 일반적 예외로써 무역규제 조치를 인정하고 있는 GATT 제20조 (b)항에 따라 그 정당성을 인정받을 수 있을 것이라고 주장하였다. 미국은 미국이 멕시코산 다랑어나 그 제품에 대해 취한 수입규제조치는 적도인근 동태평양 해역에서 살고 있는 돌고래를 보호하는 데 '필요한' 조치이고 또한 이러한 수입규제조치가 아니고서는 돌고래를 보호하는 데 통상적으로 사용할 만한 이렇다 할 다른 대안적 수단이 없다고 주장하였다.

이에 대하여 멕시코는 우선 미국 측의 조치가, GATT 규범에도 부합하면서 돌고래 보호를 위하여 통상적으로 사용할 만한 다른 대안적 수단이라 할 수 있는 국제적 협력을 통한 노력 이전에 자의적이고 일방적으로 차별적인 무역제한조치를 취했다는 점에서 GATT 제20조 (b)항에서 의미하는 '필요하다'는 요건을 충족하지 못한다고 반박하였다. 멕시코는 또 GATT 제20조 (b)항에서의 의미는 체약국의 영토 관할범위 이내에 적용되는 것임에도 불구하고, 미국측은 동 규정을 그 영토의 관할범위 밖에까지 적용하지 않는 것으로 해석하고 있으므로 이 점에서도 GATT 제20조 (b)항이 적용될 수 없다고 주장하였다.

이에 대하여 GATT 패널에서는 먼저 과연 인간이나 동·식물의 생존이나 건강을 보호하기 위하여 필요한 경우에 있어서 그 관할범위가 체약국의 영토관할을 벗어날 수 있는가를 판별하기 위하여 동 조항 제정당시의 역사적 배경부터 고찰하였다. 그 결과, GATT 제20조 (b)항의 적용은 체약국의 영토관할범위 이내로 해석되어 자국의 영토관할범위를 벗어난 곳에서의 돌고래 보호를 이유로 한 미국측의 수입제한조치는 그 정당성이 인정될 수 없는 것으로 판정하였다. GATT 패널은 또한 미국측의 조치가 GATT 제20조 서문 및 (b)항에서 말하는 '자의적 또는 정당성이 없는 차별이거나 위장된 무역제한조치'에 해당되는 지와 '필요하다'는 요건을 충족하고 있는지의 여부를 심사하였다. 그 결과 미국측의 조치는 그들이 돌고래 보호를 위하여 사용할 수 있는 국제협력과 같은 통상적인 방법을 모두 구사하지 않았다는 점에서 '필요한' 조치였다고 할 수 없으며, 수입규제의 근거가 되는 미국 해양포유동물보호법상의 돌고래 살상률 또한 확정적이지 않다는 점에서 자의적인 조치로 보아 GATT패널은 이들을 근거로 하여 미국의 수입규제 GATT 제20조 (b)항에 따라 정당성을 인정받을 수 없다고 결정하였다.

3. GATT 제20조 (g)

미국은 또한 자국의 조치가 '국내 생산이나 소비의 규제와 연계하여 효과가 나타나는 조치로서, 소멸될 수 있는 자연적 자원의 보존과 관계된 경우 예외를 인정하고 있는 GATT 제20조 (g)항에 따라 그 정당성을 인정받을 수 있을 것이라고 주장하였다. 미국은 적도인근 동태평양 해역에서 살고 있는 돌고래는 이를 방치할 경우 '소멸될 수 있는 자연적 자원'이며, 그 보호를 위하여 예컨대 미국 어선에 대하여는 더욱 엄격히 돌고래 살상률을 적용하는 등 상당한 국내적 소비나 생산에 대한 제한과 함께 멕시코에 대하여도 수입을 제한한 것이기 때문에 그러한 GATT 제20조 (g)항의 요건을 충족하여 정당성이 있는 것으로 주장하였다.

이에 대하여 멕시코는, 첫째로 GATT 제20조 (g)항에서 규정하고 있는 '소멸될 수 있는 자연적 자원'이라는 용어는 석유나 우라늄, 연료 등과 같이 한 번 사용하면 그들의 물리적·화학적 성질이 변화하여 재생될 수 없는 자원을 말하는 것으로, 돌고래와 같이 살아 있는 생물은 번식이 가능하므로 '소멸될 수 있는' 자원이 아니라는 점에서 잘못 적용되었다고 주장하였다. 둘째로, 멕시코는 설령 적도인근 동태평양 해역에서 살고 있는 돌고래 '소멸될 수 있는' 자연적 자원이라 하더라도, 미국의 조치가 GATT 제20조 (g)항에 의하여 정당화되기 위해서는 그 돌고래가 소멸되고 있다는 사실에 대한 국제적으로 인정되는 과학적인 근거자료가 있어야 하나 그렇지 못하다는 점에서 정당성을 인정할 수 없다고 주장하였다. 셋째로, 멕시코는 미국측의 조치가 i) 미국의 영토관할범위를 초과한 자연적 자원에 대한 것이라는 점에서 ii) 실제 수입을 제한하는 제품과 보존하려는 목적물이 다르다는 점 등 세 가지 근거에서 국내 생산이나 소비의 규제와 연계하여 취해져야 하는 GATT 제20조 (g)항의 요건을 충족하지 못하고 있다고 주장하였다. 넷째로, 멕시코는 미국이 정하는 돌고래 살상률은 미국의 영토관할범위를 벗어난 지역에서의 어업에 대하여 미국이 일방적으로 설정한 것으로 이는 GATT 제20조 (g)항의 정신에 어긋난다고 주장하였다. 다섯째로, 멕시코는 미국측의 조치가 돌고래를 보호하기 위하여 돌고래 및 관련제품을 수입을 제한하거나 또는 다랑어를 보호하기 위하여 다랑어 및 관련제품을 수입 제한하는 것이 아니라, 돌고래를 보호하기 위하여 다랑어 및 관련제품을 규제하는 형태이기 때문에 이는 동종제품에 대하여 무차별원칙을 규정하고 있는 GATT규범에 배치되는 것이라고 주장하였다. 끝으로 멕시코는 미국측의 조치가 오직 적도인근 동태평양 해역에서만의 다랑어 조업을 규제하고 있기 때문에, 여전히 많은 미국 어선들이 다른 해역에서 다랑어 포획작업을 계속하고 있으므로 모든 해역에서의 조업을 규제하지 않는 것은 '상용한 국내적 생산에 대한 규제를 병행하는' 것으로 보기 어렵다는 점에서 GATT 제20조 (g)항의 정신에 어긋난다고 주장하였다.

이에 대하여 GATT 패널은 다음 세 가지 점에서 미국의 수입제한조치가 GATT 제20조 (g)항에 비추어 정당화될 수 없는 것으로 결정하였다. 첫째, GATT 제20조 (g)항에서 규정하고 있는 '국내 생산이나 소비의 규제와 연계하여 효과가 나타나는 조치'라는 의미는 그러한 생산이나 소비의 규제가 그 나라의 법적인 관할범위 내에서의 그것을 의미하는 것으로 보았다. 둘째, GATT 제20조 (g)항의 예외규정은 동 제20조 서문에 나타난 바와 같이 '자의적이거나 정당화할 수 없는 차별'이 아님은 물론 '위장된 무역제한'도 아닐 것을 전제로 하고 있는데, 각 나라마다 고유한 자연적 자원의 보존 정책이 있을 수 있음에도 불구하고 미국의 경우와 같이 영토관할범위를 벗어나 일방적으로 결정하여 그에 근거하여 수입제한조치를 취하는 것은 앞서의 전제를 충족하지 못하는 것으로 보인다. 셋째, GATT 제20조 (g)항의 예외규정에서는 '보존과 관계되는'것의 의미는 그 일차적 목표가 그러한 보존에 있는 경우를 말하는데, 미국의 조치는 외국 어선에 허용하는 돌고래 살상률이 예측하기 어렵다는 점에서 그 일차적 목표가 돌고래 보존에 있다고 보기 어렵다는 것이다.

Ⅲ. 패널 결정의 평가

참치·돌고래 사건에서 멕시코는 패널결정을 투표에 붙이지 않기로 결정하였고 따라서 구속력이 있는 판결로 채택되지는 않았다. 그러나 멕시코가 패널보고서의 채택을 원하였다면 미국은 환경정책과 패널결정의 이행 사이에서 선택을 하여야 했을 것이다. 만약 미국이 채택을 거부하고 그 환경정책을 계속하길 원하였다면 패널판정의 채택에 반대하는 표를 던졌을 것이다. 그러면 패널의 결정은 채택되지 않았을 것이나 멕시코는 미국에 대해서 보복적 조치를 취했을 것이고 국제공동체는 미국을 국제법의 비이행자로 보았을 것이다. 이 딜레마는 환경문제가 무역문제에 있어 종속적 위치에 있고 GATT의 구조와 규정에 내재적 흠결이 있다는 것을 보여주고 있다. 국가는 외국과 국내산업에 대해 동등한 기준이 적용되는 한, 환경기준을 발전시키고 시행하는 것이 허용된다. 그러나 이 기준이 GATT체제에서 적용되기 위해서는 상품에 대해 새로운 환경친화적 정의를 요구한다. 일부 환경론자들은 MMPA규정은 국내적으로 그리고 국제적으로 동등하게 적용되었기 때문에 차별적이지 않다고 주장한다. 그러나 비차별은 모든 GATT회원국에게 동일한 제한을 적용하는 것을 의미하지 않는다. GATT의 최혜국요건에 맞기 위해서는 그 조치가 모든 동종상품에 대해 동일한 영향을 가져야 한다. 따라서 동종상품의 개념은 상품이 만들어지는 과정도 또한 고려하여 정의되어야 할 것이다.

Ⅳ. 패널 결정에 대한 반론

패널의 해석이 패널이 근거한 예외들을 담고 있는 제30조의 입안 역사에 의해 지지될 수 있는가에 대해 상당한 견해차이가 있다. 법학자인 Jeffery Dunoff는 제20조가 1946년의 국제무역기구의 초안의 예외규정에 근거했다는 점에 주목한다. 1946년 헌장 초안의 기록들은 "국가들이 그들의 국경 내에서만 동물과 식물의 생명을 보호하도록 제한된다고 암시라도 하는" 증거조차 제공하지 않을 뿐 아니라 예외들이 "녹색무역규제들의 사용을 통한 지구공동 자원들의 보호로부터 국가들을 무력하게 할 의도"로 된 것도 아니다. Steve Charnovitz도 제20조 연구자인데 "무역제국들은 인간, 동물 그리고 식물의 보호를 위한 예외들을 19세기 후반 이래 규정해오고 있다"고 했다. 수입과 수출의 금지와 제한의 유지를 위한 국제협약의 1927년 예외들은 후일 GATT 예외들의 원형이 되었는데 동물들과 식물들을 "퇴보 혹은 절멸"로부터 보전하기 위한 조치들을 포함한다. 이 어구는 조류, 바다표범, 연어, 핼리벗, 야생노획품의 수입에 대한 동 시기의 통제와 월경적 지구적 외부성들을 다루는 국제적 환경조치들에는 "폐지"가 적용되지 않도록 보장하기 위해 포함되었다. 요약하면, "종종 GATT의 창조자들은 관할외적 사용을 결코 생각하지 않았다고 가정한다. 확실히 기록은 UN회의에서 제20조 (b)항은 관할외적으로 적용되어서는 안 된다고 주장하는 누구에게도 증거를 제시하지 못하였다. 더욱이 미국은 당시 관할외적 조치를 포함하여 미국의 수입금지 조치가 유효한 것으로 포함된다고 그 원문을 이해하였다.

참치·돌고래 패널은 또한 GATT 예외규정들의 적용을 "주목적성" 테스트라는 특별한 해석에 근거하여 거부하였다. 한 나라는 오직 그 관할범위 안에 있을 때만 생산을 제한할 수 있으므로 이러한 임무를 달성하는 것을 주목적으로 하는 조치는 관할외적이 될 수 없고 따라서 예외규정들은 그러한 사례들에 적용되지 않는다고 패널은 판단하였다. 그러나 이것은 무역조치들이 다른 나라의(비돌고래 안전참치) 수입품들에 영향을 미치고 따라서 국내시장에서 (그 참치)소비를 줄이는 역할을 고려하지 못하고 있다. MMPA가 해양포유동물의 보호가 주목적이라는 것을 의심하는 이는 거의 없다. 그러나 만약 그것이 오직 미국어업선단에만 적용되었다면 아주 제한적인 효과만을 가졌을 것이다.

요약하자면, 만약 그러한 규제들을 GATT의 예외조항들을 포함한다면 "녹색보호주의"라는 "위험한 비탈길"로 구르게 될 것이라고 자유무역론자들은 주장하나, 환경규제들을 효과적으로 하고자 하는 목적의 MMPA 무역조치들에 대한 GATT의 참치·돌고래 패널의 주장은 일반적인 실망을 안겨다 주었다.

V. 결론

이 사건에서의 패널의 결정은 많은 논쟁을 일으켰는데, 환경보호론자들은 이 결정이 타지환경보호를 위한 국제적 메커니즘의 구축에 장해요인이 될 거라고 우려하였으며 GATT 통상전문가들의 환경문제에 관한 이해부정을 규탄하였다. 그리고 더 나아가서 이제는 GATT원칙을 수정해야 한다고 주장하기에 이르렀다. 말하자면 이 패널의 결정은 환경보호론자들로 하여금 GATT원칙이 변화되어야 한다고 주장하게 되는 계기를 제공한 것이다.

즉 GATT의 입장에 대하여 자유무역주의자들과 환경주의자들은 상반되게 평가하고 있다. 자유무역주의자들은 GATT패널의 결정이 지극히 당연한 결과라고 환영하면서 안도하는 반응을 보였다. 한편, 환경주의자들은 GATT패널이 관련규정을 무역자유화라는 관점에서 지나치게 엄밀하게 해석하여 이 기준에 따르는 환 환경보호를 이유로 무역제한조치를 사용하기란 사실상 불가능하다고 지적하면서, 이러한 GATT패널의 결정은 본래부터 환경문제에 대하여 비호의적인 GATT의 전통적인 시각과 태도를 적나라하게 드러낸 것이라고 맹렬하게 비판하였다.

제2절 GATT와 다자간무역협상

1. 개관

GATT는 세계무역 확대를 위하여 관세인하와 수입제한철폐를 추구하였다. 이러한 GATT는 국제무역의 기본질서를 규율하는 국가 간의 협정으로서 WTO출범 전까지 자유무역과 공정무역을 추구하면서 세계무역의 확대에 지대한 역할을 수행하였다. GATT체제는 세계무역 환경의 변화에 따라 8차례의 다자간 무역협상을 타결하면서 수정보완을 거듭하여 왔다.

[표 2-1] GATT의 다자간 무역협상

명칭	기간	개최지	국수	주요 내용
1차라운드 (제네바라운드)	1947. 4~10	제네바 (스위스)	23	• GATT 설립을 위한 최초의 관세인하 협상 • 45,000개 공산품을 관세양허 – 국별, 품목별 협상방식 채택, 2국 간에 양허요구표와 양허가능품목을 상호교환, 양허의 균형을 추구, 이러한 2국 간 교섭을 다각적으로 동시 진행
2차라운드 (앙시라운드)	1949. 8~10	앙시 (프랑스)	32	• GATT 기존 체약국과 11개 신규 가입국 간 교섭 • 5,000개 공산품을 관세양허 – 국별, 품목별 협상방식
3차라운드 (토케이라운드)	1950. 9~ 1951. 4	토케이 (영국)	34	• GATT 기존회원국과 7개 신규 가입국 간 교섭 및 기한이 만료된 종래의 관세양허 재교섭 • 8,000개 공산품을 관세양허 – 국별, 품목별 협상방식
4차라운드 (제네바라운드)	1956. 1~5	제네바 (스위스)	22	• 3,000개 공산품을 관세양허 – 국별, 품목별 협상방식
5차라운드 (딜론라운드)	1961. 5~ 1962. 7	제네바 (스위스)	23	• EEC의 공통관세 설정에 따른 관세양허교섭 • 4,400개 공산품 관세율 평균 7% 인하
6차라운드 (케네디라운드)	1964. 5~ 1967. 6	제네바 (스위스)	56	• 미국과 EEC 간의 관세장벽 제거를 목표 • 30,000개 품목 관세율을 평균 35% 인하 – 일률인하방식(linear reduction) 채택

				(예외품목을 제외한 대상품목에 대해 일정 관세 인하폭을 일괄 적용)
7차라운드 (동경라운드)	1973. 9~ 1979. 4	제네바 (스위스)	99	• 1971년 스미소니언합의에 따라 출범 • 33,000개 품목에 대한 평균 33% 관세인하 – 조화인하방식 채택(기존 관세율이 높을수록 큰 폭의 인하율 적용 • 비관세장벽 제거를 위한 협정제정(MTN) – 관세평가협정, 보조금 및 상계관세협정, 반덤핑협정, 정부조달협정, 무역에 대한 기술장벽협정, 국제낙농협정, 국제우육협정, 민간항공기협정 • 개도국에 대한 우대 및 의무규정 – 일반특혜관세제도(GSP) 합법화 – 신흥공업국들 개도국 졸업 조항 신설
8차라운드 (우루과이 라운드)	1986. 9~ 1993. 12	푼타 델 에스테 (우루 과이)	117	• 항구적이고 강력한 국제무역기구의 설립으로 다자무역체제 강화 – 회원국의 국내법을 WTO규정에 합치시키도록 규정 • 공산품 관세인하 및 비관세장벽 완화 – UR협상 이전에 비해 1/3 이상 관세인하 – VER, OMA 등 회색조치의 철폐 • 농산물 및 섬유류 무역의 GATT 편입 • 기존 GATT 규범의 강화 – 반덤핑, 보조금, 상계관세, 세이프가드 등의 명료성을 제거하고, 규율을 강화 • 서비스무역에 관한 기본규범 설정 및 최초의 양허교섭 완료 • 지적재산권 보호 및 투자관련조치 규범마련 • 통합분쟁해결절차 및 규칙(DSU) 합의

제1차 다자간 무역협상부터 제6자 다자간 무역협상인 케네디라운드까지는 선진국들 간의 관세인하가 주요 내용이었고, 제7차 다자간 무역협상인 동경라운드에서는 관세인하 이외에도 비관세장벽의 철폐 및 감축이 본격적으로 다루어졌다.

2. 제6차 다자간 무역협상

(1) 협상배경

국제무역의 자유화를 위한 선진국들의 노력이 절정에 달하였던 1960년대 초반에 진행된 케네디라운드는 가장 폭넓게 관세인하가 이루어졌으며 무역장벽의 제거에도 기여하였다. 이러한 협상이 추진된 배경을 살펴보면 그 당시 미행정부의 서유럽에 대한 경제전략에서 찾아볼 수 있다. 제2차 세계대전 후 서유럽경제의 부흥은 미국의 마샬플랜(Marshall Plan)[8]에 의한 원조에 크게 힘입었는데, 선진경제국으로 진입한 이들 국가들은 유럽경제공동체(EEC : European Economic Community)[9] 및 유럽자유무역연합(EFTA : European Free Trade Association)[10]을 형성하기에 이르렀다. 이러한 경제통합의 추진은 결국 비회원국에 대한 차별대우를 가져오게 되는데, 이것이 미국의 대외경제거래에 피해를 주는 것은 당연하였다. 이러한 움직임에 대한 대응책으로 당시 케네디행정부는 GATT의 메커니즘에 착안하여 호혜성을 바탕으로 한 무역협상을 개최하였다. 즉, 미국은 경제통합 방지와 자유무역의 확보를 위한 상호 관세인하를 주 내용으로 하는 통상확대법안을 의회에 제출하기에 이르렀으며 이에 따라 1964년 5월에 협상이 시작되어 1967년 6월에 이르러 타결되었는데, 이것이 GATT 제6차 다자간 무역협상인 케네디라운드이다.

통상확대법안의 가장 중요한 취지는 미국과 확대 EEC[11] 간 북대서양자유무역지역의 첫 단계를 실현한다는 데 있었다. 이 법안은 양지역 간 수출액의 합계가 세계 총수출에서 차지하는 구성비가 80% 이상 해당하는 품목에 대하여 상호 관세를 철폐하자고 제안하였는데 당시 이 두 지역이 국제무역에서 절대적인 비중을 갖고 있었으므로 이러한 기준에 많은 품목이 해당되었다.

국제무역협상의 측면에서 볼 때 케네디라운드는 무엇보다도 두 가지의 새로운 혁

---

8) 제2차 세계대전 후 서구 여러 나라에 대한 미국의 원조계획으로, 그 목적은 서구 여러 나라의 경제성장을 촉진하고 나아가 공산주의의 확대를 저지시키려는 것이다. 이 계획에 의해 유럽 여러 나라의 미국무역에 대한 의존성은 감소하게 되었으며, 유럽 16개국은 구주경제협력기구(OEEC)를 형성했다.

9) 로마조약에 의거하여 1958년 1월 1일 서독·프랑스·이탈리아·벨기에·네덜란드·룩셈부르크의 6개국에 의해 발족된 EEC는 그후 1967년에 그동안 각각 독립되어 있었던 ECSC(유럽석탄·철강공동체)와 EURATOM(유럽원자력공동체)을 흡수하여 EC(유럽공동체)로 통합하였다.

10) 1960년 1월에 영국·덴마크·노르웨이·스웨덴·스위스·오스트리아·포르투갈 등 EEC에 가입하지 않은 나라들이 설립한 자유무역연합을 말한다.

11) 1967년 7월에 ECSC(유럽석탄철강공동체), EEC(유럽경제공동체), EURATOM(유럽원자력공동체) 등 3기구를 유럽공동체(EC)로 통합한 것을 말한다.

신을 가져 왔다. 하나는 그 이전까지 국제협상에서는 기본적으로 각 품목별로 분류하여 중요한 수출국 간 교섭이 이루어졌다. 그러나 미행정부는 전 공산품에 대하여 1962년 7월 1일 기준 시행관세율의 50%를 일시에 인하하자고 제안하였다. 또 다른 내용으로서 딜론라운드에 이르기까지 무역협상의 대상은 어디까지나 관세인하에 국한하였으나 케네디라운드에서는 비관세장벽이 다루어지기 시작하였다는 점을 들 수 있다.

(2) 협상의 진행과 성과

케네디라운드가 출범하면서 초기에 등장한 문제는 제외품목리스트의 확정과 체약국 간 관세율구조상의 절차였다. 당시까지만 하여도 관세가 수입제한의 핵심수단이었기 때문에 이를 50% 인하한다는 것은 용이하지 않았다. 따라서 이 대상에서 제외하든가 아니면 50% 인하기준을 차등적으로 완화하는 품목에 관한 예외리스트를 작성하기로 회원국 간 합의를 보았다.

그러나 당초의 우려와는 달리 제외품목이 주요국 내의 총공산품수입에서 차지하는 비중이 5%에서 8%에 위치함으로써 협상과정에서 큰 제약으로 등장하지 않았다.

EEC가 미국을 상대로 제기한 이 문제는 같은 50%를 인하한다 하더라도 그 효과는 당초 관세율의 절대수준에 의하여 크게 차이가 난다는 데서 제기되었다. 예를 들어, 특정 품목에 대한 관세율이 체약국에 따라 60% 및 20%라고 가정할 때 이를 50% 인하하면 각각 30% 및 10%로 하락한다. 그러나 전자가 아직도 보호적인 성격이 있다고 한다면 후자는 상대적으로 큰 의미를 갖지 못하게 된다.

사실 EEC와 미국은 상당히 대조를 이루는 관세율구조를 갖고 있었다. EEC의 경우 전통적으로 자유무역주의를 실시해 온 베네룩스 3국 및 서독을 포함하는 4개 관세지역의 관세율 평균을 구하여 공동관세율을 수립하였으므로 일반적으로 관세율이 낮을 뿐만 아니라 평준화가 이루어졌었다. 반면 미국에 있어서는 18세기와 19세기에 걸쳐 보호주의를 추구해 왔으므로 일반적으로 관세율이 높은 데 더하여 품목별로 크게 차이가 보였다.

케네디라운드의 결과 관세인하협정, 화학제품 부문 관세인하협정, 국제반덤핑세법, 그리고 세계곡물협정이 조인되었는데 많은 개도국들은 이들 협정이 선진제국의 이익만을 반영한다는 이유로 참여하기를 거부하였다.

그 이유를 살펴보면, 첫째 관세율인하에 있어서는 선진제국이 공산품 수입에 대하여 적용하는 세율의 인하폭은 평균 30~40%에 달하였다. 단지 이러한 인하율을 일시에 실현하는 데 따른 부작용을 완화하기 위하여 1972년까지 5년간 단계적으로 실시키로 하였으며, 이와 관련하여 미국 또는 EEC의 인하방식 중 하나를 선택하도록 권유하고 있다.

둘째, 화학제품에 있어서 관세인하가 별도의 협정에 포함된 이유는 미판매가제도가 비관세 성격을 띠고 있기 때문이다. 동일협정의 체결에 따라 이 제도는 미국의 관세율표에 포함되었고 주로 서유럽 제국과의 협상에 의하여 양 지역 간 평균 50% 인하되었다.

셋째, 국제반덤핑법은 GATT의 제6조를 비롯한 관련규정을 보완함으로써 공정무역을 기하되 남용을 방지하려는 취지를 갖고 있다.

넷째, 세계곡물협정은 국제소매가격 기준 설정과 후진국에 대한 곡물원조를 내용으로 하는데 당초 시도되었던 국제농산물무역의 확대에 비하여 하등의 실질적인 업적을 실현하지 못하였다.

미국이나 EEC가 다 같이 농산물부문에서 보호정책을 택하고 있는데 미국은 수출의 증대에 큰 관심을 두고 있는 반면 EEC는 역내 자급도의 제고 내지는 국제농산물 무역의 안정화에 치중하였다. 이러한 입장이 협상에서도 반영되어 미국은 무역장벽의 제거나 수입국 내 시장점유율의 확대를 주장하였던 데 반하여 EEC는 농산물부문에 대한 보조금의 확정을 비롯한 안정화요건의 도입을 고집하였고 결국 양 지역 간 협상은 결렬되었다.

결론적으로 케네디라운드의 주요 성과를 한마디로 표현한다면 관세인하에[12] 있다고 할 수 있겠다. 즉, 전 대상품목의 평균관세 인하율이 35%였는데 이는 무역액으로 약 400억 달러 상당을 대상으로 한 것이었다. 그리고 합의된 관세인하는 1968년부터 1972년까지 단계적 인하방식에 의하도록 하였다. 케네디라운드의 결과 GATT 체약국 간의 무역이 확대되어 1963년에는 1,547억 달러, 1968년에는 2,378억 달러, 1973년에는 5,743억 달러로 증대되었다.

(3) 케네디라운드의 의의

케네디라운드는 1950년대의 경제부흥과정이 완료되고 무역자유화의 진전과 관세의 대폭적인 인하에 의한 무역기회의 창출을 바라는 각국의 열의를 반영하여 탄생하였으나 교섭의 기획, 추진에 있어 주도권을 발휘한 국가는 미국이었다.

---

12) 케네디라운드는 참가국이 56개국, 관세인하품목수가 약 3만 개, 관세평균인하율이 약 35%로서 종전에 없었던 대규모의 것이었다.

당시 미국은 경제면에서 GNP가 여타 자유주의국가 전체의 GNP에 필적할 정도였으며 매년 수십억 달러의 무역수지흑자를 기록하여 대외경쟁력에 대한 자신감이 의회, 산업계, 노조를 포함한 자유무역 추진세력에게 널리 확산되어 있었다. 또한 이 같은 미국의 태도의 이면에는 EEC의 역내, 역외관세차이가 자국에 미치는 영향을 가능한 한 축소시키려는 의도가 다분히 있었다. 이와 동시에 1960년대 초기의 베를린문제, 쿠바위기 등으로 대표되는 동서관계의 긴장과 관련하여 무역장벽의 대폭적인 경감에 의해 동구자국에 대항하기 위한 대서양자국의 경제적 결속을 강화하고자 했던 미국의 국제정치적 고려도 적지 않게 작용하였다고 할 수 있다.

그러나 케네디라운드는 그 결과에 있어서 몇 가지의 문제점을 내포하고 있었는데 그것은 영국의 EEC가입을 전제로 하였던 조항이 무효가 되었으며 농산물무역의 확대, 관세평가제도, 수입과징금, 차별적인 수입제한에 관해서 통일된 결론을 얻지 못했다는 점이다. 특히 케네디라운드는 선진국의 이해조정에 그치고 말았다는 인상을 주었다. 그 이유로 들 수 있는 것으로는, 첫째 화학품·기계류 등 선진국산품에 대해서는 90% 이상 관세인하가 이루어졌음에 반하여 열대산품은 42%에 그쳤을 뿐 아니라 이 중 2/3의 인하폭이 50% 미만에 머물렀으며, 둘째 커피·코코아 등 1차산품에 대한 상품협정이 기대되었으나 이루어지지 않았고, 셋째 아직 경쟁력을 갖추지 못한 개발도상국들에게는 일반적인 관세인하가 별 의미가 없었을 뿐더러 기존의 혹은 장래의 특혜폭을 오히려 축소시킨 결과를 초래했다는 점 등을 들 수 있다.

이처럼 케네디라운드에 실망한 개발도상국들은 선진국 중심의 GATT협상에 반발하게 되었고 이러한 움직임이 유엔무역개발회의(UNCTAD) 설립과 이를 중심으로 한 활발한 활동의 계기가 되었다. 또 하나 간과할 수 없었던 것은 GATT 설립 이래 6차에 걸친 협상결과 관세가 대폭 인하되자 새로운 무역장벽으로서 각국이 비관세조치에 보다 많이 의존하게 되었는데 이것이 그 후에 GATT의 난제 중의 하나로 등장하게 되었다.

3. 제7차 다자간 무역협상

(1) 배경

선진제국이 사상 유례없는 호경기를 누리던 1960년대 추진된 케네디라운드는 국제무역의 자유화를 위한 노력의 절정을 이루었다고도 볼 수 있다. 그러나 1970년대에 들어오면서부터 사정은 달라졌다. 무엇보다도 1960년대 중반 이후 누적되어 온 미국의 국제수지불균형은 이제껏 세계적 지배경제로서 국제무역의 확대를 추구해 온 주체를 사라지게 하는 결과를 가져왔다. 금환본위제도가 붕괴되고 환율의 불안은 브레튼우즈체제의 종식을 가져왔고, 금융과 통화면에서의 보호주의 가능성을 제고시켰다.

국제무역에 있어서도 1971년 미국이 모든 수입상품에 대하여 10%의 임시부가세를 부과하는 긴급조치를 취하였고 1973년 원유파동 이후 다자간섬유협정(MFA)의 체결을 비롯하여 비관세장벽의 실시를 내용으로 하는 갖가지 신보호주의 경향이 나타나기 시작하는 등 1960년대 말에서 1970년대 초에 이르러 그때까지 안정성장을 지속해 오던 세계경제에 구조적인 변화가 발생하자 각국 간에 새로운 무역협상의 필요성이 제기되었다. 이러한 GATT체제가 위기에 당면하게 된 원인을 정리하여 보면 다음과 같다.

첫째로, 신보호무역주의가 대두되었다는 것이다. 1950년대까지 세계경제를 이끌어 왔던 미국경제는 1960년대에 EEC와 일본경제의 성장으로 절대적 우위를 상실하였다. 한편 미국의 국제수지는 적자로 반전한 뒤 만성화하여 기축통화인 달러화의 국제적 지위가 크게 떨어졌고 국제통화의 파동이 빈번하게 발생하여 브레튼우즈체제가 위태롭게 되었다. 이에 더해 1973년의 석유파동 이후 지역별·국별 국제수지의 불균형이 더욱 심화하여 소위 신보호무역주의가 세계무역을 지배하게 되어 GATT체제에 정면으로 도전하였다.

둘째로, 지역주의의 강화에 따라 국제경제구조가 다극화되었다는 것이다. EC는 1968년 역내관세를 철폐하여 관세동맹을 완성하고, 1975년 2월에는 아프리카·카리브해·태평양(ACP:African, Caribbean, Pacific)국가 간에 로메협정(Rome Convention)에 서명함으로써 특혜무역협정을 체결하는 등 역내통합을 강화하고 1973년 1월에는 영국, 아일랜드, 덴마크를 신규로 참가시켜 EC를 확대시켰다. 또한 개발도상국도 경제블록화를 추진하고 특히 석유파동 이후에는 자원민족주의가 확대되었으며 일본의 급속한 경제성장도 세계경제구조의 다극화에 한 몫을 하였다.

셋째로, 남북문제가 심화되었다는 것이다. 선진국과 개발도상국의 경제격차가 계속 확대되어 왔으며, 선진국이 개발도상국에 대하여 실시하고 있는 UNCTAD(유엔무역개발회의)의 산물인 일반특혜관세제도(GSP)는 일반적 구속력을 갖지 못하여 개발도상국의 수출 증대에 별로 기여하지 못하였다. 이러한 점을 인식한 개발도상국은 UNCTAD 및 77그룹(G77)을 통하여 세력을 확장하면서 현행체제가 선진국 위주의 경제질서이며 지금까지의 다자간 무역협상에서 개발도상국이 소외되어 왔음을 지적하면서 새로운 무역협상을 주장하였다.

넷째로, 무역장벽이 다양화되었다는 것이다. 종래 국제무역에서 가장 중요한 무역장벽으로 무역협상의 주요 의제였던 관세 이외에 비관세장벽이 중요한 무역저해요인으로 등장하였고, 석유, 식량 등 기초원자재보유국의 임의적 수출규제의 횡포가 만연하여 보다 포괄적인 새로운 무역협상의 필요성이 제기되었다.

이러한 세계경제여건의 변화에 따라 GATT체제가 동요하게 되자 1973년 동경에서 개최된 GATT각료이사회를 기점으로 새로운 국제무역질서를 추구하는 제7차 다자간 무역협상(동경라운드)이 출범하게 되었다. 동경선언 이후 무역협상위원회는 산하에 7개의 협상그룹을 설치하여 의제별로 작업에 들어갔다. 그 내용을 보면 관세, 비관세, 열대성산물, 농산물, 부문접근, 긴급수입제한그룹 및 프레임워크그룹 등이다.

(2) 협상의 진행과 성과

동경라운드는 102개국이 참여한 가운데 1973년부터 1979년까지 진행되었으며, GATT의 점진적 관세인하 노력이 지속되었다. 그 결과 세계 주요 9개 선진국시장의 관세율이 평균 1/3 정도 인하되었으며, 특히 공산품의 평균관세율은 4.7%까지 인하되었다. 8년의 기간에 걸쳐 시행된 관세인하는 관세가 높을수록 그에 비례하여 더 많은 관세를 인하하는 '관세조화'의 요소까지 포함하게 되었다.

다른 부문에 있어서 동경라운드는 다소 복합적인 결과를 실현했다. 농산물교역에 영향을 미치는 근본적인 문제해결에 실패하고, 시간이 촉박하여 긴급수입제한조치인 '세이프가드'에 관한 새로운 협정의 제정도 성사시키지 못했다. 그럼에도 불구하고 협상을 통해 비관세장벽 관련 일련의 협정문들을 탄생시켰는데, 이는 기존의 GATT 규정을 보완한 부분도 있었으나 일부 분야에서는 완전히 새로운 협정문을 제정하기도 했다. 하지만 대부분의 경우에 선진국을 중심으로 상대적으로 소수의 GATT 회원국들이 그와 같은 협정 및 협약에 서명했다. 이 협정들은 GATT 전체 회원국이 수용하지 않았기 때문에 비공식적으로 '협약'(codes)이라고 불리기도 했다.

이들은 다자간 협정은 아니었으나 오늘날 다자간 협정의 출발점이 되었다. 즉 일부 협약은 결국 우루과이라운드에서 수정되어 모든 WTO 회원국들이 수용한 다자간 규범으로 발전되었다. 정부조달, 쇠고기, 민간항공기, 낙농제품 등 4개 부문만이 복수간 협정의 형태로 남아 있게 되었으나 WTO 회원국들은 1997년 말부터 쇠고기 및 낙농협정 등을 종결시키는 데 합의했다.

[표 2-2] 동경라운드 협약

동경라운드 협약
보조금 및 상계조치 : GATT제 6, 16, 23조의 해석
무역관련 기술장벽 : 표준협약이라고도 칭함
수입허가절차
관세평가 : GATT 제7조의 해석
반덤핑 : 케네디라운드의 반덤핑 협약을 대체하는 GATT 제6조의 해석
쇠고기협정 복수간 협정(Plurilateral Trade Agreement)
국제낙농협정 복수간 협정(Plurilateral Trade Agreement)
민간항공기교역 복수간 협정(Plurilateral Trade Agreement)

결론적으로 국제무역의 자유화라는 측면에서 본다면 동경라운드에 있어서 역시 관세인하가 핵심을 이루었다. 주요 제국별로 공산품에 있어서 명목관세율의 평균인하율을 비교해 보면 미국 33%, EEC 22%, 일본 44% 및 캐나다 40%였다. 이와 같이 합의를 본 관세율 인하는 1980년 초부터 8년간에 결쳐 단계별로 점진적으로 실현되었다.

또한 동경라운드에서는 비관세장벽의 철폐 내지 완화를 위한 여러 가지 협상이 타결되었는데, 그 주요한 것을 보면 ① 보조금 및 상계관세협정, ② 정부조달협정, ③ 관세평가협정, ④ 수입허가절차협정, ⑤ 기술장벽제거협정, ⑥ 덤핑방지협정 개정 등의 체결이다. 이러한 협정 중 덤핑방지협정의 개정을 제외한 모든 협정은 국제적으로 처음 타결되었기 때문에 그동안 어려웠던 비관세장벽문제 해결에 계기를 마련했다고 볼 수 있다.

4. 제8차 다자간 무역협상(우루과이라운드)

(1) 개관

우루과이라운드(UR)는 세계 여러 나라의 관세·비관세장벽 철폐를 논의하기 위해 열린 관세 및 무역에 관한 일반협정(GATT)의 제8차 다자간 무역협상으로 1986년 9월 우루과이의 푼타 델 에스테에서 시작되어 1994년 4월 15일에 마무리되었다.

우루과이라운드는 본래 예정보다 거의 두 배의 시간이 소요된 7년 반 동안 진행되었으며 종반에는 125개국이 참여했다. 우루과이라운드는 칫솔에서 호화보트, 금융에서 통신 그리고 벼종자에서 에이즈진료에 이르기까지 거의 모든 무역거래를 다루었다. 이는 분명히 가장 큰 규모의 무역협상이었으며 아마도 모든 협상을 통틀어 역사상 가장 큰 규모의 협상이었을 것이다.

우루과이라운드는 간혹 실패가 예정되어 있는 듯하기도 했으나 결국 제2차 세계대전 종반에 GATT가 창설된 이래 세계교역체제에 가장 큰 개혁을 이루어냈다. 더욱이 진행과정의 어려움에도 불구하고 우루과이라운드는 초기에 일부 성과를 올리기도 했다. 협상출범 2년만에 참가국들은 주로 개도국에 의해 수출되는 열대성 농산물에 대한 관세인하 패키지에 대해 합의를 이룬 것이다. 그들은 또한 분쟁해결규정을 개선했으며 일부 조치는 중간단계에서 시행하기도 했다. 뿐만 아니라 그들은 GATT 체약국들의 무역정책에 관한 정기보고서의 제출을 요구하였는바 이는 전 세계 교역체제의 투명성 제고에 중요한 역할을 한 것으로 평가되고 있다.

[표 2-3] UR 초기 15개 협상의제

우루과이라운드(UR)의 초기 15개 협상의제
관세, 비관세장벽, 천연자원, 섬유・의류, 농산물, 열대성 농산물, GATT조항, 동경라운드협약, 반덤핑, 보조금, 지적재산권, 투자조치, 분쟁해결, GATT체제, 서비스

우루과이라운드는 1982년 11월 제네바에서 개최된 GATT 회원국 회의에서 태동했다. 각료들은 대규모의 새로운 협상의 출범을 의도했지만 회의는 농산물 이슈에서 난관에 봉착하고 그로 인해 협상이 성사되지 못할 것이라는 인식이 지배적이었다. 사실상 각료들이 합의한 작업계획은 우루과이라운드 협상의제 선정의 기초를 이루었다.

그럼에도 불구하고 각료들이 새로운 다자간 협상을 출범시키는 데에 합의하기까지 이슈의 발굴, 그의 명료화 및 공감대 형성에 4년이 더 소요되어 1986년 9월 우루과이의 푼타 델 에스테에서 협상을 출범시켰다. 그들은 결국 사실상 모든 무역정책 현안을 포괄하는 협상의제를 수용하기에 이르렀던 것이다. 협상은 서비스와 지적재산권 등을 위시한 수 개의 새로운 분야를 다자간 교역체제에 편입시키고 농산물 및 섬유 등 민감한 분야에 있어서의 교역제도를 개혁하고자 했다. 그 밖에도 기존의 모든 GATT 조항이 검토대상이 되었다. 이는 분명 역사적으로 교역과 관련하여 국가 간에 합의된 가장 큰 규모의 협상의제였으며, 이를 위해 4년의 협상시한이 설정되었다.

2년 후인 1988년 12월 각료들은 우루과이라운드 중간시점에서 진척상황을 평가하기 위해 캐나다 몬트리올에서 다시 회동했다. 그 목적은 2년의 협상 잔여시한 중에 추진할 의제를 명료화하는 데에 있었으나 다음해 4월 각료들이 제네바에서 보다 차분하게 회동하기 전까지 협상은 난관에 봉착하여 중단되기에 이르렀다.

그와 같은 어려움에도 불구하고 몬트리올 회의에서 각료들은 조기에 타결지을 협상패키지에 합의했다. 여기에는 개도국 지원을 목적으로 하는 열대성 농산물관련 시장접근을 위한 일부 양허, 분쟁해결제도의 합리화, GATT 회원국들의 무역정책 및 관행에 관한 최초의 포괄적이고 체계적이며 정기적인 검토를 위해 마련된 무역정책 검토제도 등이 포함되었다. 우루과이라운드는 1990년 12월 브뤼셀회의에서 종결되도록 예정되어 있었으나 농산물 교역의 개선방식에 대해 합의를 이루지 못하고 협상연기가 결정되었으며, 그 결과 협상은 침체기에 들어섰다. 그러나 암울한 정치적 전망에도 불구하고 상당량의 기술적 작업은 계속되어 결국 최종 법률적 합의안이 최초로 작성되었는바 그 합의안이 바로 각료급 협상을 주재했던 당시의 GATT 사무총장인 아서 던켈(Arthur Dunkel)이 마련한 '최종협정안(Final Act)'이었다.[13] 그 최종안은 1991년 12월 제네바회의의 의제로 상정되었다. 최종안에는 협상 참가국들의 수입관세 인하 및 서비스시장 개방에 관한 양허목록이 빠졌다는 단 하나의 예외를 제외하고는 푼타 델 에스테에서 합의된 모든 사항을 반영하고 있었으며 따라서 최종합의문의 기초가 되었다.

그 후 2년의 기간 동안 협상은 절박한 실패와 급작스러운 성공예측의 사이를 오가는 예측불허의 기간에 접어들었다. 수차례의 협상만료시한이 설정되고 또 무산되기도 했다. 농산물에 더하여 나타난 새로운 주요 쟁점은 서비스, 시장접근, 반덤핑, 그리고 새로운 무역기구의 창설이었다. 미국과 EU 간의 입장차이가 최종 성공적 결론의 관건이 되었다.

1992년 11월 미국과 EU는 비공식적으로 '블레어 하우스 합의[14]'(Blair House

---

13) '던켈초안(Dunkel draft)'이라고 하는데, GATT의 아르투어 던켈 사무총장이 1991년 12월 교착상태에 빠진 우루과이라운드 협상을 타개하기 위해 제시한 최종 협정문으로서 이후 우루과이라운드 협상의 틀이 되었다. 주요 내용으로는 관세율인하, 모든 농산물의 예외 없는 관세화, 10년 내 섬유교역 완전자유화, 지적재산권보호, 서비스분야 자유화, 다자간무역기구의 설립 등이다.

14) 1992년 말 미국과 유럽공동체(EC) 간에 체결된 농산물협정으로서 워싱턴의 영빈관 블레어 하우스에서 협정이 체결된 데서 유래되었으며 이 합의를 토대로 우루과이라운드 타결의 실마리를 찾았다. 주요 내용은 보조금이 지급된 농산물의 수출량을 향후 6년간 21% 감축하고 농산물에 대한 수출보조금을 36% 줄인다는 것이다.

Accord)라고 알려진 협상을 통해 농산물관련 대부분의 입장차이를 해결했다. 1993년 7월경 4대 무역국, 즉 Quad 4국(미국, EU, 일본, 캐나다)은 관세 및 관련 이슈(시장접근)에 관한 협상에서 상당한 진전이 있었음을 공표했다. 비록 일부 최종 마무리가 모든 협상이 종결된지 몇 주 후의 시장접근관련 협상에서 마무리되기는 했지만, 1993년 12월 15일에 이르러서야 모든 이슈가 최종적으로 해결되고 상품 및 서비스관련 시장접근 협상이 종결되었다. 협상결과는 1994년 4월 15일 모로코 마라케쉬에서 개최된 회의에서 125개 협상참여국 정부의 각료들에 의해 서명되었다.

협상지연으로 인해 얻은 소득도 없는 것은 아니었다. 협상이 지연됨으로써 일부 협상, 예를 들어, 서비스, 지적재산권, WTO 창설 등과 관련된 협상에서 1990년에 가능했을 수준 이상의 진전이 가능했던 것이다. 그러나 거대한 협상업무로 말미암아 전 세계의 무역행정 당국은 피로의 기색이 역력했다. 대부분의 무역현안을 포괄하는 완전한 협상패키지에 대한 합의도출의 어려움을 깨달은 일각에서는 그와 같은 대규모 협상이 다시는 가능하지 않을 것이라는 결론을 내리기도 했다. 그러나 우루과이라운드 협정은 많은 부분에 대해 새로운 협상을 위한 일정을 포함하고 있다. 또한 1996년 일부 국가들은 다음 세기초에 새로운 다자간 무역협상을 개최할 것을 공개적으로 요구했다. 그에 대한 반응은 복합적으로 나타나고 있으나, 마라케쉬협정은 이미 다음 세기로의 전환시점에 일련의 이슈에 대해 협상을 재개해야 한다는 약속을 담고 있다.

[표 2-4] 우루과이라운드 주요 일정

우루과이라운드(UR) 주요일정	
1986. 9	푼타 델 에스테 : 출범
1988. 12	몬트리올 : 각료 중간 검토
1989. 4	제네바 : 중간검토 완료
1990. 12	브뤼셀 : 각료회의 종료 및 협상중단
1991. 12	제네바 : 최초의 최종협정안 완성
1992. 11	워싱턴 : 농산물관련 미-EU 간 블레어하우스 합의도출
1993. 7	동경 : G-7 회의에서 4대 무역국 간 시장접근관련 합의도출
1993. 12	제네바 : 대부분 협상종결(일부 시장접근협상은 존속)
1994. 4	마라케쉬 : 협정문 조인
1995. 1	제네바 : WTO 창설 및 협정 발효

(2) 협상의 주요 결과

우루과이라운드는 GATT의 다자간 무역협상 중 가장 중요하고 포괄적인 무역협상이었으며 우루과이라운드 협상의 타결은 자유무역을 향한 획기적인 진전의 의미를 가지고 있다 할 것이다. UR협상은 무역장벽을 대폭 완화하였을 뿐 아니라 자유무역환경을 보장하는 다자간 무역규범을 크게 강화함으로써 무역확대를 통한 세계경제 도약의 계기를 마련한 것으로 평가되고 있다.

그 이유는, 첫째 항구적이고 강력한 세계무역기구(WTO)를 수립하였고, 둘째 상품의 관세인하 및 무세화를 통해 기존의 관세장벽을 대폭 낮추었을 뿐만 아니라 회색조치 등 비관세장벽도 대폭 완화시켰으며, 셋째 각종 수량제한조치로 보호되어 왔던 농산물에 대해서도 일단 관세화를 통해 WTO체제 내로 끌어들임으로써 농산물무역에 대한 비관세장벽을 단계적으로 완화시켰으며, 넷째 다자간 섬유협정(MFA)에 의해 규제되어오고 있는 섬유류도 10년간에 걸쳐 완전히 WTO체제 내로 통합함으로써 섬유류 무역자유화의 기반을 마련하였다는 점이다. 여섯째, 각국의 보호무역 수단으로 활용된 사례가 많았던 기존의 반덤핑·상계관세·긴급수입제한조치의 남용을 억제하도록 규범화하였고, 보다 효율적이고 신속한 분쟁해결절차를 도입함으로써 자의적인 무역규제의 여지를 축소시켰으며, 일곱째 최근 국제무역에서 비중이 커지고 있는 서비스무역 분야에 대해 별도의 무역규범을 새로이 제정하고 이 분야의 시장개방 계획을 작성토록 함으로써 서비스무역이 확대되는 발판을 마련하였으며, 마지막으로는 무역관련 지적재산권에 관한 협정을 수립함으로써 무역관련 지적재산권에 대한 보호를 강화하였다는 것이다.

1) 공산품분야

공산품분야에 있어서 관세인하는 1986년 9월 수준에서 40%의 감축을 달성하였는데, 우리나라의 평균 양허세율은 8.1%, 선진국의 평균 양허세율은 3.3%였다. 또한 전반적인 관세인하 외에 철강, 건설, 농업장비, 의료기기, 의약품, 가구 등에 있어서는 관세철폐 및 화학제품에 있어서는 관세조화에 합의함으로써 보다 큰 폭의 관세인하를 달성하였다.

2) 농업분야

UR협상의 난제였던 농업분야에 있어서는 시장접근과 관련하여 비관세장벽을 모두 관세화하고 최소시장접근 허용원칙을 도입하였으며, 각국이 농업분야에 대하여 지급하고 있는 각종 보조금이 국제농산물의 건전한 무역질서를 저해함에 따라 이들 보조금 중 허용되는 국내보조금의 범위를 명백히 하고 여타의 국내보조금이나 수출보조금은 점진적으로 감축하도록 규정하였다.

3) 섬유

섬유류는 다자간섬유협정(MFA)에 따라 주요 국가간 쿼터(Quota)를 설정하여 운영하는 방식으로 무역이 이루어져 왔으나 UR 섬유협상 타결로 향후 10년 동안 4단계에 걸쳐 2005년에는 기존의 섬유무역은 모두 WTO 체제로 통합되어 자유화되게 되었다.

4) 규범의 강화

GATT 정신에 위배되는 수출자율규제(VER), 시장질서협정(OMA) 등 이른바 회색조치를 4년 이내에 철폐하고, 반덤핑·상계관세·긴급수입제한조치의 발동요건과 기준을 보다 투명하고 엄격하게 규정함으로써 수출국 특히 개발도상국의 수출여건을 개선하였다.

5) 서비스분야

최근 국제무역에서 그 비중이 커지고 있는 서비스무역에 관한 규범을 새로이 제정하였으며, 서비스무역은 상품의 경우와는 달리 저장이 곤란하고 생산자와 소비자가 직접 접촉하여야 하는 경우가 많아 기존 GATT 규정이 적절하지 못하였던바 별도의 무역규범(GATS : General Agreement on Trade in Services)을 제정하였다.

6) 지적재산권분야

지적재산권에 있어서 선진국들은 자국의 경제가 지식산업화함에 따라 자신들이 비교우위가 있는 지적재산권을 보호하기 위한 국제규범의 강화에 주력하였는데 이러한 지적재산권 보호에 관한 협정으로는 UN 전문기구인 WIPO(세계지적재산권기구)가 관장하고 있는 파리협약, 베른협약, 로마협약 등이 있었으나 미국 등 선진국은 이들 기존협약들로는 보호가 미흡하다는 판단하에 지적재산권 보호문제를 WTO 체제에 포함하였다.

UR협상에서 지적재산권 협상은 처음에는 위조상품의 무역규제를 목표로 하였으나 점차 그 범위가 확대되어 저작권, 상표권, 특허권 등 전반적인 지적재산권 보호에 관한 포괄적인 무역규범을 제정하였다.

7) 분쟁해결절차

GATT 체제하에서의 분쟁해결절차에 많은 시일이 소요되었고, 그 절차가 비효율적이고 복잡하였다는 점을 감안하여 단일 분쟁해결절차를 마련하고 단계별로 시한을 설정하는 등 분쟁해결절차의 단일화 및 신속성을 도모하였다.

8) 세계무역기구의 출범

우루과이라운드 협상결과가 원만히 이행되도록 GATT를 대체하는 항구적이고 강력한 새로운 세계무역기구(WTO : World Trade Organization)를 설립하였다. 세계무역기구의 기능과 다자간 무역협정의 모든 사항에 대한 결정 권한을 보유하는 최고의 의결기관인 각료회의를 매 2년마다 1회 개최하기로 하였고, 세계무역기구 산하에는 일반이사회 및 각 분야별로 상품무역이사회, 서비스무역이사회, 지적재산권이사회를 설치하고, 회원국 무역정책의 주기적 검토를 위한 무역정책검토기구(TPRB : Trade Policy Review Body)와 분쟁해결을 관장할 분쟁해결기구(DSB : Dispute Settlement Body)를 설치하였다.

난항을 거듭하여 오던 우루과이라운드는 드디어 1993년 12월 15일 원래의 협상시한을 3년이나 넘기면서 7년 이상을 끌어온 협상을 타결지었다. 그 후 1994년 4월 7일 무역협상위원회에서 각료선언과 무역과 환경에 관한 결정, WTO 준비위원회 설립에 관한 결정, WTO 설립협정 수락 및 가입에 관한 결정, 조직 및 재정에 관한 결정 등 4개 결정문을 확정, 동년 4월 12일부터 15일까지 개최된 마라케쉬 각료회의에서 채택함으로써 1995년 1월 1일 WTO협정이 발효되어 새롭게 국제무역을 관장할 WTO체제가 도래하게 되었다.

✲ 사례연구

우리나라의 수입쇠고기 구분판매제도 분쟁

Ⅰ. 사례개요

우리나라는 1999년 2월과 4월에 미국과 호주로부터 수입쇠고기 구분판매제도가 WTO의 무차별원칙에 위반한다는 주장에 따라 WTO에 제소를 당한 분쟁사례이다. 즉 미국과 호주는 우리나라의 수입쇠고기 구분판매제도 및 쇠고기수입 수량제한 등의 쇠고기수입제도 및 정책에 대하여 불만을 나타낸 것이다.

우리나라는 우루과이라운드 농산물협상 과정에서 쇠고기에 대해서는 대폭적인 시장개방을 하였는데, 이로 인해 쇠고기 수입쿼터제의 도입과 함께 매년 의무 수입쿼터량의 확대와 관세 및 부과금 조정을 실시하며, 2001년부터는 쇠고기의 수입에 대해 완전자유화를 실시하도록 합의하였다. 그러나 미국과 호주는 수입쇠고기 구분판매제도, 1998년 미소진 쿼터의 1999년 이월문제, 쿼터 미소진 문제 등과 관련하여 한국과 협의하였으나 합의에 이르지 못하자 수입쇠고기에 대한 전문판매점제도, 쇠고기수입 수량제한, 수입쇠고기에 부과되는 수입부과금, 축산업에 대한 국내보조 등의 우리나라 국내 쇠고기수입관련 조치가 수량제한 일반금지원칙, 내국민대우원칙, 국영무역운영원칙, 국내보조 등의 WTO 협정 규정에 위반한다고 WTO에 제소하였다.

WTO 패널은 제소국인 미국과 호주의 주장을 수용하여 우리나라의 WTO 협정 위반을 평결하였다. 이에 우리나라는 쿼터제도에 관하여는 패널의 판정을 수용하였으나 구분판매제도와 농업보조금과 관련하여서는 상소기구에 상소를 하였다. 그러나 상소기구는 수입쇠고기 구분판매제도에 관해서는 패널의 평결을 수용하였으나 보조금의 부문에 대해서는 패널의 평결을 번복하였다.

Ⅱ. 진행과정

한국의 쇠고기수입체계는 축산물유통사업단(LPMO)을 통한 수급조절 중심의 유통체계와 동시매매(Simultaneous Buy and Sell) 입찰을 통한 수입 및 유통체계로 나누어진다. 축산물유통사업단은 동시매매시스템에 의해 수입쇠고기를 구매할 때는 최종소비자들에게 허가증을 배부하였는데, 이러한 허가는 동시매매 물량의 수입주체로서 축협중앙회, 한국냉장, 관광호텔용품센터 등 협회나 규모가 큰 회사로 구성되는 이른바 슈퍼그룹들에게만 허용되었다. 또한 우리나라는 수입쇠고기를 전문판매장에서만 판매토록 하는 구분판매제도를 실시하였고, 가격유지를 위한 보조금을 지급하고 있었다.

우리나라는 1997년 말 외환위기 영향으로 환율이 상승하면서 수입쇠고기 가격이 상승했고, 또 사료가격 급등으로 국내 축산농가들이 소를 다량으로 도축함에 따라 국산쇠고기 공급이 수요를 초과하게 되어 1990년대 이후 증가하던 수입량이 1997년과 1998년에는 쿼터량에 미달하는 현상이 일어나게 되었다. 이러한 현상에 대해 미국은 쿼터이행의 부족원인을 한국 쇠고기수입과 유통구조의 차별성에 기인한 것으로 주장하였다.

우리나라의 쇠고기 수입제한 및 수입쇠고기 구분판매제도, 축산업에 대한 국내보조 등 한국 내 쇠고기 관련 조치들이 미국의 한국시장에 대한 시장접근을 차별화하고 있으며, 또한 한국의 이른바 슈퍼그룹들이 쇠고기 수입에 관여하고 있는 점도 시장접근을 제한하고 있다고 주장하였다.

문제해결을 위해 우리나라와 미국은 이 문제들에 대한 협의를 시행하였으나 결국 합의점을 찾지 못하고 1999년 2월 미국은 WTO에 제소를 하였고, 동일문제로 호주가 1999년 4월에 제소를 하였으며 1998년 8월에 패널이 구성되어 분쟁해결이 진행되었으나 우리나라는 2000년 6월 15일 WTO 패널 최종보고서에서 수입쇠고기 구분판매제도를 비롯한 여타의 수입관련 조치가 WTO원칙에 위배된다는 패소판정을 내렸다.

주요 진행과정

- 1999. 2. 1. 미국, 양자협의 요청
- 1999. 3. 11~12. 한 · 미 양자협의 개최(호주, 캐나다, 뉴질랜드 참가)
- 1999. 4. 13. 호주, 동일사안으로 양자협의 요청
- 1999. 4. 15. 미국, 패널설치 요구
- 1999. 5. 25. WTO 분쟁해결기구(DSB)에서 미국의 요청에 의한 패널 설치
- 1999. 5. 28. 한 · 호주 양자협의 개최(캐나다, 뉴질랜드, 미국 참가)
- 1999. 7. 12. 호주, 패널설치 요구
- 1999. 8. 4. 패널구성
- 2000. 5. 10. 패널 중간보고서 제출
- 2000. 6. 15. 패널 최종보고서 제출(한국 패소판정)

Ⅲ. 주요 쟁점

1. 구분판매제도 및 수입쇠고기 전문점 간판부착 규제의 내국민대우원칙 위배 여부

미국, 호주의 제소국들은 수입쇠고기 전문판매점과 국산쇠고기의 판매점의 수가 불일치한 점을 근거로 수입쇠고기 구분판매제도가 내국민대우원칙(GATT 제3조)에 위반한다고 주장하였다. 수입쇠고기 전문판매점은 약 5,000개에 불과한 반면 국내산 쇠고기 판매점은 약 45,000개로 판매점 수가 현격하게 차이가 나는 것은 국내제품과 수입품의 경쟁기회의 박탈을 의미한다고 주장하였다. 또한 수입쇠고기 전문점이라는 간판을 부착하도록 규제하는 것은 수입쇠고기에 대한 부정적 인식을 갖게 하고, 유통과 가격면에서 악영향을 미치는 효과를 초래하므로 내국민대우에 위반되는 조치라고 주장하였다.

이에 대해 우리나라는 국산쇠고기도 수입쇠고기 판매점에서 판매되지 않도록 규제하고 있으므로 국산쇠고기에 대해서도 동등한 규제가 시행되므로 내국민대우원칙 위반에 해당되지 않는다고 주장하였다.

패널의 판정에 있어서는 수입쇠고기 구분판매제도가 내국민대우에 위반여부가 적용되기 위해서는 수입쇠고기와 국산쇠고기가 동종제품인지를 먼저 확인한 후 불리한 대우가 있었는지 검토되어야 하며, 보호주의의 차단에 그 목적이 있고 거래량에 대한 기대보다는 경쟁조건에 대한 기대를 보호하기 위한 원칙이므로 법령이나 규칙으로 인하여 내국시장의 수입상품에 불리한 효과가 실제로 발생하였는지 여부는 중요하지 않다고 판단하였다. 이에 패널은 동종제품이며, 쇠고기 구분판매제도는 수입품과 국산품 간의 차별적 대우를 필연적으로 발생시키므로 내국민대우에 위반된다고 평결하였다. 또한 구분판매제도가 동등하게 적용되더라도 수입쇠고기의 경쟁조건이 감소되는 결과를 낳는다면 내국민대우에 위반하는 것으로 보았다.

수입쇠고기 전문점 간판부착 규제에 대해서 패널은 간판부착제도는 구분판매제도에 수반되는 제도라고 판단하고, 구분판매제도가 내국민대우에 위반되는 조치이므로 간판부착제도도 내국민대우에 위반하는 조치이며, 간판부착은 원산지를 표시하는 데에만 사용되어야 한다고 판정하였다.

2. 기만적 관행을 방지하기 위한 필요한 조치위반 여부

우리나라는 구분판매제도가 내국민대우에 위반된다는 미국과 호주의 주장에 대하여 구분판매제도는 수입쇠고기의 국산한우고기의 둔갑판매 방지를 목적으로 하는 불공정경쟁법상의 규제로서 GATT 제20조 일반적 예외조항(GATT 제20조 (d)항)에서 허용하는 일반적 예외조치라고 주장하였다. 특히 수입쇠고기가 국산쇠고기보다 저가에 공급되어 가격경쟁력을 가지는 상황에서 구분판매가 국내산업을 보호하기 위한 제도라는 미국과 호주의 주장은 타당하지 않음을 강조하였다.

패널은 기만적 관행을 방지하기 위한 필요한 조치(GATT 제20조 (d)항)의 적용에 있어 구분판매제도가 GATT규정에 부합하는 조치인지, 또한 시장질서를 유지하기 위해 반드시 필요한 조치인지, 그리고 국제무역을 제한하기 위한 정당화되지 않는 차별적 수단이 아님을 우리나라가 입증하여야 한다고 하였다. 우선 패널은 구분판매제도가 다소 문제를 내포하고 있는 조치이기는 하지만 불공정경쟁법상 둔갑판매를 방지하기 위한 목적의 범위 내에서 적용되는 한 규정에 부합하는 조치라고 보았으나 반드시 필요한 조치에 해당하는 조치라고는 보지 않았다. 그 이유는 구분판매제도가 다른 유사한 분야에서는 도입되지 않고 있다는 점과 구분판매제도 이외의 다른 대안조치로는 기만행위를 방지할 수 없다는 우리나라의 주장에 대한 입증이 미흡하기 때문에 반드시 필요한 조치라고 보지 않았다.

이에 관해 우리나라는 구분판매제도의 필요성과 관련하여 다른 품목에서는 조사, 벌금, 기록보존 등을 적용하고 있으므로 쇠고기시장에서도 이들을 적용할 수 있다고 본 패널의 판정은 기만행위의 방지라는 규제목적을 달성하기 위해서는 구분판매제도만이 효과적이라는 점을 간과하고 있기 때문에 발생하는 오류라고 주장하였으나 패널은 구분판매제도가 다른 품목에서는 시행되지 않고 있으며, 다른 품목에서는 둔갑판매를 규제하는 다른 제도가 시행되고 있고, 한국이 다른 제도를 통해서는 둔갑판매 방지를 달성할 수 없다는 점을 증명하지 못하였음을 근거로 GATT 제20조 (d)항의 기만적 관행을 방지하기 위한 필요한 조치를 위반하였다고 판정하였다.

3. 쇠고기 수입제도 및 정책의 위반 여부

제소국인 미국과 호주는 우리나라의 수입쇠고기 수입제도에 관해서도 강한 불만을 제기하였는데, 축산물유통사업단의 유통체계, 동시매매시스템, 축산물유통사업단의 경매, 입찰, 방출 등에 관한 내용이 주요 쟁점사항이었다.

(1) 축산물유통사업단 유통체계의 내국민대우 위반 여부

미국과 호주는 가공·포장되지 않은 수입쇠고기의 도매시장에서의 판매제한, 도매시장에서 수입쇠고기 전문판매점만의 유통제한, 현금결제방식 및 기록유지의무 등의 일련 조치가 축산물유통사업단에 의해 수입된 쇠고기에 대해서만 부여되고 있는바 이는 명백히 GATT 제3조에 규정된 내국민대우에 위반된다고 주장하였다.

제소국의 주장에 대해 우리나라는 국내산과 수입산 쇠고기의 비교가 불가능하고, 백화점을 포함하는 구분판매제도는 WTO 규정에 합치되는 것이며, 현금결제방식은 한우유통에도 적용된다는 대응논리를 구사하였다. 그러나 수입쇠고기에 대한 기록유지의무에 대해서는 대응을 하지 않았다.

이에 대해 패널은 도매시장에서만 수입쇠고기를 판매토록 하는 것은 축산물유통사업단 유통체계의 본질적인 요소로 보았고, 이러한 판매제한은 2002년 1월 1일까지 허용하는 잔존수입제한으로 패널의 검토대상이 아니라고 보았다. 그러나 축산물유통사업단의 도매시장에서의 구분판매는 GATT 제20조 일반적 예외조항에 의해 정당화되지 않는 조치이며, 기록유지의무와 함께 GATT 제3조 내국민대우에도 위반하고 있다고 판정하였다.

(2) 동시매매시스템의 내국민대우 위반 여부

동시매매시스템과 관련하여 제소국들은 수입할 수 있는 주체를 제한하고 있는 동시매매시스템의 존재 자체와 동시매매시스템 회원자격조항, 슈퍼그룹 간 거래금지, 최종사용자와 슈퍼그룹, 최종사용자 간의 거래를 금지한 제도가 내국민대우에 위반하는 조치라고 주장하였다.

이에 대해 패널은 최종사용자 간의 거래금지 및 추가적인 표시의무를 제외한 여타 동시매매시스템과 관련한 대부분의 제소국 주장에 대해 잔존수입제한에 해당된다고 보았다. 최종사용자 간의 거래를 금지하는 것은 제품의 원산지에 따라 차별적으로 규제하는 효과를 유발하므로 내국민대우에 위반된다고 보았다. 추가적인 표시의무에 대해 우리나라는 모든 수입가축육에 안정성을 이유로 지속적으로 시행하여 왔다고 대응하였으나 패널은 추가적인 표시의무는 원산지를 근거로 한 차별대우를 유발하며, 또한 추가적인 표시의무 조치는 원산지표시 이상의 의미를 내포하고 있으므로 GATT 제3조 내국민대우에 위반되는 조치라고 판정하였다.

(3) 축산물유통사업단의 경매, 입찰, 방출의 위반 여부

미국과 호주 등의 제소국들은 축산물유통사업단의 경매, 입찰 및 방출조치 등의 운영절차는 수입을 제한하는 부가조치로서 수입쿼터의 이행을 제약하고 있다고 주장하였다. 패널은 축산물유통사업단의 최저가격제는 잔존수입제한에 해당하는 것이므로 검토대상이 되지 않는다고 판단하였으나 축산물유통사업단의 일별, 월별 물량 조절제도와 수입쇠고기 입찰요구에 대한 지연 및 거절조치들에 대해서는 검토를 실시하였다.

패널은 수입쇠고기의 실제거래량을 먼저 조사하였는데 우리나라의 주장과는 달리 1997-1998년에는 쿼터가 소진되지 않았을 뿐만 아니라 축산물유통사업단이 수입수량의 한도에 다다른 시점에서 수입쇠고기의 입찰을 중지하였다가 쿼터소진의 우려가 없을 때 다시 입찰을 증가시켰다고 판단하였다. 이에 대해 우리나라는 상기의 조치는 아시아 금융위기로 인해 필요한 조치라 항변하였으나 패널은 1996년 6월 1일부터 12월 31일까지의 기간에서는 축산물유통사업단의 쇠고기 구입가격이 원화의 절하로 상승되어 통상의 조치를 한국이 취하는 경우에는 축산물유통사업단이 손해를 입을 수 있다는 우리나라의 주장을 수용하여 정당한 조치라고 보았으나 1997년 10월 31일부터 1998년 5월 31일 기간 중의 축산물유통사업단의 조치는 쇠고기 수입을 제한하기 위한 조치라고 판정하였다.

패널은 수량제한에 관한 일반규정인 GATT 제11조(수량제한의 일반적 금지조항)의 규정을 비롯하여 수량제한은 일반적으로 금지하고 있으나 예외적으로 제한을 인정하는 국제수지 옹호를 위한 제한(GATT 제12조), 수량제한의 무차별 적용(GATT 제13조), 무차별에 대한 예외(GATT 제14조), 국영무역기업(GATT 제17조), 경제개발에 대한 정부의 원조(GATT 제18조) 및 동 조항들의 주석・보충규정은 국영무역기업에도 적용된다고 보았다.

State Trading(국영무역)

일반적으로 국영무역이란 국가기간 품목에 대한 무역을 정부가 통제함으로써 국내산업의 안정적 발전을 도모하고 국가재정, 안보상의 목적을 달성하는 한편 국내소비자의 이익을 보호하려는 무역형태를 말한다. 국영무역기업은 세계 여러 나라에 존재하며, 특히 농업분야에 다수가 존재하고 있다.

UR협정에서는 국영무역기업을 "수입 또는 수출방향 및 수량에 영향을 미칠 수 있는 독점적이거나 특별한 권리, 특권 등이 허용된 정부기업과 비정부기업으로 정의"하며 원래 GATT 제17조에는 국영무역기업 운영에 대한 제반 준수사항을 열거하고 있으나 잘 준수되지 않아 UR협상을 통해 국영무역기업의 정의, 통보의무 및 역통보 등 그 운영을 강화하게 되었으며 국영무역기업 활동의 투명성을 보장하기 위하여 국영무역 작업반을 설치하여 각 회원국의 국영무역 기업활동을 검토하도록 하였다.

WTO협상에서 국영무역이 논의되는 배경은 독점적 또는 특별한 권리와 특권(exclusive or special rights and privileges)를 가진 시장지배력을 통해 시장접근을 막고, 수출시장 점유율을 늘리고, 무역환경을 왜곡시킬 수 있다는 점 때문이다. 그러나 국영무역제도는 GATT체제 출범과 함께 오랫동안 국제적으로 인정되어온 합법적인 제도이다. 국영무역은 수입물량의 일괄적인 관리, 농산물 가격안정, 국내 유통질서 및 수급안정 등의 긍정적 효과도 가져오고 있으며 시장접근물량의 일반적인 관리에도 유용한 제도가 될 수 있다.

현재 WTO협정상 수입국영무역은 엄격한 규칙에 따라 매우 투명하게 운용될 것이 요구되고 있는 반면에, 상대적으로 수출국영무역에 관한 규범체계는 미비하다고 할 수 있다. 우리나라는 쌀, 보리, 콩, 쇠고기, 고추, 마늘, 양파 등 19개 품목의 시장접근물량을 수입함에 있어 국영무역기업을 운영하겠다고 UR 이행계획서에 표시하여 이행하고 있다.

GATT 제17조는 국영무역기업의 수출입에 관계되는 구매 또는 판매에 있어 민간무역업자의 수출입에 영향을 주는 정부의 조치에 대해 GATT에 규정된 차별금지의 일반원칙(무차별원칙)을 준수하는 방법으로 행동하게 할 것을 규정하고 있다. 패널은 축산물유통사업단의 수입제한조치는 상기에서 규정하고 있는 조항들에 위반되는 조치라고 판정하였다.

State Trading Enterprise(국영무역기업)

WTO협정의 GATT 제17조 해석에 관한 양해에 따르면 국영무역기업을 "배타적 또는 특별한 권리(Exclusive and special rights or privileges)의 행사를 통하여 수출입의 수준 또는 방향에 영향을 주는 정부 및 비정부기업"으로 정의하고 있으며, 이러한 기업을 운영하고 있는 회원국은 매 3년마다 전면통보를 해야 하며 매년마다 변경사항을 통보하도록 규정하고 있다.

우리나라는 국별이행계획서에 근거하여 당초 쌀, 쇠고기 등 19개 품목의 관세쿼터 물량의 관리를 위해 농수산물유통공사, 축산물유통사업단, 축협중앙회 등 8개 기관을 국영무역기업으로 WTO에 통보하고 운영하여 있으나, 1998년 1월부터 실크가 실수요자 추천으로 수입관리방식이 변경되어 현재 쌀, 보리, 쇠고기, 오렌지, 고추, 마늘, 인삼, 천연꿀, 잣 등 17개 품목(HS 4기준)에 대해 농림부, 농수산물유통공사, 축산물유통사업단, 축산업협동조합중앙회, 제주감귤협동조합, 인삼협동조합중앙회, 임업협동조합중앙회 등 7개 지정기관에서 담당하고 있다.

1995년과 1996년에 WTO에 보고된 가장 큰 수출국영무역기업은 캐나다 밀위원회, 뉴질랜드 낙농위원회, 호주 밀위원회 및 퀸즐랜드 설탕공사 등이다. 1992년과 1999년 사이에 4개의 대형 국영무역기업들은 각기 매년 9억 달러 이상의 대표상품을 수출했다. 기타 수출국영무역기업들은 곡물, 낙농제품, 육류, 설탕, 과일 및 채소를 수출했다. 호주, 캐나다, 뉴질랜드 및 남아프리카공화국은 다수의 유통위원회를 운영하고 있다. 호주는 보리, 설탕, 밀, 쌀과 같은 상품에 대한 유통위원회를 보유하고 캐나다는 곡물, 낙농제품, 맥주, 포도주, 증류주에 대해 유통위원회를 운영하고 있다. 뉴질랜드의 유통위원회는 국내유통 및 무역권한을 축소시켜 왔을지라도 육류, 유제품 및 광범위한 범위의 원예제품을 유통시켜 왔다. 남아프리카공화국은 1996~1997년에 많은 유통위원회를 해체했고 1997년 7월에 수출보조금제도를 종료했고, 남아프리카공화국의 가장 큰 유통국들에 의해 마케팅되는 품목에는 사과, 포도, 감귤류, 옥수수 등이 있다.

또한 호주가 축산물유통사업단이 곡물사료로 사육된 소와 목초사료로 사육된 소를 구분하여 쿼터를 할당하고 목초사료로 사육된 소의 입찰을 세 번이나 제한한 것은 GATT 제3조, GATT 제11조, GATT 제17조를 위반하고 있으며, 또한 우리나라가 두 유형으로 소를 분류하는 것은 GATT 제2조(관세양허)를 위반하고 있다는 주장에 대하여 패널은 동시매매시스템을 통하여 수입되는 품목에서는 유사한 조치가 행해지지 않고 있으며, 한국의 국내시장에서도 실제거래에 있어서 이용되지 않고 있음에 주목하여 GATT 제11조에 위반하는 수량제한조치라고 판정하였다. 또한 제소국의 주장처럼 한국이 소를 두 가지 유형으로 구분하는 것은 관세양허에 근거한 조치가 아니며, 이는 목초사료로 사육된 소에 대한 불리한 대우를 의미하는 것이므로 GATT 제2조 관세양허에 위반되는 조치라고 판정하였다.

Ⅳ. 시사점

2001년 2월 2일 분쟁해결기구에서 우리나라는 분쟁해결기구의 권고 및 판정을 상당부분 이미 이행하였음을 보고하였으며, 이행절차를 완료하기 위해서는 합리적인 이행기간이 필요하다고 지적하여 2001년 4월 19일 분쟁해결기구 회의에서 8개월간의 이행기간에 합의하였다고 보고하였다. 2001년 9월 25일 우리나라는 분쟁해결기구 회의에서 이행기간인 2001년 9월 10일까지 패널의 판정에 따라 권고사항을 이행하였음을 보고하였다.

수입쇠고기 구분판매제도 분쟁은 비록 법령 및 제도가 수행하는 근본 목적은 정당하다고 할지라도 그 시행에 있어서 다른 대안제도가 있는 경우나 필수불가결한 조치라고 판단되지 아니하는 경우에는 차별을 위한 조치에 해당하는 것이며, 이는 WTO 무차별원칙의 하나인 내국민대우원칙에 위배된다는 점을 보여준 사례라 할 것이다. 앞으로 이러한 점은 수입제품의 유통 및 판매규제에 있어서 보다 신중한 검토가 요구된다 할 것이다.

Chapter

3

WTO체제의 출범과 배경

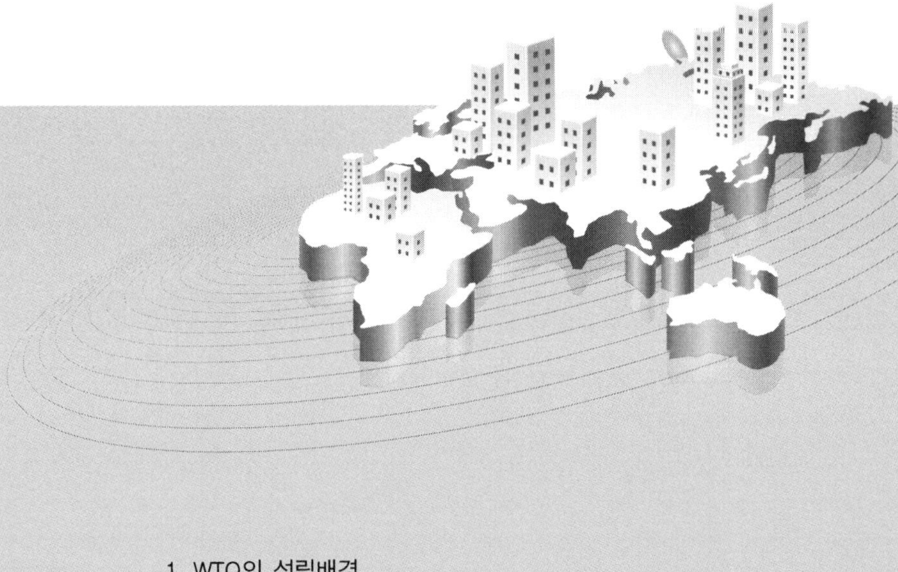

1. WTO의 성립배경
2. WTO체제의 의미
3. WTO체제의 원칙
4. WTO협정의 구성체계
5. 주요 협정내용
6. WTO의 업그레이드를 위한 주요의제(DDA협상의제)

Chapter 03

WTO체제의 출범과 배경

1. WTO의 성립배경

(1) 국제무역기구(International Trade Organization : ITO)의 실패

제2차 세계대전 이후 미국은 국제통화기금(IMF), 세계은행(IBRD) 및 국제무역기구(ITO) 등 3개 국제기구 설립을 통해 환율안정, 부흥개발기금 제공 및 자유무역체제 확립을 추진하였다. 그러나 하바나헌장(Havana Charter)에 대한 미국의회의 강력한 반대로 동 헌장이 발효하지 못하게 됨에 따라 ITO 설립은 무산되었다. 이에 따라 하바나헌장의 내용을 대폭 축소하여 각국의 합의가 이루어진 부분만을 발췌하여 이를 잠정적으로 수용한 것이 현재의 GATT체제이다.

(2) GATT체제의 문제점

GATT는 당초 잠정적으로 채택되었으며(제29조 제2항) 많은 예외규정을 두고 있어 국제협정으로서의 법적 구속력이 제한되었다. 이러한 현행 GATT체제는 경제 강대국의 불공정 행위 및 자의적 행위를 효율적으로 규제하는 데 부적절하였다.

(3) 다자간무역기구(MTO) 설립 추진

1986년 개시된 우루과이라운드 협상은 현행 GATT체제의 제반 문제점을 해결하고자 GATT체제를 다자간무역기구로 발전시키는 작업을 UR 협상의 교섭과제 중의 하나로 채택하였다. 다년간에 걸친 우루과이라운드 협상 참가국 간의 토의를 거친 후 1991년 12월 '던켈 초안(Dunkel Draft)'에 다자간무역기구(MTO : Multilateral Trade Organization) 설립협정안이 포함되어 제시되었다. 그러나 미국은 자국의 통상분야에서의 주권침해 가능성을 우려하여 다자간무역기구의 설립을 계속 반대하였으나 1993년 12월초 EC와의 최종 협상과정에서 다자간무역기구 설립에 합의를 하였다. 그 이후 1993년 12월 15일 최종 수석대표회의시에 미국 측은 동 기구 명칭을 다자간무역기구에서 세계무역기구(WTO : World Trade Organization)로 변경할 것을 수정 제안하였고 최종적으로 동일 개최된 무역협상위원회(TNC : Trade Negotiation Council)에서 채택되어 WTO가 탄생하였다.

2. WTO체제의 의미

세계무역기구(WTO)는 국가간 무역규범을 다루는 유일한 국제기구로서 그 핵심은 세계의 다수 교역국가들이 협상을 거쳐 조인한 WTO 협정문에 있다. WTO 협정문은 국제상거래를 위한 법적 기본규칙을 제공하며 협정문들은 본질적으로 합의된 범위 내에서 각국 정부가 자국의 무역정책을 수행해 나가도록 구속하는 약속이라고 할 수 있다. 비록 협정문은 각국 정부가 협상하여 조인하기는 하였지만 그 목표는 상품 및 서비스의 생산자, 수출자 및 수입자들이 상행위를 하는 데 도움을 주는 것이다.

WTO체제의 가장 중요한 목표는 부작용이 없는 범위 내에서 가능한 한 무역을 자유롭게 하는 것이다. 이는 부분적으로는 무역장벽을 제거하는 것을 의미하며, 또 한편으로는 개인, 기업 및 정부가 세계무역규범이 무엇인지를 이해할 수 있도록 하는 동시에 그들에게 갑작스러운 정책변화가 없을 것이라는 확신을 부여하는 것을 의미한다. 즉 그와 같은 규범은 투명하고 예측 가능해야 하는 것이다. 협정문들이 대부분 상당한 토론과 논란을 거쳐 교역국가들의 공동체에 의해 제정되고 조인되기 때문에 WTO의 가장 중요한 기능 중의 하나는 무역협상을 위한 토론의 장(場)을 제공하는 것이다.

또 하나 중요한 WTO의 활동은 분쟁해결이다. 교역관계는 흔히 상충적 이해관계를 수반하기 때문에 WTO체제 내에서 협상된 약속 및 협정은 해석을 필요로 하는 경우가 많다. 국가 간의 의견차이를 해결하는 가장 조화로운 방법은 합의된 법적 기초에 근거한 중립적 절차에 의존하는 것이다. 분쟁해결절차가 WTO협정에 설정된 목적도 여기에 있다.

WTO는 1995년 1월 1일에 출범했지만 그 무역체제는 반세기의 역사를 지니고 있다. 1948년 이래로 GATT가 그 체제를 위한 규범을 제공해 온 것이다. GATT 협정은 제정된 후 오래지 않아 비공식적이긴 하지만 일반적으로 GATT로 알려진 사실상의 국제기구로 탄생했다. 시간이 흐르면서 GATT는 수차례의 다자간 협상을 통해 발전해 왔다. 최근의 다자간 무역협상은 1986년부터 1994년까지 지속되었던 우루과이라운드(UR) 협상이었으며 그 결과로 WTO가 창설된 것이다. GATT가 주로 상품교역을 관장한 데 비해 WTO 및 관련 협정문들은 이제 서비스와 함께 발명, 창작, 고안 등 무역관련 지적재산권까지 관장하게 되었다.

3. WTO체제의 원칙

WTO체제는 광범위한 교역활동을 관장하기 때문에 방대하고 복잡하다. 이는 농업, 섬유 및 의류, 금융, 통신, 정부구매, 산업표준, 식품위생규제, 지적재산권 및 기타 수많은 분야들을 관장하고 있는데 여기에는 몇 가지의 단순하고 기본적인 원칙이 있다. 그와 같은 원칙들이 다자간 무역체제의 기초를 이루고 있는 것이다.

다자간 무역체제의 원칙은, 첫째 차별이 없어야 한다. 교역상대국 간에 차별을 해서는 안 되며 그들은 모두 동등하게 '최혜국' 또는 최혜국 지위의 자격을 부여받아야 하며, 자국과 외국의 상품, 서비스 또는 자연인 간에도 차별을 해서는 안 된다는 '내국민대우'를 받아야 한다는 것이다. 둘째, 협상을 통하여 점진적 자유화를 추진하도록 보다 자유로운 교역이 이루어져야 한다. 셋째, 예측가능하여야 한다. 즉 외국의 기업, 투자자 및 정부에게 관세·비관세장벽 및 기타조치 등의 무역장벽이 자의적으로 높아지지 않을 것이며, 보다 많은 관세율 약속 및 시장개방 약속이 WTO에 양허될 것이라는 확신을 갖도록 한다는 것이다. 마지막으로 보다 경쟁적이어야 한다. 시장점유율을 확보하기 위해 수출보조금을 지급하거나 상품을 생산비용 이하로 덤핑수출하는 등의 '불공정한'(unfair) 관행을 억제한다는 것이다.

(1) 차별없는 교역

1) 최혜국대우

WTO체제하에서는 국가들이 일반적으로 교역상대국들을 차별할 수 없다. 특정국가에 대하여 특혜, 예를 들어 특정 국가의 상품에 대해 낮은 관세를 부과하는 것 등의 혜택을 부여한다면 다른 모든 WTO 회원국에게도 그와 동등하게 대우해야 하는 것이다. 이러한 원칙이 바로 최혜국대우이다. 최혜국대우원칙에는 몇 가지 예외가 허용되고 있다. 예를 들어 특정 지역 내에 있는 국가들은 자유무역협정을 체결하여 그 지역 밖에서 수입되는 상품에는 최혜국대우원칙을 적용하지 않을 수도 있다. 또한 불공정하게 교역되고 있다고 판단되는 특정 국가로부터 수입 상품에 대해서 무역장벽을 높일 수도 있다.

서비스분야에서도 제한된 상황에서 차별이 허용된다. 그러나 WTO체제에서는 그와 같은 예외를 엄격한 조건하에서만 허용하고 있다. 일반적으로 최혜국대우는 어느 국가가 무역장벽을 낮추거나 시장을 개방할 때에는 부국이거나 빈국이거나 또는 약소국이거나 강대국이거나에 관계없이 항상 모든 교역상대국으로부터 수입되는 동일한 상품이나 서비스에 대해 같은 대우를 한다는 것을 의미한다.

2) 내국민대우

최소한 외국상품이 국내시장에 수입된 이상 수입품과 국내생산품은 동등하게 취급되어야 한다. 이와 같은 원칙은 외국과 국내의 서비스, 상표, 저작권 및 특허권에 대해서도 똑같이 적용된다. 이것이 외국의 것을 국내의 것과 동등하게 취급한다는 내국민대우원칙(National Treatment)이다. 내국민대우는 상품, 서비스 혹은 지적재산권 항목이 국내시장에 진입했을 경우에만 부여된다. 따라서 수입품에 대해 관세를 부과하는 것이 비록 국내생산품에 대해 동등한 조세가 적용되지 않더라도 내국민대우원칙에 위배되는 것은 아니다.

(2) 보다 자유로운 무역 : 협상을 통한 점진적 자유화

무역장벽을 낮추는 것은 무역을 장려하는 가장 확실한 수단이다. 문제의 무역장벽에는 통관부과금(또는 관세) 및 선별적으로 수량을 제한하는 수입금지나 쿼터와 같은 조치가 해당된다. GATT체제 출범 이래로 8차의 다자간협상이 있었는바 초기에는 그와 같은 협상이 수입품에 대한 관세인하에 초점이 맞추어졌다. 그와 같은 일련의 협상 결과 1980년대 후반까지 공산품에 대한 선진국의 관세율은 약 6.3%까지 지속적으로 인하되었다. 그러나 1980년대에는 상품에 대한 비관세장벽뿐만 아니라 서비스 및 지적재산권 같은 새로운 분야까지 협상의 대상이 되었다. 시장개방을 통해 혜택을 입을 수도 있지만 구조조정 역시 요구된다. WTO체제는 국가들이 '점진적인 자유화'를 통해 점차적으로 변화를 수용할 수 있도록 하고 있다. 개도국들에게는 일반적으로 의무를 이행하도록 하는 데 보다 긴 시간이 주어진다.

(3) 예측가능성 : 구속력 있는 약속의 제시

무역장벽을 높이지 않겠다는 약속은 기업들이 미래의 기회에 대한 보다 명확한 전망을 할 수 있게 하기 때문에 때때로 무역장벽을 낮추는 것만큼 중요할 수 있다. 안정성과 예측가능성이 있을 경우에 투자가 장려되고 일자리가 창출되며, 소비자들은 선택 폭의 확대와 저렴한 가격이라는 경쟁의 혜택을 충분히 향유할 수 있게 된다. 다자간 무역체제는 기업의 영업환경을 보다 안정되고 예측가능하도록 하기 위한 각국 정부의 시도에서 비롯된 것이라고 할 수 있다.

WTO에서는 국가들이 상품이나 서비스시장을 개방할 것에 합의할 때 그들의 약속을 제시(양허)한다. 상품의 경우 그와 같은 양허는 관세율의 상한선을 설정하는 것이다. 국가들은 수입품에 대해 양허율보다 낮은 세율을 부과하기도 하는데 이는 개도국의 경우에 자주 있는 일이다. 선진국의 경우에는 실행세율(applied tariff rate)과 양허세율(bound tariff rate)이 동일한 것이 일반적이다. 어느 국가든 그와 같은 양허를 변경할 수는 있으나 이를 위해서는 반드시 교역상대국들과 보상협상을 해야 한다. 우루과이라운드(UR) 협상 성과 중의 하나는 양허하에서의 교역량을 증대시킨 것이다.

다자간 무역체제는 다른 방식을 통해서도 예측가능성과 안정성을 제고시키기 위해 노력한다. 한 가지 방법은 수입물량에 대해 상한선을 설정하는 쿼터(Quota)나 기타 조치의 사용을 억제하는 것이다. 쿼터의 관리는 보다 많은 행정적 절차와 불공정한 운용에 대한 비난을 야기시킨다. 또 다른 방법은 각국의 무역규범을 가능한 한 명확하고 공개적으로 하도록 하여 투명성(transparency)을 가지는 것이다. WTO체제는 각국 정부로 하여금 그들의 정책과 관행을 국내에서 공개적으로 발표하거나 WTO에 통보하도록 요구하고 있다. WTO의 다자간 무역협정 중 무역정책검토제도(TPRM)를 통해 각국의 무역정책을 정기적으로 검토하는 것은 국내적으로나 다자차원에서 투명성을 더욱 장려하는 수단이 되고 있다.

(4) 공정경쟁의 촉진

WTO는 간혹 자유무역기구로 표현되기도 하지만 이는 전적으로 정확한 표현은 아니다. 다자간 무역체제는 관세를 허용하고 있고 제한된 상황하에서는 다른 형태의 보호를 허용하기도 한다. 더욱 정확하게 표현하자면 이는 개방되고 공정하며 비왜곡적인 경쟁을 위한 규범체제이다. 최혜국대우와 내국민대우 같은 무차별에 관한 규정은 교역의 공정한 조건을 보장하기 위한 것이다.

시장점유율 확보를 위해 생산가격 이하로 수출하는 행위인 덤핑과 보조금에 관한 규정도 마찬가지이다. 그와 같은 이슈들이 매우 복잡하므로 규범들은 무엇이 공정하고 혹은 불공정한지의 기준을 설정하고 정부가 어떻게 대응할 수 있는지, 특히 불공정한 무역(unfair trade)으로부터 야기되는 피해를 보상하기 위해 산정된 추가적 수입부과금을 부과하는 등 정부의 대응조치를 설정하기 위해 노력한다.

(5) 경제개발 및 개혁의 장려

WTO체제가 개발에 공헌한다는 사실은 경제학자와 무역관련 전문가들에게도 널리 인식되어 있다. 또한 최빈개도국들이 협정을 이행하는 데 소요되는 시간에 융통성이 필요하다는 사실도 인식되어 있다. 뿐만 아니라 WTO 협정들은 개도국들에 대한 특별지원 및 양허 등을 허용하고 있다. WTO 회원국의 3/4 이상이 개도국과 시장경제체제로의 전환국들이다. 7년 반의 우루과이라운드 협상기간에 개도국 중 60개국 이상이 무역자유화 프로그램을 자발적으로 이행했다. 동시에 개도국 및 체제전환국들은 우루과이라운드 협상에서 과거의 그 어느 협상에서보다도 훨씬 적극적이었고 커다란 영향력을 행사했다. 그와 같은 경향은 다자간 교역체제가 오직 선진국을 위해서만 존재한다는 관념을 효과적으로 타파했다. 이는 또한 개도국에 대한 특정 GATT 규정 및 협정으로부터의 의무면제의 혜택을 중요시했던 과거의 정책에 변화를 야기시켰다.

우루과이라운드 협상 종반에 개도국들은 선진국들에게 요구된 대부분의 의무를 수용할 준비가 되어 있었다. 그러나 WTO협정들은 개도국 특히, 매우 빈곤한 최빈개도국들에게 아직은 익숙하지 않거나 혹은 이행이 어려운 WTO규정의 이행을 위한 과도기간을 부여했다. 우루과이라운드 협상 종반에 채택된 각료결정은 최빈개도국들에게 WTO협정을 이행하는 데에 있어서 추가적인 융통성을 부여했다. 즉 경제형편이 나은 국가들은 최빈개도국들이 수출하는 상품에 대해 시장접근약속의 이행을 가속화하고 그들에 대한 기술지원의 증대를 모색하도록 한 것이다.

4. WTO협정의 구성체계

WTO협정은 WTO 설립에 관한 규정과 WTO협정 전반에 대한 총칙적인 내용을 규정하고 있는 설립협정 본문(16개 조항)과 부속서로서 전 WTO 회원국에 적용되는 17개 다자간 무역협정(부속서 1, 2, 3) 및 협정 수락국들에게만 적용되는 4개 복수국간 무역협정(부속서 4)으로 구성되어 있다.

(1) 최종의정서

UR최종의정서는 6개 조항으로 구성된다. 이는 참가국대표들이 이에 서명함으로써

① 자국의 절차에 따라 WTO협정의 승인을 구하기 위하여 관할 당국에 이를 제출함과 아울러 각료선언 및 결정을 채택하는 데 동의하고(UR최종의정서 제2항)

② 모든 우루과이라운드협상 참가국들이 협상결과를 전제로서 수락할 수 있도록 WTO협정을 개방한다는 데에 동의하고(동 의정서 제4항)

③ WTO협정의 조속한 발효 및 발효시기의 결정 등에 관한 포괄적인 선언규정을 담고 있다는 점에서 내용상으로는 오히려 첨부된 부속문서인 WTO협정에 대한 전문으로서의 위치를 가지고 있다. 그러나 조약법적으로는 어디까지나 UR최종의 정서가 서명의 대상이 되는 조약문서이고 WTO협정과 각료선언 및 결정은 이에 첨부된 부속문서로서의 지위만 가진다.

(2) 세계무역기구 설립을 위한 마라케쉬협정

1) 부속서 1

① 부속서 1A : 상품무역에 관한 다자간 협정

(가) 1994년도 관세 및 무역에 관한 일반협정(GATT)

▶ 1994년도 관세 및 무역에 관한 일반협정 제2조제1항(b)의 해석에 관한 양해

▶ 1994년도 관세 및 무역에 관한 일반협정 제17조의 해석에 관한 양해

▶ 1994년도 관세 및 무역에 관한 일반협정 국제수지 규정에 관한 양해

▶ 1994년도 관세 및 무역에 관한 일반협정 제24조의 해석에 관한 양해

▶ 1994년도 관세 및 무역에 관한 일반협정 의무면제에 관한 양해

▶ 1994년도 관세 및 무역에 관한 일반협정 제28조의 해석에 관한 양해

▶ 1994년도 관세 및 무역에 관한 일반협정에 대한 마라케쉬 의정서

(나) 농업에 관한 협정

(다) 위생 및 식물위생조치의 적용에 관한 협정

(라) 섬유 및 의류에 관한 협정

(마) 무역에 대한 기술장벽에 관한 협정

(바) 무역관련투자조치에 관한 협정

(사) 1994년도 관세 및 무역에 관한 일반협정 제6조의 이행에 관한 협정 (반덤핑 및 상계관세)

(아) 1994년도 관세 및 무역에 관한 일반협정 제7조의 이행에 관한 협정(관세평가)

(자) 선적전 검사에 관한 협정

(차) 원산지규정에 관한 협정

(카) 수입허가 절차에 관한 협정

(타) 보조금 및 상계조치에 관한 협정

(파) 긴급수입제한조치에 관한 협정

② 부속서 1B : 서비스무역에 관한 일반협정

③ 부속서 1C : 무역관련 지적재산권에 관한 협정

2) 부속서 2 : 분쟁해결 규칙 및 절차에 관한 양해

3) 부속서 3 : 무역정책검토제도

4) 부속서 4 : 복수국 간 무역협정

① 민간항공기무역에 관한 협정

② 정부조달에 관한 협정

③ 국제낙농협정

④ 국제우육협정

(3) 각료결정 및 선언

[표 3-1]

1. 최빈개도국을 위한 조치에 관한 협정
2. 세계경제정책결정상의 일관성제고를 위한 WTO의 기여에 관한 선언
3. 통보절차에 관한 결정
4. WTO와 IMF 간의 관계에 관한 선언
5. 개혁계획이 최빈개도국과 식량순수입 개발도상국에 미칠 수 있는 부정적 효과와 관련한 조치에 관한 결정
6. 섬유 및 의류에 관한 협정 제2조 6항에의 제1차 통합통보에 관한 결정
7. 무역에 대한 기술장벽에 관한 협정과 관련된 결정
8. 1994년 GATT 제6조의 이행에 관한 협정과 관련된 결정 및 선언
9. 1994년 GATT 제7조의 이행에 관한 협정과 관련된 결정 및 선언
10. GATS와 관련된 결정
11. 정부조달협정에 관한 결정
12. 분쟁해결양해(DSU)의 적용 및 검토에 관한 결정

WTO협정에서는 [표 3-1]과 같이 총 12건의 각료결정 및 선언이 첨부되어 있다. 이는 주로 WTO협정 부속서상의 개별협정에 대한 후속적인 입법조치의 실시에 대한 합의나 그 이행과 관련된 약속을 담고 있고 이 역시 UR최종의정서의 일체적 부문을 구성한다(UR최종의정서 제1항).

[표 3-2] GATT와 WTO협정 비교

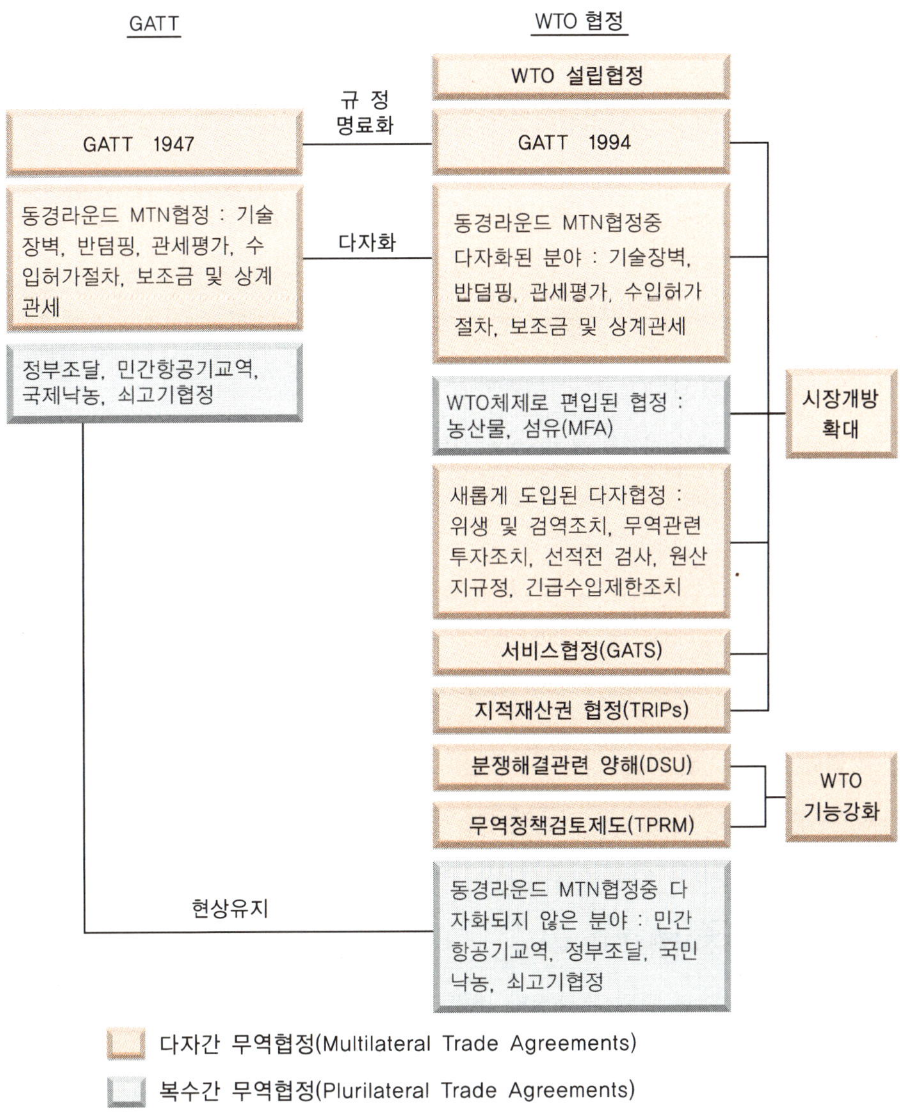

5. 주요 협정내용

제 1 부속서

(1) 상품무역에 관한 다자간협정

1) 농업협정

농산물교역에 적용되는 GATT규정이 비관세조치와 보조금조치에 따라 비효율적이었으나 동 협정에서는 모든 비관세조치의 철폐(TE를 통한양허) 및 보조금 감축을 규정하고 있다.

- 시장접근 : 10년을 걸쳐 관세인하(일반 36%, 개도국은 24%)
- 국내보조 : 6년에 걸쳐 20% 감축(개도국은 10년간 13%)
- 수출보조금 : 6년에 걸쳐 36% 감축(개도국은 10년간 24%)

2) 섬유 및 의류협정

섬유류 교역에 관한 다자간협정(MFA, 1974년 발효)을 10년간 단계적으로 GATT에 복귀하고, 단계별 쿼터증가율을 보장한다.

- 1단계(1995. 1) : 1990년 총수입량의 16%를 GATT 복귀
- 2단계(1998. 1) : 17%를 GATT 복귀, 16% 이상 쿼터증가 보장
- 3단계(2002. 1) : 18%를 GATT 복귀, 25%이상 쿼터증가
- 4단계(2005. 1) : 49%를 GATT 복귀, 27%이상 쿼터증가

3) 무역에 관한 기술장벽협정(TBT협정)

기술규정과 표준 및 검사와 인증절차가 무역에 불필요한 장벽을 만들지 않도록 보장한다.

4) 무역관련투자조치협정(TRIMs)

상품에 관한 무역과 관련 투자제한 조치의 철폐를 규정, 다만 일반적으로 2년, 개도국은 5년, 최빈개도국에 대해서는 7년의 유예기간을 허용한다.

5) 반덤핑협정

1970년대 동경라운드에서 마련된 반덤핑협정의 덤핑마진결정방법, 조사절차 등에 대해 보다 명료하고 상세히 규정, 제소자격 강화, 덤핑마진 산정기준 객관화, 덤핑수입과 산업피해 간의 고려요건 강화, 반덩핑관세의 소멸조항 도입 등을 규정하고 있다.

6) 관세평가협정

관세목적의 상품평가를 하는 데 있어서 공정하고 통일된 중립적 관세평가체제를 유지한다.

7) 선적전 검사협정

개도국에 의해 사용되는 선적전 검사(해외에서 주문한 상품의 가격, 수량, 품질에 대한 선적명세서 점검을 정부가 아닌 개인회사를 사용하는 관행)에 대한 규율, 선적전 검사사용 회원국 정부에 대한 의무(무차별, 투명성, 영업비밀보호, 지체의 회피등)와 선적전 검사 사용자에 대한 수출회원국의 의무(무차별, 공표, 기술지원 제공의무 등)를 규정하고 있다.

8) 원산지규정협정

회원국의 원산지규정의 투명성을 보장하고, 국제무역에서 분열적 효과나 제한적·왜곡적인 효과 초래 금지, WTO 협정발효 3년 이내에 통일원산지 규정을 제정하도록 규정 현재 이를 제정하기 위한 협상이 진행 중에 있다.

9) 수입허가절차협정

수입허가절차의 투명성 및 예측가능성 보장, 수입허가절차의 설립이나 변경 등에 대한 통보, 자동허가절차 및 비자동허가절차에 대한 기준을 설정하고 있다.

10) 보조금 및 상계관세조치협정

보조금의 개념을 정부의 재정적 지원, 특정성 요건 설정 등을 통해 명확히 정의, 보조금을 금지보조금, 상계가능보조금, 허용보조금으로 3가지로 구분, 금지보조금은 수출성과부보조금, 수입대체보조금 등으로 지급금지, 상계가능보조금은 특정 산업, 특정기업에 대한 보조금으로 지원은 허용되나 타국산업에 역효과를 제공해서는 안 된다는 것과 허용보조금은 기술개발, 환경보호, 지역개발을 위한 보조금으로 일정조건하에서 허용하고 있다. 또한 상계관세 부과절차의 객관화 및 명료화를 명시하고 있다.

11) 세이프가드협정

수입증가로 인해 특정 산업에 심각한 손상을 초래하거나 초래할 가능성이 있는 경우 특정 산업을 보호하기 위한 장치 제공(기존 GATT 제19조상의 세이프가드 발동절차 및 조건을 보다 명료화 · 구체화하고, 세이프가드조치의 종료시한 설정), 수출자율규제 등 각종 회색지대조치에 대해 금지하고 있다.

(2) 서비스무역에 관한 일반협정

서비스교역에 관한 이반적인 규칙과 규율을 정하고, 개별분야에 대한 특별한 조건을 정한 부속서, 서비스 시장접근에 대한 양허표로 구성. 일반원칙으로 적용대상, 내국민대우, 공재주의, 인정제도, 국제지급 및 이전에 대한 제한금지, 점진적 자유화를 규정하고 있다. 부속서에서 자연인이동, 금융서비스, 통신, 항공운송서비스 등에 대해 규정하고 있으며 각국별 양허표에서 시장접근 허용내용 및 내국민대우 제한내용을 기재하고 있다. 후속협상으로 금융서비스는 1995년 7월말 잠정적으로 타결, 여타기본통신, 해상운송, 인력이동에 관한 협상이 타결되었다.

(3) 무역관련 지적재산권협정

지적재산권의 보호 및 강화를 위해 내국민대우 및 최혜국대우보장 등 기본원칙을 규정하고 있으며 지적재산권의 획득가능성 범위와 사용에 관한 기준을 설정(저작 및 인접권, 상표, 지리적 표시, 의장, 특허, IC(집적회로), 배치설계, 영업비밀, 라이센스 계약에 의한 반경쟁행위통제)하고 있으며 또한 지적재산권의 시행절차, 권리의 획득 유지 및 관련 내부절차 등을 규정하고 있다.

제 2 부속서

(1) 분쟁해결규칙 및 절차에 관한 양해각서

다자무역체계의 안정성과 예측가능성을 부여하는 중심적 요소, 협의, 패널, 상소기구, 분쟁해결의 이행, 보복조치 등의 일련의 절차에 대한 시한 설정 및 명확한 작업절차를 규정하고 있다. GATT 분쟁해결절차와 달리 패널보고서의 채택, 패널권고 미이행시 보복조리를 자동적으로 승인되도록 하고, 상소기회를 제공하고 있다.

제 3 부속서

(1) 무역정책검토제도

WTO 무역정책검토제도(TPRM : Trade Policy Review Mechanism)는 "WTO설립을 위한 마라케쉬협정(WTO설립협정)" 제 3 부속서에 규정된 다자간 검토제도로서, 개별 회원국 무역제도의 정기적·집단적 평가 및 검토를 통해 회원국 무역정책과 관행의 투명성을 높이고 이해증진을 도모함으로써 WTO체제를 유지·강화하는 것을 목적으로 한다. UR협상의 15개 의제 중의 하나인 GATT 기능강화 분야 협상에서 GATT 체약국들의 무역관련 법, 제도 및 관행을 정기적으로 평가하기 위하여 무역정책검토제도를 실시하기로 1989년 4월 무역협상위원회(TNC)에서 합의되어 1989년 12월부터 실시되고 있는 제도이다. 무역정책검토제도는 회원국들의 "무역관련제도"에 대한 "명료성"을 위해 "정기적"으로 검토하는 제도로서 WTO협정에서는 회원국들의 무역정책과 관행에 대한 명료성을 제고하고 이를 통하여 WTO체제를 더욱 강화할 목적으로 무역정책검토제도를 WTO의 중요한 기능으로 채택하고 있다.

제 4 부속서

(1) 복수간 무역협정

- **민간항공기협정** : 민간항공기 및 그 부품의 관세철폐 등 보조금지급 제한에 관한 규정
- **정부조달협정** : 정부조달부문의 국제경쟁을 가능한 개방하기 위해 정부조달관련 법률, 규정 및 절차, 관행을 투명하게 하고, 외국공급자를 차별하거나 국내공급자를 보호하지 않도록 함.
- UR협상에서 대상범위 확대(이전협정의 10배 범위로 확대) 및 실질적인 자유화 확대
- **낙농협정** : 세계낙농교역의 자유화확대 및 안정된 교역 도모
- **우육협정** : 가축과 육류에 대한 국제교역의 안정성과 자유화 확대, 동 분야의 국제협력 강화

6. WTO의 업그레이드를 위한 주요의제(DDA협상의제)

(1) 협상의 개요 및 경과

세계무역기구(WTO) 도하개발어젠더협상(DDA : Doha Development Agenda)은 2001년 11월 카타르 도하에서 개최된 제4차 WTO 각료회의에서 출범했다. DDA는 우루과이라운드협상에 이어 제2차 세계대전 이후 시작된 9차 다자간 무역협상이며, WTO 출범 이후 첫 번째 다자간 무역협상이다. "개발"이라는 이름이 붙은 것은 앞선 협상들과 달리 개도국의 개발에 중점을 두어야 한다는 개도국들의 주장을 반영했기 때문이다. 2001년 협상을 출범시켰을 때의 계획은 2005년 이전에 협상을 일괄타결방식[1]이라는 방식으로 종료한다는 것이었다. 그러나 농산물에 대한 수입국과 수출국의 대립, 공산품 시장개방에 대한 선진국과 개도국 간의 대립 등으로 인해 협상의제에 합의하지 못한 상태로 협상이 중단되었다.

DDA의 협상의제는 ① 농산물, 농산물을 제외한 나머지 상품(공산품 및 임수산물), 서비스 시장의 개방과, ② 반덤핑, 보조금, 지역협정, 분쟁해결에 대한 기존 WTO협정의 개선, 그리고 ③ 관세행정의 개선 등을 추구하는 무역원활화, 환경, 개발 그리고 지적재산권 등 크게 세 그룹으로 나누어진다. 이에 따라 농산물, 비농산물(NAMA : non-agricultural market access), 서비스, 규범(반덤핑 · 보조금 · 지역협정), 환경, 지적재산권, 분쟁해결, 무역원활화, 개발 분야에 대해 협상 그룹이 설치되어 2002년부터 본격적인 협상이 진행되었다.

농산물과 비농산물에 대해서는 우선 관세와 보조금의 감축 정도와 같은 시장개방의 정도를 정하는 자유화세부원칙(modalities)에 합의하고 이에 따라 각국이 구체적인 품목과 보조금 프로그램별 감축수준을 제시하는 이행계획서(C/S : Country Schedule)를 제출하여 이에 최종적인 합의를 도출하는 방식을 기초로 협상을 진행하였다.[2]

협상세부원칙이 협상의 대강을 결정하는 만큼, 이에 대한 합의도출이 계속 미루어

---

1) 최종적으로 모든 분야에 대해 동시에 합의를 추구하는 방식(Nothing is agreed, until everything is agreed)

2) 경제적으로도 DDA를 통해 무역장벽이 1/3 줄었을 경우 세계경제에 6,100억불의 이익을 가져다준다는 연구결과(미시건 대학교)가 있으며, 완전한 무역자유화의 경우 장기적으로는 전세계적으로 2조8천억불의 후생증대효과가 있다는 연구결과(세계은행)도 있다. 우리 연구기관 (대외경제정책연구원)의 연구결과에 따르면, 실질 GDP가 공산품 시장확대를 통해 단기적으로는 최대 2.04%, 장기적으로는 2.49% 성장할 것으로 예측되며, 서비스 시장확대를 통해 실질 GDP가 최대 2.04% 증가할 것으로 전망하였다.

지면서, 2003년도에 개최된 칸쿤 제5차 WTO 각료회의도 성과없이 끝나 한동안 협상이 공전하기도 하였다. 그러나 2004년 8월 자유화세부원칙의 윤곽을 결정하는 기본골격합의(Framework Agreement)가 타결되면서 다시 협상은 본격적으로 진행되었다. 이때 소위 "싱가폴 이슈"라고 불리던 투자, 경쟁정책, 정부조달투명성, 무역원활화 4개 이슈에 대한 개도국들의 반발을 수용하여 무역원활화를 제외한 나머지 이슈에 대해서는 논의를 중단하기로 결정했고, 무역원활화는 정식 협상의제로 다루기로 합의하였다. 2005년 12월 홍콩에서 제6차 WTO 각료회의가 개최되어 다시 한번 진전을 위한 노력이 시도되었지만, 자유화세부원칙 타결에는 이르지 못하였다. 2007년부터 더욱 가속화된 DDA협상은 농업, NAMA 및 규범 의장들이 각각 자유화세부원칙의 초안을 제출하고 이를 개정하면서 조금씩 진전을 이루어 나갔다. 2008년 7월 개최된 소규모 각료회의에서는 농산물 및 NAMA 관세감축 수준과 농업보조금 감축수준을 포함한 잠정타협안에 의견이 수렴되는 듯한 모습을 보여 타결이 기대되기도 하였으나, 개도국의 농산물 수입급증 시 긴급관세를 부과하는 메커니즘을 포함한 몇몇 쟁섬에 대한 이견을 해소하지 못해 합의를 도출하지 못하였다. 2009년 12월 제네바에서 개최된 제7차 WTO 각료회의에서는 2010년 DDA협상타결을 목표로 1/4분기 중 DDA협상 현황을 점검키로 합의하였다. 이에 따라 2010년 3월 개최된 협상점검회의에서는 WTO 사무총장이 제시한 향후 협상 프로세스에 합의하고 현재 다각적으로 협상을 진행하여 현재에 이르고 있다.

사례연구

EC와 라틴아메리카국가 간의 바나나분쟁사례[3]

Ⅰ. 개관

EC는 미국에 이어 세계 2위의 바나나 수입국으로 1993년 7월부터 EC국가들의 개별적으로 운영해 오던 바나나 수입체계를 단일화하였다. EC는 로메협약에 의해 EC로부터 특별대우를 약속받은 70개 아프리카해 연안 및 태평양지역의 국가들(African, Caribbean and Pacific countries) 대부분 서유럽국가들의 구식민지 ACP국가들 중 전

3) 본 사건은 패널평결(1심)에 제소국이 이의를 제기하여 상소기구(2심)에서 최종결정이 이루어진 사건임.

통적 ACP국가 벨리즈, 카메룬, 케이프베르드, 코트비드와르, 도미니카, 그레나다, 자메이카, 마다가스카르, 소말리아, 세인트루시아 등 아프리카와 카리브해 및 태평양연안의 12개국 들로부터의 바나나수입에 대해 관세와 쿼터 및 수입면허 발급절차에 있어 다른 국가들에 비해 유리한 대우를 해주고 있다.

수입면허발급에 있어서도 12개의 전통적 ACP국가에 대해서는 원산지 증명이 있는 바나나에 대해서 쿼터를 초과했을 시 단순한 감량계수를 적용하여 새로운 쿼터를 배정한다. 그러나 비전통적인 ACP국가들과 제3국으로부터의 바나나에 대해서는 더욱 복잡한 절차를 거쳐 쿼터 배정이 이루어지게 할 뿐만 아니라 복잡한 자격요건의 충족을 요구하고 있다. 1989년 12월 15일 제4차 Lomé(1975년 토고의 로메에서 EC와 당시의 57개국 Associate 국가들 사이에 처음으로 열린 회의로서 EC가 이들 개발도상국들에 대해 관세 등에 있어 특혜조치를 주도록 결정하였다)회의에서 EC가 개도국들에게 관세 등의 특혜조치를 주도록 결정하였다. 1994년 10월 EC는 ACP국가들과 함께 GATT 제1조 제1항(최혜국대우) 유보를 요청하였고, GATT는 Lomé회의에서 채택된 대로 ACP국가들에 대해 2000년 2월 29일까지 GATT 제1조 제1항 의무를 유보해주기로 결정하였다. EC는 1994년 콜롬비아, 코스타리카, 베네수엘라, 니콰라과와 함께 바나나 기본조약(Framework Agreement on Bananas : BFA)을 맺고 9만 톤의 무관세 바나나에 대한 쿼터배정 및 초과물량에 대한 톤당 75ECU의 관세부과에 대해서 합의하였다.

Ⅱ. 당사자 주장

1. 제소국(에콰도르, 과테말라, 온두라스, 멕시코, 미국) 주장

① EC가 관세를 부과함에 있어서 ACP국가 및 BFA국가들에 대해 제3국(라틴아메리카국가 및 미국)과 차별적인 대우를 함으로써 GATT 제1조 제1항의 비차별적 관세조치를 위반하고 있다고 주장하였다.

② EC가 일부 ACP국가(전통적 12개국)와 BFA국가들에 대해서 많은 쿼터를 부여하고, 다른 국가들에 대해서는 적은 쿼터를 적용함으로써 GATT 제13조 제2항의 물량제한 부과에 비차별적 원칙을 위반하고 있다고 주장하였다.

③ EC가 수입면허의 허가절차에 있어서도 중남미국가들에 대해 복잡한 절차를 요구함으로써 GATT 제1조의 최혜국대우원칙, 제3조의 내국민대우원칙, 제10조의 무역규제의 공지와 운영조항, 제11조의 수량제한의 일반적 철폐조항, 제13조의

물량제한의 비차별원칙을 위반하고 있다고 주장하였다.

④ EC는 또한 수입면허조약(Licensing Agreement), TRIMs(Trade Related Investment Matters)조약 및 GATS(General Agreement on Trade in Services)의 여러 조항을 위반하고 있다고 주장하였다.

⑤ 제소국들은 EC의 4가지 수입허가절차와 관련한 제도(업자분류, 활동영역규제, BFA수출 확인, 허리케인 수입허가)가 EC와 전통적 APC 국가산 바나나의 유통업들에 비해 남미 및 비전통적 APC 국가산 바나나의 유통업들을 차별대우하고 있으므로 'GATS'의 제2조(최혜국대우)와 제176조(내국민대우)를 위반했다고 주장하면서 바나나의 유통이 'GATS'에서 정의하고 EC가 준수를 약속한 '도매무역서비스'에 해당하고, 유형에서도 역시 EC가 준수를 약속한 '상업적 주재(commercial presence)'에 해당하므로 'GATS'의 적용대상이라고 주장했다.

2. 피세소국(EC)의 주장

① Lomé회의에 따라 ACP국가들로부터 수입되는 바나나에 대한 관세우대조치는 GATT의 결정에 따라 제1조 제1항에 대해 유보받은 사항이라고 주장하였다. 또한 제3국에 적용되는 바나나 관세와 쿼터는 WTO국가들이 농산물에 일반적으로 부과하는 농산물협약(Agreement on Agriculture)의 관세체계와 다를 바가 없는 것으로 법률적으로 정당화될 수 있다고 주장하였다.

② GATT 제13조는 수입제한과 관련된 수입면허를 뜻하는 것이라고 명기하고 있는 바, 국경에서 수입제한조치가 취해지지 않는 바나나 수입쿼터는 이에 해당되지 않는다는 주장을 펼쳤다.

③ EC는 미국의 경우 바나나 생산량이 미미하고 기후 여건으로 인해 향후 생산이 증가할 가능성이 적으므로 이 사건에 대해 제소할 법적 이익이 없다고 주장하였다.

④ 'GATS'의 적용대상 여부에 대해 EC는 바나나 수입허가절차가 상품의 무역에 관계된 제도이 서비스의 무역에 관계된 제도가 아니며 '1994년 GATT'와 'GATS'는 상호 배타적이므로 'GATS'는 이 경우에 적용될 수 없고 '도매무역서비스'는 숙성된 바나나에 관련된 제도이므로 '도매무역서비스'에는 해당되지 않는다고 주장하였다.

3. 패널판정 내용

관세문제에서 EC가 ACP국가로부터 전통적인 수입쿼터로 인정된 물량은 Lomé Waiver에 의해 면책될 수 있지만 이를 초과하는 바나나 수입에 대해서 관세상의 혜택을 주는 것은 GATT 제1조 제1항의 최혜국대우원칙에 어긋나는 것이며 이는 Lomé 유보에 의해 보장된 것이 아니라고 판결하였다. 분배문제(관세쿼터)에서 EC가 ACP국가들에게 1991년 이전이 최고수출물량을 초과하는 쿼터를 배정하는 것은 GATT 제13조 제1항의 물량제한시 비차별적 원칙에 위배되는 것이라고 판결하였다.

미국이 본 사건에 대해 제소할 법률적 이해관계의 요건에 대해 패널은 미국이 잠재적인 수출가능성은 작다고 하더라도 세계경제의 상호의존성이 증가함에 따라 EC의 제도는 미국 내의 바나나 교역 및 투자에 직접·간접적으로 영향을 받을 수 있으므로 미국은 제소할 이해관계가 있다고 판정하였다. 또한 상소기구에서도 '1994 GATT'의 제23조와 'DSU'의 제3.7조를 살펴보면 회원국이 DSU에 따라 다른 회원국을 상대로 제소할 것인가를 판정함에 있어 넓은 재량을 갖는다고 볼 수 있다는 이유로 패널의 판정을 지지하였다.

수입면허절차에 관련하여서는 GATT 제1조 제1항이 최혜국대우원칙과 제3조 제4항의 내국민대우원칙을 위배하였고, 나아가 GATS 제2조의 최혜국대우원칙과 제17조의 내국민대우원칙을 위배하였다고 판단하였다. 따라서 EC는 바나나 수입체계를 GATT와 GATS의 의무사항에 맞게 수정할 것을 권고받았다.

한편 본 사건이 'GATS'의 적용대상이라는 주장에 대해 패널은 제소국의 주장을 받아들여 EC가 'GATS'의 조항을 위반했다는 평결하였다. 한편 상소기구는 EC의 수입허가절차의 여러 제도(업자분류, 활동영역규제, BFA수출 확인, 허리케인 수입허가)가 'GATS'의 제2조와 제17에 위반된다는 점에 대해서는 패널의 입장을 지지하였다.[4)]

Ⅲ. 분쟁사례의 의의

GATT와 GATS가 중복 적용될 수 있다는 점이다. GATS는 원래 GATT에서 다루어지지 않는 문제, 즉 서비스무역을 다루려고 의도되었다. 그러나 실제 분쟁사례에서는

4) 그러나 미국을 당사국으로 하는 패널의 '1994년 GATT' 위반 판정에 대해 EC는 이에 대한 무효화 또는 침해 추정을 반증하려는 시도를 하였는데, 패널은 EC가 '1994년 GATT', 'GATS', '수입허가절차협정' 위반이 제소국들의 이익을 무효화하거나 침해하였다는 추정을 반증하는 데는 성공하지 못했다고 판정했다. 그러나 상소기구는 EC의 반증시도는 단지 한 국가(미국)에, 그리고 하나의 협정('1994년 GATT')에만 적용되므로 패널이 DSU 제3.8조의 추정의 범위를 'GATS'에 따른 청구와 미국 의회의 제소국에까지 넓힌 것은 잘못되었다고 판정하였다.

상품과 관련된 측면과 서비스와 관련된 측면이 모두 존재하는 것이 보통일 것이다. 만약 GATT와 GATS를 상호 배타적으로 볼 경우에 상품이나 서비스 중 한쪽을 통해 다른 쪽에 간접적으로 영향을 미치는 조치들이 사용되어 양 협정의 제정의도를 무력화시키는 결과가 발생할 수도 있는데 이를 방지할 수 있고, 또한 앞으로 WTO 분쟁해결절차를 이용하는 제소국들에게 보다 많은 공격의 수단을 제공하는 동시에 피제소국에게 방어의 부담을 안겨주는 결과를 낳을 것으로 예상할 수 있다.

본 사건에서는 제소를 주도한 WTO의 당사자 적격 범위를 폭넓게 인정했다는 것이다. 패널은 미국이 바나나 제1의 수입국으로 바나나 생산량이 미미하고 잠재적인 수출가능성이 적다고 하더라도 세계경제의 상호 의존성이 증가함에 따라 EC의 바나나 제도가 미국 국내의 바나나 시장에도 영향을 줄 수 있다는 점을 들어 미국이 당사자 적격을 인정하였다.

WTO 출범 당시 그대로 승계되는 것으로 믿었던 사항들에 대해 제소국들의 승소판결이 내려진 것은 역시 WTO 출범 당시 많은 농산물의 시상개방에 대해 유보를 받았던 우리나라에게는 당시의 유보가 더 이상 안전장치가 아니라고 시사해 주고 있다고 하겠다.

사례연구

한·유럽연합, 미국 주세분쟁

Ⅰ. 사례개요

우리나라의 주세법이 소주에 비하여 위스키 등 고급양주에 대하여 더 높은 세율을 부과하고 있는 것이 GATT 제3조 내국민대우원칙을 위반하였는지가 문제가 된 분쟁사례이다. 고급 양주에 더 높은 세율을 부과하는 것이 소비자들의 담세능력이나 소득분배의 형평성 등에 비추어 오히려 타당한 점이 있어 그동안 우리나라에서 이 점에 대하여 큰 문제의식이 없었음이 사실이다.

그러나 1996년 10월 4일 우리나라와 유사한 주세체계를 가지고 있던 일본 주세법에 대하여 WTO 항소기구가 최종적으로 GATT 제3조의 내국민대우원칙을 위반한 것이라고 판정함에 따라 우리나라의 주세체계도 장차 문제될 수 있을 것임이 예견되었다. 이 같은 상황에서 일본주세사건의 제소국이었던 유럽연합과 미국이 예상대로 우리나라의 주세법을 문제 삼은 것이다.

이미 일본의 주세법에 대한 WTO 판정이 있었던 상태이므로 처음부터 우리나라의 승소 전망이 높지 않은 상황에서 우리나라는 우리 주세법 체계와 일본의 그것과의 차이점, 절차적 문제점, 소주와 수입양주와의 현저한 가격차이 등을 이유로 하여 내국민대우원칙을 위반하지 아니하였다고 주장하였으나 패널은 제소국들의 손을 들어 주었다. 우리나라는 이에 대하여 1998년 10월 20일 WTO에 항소제기의사를 표명하고 상소를 하였으나 우리나라의 주세법이 내국민대우원칙을 위배하였음을 재확인해 주는 패소판정을 내렸다.

Ⅱ. 진행과정

유럽연합은 1997년 4월 2일 한국을 상대로 한국의 주세법과 교육세법이 수입주류와 국산주류에 차별적으로 과세하여 내국민대우원칙을 위반하였음을 이유로 WTO에 협의를 요청하였고, 이후 캐나다, 미국도 유사한 이유로 협의를 요청하였다. 그러나 협의를 통하여 분쟁당사국들 간에 만족할 만한 합의에 도달하지 못하게 되자 1997년 9월 10일 유럽연합과 미국은 WTO에 패널설치를 요청하였다.

패널설치요청서에서 유럽연합은 한국이 주세법과 교육세법에 의해 통일된 관세품목분류에 해당하는 주류들과 소주를 차등과세함으로써 GATT 제3조 제2항(내국민 대우원칙)을 위반하여 유럽연합의 이익을 무효화 내지 침해하였다고 주장하였고, 미국은 한국의 주세법이 전통적인 증류소주에 대하여 위스키, 브랜디, 보드카, 럼, 진, 기타 첨가주들과 같은 다른 주류들보다 낮은 세금을 부과하고 있고 위와 같은 차등과세는 교육세법의 적용에 의하여 더 심화된다고 주장한바, 패널은 이를 각 제소국의 위임사항(terms of reference)으로 인정하였다. 한편 캐나다와 멕시코가 제3참가국으로 인정되었다. 결국 1997년 10월 16일 유럽연합 및 미국이 한국이 국내 주세법에 따라 부과한 일정한 주세에 관해 제기한 문제를 다루기 위한 패널이 설치되었다.

국내 주세법하에서 한국은 증류주를 여러 가지 종류로 나누어 각각 다른 종가세를 부과하는 한편, 교육세법에 따라 일정한 주류 판매분에 관해 주세의 일정비율로 결정되는 부가세를 부과하였다.

제소국 측에서는 한국의 내국세법이 국내산업에 비해 수입 증류주를 차별하는 것이라고 주장하였고, 패널은 한국이 GATT 제3조 내국민대우를 위반한 것으로 판정하여 당해 보고서가 1998년 9월 17일 회원국들에게 배포되었다. 당해 10월 20일 한국은 상소의사를 통보하였고, 이에 따라 설치된 상소 판정부는 "직접 경쟁관계에 있거나 대체성 있는 제품" 및 "보호하기 위하여" 등의 규정에 관한 패널의 해석 및 적용이 정당하였다고 판정하고, 나아가 입증책임 분배에 관한 한국 측의 주장도 배척하였다.

상소기구에서는 패널의 모든 판정을 지지하였고, 그 보고서가 1999년 1월 18일 회원국들에게 제출되었으며, 당해 2월 17일 분쟁해결기구는 이에 관한 패널 및 상소기구 보고서를 채택하였다.

한국은 이행권고에 따라 주세를 균등화하기로 하였고, 1999년 11월 29일 국회 재정경제위원회에서 최종 72%로 주세를 개정하여 2000년 1월 1일부터 시행하였으며, 2000년 1월 27일 DSB회의에서 한국은 모든 종류의 증류주에 무차별적으로 72% 주세와 30% 교육세를 부과하도록 주세법과 교육세법을 개정하여 DSB 결정 및 권고사항을 충실히 이행하였다고 보고하였다.

Ⅲ. 각국의 입장

1. 분쟁당사국의 주장과 관련 규정

(1) 제소국의 주장

유럽연합과 미국은 한국의 주세법과 교육세법이 소주에 비하여 동종상품인 보드카에 대하여 초과하여 과세함으로써 GATT 제3조(국내세 및 국내규범에 대한 내국민대우) 제2항을 위반하였다는 주장이다.

한국의 주세 및 교육세

종 류	주 세	교육세	총세율
수입증류주			
위스키 브랜디	100%	(주세액의) 30%	130%
증류식 소주	50%	(주세액의) 10%	55%
희석식 소주	35%	(주세액의) 10%	38.5%
일반 증류주	80%	(주세액의) 30%	104%

또한 국내생산을 보호하기 위하여 수입증류주에 대하여 유사하지 않게 과세함으로

써 내국민대우원칙을 위반하였다는 것이다.

GATT 제3조 제2항

한 체약국의 영토에서 다른 체약국으로 수입된 상품은 수입국가의 동종상품에 대하여 직접 또는 간접으로 부과되는 수준보다 더 무거운 내국세, 기타 각종 요금의 부과대상이 되어서는 안 된다. 나아가 체약국들은 다른 방법으로 제1항에 규정된 원칙에 반하도록 내국세, 기타 각종 요금을 수입품 또는 국산품에 부과하여서는 안 된다.

제소국들은 그 증거로 수입물품들은 모두 증류주로서 예를 들어 위스키, 브랜디, 꼬냑, 리큐르, 보드카, 진, 럼, 데킬라, 기타 첨가주 등이 이에 해당한다는 것이다. 또한 소주는 세제 혜택을 받는 국내산 증류주라는 것이다.

(2) 한국의 주장

한국은 주세법 등에 의한 과세조치는 GATT 제3조 제2항의 의무에 위반되지 아니한다고 주장하였다. 한국은 증류식 소주와 희석식 소주 모두 수입물품과 동종물품이 아니고, 직접 경쟁적이거나 대체가능한 물품도 아니라고 하였다. 한국은 제3조 제2항은 좁게 해석되어져야 하며 그렇게 하지 아니하면 WTO 회원국의 조세주권을 부당하게 침해하게 될 것이라고 주장하였다. 또한 한국은 문제된 물품들이 한국시장 내에서 동종 또는 직접 경쟁적이거나 대체가능한 물품이라는 점을 제소국들이 입증하지 못하였다고 주장하였다.

2. 주요 쟁점사항

(1) 직접 경쟁적이거나 대체가능 여부

경쟁에 대한 평가의 시간적 성격에 관한 쟁점사항이다. 모든 당사국은 패널이 현실적 경쟁뿐 아니라 잠재적 경쟁에 대하여도 살펴보아야 한다는 점에 동의하였다. 그러나 한국은 시장상황이 변할 경우 장래 어느 시점에서 제소국들은 다시 이를 문제 삼을 권한이 있으므로 잠재적 경쟁이 장래의 경쟁을 포함하는 것이어서는 안 된다고 주장하였다. 또한 당사국들은 본 사건에서 패널의 결정은(조세가 없는 경우를 가정하는) 가정적인 결정(but for decision)이어야 한다고 주장하였다. 즉, 현재 시점에서 조세가 없는 경우 물품들이 직접 경쟁적이거나 대체가능한지 여부를 판단하여야 한다는 것이다.

그러나 패널은 한국이 제시한 접근방법은 지나치게 정적인(static)것으로 보았다. 패널은 장래 행동에 대한 고려는 패널이 결정할 사항이 아니지만, 잠재적 경쟁에는 시간적 측면이 있고 이에 대한 평가는 증거에 의한 것이므로 단순히 추측에 불과한 것이라고 할 수 없다고 하였다. 패널은 소비성향의 경향 및 변화를 살펴보고 이에 의하여 문제되는 물품이 직접 경쟁적인지 여부 또는 가까운 장래에 직접 경쟁적으로 될 수 있는지를 평가하지 않으면 안 되며, 그러한 평가가 조세가 없다는 가정하의 분석보다 더 불확실한 것인지는 명백하지 않다고 하였다. 그러한 의미에서 한국의 해석은 확립된 원칙(settled law)에 반하는 것이라고 하였다.

또한 패널은 "제3조의 취지는 경쟁에 대한 기대와 기회를 보호하기 위한 것"이라고 판시한 패널보고서와 1949년 브라질 내국세사건에서 패널이 "특정기간동안 수출물량이 없었다고 하여도 내국민대우를 받았을 경우에 수출할 수 있는 잠재력이 있다면 이를 고려하여야 한다"고 판시한 것을 논거로 인용하였다.

패널은 가까운 장래에 발생한 상황에 대하여 고려하고자 하는 것이 아니고 다만 현재의 증거에 기초하여 단기간 내에 발생할 상황에 대하여 합리적으로 예측하고 있는 증거들은 고려하고자 한다고 밝히고, 그러한 증거에 얼마나 많은 비중을 두어야 하는지는 시장의 구조와 증거의 질 등을 포함한 다른 요소에 비추어 사안별로 결정되어야 한다고 보았다. 또, 경험에 기초한 소비재를 다루고 있다면 소비경향은 특히 중요한 의미를 가지고, 각각의 증거를 모두 분리하여 시장에 있어서 가까운 장래에 있어서의 의미를 가지는 증거를 무시하려고 시도하는 것은 비현실적이고 분석에 있어 도움이 되지 않는다고 하였다.

(2) 문제되는 물품(Product at issue)

1) 국내물품(소주)

① 소주의 종류

패널은 다음과 같이 한국시장에서의 소주의 종류와 현황을 인정하였다. 한국시장에서 소주는 증류식소주와 희석식소주의 두 가지 종류가 있다. 증류식소주는 한 단계의 증류를 통하여 추출된 알콜에 물과 기타 첨가물을 혼합한 것으로 한국의 주세법상에는 따로 분류되어 있으나, 한국의 관세양허표상에는 그러하지 아니하다. 증류식소주는 희석식소주보다 높은 세율이 부과되고 있는데 한국 소주시장에서 1% 미만의 점유율을 보인다.

희석식소주는 다시 두 가지 종류가 있는데, 하나는 일반 희석식소주이고 다른 하나는 고급 희석식소주이다. 일반 희석식소주는 1960년대 이후 한국에서 일반적으로 팔리고 있는 저가의 소주이고, 고급 희석식소주는 소주맛을 위하여 첨가물을 넣은 것으로 최근 수년전부터 판매되고 있는데 일반 희석식소주보다 비싸고 그 광고는 고급시장을 겨냥하고 있다. 시장점유율은 최근 급격히 높아져 현재 소주시장의 약 5%를 차지하고 있다. 모든 당사국은 일반 희석식소주와 고급 희석식소주가 모두 동일한 물품의 변종임을 인정하였다.

② 당사국 주장

한국은 제3조 제2항의 각 법문을 해석함에 있어서 증류식소주와 희석식소주는 각각 다른 물품 범주로서 취급되어져야 한다고 주장하였다. 한국은 제소국들이 위 두 가지 소주에 대하여 각각 수입주류와 직접 경쟁적이거나 대체가능함을 입증하여야 한다고 주장하였다. 이에 반하여 제소국들은 두 가지 유형의 소주는 거의 동일한 것이므로 본 사건에서 동일한 물품으로 취급되어야 한다고 주장하였다.

③ 패널의 결정

패널은 증류식소주와 희석식소주의 구별은 범위가 좁은 동종물품에 관한 논의에서 더욱 필요하다고 하였다. 패널은 그 근거로 한국의 공정거래위원회가 "두 가지 소주의 기본적 차이는 알콜이 한 단계의 증류에 의하여 추출된 것인지 아니면 연속적 증류에 의하여 추출된 것인지에 있다"라고 한 것을 언급하면서 이 같은 차이는 중요한 것으로 보이지 않는다고 하였다.

패널은 더욱이 두 가지 소주 간의 차이가 있다 하더라도 증류식소주는 희석식소주에 비하여 수입주류와 더 비슷하다고 보았는데, 증류식소주는 희석식소주에 비하여 더 비싸고 알콜 도수도 더 높으며 종종 선물용으로 이용된다는 점 등을 이유로 한다. 이러한 입장에서 패널은 주로 희석식소주가 수입주류와 직접 경쟁적이거나 대체가능한 관계에 있는지 여부를 알아보았는데, 만일 희석식소주와 수입주류가 위의 관계에 있다면 증류식소주는 당연히 수입주류와 같은 관계에 있게 된다고 하였다.

2) 수입물품

① 당사국 주장

제소국들은 모든 증류주들이 직접 경쟁적이거나 대체가능한 물품이라고 주장하였다. 제소국들은 HS 분류항목(HS Code 2208)에 해당하는 모든 물품에 대한 증거를 제출하지는 않았지만 2208 항목의 넓은 범주를 대표할 수 있는 주요한 물품들에 대하여 증거를 제출하였다고 주장하였다.

유럽연합은 특히 2208 항목에 해당하는 모든 물품들에 대하여 증거를 제출하여야 한다면 제소국에게 너무나 큰 부담이 되고 패널로서도 중요하지 않은 세부적 사항에 지나친 노력을 기울이게 된다고 주장하였다. 미국과 유럽연합은 모두 일본주류사건서 항소기구가 "모든 수입증류주는 일본소주와 직접 경쟁적이거나 대체가능한 관계에 있다"고 판시한 사실을 원용하였다.

한국은 제소국들이 주장하는 모든 수입물품과 한국에 있는 두 유형의 소주 간에 개별적인 비교를 하여야 한다고 주장하였다.

② 패널의 결정

패널은 두 형태의 소주와 각 수입물품 간에 개별적인 비교를 하여야 한다는 한국의 주장을 배척하고, 모든 수입물품이 공통된 특성, 최종용도, 판로 및 가격을 가지고 있는 것으로 보아 하나의 범주에 해당하는 것으로 보고, 한 묶음으로 소주와 비교할 수 있는 것으로 보았다. 문제는 그 범주 간의 경계를 어디에서 그을 것인가이지 분석목적을 위하여 그 범주를 이용하는 것이 적당한가가 아니라고 하면서 증거에 의하여 나타나는 모든 수입물품을 함께 묶는 것이 적당하다고 보았다.

패널은 수입양주 간에 물리적 특성이나 가격에 있어서 약간의 차이는 있으나 이를 한 묶음으로 보지 못할 정도는 아니며, 한국도 종종 수입주류를 한 묶음으로 취급하여 '양주(western-style beverages)'라고 언급하는 것에 주목하였다.

(3) 상품비교(Product comparisons)
- 물리적 특성(Physical characteristics)

① 당사국 주장

제소국들은 수입물품과 국내산 물품은 물리적 특성에서 보면 모두 증류주로 정의할 수 있음을 주장하였다. 물품들 간의 색깔, 맛 등의 사소한 차이는 물품들이 직접 경쟁적이거나 대체가능한 물품으로 볼 것인지 여부와 무관하다고 하였다.

한국은 물품들 간의 물리적 특성의 차이가 실질적인 것이라고 주장하였다. 증류주는 다양한 원료를 이용하여 만들 수 있는 것이므로 원료의 선택은 최종물품의 궁극적 질을 결정함에 있어서 중요한 역할을 한다는 것이다. 한국은 위스키와 같은 갈색화주와 소주, 진과 같은 백색화주 간의 차이를 주장하였다. 갈색화되는 것은 숙성과정에서 비롯되는 것이지만 백색화주는 그런 숙성과정을 거치지 아니한다는 것이다.

한국은 또한 비록 물리적으로 아주 작은 차이라 하더라도 소비자들이 그 차이를 중요하게 생각할 경우 그 차이는 결정적인 것이 될 수 있다고 주장하였다. 즉, 두 물품이 물리적으로 거의 유사하다 할지라도 소비자들이 두 물품을 서로 다른 것으로 여긴다면 두 물품은 직접 경쟁적이거나 대체가능하지 않다는 것이다.

② 패널의 결정

패널은 한국의 위와 같은 좁은 해석에 동의하지 아니하였다. 물리적 특성 그 자체는 두 물품이 서로 물리적으로 동일 내지 유사한지 여부를 보여줄 뿐이고, 만일 동일 또는 유사하다면 물품 간에 잠재적으로 직접 경쟁적 관계에 있을 가능성이 아주 높다는 것을 의미한다는 것이다. 미국은 예를 들어 같은 아스피린 종류의 물품들이라 하더라도 상표 등에 의해 소비자들은 이를 다른 것으로 인식할 수 있다고 주장하였는데 패널은 이러한 비유가 적절하다고 보았다.

패널은 일본주류사건의 패널이 "판매전략을 조사하는 것이 유용한 방법이 될 수 있다"고 하였음을 언급하면서 판매전략은 물품의 근본적 특성을 부각하거나 또는 다른 물품과의 유사성을 근저에 두고 수립되므로 유용한 분석도구가 될 수 있다고 보았다. 그러나 판매전략은 종종 물리적 특성이 매우 유사한 물품들 간에 감각적 차별성을 부각시키려 하는데, 이 같이 감각에 기인한 차별성의 존재가 물품들이 적어도 잠재적으로 경쟁관계에 있다는 사실을 부인하는 것이 아니라고 하였다.

패널은 물리적으로 동일하거나 유사한 물품의 경우 오히려(직접 경쟁적인 물품보다 범위가 좁은) 동종물품으로 인정될 가능성이 높은 것인데, 판매 캠페인이나 정부정책 등에 의하여 물리적 특성이 유사한 물품을 소비자들이 감각적으로 다소 다른 것으로 느낀다 하더라도 이를 이유로 그 물품들이 직접 경쟁적이거나 대체가능한 물품임을 부정해서는 안 된다고 하였다. 즉 소비자들이 느끼는 감각적 차이는 문제가 경쟁의 정도에 대한 양적 분석이 아닌 현실적·잠재적 경쟁의 질인 경우에는 결정적인 것이 못된다는 것이다.

결과적으로 패널은 문제된 물품은 모두 증류주라는 물리적 특성이 있다고 보았다. 한국은 희석식소주를 만들기 위하여 에틸알콜을 수입하고 있지만 이와 같은 에틸알콜은 보드카, 본소주 등의 물품에도 사용되는 것이고, 여과 및 숙성과정 등에 기인한 색깔, 맛 등의 작은 차이로 인하여 물품들이 비대체적으로 되는 것은 아니라고 하였다. 결국 물품들 간에 다소간의 물리적 특성의 차이는 있지만 수입품과 국산품 간에는 근본적으로 물리적 특성의 유사성이 존재한다고 보았다.

(4) 판로와 판매장소(Channels of distribution and point of sale)

패널은 물품의 판로가 현재의 시장구조에서 물품들의 최종용도가 중복되는지 여부를 나타낼 수 있다고 보았다. 즉 최종용도가 유사한 물품들은 판로 및 판매장소도 유사할 것이기 때문이다. 이 부분에서는 '식당 등 술을 산 현장에서 직접 술을 마시는 소비 형태'가 주로 문제되었다.

한국은 주로 한국식, 일본식, 중국식식당에서 소비됨에 빈하여 양주는 주로 가페니 서양식 레스토랑 등의 고급업소에서 고가에 소비되므로 그 판로가 유사하다고 할 수 없다고 주장하였다. 이에 대하여 제소국들은 일본식식당, 서양식 레스토랑, 카페 등의 업소에서는 위스키와 소주를 모두 취급하는 곳이 있음이 인정되므로 판로가 중복된다고 주장하였다.

패널은 카페와 서양식 레스토랑에 대한 조사부분에서 응답업소 60곳 중 54곳이 위스키를 팔고 있음에 비하여 불과 13곳만이 소주를 파는 것으로 나타났지만 한편으로 그들은 1개월에 22,710m*l* 의 소주를 판매함에 비하여 위스키는 11,702m*l* 만을 판매하고 있는 것으로 나타난사실에 주목하였다.

또한 패널은 한국의 주장처럼 양주가 팔리는 업소가 비싼 고급업소인지 여부는 중요하지 않다고 하였다. 패널은 판로 및 판로장소를 구분함에 있어 유일하게 의미 있는 구분은 식당 등에서 술을 사서 그곳에서 마시는 형태와 일반가게에서 술을 사는 형태의 차이라고 할 것인데 수입물품과 국내물품은 이 점에서 별다른 차이가 없다고 하였다. 즉, 수입양주와 소주는 모두 위 두 가지 형태에 의하여 소비되는 점에서 공통된다는 것이다. 이 같은 입장에서 패널은 수입물품과 국내물품은 판로 및 판매장소에서 위 물품들이 직접 경쟁적이거나 대체가능한 물품임을 충분히 인정할 수 있으리만큼 중복되고 있다고 결론지었다.

(5) 가격(Price)

소주와 수입양주에 대한 가격차이에 대하여도 당사국 간 의견이 불일치하였다. 한국은 위스키의 가격은 평균적으로 소주보다 약 11배가량 비싸므로 조세효과는 무시해도 무방할 정도라고 주장하였다. 이에 대하여 제소국들은 일반 스카치위스키의 경우 고 급희석식소주에 비하여 겨우 3배 정도 비쌀 뿐이라고 하였다. 제소국들은 수입양주에 대한 세율이 높았기 때문에 한국소비자들에게 수입양주는 비싸다는 인상을 주어 소비가 왜곡되었다고 주장하였다. 이에 대하여 한국은 한국의 경우 일본과 달리 종가세를 부과하는 과세체계이므로 이 같은 주장은 비논리적이라고 하였다.

패널은 수입물품과 국내물품 사이에 상당한 가격차이가 있다는 사실을 인정하였으나, 그 차이가 결정적인 것은 아니라고 하였다. 또 한국이 주장한 소주가격은 가중평균된 것으로 고급 희석식소주가 상대적으로 고가임을 잘 나타내지 못하고 있는데, 고급 희석식소주는 수입양주에 대하여 가장 경쟁적인 상품으로 시장규모는 작으나 그 규모는 매우 빠르게 성장하고 있다고 하였다.

패널은 고급 희석식소주는 일반 소주가격의 두 배, 보드카는 고급소주의 4배, 일반 스카치위스키는 고급소주의 4.5배, 증류식소주는 일반위스키의 두 배 정도의 가격임을 인정하였다. 그러나 같은 범주의 술, 예컨대 위스키 등은 그 가격이 천차만별이고 더욱이 제소국들이 주장하는 것처럼 절대가격의 차이보다는 상대가격 변화에 따른 소비성향의 변동이 더욱 중요하고 나아가 절대가격은 환율, 정부정책 등 직접적으로 관련되지 않는 요인에 의해서도 좌우될 수 있으므로 이를 취급하는 데 신중하여야 한다고 하면서, 전체적으로 보았을 때 물품 간의 가격차이는 물품들이 잠재적으로 직접 경쟁적이거나 대체가능하다는 다른 증거를 부정하리만큼 큰 것은 아니라고 하였다.

(6) 유사하게 과세되지 아니한(Not similarly taxed)

패널은 이 요건을 판단함에 있어 일본 주세사건 항소기구의 결정을 따랐다. 일본주세사건 항소기구는 '유사하게 과세되지 아니한'이라는 요건에 대하여 "수입물품에 대한 과세부담이 직접 경쟁적이거나 대체가능한 국산품보다 무거운 것이어야 하고, 그 차이는 최소기준(de minimis)을 넘어서는 것이어야 한다"고 판시하였다.

패널은 한국의 주세법이 희석식소주에 대하여는 35%의, 증류식소주에 대하여는 50%의 주세를 부과하고 있고, 교육세법은 위 주세액의 10%에 해당하는 금액을 교육세로 부과하고 있는 점, 수입양주에 대하여는 위 주세법은 리큐르의 50%에서 위스키, 브랜디의 100%의 범위에서 주세를 부과하고 있는 점, 교육세법은 수입주류에 대하여 주세액의 30%에 해당하는 금액을 교육세로 부과(다만, 리큐르는 10%)하고 있는 점, 따라서 전체적인 세율을 보면 희석식소주는 38.5%, 증류식소주는 55%, 보드카・진・럼・데낄라・기타 첨가주는 104%, 위스키・브랜디・꼬냑은 130%의 세금이 부과되고 있는 사실을 각 인정하면서 수입위스키에 대한 세율은 희석식소주에 대한 그것의 3배를 넘고 있고 이러한 차이는 명백하게 최소기준을 넘어서는 것이라고 하였다.

(7) 보호하기 위한 방향으로(So as to afford protection)

패널은 이 요건을 판단함에 있어서도 일본 주세사건 항소기구 결정을 따랐다. 일본 주세사건에서 항소기구는 "위 요건을 검토함에 있어서는 문제된 과세조치가 객관적으로 어떻게 적용되었는지를 그 조치의 성격이나 구조 등을 고려하여 알아보아야 한다"고 판시하였다. 또 위 사건에서 패널과 항소기구는 세율의 차이가 클 경우 이를 보호하기 위한 방향으로 과세조치가 적용되고 있는 유력한 증거가 된다고 보았다. 패널은 위에서 본 것처럼 한국의 세율차이는 매우 크기 때문에 위 요건에 해당되는 것으로 볼 여지가 크다고 하였다.

또한 패널은 큰 정도의 세율차이 외에도 한국의 주세법의 구조 자체가 차별적이라고 보았다. 즉 주세법은 소주를 매우 넓게 정의하고, 수입주류의 특성을 띠는 몇 가지 경우를 예외로 하고 있는데, 수입되는 소주는 사실상 없고 따라서 세제혜택을 받는 것은 거의 국산품뿐이라는 것이다. 패널은 결국 한국의 주세법과 교육세법은 국내산업을 보호하기 위한 방향으로 적용되고 있는 것으로 결론지었다.

(8) 동종물품(Like Product)

제소국들은 소주와 보드카가 동종물품이라고 주장하였고, 한국은 이에 반대하였다. 패널은 소주와 보드카가 직접 경쟁적이거나 대체가능한 물품이라고 충분히 인정할 수 있을 정도로 많은 유사성이 있음을 주목하였지만 동종물품이라고 인정할 수 있을 정도로 충분한 증거는 없다고 하였다.

패널은 일본주세사건에서 항소기구가 일본소주와 보드카가 동종물품이라고 인정하였지만 두 물품이 동종물품이든 직접 경쟁적이거나 대체가능한 물품이든 이는 실질적으로 사건의 결과에 영향을 주는 것이 아니라고 판시한 점을 상기하고, 이 같은 판시는 이 사건에서도 유효한 것이라고 하였다.

3. 결론

소주(희석식과 증류식을 포함해서)와 위스키, 브랜디, 꼬냑, 럼, 진, 보드카, 데낄라, 리큐르와 기타 첨가주는 직접 경쟁적이거나 대체가능한 물품이다. 한국은 수입물품에 대하여 유사하지 않게 과세하였고 그 과세차이는 최소기준을 넘어서는 것이다. 차등과세는 한국의 국내산업을 보호하기 위한 방향으로 적용되었다. 따라서 한국의 주세법과 교육세법은 GATT 제3조 내국민대우원칙을 위반한 것이다.

Chapter

4

농업협정의 이해

1. 협정 배경
2. 협정의 주요 내용
3. 도하개발어젠더(DDA)의 농산물협상

Chapter 04

농업협정의 이해

1. 협정 배경

우루과이라운드(UR) 협상에서 가장 난제였던 분야는 농산물로서 1994년 4월 15일 마라케쉬 각료회의에서 GATT 체약국들은 우루과이라운드(UR) 최종협정에 서명함으로써 7년 반 동안의 UR협상이 타결되었다. 이 과정에서 농산물협상은 UR 협상타결의 가장 중요하면서도 어려운 분야였다. 각국이 시장개방과 보조금감축을 통해 세계 농업을 보다 시장원리에 맞게 개혁하자는 일반원칙에 대해서는 일찍 합의가 이루어져 왔으나 농업이 지니고 있는 정치 및 사회적 민감성으로 인해 획기적인 시장개방과 농정개혁에 대해서는 선뜻 합의를 이룰 수 없었기 때문이다.

UR 농업협상은 세계 농산물교역을 확대하고 국제농산물 시장에서 공정경쟁이 이루어지도록 하는 데 그 목적이 있었다. 이를 위해 농업분야에 광범위하게 주어진 무역 왜곡적 지원을 줄여나가는 방법으로 크게 시장개방, 국내보조, 그리고 수출보조의 세 분야로 나뉘어 논의가 이루어졌다.

우선 시장개방분야에서는 수입국들의 수입제한장벽을 철폐하고 관세를 대폭 삭감하여 시장을 개방하고 교역을 확대하자는 방향으로 논의가 진행되었다. 국내보조분야에서는 농업에 지원되는 각종 보조금을 허용대상과 감축대상으로 분류하여 감축대상보조는 점진적으로 감축해 나가는 한편 수출보조금은 직접적으로 국제시장을 크게 왜곡시키므로 국제시장의 공정성 회복을 위해 대폭적으로 줄여나가는 방향으로 논의가 이루어졌다. 이에 따라 UR 농업협상 결과 수입제한 등 모든 비관세장벽은 관세로 전환되었으며, 모든 관세는 단계적으로 인하되고, 국내보조 중 생산이나 가격에 영향을 미치는 지원은 감축대상보조로 규정하여 삭감하고, 수출보조는 예외 없이 감축해 나가자는 데 합의를 보았다.

GATT 제7차 동경라운드까지의 다자간 무역협상과는 달리 우루과이라운드 농산물 협상은 비관세장벽의 철폐와 관세화, 농산물의 국제교역 규범의 골격마련은 물론 국내농업정책까지 규제하는 획기적인 협상이었다. 그러나 미국 및 농산물 수출국 그룹인 케언즈(Cairns)그룹 국가들은 UR협상이 농업개혁과 무역자유화에 미친 효과가 미미했다고 평가하며, 차기협상에서 실질적이고 가시적인 무역창출 효과를 얻기 위해서는 수입국들의 대폭적인 시장개방이 필요하다고 주장하고 있다.

반면에 우리나라를 비롯한 일본 등 농산물 수입국들은 관세의 인하 등 시장접근의 개선과 생산보조금의 감축이행으로 수입이 증대하고 재고가 감소함에 따라 세계농산물 가격이 전반적으로 상승했다고 주장하며, UR협상의 결과로 수출국의 이해가 충분히 반영되었다고 평가하고 있다. 농산물 수입국들은 차기 농업협상 추진에 있어서 신축적이고 점진적인 접근방식을 채택하자는 입장을 견지하며, 농업보호의 이론적 기초가 되는 비교역적 고려사항(NTC : Non-trade concern) 및 농업의 다원적 기능을 부각시키는 데 주력하고 있다.

2. 협정의 주요 내용

(1) 협정문의 구성

WTO 농업협정은 21개 조항과 5개 부속서로 구성되어 있다.

(2) 대상품목(제2조)

WTO 농업협정 제2조는 협정의 적용 대상품목에 관한 내용을 규정하고 있으며, 수산물은 농업협정 대상에서 제외되었다.

(3) 시장접근(제4조)

농업협정에서는 원칙적으로 관세화를 통한 시장개방을 하여야 하며, 수량제한 등의 비관세조치들을 금지하고 있다. 그러나 관세화 예외품목, 즉 식량안보 등 비교역적 관심에 따른 특별 대우품목은 관세화로부터 예외로 하되, 최소시장접근 기회를 확대해 나가야 하며, 이행기간 1차년도(1995년)에 국내소비량의 4%에 상응하는 시장접근기회를 설정, 잔여 이행기간 동안 매년 0.8%씩 증가하여야 함을 규정하고 있다.

또한 특별 대우품목 중 개도국의 전통적 식생활에서 가장 중요한 농산물은 이행기간 1차년도(1995년)에 국내소비량 1%에 상응하는 시장접근 기회를 설정, 5차년도까지 매년 0.25%씩 증가시키며, 6차년도부터는 매년 0.5%씩 증가시켜 10차년도에는 4%에 도달할 것을 규정하고 있다.

(4) 특별긴급수입제한조치(제5조)

관세화 및 관세상당치 인하의 시장개방약속을 이행함에 따라 특정 품목의 수입가격이 기준 이하로 급격히 하락하거나 수입물량이 기준 이상으로 급증하는 경우에 사후적으로 관세를 추가적으로 인상함으로써 수입국의 부정적 영향을 축소시킬 수 있는 SSG제도가 규정되어 있다. 이는 관세화의 보완장치로서 비관세장벽의 철폐를 통해 일반관세로 전환한 품목에 대해서는 특별긴급수입제한조치가 허용되어 수입량이 급증하거나 수입가격이 크게 하락하는 경우 기존 관세수준의 1/3까지 추가적인 관세부과가 가능하도록 하고 있다. 다만 특정한 가격 및 물량기준하에 발동이 가능한 농제도는 관세화 대상품목에 한하며 이행기간 동안 관세인상만으로 구제조치가 이루어져야 한다. 또한 시장접근 양허의 일부로 설정된 최소시장접근과 현행시장접근에 따른 수입물량은 긴급피해조치 발동을 위한 수입량 산정에는 포함되나 관세인상의 대상에서는 제외된다고 규정하여 최소 및 현행 시장접근 물량을 계속 보장토록 하고 있다. 그리고 이미 계약이 완료되어 운송 중에 있는 물량에 대해서는 이를 수입량 산정에 반영할 수 있으나 당해연도 관세 인상에는 제외시켜 수출국의 이익침해를 방지하고 있다.

(5) 국내보조(제6~7조, 부속서 3)

국내보조와 관련된 정책은 생산 및 무역에 미치는 영향 유무에 따라 허용대상과 감축대상으로 분류하되 허용대상기준을 충족시키지 못하는 모든 국내보조는 감축대상보조로 간주된다. 허용대상보조는 협상 타결 이후에도 계속 지원이 가능하나 감축대상보조는 약속된 수준까지 매년 줄여나가야 한다. 이에 따라 농업협정문 부속서 2에서는 구체적인 허용대상정책의 유형 및 기준이 제시되었다.

우선 허용대상정책을 크게 정부서비스와 생산자에 대한 직접지불로 분류하고 세부정책들을 예시하고 있다. 또한 허용대상으로 분류된 정책들이 갖추어야 할 일반적 허용기준으로 두 가지 조건이 충족되어야 하는데, 그것은 소비자로부터의 이전이 아닌 공공재정지출에 의한 지원일 것과 생산자에 대한 가격지지효과가 없어야 한다는 것이다.

이와 같이 일반적 기준과 정책별 구체적 기준을 동시에 만족하여야만 허용대상정책으로 분류되고 나머지는 감축대상으로 간주되는 농업협정상의 분류방법에 따라 시장가격지지 및 투입재보조 등은 감축대상 국내보조로 설정되었다. 또한 미국과 EU 간의 합의에 의해 생산제한하는 직접지불정책은 일정요건의 충족 아래서 감축이행이 면제되었다(Blue Box).

아울러 감축대상국내보조에 대해서는 농업보호총량측정액(Total AMS)을 기준으로 하여 1986~88년으로 계산된 국내보조수준을 1995~2000년의 이행기간 동안 20% 이상 감축토록 하였다. AMS(Aggregate Measurement of Support)란 보조총액측정치라고 번역하기도 하는데 감축대상보조를 모두 합친 금액을 말하며, 각국은 기준년도의 평균 AMS를 연도별로 감축해 나가야 한다. 그러나 최소허용보조비율(de minimis) 조항을 설정하여 해당연도 특정 품목의 지원이 해당품목 총생산액의 5%를 초과하지 않는 품목특정적 보조와 농업생산액의 5%를 초과하지 않는 품목 불특정보조의 경우에는 총량측정액 계산에서 제외함으로써 감축의무가 면제된다.

한편 개도국의 경우에는 시장개방부문에서의 특별대우와 같은 맥락에서 국내보조감축률(선진국의 2/3 수준), 이행기간(10년), 최소허용보조율(10%)을 선진국보다 유리하게 완화시켜 줌과 동시에 농업에 대한 일반적 투자보조, 저소득계층에 대한 투입재보조, 그리고 마약작물의 작물전환지원 등에도 감축의무를 면제시켜주고 있다.

(6) 수출보조(제8~11조)

UR 농산물협상 수출보조분야에서는 우선적으로 수출보조금을 정의하고, 이를 기초로 향후 감축할 수출보조금의 범위와 감축방식 등이 구체화되어 있다. 농업협정문 제9조 1항에서는 6가지 감축대상 수출보조 유형을 예시하여 포괄적으로 기술하고 있고, 특히 제8조와 9조 3항에서 수출보조에 대한 약속이행 및 수출보조범위 확대에 대한 제한을 엄격히 규정하고 있다. 제8조는 협정문 및 해당 회원국의 이행계획서에 제시된 약속이행과 일치하지 않는 수출보조금을 지급치 아니한다고 규정하고 있고, 제9조 3항은 수출보조 범위확대에 관한 약속은 양허표에 제시된 대로 이행해야 함을 규정함으로써 신규시장이나 신규품목에 대한 수출보조나 수출보조의 재도입에 대한 제한을 명시하고 있다.

더욱이 농업협정문 제10조는 수출보조 감축약속의 우회 행위에 대한 제한으로 감축대상이 아닌 수출보조가 감축이행약속을 우회하는 결과를 초래하거나 그러한 우려가 있는 방법으로 운영되어서는 안 된다고 규정하고 있다. 한편 감축대상 수출보조로 예시되지 않은 수출신용, 수출신용보증 및 수출보험에 대해서는 이를 규율하기 위한 국제적 규범도출에 노력하고, 향후 합의될 국제규범에 따라서만 이들을 제공키로 합의하였으며, 국제식량원조도 가급적 최대한 무상원조의 형태로 제공되어야 함을 규정하여 수출보조의 수단으로 사용되는 것을 제한하고 있다. 농업협정 제9조 제1항에 규정된 6가지 감축대상 수출보조 유형은 다음과 같다.

① 수출수행을 조건으로 하는 정부 또는 정부대행기관의 현물을 포함한 직접보조
② 비상업적 재고수출을 위해 국내구매가격보다 낮은 가격으로 판매 및 처분
③ 정부의 활동으로 조성된 재원을 통한 수출보조
④ 수출농산물의 출하, 등급, 국제운송비 등 유통비용 절감지원
⑤ 수출농산물의 국내 운송비지원
⑥ 수출상품에 사용되는 것을 조건으로 한 원료농산물에 대한 보조

그러나 개도국의 경우 이행기간 중에 위의 감축대상 수출보조에서 ④와 ⑥의 수출보조에 대해서는 우회적인 방법으로 지원되지 않는 한 감축약속이행 의무에서 면제된다. 이와 같은 감축대상 수출보조의 경우는 1986~90년을 기준으로 1995년부터 6년 동안 재정지출의 36%와 보조물량의 21%를 감축하는 데 합의하였으며, 반면에 개도국은 우대조치로써 10년의 이행기간 동안 각각 수출보조지출의 24%와 물량의 14%를 감축하도록 규정하고 있다.

3. 도하개발어젠더(DDA)의 농산물협상

농업분야는 우루과이라운드(UR)협상 이전에는 국제무역협상의 논의대상이 아니었다. UR협상에서 처음으로 예외 없는 시장개방의 원칙이 적용됨에 따라 농업도 협상대상에 포함되었다. 2000년부터 UR협상에 이은 새로운 농업협상이 시작되었다. 이는 UR협상 결과 합의된 농산물 시장개방 및 자유화 약속의 수준이 상품분야에 비하여 미흡하다는 판단하에 이를 시정하기 위하여 UR협상 타결시 후속협상을 2000년부터 개시하도록 합의한 것에 따른 것이며(소위 Built in Agenda

라고 한다), 2001년 11월 카타르 도하 각료회의 결과로 DDA협상이 출범하면서 농업협상도 DDA협상의 일부로 편입되었다.

농업협상에서는 관세와 같은 보호장벽의 실질적 감축, 농업분야에 대한 국내보조의 실질적 감축 및 수출보조의 단계적 철폐를 위한 방안을 주로 논의하고 있다. WTO 회원국들은 관세와 보조금의 감축 등 시장개방의 폭과 속도에 대한 세부원칙을 2003년 3월말까지 수립하도록 되어 있었으나 미국과 케언즈그룹, 그리고 한국, EU, 일본 등의 입장이 팽팽히 맞서고 있어 합의점을 찾지 못하고 있다.

DDA 농업협상의 당초일정을 살펴보면, 2001년 11월 협상을 개시하여 2003년 3월 농업협상의 세부원칙(Modality)을 마련하기로 하였다. 또한 2003년 9월 이행계획서의 작성 및 제출, 2003년 9월 이후 이행계획서의 검증을 거쳐 2004년 12월 31일 DDA 농업협상을 종료하기로 하였으나 2010년 현재 세부원칙도 마련되지 않고 있어 농업협상 일정이 지연되고 있는 실정이다.

농산물 수출국들은 UR협상이 농업분야를 다자무역체제로 끌어들이는 데는 성공했지만 UR협상의 이행 결과 농산물 교역확대가 기대에 미치지 못하는 것으로 평가하고, 관세와 보조금감축 등 급진적인 개혁을 요구하고 있는 반면 우리나라를 비롯한 농산물 수입국들은 UR협상과 일관성을 유지하고, 농업의 비교역적 관심사항을 적절히 반영하기 위해 점진적이고 신축적인 개혁이 이루어져야 한다고 주장하고 있어 첨예하게 대립하고 있다.

앞에서 언급한 바와 같이 DDA농업협정은 2001년 카타르 도하에서 DDA협상이 시작된 이후 몇 차례 세부원칙을 확정하려는 시도가 있었지만 세부원칙의 확정에 있어서 협상의 타결을 이루지 못하고 표류하여 왔다. 그러나 2008년 초 세부원칙 수정안이 제출(2008. 2. 8)되어 활발한 논의가 진행되어(2008. 12. Rev.4) 거의 타결단계에 왔으나 미세한 몇 가지 사항에 대해 강경개도국(중국, 인도, 브라질)의 이견으로 인해 협상이 결렬되었다. DDA협상이 예상 이상으로 지연되고 쟁점에 대한 타결이 어렵다는 판단하에 이후 WTO에서는 DDA협상의 중단을 선언하여 2010년 현재까지 이르고 있다.

DDA농업협상의 타결이 어려운 것은 무엇보다 협상 이후 각국이 농업분야에서 급속한 시장개방을 보장하여야 한다는 정치 · 경제적인 부담 때문이라 할 수 있다. 각국이 농업분야의 시장개방을 위해서는 먼저 관세와 보조금을 얼마나 줄일지, 언제까지 줄일지 등 의무내용을 담은 세부원칙을 정해야 하는데 이러한 세부원칙에 대한 합의가 이루어지면 각 회원국은 구체적으로 어떻게 관세와 보조금을 줄여나갈 것인지를 담은 국별 이행계획서를 제출하여 다른 회원국들로부터 검증을 받게 된다. 검증협상까지 마치게 되면 각 회원국은 자국의 이행계획서를 확정짓게 되고 계획서에 따라 의무를 이행해야 하는 절차로 진행된다.

여기서는 그동안 진행되었던 상기 농업협상에 대한 각국의 입장과 쟁점 (2008. 12. Rev.4 기준 : DDA농업협상중단 전 마지막 수정안)을 시장개방 분야, 국내보조 분야, 수출경쟁분야 등 3개 분야로 나누어 살펴보기로 한다.

(1) 시장접근(Market Access)

시장접근 분야의 협상에서는 구간별 관세감축, 민감품목, 관세상한, 특별품목, 개도국특별세이프가드, 농업특별세이프가드, 관세할당 신설, 경사관세, 열대작물, 특혜잠식, 1차산품 등 수많은 이슈가 난립해 있는 복잡한 협상이다. 이 중 한국의 관심이 많은 분야 위주로 Rev.4에 기술된 내용을 정리해 본다.

1) 구간별 관세감축(tiered formula)

구간별 관세감축(tiered formula)이란, 현행 양허관세 수준을 기준으로 몇 개의 대역(band)을 설정하고, 해당 band에 소재하는 품목의 관세를 합의되는 일정 % 감축을 단행하는 방식을 의미한다. 2007년 농업협상이 재개되었을 때에는 July Package 및 홍콩각료회의의 합의에 따라 구간별 관세감축 방식을 채택하고 4개의 band를 구성한다는 데까지는 합의하였으나, 개별 대역의 구분점(threshold) 및 대역별 관세감축 수준은 어떻게 할 것인가에 대해서는 합의가 없는 상황이었다. 결국 지난 2년간의 협상결과에 따라 Rev.4에는 다음과 같이 확정되었다.

	선진국 관세감축		개도국 관세감축 (선진국의 2/3)	
	현행 양허관세	Rev.4	현행 양허관세	Rev.4
1구간	0~20%	50%	0~30%	33.3%
2구간	20~50%	57%	30~80%	38.0%
3구간	50~75%	64%	80~130%	42.7%
4구간	75% 초과	70%	130% 초과	46.7%

2) 민감품목(SeP : Sensitive Products)

상기 "구간별 관세감축"이 관세감축의 일반원칙이라고 한다면, 민감품목은 그러한 일반원칙에 대한 예외라고 보면 된다. 즉, 개별 국가들이 특별히 민감한 일부 품목에 대해 구간별 관세감축 의무로부터 일정수준의 이탈(deviation)을 허용하되,[1] 그 대가로 낮은 관세하에 수입이 허용되는 관세할당(TRQ)을 설정(혹은 증액)하는 것이다. 농업협상이 재개된 2007년도에는 민감품목을 허용한다는 대원칙이 합의된 상황이었으나, 어느 수준까지 허용할지, 허용한다면 그 대가(보상)는 얼마만큼이 적절할지, 그리고 그 대가를 계산하는 방식은 어떤 방식을 활용하는 것이 타당할지 등에 대해서는 아무것도 합의된 것이 없었다. 당연히 수입국들은 민감품목을 가급적 많이 허용하는 것이 필요하다는 입장을 주장하였고, 수출국들은 그 반대로 최소화해야 한다는 입장을 견지하였으며, 그 대가와 관련하여서는 수입국들은 가급적 낮은 수준을, 수출국들은 가급적 높은 수준을 주장하였다. 민감품목분야는 DDA농업협상에 있어 전반적 합의(consensus)가 도달하지 않은 분야 중의 하나이나, 현행 Rev.4는 합의수준을 대체로 제시하였다는 평가이다. 현재의 상황은 다음과 같다.

- 민감품목 개수 : 전체 관세선의 4%까지 허용(개도국은 5.3%)
  * 단, EFTA 국가 및 일본에 한하여 추가 보상을 전제로 2% 추가 허용
- TRQ 증량은 국내소비량의 4%(이탈범위(deviation)가 2/3인 경우)
  * 개도국은 동 수치의 2/3 적용

관세 감축	선진국 증액	개도국 증액
일반감축률의 2/3 적용(deviation 1/3)	3.0%	2.0%
일반감축률의 1/2 적용(deviation 1/2)	3.5%	2.3%
일반감축률의 1/3 적용(deviation 2/3)	4.0%	2.7%

※ 개도국에게는 이행기간 조정 등 여타 신축성도 있음.

3) 관세상한(Tariff Capping)

관세상한이란 상기 "구간별 관세감축"에 추가하여 부과되는 의무로서, 관세감축 이후에도 특정 품목의 관세가 합의되는 특정 수준(threshold)을 초월할 경우, 합의된

1) 일종의 관세를 낮추지 않아도 되는 장치를 말함.

threshold 수준으로 무조건 추가 감축해야 하는 의무이다.[2] 고관세품목이 많은 수입국에게는 절대적으로 불리한 의무로서, 수입국 그룹인 G-10측에서 가장 강력히 반대해 온 의무이다. 그러나 그 반면에 개도국 수출국 그룹인 G-20측에서는 관세상한이 포함되지 않으면 안 된다는 강경한 입장을 표명하는 상황이어서 가장 첨예한 대립이 지속 중인 이슈다. 의장은 양측의 입장을 절충하여 관세상한을 도입하되, 수입국들을 위한 신축성을 부분적으로 포함하는 방안을 제안한 상황이다.

• 관세상한 도입
  * threshold : 선진국은 관세 100%, 개도국은 관세 150%
• 관세상한에 대한 예외인정 범위
  1) 민감품목 : 적용 배제. 단, 해당품목의 TRQ 추가증량(0.5%)
  2) 특별품목 : 적용완전배제(보상 불필요)
  3) 비민감품목 : 관세신의 1% 한도 내에서 상한적용 배제 인정
    * 보상 : 전체 민감품목에 대해 TRQ 0.5% 추가 증량, 또는 해당 품목의 감축이행기간 2년 단축 or 감축률 10%p 추가
    * 단, 적용가능 국가는 일본 · 스위스 · 노르웨이 · 아이슬랜드로 한정

4) 특별품목(SP : Special Product)

특별품목이란 개도국들의 식량안보(food security), 농민들의 생존권(livelihood security), 농촌개발(rural development) 등의 목적을 위해 개도국에게만 한정하여 허용하는 특혜이다. 개도국이 특별품목으로 지정한 품목은 민감품목처럼 관세감축 의무로부터의 이탈이 허용된다. 그러나 민감품목과 다른 점은, 민감품목과는 달리 SP 지정의 대가로 보상을 제공할 필요가 없다는 점이다. 현재까지의 논의는 과연 SP를 얼마만큼 허용할 것인가, 허용하는 SP의 관세감축 이탈 정도를 어느 수준으로 확정하는 것이 적절할 것인가에 모여 있다. SP의 필요성을 주장하고 있는 G-33그룹은 최소한 관세선의 20%까지는 허용해야 하며, 20% 중 약 8%는 아예 관세감축 의무가 면제되어야 하며(일명 "zero cut"), 나머지는 8% 및 12%만 감축할 수 있도록 허용해야 한다는 입장을 견지하였다. 그러나 미국, 호주 등 선진국 수출국 및 일부 강경 수출개도국

2) 예를 들어 관세상한의 도입이 확정되고, 합의되는 threshold 수치가 100%라면, 관세 감축 이후에도 관세가 100%를 상회하는 품목이 있을 경우, 해당 품목의 관세를 threshold인 100%로 추가 하향조정하여 맞춰야 하는 의무이다.

들은 한 목소리로 SP가 자칫 주요 개도국[3]들이 관세감축 의무를 회피하는 도구로 악용될 수 있음을 고려, SP 허용 범위를 최소화해야 한다는 입장을 견지해 왔다. 이들은 아예 zero cut의 존재를 인정하지 않으려 하기도 한다.

• 특별품목의 개수 및 대우

개수	관세감축률
전체 관세선의 12%	전체 평균 11% (허용범위인 "전체 관세선의 12%" 내에서 5%까지는 zero cut으로 지정가능)

5) 개도국 특별세이프가드(SSM : Special Safeguard Mechanism)

SSM은 SP와 마찬가지로 개도국만을 위한 신축성이다. SP와 마찬가지로 개도국들의 식량안보(food security), 농민들의 생존권(livelihood security), 농촌개발(rural development) 등의 목적을 위해 수입이 폭증하는 경우에 한하여 긴급수입관세를 부과할 수 있는 권한을 허용하는 특혜이다.[4] SSM은 2008년 7월 소규모 각료회의를 결렬시킨 '주범'으로 인식된 분야로, 여전히 수출국 및 수입국 간 이견이 많은 분야이다.[5] 미국, 호주 등 수출국들은 SSM이 포괄적으로 허용될 경우 대 개도국 수출이 실질적으로 중단될 것이라고 주장하며 가급적 제한적인 SSM이 합의될 수 있도록 노력하고 있다. 예를 들어, 물량기준 SSM에 대해서는 수입 급증과 동시에 가격이 낮아져야 발동이 허용되어야 한 다느니(price cross-check), 발동기준 산정시 pro-rate 개념이 적용되어야 한다느니, SSM 발동으로 추가관세가 부가될 경우 최종관세 수준은 UR 양허관세를 초월해서는 안된다는 등등이다.[6]

---

3) "주요 개도국"이라 하면 중국 및 인도를 지칭하는 것으로 보여지나, 우리나라, 필리핀, 인도네시아, 터키 등도 동 범주에 포함될 여지가 있다.

4) SSM을 UR협상 결과에 따라 현행 농업협정 제5조에 따라 기운영 중인 농업특별세이프가드(SSG)와 혼동하지 말자.

5) 앞서 언급한 바와 같이, SSM이 공식적으로는 2008년 7월 소규모각료회의 결렬의 주범으로 인식 중이나, 일각에서는 미국이 자국의 아픈 구석인 '면화 보조금' 분야에 대한 논의가 진행되기 전에, SSM에서 배수진을 치고 싸움을 전개한 것으로, 결국 SSM을 희생양으로 삼았다는 주장도 제기된다.

6) Pro-rate란 SSM이 발동될 경우 수입이 줄어든다는 가정 아래, 그 다음 해의 발동기준 산정시를 이를 감안해야 한다는 개념으로, 결국 다음 해의 발동기준을 산정함에 있어 SSM 발동에 따른 수입감소 효과를 일정한 원칙에 의하여 보전할 것을 주문한다.

이에 대해 G-33측은 형식적인 SSM이 아닌, 실질적으로 개도국 농민들이 직면한 어려움을 해소하는데 실제로 활용가능한 SSM이 축조되어야 한다는 기본입장 아래 수출국들의 공격에 대응하고 있다. 예를 들어, 수출국들의 pro-rating 주장에 대해서는 SSM의 발동기준 산정시 적용되는 “3년 이동 평균(3 year moving average)” 개념에 이미 pro-rating 개념이 내포되어 있으므로 추가로 pro-rating 개념을 적용할 경우 이는 이중적용에 해당된다고 지적하고 있고, price cross-check 요구에 대해서는 기본적인 개도국의 현실 및 시장동향을 무시한 요구로서 실질적으로 SSM을 무력화시키기 위한 전략으로 보여진다고 대응하고 있다.

• 발동기준 및 구제조치(UR 양허관세 초과 SSM)

발동가능 품목수	발동기준		구체조치(추가관세)
전체 관세선의 2.5%	구간 1	최근 3개년 평균 수입량*의 120% 초과 140% 이하	양허관세의 33% 또는 8%p 중 높은 것
	구간 2	140% 초과	양허관세의 50% 또는 12%p 중 높은 것

* 발동기준 물량 계산시 SSM이 발동된 기간은 실제수입량이 아니라 SSM이 발동되지 않았던 기간의 월평균 수입량을 산출하여 적용

• 발동기간 : 최대 4~8개월

* 한 번 발동되면 그 발동기간 만큼 경과할 때까지 재발동 불가

• Cross-check 개념 원칙적으로 도입

6) 농업특별세이프가드(SSG : Special Safeguard)

UR농업협상의 중요한 결과 중의 하나는 그간 각국이 유지 중이던 모든 형태의 비관세장벽을 철폐하고, 농산물의 수입에 대해서는 관세 이외에는 그 어떠한 수입장벽도 설치하지 못하도록 한 것이었다. 따라서, 모든 WTO 회원국들은 현재(최소한 농산물분야에 대해서는) 100% 관세화한 상황이다.[7] 당시 품목별 비관세장벽을 모두 품목별 관세로 전환해야 하는 의무[8]를 이행해야 하는 국가들에게 해당 품목별로 SSG라는

7) 우리나라와 필리핀의 쌀 관세화 유예(쌀의 관세화를 추후의 시점으로 연기한 것)는 단 두 개 밖에 없는 WTO 농업분야의 큰 예외이다.

8) “관세화(tariffication)”라 한다.

별도의 안전장치를 활용할 수 있는 혜택이 부여되었다. UR협상이 발효한지도 이제 10년이 넘었으니까, 더 이상 SSG가 필요 없다는 것이 수출국들의 주장이고, 반대로 수입국들은 여전히 SSG 권한은 인정되어야 한다는 주장을 피력하고 있는바, 이것이 SSG협상의 핵심이다. 농업협상의장이 제시한 쟁점의제는 다음과 같다.

• 선진국 : DDA합의내용 이행 첫 날 전체 세번의 1%로 감축
  - 이후 7년 내 폐지
  - 단, 추가관세 부과시 UR 양허관세 초과 금지
  - SSG 유지품목을 민감품목으로 지정시 2/3 deviation 적용 필요
• 개도국 : 이행 첫 날 전체 세번의 2.5%로 감축
  - 선진국에게 적용되는 의무는 해당사항 없음

(2) 국내보조(Domestic Support)

DDA협상에서는 선진국들이 자국 농가들에게 지급하는 보조금이 세계 농산물 교역을 현격히 왜곡하고 있다는 인식 아래 이를 보다 강하게 규제하기 위한 규범을 마련하기 위한 방안을 협의 중에 있다. 당연히 농가/농산물에 대해 많은 보조금을 지급하는 EC, 미국 등에게는 부담이 많은 내용이다. 그런데 EC는 공동농업정책(CAP)을 단계적으로 시행하며 DDA협상의 국내보조 규범 강화에 대비하였는 바, 현재로서는 미국만이 동 규범 때문에 어려움을 겪고 있는 입장이라 할 수 있다.

국내보조분야도 시장접근분야 만큼이나 세부적인 협상분야가 많다. 간단히 나열해 보면, 무역왜곡보조총액(OTDS), 감축대상보조(AMS), 최소허용보조(de minimis), 블루박스(Blue Box), 허용보조(Green Box) 등이 있다. 여기서는 역시 핵심적인 내용을 위주로 정리해 본다.

1) 무역왜곡보조총액(OTDS : Overall Trade Distorting Support)

DDA협상을 통해 새로 마련하게 될 규범이다. DDA협상에서는 감축대상보조(AMS), 최소허용보조(de minimis), 블루박스 등 개별보조금 한도를 감축하는 규정을 두면서 이들의 합계인 무역왜곡보조총액(OTDS)도 동시에 감축토록 하는 규정을 마련하였다. 이는, 개별보조금 한도를 감축하면서 전체보조금 한도도 설정하여 개별보조금 감축

이후에도 개별보조금의 합계 수준이 합의되는 OTDS 한도를 상회할 경우 추가적인 감축을 단행케 하는 것으로서, 시장접근분야의 관세상한 개념과 유사하다고 할 수 있겠다.

OTDS 이슈는 2007년 초 미국, EC, 인도, 브라질 등 G-4 국가들이 해결해보려고 했다가 끝내 합의하지 못한 당시의 최대 이슈였다. 그러나, 지난 2년간의 논의를 통해 일정부분 정리되어진 느낌이다. 이를 반영하듯, 의장은 Rev.4를 작성함에 있어 bracket을 모두 제거한 clean text를 마련하였다. 의장이 Rev.4에 적시한 감축률에 따라 OTDS 감축이 이행될 경우, 미국에 적용될 OTDS 상한은 144.6억 달러가 된다. 2007년초 G-4간 논의시 미국이 현재 480억 달러인 OTDS를 225억 달러 수준으로 밖에 못 내린다고 주장하는 동안 EC는 150억 달러, G-20는 120억 달러로 감축할 것을 주장한 것에 비춰보면, 한편으로는 그간 미국이 진짜 엄살을 부린 것이 아닌지 모르겠다는 생각이 들기도 한다. 아울러, 그간 개도국들의 주장을 고려할 때,[9] 의장이 Rev.4에서 제시한 수치가 과연 안정화된 것인지 의문이 들기도 하나, 아무튼 현재로서는 미국의 OTDS 감축률로 70%를 인정해야 된다는 선에서 논의가 정리되어 있다.

• OTDS 구간별 감축률 및 대우

구간(선진국)	감축률	이행기간
1구간(EU)	80%	첫 날 OTDS의 33.3% 감축, 나머지는 5년 균등 감축
2구간(미국, 일본)	70%	
3구간(여타 국가)	55%	첫 날 OTDS의 25% 감축, 나머지는 5년 균등 감축

※ 개도국 감축률 : 선진국 3구간의 2/3 적용(36.7%)
개도국 이행기간 : 이행 첫 날 총 OTDS의 20% 감축, 나머지는 8년 균등 감축

2) 감축대상보조(AMS : Aggregate Measure of Support)

감축대상보조는 농산물의 생산과 농산물교역에 직접적인 부정적 영향을 미치는 보조로서, DDA협상에서는 전체 감축대상보조의 감축률 수준과 품목별 AMS 상한 등 이

9) 개도국들은 미국 보조금의 실제 집행(disbursed) 수준과 UR협정상 허용범위(양허수준, bound level) 간 괴리를 감안할 때 최소한 120억 달러로 설정해야 단 1달러라도 실질적인 감축이 있을 것이라고 주장한 바 있다.

중규제장치를 설정하기 위한 협상이 진행 중이다. 즉, UR협상 당시에는 총 AMS의 감축만을 협상대상으로 삼았던 점에 비추어 DDA협상에서 논의되는 보조금 관련 규범은 보다 강화된 내용이다.[10] OTDS와는 달리, 오래전부터 안정화된 분야로 인식되어 있었으며, Rev.4에서는 clean text가 제시되었다.

• AMS 구간별 감축률과 이행기간

구간	감축률	이행기간	개도국
1구간 (EU)	70%	첫 날 총 AMS의 25% 감축, 나머지는 5년 균등 감축	• 선진국(3구간)의 2/3 : 30% 감축 • 이행 : 이행 첫 날 총 AMS의 3.3% 감축, 나머지는 8년 균등 감축
2구간 (미국, 일본)	60%		
3구간 (기타 국가)	45%	첫 날 총 AMS의 7.5% 감축, 나머지는 5년 균등 감축	

• 품목별 AMS 상한
- 선진국은 1995~2000년 평균 AMS 지급실적
  * 미국만 예외적으로 1995~2004년 평균품목특정 AMS비율을 1995~2000년 총지급액에 비례적으로 적용하여 품목특정 AMS 상한설정
- 개도국은 3가지 옵션 중 하나를 선택하여 품목별 AMS 상한설정

3) 블루박스(Blue Box)

블루박스보조금은 감축대상보조와 허용보조의 중간적 성격의 보조금으로서, UR협상 결과에 따라 현재는 생산제한 등과 같은 일정조건이 부가되어 있으면 감축의무 또는 지급상한 규정에 저해받지 않고 보조금을 지급할 수 있다. 그러나 DDA에서는 이에 대한 제한이 필요하다는 인식 아래, 새로운 블루박스 형태(생산 비연계)를 허용하는 대신, 총 블루박스 한도 및 품목별 한도를 설정하는 방향으로 논의가 진행되었다. 현재로서는 논의가 대체로 안정화되어 있다는 평가이며, 잔여 쟁점으로는 품목별 블루박스 한도와 관련, 미국에게 어느 정도의 '여유'를 추가로 제공할 것인가의 문제가 남아 있을 뿐이다.[11][12]

---

10) 참고로, UR 당시 총 AMS에 대한 감축의무는 선진국 20%, 개도국 13.3%였음.
11) US Headroom issue라고 지칭한다.
12) Blue box 관련, 인도측이 제기하는 이슈가 있기는 하다. 인도측 논리는 다음과 같다.

- 새로운 블루박스 형태(생산 비연계)를 신설하고, 향후 블루박스를 기존의 "생산제한" 형태로 운영할 것인지, 아니면 새로 마련된 "생산 비연계" 형태로 운영할 것인지 선택 필요
- 블루박스 총한도
  - 선진국 : 1995~2000년 평균 농업총생산액의 2.5%
  - 개도국 : 1995~2000년 혹은 1995~2004년 평균 농업총생산액의 5%
- 블루박스 품목별 한도
  - 선진국 : 1995~2000년 평균지급실적
    * 미국 : 2002 미국 농업법에 규정된 품목별 최대 지급가능 보조비율을 적용하여 계산된 평균보조액의 [(110)(120)]%를 적용
- 품목특정 AMS의 블루박스로의 전환을 허용하되, 전환된 만큼 품목 특정 AMS를 감축토록 규정(단, 전체 블루박스 한도 내 가능)
  * 다만, 개도국으로서, 생산비중이 크고 AMS 지급비중이 큰 품목(생산액의 25% 이상, AMS의 80% 이상)의 AMS 보조를 블루박스로 전환하고자 할 경우 전체 블루박스 상한 초과 허용

(3) 수출경쟁(Export Competition)

농업협상의 3대 축(pillar) 중 제일 먼저 전체적으로 안정화된 것으로 평가된 '축'이다. 가장 중요한 "수출보조"와 관련, 홍콩 각료회의에서 선진국들은 2013년까지 철폐토록 합의하였으며, Rev.4에는 전적으로 반영되었다.

- 그간 보조금은 재정적인 여력이 있는 선진국 혹은 선발 개도국들이 향유한 정책수단으로, 일반 개도국들은 활용할 수 없는 "그림의 떡"이었음. 특히 생산제한과 연계될 경우 무한정 지급할 수 있는 Blue Box의 경우 더더욱 그러한 보조금이었음.
- 금번 DDA협상에서 Blue box 총한도 및 품목별 한도를 정하는 것은 좋으나, 그간 블루박스를 향유한 선진국에 국한해야 함.
- 선진국에 비해 뒤늦게 경제발전을 추진하고 있는 개도국들은 이제서야 블루박스 보조금 등을 활용할 수 있는 단계에 도달하고 있는 바, 지금 당장 개도국에게도 블루박스 총한도 및 품목별 한도를 설정한다면 이는 지난 몇십년간 선진국들이 향유한 정책 수단을 (개도국들은) 전혀 사용해 보지도 못하게 하는 것으로 이는 불공평함.

인도측 상기 주장은 "형평성"을 중심으로 하고 있는 바, 그 나름대로의 설득력이 있다. 그러나, 여타 개도국들의 호응이 높지 않은 편인 바, 이는(여타 개도국의 시각에서는) 향후 블루박스 사용이 가능할 시점이 가시적이지 못하다는 점이 이유가 될 수 있다는 측면이 있으며, 아울러 인도의 주장이 그간 개도국들이 선진국들을 상대로 주장한 보조금철폐 요구의 명분이 조금 퇴색될 수 있다는 평가가 있을 수 있다.

- 선진국은 2013년까지 수출보조를 철폐하되, 2010년까지 50%, 나머지는 그 후 매년 단계적으로 철폐
  - 금액기준으로는 2010년 말까지 50%를 균등 감축하고 나머지는 균등 감축하여 2013년 말까지 철폐
  - 물량기준으로는 1903~2005년 수출보조가 실제 지급된 물량의 평균을 이행 초부터 말까지 유지
- 개도국은 2016년까지 단계적으로 수출보조를 철폐하되, 농업협정 9.4조에 따라 수출보조 철폐 후 5년간 마케팅비용, 운송비용 등의 수출보조는 유지 가능

※ 사례연구

UR농업협상과 한국의 쌀시장 개방

Ⅰ. 사례개요

1. UR농업협상과 쌀

▶ UR협상에서 우리나라는 개도국 지위를 인정받아 선진국보다 관세 및 보조금의 감축률이 낮고 이행기간이 김

ㅇ관세 감축률은 평균 24%, 최소 10%로 선진국의 2/3 수준

- 쌀의 경우 관세화 유예조치를 받음

ㅇ감축 이행기간은 1995~2004년으로 10년간

UR협정의 선진국과 개도국별 시장접근 내용

구분		선진국(일본)	개도국(한국)	비고
이행기간		1995~2000 (6년간)	1995~2004 (10년간)	
관세감축률	평균	36%	24%	개도국은 선진국의 2/3 수준
	최소	15%	10%	
최소시장접근 (MMA)비중	일반품목	3 → 5%	3 → 5%	
	쌀	4 → 8%	1 → 4%	

▶ 기본관세(5%)로 의무 수입해야 하는 쌀의 최소시장접근(MMA : Minimum Market Access) 물량도 상대적으로 적게 양허

- 최소시장접근 품목의 경우 이행 초년도(1995)에도 기준연도(1986~1988) 국내 소비량의 3%를 수입하며, 최종연도에는 5%로 확대
- 우리나라의 경우 쌀의 초년도(1995) 수입량은 소비량의 1%, 최종연도(2004)는 4%로 일반적인 MMA 수입량 비율보다 낮음
- 우리의 경우 MMA 산출 기준연도를 1988~1990년으로 설정함으로써 MMA 수입량이 줄어드는 효과 발생
  - 국내소비량(정곡) : (1986~1988) 3,697만석 → (1988~1990) 3,565만석

쌀 최소시장접근(MMA) 비율 및 물량

구분	1995	1997	1999	2000	2001	2002	2003	2004
시장접근율(%)	1.0	1.5	2.0	2.0	2.5	3.0	3.5	4.0
도입물량(천톤)	51	77	103	103	128	154	180	205

주) 나타난 수치는 현미 기준

2. UR 농업협정문과 쌀 재협상

▶ 우리나라의 쌀 재협상 관련 조항은 UR 농업협정문 부속서 5의 B에 규정되어 있음

- 쌀 재협상은 DDA 농업협상과 별개로 UR 농업협정문 부속서에 의거해 이루어 짐

▶ 특별취급(쌀 관세화 유예)의 연장 여부에 관한 협상은 협정이 발효된 후 10년째 되는 해에 시작되고 완료되어야 함(UR 농업협정문 부속서 5의 B 제8조)

- 이행기간이 2000년에 종료된 일본과 이스라엘은 관세화로 쌀 시장을 개방

▶ 쌀 관세화 유예와 관련된 조건으로는 다음과 같은 조항이 있음

- 당초 쌀 관세화 유예시의 조건
  - 당해 품목의 수입이 1986~1988년 국내소비량의 3% 미만(1조a)
  - 1986~1988년 이후 동 품목에 대한 수출보조금이 지급되지 않을 것(1조b)
  - 해당 농산물에 대한 효과적인 생산통제조치가 실시될 것(1조c)
  - 개발도상국의 전통적 식생활에 중요한 주식일 것(1조d)
- 쌀 관세화 유예 연장시의 조건

- 특별취급(관세화 유예) 적용을 계속하기로 합의할 경우 추가적이고 수락가능한 양허(additional and acceptable concession)를 제공해야 함(제9조)
- 양허 내용에 대한 구체적인 언급은 없으나 해당품목에 대한 의무수입량 확대와 관리방식의 개선 등일 것으로 예상

▶ 특별취급이 계속되지 않을 경우의 관세화 방식(제10조)

ㅇ기준년도의 국내외 가격차로 산정한 관세상당치에 기초한 관세를 산출해야 하고 이행계획서상에 양허(제10조)

- 기준년도(1986~1988)를 대상으로 산출한 관세상당치에 UR 협정 이행기간 동안의 삭감률(최소한 개도국 10%, 선진국 15%)을 적용해야 함(shadow reduction)

▶ 관세화 이후의 관세감축방식과 감축률 등은 DDA 농업협상의 세부원칙(Modality) 합의내용에 의해 결정됨

3. 쌀 재협상의 결과

(1) 유예의 조건

▶ 유예기간 : 사실상 10년(5년 후 중간점검)

▶ 저율관세물량(TRQ)

ㅇ20만 5천 톤에서 매년 균등 증량하여 41만 톤 까지 확대

▶ 수입방식과 수입쌀 시판

ㅇ국영무역방식 유지

ㅇ유예 첫 해 수입쌀 중 10%를 시중판매. 6차년도에 30%까지 시판비율을 확대한 후 30% 유지

▶ 수입쌀 배분

ㅇ기존 20만 5천 톤 : 국별 쿼터(최근 3개년 평균수입량 기준)

ㅇ추가로 늘어나는 물량 : MFN방식의 총량쿼터

▶ 기타

ㅇ유예도중 관세화 전환시 TRQ 증량은 DDA 타결 수준

〈쌀 협상 결과(요약)〉

▶ 유예기간 : 10년(5년 후 단순 점검)

▶ 의무수입량 : 20만 5천 톤(2004년) ⇒ 41만 톤(2014년)
(매년 약 2만 톤씩 늘어남)
○ 수입방식 : 국영무역방식

▶ 시판비율 : 10%(2005년) ⇒ 30%(2010년) ⇒ 30%(2014년)
(2005년 2만 3천 톤에서 2014년 12만 3천 톤)

한국의 농업현황

1) 농업현황
- 1950년대 전체인구의 60%, 국민총생산의 50%
  1992년도 전체인구의 15%, 국민총생산의 10% 정도
  2002년 전체인구의 7% 정도
- UR 이전에는(GATT체제하) 교역자유화에 있어 예외 적용
  식량안보문제, 국토보존문제, 지역균형발전문제 등 경제외적 기능담당의 특수성 인정

2) 한국농산물의 가격경쟁력
- 농지가격 : 미국의 55배, 프랑스의 24배, 구서독의 5배
- 경지면적 : 호당 한국 0.9~1.2헥타, 미국 183헥타, 프랑스 28헥타

※ 사례연구

칠레의 농산물 가격유지제도에 대한 분쟁

I. 칠레의 농산물 가격유지제도 사건

1. 개관

본 사건은[13] 칠레의 농산물 가격유지제도와 세이프가드조치에 대하여 아르헨티나가 제소한 사건으로 칠레의 농산물에 대한 가격유지제도(Price Band System : PBS)가 '농업협정' 제4.2조[14]에 합치하는지 여부와 밀, 밀가루, 식용유에 대한 세이프가드

13) 본 사례는 법무부, WTO 농산물 무역분쟁 사례연구, 2003, pp.145~163의 내용을 일부 참조하였음.
14) 회원국은 제5조와 부속서 5에 달리 규정된 경우를 제외하고는 일반관세로 전환하도록 요구된 어떠한

조치가 WTO 세이프가드협정이 규정한 요건에 합치하는지 여부가 법적인 쟁점이었다. 세이프가드와 관련된 다른 분쟁사례를 다루고 있으므로 여기서는 농산물 가격유지제도에 대한 논쟁만 살펴보기로 한다.

패널의 평결에 의하면 칠레의 PBS는 가변수입부과금과 최소수입가격제도 양자의 모든 특성을 공유하지는 않지만 대부분의 공통적 특성을 포함하는 혼합적 수단이며 그 근본적 특성을 충분히 공유하고 이들과 유사하므로 PBS는 가변수입부과금 및 최소수입가격과 유사한 국경조치(boder measure)라고 평결하였다. 상소기구 역시 패널의 평결이유의 일부분에 대해서는 다른 견해를 들어 비판하였으나 동 패널의 결론에 동의하였다.

2. 사건의 개요

칠레의 PBS는 각 농산물에 대하여 결정된 일정한 가격대(price band)를 바탕으로 운영된다. 이 가격대는 각 제품별로 일정한 국제가격에 기초하여 상한 및 하한가의 한계(upper and lower price threshold)를 결정하고 대통령령에 의하여 매년 가격대가 결정된다. 다음으로, 참고가격(reference prices)을 매주 해외시장가격에 기초하여 설정하고 PBS가 적용되는 제품이 수입되면 관세당국이 각 단계별로 총 실행세율을 설정한다.

우선, 수입된 제품에 대하여 표준종가세(standard ad valorem duty)를 적용하고 위에서 언급한 주간 참고가격이 정해지면 이를 가격대와 비교하여 총관세를 결정한다. 만약 참고가격이 가격대의 하한가 이하이면 관세당국은 8%의 관세를 부과하고 참고가격과 가격대 하한가의 차액에 상당하는 추가적인 종량세(additional specific duty)를 부과한다. 한편, 참고가격이 상한가와 하한가 사이이면 8%의 관세만을 부과하고 참고가격이 상한가보다 높으면 상한가와 참고가격 차액에 상당하는 8%의 관세를 환급한다.

이 제도에서 문제가 되는 경우는 참고가격이 하한가 이하로 내려갈 때이다. 일반적으로 칠레가 밀, 밀가루, 설탕 및 식용유에 대하여 부과하는 관세율은 WTO의 양허세율인 31.5%보다 낮은 8%이다. 그러나 참고가격이 하한가보다 낮은 경우 총관세는

종류의 조치(Re.1)도 유지 또는 이용하거나 동 조치로 복귀하지 아니한다.(Members shall not maintain, resort to, or revert to any measures of the kind which have been required to be converted into ordinary customs duties1, except as otherwise provided for in Article 5 and Annex 5.)

31.5%를 초과할 수 있게 된다. 아르헨티나는 이러한 칠레의 PBS가 '농업협정' 제4.2조와 '1994년 GATT' 제2.1조(b)호[15]를 위반하였다고 소를 제기하였고 2001년 3월 12일에 패널이 설치되었다. 그 후, 2002년 10월 23일에 상소보고서가 채택되면서 본 사건은 마무리되었다.

3. 관련 쟁점

(1) 농업협정 제4.2조

아르헨티나는 칠레의 PBS가 '농업협정' 제4.2조 각주[16]에서 일반관세로 전환하도록 요구된 조치인 '가변수입부과금(variable import levy)', '최소수입가격(minimum import prices)', 또는 이 두 가지 조치와 유사한 '국경조치'에 해당된다고 주장하였다. 이 주장과 관련된 논쟁의 핵심은, 첫째 'kind'의 해석 둘째, PBS가 각주에 규정된 조치들에 해당하는지 여부, 셋째 PBS가 각주에서 규정된 예외에 해당하는지 여부가 그것이다. 우선, 'kind'의 해석에 관하여 칠레는 UR협상 동안 어떠한 회원국도 PBS를 관세로 전환하라고 요구하지 않았으므로 관세로 전환해야 하는 종류(kind)의 조치가

15) 어떤 체약당사자에 관한 양허표 제1부에 기재된 상품으로서, 다른 체약당사자 영토의 상품이 동 양허표에 관련된 영토로 수입되는 경우, 동 양허표에 명시된 조건 또는 제한에 따라 동 양허표에 명시되고 제시된 관세를 초과하는 통상적인 관세로부터 면제된다. 이러한 상품은 이 협정일자에 부과되고 있거나 이 협정일자에 수입영토에서 유효한 법령에 의하여 이후 부과되도록 직접적이고 의무적으로 요구되는 한도를 초과하여 수입에 대하여 또는 수입과 관련하여 부과되는 모든 그밖의 관세 및 모든 종류의 과징금으로부터 또한 면제된다.(The products described in Part I of the Schedule relating to any contracting party, which are the products of territories of other contracting parties, shall, on their importation into the territory to which the Schedule relates, and subject to the terms, conditions or qualifications set forth in that Schedule, be exempt from ordinary customs duties in excess of those set forth and provided therein. Such products shall also be exempt from all other duties or charges of any kind imposed on or in connection with the importation in excess of those imposed on the date of this Agreement or those directly and mandatorily required to be imposed thereafter by legislation in force in the importing territory on that date.)

16) (Remark 1) 이러한 조치는 1947년도 GATT의 규정으로부터의 국별의무 일탈에 따라 유지되는지 여부에 관계없이 수입수량제한, 가변수입부과금, 최소수입가격, 임의적인 수입허가, 국영무역을 통하여 유지되는 비관세조치, 수출자율규제, 일반관세 이외의 유사한 국경조치를 포함한다. 단, 1994년도 GATT나 세계무역기구 부속서 1가의 국제수지규정 또는 다른 일반적, 비농업특정적 규정에 따라 유지되는 조치는 포함하지 않는다.(These measures include quantitative import restrictions, variable import levies, minimum import prices, discretionary import licensing, non-tariff measures maintained through state-trading enterprises, voluntary export restraints, and similar border measures other than ordinary customs duties, whether or not the measures are maintained under country-specific derogations from the provisions of GATT 1947, but not measures maintained under balance-of-payments provisions or under other general, non-agriculture-specific provisions of GATT 1994 or of the other Multilateral Trade Agreements in Annex 1A to the WTO Agreement.)

아니라고 주장하였으나 패널은 초안자들이 관세화되는 조치를 모두 규정하지 않았음을 인식하고 있으므로 PBS를 예외적인 제도로 인정했다고 볼 수 없으며 'maintain'의 용어 사용은 규정되지 않은 조치를 금지해야 한다는 의사(desire)의 표현이고 동 조항 내에 각주를 둠으로써 열거된 조치들이 예시적임을 뜻하고 있다는 것을 이유로 칠레의 주장을 받아들이지 않았다.

다음으로, PBS가 각주에 규정된 조치들의 범주에 해당하는지에 대하여 패널은 PBS가 수입제품에만 적용되고 국경에서 그 효력을 발하므로 이를 국경조치로 간주하였고, 가변수입부과금과 최소수입가격제도 양자의 모든 특성을 공유하지는 않지만 대부분의 공통적 특성을 포함하는 혼합적 수단으로 판단하였으며 각주에 언급된 '일반관세와 다른(other than ordinary customs duties)' 국경조치와 유시한 조치에 적용된다고 지적하였다.

(2) 1994년 GATT 제2.1조 (b)호

아르헨티나는 PBS가 동 조항에의 의미 이내에 있는 실행관세라고 하면서 PBS에 의한 관세가 잠재적으로 또는 실제로 양허세율 31.5%를 초과할 수 있거나 초과하였기 때문에 칠레의 PBS는 동 조항에 위반된다고 주장하였다. 이에 대하여 패널은 '농업협정' 제4.2조의 해석에 의하여 PBS가 실행관세와 다른 국경조치이며 '농업협정' 제4.2조와 '1994년 GATT' 제2.1조 (b)호상의 실행관세는 동일한 의미라고 판단하여 동 조항상의 실행관세는 PBS에 적용되지 않는다고 판단하였다. 한편, 패널은 PBS가 동 조항에 규정된 'other duties or charges of any kind'를 구성하는지를 분석하였는데, '1994년 GATT 제2.1조 (b)의 해석에 관한 양해'에 의거하여 칠레의 PBS가 'other duties and charges'라는 공란에 기재되 있지 않으므로 '1994년 GATT' 제2.1조 (b)호 두 번째 문장에 위반된다고 판단하였다.

4. 이행현황

2002년 11월 11일자 DSB 회의에서 칠레는 DSB 판정 및 권고를 이행할 것을 공약하고 아르헨티나와 상호 만족스러운 분쟁해결책을 모색하기 위해 협의를 계속하였으나 이행기간에 대한 합의에 실패하여 이에 대한 칠레의 중재요청에 따라 2002년 12월 중재관이 선임되었다.

5. 사건의 의의

본 사건에 대한 패널 및 상소기구의 해석에서 관심을 끄는 부분은 '1994년 GATT' 제2.1조(b) 및 '농업협정' 제4.2조상의 '일반관세(ordinary customs duties)'에 대한 해석이다.

패널은 ordinary라는 용어가 경험적 측면과 규범적 측면을 모두 내포하고 있는 것으로 이해하여 세계시장과 같은 외생적 요소들을 고려하는 관세는 일반관세가 아니라고 해석하였다. 그러나 이에 대하여 상소기구는 회원국이 실행세율을 정할 때 일반적으로 세계시장가격과 국내시장가격의 변동을 고려하므로 패널에 의하면 이러한 관행이 모두 '1994년 GATT' 제2.1조 (b)호를 위반하게 될 것이라고 지적하였다. 다만, 상소기구는 '일반관세'에 대한 대안적 해석을 제시하지 않고 칠레의 PBS가 일반관세의 형태를 취하고 있기는 하나 일반관세를 의미하는 것이 아니라고 판시하였다.

Chapter

5

식품위생과 동식물검역조치 협정의 이해

1. 협정 배경
2. 협정 개요
3. 협정의 주요 내용

Chapter 05

식품위생과 동식물검역조치 협정의 이해

1. 협정 배경

WTO가 출범하기 전에는 각국의 동식물 위생관련 규제는 GATT 제20조(b)에 따라 GATT 규범의 예외로 취급되어 왔다. GATT 제20조(b)에는 "본 협정이 어떠한 규정도 체약국이 다음의 조치를 채택하거나 실시하는 것을 방해하는 것으로 해석되어서는 아니 된다. 단, 이러한 조치가 동일한 조건하에 있는 국가 간에 자의적이며 불공평한 차별의 수단 또는 국제무역에 대한 위장된 제한조치로 사용되지 않을 것을 조건으로 한다.....(b) 인간 및 동식물의 생명 혹은 건강의 보호를 위하여 필요한 조치"라고 규정되어 있다.

그러나 UR 협상결과 농산물 무역이 자유화되는 과정에서 각국의 동식물위생관련 제도가 하나의 비관세 무역장벽으로 등장할 가능성이 증대됨에 따라, 위생 및 검역관련 제도에 대한 다자간 규범 마련의 필요성이 제기되었다.

2. 협정 개요

위생 및 검역조치 적용에 관한 협정은 농업협정과 밀접하게 연관되어 있다. 인간, 동물 또는 식물의 생명과 건강을 보호하기 위하여 필요할 경우에 무역을 제한하는 정부의 권리는 GATT 제20조(b)에 의해서 항상 인정되었으며, 다만 그러한 제한조치는 동일한 상황에 있는 국가를 부당하게 차별하는 방법으로 적용하거나, 무역제한을 위장하는 수단으로 적용되어서는 안 된다. 그러나 다수 국가는 관세화의 결과로 농산물에 대한 비관세장벽이 금지됨에 따라 위생 및 검역을 이유로 하여 무역에 대한 부당한 제한의 사용은 더욱 증가할 것을 우려하였다. 이러한 위협에 대처하기 위하여 새로이 고안된 SPS협정은 1973~1979년 중 동경라운드 협상에서 채택된 무역에 대한 기술장벽 협정을 모델로 하고 있으며, 협정 자체는 우루과이라운드에서 협상되었다.

SPS협정의 목적은 식품의 안전과 동식물의 건강을 보호하기 위한 정부의 조치가 무역에 미치는 효과를 최소한으로 유지하는 것이다. 이 협정은 해충과 질병으로부터 동식물의 건강을 보호하고, 식품 및 사료의 위험(가령 독소 또는 잔류 살충제)으로부터 인간과 동물의 건강을 보호하거나 동물을 통한 질병(가령 광견병)으로부터 인간을 보호하기 위하여 취하는 모든 조치에 적용된다. 협정은 이러한 목적의 조치를 취할 수 있는 정부의 권리를 인정하고 있다. 그러나 이러한 조치는 생명 또는 건강을 보호하기 위하여 필요한 범위 내에서만 적용되어야 하며, 과학적 원리에 기초하여야 하고, 그리고 과학적 증거가 없을 경우에는 유지될 수가 없다. 이는 SPS조치는 실험 실내의 검사와 분석에 기초해서, 그리고 식품안전에 대한 순수한 우려와 동식물의 건강에 대한 심각한 위협이 확인된 경우에만 시행될 수 있음을 의미한다. 그러나 충분한 과학적 자료가 아직 확보되지 않았더라도 정부는 잠정적으로 예비적 제한을 부과할 수 있다. 이러한 조치는 동일하거나 유사한 상황에 있는 회원국을 자의적으로 또는 부당하게 차별할 수 없으며, 무역제한을 위장하는 수단으로 사용될 수 없다.

이러한 의무의 이행과 관련하여 SPS협정 제3조는 정부에게 본질적으로 두 가지 선택대안을 제시하고 있다. 첫 번째 대안은 관련된 국제기구가 존재할 경우 여기서 개발된 표준, 지침 및 권고에 기초하여 조치를 결정하는 것이다. 또 다른 대안으로, 과학적 근거가 있거나, 제5조의 기준에 의하여 평가할 때 높은 수준의 보호를 적합한 것으로 인정하여야 할 위험이 존재하는 경우에는 높은 수준의 보호조치를 취할 수 있다. 이러한 위생 또는 검역보호의 적절한 수준은 흔히 수용가능한 위험수준이라고 지칭된다.

SPS협정의 적용에 있어서 중요한 이슈는 각국 정부가 수용가능한 위험이 무엇인지에 대하여 충분한 근거 없이 결정을 변경하고 이를 통해 차별 또는 위장된 무역제한을 초래하지 않고 일관성 있는 결정을 내릴 것인지, 그리고 국제적 표준을 적용하지 않는 경우에는 그렇게 하지 않는 충분한 이유가 있는지의 문제이다. 관련된 국제적 표준이 존재하지 않는 경우에는 위험평가에 기초하여 조치가 이루어져야 한다. 국제적 표준, 지침 또는 권고에 기초하는 조치는 SPS협정에 합치되는 것으로 추정된다. WTO 자신은 기술적 표준을 제정하지 않을 것이나, 협정은 식량농업기구 및 세계보건기구(FAO/WHO), 국제식품규격위원회(CODEX : Codex Alimentarius Commission), 국제가축전염병사무소(OIE : International Office of Epizootics), 그리고 국제식물보호협약(IPPC : International Plant Protection Convention)의 체제하에서 활동하는 기구들을 언급하고 있다.

협정은 WTO 회원국이 이들 기구의 활동에 전면적으로 참여하고, 가능한 한 광범하게 SPS 조치를 조화시킬 것을 요구하고 있다. 회원국들은 동일한 수준의 건강보호를 가져오는 다른 국가의 관행을 동등한 것으로 인정하여야 한다. 이 규정은 다른, 그리고 어쩌면 기술적으로 덜 정교한 조치가 동일하게 안전한 물품을 보장할 수도 있음을 인정하고 있다. 공급국의 다른 지역에 질병이 존재하는 경우에도, 질병이 없는 지역이나 당해 해충 또는 질병의 가능성이 낮은 지역에서 수입될 경우에는 이를 고려하여야 한다.

협정 부속서(부속서 C)는 회원국이 사용할 통제·검사 및 승인절차의 요건을 구체적으로 정하고 있으며, 이에는 내국민대우·공표 그리고 수수료를 실제발생 비용에 한정하는 것 등에 관한 GATT의 규정과 유사한 요건이 포함된다. 또한 회원국이 취하는 SPS 조치의 투명성을 확보하기 위하여 구체적 규범이 채택되었으며, 이에는 새로운 규제가 제안되거나 규제가 변경되었을 경우, 이것이 관련된 국제적 표준과 상이할 경우에는 이를 통보해야 하는 요건이 포함되어 있다. 각 회원국 정부는 이러한 조치에 대한 정보를 제공하기 위하여 단일 문의창구를 설치하여야 한다.

SPS 위원회는 협정의 시행을 감독하고, 구체적인 양자적 무역문제에 관하여 회원국들이 협의하는 기회를 제공하며, 협정 규정의 시행을 용이하게 하는 장치의 개발을 책임지고 있다. 위원회는 협정의 운영상황을 검토하여야 하며, 제1차 검토는 1998년에 이루어질 것이다. 또한 위원회는 국제적인 조화와 국제적 표준의 사용을 위하여 다른 기구와 협조하게 될 것이다.

최빈개도국은 SPS협정의 수입품 취급에 관한 규정의 적용을 5년간 유예할 수 있다. 다른 개도국은 이러한 규정의 적용을 1996년까지 연기할 수 있으나, 위험평가와 투명성에 관한 규정은 제외된다. 협정은 식품안전과 동식물을 위한 건강보호시스템의 강화를 위하여 회원국, 특히 개도국에 대하여 기술지원을 제공할 것을 규정하고 있다. 협정은 회원국이 개도국의 관심품목에 영향을 미치는 SPS 조치를 도입할 때에는 가능하다면 신축성을 허용할 것을 권고하고 있다. 또한 협정은 특정한 상황에서 위원회가 개도국의 의무에 대하여 구체적이고, 시한부의 예외를 허용할 수 있도록 규정하고 있다.

3. 협정의 주요 내용

(1) 협정문의 구성

WTO 식품위생 및 동식물 검역조치에 관한 협정(SPS)은 14개 조항과 3개 부속서로 구성되어 있다.

(2) 기본적인 권리 및 의무(제2조)

회원국은 인간, 동물 또는 식물의 생명 또는 건강보호를 위하여 필요한 위생조치를 취할 권한을 보유하나 동 조치는 이 협정의 규정에 합치를 필요로 한다. 인간, 동물 또는 식물의 생명 또는 건강을 보호하는 데 필요한 범위 내에서만 적용하고, 과학적 원리에 근거하며, 충분한 과학적 근거 없이 유지되지 않도록 보장함을 규정하고 있다. 또한 동일하거나 유사한 조건하에 있는 회원국에 대한 자의적이고 부당한 차별을 금지하며, 국제무역에 대한 위장된 제한을 구성하는 방법으로 적용하는 것을 금지하고 있다.

(3) 국제기준과의 조화(제3조)

국제기준, 지침 또는 권리가 있는 경우 이에 기초하여 적용하며, 관련 국제기준으로 식품에 있어서는 국제식품규격위원회(CODEX) 기준으로, 동물위생에 있어서는 국제수역사무국(OIE)을 기준으로, 식물위생에 있어서는 국제식물보호협약(IPPC)을 기준으로 함을 규정하고 있다. 다만 과학적 정당성이 있거나 회원국이 관련 규정(제5조 제1항부터 제8항까지)에 따라 적절하다고 결정하는 경우, 국제기준보다 엄격한 규제 유지가 가능하다.

(4) 동등성(제4조)

수출회원국이 자국의 조치가 수입회원국의 위생 및 식물위생 보호의 적정수준을 달성한다는 것을 동 수입회원국에게 객관적으로 증명하는 경우, 회원국은 다른 회원국 사용조치가 자국 또는 여타국 조치와 상이하더라도 동등한 것으로 수락한다.

(5) 위험평가(제5조)

동·식물 위생 규제의 객관적 지표로서 위험평가(risk assessment)를 활용하며, 위생 또는 식물위생보호의 적정수준 결정시 회원국은 무역에 미치는 부정적 영향을 최소화하는 목표를 고려하고, 또한 필요한 정도 이상의 무역 제한적인 조치가 되지 않도록 고려해야 한다.

(6) 투명성(제7조)

투명성 확보를 위해 위생 또는 식물위생조치의 변경을 WTO 사무국에 통보해야 한다.

(7) 분쟁해결(제11조)

WTO 협정상의 분쟁해결 양해절차 규정을 적용한다.

(8) 위생 및 식물위생조치위원회 설치(제12조)

위생 및 식물위생조치위원회를 설치하여 협정규정 이행에 필요한 기능을 수행하며, 특정 위생 또는 식물위생 사안에 대하여 회원국 간의 특별 협의 또는 협상을 장려하고 촉진한다.

(9) 개도국에 대한 특별 및 차등대우(제10조, 제14조)

개도국의 경우 자국의 수출관심품목에 대한 수출기회 유지를 위하여 동 품목에 대한 보다 장기간의 준수기간을 부여하며, 개도국에게 협정에 따른 의무의 전체 또는 부분으로부터의 구체적이고 한시적 예외를 부여한다. 또한 개도국은 기술지식, 하부구조, 자원이 부족한 경우 협정내용을 WTO 발효일로부터 2년간 연기가 가능하며, 최빈개도국은 5년간 적용 연기가 가능하다.

✱ 사례연구

미국과 유럽연합의 유전자변형생물체(GMO) 분쟁

Ⅰ. 분쟁개요

GMO란 인위적으로 외부 유전자를 삽입하거나 생물이 지니고 있는 유전자를 비활성화시켜 만든 유전자변형생물체(Genetically Modified Organisms)를 말한다.

유전자 조작기술로 만들어진 GMO의 기원은 1994년 칼진사의 무르지 않는 토마토로서 칼진사의 토마토가 세계 최초로 미 식품의약국(FDA)의 승인을 얻어 시판된 이후 1996년 미국의 몬산토사가 유전자 조작 콩을 상업적으로 대규모 재배하면서 GMO는 대중화하기 시작했다. 이후 품목과 비율이 급속하게 증가함에 따라 현재 미국 내에서 시판 중인 GMO 콩, 옥수수, 감자, 토마토, 면화 등 50종을 넘고 있으며, 제초제 저항성, 병 저항성, 품질개선 및 의약품 생산 등에 이용되고 있다.

그러나 이들 GMO 식물체의 확산에 따른 자연 생태계의 위해성 문제와 인류의 보건에 대한 논란이 제기되고 있다. 이러한 GMO 확산을 둘러싸고 미국과 유럽연합의 통상분쟁은 갈수록 격화되는 양상을 보이고 있다.

GMO 개발과 판매에 가장 적극적인 미국은 GMO와 재래식 방법에 의한 농산물이 다르지 않으며, GMO 농산물의 표시제나 사전 승인은 불필요하다는 입장인 반면 1998년부터 GMO가 건강을 해롭게 할 위험성이 있다며 수입과 판매를 금지하였고, 이후 미국과의 통상마찰 등으로 인해 2001년부터 GMO 표시제로 전환하였으나 유럽권 국가들에서는 GMO에 대한 거부감이 강해 소비가 거의 이루어지지 않는 실정으로 GMO 수입규제에 가장 적극적인 유럽연합과 첨예하게 대립하고 있다.

결국 1993년 5월 23일에 미국은 유럽연합이 WTO 무역규범에 어긋나게 GMO에 대한 승인제도를 운용하고 있다고 WTO에 정식 제소하였다. 1998년 이후에 EU가 새로운 GMO를 승인하지 않음으로써 또는 사실상 수입승인의 모라토리엄(moratorium)을 통해 무역장벽을 유지하고 있다는 것이 미국의 주장이다.

미국의 WTO 제소에 동참한 국가들은 캐나다, 아르헨티나, 이집트 및 제3자(third party)로서 호주, 뉴질랜드, 멕시코, 콜롬비아, 페루, 우루과이, 칠레, 온두라스, 엘살바도르 등 모두 13개국이다. 미국이 이번에 제소한 분야는 새로운 GMO에 대한 수입승인에 국한되어 있으며, EU의 GMO 추적(traceability) 및 표시제는 제소 대상에서 제외되어 있다. 2003년 8월 8일 미국, 캐나다, 아르헨티나는 WTO 분쟁해결기구에 패널설치를 요청하였고, 2003년 8월 18일 패널이 설치되었다.

Ⅱ. 유럽연합의 GMO 승인제도

GMO에 대한 EU의 법 체제는 1990년대 초부터 운용되고 있다. 1990년 이사회 규정은 건강과 환경을 보호할 목적으로 GMO의 환경방출에 대한 절차를 규정하고 있다. 특히 이 규정은 승인된 GMO라도 건강이나 환경에 위해하다고 믿을 만한 정당한 이유가 있다면 회원국이 자국의 영토에서 이 GMO의 방출을 거절할 수 있도록 허용하고 있다. 2001년 3월에 이 규정은 새롭게 개정돼 2002년 10월부터 발효되었다. 이에 따라 GMO를 시장에 유통하거나 환경에 방출하려고 신청하는 자는 건강과 환경에 미치는 GMO의 장기적인 영향과 잠재적인 부(-)의 효과를 밝히고 검토한 위해성 평가서를 제시하도록 하고 있다.

개정된 2001년 규정이 이전 규정과 다른 점은 GMO 위해성 평가 및 방출에 관한 정보를 공공에 의무적으로 공개하도록 한 것과 다른 GMO나 환경과 연계한 장기적인 영향에 대해 의무적으로 관측하도록 한 것이다.

GMO 방출에 관한 승인절차는 다음과 같다. 먼저 GMO가 처음 방출되는 지역의 해당 회원국이 위해성 평가를 통한 후 이 GMO가 승인되고, 유럽연합 집행위원회를 거쳐 다른 회원국이 반대하지 않을 경우에 이는 EU 모든 시장에서 유통될 수 있다. 만약 회원국의 반대가 제기될 때에는 작물 또는 식품과학위원회의 위해성 평가를 기초로 EU 차원에서 승인 여부를 결정하게 되며, 승인은 10년 동안으로 한정되고 그 이후에 갱신될 수 있다.

GMO 승인과 관련해 집행위원회는 2001년 7월에 유전자변형(GM)식품 및 사료에 관한 규정과 GMO 추적 및 표시제에 관한 규정을 제안했다. 이에 따르면 환경 방출용 GMO와 GM 식품 및 사료에 대한 승인절차는 단순하게 변경된다. 곧 유럽식품청이 과학적인 위해성 평가를 실시하면 집행위원회가 승인 여부에 대한 초안을 작성하고, 이것이 규제위원회에서 회원국의 승인을 받도록 제시된다. 반면에 실질적으로 동등한 GMO 식품에 적용되던 단순화된 절차는 없앤다고 제안됐다.

새로운 식품에 관한 1997년 규정이 발효되면서 GMO를 포함한 식품 및 종자에 대한 의무표시제가 시행되고 있다. GMO에서 유도됐으나 더 이상 이를 포함하고 있지 않은 실질적으로 동등한 식품은 표시대상에서 제외된다. 2000년 1월에는 GMO DNA나 단백질이 남아 있는 첨가물과 조미료에 대한 표시제가 도입되었고, GMO의 비의도적 함량에 대한 허용기준으로 1%가 제시됨으로써 그 미만을 포함하고 있는 제품은 표시에서 제외되었다.

2001년 규정은 이미 추적 요건에 대한 일반적인 내용을 담고 있으나, 2001년 7월에 제안된 규정은 이를 더욱 자세히 명시하고 있다. 2001년 규정은 시장의 모든 단계에서 GMO의 고유코드 등 GMO에 관한 정보를 전달 및 보관하도록 정하고 있다. 또한 집행위원회는 GM 성분의 검출 여부와 상관없이 지금의 표시제를 모든 GM 식품과 사료로 확대하는 제안을 제시한 상태이다.

이에 따라 GMO가 함유된 포장제품에는 'GMO 포함(containing GMOs)'이라고 표시해야 하며, 벌크로 유통되는 제품의 경우 관련 정보가 첨부돼야 한다. GM 성분의 비의도적 함유량에 대한 표시 기준은 1%로 같되, 승인되지 않은 GMO의 경우에 관련 과학위원회나 유럽식품청으로부터 건강과 환경 측면에서 안전하다고 인정되는 것에 국한된다.

이처럼 제안된 규정들은 현재 유럽의회에서 논의되고 있으며, 2002년 7월에 GM 성분의 함유량 기준을 0.5%로 낮추는 것에 합의하였으며, 2002년 11월과 12월에 각각 농업이사회와 환경이사회도 이 기준을 채택했다. 또한 유럽각료들은 0.9% 이하를 함유한 GMO는 표시의무에서 면제하도록 합의했다.

1990년 규정이 발효된 이후 2002년까지 18개 GMO에 대한 상업적인 환경 방출이 EU에서 승인되었으나 GMO 및 그 파생제품의 추적 및 표시제 규정의 채택이 현안이 되고 있는 상황에서 덴마크, 그리스, 프랑스, 이탈리아, 룩셈부르크 등은 새로운 GMO의 승인 중단을 요구하고 있다. 또한 오스트리아, 벨기에, 핀란드, 독일, 네덜란드, 스페인, 스웨덴 등도 예방원칙 아래 새로운 GMO가 환경과 건강에 부(-)의 영향을 미치지 않는다고 검증되지 않는 한 이를 승인하지 않겠다는 입장을 보이고 있다. 이와 같은 사실상 모라토리엄 아래 1998년 이후 새로 승인된 GMO는 없으며, 현재 12개 GMO가 승인 신청을 출원해 놓은 상태이다. GM 식품으로선 GM 콩과 GM 옥수수 각각 1종이 1990년 규정에 따라 승인됐으며, 새로운 식품에 관한 1997년 규정에 따라 승인된 식품은 아직 없고 11종이 승인 출원 해 놓고 있는 상황이다.

Ⅲ. 주요 쟁점

1. 미국의 제소 이유

GMO 승인제도와 연계해 미국이 EU를 WTO에 제소한 가장 큰 이유는 그로 인한 경제 손실에 근거하고 있다. 미국이 생산하는 옥수수의 35% 정도는 GMO이며, 생산량의 2% 미만이 구분 유통되고 있다. 따라서 미국산 옥수수의 대부분이 GMO를 포함하고 있다고 간주할 수 있다.

1997년 이래 EU가 옥수수 수입선을 미국에서 아르헨티나로 전환하고 있다는 것이다. 일부 미국산 GM 옥수수가 EU의 승인을 받지 않은 반면에 아르헨티나는 EU가 승인한 GM 옥수수 품종을 재배해 수출함으로써 경쟁력을 높여 왔기 때문이다. 실제로 1995~2002년에 EU의 미국산 옥수수 수입량은 333만 톤에서 3만 톤 미만으로 줄어든 반면에 아르헨티나로부터의 수입량은 53만 톤에서 135만 톤으로 늘어났다.

같은 기간에 EU의 미국산 콩 수입량도 981만 톤에서 552만 톤으로 크게 줄었다. EU의 콩 수입선이 미국에서 브라질로 전환된 양상을 보이고 있다는 것이다. 미국산 콩 수입량의 급감 원인은 옥수수의 경우와 다르다. 미국이 생산하는 GM 콩은 거의가 EU가 승인한 품종이기 때문에 EU 시장에서 그 점유율 감소는 접근성보다는 국제경쟁력 감소에서 그 원인을 찾을 수 있다. 미국은 EU의 GM 식품에 대한 정책에 의해 연간 수백만 달러에 이르는 손실을 농민들이 감수하고 있다고 주상하였다. GM 농산물의 판매량 감소가 그 주된 원인이라는 입장이다.

EU의 옥수수 주요 수입선 및 수입량

(단위 : 톤)

	아르헨티나	미국
1995	528,028	3,325,082
1996	584,453	2,045,317
1997	918,790	1,708,445
1998	1,433,829	237,567
1999	2,031,431	30,359
2000	2,238,814	52,635
2001	1,357,138	32,018
2002	1,347,595	25,934

EU의 콩 주요 수입선 및 수입량

(단위 : 톤)

	아르헨티나	미국	브라질
1995	2,081 522	9,811,570	3,073,057
1996	1,288 060	8,571,884	3,121,094
1997	350,494	7,843,877	4,637,269
1998	1,064,751	6,691,269	5,439,613
1999	960,502	6,471,928	6,105,756
2000	381,482	6,908,250	6,372,400
2001	670,486	6,474,057	9,729,136
2002	1,163,840	5,518,096	8,933,295

미국의 또 다른 관심사항은 EU의 정책이 개도국 등 제3국에 미치는 부의 파급영향이다. 예를 들면 우간다는 EU 시장에 대한 수출이 중단될 것을 우려해 병 저항성 GM 바나나의 재배를 거부했다. 잠비아도 미국산 GM 옥수수의 안전성 문제와 EU 수출시장에 대한 접근 제한을 우려해 2002년 10월에 미국의 식량원조를 거부했다. 최대 쌀 수출국인 태국은 지난 10여년 동안 GM 쌀 개발 프로그램에 참여해 왔으나, 영국에 대한 쌀 수출이 어려워질 것을 우려해 GM 쌀 개발 작업을 사실상 중단하고 있다.

이처럼 GM 농산물에 대해 일부 개도국들이 나타내는 우려와 거부 반응은 전적으로 EU의 수입제한 정책에 기인한다고 미국은 주장하고 있다. 특히 EU가 무역특혜협정을 맺고 있는 아프리카, 카리브해연안국, 환태평양국가들(ACP)은 자국에서 GM 농산물을 재배할 경우 EU 시장에 진출할 수 없게 될 것을 우려하기 때문에 안전성에 관한 과학적인 근거가 아니라 경제적 또는 정치적인 이유로 GM 농산물을 거부하고 있다는 것이다.

2. WTO 규정 측면에서 주요 쟁점

미국의 제소와 관련된 핵심 쟁점 가운데 하나는 과연 EU가 GMO 승인에 관한 모라토리엄을 시행하고 있는가 하는 점이다. EU는 EU 차원에서 공식적인 모라토리엄이 시행되는 것이 아니라는 점을 강조한다. 곧 EU 차원에서 합의한 2002년 규정에 따라 EU는 사실상 1998년 이래 지속된 모라토리엄을 해제했으나 오스트리아, 벨기에, 덴마크, 핀란드, 프랑스, 이탈리아, 룩셈부르크, 스페인 등 8개 EU회원국이 이러한 규정을 적용하지 않은 채 자국 영토에서 주도적으로 GM 농산물의 수입과 사용 및 상업적인 생산을 허용하지 않고 있다는 것이다.

또한 EU는 이미 18개 GMO를 승인했으며, 현재 다른 승인출원 중인 여러 GMO도 최종 검토 단계에 있기 때문에 수개월 안에 승인될 것이라는 점을 지적하였다. 유럽의회에 넘겨져 있는 GMO 추적 및 표시제에 관한 규정은 소비자의 요구에 따라 구매 선택권 확보 차원에서 추진되는 것으로 설명하였다.

이에 대해 미국은 EU의 GMO 규정들이 건전한 과학에 근거해야 한다는 WTO 규범에 어긋난다고 주장하였다. GMO 수입과 관련된 WTO 규정은 동식물위생 및 검역조치에 관한 협정(SPS), 기술장벽협정(TBT), GATT협정 등이다.

SPS협정은 국제기준이나 가이드라인 또는 권고사항에 따라 동식물 및 사람의 건강을 보호하는 조치를 취하되(제3조 제1항), 국제기준이 없거나 회원국이 국제기준보다 더욱 엄격한 SPS 조치를 채택할 경우엔 위해성 평가에 기초하도록 정하고 있다(제3조 제3항 및 제5조 제1항~제3항). 만약 과학적인 관련 증거가 충분하지 않을 때에는 추가 정보를 강구하면서 일정기간 잠정적인 SPS 조치를 채택할 수 있으나(제5조 제7항), 이 조치가 적정한 보호 수준을 달성하는 데 필요한 정도보다 더 무역을 제한하지 않아야 한다고 명시하고 있다(제5조 제6항).

GMO 관련된 조치에 적용될 SPS 규정은 ① 독성 물질과 관련된 규정, ② 식품안전이나 해충에 의한 위해성과 관련된 것으로 항생물질 저항성 마커(marker) 유전자의 사용에서 비롯된 위험, ③ 제초제 저항성 작물이 잡초가 되거나, 그 저항성이 야생종에 전이되는 것을 막기 위한 조치로써 해충에 의한 위해성을 다룰 목적으로 채택한 환경관련 조치 등이다.

TBT협정은 의무적인 기술규정과 자발적인 기준에 관련된 제품 요건과 평가 절차의 검증에 적용되는 규정이다. SPS협정에 준하는 엄격한 과학적인 기준을 요구하지 않지만, TBT협정은 합법적인 목적 달성을 위해 무역조치를 취할 수 있도록 허용하되, 필요 이상으로 무역 제한적이지 않아야 함을 밝히고 있다. 특히 합법적인 목적으로 국가안보 요건, 사기행위의 방지, 사람의 건강과 안전, 동식물의 생명과 건강, 또는 환경의 보호 등이 정의된다(제2조 제2항). EU는 표시제가 소비자 정보에 관한 조치이며 합법적인 목적에 해당된다고 주장하고 있으나 관련 위원회에서는 쟁점사항이다. TBT 협정은 동종제품에 대한 차별을 금지하고 있는데, 동종에 대한 정의는 제시하지 않고 있다(제2조 제1항).

GMO와 관련된 조치로 TBT협정이 적용될 수 있는 분야는 ① 식품안전과 연계되지 않은 GM 식품의 영양가치 변화와 관련된 조치, ② 식품안전이나 해충에 의한 위해성과 관련되지 않은 것으로 항생물질 저항성 마커(marker) 유전자의 사용에서 오는 위해성, ③ 목표 대상이 아닌 종에 대한 해충 저항성, ④ GM 작물의 부(-)의 영향을 피하기 위한 조치로써 해충과 관련되지 않은 환경 관심사항 등이다.

GATT협정은 공공의 윤리 및 사람이나 동식물의 생명이나 건강의 보호, 고갈되는 천연자원의 보전을 위해 예외적인 무역조치를 취할 수 있도록 규정하고 있다(GATT 제20조 (a), (b), (g)항).

유전자변형(GM)식품의 건강과 관련된 관심사항은 항생물질 저항성을 지닌 마커 유전자의 사용, 식품의 알레르기와 독성의 증가, 유전자 변형에 따른 부작용, 영양가치의 변화 등이다. 현재까지 GM 식품의 섭취에 따른 위해성은 상대적으로 작은 것으로 알려져 있기 때문에 이를 기초로 한 무역조치의 정당성을 주장하기는 어려울 것으로 판단된다. 다만 유전자변형 기술이 상대적으로 초기 단계에 있는 만큼 예방원칙에 따른 잠정적인 조치를 시행한다는 주장은 제기할 수 있을 것이다.

환경과 관련해 제초제 저항성 작물의 잡초화, 그 유전자의 야생종으로 전이 등의 부(-)의 영향 가능성이 제기되기도 하면서 GMO의 환경영향이 국제적인 쟁점이 되고 있다. 복잡한 생태계의 특성으로 GMO의 환경영향은 공간 및 시간 측면에서 다르게 나타날 수 있으며, 이에 따라 사례별 접근이 필요하다는 입장도 설득력 있게 제시되고 있다.

이와 관련해 예방원칙(precautionary principle)에 기초한 무역조치가 과연 타당한 것인가 하는 점도 GMO 규제와 관련한 중요한 논쟁거리이다. SPS협정 제5조 제7항은 과학적인 증거가 충분하지 않을 경우 회원국이 예방적인 조치를 잠정적으로 취할 수 있도록 규정하고 있다. 만약 이 조항을 근거로 GMO에 대한 사실상의 모라토리엄을 옹호하려면, EU는 이 조항이 명시한 대로 '적절한 기간 안(within a reasonable period of time)'에 더욱 객관적인 위해성 평가를 하기 위해 필요한 추가정보를 적극적으로 찾으려고 노력했다는 점을 증명해야 할 것이다.

EU의 모라토리엄은 개정된 규정이 발효되는 2002년 10월까지만 유지될 계획이었다. 그러나 일부 회원국들이 추적 및 표시제 요건이 발효될 때까지 GMO 금지를 해제하는 것에 반대하고 있으며, 제조자 책임법이 최종적으로 완결될 때까지 기다려야 한다고 주장하는 회원국도 있는 실정이었다.

Ⅳ. 전망과 시시점

EU의 조치가 과연 모라토리엄인지, 그리고 이것이 SPS협정 제5조 제7항이 규정하는 잠정적인 예방조치에 해당되는지에 대한 해석이 관건이 될 것이다. 특히 EU에서 지난 5년 이상 수입승인이 미뤄진 것이 과연 SPS협정이 명시한 '적절한 기간'에 해당하는지에 대한 해석도 시도될 것으로 예상된다.

EU의 관련 규정의 발전과 회원국들의 입장, GMO와 관련된 국제법 규정의 부재 또는 모호함, WTO 규정에 대한 해석 및 적용 문제 등 불확실한 요인이 많은 상태에서 WTO 패널이 어떤 판정을 내릴지는 예단하기는 어렵다. 다만 미국이 GMO에 대한 EU 소비자들의 강한 반감을 잘 알면서도, 그래서 승소하더라도 시장에서 실익이 적을 것이란 우려에도 아랑곳하지 않고 이번 제소를 추진했고, 또한 제소 대상을 추적이나 표시제가 아닌 수입승인 부분에 한정한 점에서 승소에 대한 미국의 자신감과 함께 그 고충을 엿볼 수 있다. 반면에 WTO 규정 및 다른 국제법의 예방원칙에 기대서 미국의 제소에 대응해야 하는 EU의 입장도 매우 어려울 것이다.

EU와 미국 사이의 GMO 분쟁 결과는 GMO에 대한 위해성 평가 및 심사체계를 세우면서 표시제를 운용하고 있는 우리나라에도 중요한 시사점을 줄 것이기 때문에 관심을 가지고 지켜봐야 할 것이다.

Chapter

6

섬유류협정의 이해

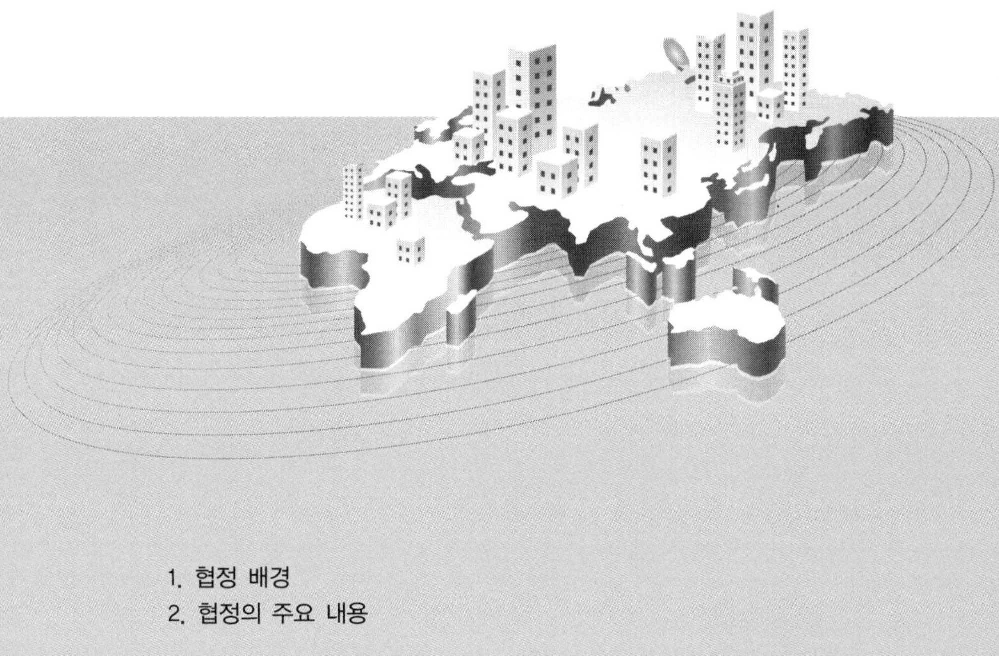

1. 협정 배경
2. 협정의 주요 내용

Chapter 06

섬유류협정의 이해

1. 협정 배경

섬유 및 의류에 관한 국제교역은 GATT의 자유무역체제에서 벗어나 섬유제품 수입 선진국과 섬유제품수출 개발도상국가 간 사이에 체결된 다자간 섬유협성(MFA : Multi-Fiber Arrangement)에 의해 규제되고 있었다.

다자간 섬유협정은 GATT의 무차별 원칙 및 수량제한 금지원칙에서 벗어나 수입국과 수출국과의 양국간 쿼터 협정을 통하여 수입국이 수출국별로 차별적인 수입 수량을 설정하고 연 증가율을 제한하는 것을 허용하고 있었다. 이로 인해 섬유제품에 대해서 수입국가가 일방적으로 또는 상호간 무역협정을 통하여 수입을 제한할 수 있게 되었다. 다자간 섬유협정이 선진국의 자국시장보호를 위해 지속적으로 운영되자 개발도상국들은 이의 철폐를 요구하여 왔다. 우루과이라운드 출범시 섬유류 무역의 자유화를 주장하는 개도국 입장을 반영하여 MFA를 철폐하고 섬유류 무역을 GATT로 복귀시키기로 결정하였다.

WTO 섬유 및 의류협정은 다자간 섬유협정을 철폐하고 섬유류 제품의 무역을 원래의 GATT체제에 단계적으로 복귀시킴으로써 자유로운 교역이 이루어지도록 하였다. 따라서 섬유류 협정은 다자간 섬유협정에 의하여 규제되고 있는 섬유류를 일정기한 내에 단계적으로 GATT에 복귀시키고, GATT에 복귀된 품목에 대해서는 차별적인 수입규제를 발동할 수 없으며, 복귀기간 중에 규제가 계속 중인 품목에 대해서는 현재보다 쿼터량을 증가시켜 나간다는 내용을 담고 있다.

2. 협정의 주요 내용

(1) 협정의 구성

WTO 섬유 및 의류협정(ATC)은 9개 조항 및 1개의 부속서로 구성되어 있으며, 부속서는 협정적용 대상품목 목록으로서 다자간 섬유협정의 규제대상품목을 근간으로 하고 있다.

(2) 주요 내용

1) 수량제한의 통보(제2조)

각국은 협정 발효 후 60일 이내에 현행 다자간 섬유협정 또는 양자간 협상하에서 시행 중인 모든 수량제한의 내용을 섬유감시기구(TMB : Textile Monitoring Body)에 통보하며, 섬유감시기구는 이를 모든 회원국에 통지한다.

2) 협정대상품목의 GATT 통합방법(제2조)

각국은 WTO 협정발효로부터 10년간을 과도기간으로 설정한다. 동 과도기간 중 3회에 걸쳐(협정발효시, 발효 3년 후, 발효 7년 후) 1990년을 기준으로 협정대상품목 총수입량의 51% 이상을 자유화하여야 하며, 매번 자유화시에는 사, 직물, 완성섬유제품 및 의류 등 4대 제품군을 모두 포함하여야 한다. 11년째 되는 첫날 나머지 49%를 자유화하며, 자유화 조치의 구체적 내용은 시행 12개월 전까지 섬유감시기구에 통보하여야 한다.

3) 잔여 규제품목의 쿼터 증가(제2조)

통합과정에서 제한이 계속 중인 품목(미통합 품목)에 대해서는 기본적으로 현 양자 협정상의 제한수준(쿼터량)을 적용하되, 연도별 제한수준 증가율은 단계별로 현 양자 협정상의 제한수준 증가율보다 높은 증가율을 설정하여야 한다.

4) 협정대상품목이 아닌 섬유류제품의 자유화(제3조)

각국은 협정대상품목이 아닌 섬유류 제품에 대한 제한조치를 협정 발효 후 60일 이내에 섬유감시기구에 통보하고, 협정 발효 후 1년 이내에 GATT에 일치시키거나 또는 협정 발효 후 6개월 이내에 점진적 철폐를 위한 계획을 섬유감시기구에 제출하고, 이를 이행해 나가야 한다. 점진적 철폐이행 기간은 협정 존속기간인 10년을 초과할 수 없다.

5) 우회수출에 대한 대응조치(제5조)

환적, 항로변경, 원산지 국가 또는 원산지 지역에 대한 허위신고 및 공문서 위조를 통한 우회수출행위가 있을 경우 수출국 등 관련국은 수입국의 요청에 따라 협의에 응하고 조사 등에 필요한 협조조치를 취해야 한다. 조사 결과 우회발생에 대한 충분한 증거가 있는 경우 수입국은 통관 거부 또는 관련국의 쿼터량 조정 등 조치 실시가 가능하다.

6) 과도적 세이프가드제도(제6조)

1994년도 GATT에 통합된 품목을 제외한 협정 부속서의 대상품목에 대하여는 대상국과의 협의를 거쳐 과도적 세이프가드 적용이 가능하며, 자유화를 통해 통합된 제품은 GATT 제19조의 세이프가드 조항이 적용된다.

특정 상품의 수입증가로 인하여 동종 및 직접적인 경쟁관계에 있는 상품을 생산하는 국내산업에 심각한 피해 또는 이에 대한 현실적 우려(serious damage or actual threat hereof)가 있을 때 발동하며, 국별 수입량을 감안하여 국가별로 세이프가드조치를 적용하며, 과도적 세이프가드조치에 의해 특정 품목의 수출에 대한 규제시 그 수준은 과거의 정상적인 무역수준 이하가 되어서는 안 된다. 과도적 세이프가드조치는 발동 후 3년 동안 또는 대상품목이 1994년도 GATT에 통합되는 시점 중 먼저 도래하는 시점까지 적용 가능하다.

7) 섬유류 무역에 대한 GATT 일반원칙 적용(제7조)

각국은 협정대상품목의 GATT 통합과정의 일환으로서 그리고 UR 결과에 대한 약속과 관련하여 1994년도 GATT의 규칙 및 규율 준수를 위해 필요한 조치를 실시한다. 관세인하 및 양허, 비관세장벽 완화 또는 철폐, 수입통관 절차 간소화 등 섬유 및 의류제품 시장에의 접근 개선, 반덤핑, 보조금・상계조치 및 지적재산권 보호제도의 공정한 운영, 그리고 섬유류 수입에 대한 차별적 조치를 회피한다.

8) 섬유감시기구(TMB) 설치(제8조)

의장과 10명의 회원으로 구성되는 상설기구인 섬유감시기구를 설치하여 협정의 이행 감독, 협정에 따른 조치의 협정과의 합치 여부 조사 및 협정상 요구되는 조치의 이행을 감독한다.

9) 협정존속기간(제9조)

협정 및 협정의 모든 제한은 협정 발효 후 10년간 존속하며, 연장은 불가하다.

※ 사례연구

미국과 코스타리카의 면과 인조섬유 분쟁

I. 사례개요

코스타리카의 면 및 화학섬유의 수입에 대하여 미국이 부과한 섬유 및 의류에 관한 협정(Agreement on Textiles and Clothing : ATC) 제6조상의 잠정세이프가드조치와 관련한 분쟁사례이다. 관세의 대폭적인 인하 등 무역자유화 조치의 결과로 예기할 수 없었던 사태의 변화로 말미암아 어느 제품의 수입이 급증하고 동종 또는 직접적 경쟁제품을 생산하는 피해가 발생하는 경우를 생각할 수 있는데 이와 같은 경우에 일시적으로 당해 국내산업을 보호하기 위한 수단을 일종의 안전장치로서 설치해 둘 필요성이 있다. 이를 위한 수단이 GATT 제19조에 규정된 일반 세이프가드조치(Safeguard measure)라고 할 수 있다.

그런데 종래 섬유부분은 다자간섬유협정(Multi-Fiber Arrangement : MFA)에 의해 규율되어 오다가 WTO의 다자간협정 중 섬유 및 의류에 관한 협정(ATC)이 체결되어 1995년 1월 1일부터 10년간의 과도기간 동안 GATT에 포함되지 않는 대상은 ATC에 의해 규율되게 되었고, 궁극적으로 WTO로의 완전한 통합을 전제로 하고 있으며, ATC 제6조에 잠정세이프가드(Transitional Safeguard)에 관한 규정을 두고 있다. 이것은 기본적으로 자유화된 품목에 대해서는 GATT 제19조를 적용하고 나머지 품목에 대해서는 보다 엄격한 기준하에 잠정세이프가드의 발동을 허용하는 것이라 할 수 있다.

미국과 코스타리카의 섬유분쟁은 이러한 잠정세이프가드를 적용하기 위한 요건 및 그에 대한 입증책임의 문제 그리고 소급적으로도 발동할 수 있는가의 문제 등과 관련된 것으로서 잠정세이프가드의 발동요건 및 동 조치의 소급적 발동의 허용 여부에 대한 지침을 제공한 사례라 할 수 있다. 즉 첫째, 입증책임의 문제에 관하여 미국이 그간 계속 지지해 온 합리성의 원칙을 근거로 수입국이 동 조치 발동의 결정을 한 경우 그 결정이 불합리하다는 점을 입증해야만 한다는 주장을 하였으나 현 ATC 체제하에서는 제6조 제2항 및 제4항에 규정된 실체적 요건들을 동 조치 발동국이 입증해야 한다는 점을 명백히 한 점, 둘째 MFA하에서 동 조치의 소급적 발동이 명문으로 허용되고 지배적인 관행이었음에도 현 ATC체제하에서는 그것이 제한적 소급일지라도 동 조치의 소급적 발동이 허용되지 않는다는 것을 명백히 판단해 준 점은 의의 있는 일이다.

그러나 ATC에 위반하여 수입국이 일방적으로 발동한 잠정세이프가드조치에 의해 수출국의 이익이 무효화 또는 침해된 경우 이러한 불이익을 전보할 수 있는 손해배상과 같은 제도가 없이 단지 조치의 철회로 패널의 평결이나 분쟁해결기구(Dispute Settlement Body : DSB)의 권고로 이행할 수 있다고 한다면 이는 동 조치를 보호무역의 수단으로 남용할 가능성이 많을 수 있다.

Ⅱ. 진행과정

미국은 1995년 3월 27일 섬유 및 의류에 관한 협정(ATC) 제6조 제7항상의 면 및 화학섬유 내의 무역에 관하여 코스타리카에 협의를 요구하였다. 이와 동시에 미국은 수입규제의 도입을 제안한 근거로 코스타리카에 1995년 3월자 심각한 손해 설명서(1995. 3 설명서)를 제공하였고, 협의요청 통지, 제안된 규제 및 규제수준을 1995년 4월 21일 미관보에 공표하였다. 협의가 개최되었지만 미국과 코스타리카는 협의기간 동안 상호 수락가능한 해결책을 도출하는 데 실패하였다. 그때 미국은 ATC 제6조 제10항을 원용했고, 1995년 6월 23일 코스타리카로부터의 면 및 화학섬유 수입에 관해 잠정세이프가드조치를 도입하였고, 동 조치는 협의요청일인 1995년 3월 27일부터 12개월 동안 유효하게 되어 있었다.

동시에 미국은 섬유감시기구(Textiles Monitoring Body : TMB)에 그 사안을 회부했다. TMB는 미국이 미국 국내산업에의 심각한 손해를 증명하지 못했다고 판단하였으나 TMB는 심각한 손해의 실질적인 위협의 존재에 관해서는 합의에 도달하지 못하였고, 미국수입규제의 유효한 적용일자에 관해 어떤 판단도 하지 못하였다. 따라서 TMB는 미국과 코스타리카가 그 문제의 해결을 위해 협의를 더 해야 한다고 권고하였다. 1995년 11월 미국과 코스타리카 사이에 협의가 개최되었지만 어떤 합의에도 도달하지 못하였고, 코스타리카는 1995년 12월 분쟁해결을 다루는 규칙 및 절차에 관한 양해(Understanding on Rules and Procedures Governing the Settlement of Disputes : DSU)의 분쟁해결조항에 호소하였다. 1996년 3월 5일 당해 사안을 조사하기 위해 패널이 설치되었고, 1996년 3월 27일 미국은 12개월간 제2차 잠정세이프가드조치를 갱신하였다. 패널보고서는 1996년 11월 8일 세계무역기구(WTO)에 회람되었다.

제6조 7. 긴급수입제한조치를 발동하고자 하는 회원국은, 동 조치로 영향을 받게 될 회원국 또는 회원국들과 협의한다. 협의요청에는 특히 아래사항에 대한 가능한 최근의, 자세하고 적절한 사실정보, 특히 (가) 긴급수입제한조치 발동국이 심각한 피해나 그러한 피해의 현실적인 우려가 존재하고 있다고 판정하는 데에 기초가 된 제3항에 언급된 요소와, (나) 관련 회원국 또는 회원국들에 대하여 긴급수입제한조치의 발동을 제안하게 한 제4항에 언급된 근거요소와 관련한 사실 정보가 첨부된다. 이 항에 따라 이루어진 요청과 관련하여 정보는 확인가능한 생산부분 및 제8항에 규정된 기준기간과 가능한 한 밀접한 관계가 있어야 한다. 조치 발동국은 또한 관련 회원국 또는 회원국들로부터의 문제가 된 제품의 수입이 규제되는 특정 수준을 명시하며 동 수준은 제8항에 규정된 수준보다 낮지 않아야 한다. 협의 요청국은 이와 동시에 제안된 규제수준과 함께 제3항과 제4항에 규정된 모든 관련 사실 자료를 포함하여, 협의요청 사실을 섬유감시기구 의장에게 통보한다. 의장은 협의요청을 협의요청국, 문제된 품목 및 협의를 요청받은 회원국을 적시하여 섬유감시기구 회원국에게 통보한다. 관련 회원국 또는 회원국들은 협의요청에 신속히 응하며 동 협의는 지체 없이 개최되며 일반적으로 요청을 접수한 날로부터 60일 이내에 완료한다.

10. 그러나 협의요청이 접수된 날로부터 60일의 기간이 종료 후에도 회원국 간에 합의가 이루어지지 아니하는 경우, 긴급수입제한조치를 제의한 회원국은 이 조의 규정에 따라 동 60일의 협의기간 경과 후 30일 이내에 수출 또는 수입일자까지 규제를 적용할 수 있고, 동시에 섬유감시기구에 동 사안을 회부할 수 있다. 동 60일의 기간 종료 이전에 어느 일방 회원국도 섬유감시기구에 동 사안을 회부할 수 있다. 어느 경우에도 섬유감시기구는 신속히 심각한 피해 및 그러한 피해에 대한 현실적인 우려에 대한 판정과 피해의 원인을 포함하여 사안을 검토하며, 30일 이내에 관련 회원국에게 적절한 권고를 한다. 이러한 검토를 위하여 섬유감시기구는 관련 회원국이 제공한 그 밖의 적절한 정보뿐만 아니라 제7항의 규정에 따라 섬유감시기구 의장에게 제공된 사실 자료를 이용할 수 있다.

Ⅲ. 주요주장

1. 미국의 세이프가드조치

(1) 심각한 손해 성명서(1995. 3. 시장설명서)

1) 코스타리카의 주장

생산 및 수입자료에 807무역(807Trade)[6]의 비율에 관한 언급이 없으며, 국내생산의 증가 여부, 미국산업의 실제시장점유율, 국내생산에 대한 수입의 비율을 결정할 방법이 없다. 그리고 해고 노동자의 수가 없으며, 수입과 실직 사이에 인과관계도 없다. 투자연기나 철회에 대한 근거도 없다. 또한 고용, 판매 및 이윤, 투자 혹은 설비는 한두 개 기업을 통해 명백히 하기는 불가능하다. 당해제품이 대부분 재수입품이라는 점도 고려하지 않았다.

807무역(807Trade)이란 미국이 수출한 부분품을 이용하여 해외, 특히 코스타리카에서 봉제한 후 그 완성복을 미국에 다시 수출하는 유형의 무역을 말하는 것으로, 미국의 해외가공체제 프로그램의 일환이다.

2) 미국의 주장

재수입품을 포함한 총수입이 1992년 대비 49퍼센트나 격증했고, 미국생산은 1992년 대비 8퍼센트나 감소했으며, 미국제조업자의 시장점유율도 1992년 대비 8퍼센트 감소했고, 미국 내 생산에 대비하여 수입은 같은 기간 동안 17퍼센트나 증가했다. 노동자의 수는 5퍼센트, 연평균총 노동시간은 470만 시간 감소했다. 개별기업들은 해고, 공장폐쇄, 판매부진 등을 보고하고 한 기업은 투자를 연기했다.

(2) 수출국들의 탓

1) 코스타리카의 주장

미국 측 자료에는 두 국가 간 공동생산과정에 대한 언급이 전혀 없다.

2) 미국의 주장

WTO 회원국인 코스타리카, 도미니크공화국, 온두라스, 타이 및 터키로부터 같은 기간 동안 78퍼센트라는 급격하고도 실질적인 총수입의 증가가 있었다. 그 중에서도 코스타리카만이 쿼터 이상으로 수입을 증가시켰다.

(3) 코스타리카와의 협의

1995년 1월 1일에서 2일까지 협의가 개최되었지만 양측의 주장이 서로 달라 합의에 도달하지 못하였다.

2. 입증책임

(1) 코스타리카의 주장

코스타리카는 ATC 제6조와 의류무역규제가 합치한다는 결정을 위해서는 DSU상의 입증책임은 규제를 채택하는 수입국에 있다고 주장하였다. ATC 제6조 제2항은 수입국이 잠정세이프가드를 위해 충족되어야 하는 기본요건의 충족을 입증해야 한다고 명확히 규정하고 있다. 이들 요건의 충족을 입증할 의무는 수출국, TMB 그리고 패널에 대해서도 수입국이 부담한다. TMB에 대한 의무는 ATC 제6조 제7항, 제9항 및 제10항에 의해서 분명하다. 갑자기 그리고 아무런 이유 없이 입증책임이 전환된다는 것은 논리상 허용되지 않기 때문에 수입국은 DSU 분쟁해결절차에서 손해의 존재를 입증할 의무가 있다. 그렇지 않다면 잠정세이프가드가 긴급조치로 남아 있고 일반원칙이 되지 않도록 한 ATC의 실체적 요건들은 무의미하게 된다는 것이다.

(2) 미국의 주장

미국은 WTO로 이행된 GATT 분쟁해결관행과 합치하게, 미국의 조치가 ATC와 불합치한다는 점에 대한 입증책임은 코스타리카에 있다고 주장했다. 따라서 패널은 코스타리카가 사실정보 및 법적 주장을 제출했는가를 먼저 결정해야만 한다.

> **제6조 2.** 긴급수입제한조치는 회원국의 판정에 근거하여, 특정 상품이 동종 및/또는 직접적 경쟁관계에 있는 상품을 생산하는 국내산업에 대하여 심각한 피해 또는 그러한 피해의 실질적인 우려를 야기할 만큼 증가된 수량으로 수입되고 있는 것이 증명될 때, 이 조에 따라 발동될 수 있다. 심각한 피해나 그러한 피해의 현실적인 우려는 반드시 동 상품의 총수입량의 이와 같이 증가된 물량으로 인한 것임이 증명되어야 하며, 기술의 변화 또는 소비자의 기호변화와 같은 다른 요인에 기인한 것이 아니어야 한다.

9. 합의된 규제에 관한 세부사항은 합의 체결일로부터 60일 이내에 섬유감시기구에 통보된다. 섬유감시기구는 동 합의가 이 조에 따라 정당화될 수 있는지를 판정한다. 동 판정을 내리기 위하여, 섬유감시기구는 관련 회원국이 제공한 그 밖의 적절한 정보뿐만 아니라 위의 제7항의 규정에 따라 섬유감시기구 의장에게 제시된 사실자료를 이용할 수 있다. 섬유감시기구는 관련 회원국에게 적절하다고 판단하는 권고를 할 수 있다.

10. 그러나 협의요청이 접수된 날로부터 60일의 기간이 종료한 후에도 회원국 간에 합의가 이루어지지 아니하는 경우, 긴급수입제한조치를 제의한 회원국은 이 조의 규정에 따라 동 60일의 협의기간 경과 후 30일 이내에 수출 또는 수입일자까지 규제를 적용할 수 있고, 동시에 섬유감시기구에 동 사안을 회부할 수 있다. 동 60일의 기간종료 이전에 어느 일방 회원국도 섬유감시기구에 동 사안을 회부할 수 있다. 어느 경우에도 섬유감시기구는 신속히 심각한 피해 및 그러한 피해에 대한 현실적인 우려에 대한 판정과 피해의 원인을 포함하여 사안을 검토하며, 30일 이내에 관련 회원국에게 적절한 권고를 한다. 이러한 검토를 위하여 섬유감시기구는 관련 회원국이 제공한 그 밖의 적절한 정보뿐만 아니라 제7항의 규정에 따라 섬유감시기구 의장에게 제공된 사실자료를 이용할 수 있다.

3. ATC 제6조 : 적용에 관한 일반적인 견해들

(1) 코스타리카의 주장

ATC 제6조 제1항은, 첫째 잠정세이프가드는 가능한 적게 발동되어야 하고, 둘째 본 조항 및 본 협정의 통합과정의 유효한 이행과 합치하게 발동되어야 한다는 두 가지 원칙을 확립했다. ATC 제6조는 잠정세이프가드의 자의적이고 부당한 사용을 금지하고 있다. 따라서 미국의 일방적인 규제의 부과는 본 조항의 규정에 따르지 않은 자의적이고 부당한 조치이기 때문에 ATC 제6조 제1항을 침해했다.

(2) 미국의 주장

통합은 독자적으로 결정된 과정이고 제6조는 단지 아직 통합되지 않은 제품에만 적용된다. 그리고 DSU 제3조 제2항에 의하면 패널보고서가 해당 협정에 규정된 권리와 의무를 증가 혹은 감소시킬 수 없다. 따라서 가능한 한 최신의 그리고 가능한 한 밀접하게 관련된 사실정보에 근거하여 결정을 행하는 것은 수입국이고 패널은 조사기관이 ATC 제6조의 절차를 따랐는가, 이용가능한 자료에 근거했는가 그리고 조사기관이 합리적으로 행동했는가만을 결정해야 한다. 나아가 ATC 제6조는 조사를 위한 세부절차규정이 없고 적용될 법의 기준을 해석할 명확한 정의도 없으므로 실체적인 기준에 관하여 다른 무역구제규정들과 동일하지 않다. 따라서 수입국의 결정에 적용될 적절한 기준은 합리성의 기준이다.

4. 세이프가드조치 발동의 요건

(1) 심각한 손해 또는 심각한 손해의 실질적인 위협의 결정

1) 코스타리카의 주장

ATC 제6조 제2항은 세이프가드를 발동하기 위해서 다음의 세 가지 전제요건을 요구한다는 주장이다. 첫째, 특정 제품의 총수입의 증가, 둘째 동종 및 직접적 경쟁제품을 생산하는 국내산업에 대한 심각한 손해 또는 심각한 손해의 실질적인 위협의 존재, 셋째 총수입 증가와 심각한 손해 또는 심각한 손해의 실질적인 위협의 존재 간의 인과관계 등이다. 그런데 세이프가드는 자유무역원칙에 대한 예외이고, 또한 불공정무역이 아닌 공정무역을 규제하는 것이기 때문에 자유무역원칙으로부터의 이탈을 정당화할 수 있도록 많은 엄격한 요건들을 준수해야만 한다. 더구나 ATC에 규정된 잠정세이프가드는 보상을 요구하지 않기 때문에 그것의 발동은 엄격하게 ATC에 규정된 실체적인 기준에 따라야 한다는 것이다.

2) 미국의 주장

미국은 ATC 제6조 제3항이 수입국이 동조에 열거된 변수들만 또는 열거된 변수 모두를 조사할 것을 요구하지 않으며, 코스타리카가 제6조 제3항 단서의 규정을 명백히 간과했다고 주장했다.

> **제6조 3.** 제2항에 언급된 심각한 피해 또는 그러한 피해의 현실적인 우려를 판정하는 데 있어서 회원국은 생산고, 생산성, 설비가동률, 재고, 시장점유율, 수출, 임금, 고용, 국내가격, 이윤 및 투자와 같은 관련 경제변수의 변화에 반영된 특정 산업의 상태에 대하여 동 수입품이 미치는 영향을 검토한다. 단, 동 변수 중의 어느 것도 단독으로 또는 다른 요소들과 결합하여 필연적으로 결정적인 지침을 제공하는 것은 아니다.

(2) 입증의무-실체적 요건의 충족

1) 코스타리카의 주장

회원국이 당해 회원국 또는 회원국들로부터 개별적으로 실제적이거나 급격하고도 실질적인 수입의 증가 및 수입의 증가와 심각한 손해 또는 심각한 손해의 실질적인 위협 사이의 인과관계 요건을 입증함이 없이 세이프가드조치를 취하면 그것은 ATC 위반이다.

이런 입증과정은 두 가지로 나누어질 수 있는데, 첫째는 ATC 제6조 제7항에 따라 주장하는 사실에 관한 명확하고 적절한 정보를 제출해야 하는 것이고, 둘째는 제6조 제2항, 제3항 및 제4항에 열거된 요소들과 제출한 정보들이 세이프가드조치의 채택을 정당화하는 데 필요한 요건으로 규정된 실체적 기준 내에 있는가를 심사해야 하는 것이다.

미국은 입증과정의 첫 번째 단계뿐 아니라 두 번째 단계의 실체적 요소들을 입증하지 못했고, 따라서 ATC 제6조 제2항, 제3항, 제4항 및 제7항을 위반하였다.

2) 미국의 주장

미국의 결정이 불합리하고 ATC 제6조 제2항, 제3항, 제4항, 제7항 및 제6항 (d)의 요건과 불합치한다는 점을 입증하는 것은 코스타리카에게 있다.

제6조 4. 이 조의 규정에 따라 발동되는 조치는 국가별로 적용된다. 특정 회원국 또는 회원국들이 위의 제2항 및 제3항에 언급된 심각한 피해나 또는 그러한 피해의 현실적인 우려를 야기시켰는지의 여부는 개별적으로 동 국가 또는 국가들로부터의 현실적 또는 임박한, 급격하고도 실절적인 수입증가에 기초하여 판정되며, 또한 그 밖의 수입원으로부터의 국내가격을 기초로 하여 판정된다. 단, 이들 변수 중의 어느 것도 단독으로 또는 다른 요소들과 결합하여 필연적으로 결정적인 지침을 제공하는 것은 아니다. 이러한 긴급수입제한조치는 자국의 특정 품목의 수출이 이 협정에 따라 이미 규제되고 있는 회원국의 수출에 대하여 적용되지 아니한다.

6. 과도적 긴급수입제한을 적용함에 있어서, 아래 규정된 바와 같이 수출회원국의 이해가 특별히 고려된다. (d) 가공 및 그 이후 재수입을 위해 다른 회원국에 섬유 및 의류제품을 수출한 회원국은 이러한 형태의 무역이 섬유 및 의류수출에서 상당한 비중을 차지하는 회원국으로부터 동 제품을 재수입할 때 자국의 국내법과 관행에 규정된 바에 따라, 그리고 만족할만한 통제와 증명절차를 거쳐서 동 재수입품에 대하여 보다 유리한 대우를 부여한다.

5. 심각한 손해 또는 심각한 손해의 실질적인 위협

(1) 코스타리카의 주장

심각한 손해의 경우 국내산업에의 피해는 이미 발생한 반면 심각한 손해의 실질적인 위협의 경우에는 피해는 아직 발생하지 않았지만 발생한 긴급하고도 실질적인 가능성이 있는 것이다. 발생했거나 발생하려고 하는 양 사실을 입증하기 위해 동일한 정보와 분석을 사용하는 것은 불가능하다. 미국은 심각한 손해의 존재를 근거로 본 사안을 시작하고 수입규제를 채택했을 뿐 위협이 존재한다는 것을 고려하지는 않았다. 때문에 실질적인 위협의 요소는 고려조차 되지 않았다. 결국 TMB가 심각한 손해가 존재하지 않는다고 결정했을 때 미국은 일방적인 수입규제를 철회했어야만 한다.

(2) 미국의 주장

GATT 제6조 이행에 관한 협정과 같은 협정들과는 달리 ATC는 피해위협 결정을 위한 독립된 요건을 규정하지 않았다. 따라서 ATC 제6조는 심각한 손해 또는 심각한 손해의 실질적인 위협 결정을 위한 한 세트의 기준만을 규정했다. 하나의 기준이 다른 기준을 대신해서 주장되어야 할 의무는 없다. 회원국은 동일한 요소를 근거로 양 주장을 할 수 있다.

6. 협의 개최 요건

(1) 코스타리카의 주장

미국의 일방적인 수입규제의 채택, 유지 및 갱신은 두 가지 흠이 있는데, 첫째는 미국이 실체적 요건을 근거로 협의를 개최함이 없이 일방적으로 조치를 채택하여 유지 및 갱신한 것이고, 둘째는 협의요청일까지 소급적으로 조치를 발동한 것이다.

(2) 미국의 주장

ATC 제6조 제10항은 일방적인 잠정세이프가드의 발효일을 규율하지는 않으며, TMB의 심사 전에 일방적인 수입규제의 부과를 명백히 허용했다.

7. 수입규제 발효일

(1) 코스타리카의 주장

ATC 제6조 제10항 어디에서도 일방적인 수입규제의 부과를 협의요청일까지 소급하는 권한을 주지 않는다. 소급효는 추정될 수 없고 MFA 제3조 제5(i)항에서처럼 명백히 권한이 부여되어야만 하며, 소급효가 명백히 규정되지 않은 경우 당해조치는 장래적으로 발동되어야 한다. 이런 해석은 ATC 제6조 제1항에 의해 지지되므로 따라서 수입국은 30일의 기간 내에 규제채택일로부터 발동되는 일방적인 수입규제를 채택할 수 없다. 결국 미국은 ATC 제6조 제10항을 위반했다는 것이다.

(2) 미국의 주장

ATC는 세이프가드조치의 발효일에 관해 침묵하고 있고 발효일을 협의요청일로 하는 것을 금지하지 않는다. MFA는 규제수준에 대한 협의기간 동안의 수입품을 계산하는 관행을 명백히 인정하고, ATC는 이런 관행을 바꾸지 않는다. ATC에서 규제발효일에 대해 명백히 언급하지 않은 것이 그것을 금지하는 것으로 해석될 수는 없다. 그것은 조정메커니즘으로서의 잠정세이프가드의 유효한 발동에 본질적이다. 섬유규제는 발효일에 대한 유연성 없이는 작동할 수 없고, 그것이 없다면 수입품의 범람이 조정기능을 손상시킬 것이다. 조약해석이 유효성이 원칙도 잠정세이프가드가 협의요청일을 발효일로 하는 것을 허용되어야 함을 요구한다.

MFA 제3조 제5(i). 참가수출국 혹은 수출국들이 요청을 받은 날로부터 60일의 기간 후 수출규제 요청이나 어떤 대안적 해결에 관한 아무런 합의가 없다면, 요청하는 참가국은 참가수출국 혹은 국들이 요청을 받은 날부터 12개월 동안 적어도 부속서 B에 규정된 수준으로 위 제3항에서 언급된 참가국 혹은 국들로부터 시장왜곡을 초래하는 섬유 및 섬유제품의 억제를 위해 수입을 거절할 수 있다. 그런 수준은 가능한 본 조항의 목적과 일치하는 범위까지 관련무역에서 상업적 참가자들에게 부당한 장애를 회피하도록 상향조정될 수 있다. 동시에 그 사안은 섬유감시기구에 즉각적으로 주의를 환기하게 될 것이다.

ATC 제6조 1. 회원국들은 과도기간 동안 구체적인 과도적 긴급수입제한제도(이 협정에서는 "과도적 긴급수입제한"이라 한다)를 적용하는 것이 필요할 수 있다는 것을 인정한다. 과도적 긴급수입제한은 제2조의 규정에 의하여 1994년도 GATT에 통합된 품목을 제외한 이 협정의 부속서의 대상인 품목에 대하여 모든 회원국에 의해 적용될 수 있다. 제2조에 해당하는 제한을 유지하고 있지 아니하는 회원국은 세계무역기구협정 발효일 이후 60일 이내에 이 조의 규정을 사용할 권리를 보유하고자 하는지의 여부에 대하여 섬유감시기구에 통보한다. 1986년 이래 다섬유약정의 연장의정서를 수락하지 아니한 회원국은, 세계무역기구협정 발효 후 6월 이내에 이러한 통보를 한다. 과도적 긴급수입제한은 이 조의 규정과 이 협정에 따른 통합과정의 효과적인 이행에 일치하게 가능한 발동이 자제되어야 한다.

8. ATC 제2조 제4항

(1) 코스타리카의 주장

ATC 또는 GATT1994의 규칙에 따라 도입되지 않은 새로운 수입규제는 ATC 제2조 제4항을 침해한다.

제2조 4. 제1항에 따라 통보된 제한은 세계무역기구협정 발효 전일 개별 회원국에 의하여 적용되는 이러한 제한의 전체를 구성하는 것으로 간주된다. 이 협정의 규정 또는 1994년도 GATT의 관련 규정에 의하지 아니하고는 품목 또는 회원국 기준으로 어떠한 새로운 제한도 도입될 수 없다. 세계무역기구협정 발효일로부터 60일 이내에 통보되지 아니한 제한은 즉시 종료된다.

(2) 미국의 주장

코스타리카산 내의수입에 관한 세이프가드조치는 ATC 제6조에 충분히 합치하기 때문에 ATC 제2조 위반은 없다.

9. 회원국의 TMB 권고수락 노력의무

(1) 코스타리카의 주장

ATC 제8조 제9항은 회원국이 TMB의 권고를 충실히 수락하도록 노력해야 한다고 규정하고 있고, 이것은 TMB의 권고가 구속력이 없지만 회원국이 그것을 수락하도록 최선을 다할 의무라는 의미에서 최선의 노력(best-endeavour)의무이다. 또한 제8조 제10항은 회원국이 TMB의 권고를 따를 수 없다면 TMB에 그 이유를 제시해야 한다.

> **제8조 9.** 회원국은 섬유감시기구의 권고를 모두 수용하도록 노력하며, 섬유감시기구는 그러한 권고사항의 이행에 대한 적절한 감시를 한다.
> **10.** 회원국이 섬유감시기구의 권고에 따르는 것이 불가능하다고 판단하는 경우에는 동 권고를 받은 후 1월 이내에 섬유감시기구에 그 사유를 제시한다. 제시된 사유를 면밀히 검토한 후 섬유감시기구는 즉시 적절하다고 판단되는 추가적인 권고를 제시한다. 이러한 추가적인 권고가 있은 후에도 사안이 해결되지 아니할 경우, 일방 회원국은 분쟁해결기구에 동 사안을 회부하여 1994년도 GATT 제23조 제2항 및 분쟁해결양해의 관련 규정을 원용할 수 있다.

(2) 미국의 주장

미국은 협의하고 권고사항들을 고려하도록 한 TMB의 권고를 따랐으므로 ATC 제8조 제10항을 원용할 필요가 없으며, 권고를 받아들이지 않은 이유를 TMB에 제시할 필요가 없다.

10. 이익의 무효화 또는 침해

(1) 코스타리카의 주장

ATC가 DSU 제1조에 의거 적용되는 해당협정(covered agreement)이라면 DSU 제3조 제8항이 적용되며, 미국이 ATC 제2조, 제6조 및 제8조를 위반했으므로 WTO협정 특히 ATC상의 코스타리카의 이익을 무효화 또는 침해했다.

> **DSU 제3조 8.** 해당협정상의 의무위반이 있는 경우에 조치는 일응 무효화 또는 침해 사안을 구성하는 것으로 간주된다.

(2) 미국의 주장

미국은 ATC 제2조, 제6조 또는 제8조를 위반하지 않았음을 입증했고, 따라서 본 사안에서 코스타리카에 발생하는 이익 및 권리의 무효화와 침해는 추정될 수 없다. 결국 ATC상의 코스타리카의 이익은 무효화되지도 침해되지도 않았다.

Ⅳ. 주요 패널판정

1. 입증책임

ATC 제2조 제4항은 본 협정의 규정 또는 관련 GATT1994 규정의 경우를 제외하고는 새로운 규제조치가 도입되어서는 안 된다고 규정하고 제6조 제2항은 회원국의 결정을 기초로 하여 증명될 때 본 조항상의 세이프가드조치가 발동될 수 있다고 규정한다. ATC 제6조는 동협정 제2조 제4항의 원칙에 대한 예외이고, 그것은 이전의 GATT 관행하에서 잘 확립된 법의 일반원칙이다. 따라서 동협정 제6조 제2항 및 제4항의 요건을 충족했다는 것을 입증할 책임은 미국에 있다.

2. 심각한 손해

ATC 제6조상의 규제는 가능한 한 적게 발동되어야 한다는 점, 제6조 요건에 대한 입증책임은 미국이 부담한다는 점, 심각한 손해에 관한 상세한 증거가 부족하다는 점, 미국이 심각한 손해의 원인이 수입이라는 것을 적절히 증명하지 못한 점, 미국이 코스타리카의 수출수준보다 훨씬 더 초과하는 다른 내의수출국들로부터의 수입한계를 자발적으로 받아들였다는 점에 비추어 미국은 3월설명서에서 국내산업이 코스타리카의 탓으로 돌릴 수 있는 심각한 손해를 받고 있음을 입증하지 못하였다. 따라서 코스타리카산 내의에 수입규제를 부과함으로써 ATC 제6조 제2항 및 제4항상의 의무를 따르지 않았다.

3. 심각한 손해의 실질적인 위협

심각한 손해에 관한 결정은 조치발동국에 손해가 이미 발생했음을 입증할 것을 요구하는 반면에 심각한 손해의 실질적인 위협에 관한 결정은 조치가 취해지지 않으면 손해가 가까운 장래에 발생할 것이라는 점을 입증해야 한다. 3월설명서에는 그런 장래적인 분석의 요소는 포함되지 않았다. 3월설명서가 실질적인 위협에 관한 언급이 없고 장래적인 분석을 포함하고 있지 않다는 사실은 그 자체로 결정적이다.

4. ATC 제6조 제6항 (d)

ATC 제6조 제6항 전문에 의하면 우대조치는 잠정세이프가드 발동시에 부여되어야만 한다. 이것은 잠정세이프가드를 이용하는 회원국은 재수입품에 우대조치를 부여해야만 하는 것을 의미한다. 3월설명서의 이행명령하에서 부과된 수입규제는 수량적인 방식으로 재수입품에 대한 고려를 하지 않았을 뿐 아니라 어떤 다른 방식으로도 재수입품에 대한 고려를 하지 않았다. 따라서 미국은 ATC 제6조 제6항 (d)상의 의무를 위반하였다.

5. 규제 발동일 – 잠정세이프가드의 소급문제 –

문제는 ATC의 침묵이 MFA하에서 명백히 인정된 관행의 금지로 해석되어야 하는가 그리고 그렇다면 ATC하에서 규제기간이 계산되는 적절한 날은 무엇인가이다. 이것은 조약법에 관한 비엔나협약 제28조에 규정된 조약의 소급적용의 문제는 아니며, 오히려 쿼터기간의 개시일에 관한 기술적인 문제이다.

ATC 제1조 제6항은 본 협정에 달리 규정되어 있지 않다면 그 규정들이 WTO협정 및 다자간무역협정 규정상의 회원국의 권리 및 의무에 영향을 미치지 않는다고 규정하고 있고, 무역제한적인 조치를 수행할 때 투명성의 의무를 부과하는데 이는 GATT1994 제10조 제2항에 나타나 있다. 또한 GATT1994 제10조 제1항의 일반적 적용의 조치에 해당하는가가 문제되는데 행정상 결정도 이에 포함되고 규제가 국내 및 해외 생산자를 포함한 불특정 다수의 경제주체에 영향을 미치면 일반적 적용의 조치라고 판단되기 때문에 해당한다고 본다. 따라서 회원국이 협의용처의 내용을 공표함이 없이 규제기간 개시일을 협의요청일로 설정한다면 GATT1994 제10조 제2항 위반이다. 반대로 정보가 공표되면 정보공표일을 개시일로 설정할 수 있다.

GATT 제10조 1. 무역절차 및 관세에 영향을 미치는 제반조치와 외국과의 무역협정 등은 무역업자가 인지할 수 있도록 신속히 공표하여야 한다. 그러나 자국법의 시행을 저해하거나 공익을 해치거나 개별기업의 정당한 상업상의 이익을 침해할 수도 있는 비밀정보의 공표를 요구하는 것은 아니다.

2. 공표될 때까지는 무역정책의 실시를 유보하여야 한다.

6. 패널의 권고사항

패널은 미국이 코스타리카가 제소한 조치를 ATC상의 미국의 의무와 합치하도록 할 것을 분쟁해결기구(DSB) 미국에 요청해야 한다고 권고하면서 미국의 의무와 일치하지 않는 조치의 즉각적인 제거에 의해 당해 의무를 최대한 준수할 수 있고, 나아가 ATC하에서 코스타리카에 발생한 이익의 무효화 및 침해가 최대한 회피될 수 있으며, 동 조치에 의해 부과된 수입규제의 즉각적인 철회에 의해 미국이 ATC상의 미국의무를 준수해야 한다고 권고하였다.

7. 항소심의 평결 및 권고

(1) 평결

수입국이 협의요청 후 제안된 규제기간 및 규제수준을 공표한다면 나중에 규제기간의 개시일을 제안된 규제의 공표일로 설정할 수 있고, 협의요청에 관한 정보 공표일인 1995년 4월 21일부터 규제기간을 설정했다면 규제기간에 관하여 GATT 1994 혹은 ATC와 합치하게 행동했을 것이라는 패널의 결론은 법적으로 잘못이다. 잠정세이프가드는 장래적으로만 발동할 수 있고, 현행의 법체계 아래에서는 제한적 소급조차도 허용되지 않는다.

(2) 권고

항소기구는 DSB가 코스타리카의 면 및 화학섬유 내의 수출을 규제하는 조치를 ATC상의 의무와 일치하도록 미국에 요청하기를 권고한다.

(3) 이행완료

피소국 미국은 DSB의 권고대로 본 분쟁의 주제가 되었던 문제의 조치가 1997년 3월 27일로 시효 만료된 후 재갱신하지 않음으로써 DSB의 권고를 즉각 준수하였다고 1997년 4월 10일 WTO 사무국에 통지하였다.

Chapter

7

기술장벽협정

Chapter 07

기술장벽협정

1. 개관

기술규정 또는 표준이란 정책당국 또는 민간표준기구를 중심으로 상품에 대한 기술규격(technical specification)을 설정하여 동 기술규격을 근거로 제품의 적합성을 평가함으로써 상품의 생산 및 유통상의 효율성을 제고시키는 일련의 과정을 의미한다. 일반적으로 기술규정은 인간과 동·식물의 생명, 안전, 보건, 위생, 환경의 보호 또는 국가안보의 확보 등을 위하여 특별한 고려를 필요로 하는 제품에 적용되며, 법적인 강제성에 따라 기술규정과 표준으로 구분된다.

이와 같은 표준관련 제도는 복잡한 기술체계의 공동사용, 시장투명성의 제고, 정보비용의 절감, 부정방지 및 보건·환경관련 위험의 억제 등을 보장하기 위해 사용되며, 별도로 각국 정부는 표준관련 제도를 통하여 인간·동식물의 생명과 보건, 안전, 환경보호, 국가안보 등 특정한 공공정책 목표를 위해 법률적으로 구속력을 가지는 기술규정을 제정하여 이에 대한 이행의무와 국경조치를 취하고 있다.

그러나 표준관련 제도는 과거 각국이 자국상품의 표준화를 위한 기준 및 절차를 규정할 때 단지 자국의 국내시장만을 주요 관심대상으로 하여 제정한 결과로 인하여 일반적으로 국가마다 서로 다르게 되어 있다. 이에 따라 국가 간의 무역에 상당한 영향을 미치게 되며, 이러한 표준화의 차이가 수입을 억제하는 효과를 초래할 수 있다. 이와 같이 상품의 기술표준의 차이에 따라 발생할 수 있는 국가 간의 상품이동에 대한 장애를 무역에 대한 기술장벽이라고 한다.

기술장벽은 다자무역체제의 정착으로 인해 관세가 크게 인하됨에 따라 각국 정부들이 과다한 기술요건, 국제적으로 통용되지 않는 표준, 수출국과의 중복검사 등의 수단을 통하여 자국산업의 보호를 목적으로 사용할 수 있다. 기술장벽의 일반적인 유형은 기술규정, 표준 및 적합성 평가절차와 관련하여 발생한다. 기술규정상 대표적인 기술장벽은 차별적인 기준의 적용, 과다한 기술요건, 국제표준과의 불일치, 투명성의 문제, 기술규정의 부재 등이 있다.

표준의 경우 준수가 자발적인 성격을 지니고 있음에도 불구하고 민간부문에서 설정한 표준을 준수토록 법제화하는 등 시장여건상 실질적인 강제성을 지닐 수 있다는 점에서 기술장벽으로 작용하고 있다. 적합성 평가절차와 관련하여 기술장벽의 대표적인 예로서 표준, 기술규정 또는 적합성평가절차상에는 국가 간 차이가 없음에도 불구하고 중복적인 검사를 요구하는 경우와 검사지연, 비용과다, 불투명한 절차 등이 있다. 한편, 표시부착(labelling)의 경우에도 상이한 표시부착요건과 과다한 표시요건도 기술장벽으로 작용하고 있다.

기술규정은 주권국가가 자국의 국민과 동·식물의 생명 및 건강을 보호하기 위해 취하는 조치이기 때문에 이의 장벽으로서의 기능 여부와 그 경제적 효과를 판단하기가 모호하고 어렵다.

일반적으로 기술장벽은 모든 상품에 대한 기술적 규제조치를 포함하고 있으나 WTO협정상 그 조치의 형태에 따라 기술장벽 또는 위생 및 검역(sanitary and phytosanitary : SPS)조치로 구분된다. 원초적으로 기술규정과 관련하여 무역에 영향을 미치는 모든 조치는 GATT 1947 제1조의 일반적 최혜국대우조항 및 제3조의 국내과세 및 규제에 관한 내국민대우조항의 적용대상이었다.

또한 1974~79년간 진행된 동경라운드에서 타결된 「무역에 대한 기술장벽에 관한 협정」(TBT : Agreement on Technical Barriers to Trade)의 주된 목적은 비록 위생 및 검역조치를 규율하기 위해 고안되지는 않았지만 식품안전 및 동식물과 관련된 기술요건들도 적용대상의 범위에 포함하고 있었다. 그러나 우루과이라운드(UR)에서는 당초 농산물협상의 일환으로 논의된 위생 및 검역조치관련 규정은 동 사안의 중요성을 감안하여 별도의 「위생 및 검역조치의 적용에 관한 협정」으로 규범화되었다.

기술장벽협정은 SPS협정에서 정의하고 있는 위생 및 검역조치인 경우를 제외하고는 모든 기술규정, 자발적 표준 및 절차를 포함하고 있다. SPS협정은 조치가 기술요건의 여부를 불문하고 식품에서 유래되는 위험으로부터 인간 또는 동물의 건강, 동식물에 의해 운반되는 병해충으로부터 인간의 건강, 병해충으로부터 동식물 등을 보호하기 위해 목적을 두고 있는 조치들을 적용대상으로 하고 있다.

TBT조치들은 자동차안전에서부터 에너지절감장치, 식품상자의 모양에 이르기까지 어떠한 대상도 포함할 수 있다. 예를 들어, 인간의 건강과 관련하여 TBT조치는 의약 규제 또는 담배의 표시부착의무 등을 포함할 수 있다. 인간질병의 관리와 관련된 대부분의 조치들은 광견병 등과 같이 동식물에 의해 보균되는 질병과 관련되어 있지 않는 한 TBT조치에 해당된다. 식품의 경우, 표시(labelling)요건, 영양물 관련사항, 품질 및 포장 등에 관한 규정들은 일반적으로 SPS조치로 간주하지 않아 TBT협정의 대상이 된다.

이에 반해 식품의 미생물학적 오염, 살충제 허용수준, 수의약품 잔류량 등을 대상으로 하는 규정 또는 허용식품첨가물에 관한 규정들은 SPS조치에 해당된다. 또한 식품의 안전과 직접적으로 연관되어 있는 포장 및 표시요건들도 SPS조치의 대상이 된다.

TBT협정과 SPS협정은 회원국들의 비차별에 관한 기본의무와 같은 공통적인 요소와 제안된 조치의 사전통보 및 질의처(Enquiry Points)의 설립 등과 같은 유사한 요건을 규정하고 있다. 그러나 다수의 규정들은 서로 상이하다. 예를 들어, 양 협정은 국제표준의 사용을 권장하고 있으나 SPS협정하에서 식품안전 및 동식물 건강보호에 있어서 국제표준을 사용하지 않는 것을 정당화시킬 수 있는 사유는 보건상 잠재적인 위험평가에 따른 과학적 근거에 기초한 것이다. 이에 반해 TBT협정은 각국 정부들이 근본적인 기술문제 또는 지역특성 등과 같은 여타 이유로 국제표준이 부적합하다고 결정할 수 있도록 하고 있다. 또한 SPS조치들은 과학적 근거에 기초하여 인간, 동물 및 식물의 건강을 보호하기 위해 필요한 만큼만 취할 수 있다. 그러나 각국 정부들은 국가안보 또는 부정방지 등과 같은 목적을 달성하기 위해 TBT규정을 도입할 수 있다.

무역에 대한 기술장벽에 관한 협정은 동경라운드에서 제정된 9개 다자간무역협상(MTN) 협정 중 하나로서 1980년 1월 1일 발효되었으며, 우리나라는 1980년 10월에 가입하였다. 기존의 기술장벽협정은 114개 GATT 회원국 중 38개국이 가입하여 협정 참여국들의 수가 미미하였고, 지방정부 및 비정부기관의 기술장벽협정 이행의무가 확보되지 않았으며, 기술장벽협정의 적용 및 관할범위가 모호하여 이에 대한 보완의 필요성이 대두된 것이 협정의 배경이라 할 수 있다.

2. 협정의 주요 내용

(1) 협정문의 구성

기술장벽협정은 15개조항 및 3개의 부속서로 구성되어 있다.

(2) 주요 내용

1) TBT협정의 적용 및 관할 범위의 명확화(제1조, 제3조 및 제4조)

기존 TBT협정이 협정 참여국 간에만 적용되는 복수국 간 협정(PTA)인 데 비해 본 TBT협정은 다자간협정(MTA)으로서 모든 WTO 회원국에게 적용된다. 농산물의 특성을 고려, 농산물 관련 표준 및 기술규정은 새로이 제정된 「위생 및 식물위생 조치의 적용에 관한 협정」에서 관할토록 이관하였다. 「공정 및 생산방법(PPMs)」 개념을 도입하여 최종제품뿐만 아니라 생산과정도 TBT협정의 적용대상에 포함된다. 「모범관행 규약(Code of Good Practice)」을 제정, 지방정부기관 및 비정부기관이 이를 통하여 TBT협정을 이행토록 규정하였다.

2) 기술규정 및 표준제정의 일반원칙 명시(제2조)

내국민대우 및 최혜국대우를 부여하며, 회원국은 국제무역에 불필요한 장애를 초래할 목적으로 또는 그러한 효과를 갖도록 기술규정을 준비, 채택 또는 적용하지 않도록 보장하고 있다. 동 목적을 위하여 기술규정은 정당한 목적수행에 필요한 이상으로 무역규제를 할 수 없으며, 정당한 목적에는 국가안보, 기만적 관행의 방지, 인간의 건강 또는 안전, 동물 또는 식물의 생명 또는 건강, 환경의 보호 등이 포함된다. 원칙적으로 국제표준을 기술규정의 기초로 사용하며, 국제표준과 다르고, 다른 회원국의 무역에 중대한 영향을 미칠 수 있는 기술규정 제정시 투명성을 보장하여야 한다.

3) 지방정부기관 및 비정부기관에 의한 기술규정 및 표준제정(제3~4조)

지방정부기관 및 비정부기관에 의한 기술규정 제정시 상기 일반원칙을 준수토록 조치하고, 지방정부기관 및 비정부기관에 의한 표준 제정시 「모범관행 규약」을 준수토록 하였다.

4) 중앙정부기관에 의한 적합판정절차(제5조)

적합판정절차는 가능한 신속히, 그리고 다른 회원국의 영토를 원산지로 하는 상품에 대하여 국내산 동종상품보다 불리하지 않는 순서로 실시 및 완료한다. 적합판정절차의 표준 처리기간은 공표 또는 요청시 통보하여야 하며, 적합판정절차와 관련된 정보의 비밀을 존중한다.

5) 중앙정부기관에 의한 적합판정의 인정(제6조)

다른 회원국의 적합판정절차가 자국의 절차와 다르다 하더라도 동 절차가 자국의 기술규정 및 표준과의 적합을 보장하는 경우 다른 회원국의 적합판정절차의 결과를 수용한다.

6) 지방정부기관 및 비정부기관에 의한 적합판정절차(제7~8조)

지방정부기관 및 비정부기관도 중앙정부기관에 상응하여 상기 적합판정절차 및 타 회원국 판정의 인정관련 규정을 준수하도록 보장한다.

7) 정보제공 및 기술지원규정(제10~11조)

표준화제도의 투명성 보장을 위하여 각 회원국은 문의처를 설치, 여타 회원 국내 이해당사자로부터의 문의에 응답하고 문서를 제공하며, 국가표준기관의 설립 및 국제표준기관에의 참가에 관하여 특히 개도국에게 조언 및 기술지원을 제공해야 한다.

8) 개도국에 대한 특별 및 차등대우(제12조)

기술규정, 표준 및 적합 판정절차의 준비 및 적용시 개도국 수출에 장애를 초래하지 않도록 보장하기 위하여 개도국의 특별한 개발, 재정 및 무역상의 필요를 고려하여야 한다.

9) 무역에 대한 기술장벽위원회 설치(제13조)

각 회원국의 대표로 구성되며, 협정의 운영 또는 목적의 증진에 관계되는 제반사항에 관한 협의를 위하여 적어도 1년에 한 번씩 회합한다.

10) 분쟁해결절차의 통일(제14조)

기존 TBT협정은 협정 자체 내에 분쟁해결절차를 두고 있었으나, 개선된 TBT협정은 WTO의 분쟁해결에 관한 절차를 준용하도록 규정하고 있다. 단 TBT 협정이 난해한 기술규정이라는 점을 감안하여 패널 조사과정에서 기술전문가단의 의견을 얻도록 명시하고 있다.

※ 사례연구

기술장벽협정 분쟁사례

Ⅰ. 기술장벽의 의의

관세, 수량제한 등 전통적인 무역장벽 감축, 기술발전, 삶의 질(안전, 보건, 환경)에 대한 관심의 증대 등과 함께 기술규제를 포함한 제도 면의 요인이 국가 간 무역에 영향을 미치는 중요한 장벽으로 부각되고 있다. 무역상 기술장벽은 국가 간 서로 다른 표준, 기술규정 또는 적합성평가 절차로 인하여 국가 간 무역에 불필요한 장애요인을 형성하는 것을 포괄적으로 의미하며, 무엇보다 각국의 표준화가 자국의 국내적인 필요와 목적에 의해 이루어져 왔기 때문에 국가 간 제도 면의 차이가 잠재적으로 무역장벽으로 작용하게 되었다.

무역상 기술장벽은 수입품에 대해 불필요하게 지나친 기술요건, 국제적으로 통용되지 않는 표준, 중복적인 시험, 검사 및 인증절차 등으로 인하여 수입품에 대해 동종의 자국제품과 차별적인 효과를 갖는 경우가 대표적이다. 일반적으로 관세 이외의 다른 무역장벽을 인정하고 있지 않는 GATT 및 WTO의 다자무역체제에서도 「무역상 기술장벽에 관한 협정」(TBT협정)을 통하여 국가안보, 사람의 안전과 건강, 동식물의 생명과 건강, 환경보호 등 정당한 목적을 위해 무역에 영향을 미치는 기술규제의 설정을 허용하고 있으며, 상품의 특성은 물론 상품의 특성과 관련된 공정 및 제조방법에 관한 기술규제의 도입 또한 인정하고 있다. 즉 기술규제는 각국이 자국민의 안전, 사람과 동식물의 생명 및 건강, 환경보호 등 매우 포괄적인 목적의 달성을 위해 인정하는 일종의 기술주권이며, 따라서 그것이 무역장벽으로서 기능을 하는지 여부와 그 영향을 판단하기는 어려움이 있다. 이는 「위생 및 식물검역 조치에 관한 협정」(SPS 협정)이 과학적인 원리와 증거에 따른 조치만을 인정하고 있는 것과 대비된다. 기술규제의 성격상 일관된 통계의 작성과 파악이 어려우며, 따라서 WTO TBT협정상 새로운 기술규제의 통보의무에 따른 회원국들의 통보문은 주요국의 기술규제동향을 파악할 수 있는 중요한 자료이다.

본 사례는 1995년 WTO 출범 이후 회원국들이 새로운 기술규정의 제정 및 개정과 관련하여 WTO에 제출한 통보문과 TBT 위원회에서의 논의동향 및 기술규제 관련 분쟁사례들을 통하여 무역상 기술장벽의 동향을 알고자 하는데 도움을 줄 수 있을 것이다. 기술규제는 일반적 인식과는 달리 일부 선진국이나 첨단기술의 제품에 한정되지 않고, 교역대상이 되는 대부분의 품목에 대해 광범위하게 그리고 동남아, 중남미, 동유럽 등 다양한 지역의 개발도상국으로 빠르게 확산되고 있다. 우리 상품은 다양한 형태의 무역상 기술장벽에 직면하고 있으며, 특정한 품목에 집중되거나 한정되지 않고, 농산물, 수산물, 가공식품, 화장품, 화학제품, 자동차, 타이어, 건설자재, 보일러 및 압력용기 등 매우 다양하다 선진국에서는 주로 과도한 기술요건, 차별적인 기준의 적용, 까다로운 상품표시부착(labelling) 요건 등의 문제에 직면하고 있으며, 개발도상국에서는 주로 국제표준과의 불일치, 불투명한 인증절차, 검사의 지연으로 인한 과도한 시간소요 및 비용의 문제에 직면하고 있다. 기술규제와 관련된 무역장벽은 기술발전과 함께 진화하는 동태적인 특성을 지고 있으며, 국경에서뿐만 아니라 유통, 사용 및 폐기에 이르기까지 제품의 전 수명주기(life cycle)에 설정될 수 있고, 대부분의 교역대상국 및 다양한 품목에 널리 확산되고 있다. 이러한 추세에도 불구하고 기술장벽에 대한 국내적 인식과 대응체계는 미흡하여 일부 대기업을 제외하고는 민간부문뿐만 아니라 정부의 관련 부처에서도 기술장벽에 대한 이해와 인식이 아직 높지 않을 것으로 평가된다.

Ⅱ. 기술장벽에 대한 분쟁 사례

1. 아르헨티나의 섬유, 의류, 신발에 대한 비종가세 (specific duties) 도입 조치

- 기술규제국가 : 아르헨티나
- 문제제기국가 : 유럽연합(미국 참여)
- WTO TBT협정의 관련 조항 : 제2조
- 개요

1997년 4월 23일 유럽연합은 아르헨티나의 섬유, 의류, 신발에 대한 비종가세(specific duties) 도입 조치(Decree 998/95)에 대해 협의를 요청하였다(WT/DS77/1).

이 조치로 인해 관세가 인상될 뿐 아니라 경우에 따라서는 아르헨티나가 UR에서 양허한 35%를 초과하는 실행관세율이 적용되게 된다는 문제점 등이 제기되었다. 또한 이 제품들의 상품표시부착(labelling) 요건에 관한 법령(특히 Resolution 662/95)에서 수입업자의 이름과 수입업자가 아르헨티나 당국에 제출한 신고서(affidavit) 번호를 명시하도록 한 것 또한 무역장벽으로 작용할 수 있다는 문제를 제기하였다.

1997년 6월 12일 개최된 양자협의에서 만족스러운 해결책이 도출되지 못하였으며, 유럽연합은 1997년 9월 10일 패널 설치를 요구하였다.

2. 유럽연합의 버터제품에 영향을 미치는 조치

- 기술규제국가 : 유럽연합
- 문제제기국가 : 뉴질랜드
- WTO TBT협정의 관련 조항 : 제2조
- 개요

1997년 3월 24일 뉴질랜드는 유럽연합의 버터제품(butter products)에 영향을 미치는 조치에 대해 협의를 요청하였다(WT/DS/72/1). 뉴질랜드는 아믹스(Ammix) 버터의 제조공정과 스프레드(Spreadable) 버터의 제조공정에 의해 제조된 뉴질랜드 버터가 관세율 쿼터(tariff quota)의 요건인 우유 또는 크림으로부터 직접 제조된 것이 아니기 때문에 유럽연합의 WTO 양허표에 있는 국가별 관세율 쿼터에 해당되지 않는다는 유럽공동체 집행위원회(Commission of the EC)와 영국 관세 및 소비세부(UK's Customs and Excise Department : HMC&E)의 (유권)해석에 대해 문제를 제기하였다. 1997년 4월 29일 뉴질랜드와 유럽연합 양자 간의 협의가 이루어졌으나 분쟁이 해결되지 않았으며, 그 결과 뉴질랜드는 1997년 11월 6일 패널의 설치를 요구하였다(WT/DS72/2). 1997년 11월 18일 DSB회의에서 패널이 설치되었으며, 1998년 2월 18일 뉴질랜드는 양자 간 합의가능성을 모색하기 위해 6주간 패널활동의 중단을 요구하였다.

1999년 11월 11일 양측은 DSB에 양자 간 합의에 도달했음을 통보하고, 이 내용은 1999년 11월 18일 WT/DS72/7로 회람되었다. 그 주요 내용으로 유럽연합은 1999년 10월 22일 새로 채택한 위원회 규정 No 2250/1999를 통하여 "우유 또는 크림으로부터 직접 제조되어야 한다"는 양허표상의 뉴질랜드에 특정한 관세율 쿼터요건의 의미는 저장된 물질을 사용하지 않고, 농축된 유지방 또는 이 유지방의 분별단계를 거친

크림을 포함하는 단일의 중단되지 않는 공정을 통한 우유 또는 크림으로부터 제조된 버터를 배제하지 않는다고 명시하고 있다. 이에 따라 뉴질랜드는 패널절차의 종료에 합의하였다.

3. 미국의 섬유 및 의류제품에 영향을 미치는 조치

- 기술규제국가 : 유럽연합
- 문제제기국가 : 미국(스위스, 온두라스, 홍콩, 파키스탄, 인도, 일본, 도미니카공화국 참여)
- WTO TBT협정의 관련 조항 : 제2조
- 개요

1997년 6월 3일 유럽연합은 미국의 섬유 및 의류제품에 영향을 미치는 조치에 대해 협의를 요청하였다(WT/DS85/1). 유럽연합은 1996년 7월 1일부터 발효된 미국의 섬유 및 의류제품에 대한 원산지규정 개정으로 인하여 일부 규정이 유럽연합산 섬유류의 대미 수출에 불리한 영향을 미치게 되었다는 점(즉 유럽연합산 일부 직물(fabrics), 스카프(scarf), 기타 플렛(flat) 섬유제품 등의 원산지가 유럽연합으로 인식될 수 없게 됨) 등에 대해 문제를 제기하였다.

이 사안에 대해 미국과 유럽연합 양자간 합의가 이루어져 1998년 2월 11일 DBS에 통보되었다(WT/DS85/9). 유럽연합은 미국에 대해 염색 및 날염 섬유류와 의류제품들에 대한 이전의 원산지규정(19 C.F.R 12.130)으로 복귀할 것을 요구하였으며, 미국은 이 법률의 개정을 1998년 7월 20일로 예정된 WTO의 통일 원산지규정 협상의 타결 이후에 하겠다고 제안하였다. 예를 들면 수입직물로 유럽연합에서 염색 및 날염된 실크 스카프와 직물은 "made in China" 또는 기타 국가의 원산지를 표시할 필요가 없게 되었다.

4. 미국의 가금류 및 가금류제품의 수입금지조치

- 기술규제국가 : 미국
- 문제제기국가 : 유럽연합
- WTO TBT협정의 관련 조항 : 제2조, 제5조
- 개요

1997년 8월 18일 유럽연합은 미국의 가금류 및 가금류제품의 수입금지조치 등에 대해 협의를 요청하였다(WT/DS100/1).

5. 프랑스의 석면 및 석면함유제품에 영향을 미치는 조치

- 기술규제국가 : 유럽연합(프랑스)
- 문제제기국가 : 캐나다(브라질 참여)
- WTO TBT협정의 관련 조항 : 명시되지 않음.
- 개요

1998년 5월 28일 캐나다는 프랑스의 석면 및 석면함유제품에 영향을 미치는 조치(1996년 Decree No. 69-1133)에 대해 유럽연합에 협의를 요청하였다(WT/DS135/1). 이 법은 석면과 석면을 함유한 제품의 생산, 가공, 수입, 국내시장에 출하, 판매를 위한 보유, 제공, 판매 또는 이전을 금지하고 있다. 이 사안에 대해 1998년 6월 12일 브라질 또한 협의에 참여할 것을 요청하였다(WT/DS135/2).

1998년 10월 9일 캐나다는 패널 설치를 요청하였고(WT/DS135/3), 1998년 11월 25일 패널이 설치되었다(WT/DSB/M/51).

2000년 9월 18일 패널보고서가 채택되었으며(WT/DS135/R 및 Add.1), 주요 결론은 다음과 같다.

(i) 이 법의 "금지(prohibition)"부분은 WTO TBT협정의 범위에 해당되지 않는다.

(ii) 온석면섬유(chrysotile asbestos fibers)와 그것을 대체할 수 있는 섬유는 동종상품(like products)이며, 마찬가지로 석면시멘트제품(asbestos-cement products)과 섬유시멘트제품(fibro-cement products)은 동종상품이다.

2000년 10월 23일 상소가 통보되었으며(WT/DS135/8), 2001년 3월 12일 상소기구보고서가 회람되었다(WT/DS135/AB/R). 이 상소기구보고서의 주요 결론은 다음과 같다.

(i) 이 법의 "금지(prohibition)"부분이 WTO TBT협정의 범위에 해당되지 않는다는 패널의 결론을 파기하며, WTO TBT협정상 기술규정(technical regulation)을 구성하는 것으로 본다.

(ii) 온석면섬유와 PCG섬유(폴리비닐알콜섬유(poly vinyl alcohol fibers), 셀룰로스(cellulose), 유리섬유(glass fibers))가 동종상품이라는 패널의 결론을 파기하며, 캐나다가 이들이 동종상품이라는 입증 부담(burden of proving)을 만족시

키지 못한 것으로 본다.

(iii) 또한 온석면섬유를 함유한 시멘트계 제품(cement-based products)과 PCG섬유를 함유한 시멘트계 제품이 동종상품이라는 패널의 결론을 파기하며, 캐나다는 이들이 동종상품이라는 부담의 입증을 만족시키지 못한 것으로 본다.

(iv) 결과적으로 캐나다는 문제를 제기한 유럽연합의 조치가 관련 협정에서의 유럽연합의 의무에 부합하지 않는다는 사실을 입증하는 데 성공하지 못하였다.

6. 유럽연합의 쌀에 대한 특정 수입관세 결정에 영향을 미치는 조치

- 기술규제국가 : 유럽연합
- 문제제기국가 : 인도
- WTO TBT협정의 관련 조항 : 제2조(2.2 및 2.2)
- 개요

1998년 5월 28일 인도는 1997년 7월 1일 발효된 유럽연합의 쌀에 대한 특정 수입관세 결정에 영향을 미치는 조치(cumulative recovery system : CRS)와 관련하여 협의를 요청하였다(WT/DS134/1).

7. 유럽연합의 캐나다산 침엽수목재의 수입에 영향을 미치는 조치

- 기술규제국가 : 유럽연합
- 문제제기국가 : 캐나다
- WTO TBT협정의 관련 조항 : 제2조
- 개요

1998년 6월 17일 캐나다는 유럽연합의 캐나다산 침엽수목재의 수입에 영향을 미치는 조치(1976년 Council Directive 88/93/EEC, 1992년 Commission Directive 92/103/EEC로 개정됨)에 대해 협의를 요청하였다(WT/DS137/1).

8. 미국의 캐나다산 소, 돼지, 곡물의 수입에 영향을 미치는 조치

- 기술규제국가 : 미국
- 문제제기국가 : 캐나다
- WTO TBT협정의 관련 조항 : 제2조, 제3조, 제5조 및 제7조
- 개요

1998년 9월 25일 캐나다는 미국의 캐나다산 소, 돼지, 곡물의 수입에 영향을 미치는 특정 조치(South Dakota주 등에서 소, 돼지, 곡물을 운반하는 캐나다 트럭의 진입 및 통행을 금지)에 대해 협의를 요청하였다(WT/DS144/1).

9. 미국의 섬유 및 의류제품에 영향을 미치는 조치

- 기술규제국가 : 미국
- 문제제기국가 : 유럽연합
- WTO TBT협정의 관련 조항 : 제2조
- 개요

1998년 11월 19일 유럽연합은 미국의 섬유 및 의류제품에 영향을 미치는 조치에 대해 협의를 요청하였다(WT/DS151/1).

이 사안은 미국과 유럽연합 간에 이미 논의가 이루어졌으며, 1997년 7월 양자 간 합의가 이루어져 1998년 2월 11일 DSB에 통보된 바 있다. 그러나 유럽연합은 미국이 합의사항을 이행하지 않고 있으며, 1996년 7월 1일부터 발효된 섬유 및 의류제품에 대한 원산지규정 개정으로 인하여 일부 규정이 유럽연합산 섬유류의 대미 수출에 불리한 영향을 미치게 되었다는 점 등에 대해 다시 문제를 제기하였다. 즉 원산지규정 개정으로 미국에서 유럽연합제품들이 더 이상 원산지가 유럽연합으로 인식될 수 없게 되었으며, 전과 같이 미국시장에서 자유롭게 접근할 수 없게 되었다는 것이다.

2000년 7월 24일 미국이 19 U.S.C. 3592에 명시된 원산지규정을 개정하기로 하는 등의 내용으로 양자 간에 합의가 이루어졌다(WT/DS151/10).

10. 유럽연합의 농산물과 식품의 지리적 표시 관련 규제

- 기술규제국가 : 유럽연합
- 문제제기국가 : 미국
- WTO TBT협정의 관련 조항 : 명시되지 않음.
- 개요

1999년 6월 1일 미국은 유럽연합의 개정된 Regulation 2081/92 농산물과 식품의 지리적 표시에 관한 내국민대우를 제공하지 않고 있으며, 지리적 표시와 동일하거나 유사한 기존 상표(trademarks)에 대한 보호의 미흡과 관련하여 협의를 요청하였다(WT/DS174/1).

2003년 8월 18일 미국은 패널의 설치를 요청하였으며(WT/DS174/20), 2003년 10월 2일 DSB회의에서 호주가 제기한 분쟁사례(WT/DS290/18)와 함께 단일패널을 설치하기로 결정하였다.

11. 멕시코의 도축용 산돼지에 대한 반덤핑조치

- 기술규제국가 : 멕시코
- 문제제기국가 : 미국
- WTO TBT협정의 관련 조항 : 제2조 및 제5조
- 개요

2000년 7월 10일 미국은 멕시코의 도축용 산돼지(원산지에 관계없이 미국에서 수출된 것; 과세품목분류 0103.92.99)에 대한 반덤핑조치 결정(1999년 10월 20일)에 대해 협의를 요청하였다(WT/DS203/1).

이와 함께 미국은 멕시코가 무게 110Kg을 초과하는 돼지에 대해 사실상 수입을 금지하고 있으며, 무게 110Kg 이상의 돼지에만 차별적인 위생 및 검역조치를 취하고 있고, 또한 수입돼지에만 차별적인 기술장벽(위생 및 검역조치가 아닌)을 가지고 있는 등의 문제점들을 제기하였다.

12. 벨기에의 쌀 관세설정에 관한 조치

- 기술규제국가 : 벨기에
- 문제제기국가 : 미국
- WTO TBT협정의 관련 조항 : 제2조, 제3조, 제5조, 제6조, 제7조 및 제9조
- 개요

2000년 10월 12일 미국은 벨기에의 쌀의 관세설정에 관한 조치에 대해 협의를 요청하였다(WT/DS210/1). 미국은 벨기에 세관당국이 1997년 7월부터 쌀에 대한 과세가격과 관세를 참고가격(reference price)을 이용하여 산정하고 있어 상한관세(bound tariff)보다 높은 관세가 부과되고 있는 등의 문제가 있음을 지적하였다.

2002년 1월 2일 미국과 유럽연합은 벨기에가 새로 만들어진 근거에 따라 분쟁이 되었던 쌀에 대한 관세를 정하겠다고 DSB에 통보함으로써 양자 간에 합의되었음을 통보하였다(WT/DS210/6).

13. 유럽연합의 정어리 정의와 관련 "sardines" 용어의 사용금지조치

- 기술규제국가 : 유럽연합
- 문제제기국가 : 페루(베네수엘라, 칠레, 미국, 에콰도르 참여)
- WTO TBT협정의 관련 조항 : 제2조 및 제12조
- 개요

2001년 3월 20일 페루는 유럽연합의 정어리의 정의(trade description of sardines; Regulation(EEC) 2136/89)와 관련하여 페루산 수출품에 "sardines"용어의 사용을 금지한 것과 관련하여 협의를 요청하였다(WT/DS 231/1). 페루는 "sardinops sagax sagax" 종은 "sardines"으로 표시될 수 있는 부류에 속한다는 코덱스 식품규격(Codex Alimentarius standards; STAN 94-181 Rev.1995)을 근거로 제시하며, 유럽연합의 이 조치가 정당화될 수 없음을 주장하였다.

상소기구(Appellate Body)는 유럽연합의 이 규제가 WTO TBT협정 제2.4조에 부합하지 않으므로 이 협정상 유럽연합의 의무에 상응하도록 개선하도록 분쟁해결기구(DSB)가 유럽연합에 요청할 것을 권고하였다. 2002년 10월 23일 DSB는 상소기구보고서와 이 보고서에 의해 수정된 패널보고서를 채택하였다(WT/DS231/AB/R).

2002년 12월 19일 페루와 유럽연합은 유럽연합이 DSB의 권고사항을 2003년 4월 23일까지 이행하도록 합리적인 기간을 부여하기로 합의했음을 통보하였다(WT/DS231/16). 2003년 4월 14일 양측을 이 기간을 2003년 7월 1일까지 연장하는 데 합의하였음을 DSB에 통보하였다(WT/DS231/17). 2003년 7월 25일 유럽연합과 페루는 이 사안이 양자 간 합의에 의해 해결되었음을 DSB에 통보하였다(WT/ DS231/18).

✲ 사례연구

한국과 캐나다의 생수 분쟁

Ⅰ. 무역관련 투자협정 사례

1. 개관

본 사건은 캐나다가 한국정부의 생수(또는 먹는 샘물)에 대한 유통기한과 오존처리와 관련된 물리적 처리 규정이 GATT협정 및 위생검역협정, 무역상 기술무역협정에 위배된다고 구장하면서 1995년 11월 8일 WTO에 제소한 사건이다. 이 사건의 쟁점은 한국정부가 먹는 샘물의 유통기한을 제조일로부터 6개월로 한정한 것과 최소한의 물리적 처리를 제외하고 다른 화학적 처리를 금지하고 있는 규정이 생수수입을 제한하는 장벽의 역할을 하고 있는지에 대한 것이다. 한국정부는 이 사건이 패널에 회부되면 불리한 결정이 나올 가능성이 높다고 보고 수차례의 협의 끝에 1996년 4월 24일 양자 합의를 통하여 오존처리된 생수의 수입을 허용하기로 하면서 사건이 종결된다.

2. 사건진행

캐나다는 1995년 11월 8일, 생수(bottled water)와 관련된 한국정부의 법과 규제에 관한 문제를 제기하고 이를 WTO에 제소하였다. 캐나다가 문제를 제기한 법과 규제는 "먹는 물 관리법"과 "먹는 샘물의 기준과 규격 및 표시기준 고시(제1995-43호)(이하 고시)"이다. 특히, 캐나다는 고시의 제8조와 제3조를 문제삼았다. 고시의 제8조는 샘물(생수)의 보존기간(유통기간)을 생산일로부터 6개월로 규정하고 있으며 제3조는 침전, 여과, 폭기(曝氣), 자외선을 이용한 광학적 살균 등의 최소한의 물리적 처리만을 허용하고 다른 일체의 어떠한 화학적 처리도 금지하고 있다.

캐나다는 이러한 법률과 규제가 위생검역협정(Application of Sanitary and Phytosanitary Measures : SPS협정), GATT 1994, 무역상 기술무역협정(Agreement on Technical Barriers : TBT협정)하에서 한국의 의무와 일치하지 않는다고 주장하였다.

캐나다가 주장하는 관련 조항은 SPS협정 제2조와 5조, GATT 1994 제3조와 제11조, TBT협정 제2조이다. 캐나다는 한국의 법률과 규제가 관련 협정에서 규정한 캐나다의 이익을 무효화하거나 손상을 입힌다고 주장한 것이다. 캐나다가 제기한 문제를 구체적으로 보면, 오존 처리된 생수를 "화학처리"로 규정하여 정상적인 외국산 생수의 수입을 원천봉쇄하고 있고 "6개월"로 제한된 유통기한의 과학적 근거가 없기 때문에 한국의 법과 규제는 실질적으로 외국산 생수의 수입장벽 역할을 하고 있다는 것이다. 오존처리된 생수가 위생에 아무런 문제가 없으며 대부분의 국가에서 유통기한은 정부가 아닌 제조업자가 자율적으로 정하고 있고 그 기간도 2년 정도이므로 국제적 기준에서 본다면 한국의 유통기한은 너무 짧다는 것이다. 이에 대하여 한국정부는 먹는 샘물의 유통기한이 6개월이지만 수질의 안전성이 입증되면 유통기한을 연장해 주고 있으므로 무역제한조치가 될 수 없고 오존처리와 관련하여 한국에서 먹는 샘물의 정의가 자연상태의 깨끗한 물을 의미하는 "천연광천수(Natural Mineral Water)"이며 오존처리 등 화학적 처리를 거쳐 시판되는 "병입수(Bottled Water)"와는 다르다고 해명하였다.

이후 양자 간 협의를 위하여 1995년 12월에 스위스 제네바에서 한·캐나다 간 "먹는 샘물" 협상을 가졌으나 결렬되었다. 그러나 협상시한이 만료되고 캐나다가 한국을 패널에 회부하게 되면 패널의 판정이 불리하게 나올 가능성을 염려한 한국정부는 1996년 1월에 캐나다가 패널에 제소하지 않는다는 조건으로 유통기한을 완화하거나 오존처리된 생수를 수입하는 방안을 통하여 패널 제소 이전에 이 문제를 타결하기로 방침을 세웠다. 그리하여 한국정부는 1996년 4월 오존처리된 생수에 대해 국제관례에 따라 수입과 시판을 허용하기로 캐나다와 합의하였다.

3. 관련쟁점

본 사건은 패널에 회부되기 이전에 양국 사이의 협의를 통하여 해결되었기 때문에 WTO 분쟁해결기구 패널의 공식적인 해석은 존재하지 않는다. 다만, 본 사건의 생수 및 먹는 샘물의 수입과 판매에 있어서 쟁점이 되었던 문제는 크게 두 가지로 요약할 수 있다.

첫째, 먹는 샘물의 유통기한에 관한 것이다. 한국의 "먹는 샘물의 기준과 규격 및 표시기준 고시" 제8조에 의하면 먹는 샘물의 유통기한을 제조일로부터 6개월 이내로 규정하고 있다. 이에 대하여 캐나다는 먹는 샘물의 유통기한을 6개월로 한정할 과학적 이유가 없으며 대략 2년 정도인 국제적 기준과 비교하였을 때 그 기한이 너무 짧기 때문에 이것은 먹는 샘물 제품의 무역에 영향을 미치는 과도한 보호 수준의 설정이며 기술규정과 관련하여 수입제품을 차별하는 요소가 될 수 있다고 주장하였다. 그러나 한국정부는 동 고시 동 조항 ②항에 의하면 6개월을 초과하여 유통기한을 설정하고자 하는 자는 초과된 기간 중에도 제품의 품질변화가 없다는 것을 과학적으로 입증하여 환경부장관의 승인을 받도록 하였기 때문에 유통기한에 관한 규정이 과도한 보호가 아니며 먹는 샘물 수입에 큰 장애가 될 수 없다고 주장하였다.

둘째로, 먹는 샘물 제조에 이용되는 오존처리(ozonation)에 관한 것이다. 동 고시 제3조에서 오존을 이용한 처리를 허용되는 제조방법으로 규정하고 있지 않다.

이에 대하여 캐나다는 먹는 샘물에 대한 오존처리 방법이 국제적으로 널리 사용되는 제조방법이며 위생이나 안전상의 아무런 문제가 없는 방법으로 받아들여지고 있으므로 한국정부가 오존처리를 허용되는 제조방법으로 간주하지 않는 것은 먹는 샘물 제품의 무역에 영향을 줄 수 있는 과도한 보호 또는 기술규정이라고 주장하였다. 캐나다의 주장에 대하여 한국정부는 동 고시에 의한 먹는 샘물의 기준이 암반대 수층 내의 지하수나 용천수, 수질의 안전성이나 수량의 안정성을 항상 유지할 수 있는 "자연상태의 물"로 한정되어 있으므로 오존처리의 허용 여부와 먹는 샘물에 대한 규정은 서로 별개의 문제라고 대응하였다. 그러나 이러한 주장은 먹는 샘물에 관한 한국의 규정이 제대로 정립되어 있지 않다는 것을 스스로 인정하는 것일 뿐 캐나다의 핵심적인 주장에 맞서는 것은 아니다. 즉, 먹는 샘물의 의미가 자연상태의 물이라고 하더라도 오존처리를 허용되는 처리에 포함시키지 않은 것이 무역장벽으로 작용할 수 있다는 문제제기에 대응하는 것은 아니다.

한국정부가 패널 회부 이전에 캐나다와 협의를 하게 된 가장 큰 이유가 패널에 회부되는 경우 한국에게 불리한 결론이 나올 것을 염려한 것이라는 측면에서 본다면 한국의 법과 규제가 국제적 규범에 어긋날 가능성이 크다고 할 수 있다.

4. 결과

수차례의 협의를 거쳐 한국과 캐나다는 1996년 4월 생수수입과 관련된 분쟁에 대하여 합의하였다. 우선, 한국정부는 오존처리된 생수에 대해 국제관례에 따라 수입과 시판을 허용하기로 캐나다와 합의하였다. 이를 위하여 "먹는 물 관리법"을 빠른 시간 내에 개정하기로 하고 법 개정 이후에 즉시 필요한 규제조치 변경을 실시하고 오존처리에 대한 기술적 규제가 국제무역에 장애가 되지 않도록 하며 개정된 법률과 규제의 집행을 캐나다정부에 제공하기로 하였다.

다만, 오존처리 등 화학적으로 처리된 물은 "먹는 샘물"과 다른 명칭을 사용해 제품에 표시함으로써 소비자들이 천연광천수와 쉽게 식별하도록 하고 "먹는 샘물"과 화학적으로 처리된 물은 동일한 수질기준을 적용하기로 하였다. 이에 따라 한국에서 시판되는 물은 자연상태의 깨끗한 물을 의미하는 "천연광천수"와 오존처리 등 화학적 처리를 거쳐 생산된 "병입수"로 나눠지게 되었다. 그러나 유통기한은 현행 제도를 그대로 유지하기로 하였다.

5. 의의

본 사건은 비록 국민의 건강을 위한 정부의 규제라고 하더라도 제품이나 서비스의 국제교역에 장애요인이 될 수 있으며 그 경우 교역상대국은 기술무역장벽과 관련된 협정을 바탕으로 의의를 제기하고 무역분쟁화할 수 있음을 보여주는 대표적인 사례라고 할 수 있다. 또한 WTO의 분쟁해결을 위한 패널이 설치되기 이전에 분쟁 당사자국 사이의 협의와 합의를 통해 문제가 해결된 사건이기도 하다. 결국 WTO의 기술무역장벽에 대한 협정이 의미하는 것은 국민의 건강이나 기술표준, 규제 등이 국제적인 표준이나 관행과 다르고 그것이 무역에 장애가 된다면 예외없이 통상분쟁의 원인과 대상이 될 수 있다는 것이다. 통상분쟁이 발생하면 그 과정에서 많은 문제와 비용이 발생할 수밖에 없음을 고려한다면 국내의 제도와 규정을 그것이 원래 의도하였던 목적을 효과적으로 달성하면서도 국제적 기준과 관행에 어긋나지 않고 국제교역에 장애가 되지 않도록 정비하는 것이 필요할 것이다.

✲ 살펴보기

한국의 먹는샘물의기준과규격및표시기준 고시
(환경부)

제1조(목적) 이 고시는 먹는물관리법 제29조 제1항 및 제30조의 규정에 따라 먹는샘물과 그 용기의 제조방법·보존방법·재질 및 회수·유통 등에 관한 기준과 성분에 관한 규격 및 표시기준을 정함을 목적으로 한다.

제2조(원수) 원수는 다음 각호의 1에 해당하는 것으로서 먹는물수질기준및검사등에관한규칙에 정하는 수질기준에 적합하여야 한다 〈개정 1998. 3. 28〉

1. 암반대수층 내의 지하수
2. 지하수가 수압에 의하여 지표로 흘러나오는 용천수

3. 강수량의 변화, 계절 및 기온의 변동, 취수 전·후의 주변상황 변화 등 자연적·인공적인 상황변경에 불구하고 수질의 안전성, 수량의 안정성을 항상 유지할 수 있는 자연상태의 물

제3조(제조방법) ① 먹는샘물의 제조는 원수에 포함된 이물질을 제거하거나 감소시키는 한도 내에서 이루어져야 하며, 침전(沈澱), 여과(濾過), 폭기(曝氣) 및 자외선(紫外線)을 이용한 광학적살균(光學的殺菌) 등 최소한의 물리적 처리와 오존을 이용한 처리 이외의 어떠한 화학적 처리도 하여서는 아니된다 〈개정 1998. 12. 5〉

제8조(유통기한) ① 먹는샘물의 유통기한은 제조일로부터 6개월 이내로 한다.

② 제1항에 정한 기간을 초과하여 유통기한을 설정하고자 하는 자는 초과된 기간중에도 제품의 품질변화가 없다는 것을 과학적으로 입증하여 환경부장관의 승인을 받아야 한다.

③ 제1항에 정한 기간을 초과하여 유통기한을 설정하고자 하는 자는 별지 제1호 서식의 신청서에 다음 각호의 구비서류를 첨부하여 환경부장관에게 제출하여야 한다. 〈신설 1998. 12. 5〉

Chapter 8

무역관련 투자조치협정

1. 개관
2. 협정의 주요 내용

Chapter 08

무역관련 투자조치협정

1. 개관

무역관련 투자조치(TRIMs : Trade Related Investment Measures)란 외국인 투자와 관련하여 무역흐름을 제한·왜곡시키는 투사 유치국의 규제나 인센디브를 지칭히는 것으로 대표적인 무역관련 투자조치로는 국산부품 사용의무, 외환규제, 생산제품의 국내판매의무, 외환규제를 통한 수입제한, 국내제조의무, 생산제품의 일정량 수출의무, 해외시장에 대한 독점적 공급권 부여 등을 예로 들 수 있다. 세계 최대 투자국인 미국을 비롯한 서구 선진국들은 투자조치의 무역제한·왜곡효과를 방지할 수 있는 다자간 규범제정을 주장하고 있다.

GATT 차원에서 국제투자문제가 본격적으로 거론된 것은 1980년대 중반 우루과이 라운드협상부터로 1986년 푼타 델 에스테 선언에는 무역의 흐름을 제한 또는 왜곡할 수 있는 투자조치의 규제를 규율하기 위한 협상을 개시한다는 내용이 포함되었다. 물론 UR협상에서도 국제투자문제 자체가 협상의 대상이 된 것은 아니고, 무역의 자유로운 흐름을 왜곡하는 투자조치만을 일종의 비관세장벽 차원에서 다루었을 뿐이나 제한된 범위이나마 국제투자가 공식적으로 거론되었다는 데 중요한 의의가 있다. 동 선언에 따라 무역왜곡효과를 갖는 투자조치를 규제하는 규범의 제정을 위한 협상이 이루어졌고, 그 결과 무역관련 투자조치협정(TRIMs)이 체결되었다.

2. 협정의 주요 내용

(1) 협정의 구성

무역관련 투자조치협정은 9개조항 및 1개의 부속서로 구성되어 있다. 적용범위, 내국민대우와 수량제한금지, 개도국우대, 통보 및 과도조치, 투명성, 협의 및 분쟁해결 등의 내용을 담고 있다.

(2) 주요 내용

1) 적용범위(제1조)

상품무역에 관련된 투자조치에 한하여 적용된다.

2) 내국민대우와 수량제한(제2조)

GATT의 내국민대우원칙(GATT 제3조)과 수량제한철폐(GATT 제11조)원칙에 위반하는 무역관련 투자조치의 운용은 불가하다.

3) 예외조치(제3조)

GATT 규정상의 모든 예외조치는 본 협정에도 적절히 적용된다.

4) 개도국에 대한 우대인정과 경과규정(제4조~5조)

국제수지 목적을 위한 경우 GATT의 내국민대우의무 및 수량제한철폐의무로부터 일시적 일탈을 허용하며, 각 회원국은 협정 발효 후 90일 이내 본 협정과 어긋나는 모든 무역관련 투자조치를 사무국에 통보하고, 통보된 무역관련 투자조치를 발효일로부터 선진국은 2년, 개도국 5년, 최빈개도국은 7년 이내에 철폐한다. 특별한 경제적 어려움에 따른 개도국의 철폐기한 연장 요청시 상품무역이사회는 동 기한의 연장이 가능하다.

5) 협의(제6조)

각 회원국은 TRIMs 관련 간행물을 사무국에 통보해야 하며, 여타 회원국으로부터의 정보 요청을 호의적으로 고려하고, 협의를 위한 적절한 기회를 제공하여야 한다.

6) 분쟁해결

무역관련 투자조치 관련분쟁은 WTO 분쟁해결절차를 적용한다.

7) 협정문의 개정 제안(제9조)

WTO 협정 발효 후 5년 이내에 상품무역이사회는 협정의 운영을 검토, 적절한 경우 각료회의에 협정문의 개정을 제안한다.

※ 사례연구

스크린쿼터(Screen Quota)와 한·미투자협정

Ⅰ. 개요

IMF라는 국가초유의 위기시 대두되었던 스크린쿼터제(Screen Quota) 폐지 논란이 다시 들끓고 있다. 스크린쿼터제를 폐지하는 것이 한국영화 경쟁력을 키우는 데 도움이 될 것이라는 재정경제부, 외교통상부를 비롯한 경제부처의 입장에 영화 산업계에서는 한국영화의 존립을 위협하는 것이라는 입장을 표명하고 있다. 한국영화인협회, 한국영화제작가협회 등 영화관련 단체회원들은 스크린쿼터 사수 범영화인 비상대책위원회를 구성하고 스크린쿼터제 사수를 위해 노력하고 있다.

이처럼 스크린쿼터제가 쟁점사항으로 떠오른 이유는 무엇일까? 이는 IMF라는 국가초유의 비상사태와 한·미투자협정에 기인하고 있다. 우리나라는 1997년말 IMF라는 국가경제 시련을 맞이하였다. 외환위기를 맞아 정부와 국민들은 난국을 타개하고자 고통과 아픔을 나누며 극복하고자 하였다. 특히 많은 외환을 필요로 하였던 정부는 외자유치 활동 또한 하나의 방편이었고, 이때 맞물린 것이 정부가 외자를 유치하고자 미국에 제안하였던 한·미투자협정이었다. 그러나 한·미투자협정 협상에 있어서 최대의 걸림돌은 한국영화 의무상영제도, 즉 스크린쿼터의 존폐를 둘러싼 갈등이었다. 미국은 5억 달러를 투자하겠다는 조건으로 스크린쿼터 폐지를 요구한 것이다.

한·미투자협정에서 미국이 마련한 내용 중 '의무이행 강제 불가조항'이 발단의 원인으로 "상대국 투자기업에 대해서는 국내기업들과 같은 의무를 부과하지 않고 우대한다"는 내용을 담고 있다. 이는 미국이 직접 설립하거나 50% 이상의 지분을 인수한 영화관에 대해서는 스크린쿼터제를 요구할 수 없게 되는 것으로 국내의 다른 영화관과 형평을 맞추기 위해 스크린쿼터제 자체를 전면 폐지하지 않을 수밖에 없다는 점이다.

스크린쿼터제 폐지에 관한 발언이 나오면서 의무상영제도를 둘러싼 논란이 일파만파로 확산되었으며, 미국은 스크린쿼터를 없애지 않으면 한·미투자협정을 무산시킬 것이라는 입장을 표명하였고, 신속한 협상타결이 이루어질 것으로 기대되었던 것이 답보상태에 머물게 된 것이다.

그러나 스크린쿼터제를 폐지하는 것이 한국영화 경쟁력을 키우는데 더 큰 도움이 될 것이라는 통상교섭본부장의 발표에 영화계에서는 한국영화의 존립을 위협하는 발언이라는 입장을 표명하면서 영화계가 다시 스크린쿼터제 폐지 논란에 휩싸이게 되었다.

Ⅱ. 스크린쿼터제(Screen Quota)

1. 스크린쿼터(Screen Quota)란?

스크린쿼터(Screen Quota)는 영화를 상영하는 극장에 대해 특정한 영화를 일정한 기준에 따라 의무적으로 상영하도록 하는 장치를 말한다. 일반적으로 외국영화의 무차별 시장 잠식을 견제하며, 자국 영화의 시장을 보호하기 위해 연간 상영일수의 일정기준 이상을 의무적으로 상영하도록 한 경우가 대부분으로 우리나라에서는 영화를 상영하는 모든 극장은 일정일수 이상 한국영화를 상영하도록 의무화하고 있으며, 한국영화 의무상영이라고 한다.

스크린쿼터제는 1927년 영국 의회가 영국 내 모든 극장은 영국영화를 30% 이상 반드시 상영해야 한다는 규정을 담은 '영화 헌장'(Cinematograph Act)을 제정함으로써 영국영화 상영을 의무화한 것에서 시작되었다. 영국에서 처음 시행한 스크린쿼터 제도는 자국영화의 보호와 이용에 관심을 가진 나라들에서 뒤따라 시행했는데 프랑스, 이탈리아 등 유럽의 일부국가와 뒤늦게 영화산업의 육성에 관심을 기울인 남미의 브라질, 아시아국가들 우리나라와 파키스탄 등 현재 세계 11개국이 시행 중에 있다.

브라질은 외국영화와 자국영화의 상영비율을 최소한 8편마다 1편씩 유지하도록 하며, 연간 140일 이상의 상영일수를 지키도록 규정하고 있다. 파키스탄은 외국영화 상영 전용극장과 자국영화 상영 전용극장으로 구분하고 있는데, 외화상영 전용극장에 대해 연간 15% 이상 자국영화를 상영하도록 규정하고 있으며, 이탈리아의 경우는 3

개월에 최저 25일 이상 연간 1백일 이상의 자국영화 상영을 의무화하고 있다.

현재 우리나라에서 시행 중인 스크린쿼터제는 연간 146일 이상 한국영화 상영을 의무화하고 있다. 그러나 문화관광부 장관이 20일, 지방자치단체장이 20일 등 연간 40일 범위 안에서 필요하다고 인정하면 줄여줄 수 있는 재량권을 행사하고 있기 때문에 실제로는 연간 106일 정도가 시행되고 있다.

국제규범의 스쿼린쿼터 관련 조항

GATT 제4조 (영화필름에 관한 특별규정)

계약체결국 당사자가 영화필름에 관한 국내의 수량적 규정을 설정하거나 유지하는 경우 이러한 규정은 다음 요건에 합치되는 스크린쿼터의 형식을 취한다.

(a) 스크린쿼터는 1년 이상의 일정기간 동안 원산지를 불문한 모든 필름의 상업적 상영에 실제로 상영된 총영사시간 중 특정 최소비율 동안 국산영화필름을 상영하도록 요구할 수 있으며, 극장당 연간 영사시간 또는 이에 상응하는 기준에 기초하여 계산된다.

(b) 스쿼린쿼터하에서 국산필름을 위하여 유보된 영사시간을 제외하고는 국산필름을 위하여 유보된 영사시간 중 행정조치에 의하여 해제된 것을 포함한 영사시간은 공식적으로 또는 사실상 공급 원간에 할당되지 아니한다.

(c) 이 조항 (b)호의 규정에도 불구하고 계약체결국 당사자는 이 조항 (a)호의 요건에 합치되는 것으로서 이러한 스쿼린쿼터를 부과하는 체약국 당사자의 영사시간 이외에 특정 원산지의 필름에 대하여 최소비율의 영사시간을 유보하는 스쿼린쿼터를 유지할 수 있다. 단, 이러한 어떠한 최소비율의 영사시간도 1947년 4월 10일 현재 유효한 수준을 초과하여 증가되어서는 아니 된다.

(d) 스쿼린쿼터는 제한, 자유화 또는 철폐를 위한 협상의 대상이 된다.

2. 우리나라 스크린쿼터제의 변천과정

우리나라에서 스크린쿼터제가 처음 시행된 것은 1967년부터이며, 법적으로는 1966년부터 명문화되었으나 실제 시행은 1967년 1월 1일부터 이루어졌다. 영화법이 처음 제정된 것은 1962년이었지만 이때의 주요 내용은 대부분 영화에 대한 각종 규제로 일관했을 뿐 한국영화의 육성과 진흥을 위한 장치는 없었다. 영화법 제19조에는 한국영화의 진흥을 위해 "정부는 우수영화제작의 장려와 영화문화의 발전 향상 및 영화의 국제교류를 위하여 영화사업에 보조할 수 있다"라는 조항을 두었으나 구체적으로 무엇을 어떻게 해야 한다는 내용은 없었다. 이에 대해 영화계 안팎의 비판이 제기되자 1966년에 2차 영화법 개정을 계기로 구체적 진흥의 방향을 명시하게 되는데, 이때 스크린쿼터제의 시행을 밝혔다.

개정된 영화법 제19조는 영화사업의 조성을 위해 "① 정부는 우수한 국산영화의 제작과 영화문화의 발전향상 및 국제교류를 위하여 필요한 조성 방안을 강구, 실시하여야 한다. ② 정부는 영화제작자 또는 국산영화의 수출자에 대하여 대통령령이 정하는 바에 의하여 보조할 수 있다. ③ 영화를 상영하는 공연장의 경영자는 대통령령이 정하는 외국영화와의 상영비율에 따라 국산영화를 상영하여야 한다. ④ 외국영화의 수입편수는 당해 연도의 국산영화의 상영편수의 3분의 1을 초과할 수 없다"는 등의 4개항을 두었으며, 3항에서 한국영화의 의무상영제를 의무사항으로 명시하였다.

2차로 개정된 영화법 제19조 3항은 1970년 제3차 개정된 영화법 제25조 '국산영화 상영의무조항'으로 보다 강화되었다. 영화법 제25조는 "영화를 상영하는 공연장의 경영자 중 문화공보부 장관이 지정하는 자는 대통령령이 정하는 외국영화와의 상영비율에 따라 국산영화를 상영하여야 한다"고 규정한 것이다.

이 조항은 1973년 영화법 4차 개정에서는 "영화법 제26조(외국영화의 상영제한) 공연장의 경영자는 연간 영화 상영 일수의 3분의 2를 초과하여 외국영화를 상영할 수 없다"로 바뀌었다가 1984년 다시 5차 개정 때 "영화법 제26조(국산영화의 상영의무조항)공연장의 경영자는 연간 대통령령이 정하는 일수 이상 국산영화를 상영하여야 한다"로 환원되었으며, 1996년 영화법이 폐지되고, 그 대신 한국영화진흥을 위한 영화진흥법을 제정하였지만 한국 영화의무 상영제를 그대로 승계하였다.

1966년 영화법이 개정됨에 따라 같은 해 12월에 개정, 공포된 영화법 시행령(제25조)은 국산영화의 상영기준을 "연간 6편 이상으로 하되 2월마다 1편 이상으로 하고, 총 상영일수는 90일 이상이어야 한다"고 규정하였으며, "다만 공보부장관은 지역별 및 영화상영 상황에 따라 총 상영일수를 조절할 수 있다"는 단서조항을 두었다. 이 조항이 바로 우리나라에서 처음으로 시행된 국산영화 의무상영제도의 구체적인 내용인 것이라 할 수 있다.

이에 따라 1967년부터 영화법에 의한 국산영화 의무상영제가 본격적으로 시행되기 시작했다. 당시 한국영화의 제작은 우리나라 영화사상 최고의 전성기를 맞고 있을 때였다. 1965년에 제작된 한국영화는 161편이었고 1966년에는 173편, 1967년 185편,

1968년 195편, 1969년 229편, 1970년 231편으로 증가했다.

그러나 그때도 인기를 모았던 영화는 한국영화보다는 수입 외국영화였고, 그중에서도 미국영화가 압도하여 영화배급 시장은 외국영화가 주도하는 현상이 계속되었다. 이 같은 상황에서 외국영화 흥행으로 수익을 올리고 있던 극장주나 외국영화 수입업자들은 한국영화 의무상영일수가 현실을 무시한 조치라며 크게 반발하여 날짜를 줄여달라고 정부에 요청했다.

국내법의 스쿼린쿼터 관련 조항

영화진흥법 제28조(한국영화의 상영의무) 영화상영관 경영자는 연간 대통령령이 정하는 일수 이상 한국영화를 상영하여야 한다.

영화진흥법시행령

제13조(한국영화의 상영의무) ① 법 제28조의 규정에 의하여 영화상영관의 경영자는 매년 1월 1일부터 12월 31일까지 연간 상영일수의 5분의 2 이상 한국영화를 상영하여야 한다.

② 문화관광부장관은 제1항의 규정에 불구하고, 한국영화의 수급상황 등을 고려하여 특히 필요하다고 인정되는 경우에는 시(전년도말 기준 주민등록인구수 10만 이하의 시를 말한다) 지역 및 군(광역시의 군을 제외한다)지역의 영화상영관에 대하여는 40일의 범위안에서, 그외 지역의 영화상영관에 대하여는 20일의 범위안에서 한국영화의 연간상영일수를 단축할 수 있다. 다만, 법 제31조제1항의 규정에 의하여 영업정지명령을 받은 영화상영관에 대하여는 그러하지 아니한다. 〈개정 2002. 5. 27〉

제15조(영화상영관에 대한 영업정지) ① 법 제31조제1항의 규정에 의한 영업정지처분의 기간은 다음 각호의 범위안에서 문화관광부령으로 정한다.

1. 한국영화의 연간 의무상영기준 미달일수가 20일 이내인 경우 : 미달일수 1일당영업정지 1일 이하
2. 한국영화의 연간 의무상영기준 미달일수가 20일을 초과할 경우 : 미달일수 1일당영업정지 2일 이하

② 시장·군수·구청장은 영화상영관이 다음 각호의 1에 해당하는 경우에는 문화관광부령이 정하는 기준에 따라 각각 20일의 범위안에서 한국영화의 연간 의무상영일수를 감경한 후 영업의 정지를 명하여야 한다. 다만, 제13조 제2항의 규정에 의한 단축일수와 시장·군수·구청장의 감경일수의 합계가 40일을 초과할 수 없다. 〈개정 2002. 5. 27〉

1. 설·추석 등 문화관광부령이 정하는 기간중 한국영화를 상영한 경우
2. 문화관광부령이 정하는 영화관입장권전산망에 참여하는 경우

1970년 12월에 개정된 영화법시행령에서는 국산영화의 상영기준을 "국산 극영화 및 이에 준하여 상영할 수 있는 문화영화로 하며, 연간 3편 이상, 4월마다 1편 이상으로 하고 총 상영일수는 30일 이상이어야 한다"로 완화하였다. 적어도 2개월에 1편 이상 상영하되 연간 6편 이상이 되어야 하며, 연간 상영일수가 90일 이상이어야 하던 것에서 4개월마다 1편, 연간 3편 이상으로 하되 총 상영일수도 30일 이상만 상영해도 된다는 것으로 조정된 것이다.

1970년도에 개정된 시행령은 이후 1984년 12월 31일자로 다시 개정된 영화법에 따라 1985년 7월에 시행령이 개정되었으며, 이때 국산영화 의무상영제는 (1) 모든 공연장(영화관)은 국산영화를 연간 상영일수의 5분의 2 이상 상영해야 하며, (2) 서울특별시, 직할시, 인구 30만 이상의 시 지역 안에 있는 공연장은 외국영화를 상영한 다음에는 반드시 국산영화를 상영하도록 규정함으로써 내용이 더욱 강화되었다.

상영편수의 제한규정이 삭제된 대신 상영일수의 확대와 이른바 교호(交互)상영제가 의무화되어 그 당시까지 제정된 국산영화 의무상영제에 관한 규정 중에서는 가장 강화된 것이었다. 규정대로 하면 "모든 극장은 예외 없이 연간 146일 이상 한국영화를 상영해야 한다."는 것으로 이 규정은 현재까지 존속되고 있다.

Ⅲ. 한·미투자협정과 주요 쟁점

1. 한·미투자협정이란?

한·미투자협정은 한·미 양국 간 투자자의 투자가능 범위를 확대하는 등 투자장벽을 완화하고 투자자의 권리를 강화함으로써 양국 간 투자의 활성화를 도모하기 위한 제도적 장치를 의미한다. 원래 한·미투자협정은 1994년 미국 정부가 먼저 제의했었으나 당시 우리나라의 경제자유화 수준이 높지 않았기 때문에 정부는 이 제의를 거절하였다. 그러나 1997년의 외환위기 사태 이후 입장이 뒤바뀌어 한국정부가 미국정부에 투자협정의 체결을 적극적으로 제의하게 된 것이다.

한·미투자협정 체결을 위한 협상은 1998년 6월 9일의 양국 정상회담에서 합의됨으로써 시작되었다. 1998년 7월 21~22일 워싱턴에서 첫 번째 실무회의가 개최되었으며 협정안의 골격에 대한 합의가 이루어졌다. 투자협정안의 주요 내용은 "① 투자와 관련하여 내·국인을 동등하게 대우(내국민대우)할 것을 원칙으로 하고, 일부 민감업종만 예외로 한다. ② 투자관련 분쟁해결절차의 강화를 위해 외국인투자자에게 국내법원을 거치지 않고 국제공인 중재기관에 제소할 수 있는 권한을 부여한다. ③ 외국인투자자가 투자한 원금 및 이에 따른 과실을 국내외로 송금할 수 있는 권리를 보장한다. ④ 외국인 투자자에게 일정비율 이상의 국산부품이나 서비스를 사용토록 하는 강제적 이행의무 부과행위를 금지한다."는 것이었다.

이때 미국은 한국의 국산영화 의무상영제도, 즉 스크린쿼터가 현지생산품(local content) 사용의무를 금지한 양자 간 투자협정 표준문안 제6조 A항에 위배된다고 지적하며 철폐를 요구하였다. 외교통상부는 농업과 같은 일부 민감한 업종을 제외하고는 한국 내 투자시장을 전면 개방하는 등 미국의 요구를 전향적으로 수용하겠다는 뜻을 밝혔으나 문화관광부는 국내 영화산업 및 문화 정체성의 보호를 위해 스크린쿼터의 폐지는 불가하다는 입장을 표명하였고, 영화인들도 '스크린쿼터 사수 범영화인 비상대책위원회'를 결성하여 강력히 반발하였다. 이러한 한국 내 움직임에 대해 미국은 스크린쿼터를 없애지 않으면 양국 정상이 합의한 투자협정이 무산될 수밖에 없음을 강조하였다.

미국의 양자 간 투자협정 표준안 중에서 문제가 된 규정

▸ **한 · 미 투자협정 표준문안 제6조 A항**

"제6조 각 체약국은 적용투자의 창설, 취득, 경영, 관리 운용의 조건으로서 다음과 같은 어떤 조건(정부의 허가 혹은 인가를 받는 것과 관련된 의무 혹은 약속도 포함)도 명령하거나 강제해서는 안 된다.

(A) 어떠한 수준 혹은 비율의 내국 생산량을 달성하도록 하거나 혹은 국내에서 생산되거나 어떠한 형태로든지 국내에서 비롯된 상품 또는 용역을 구매하거나 사용하거나 다른 형태로 특혜를 주도록 하는 조건,"

즉 미국은 스크린쿼터를 제외한 한 · 미간 투자협정은 체결될 수 없다는 입장으로 스크린쿼터를 폐지해야 미국 투자자들이 한국의 영화관 건립에 투자를 할 것이며, 스크린쿼터로 인해 보다 많은 영화의 상영기회가 축소되어 극장 및 관객이 감소하고 한국의 영화 및 흥행 산업이 쇠퇴하고 있으며, 한국 영화산업의 시장 확대와 영화산업 발전을 위해서는 더 많은 복합관과 같은 영화관 건립이 필요하다는 주장으로 미국 영화업계 관계자들의 로비로 미국 정부는 스크린쿼터를 제외한 투자협정 체결은 힘들다는 것이다. 그러나 미국은 당초의 입장에서 스크린쿼터의 철폐가 불가하다는 우리나라의 입장을 수용하여 스크린쿼터를 투자협정의 예외로 인정하되 철폐 대신 쿼터 일수의 대폭감축을 요청하고 있다.

2. 스크린쿼터 관련 쟁점사항

(1) 한·미투자협정과 스크린쿼터가 직접적인 연관관계가 있는지 여부

스크린쿼터제도는 체약 상대국의 투자자가 소유·통제하는 극장에 대해 "국내산 서비스 사용의무"를 부과하는 결과를 가져오므로 이러한 의무부과를 금지하는 한·미 투자협정과 상충하게 된다. 국내산 서비스 의무부과 금지조항은 미국이 우리나라에게만 일방적으로 요청하는 것이 아니라 미국이나 우리가 여타국과 체결한 양자 투자협정에도 모두 포함하고 있으며, WTO의 무역관련 투자조치에 관한 협정이나 OECD 다자간투자협정 초안에서도 국산품 사용 의무 부과를 금지하고 있다. 이에 따라 미국은 한·미 투자협정 협상 과정에서 스크린쿼터제의 철폐를 주장하였으나 스크린쿼터제도의 철폐가 불가하다는 우리나라의 입장을 수용하여 스크린쿼터제도를 투자협정의 예외로 인정하되 철폐 대신 쿼터일수의 대폭 감축을 요청하고 있다.

(2) 스크린쿼터 축소가 미국이 요구하는 한·미 투자협정의 전제조건인지 여부

미국은 스크린쿼터 축소를 전제로 한·미 투자협정 협상을 시작한 것이 아니므로 스크린쿼터 축소가 협정의 전제조건은 아니라고 생각할 수 있다. 그러나 스크린쿼터 문제는 한·미 양측이 2년에 걸친 협상을 통해 대부분의 쟁점을 타결한 상황에서 이 문제로 인해 협상이 중단된 바 있으므로 스크린쿼터 축소가 이루어지지 않을 경우 한·미투자협정이 체결되기 어려운 상황이라는 점에서 협상 타결에 걸림돌이 될 수 있다.

(3) 스크린쿼터와 투자협정을 분리해야 한다는 주장

2001년 3월 한·미 통상장관 회담시 분리방안을 이미 미국에 제시하였으나 미국은 분리주장에 대하여 반대입장을 분명히 한 표명하였고, 이후 미국은 이러한 입장을 수차에 걸쳐 확인하였다. 더욱이 미영화제작자협회(MPAA) 측이 미국영화의 한국 내 상영을 제한하는 스크린쿼터제의 철폐를 한·미투자협정 추진 이전부터 요구해 왔으며, 투자협정 협상을 계기로 스크린쿼터 제도의 축소 또는 폐지를 고집해 온 상황임에 비추어 볼 때 분리방안 추진은 현실적으로 어려운 상황에 놓여 있다.

(4) GATT/WTO에서도 스크린쿼터제도가 인정받고 있는 상황에서 스스로 축소할 이유가 없다는 주장

1947년 체결된 GATT협정 제4조에 따라 스크린쿼터제가 GATT의 예외로 인정되고 있음은 부정할 수는 없다. 그러나 스크린쿼터제도는 영화산업 초창기에 영화산업을 진흥한다는 차원에서 일정기간 국산영화의 상영을 의무화하는 제도로서 그 취지상 한시적인 성격을 가지며, GATT 제4조(d)항에서도 스크린쿼터제가 자유화 또는 철폐를 위한 협상의 대상이 되어야 한다고 규정하고 있다.

또한 OECD 등 다자간 국제기구에서 예외적으로 인정을 받았다고 해서 당해 국제기구가 스크린쿼터제를 지지한다는 의미는 아니며, OECD 등은 자유무역체제의 예외가 되는 조치에 대해서는 해당 산업의 경쟁력이 어느 정도 강화된 이후에는 자유화할 것을 권고하는 입장이다. 지난 3년간 국내 시장점유율이 평균 50%를 상회하고 국산영화 수출액도 작년에 3,100만달러에 달할 정도로 우리 영화산업이 발전한 시점에서 스크린쿼터제도의 단계적 축소 자체를 반대할 만한 명분이 미흡한 실정이다.

(5) 미국 · 캐나다 · 멕시코 간 체결된 NAFTA에서는 영화 상영 분야를 예외로 인정했는지 여부

NAFTA협정에서는 직접적으로 스크린쿼터에 대해서 규정하고 있지는 않으나 캐나다와 멕시코가 투자 및 서비스관련 협정의 예외를 인정받기 위해 협정 부속서에 자국의 문화산업 보호 및 스크린쿼터 운용규정을 명시하고 있다. 한 · 미투자협정의 경우에도 스크린쿼터가 투자협정과 상충됨에도 불구하고 스크린쿼터제도를 협정의 예외로 하기로 양국 간에 합의된 상황이지만 한 · 미 양측 간에 스크린쿼터의 단계적 축소 방안에 대해서는 의견차를 보이고 있다.

(6) 스크린쿼터 제도로 인해 한국영화가 급속한 발전을 이룩하였다는 주장

스크린쿼터 제도 유지가 한국영화 산업의 발전에 기여한 측면이 없다고 말하기는 곤란하다. 스크린쿼터 제도를 실질적으로 감시하는 스크린쿼터제 감시단의 활동이 이루어진 1993년부터 한국영화의 시장점유율이 상승하였고, 스크린쿼터 준수 여부를 확인하기 시작한 이래 스크린쿼터 준수가 정착화되는 현상을 보이면서 영화산업발전과 스크린쿼터제는 상관관계가 있음을 보여주고 있어 발전에 기여한 측면이 없다고 할 수 없다. 그러나 최근 3년간 한국영화의 시장점유율이 평균 50% 이상을 기록할 정도로 국내 영화산업이 발전한 보다 큰 이유는 소재 및 아이디어 개발 등 수요자의 욕구를 충족시키는 영화가 제작되었다는 점과 이러한 상황을 가능케 한 1999년 이후 1,500억 원에 달하는 영화진흥기금 지원 및 복합상영관 확대 등 영화관람 환경 개선 조치 등 여러 요인의 상승작용으로 가능했다는 의견이 상충하고 있다.

(7) 스크린쿼터 축소 또는 폐지시 국내 영화산업의 기반이 붕괴된다는 주장

스크린쿼터 일수를 그 어느 때보다 철저하게 지킨 지난 3년간 한국영화는 비약적인 발전을 하였다는 점을 간과할 수는 없다. 그러나 1988년도 수입영화 직배제도 도입시에도 우리 영화계는 우리 영화가 망할 것이라고 주장하며 결사반대를 하였으나 직배 허용 후 서편제, 투캅스, 접속 등 50만~100만의 많은 관객을 동원하였고, 최근에는 실미도, 태극기 휘날리며가 1,000만 이상의 관객을 동원하는 등 우리 영화산업의 경쟁력은 크게 제고되었다. 따라서 막연하게 스크린쿼터제도 유지를 주장하기보다는 영화 상영일수의 단계적인 축소를 통해 우리 영화산업이 외국업계와의 치열한 경쟁을 통해 발전을 도모할 수 있는 기반을 마련하는 한편, 경쟁력 강화에 도움이 될 수 있는 지원 방안을 강구함이 바람직할 수도 있다. 또한 정부의 지원도 경쟁력 강화 등과 연계하는 경우 보다 효과적일 수 있다.

Ⅳ. 시사점

스크린쿼터제 유지 여부를 둘러싼 논란은 한국영화계의 민감한 현안 중의 하나이며 한·미 간의 통상문제로 확대되어 가고 있다. 지난 1988년 국내 영화시장이 개방되면서 한국영화 보호장치로서의 역할이 부각된 이후 논쟁의 중심에 서는 경우가 잦아졌고, 특히 1998년 한·미투자협정 문제가 현안으로 떠오르면서 미국이 스크린쿼터제의 점진적인 축소 또는 폐지를 협정 체결의 전제조건 중의 하나로 제기하자 이에 반대하는 영화인들의 저항은 집단적 운동의 양상으로까지 변모하였다.

이와 같이 계속해서 스크린쿼터제를 축소·폐지하려는 시도가 상존하는 가운데 지금까지 그에 대한 축소·폐지를 주장했던 정부의 핵심적인 논리는 외국인 직접투자를 통한 한국투자 유치 효과, 외국인투자자 보호, 자유시장 원리에 위배되는 보호제도의 철폐와 한국영화의 국제경쟁력을 높이자는 것 등으로 요약할 수 있다. 반면 스크린쿼터제를 폐지하거나 축소하는 것에 반대하여 그것을 현행대로 계속 유지해야 된다는 논리는 스크린쿼터제가 우리 문화의 정체성을 지킬 수 있도록 하고, 영상물의 성격상 문화적 예외조항으로서 인정되어 영상산업을 보호할 수 있으며, 시장독점을 막고 공정한 경쟁기회를 마련해 주는 최소한의 제도라는 것이다.

그러나 1999년 당시 영화인들이 격렬하게 스크린쿼터제의 유지를 주장하면서 한국영화 시장점유율이 40%대에 이를 때까지를 존속기간으로 설정했었다. 또 한편으로는 한국영화 진흥을 위한 기금의 지원을 정부에 요청하기도 하였다. 이후 한국영화의 시장점유율은 40%를 넘어 50% 수준에 이를 만큼 폭발적인 증가율을 보였고, 한국영화의 흥행은 미국영화를 앞지를 만큼 시장주도력은 강력하게 되었다. 세계 영화시장에서 유례를 찾을 수 없을 만큼 이례적이어서 현상에 대한 다양한 평가와 분석이 나오고 있는 상태이다.

그러나 한국영화의 이 같은 성장 추세는 스크린쿼터제의 존속을 주장했던 영화인들의 입장을 곤혹스럽게 만들고 있는 듯하다. 한국영화의 급작스런 성장이야말로 스크린쿼터제의 성과라고 주장하고 있지만 다른 한편으로는 제도 유지의 중요한 명분이었던 한국영화의 경쟁력 확보, 시장점유율 40%대까지의 한시적 유지 등의 조건들이 충족됨으로써 이 제도의 존속을 주장하기 어려운 요인이 되고 있기 때문이다.

스크린쿼터제의 존속에 대한 영화계나 사회적 여론이 크게 변하고 있는 것도 중요한 변화 중의 하나이다. 한국영화의 경쟁력이 높아지면서 각 극장들도 자연스럽게 의무규정일수 이상으로 한국영화를 상영하고 있으며, 여론도 이 제도의 점진적인 축소나 폐지에 찬성하는 비율이 50%를 넘는 경우가 여러 조사에서 나타나고 있을 정도이다. 그러자 이 제도의 지속적인 유지를 주장하는 측에서는 한국영화의 현재 시장점유율이 안정수준이라고 볼 수 없으며, 문화적 다양성 보호를 위해서는 문화 분야의 교역은 자유무역 대상에서 예외로 해야 한다는 논리를 제시하고 있으며 한·미투자협정 자체를 거부해야 한다는 주장으로까지 확대하고 있다.

이 같은 상황에서 다시 한·미투자협정 체결의 전제조건으로서 스크린쿼터제 축소 또는 폐지 문제가 현안으로 제기된 것이며, 이를 둘러싼 영화계의 논란이 재연되고 있는 것이다. 오늘날처럼 영화를 포함한 영상산업의 육성이 중요한 국가적 어젠더(Agenda)로 부각하고 있는 상황에서 자국영화를 보호하고 육성하는 일이 중요한 과제이기는 하다. 여러 나라들에서 영화를 포함한 자국의 영상산업을 보호하고 육성하기 위해 각종 지원제도를 개발하고, 각 산업과의 유기적 연계를 확대하는 여러 가지 장치들을 마련하고 있는 것은 그 같은 인식을 반영하고 있는 것이라고 할 수 있다.

우리나라에서도 마찬가지로 국산영화의 산업적 진흥과 영상산업 전반의 육성을 위한 여러 가지 법적·제도적 장치들을 마련하고 있는데, 스크린쿼터제는 그런 장치 중의 하나로 존재하고 있는 것이다.

그러나 스크린쿼터제가 한국영화 보호를 위한 제도적 지원방안 중의 하나일 수는 있지만 어떠한 상황에서도 유지해야 할 제도인지, 그것이 소기의 효과를 발휘하고 있는지, 또한 운영과정에서의 모순이나 개선점은 없는지 면밀히 살펴볼 필요성이 있을 것이다. 결국 가장 중요한 것은 영화계의 자생적인 노력과 힘으로 경쟁력을 확보해나가는 것이며, 이 외에 어떠한 제도도 미봉적인 지원에 그칠 수밖에 없다고 할 수 있을 것이다.

Chapter

9

반덤핑협정의 이해

Chapter 09

반덤핑협정의 이해

1. 개관

국제무역에서 의미하는 덤핑(Dumping)은 수출국의 생산자 혹은 수출자가 자국 내에서 통상적으로 거래되는 정상가격(normal prce)보다 낮은 가격으로 수출하는 것을 의미한다. 즉, 수출 국내에서 통상적으로 거래되는 특정 물품의 정상가격이 무역상대국(수입국)으로의 수출가격(export price)보다 높을 때에 덤핑이 성립되며 그 과정에서 발생하는 차액을 덤핑마진이라 한다.

덤핑은 수입국 내의 효율적인 자원분배를 저해하고 시장질서를 문란하게 한다는 점에서 국제무역에서는 불공정무역으로 간주되고 있다. 따라서 수입국정부는 수출국의 생산자가 덤핑을 했다는 증거를 확보하고 국내의 동종산업이 덤핑수입으로 인하여 실질적 피해를 입었거나 또는 입을 우려가 있다고 판단한 경우에 덤핑행위를 시정함으로써 공정한 경쟁관계를 확립하고 국내산업을 보호하기 위한 목적으로 덤핑차액 이하에 상당하는 관세, 즉 반덤핑관세를 부과할 수 있다.

반덤핑관세제도란 외국물품이 정상가격보다 싼 가격으로 수입되어 국내산업이 실질적인 피해를 받거나 우려가 있을 때 또는 국내산업의 확립을 지연시킬 때 관세를 추가 부과하여 공정경쟁을 확보하는 제도를 말한다. WTO 반덤핑관세제도는 GATT1994 제6조에 법적 근거를 두고 있으며, 구체적인 조사기준 및 절차는 WTO 반덤핑협정(AD)에 규정되어 있다.

반덤핑관세는 특정 수출국이나 수출자의 상품에 대해 선별적으로 적용할 수 있고 보상의무가 면제되므로 그 적용이 비교적 용이할 뿐만 아니라 WTO협정상에 모호한 규정이 많아 수입국의 자의적인 운용으로 동 제도가 남용될 가능성이 높다는 특성이 있다. 즉 다수 국가들이 반덤핑협정상의 조사기준 및 절차를 자국에 유리하게 해석함으로써 반덤핑제도를 불공정무역행위의 규제보다는 조사당국의 편의와 자국산업을 보호하기 위한 보호무역의 수단으로 남용할 수 있는 여지가 큰 것이다. 또한 장시간의 조사기간을 통해 조사결과에 관계없이 피소기업의 수출에 막대한 타격을 입힐 수 있다는 특성도 갖고 있다.

WTO체제하에서 회원국의 반덤핑관세 관련법과 반덤핑제도 운영을 규율할 국제규범은 "GATT 제6조 이행에 관한 협정"(Agreement on Implementation of Article VI of the GATT)이 케네디라운드(Kennedy Round, 1964~67년) 협상 결과로 1967년에 처음 제정되었으며, 동경라운드 협상에 따라 1979년에 1차 개정되고 우루과이라운드 협상결과로 1994년에 다시 현재의 협정으로 개정되었다. 이 WTO 반덤핑협정은 종전 1979년 반덤핑협정이 조사 개시의 요건, 덤핑마진의 산출, 피해 및 인과관계의 판정 등에 있어서 용어 및 적용기준이 불명확하고 재량의 여지가 넓어 보호무역의 수단 내지는 국제무역의 새로운 장벽이 될 수 있다는 인식에서 개정된 것인데 종전 반덤핑협정에 대한 근본적인 개선이라기보다는 종전에 논의되어 온 개별적인 문제점을 해결하는 데 그친 것으로 평가되고 있다.

2. 협정의 주요 내용

(1) 협정문의 구성

반덤핑협정은 18개조항 및 2개의 부속서로 구성되어 있다.

1) **제1부(제1조~제15조)** : 기본원칙 및 제반규정

2) **제2부(제16조~제17조)** : 반덤핑관행위원회 및 분쟁해결절차

3) **제3부(제18조)** : 최종조항

4) **부속서 I** : 제7조 제6항에 따른 현장조사 절차

5) **부속서 II** : 제6조 제8항에 따른 입수가능한 최선의 정보

(2) 주요 내용

1) 덤핑의 판정(제2조)

덤핑의 존재를 판정하기 위하여는 수출된 물품의 수출가격과 동종상품(like product)에 대한 정상가격(normal value)에 대한 비교가 선행되어야 하는바, 이 정상가격의 기준이 주요 쟁점이 되어 왔다. 정상가격의 산출시 원가 이하의 판매가 상당기간 계속되고 합리적인 기간 내에 총비용을 회수하지 못할 경우 정상가격 산출대상에서 제외할 수 있도록 하였는데, 이는 덤핑마진이 크게 산출될 수 있어 보호주의 측면이 강화된 기준이라고 보여진다.

구성가격[1] 산정시 판매 및 관리비와 이윤을 실제자료 또는 동일 부류 생산자가 실현한 실제금액 등에 근거하여 산출토록 구체화하여 판매관리비 및 이윤의 적용과 관련한 마찰의 소지를 축소하였다. 덤핑마진 산정이 정상가격과 수출가격 비교를 가중평균 대 가중평균 또는 개별거래가격 대 개별거래가격별로 비교토록 하여 종전 정상가격은 가중평균으로, 수출가격은 개별가격으로 비교하여 자의적으로 덤핑마진을 크게 산출할 수 있는 여지를 축소하였다.

2) 피해의 판정(제3조)

피해판정시 덤핑마진의 크기를 고려할 수 있도록 하였다. 덤핑수입물품이 2개국 이상인 경우 피해를 누적적으로 평가할 수 있도록 하였다. 실질적 피해우려 판정시 판단기준을 구체적으로 규정하여 우려의 규정을 남용하지 못하도록 하였다.

3) 국내산업(제4조)

동종상품을 생산하는 국내생산자 전체 또는 이들 중 생산량의 합계가 당해 상품의 국내 총생산량의 상당부분을 점하는 국내생산자들을 지칭한다.

4) 조사개시 및 후속조사(제5조)

① 조사신청(제1항 및 제4항)

덤핑의 존재, 정도 및 영향을 판정하기 위한 조사는 국내산업에 의하거나 또는 이를 대신하여 행하여진 서면신청으로 개시한다. 조사개시에 대한 지지 또는 반대의사를 표명한 국내생산자들의 동종상품 총생산의 50% 이상을 생산하는 국내생산자의 지지가 있

---

1) 정상가격으로 간주될 수 없는 통상가격이나 제3의 가격을 산정하기 위해서는 구성가격을 산정해야 함.

을 경우에만 가능하며, 조사개시를 명시적으로 지지하는 국내생산자의 생산합계가 국내 총생산 25% 미만일 경우에는 조사를 개시할 수 없다. 국내 동종상품의 국내생산자의 피고용인(employees)이나 피고용인의 대표자 역시 조사에 관한 신청 및 그에 대한 지지의사 표시가 가능하다.

② 당국의 의무(제3~5항)

특별한 상황에서 국내산업의 서면신청이 없이 조사를 개시할 경우 덤핑 및 피해에 대한 충분한 증거가 필요하다. 조사개시의 결정이 없는 한, 조사개시 신청서의 공표는 회피되나 적합하게 서류를 갖춘 신청서가 접수된 이후 그리고 조사개시 이전에 관련 수출회원국에 통보하여야 한다.

③ 최소허용수준의 인정(제8항)

덤핑마진이 최소허용수준이거나, 실제 또는 잠재적인 덤핑수입량이나 피해가 무시할만한 수준이라고 당국이 결정할 경우에 조사는 즉각적으로 종결된다. 즉 (i) 덤핑마진이 2% 미만이거나, (ii) 특정국으로부터의 덤핑 수입물량이 수입회원 국내 동종상품 수입량의 3% 미만의 점유율을 차지하고, 3% 미만 점유율을 가진 국가들로부터의 수입물량이 총수입물량의 7%를 초과 점유하지 아니하면 이러한 덤핑수입량은 무시할 만한 수준으로 간주한다.

④ 조사기간제한(제9항)

특별한 상황을 제외하고는 조사는 1년 이내에 종결하고, 어떠한 경우에도 개시 후 18개월을 초과할 수 없다.

5) 증거(제6조)

① 표본(sampling)에 의한 조사대상 선정(제10항)

원칙적으로 조사대상 상품의 관련수출자 혹은 생산자 각각에 대해 개별적인 덤핑마진을 결정해야 하나 관련된 수출자, 생산자, 수입자 또는 관련상품의 유형의 수가 너무 많아 이러한 결정이 불가능할 경우에는 조사대상 선정시에 표본을 사용함으로써 조사를 합리적인 수 또는 수출량의 비율로 제한이 가능하다.

② 이해당사자의 범위(제11항)

조사대상상품의 수출자, 외국의 생산자, 수입자, 또는 대부분의 회원이 동 물품의 생산자, 수출자 또는 수입자로 구성된 동업자협회 혹은 사업자협회를 말한다.

6) 잠정조치(제7조)

잠정조치는 잠정적으로 산정된 덤핑마진을 초과하지 않는 범위 내에서 잠정관세를 부과하거나 잠정적으로 산정된 반덤핑관세액과 같은 보증금의 제공을 명하는 조치를 말한다.

① 잠정조치 발동요건(제1항)

반덤핑 여부 조사가 개시·공표되고 이행당사자에게 의견 제시 기회가 주어진 후 국내산업에 대한 피해에 관한 긍정적 예비판정이 내려지고, 관계당국이 조사기간 중 초래되는 피해를 예방하기 위하여 이러한 조치가 필요하다고 판단하는 경우 발동할 수 있다.

② 잠정조치의 적용기간(제3항 및 제4항)

잠정조치는 조사 개시일로부터 60일 이전에는 적용할 수 없다. 잠정조치는 원칙적으로 4개월, 관련무역에 상당한 비율을 차지하는 수출자의 요청에 따라 관계당국이 결정한 경우에는 6개월을 초과하지 아니하는 기간에 한정하여 적용된다. 당국이 조사과정에서 덤핑마진보다 낮은 관세로 피해를 제거하기에 충분한지의 여부를 검토할 경우, 동 기간은 각각 6개월 및 9개월로 연장가능하다.

7) 가격약속(제8조)

당국이 수출자로부터 덤핑의 피해 효과가 제거되었다고 납득할 수 있을 만큼 상품가격을 수정하거나 당해 지역에 덤핑가격으로의 수출을 중지하겠다는 만족스럽고도 자발적인 약속을 받을 경우 조사는 잠정조치나 반덤핑관세 부과 없이 정지되거나 종결될 수 있다. 이러한 약속에 따른 가격인상은 덤핑마진을 제거하기에 필요한 수준을 초과해서는 안 된다.

덤핑과 덤핑으로 인한 피해에 대한 긍정적 예비판정 전에는 가격약속의 추구 또는 수락을 할 수 없으며, 수입회원국 당국은 수출업자에게 가격약속을 제안할 수 있으나 강요할 수는 없다.

8) 반덤핑관세의 부과 및 징수(제9조)

① 반덤핑관세의 부과 및 환불(제3항)

반덤핑관세는 판정된 덤핑마진을 초과할 수 없다. 반덤핑관세의 금액이 소급적으로 산정된 경우 반덤핑관세 지불의 최종적인 책임 판정은 반덤핑관세액의 최종 산정 요청일로부터 가능한 빠른 시일 내 이루어져야 하며 일반적으로 12개월 이내에, 어떠한 경우에도 18개월을 초과해서는 안 된다. 반덤핑관세의 환불(refund)은 가능한 한 빠른 시일 내에 일반적으로 최종책임의 판정으로부터 90일 내에 하여야 한다. 반덤핑관세액이 예상을 기초로 산정되는 경우 덤핑마진을 초과하여 납부된 반덤핑관세에 대해서는 신속히 환불되도록 하는 규정을 둔다. 실제 덤핑마진을 초과하여 납부된 관세는 통상적으로 12개월 이내에 환불하여야 하고 어떠한 경우에도 18개월을 초과해서는 안 된다.

② 신규수출자에 대한 반덤핑관세 부과(제5항)

조사기간 중 반덤핑관세 부과대상의 상품을 수출한 바 없는 당해 수출국 내의 수출자나 생산자가 기존의 반덤핑관세 부과대상 수출자나 생산자와 관련이 없음을 증명할 경우, 당국은 신속하게 이들에 대한 개별적 덤핑마진을 결정하기 위한 검토를 수행해야 한다. 이러한 검토가 진행되는 동안 이러한 생산자 또는 수출자로부터 수입되는 상품에 대해서는 반덤핑관세를 부과할 수 없다.

9) 소급(제10조)

특정 예외를 제외하고는 잠정조치와 반덤핑관세는 부과결정이 효력을 발생한 시점 이후에 소비용으로 반입된 상품에만 적용한다. 잠정조치가 적용된 경우 반덤핑관세는 잠정조치 적용기간에 대하여 소급 적용될 수 있다.

10) 덤핑관세와 가격약속의 존속기간 및 검토(제11조)

반덤핑관세는 부과 후 5년이 경과하면 자동 소멸하는 조항을 신설하였다. 5년의 존속기간이 경과되기 이전에도 반덤핑관세 부과 후 합리적인 기간이 경과하고 명확한 정보를 제시하는 이해관계인의 요청이나 직권으로 계속적인 적용 여부를 재심사할 수 있도록 하였다.

11) 협의 및 분쟁해결(제17조)

WTO 분쟁해결 양해각서 협정을 적용한다.

① 분쟁해결기구에의 회부(제4항)

당사국 간의 협의결과 상호 합의된 해결책에 도달하지 못하고 확정 반덤핑관세의 부과 혹은 가격 약속을 수락하기 위한 최종조치가 수입회원국의 관할당국에 의해 취해진 경우 분쟁해결기구에 회부할 수 있다. 잠정조치의 경우도 본 협정상의 규정에 반하여 취해졌다고 협의요청 회원국이 간주하는 경우 분쟁해결기구에 회부가 가능하다.

② 패널의 반덤핑조치에 대한 검토기준(제6항)

수입국 조사당국에 의한 사실의 확립이 적절하였는지 및 동 사실에 대한 당국의 평가가 공평하며 객관적이었는지 여부를 검토하고, 국제공법의 해석에 관한 관습적인 규칙에 따라 협정을 해석하며, 하나 이상의 해석이 가능할 경우에 수입국 조사당국의 조치가 그 중 하나의 해석에 근거하여 취해졌으면 당해 조치는 협정에 일치하는 것으로 판정한다.

※ 사례연구

미국의 한국산 철강제품 반덤핑관세 분쟁

Ⅰ. 사례개요

미국은 1999년 5월 21일 및 1999년 7월 27일 각각 한국산 철강제품인 후판(Plate)과 판재(Sheet & Strip)에 대하여 반덤핑관세 부과조치를 취하였다. 한국은 1999년 10월 14일 미국의 한국산 후판 및 판재에 대한 반덤핑조치에 대하여 WTO에 동 조치가 WTO 반덤핑협정(AD)에 위반되는지 여부에 대하여 패널설치를 요청하였다.

미 상무부는 후판에 대한 예비판정을 1998년 11월 4일에, 그리고 1999년 3월 31일 긍정 최종판정을 내렸다. 판재의 경우, 1998년 1월 4일에 긍정 예비판정이 이루어졌으며, 동 예비판정은 1999년 1월 26일 포항제철의 덤핑률이 수정되었고, 긍정 최종판정은 1999년 6월 8일에 이루어졌다.

한국이 요청하여 설치된 WTO 패널은 2000년 12월 14일 "미국의 덤핑마진계산방식이 협정에 위반되며, 따라서 미국의 동 반덤핑조치를 WTO 반덤핑협정에 일치하도록 권고"하는 최종보고서를 배포하였으며, 2001년 2월 1일에 동 보고서는 채택되었다.

1. 한국산 후판에 대한 반덤핑부과 사례개요

미 철강산업과 철강노동자협회는 1998년 3월 31일 한국 및 기타 5개국의 철강 후판 수입에 대하여 반덤핑조사 청원을 제출하였고, 1998년 4월 27일 미 상무부는 덤핑조사를 개시 공고하였다. 약 6개월간의 조사를 통해 미 상무부는 1998년 11월 4일에 포항제철 및 기타 업체에 대하여 각각 2.77%의 덤핑률을 결정하는 예비판정을 내렸으며, 1999년 3월 31일 포항제철 및 기타업체에 대하여 16.26%의 최종 덤핑률을 결정하는 판정을 내렸다. 동 결과를 토대로 1999년 5월 4일 미 국제무역위원회는 덤핑으로 인한 국내산업피해가 있다는 최종긍정판정을 내렸고 이 결정에 따라 미 상무부는 1999년 5월 21일 관세청에 반덤핑관세 부과명령을 지시하였다.

2. 한국산 판재에 대한 반덤핑부과 사례개요

1998년 6월 10일 미 철강산업과 철강노동자협회는 한국 및 기타 7개국의 철강 판재 수입에 대한 반덤핑조사 청원을 제출하였고, 미 상무부는 1998년 7월 13일 덤핑조사를 개시 공고하였다. 동 조사개시결정에 따라 덤핑수입 여부에 대한 미 상무부의 조사가 착수되었고 1998년 1월 4일 포항제철 12.35%, 인천제철 0%, 대한 58.79% 및 기타업체 12.35%의 덤핑률 예비판정을 내렸으나, 1999년 1월 26일 포항제철의 덤핑률을 3.29%로 상기 예비판정을 수정하였다. 1999년 6월 8일 포항제철 12.12%, 인천제철 0%, 대한 58.79% 및 기타업체 12.12%의 덤핑률을 최종 결정하였고, 동 결과를 미 국제무역위원회에 통보하였다. 1999년 7월 19일 덤핑으로 인한 국내산업피해가 있다고 하는 미 국제무역위원회의 최종긍정판정에 따라 미 상무부는 1999년 7월 27일 관세청에 반덤핑관세 부과명령을 지시하였다.

Ⅱ. 진행과정

우리나라는 당해 미국의 반덤핑조치에 대하여 반덤핑관세 부과조치가 WTO 반덤핑협정에 위반된다고 하면서 WTO 분쟁해결기구에 제소를 하기 위하여 1999년 7월 30일 미국에 협의를 요청, 1999년 9월 17일 미국측과 협의에 들어갔으나 끝내 합의를 보지 못했다. 이에 따라 한국은 1999년 10월 14일 미국을 상대로 WTO 분쟁해결기구에 동 조치에 대한 패널설치를 요청하였고, 동 분쟁과 관련하여 EU 및 일본이 제3당사국으로 참여하게 되었다.

이러한 한국의 패널설치 요청에 따라 1999년 11월 19일 WTO 패널이 구성되었고, 약 1년여 만에 중간보고서가 회람되었다. 이에 대한 WTO 회원국들의 의견을 수렴한 후 2000년 12월 14일 최종보고서가 회람되었으며, 2001년 2월 1일 미국의 반덤핑조치는 반덤핑협정에 위반한다는 동 패널보고서를 채택하였다.

패널보고서의 법적 쟁점은 한국이 기존 미국의 덤핑률 결정방식에 대하여 여러 가지 측면에서 분석하여 문제제기를 하였음을 알 수 있으며, 또한 금번 제소가 치밀하게 준비되었다는 사실을 엿볼 수 있다. 첫 번째 법적 쟁점으로 조사대상물품의 한국 내 내수판매에서 이루어진 미화표시 거래에 대하여 어떠한 환율을 적용할 것인가가 쟁점이 되었다.

두 번째 쟁점으로 회수하지 못한 수출대금을 수출평균가격 산정에서 제외시켰다는 점이다. 수출업체의 판매대금의 미회수를 당해 판매가 없었던 것으로 처리할 수 있는지 또는 대손비용으로 처리할 수 있는지 여부가 논의의 쟁점이 되었다. 세 번째로 원화가 급격히 평가절하되었던 1997년 11월부터 12월까지 2개월간을 조사대상기간에서 분리하여 덤핑마진을 계산하였던 점이다. 이는 덤핑률 산정에 있어 동일한 모델 간의 가격비교원칙, 즉 모델매칭의 개념을 기간에까지 적용한 것으로 이 사안은 기간별로 구분하여 산정한 덤핑마진 중 일부 기간의 부의 덤핑차액 인정 여부가 핵심이 되었다.

Ⅲ. 양국의 입장

1. 당사국의 주장과 패널평결 요지

(1) 특정 내수판매가격에 대한 이중환산(Double Conversion) 문제

1) 사실관계

한국시장에서 미 달러로 주문 및 판매가 이루어지고 대금지급은 원화로 이루어지는 포항제철의 특정 판매, 즉 로컬(Local)판매에 대한 미 상무부의 처리가 문제가 된 사안으로서 로컬판매와 관련된 선적서류의 일부분과 모든 세금계산서는 판매시점에서의 환율에 의해 환산된 원화금액을 반영하고 있으며, 로컬판매 성격상 판매대금은 물품판매 시점에서 서너 달 정도 이후에 지급된다. 당해 사안의 핵심은 당해 로컬판매에 대하여 판매시점과 대금지급시점의 환율 중 어느 환율을 적용하여야 하는가이다.

포항제철은 최초 답변서에서 상기 로컬판매에 대하여 원화로 자료를 제시하였으나, 후속 추가 질문서에 대하여는 동 판매를 미 달러로 수정제출하면서 "정상가격 산정은 미 달러를 기초로 하여 계산되어져야 한다"라고 미 상무부에 공식 의견을 제출하였다. 그러나 미 상무부는 이를 받아들이지 않으면서 후판 및 판재 분쟁의 최종판정에서 포항제철의 회계장부에 기록된 내수판매의 원화가격을 미 상무부 자체 환율을 적용하여 미 달러로 환산하고 이를 정상가격 산정의 기초로 활용하였다.

2) 반덤핑협정 2.4.1조에 위반 여부

① 한국측 주장

한국은 미 상무부가 매출송장상 미 달러금액을 일정환율(판매시점에서의 환율)에 의해 원화로 환산하였고, 이를 다시 다른 환율(미 상무부 자체적으로 산출한 환율)에 의해 미 달러 금액으로 환산하는 '이중환산'을 수행하였다고 주장하였다. 또한 한국은 협정 2.4.1조에 대하여 동 규정은 "통화환산이 요구되는 경우에만, 즉 덤핑마진 산정에 있어 다른 합리적인 대안이 없을 경우에만 환산을 허용'하는 조항으로서 미 상무부에 의한 이중환산은 불필요한 것이며, 매출송장상 미 달러 금액을 덤핑마진 산정에 단순히 포함하기만 하면 된다고 하면서 미 상무부의 내수판매에 대한 이중환산은 협정 2.4.1조상 요건과 불일치한다고 주장하였다.

② 미국측 주장

미국은 협정 2.4.1조는 통화환산이 요구되어지는 상황을 규정한 조항이지 통화환산을 하지 않아야 하는 특정 상황을 규정하는 조항은 아니라고 반박하면서 제소된 두 건의 반덤핑 분쟁에서는 내수판매에 있어 어떠한 이중환산도 없었으며, 오히려 포항제철의 답변서상 제시된 원화 내수판매에 대한 적절한 사실 판정을 내리고 이에 대한 통화환산을 했을 뿐이라고 주장하였다.

③ 패널평결

(가) 협정 2.4.1조는 불필요한 통화환산을 금지하고 있는지 여부

패널은 협정 2.4.1조의 문헌상 해석을 통해 동 조항은 통화환산을 하지 않아야 하는 특정 상황을 규정하고 있지는 않으며, 단지 수출가격과 내수가격의 효과적 비교를

위해 요구되어지는 경우에만 통화환산이 허용된다는 일반적 원칙조항이라고 판단하고, 따라서 패널은 협정 2.4.1조의 의미 내에서 통화환산이 허용되어지는 경우 또는 그렇지 않은 경우에 대한 어떠한 일반적 이해를 할 필요가 없으며, 또한 한국의 '합리적 대안 검토' 주장과 관련하여 의견을 표명하지도 않았다.

그러나 패널은 동 분쟁과 관련하여 비교대상 내수가격이 이미 수출가격과 동일한 통화로 이루어졌다면 협정 2.4.1조에 의해 통화환산은 요구되어지지 않으며, 허용되지 않는다고 판단하였다.

(나) 미국은 내수판매가 원화로 거래되었다는 판단을 적절하게 결정하였는지 여부

패널은 동 사안을 사실판단의 문제로 확정하고 협정 17.6(ⅰ)에서 규정하는 "독립적이며 객관적인 조사당국이라면 문제가 된 내수판매가 원화로 이루어졌는지 혹은 미 달러로 이루어졌는지에 대해 어떠한 결정을 내렸을 것인가"를 동 사안의 해결방법으로 선택하면서 문제는 내수판매가 미달러 금액(매출송장)으로 이루어졌는지 원화(매출장부)로 이루어졌는지를 후판 분쟁건과 판재 분쟁을 분리해서 검토하였다.

우선 후판 분쟁에서 포항제철은 최초 답변서에서 내수판매를 실제 지급된 금액이 아닌 매출송장상의 금액인 원화로 답변하였고, 이후 동 판매에 대하여 미 달러로 제출하고 원화 대신 미 달러가 고려되어야 한다고 주장하였으나, 미 상무부에 의한 현지실사에서 고객이 rolling basis에 의한 대금을 지급하기 때문에 개별 판매대금에 대한 검증이 불가능하였음을 지적하면서 원화로 지급된 내수판매대금이 매출장부에 기록된 원화금액과 상이하다는 사실을 발견하지 못하였음을 인정하여 결국 최종판정에서 미 상무부는 대금청구는 미 달러로 요청되었지만, 동 판매대금에 대한 지급은 매출송장 발행시점에서의 시장환율을 기초로 하여 원화로 이루어졌고, 매출장부에 원화로 기록되었다고 결론을 내렸다.

결론적으로 동 후판 분쟁에서 패널은 "독립적이고 객관적인 조사당국이라면 내수판매는 원화로 이루어졌다고 판단할 수 있었을 것이다"라고 판정하였다. 그러나 패널은 실제 지급된 원화금액이 만약 매출송장상 명기된 미 달러 금액을 기초로 지급시점에서의 시장환율에 의해 환산된 금액이었다면 동 내수판매에 대하여는 미 달러로 이루어진 것으로 볼 수 있다고 하였다.

판재 분쟁에서 패널은 후판 분쟁과 상이하게 "회사는 최초 답변서에서 원화금액과 함께 미 달러금액을 제시하였으며, 이는 미 상무부로 하여금 실제 지급된 원화금액이 판매시점에서의 원화금액과 다르다는 정보를 제공토록 하는 추가질문서를 송부하게

하였음"을 지적하였고, 또한 미 상무부가 현장실사에서 장부 및 지급증빙 등을 통해 지급시점과 판매시점의 원화금액의 차액을 당해 회사는 외화환산손실로 인식함으로써 답변서에 제시된 원화금액이 실제 지급된 금액과 다르다는 사실을 발견하였다.

따라서 패널은 매출송장상 미 달러 판매금액이 구매자가 궁극적으로 지불하여야 할 대금을 결정하는 데 있어 결정적인 역할을 하지 않았다는 점을 근거로 당해 내수판매가 원화로 이루어졌다고 판정토록 하는 데 어떠한 논리적 근거가 없다고 하는 한국측의 주장에 동의함으로써 "독립적이고 객관적인 조사당국이라면 내수판매는 미 달러로 이루어졌다고 판단할 수 있었을 것이다"라고 판정하였다.

(다) 미국은 협정 2.4.1을 위반하여 불필요한 통화환산을 수행하였는지 여부

패널은 상기 (나)의 판결을 언급하면서 후판 분쟁에서는 미 상무부가 내수판매가 미 달러가 아닌 원화로 이루어졌다라고 판정하는 데 오류가 없었다고 판결되었으므로 한국측 주장인 불필요한 이중환산문제는 그 근거가 없다고 보았다. 따라서 협정 2.4.1의 위반이 아니라고 판결하였다.

그러나 판재 분쟁에서는 내수판매가 원화로 이루어졌다라는 미 상무부의 사실판단이 잘못되었다고 판정되었으므로 비교대상가격이 동일 통화임에도 불구하고 통화환산을 적용하는 것은 AD협정 2.4.1조의 위반이라고 판결하였다.

3) 반덤핑협정 2.4조(공정한 비교)에 위반여부

① 한국측 주장

미 달러로 이루어진 내수판매를 판매시점에서의 환율을 적용하여 원화로 환산하고 이를 다시 상기 환율과 다른 미 상무부 자체 환율을 적용하여 미 달러로 환산하는 것은 협정 2.4조의 위반이라고 주장하였다.

② 미국측 주장

이에 대하여 미국은 내수판매가 원화로 이루어졌다는 사실판단에 근거하여 동 원화금액을 미 달러로 단순 환산한 것임에 불과하다고 반박하였다.

③ 패널평결

후판 분쟁에서 패널은 내수판매가 원화로 이루어졌다는 미 상무부의 판단은 적절하므로 협정 2.4조의 위반이 아니라고 하였으나, 판재 분쟁에서는 상기 판단이 잘못되었다고 이미 평결되었으므로 협정 2.4조의 위반 여부를 고려할 필요가 없다고 평결하였다.

(2) 판매대금 미지급거래에 대한 처리 문제

1) 사실관계

포항제철의 상당량 대미수출 판매가 미국에 위치한 자회사인 포항제철 미국 현지지사에 의하여 이루어졌으며, 동 판매의 특정 구매자가 부도 처리되어 상기 판매금액에 대하여 대금을 회수하지 못한 사안에서 포항제철 미국 현지지사는 동 판매에 대하여 Negative invoice를 발행하여 매출채권과 매출을 상쇄하는 분개를 회계장부에 반영하였다. 판매시점에서 포항제철은 상기 특정 구매자가 위험한 재무상황에 있었다는 것을 파악할 수 있는 어떠한 증거도 없었다.

후판 분쟁에서 미 상무부는 상기 판매는 비전형적이며 정상적인 회사의 거래관행이 아니므로 동 판매분을 예비 덤핑마진산정에서 제외하였으나, 후판 및 판재 분쟁 최종판정에서는 지급되지 않은 판매분을 마진산정에 포함하면서 동 발생비용을 직접판매비용으로 간주하여 모든 대미 수출금액에 배분, 조정하였다. 이와 관련하여 미 상무부는 미국 내 독립된 수입상을 통하여 이루어진 수출에 대하여는 상기 배분된 직접판매비용을 내수판매가격에 가산하였으며, 현지지사를 통한 수출판매에 대하여는 현지지사가 독립된 구매자에게 판매한 가격에서 동 배분된 직접판매비용만큼을 차감하였다.

2) 협정 2.4조(공정한 비교)에 위반여부

① 한국측 주장

미 상무부의 판매대금미지급거래에서 발생한 비용을 직접판매비용으로 처리한 것은 협정 2.4에서 허용하는 조정요소가 아니라고 주장하면서, 동 협정 2.4조상 'conditions and terms of sale'의 의미는 판매계약상 상호 간의 합의된 권리 및 의무를 의미하는 것이지 계약의 위반에 해당하는 대금지급의 불이행까지 포함하는 것은 아니라고 주장하였다.

또한 포항제철은 가격결정시점에서 특정 고객이 대금을 지불하지 않을 것이라는 점을 인식하지 못하였으므로 대금지급의 불이행은 당해 회사의 가격결정에 영향을 미치지 못했다고 주장하였다. 현지지사를 통한 수출분에 배분된 대손비용의 처리는 가격비교를 위한 '조정요소'가 아닌 구성수출가격 산정을 위한 '차감요소'로 사용하였다는 미국측 주장에 대하여 한국은 미 상무부가 상기 대손비용을 포항제철의 대미수출에 있어 현지지사를 통한 판매나 독립된 수입상에 대한 직접판매를 구분하지 않고 동일하게 취급, 적용하였다고 주장하면서 미국측의 주장은 사실과 다르다고 주장하였다.

설사 미국측 주장대로 현지지사를 통한 판매분에 대하여 상기 배분된 비용이 구성수출가격 산정과 관련하여 '차감요소'로 처리되었다손 치더라도 동 '차감요소'는 협정 2.4조에서 언급하고 있는 수입단계와 재판매단계에서 발생하는 비용이 아니라 재판매단계 이후에 발생하는 비용이라는 점에서 '차감요소'로 조정되어서는 안 된다고 주장하였다.

② 미국측 주장

미국은 판매대금미지급거래로 인한 비용에 대한 처리는 협정 2.4조에 일치한다고 주장하면서, 현지지사를 통한 수출의 경우에는 미국 내 독립된 거래자에게 판매한 가격에서 동 구매자와 현지지사 사이에서 발생하는 관련 비용 및 이윤을 차감하여 수출가격을 구성하게 되므로 상기 배분된 대손비용은 협정 2.4조에서 규정하고 있는 조정요소로서가 아닌 협정 2.3조에서 규정하고 있는 구성수출가격 산정에서의 차감요소로 취급하였다고 주장하였다.

또한 미국은 한국이 협정 2.3조의 위반 여부에 대한 심사요청을 하지 않았으므로, 미 상무부에 의해 구성수출가격을 산정하는 데 사용된 방식은 패널의 검토사항이 아니라고 주장하였고, 독립된 미국 내 수입상을 통한 수출에 있어서 배분된 대손비용을 조정요소로서 활용한 경우에 대해서는 대손비용을 판매시점에서의 조건 및 상황에서의 차이라고 주장하였다.

③ 패널평결

(가) 현지지사와 관련된 판매대금미지급거래에 대한 미 상무부의 처리가 수출가격을 구성하는 데 관련이 있는지 여부

패널은 판매대금미지급거래에 대한 비용을 직접판매비용으로 하여 수출가격에 반영한 미 상무부의 처리에 대하여 반드시 판매환경의 차이에 대한 조정임을 의미하는 것은 아니라고 하면서, 미 상무부의 상기 비용 차감이 수출가격 구성의 한 요소로서 이루어졌다는 점을 인정하였다.

따라서 현지지사를 통한 수출에 있어 미 상무부의 조치는 협정상의 구성수출가격과 관련된 규정을 기준으로 하여 평가되어져야 한다고 평결하였다. 그러나 동 사안에

대한 패널의 평결이 구성수출가격 산정과 관련하여 미 상무부의 조치가 협정과의 일치를 의미하는 것은 아니라고 강조하였다.

(나) 독립된 수입상을 통한 판매와 관련하여 판매대금미지급거래에 대한 미 상무부의 가격조정은 가격비교에 영향을 미치는 차이에 대한 고려인지 여부

패널은 국제공법의 해석상 관습적 규정에 의해 판매시점에서의 '조건 및 상황에서의 차이'는 구매자의 예견되지 못한 부도 및 이로 인한 채무불이행으로부터 야기되는 차이까지를 포함하지 않는 것으로 해석된다고 하면서 협정 2.4조상의 'terms and conditions of sale'는 일반적으로 계약 및 약정과 관련되어 사용되어진다는 점을 주목하면서, 'conditions and terms of sale'이라는 용어는 판매계약상 형성된 권리 및 의무를 의미하는 것이며, 'differences in conditions and terms of sale'은 계약상 권리 및 의무의 차이를 의미하는 것으로 판단하였다.

따라서 구매자가 대금지급을 하지 못하는 상황은 두 시장 간의 계약상 권리 및 의무의 내용이 다른 것이 아니라 구매자가 계약상 대금지급의무를 준수하지 않음으로 해서 발생하는 'conditions and terms of sale'의 위반 상황을 의미하는 것이라고 하였다.

또한 협정 2.4조에서의 'differences in conditions and terms of sale' 의미는 가격비교가능성에 영향을 미치는 차이를 의미한다고 하면서 가격비교에 영향을 미치는 차이에 대하여 적절한 조정을 위한 요구조건은 당해 수출자가 가격책정에 반영하였다고 기대되어질 수 있는 거래에 대하여 제반 판매조건의 차이를 희석화시키려는 의도를 가지고 있으며, 서로 다른 시장에서의 제품 또는 서로 다른 고객에게 청구되어지는 가격을 결정함에 있어 수출자가 그 차이를 합리적으로 예상할 수 없다고 하였다.

이로 인하여 가격결정에 반영되어지지 않았던 차이는 협정 2.4조에서 의미하는 가격비교에 영향을 미치는 차이가 아니라고 하였다. 따라서 'differences in conditions and terms of sale'은 판매대금을 지급하여야 할 특정 고객의 예기치 못한 지급불능을 포함한다고 해석되어질 수 없다고 하였다. 결론적으로 패널은 독립된 수입상을 통한 판매에 있어 판매대금미지급거래에 대한 조정은 가격비교에 영향을 미치는 차이에 대한 조정이 아니므로 협정 2.4조상 규정에 불일치한다고 평결하였다.

(다) 수출가격을 구성하여야 하는 현지지사 판매에 있어 판매대금미지급거래에 대한 미 상무부의 가격조정과 관련한 한국의 주장은 패널의 검토사항 범위 안에 포함되는지 여부

한국이 협정 2.3조와 관련하여 패널의 검토사항을 요청하지 않았으므로 패널은 동

협정 위반 여부를 고려하지 않았다.

(라) 수출가격을 구성하여야 하는 현지지사 판매에 있어 판매대금미지급거래에 대한 미 상무부의 가격조정이 협정 2.4조 4번째 문장과 일치하는지 여부

패널은 협정 2.3조 및 2.4조에 대하여 동 조항들은 구성수출가격 산정에 있어 중요한 조항이며, 2.3조는 현지지사가 최초 독립된 거래자에게 판매한 가격을 기초로 하여 수출가격이 구성되어 질 수 있다는 점만을 규정하고 있으며, 2.4조가 구성가격의 구체적 산정방식에 대해서 규정하고 있음을 지적하였다.

따라서 비록 미국이 당해 문제가 되고 있는 판매대금미지급거래에 대한 조정을 2.3조에 근거해서 수행하였다고 주장한다 하더라도 이러한 조정은 2.3조가 아닌 2.4조에 의해 이루어졌다고 판단하였다.

구성수출가격 산정을 위하여 협정 2.4조에서 규정하고 있는 조정대상 범위는 수입과 재판매 사이에서 발생하는 비용 및 이윤이라고 판단하였으나, 수출가격을 구성하기 위하여 허용되는 조정대상범위에 대한 규정은 가격비교에 영향을 미치는 차이에 대한 조정요소의 범위와는 다르다고 하였다. 즉 수출가격 구성을 위한 조정은 가격비교에 영향을 미치는 차이에 대한 조정요소와 분리되며 구별된다고 결론을 내렸다. 상기 수입과 재판매 사이에서 발생하는 비용에 대한 해석에 대하여 패널은 사전적 의미 해석에 그쳐서는 안 되며, 그 목적 및 문맥에 따라 해석되어져야 한다고 판단하였다.

구성수출가격이라 함은 관계 사간의 거래가 공정가격으로 이루어졌다고 볼 수 없으므로 만약 수출자가 독립된 수입상에게 판매하였다면 어느 정도의 가격으로 판매하였을 것인가를 재판매가격에서 역산하여 산출하는 것이기 때문에 단지 수입과 재판매단계 사이에서만 발생하는 비용만을 그 조정대상으로 삼아서는 안 된다고 하였다.

그러나 이러한 해석이 재판매 이후시점까지 발생하지 않은 비용 및 재판매 시점에서 전혀 예견되지 않은 비용까지 포함한다고 보지는 않았다. 결론적으로 패널은 당해 사안에 있어 판매대금미지급거래에 대한 비용은 재판매시점 이후에 발생한 금액이고, 동 비용은 예견치 못한 특정 고객의 부도로 인해 발생하였으며, 포항제철은 판매시점에서 상기 고객이 위험한 재무상황에 있었다는 사실을 알 수 있는 어떠한 증거도 없다는 미국측 사실인정을 주목하면서 이러한 상황에서는 수출가격을 구성함에 있어 동 비용을 차감하는 것은 협정 2.4조와 일치하지 않는다고 평결하였다.

(3) 다중기간 평균(Multiple Averaging) 문제

1) 사실관계

후판 및 판재 분쟁에서 미 상무부는 전반적인 덤핑마진 산정에 있어 1997년 11월에서 12월까지의 기간 동안 한국 원화의 상당한 평가절하를 고려하기 위해 조사대상기간을 2개의 기간으로 나누었다. 미 상무부는 두 사건에 대하여 예비판정에서는 단일 조사대상기간을 적용하였으나, 최종판정에서는 조사대상기간을 평가절하 이전 및 이후 시점으로 나누어 덤핑마진을 산정하였고, 수출가격이 정상가격보다 높은 조사대상기간의 덤핑마진을 '영(zero)'으로 처리하여 가중평균하였다.

2) 협정 2.4.2조에 위반 여부

① 한국측 주장

협정 2.4.2조에서 'a weighted average'라 함은 둘 이상이 아닌 하나의 가중평균을 의미하므로 다중기간 평균수출가격 대 다중기간 평균정상가격의 비교를 금지하고 있다고 주장하면서 미 상무부는 단일평균 비교방식이 아닌 다중평균 비교방식을 적용함으로써 협정 2.4.2조에서 규정하는 방식과 일치하지 않는 가격비교방식을 적용하였다고 주장하였다.

또한 2.4조는 가격비교에서 포함되어질 수 있는 거래를 환율변동을 이유로 가격비교에서 제외토록 하는 어떠한 제한을 규정하고 있지 않으며, 2.4.1조가 환율에 대해 언급하고 있다하더라도 동 조항 또한 어느 환율이 비교가능하다라는 요건을 규정하고 있지는 않다고 주장하면서 다중평균 적용에 대한 미국측 논거를 반박하였다.

② 미국측 주장

협정 2.4.2조는 단일평균 비교방식을 요구하고는 있지만 고려대상 거래가 반드시 비교가능하여야 한다고 주장하였다. 비교가능성이 없는 거래의 포함은 덤핑과 관련이 없는 요소에 근거하여 덤핑마진을 산정하게 되는 결과를 낳을 수 있다고 주장하면서 회원국은 서로 다른 모델 또는 서로 다른 거래단계에 있는 거래들과 같이 비교가능성이 없는 거래에 의해 가격비교가 왜곡되지 않도록 다중평균 비교방식을 적용할 수 있다고 주장하였다.

또한 2.4에 의하면 시간요소는 가격비교의 근본적 고려대상임을 규정하고 있으므로, 가격비교는 가능한 한 같은 시점에서 이루어진 판매를 대상으로 가격비교를 하여야 한다고 주장하였다. 따라서 원화의 가치폭락이 조사대상기간을 평가절하 이전 및 이후 기간으로 구분토록 하였다는 미 상무부의 결정은 2.4.2조상 허용될 수 있는 해석이라고 주장하였다.

반덤핑협정 2.4조의 시간요건을 충족시키기 위해 미 상무부는 1년 이내에 이루어진 판매는 시간상 충분히 근접해 있다고 간주하나, 만일 1년 내의 변화들이 가격비교에 영향을 미칠 가능성이 있다고 판단되는 경우에는 조사대상기간을 세분화하여야 한다고 주장하였다.

③ 패널평결

(가) 협정 2.4.2조는 다중평균 방식을 금지하고 있는지 여부

패널은 협정 2.4.2조가 다중평균 방식의 적용을 금지하고 있다고 보지 않으며, 하나의 가중평균 정상가격과 비교가능한 모든 수출거래에 대한 하나의 가중평균을 비교하여야 한다는 기초하에 덤핑유무에 대한 판단이 이루어져야 한다는 것을 제시하고 있다고 보았다.

즉 정상가격과 비교가능하지 못한 수출가격이 있는 경우에는 하나의 가중평균 정상가격과 하나의 가중평균 수출가격을 비교할 것을 회원국들은 요구받지 않는다고 하였다. 비교가능하지 않은 거래를 포함하여 가격비교를 하는 것은 2.4조의 공정비교 원칙에도 어긋나는 것이라고 부언하였다.

(나) 당해 부과건에 있어 다중기간 평균방식의 사용이 허용가능한지 여부

반덤핑협정 2.4조에 의하면 수출가격과 내수가격의 비교는 가능한 한 같은 시점에서 이루어진 판매들 간에 이루어져야 한다라고 규정하고 있으므로 가격비교가능성에 있어 판매시점이 의미를 가질 수 있다고 보나, 가중평균 비교방식이 적용되는 경우에 있어 이 조항의 의미가 같은 시점에서 이루어지지 않은 내수 및 수출거래가 반드시 비교불가능하다.

따라서 가중평균산정에 제외되어야 한다는 것을 의미하는 것은 아니라고 하면서 가중평균 비교방식의 문맥상 해석을 통하여 볼 때, 가능한 동일시점에서 가격비교가 이루어져야 한다는 요건은 가중평균 정상가격과 가중평균 수출가격을 산출하는 데 있어 기초가 되는 기간이 같아야 한다는 일반적 사항을 요구하는 것으로 해석되어져야 한다고 보았다.

만일 덤핑존재 여부를 판정하는 데 가격요소 이외에 물량요소가 개입되었을 경우, 판매시점을 기준으로 한 가격비교 방식만으로는 올바른 덤핑판정을 가져올 수 없다.

즉 가격의 변화는 평균비교 방식에 있어 시간상 차이가 비교가능성에 영향을 미친다는 결론에 대한 필요조건에 불과하므로 미 상무부의 판정문 및 최종 분석 보고서에서 조사대상기간을 세분화한 사유가 물량요소를 고려치 않고 이루어졌으므로 미 상무부에 의하여 적용된 다중평균비교방식은 가중평균 정상가격과 모든 비교가능한 수출거래들의 가중평균을 비교하도록 요구하는 협정 2.4.2조에 불일치한다고 평결하였다.

2. 패널의 결론과 권고

(1) 패널의 결론

WTO 패널의 결론을 정리하면 다음과 같다. 우선 '로컬판매'와 관련하여 패널은 후판 분쟁은 협정 2.4.1조, 2.4조, 그리고 12.2조 및 GATT 제10조 제3항(a)와는 불일치하지 않는다고 판정하였고, 판재 분쟁은 요구되지 않은 통화환산을 수행함으로써 협정 2.4.1조에 불일치한다고 판정하였다.

'판매대금미지급거래'에 대한 처리와 관련하여서는 동 판매에서 발생한 대손비용을 독립된 수입상을 통한 판매에 대하여 가격비교에 영향을 미치는 차이로 취급하여 조정요소로 처리한 것과 상기 배분된 대손비용을 수출가격을 구성함에 있어 차감요소로 처리한 것은 협정 2.4조상 의무에 불일치한다고 판정하였다.

'다중기간 평균'과 관련하여서는 후판 및 판재 분쟁에 있어 미국이 적용한 다중평균기간사용은 "가중평균정상가격과 모든 비교가능한 수출거래들의 가중평균을 비교"하도록 요구하는 반덤핑협정 2.4.2조의 규정에 불일치한다고 판정하였으나, 동 협정 2.4조의 첫 번째 문장 및 2.4.1조와는 불일치하지 않다고 판정하였다.

(2) 패널의 권고

패널은 "검토대상 협정하에서 요구되는 준수의무의 위반이 존재하는 조치의 경우 그 조치는 일응 당해 협정상의 수혜에 대한 무효화 또는 침해를 구성한다고 간주된다"면서 미국이 반덤핑협정을 위반하여 조치한 범위 내에서 미국의 조치는 동 협정이 보장하는 한국의 수혜를 무효화 또는 침해하였다고 결론을 내렸다. 그러므로 미국의 한국산 스테인레스 철강 후판 및 판재 분쟁에 대한 반덤핑관세부과조치를 반덤핑협정에 일치토록 요청하여 줄 것을 권고하였다.

Ⅳ. 시사점

미국의 한국산 철강제품에 대한 반덤핑조치 분쟁은 한국이 미국의 자의적인 덤핑률 산정방식에 제동을 거는 사례라고 할 수 있을 것이다. 본 분쟁에 대한 패널의 평결은 반덤핑협정의 모호성을 구체화하는 선례로서 앞으로 회원국의 반덤핑조치 발동시 좋은 사례가 될 수 있을 것이며, 우리나라 무역위원회의 덤핑률 조사에 있어서도 가이드라인이 될 수 있을 것이다.

특히 다중평균기간 문제와 관련하여 특정 기간의 부의 덤핑차액을 없는 것으로 즉, 덤핑률 산정에 있어 부의 덤핑차액을 반영하지 않고, 동 부의 덤핑차액을 '0'으로 하는 선진국의 덤핑률 산정 관례에 대하여 일침을 가한 상징적인 평결로서 그 의미가 크다고 할 수 있다.

향후 우리나라 무역위원회의 발전을 위하여 상기보고서 뿐만 아니라 과거 WTO 패널보고서에 대한 세밀한 연구와 분석을 통하여 협정에 대한 이해를 높이고, 이를 우리 덤핑률 산정방식에 적용할 필요성이 있을 것이다.

분쟁과 관련된 반덤핑협정 조항

제2조 덤핑의 판정

2.1 이 협정의 목적상, 한 국가로부터 다른 국가로 수출된 상품의 수출가격이 수출 국내에서 소비되는 동종상품에 대한 정상적 거래에서 비교가능한 가격보다 낮을 경우 동 상품은 덤핑된 것, 즉 정상가격보다 낮은 가격으로 다른 나라의 상거래에 도입된 것으로 간주된다.

2.2 수출국의 국내시장 내에 통상적인 거래에 의한 동종상품의 판매가 존재하지 아니하는 경우, 또는 수출국 국내시장(수출국 국내시장에서 소비되는 동종상품의 판매가 고려대상 상품의 수입회원국에 대한 판매의 5% 또는 그 이상을 점하는 경우, 이러한 판매는 일반적으로 정상가격을 결정하는 충분한 규모가 되는 것으로 간주된다. 단, 낮은 비율 이하의 국내판매가 적절한 비교 제공을 위해 충분한 규모라는 증거가 제시될 경우에도 동 낮은 비율은 수락가능하여야 한다)의 특별한 시장상황 또는 소규모의 판매 때문에 적절한 비교를 할 수 없는 경우, 덤핑마진은 동종상품의 적절한 제3국 수출시 비교가능한 가격으로서 대표적인 경우 동 가격 또는 원산지국에서의 생산비용에 합리적인 금액의 관리비, 판매비, 일반비용과 이윤을 합산한 가격과의 비교에 의하여 결정된다.

2.2.1 수출국 국내시장에서의 동종상품의 판매 또는 생산단위비용(고정 및 가변비용)

에 관리, 판매 및 일반비용을 합한 것 미만의 가격으로 이루어지는 제3국에 대한 판매는, 당국(이 협정에서 "당국"이라는 용어가 사용될 때에는 적절한 고위급의 당국을 의미하는 것으로 해석된다)이 이러한 판매가 상당기간(상당기간은 일반적으로 1년이며 어떠한 경우에도 6월 미만이 되어서는 안 된다) 이내에 상당량으로(정상가격의 결정을 위해 고려 중에 있는 거래의가중평균 판매가격이 가중평균 단위비용이하거나 단위비용이하의 판매규모가 정상가격 결정을 위해 고려중에 있는 거래에서 판매된 양의 적어도 20% 이상이 된다고 당국이 입증하는경우, 단위비용이하의 판매가 상당량 이루어지는 것으로 간주된다) 이루어지고 그 가격은 합리적인 기간 내에 총비용의 회수하지 못하는 가격이라고 판단하는 경우에 한하여, 가격을 이유로 정상적인 거래에 속하지 아니하는 것으로 취급될 수 있고 또한 정상가격을 결정하는 데 있어서 고려대상에서 제외될 수 있다. 판매시 단위비용 이하인 가격이 조사대상 기간 동안의 가중평균단위비용보다 높은 경우, 이러한 가격은 합리적인 기간 내에 비용을 회수할 수 있는 것으로 간주된다.

2.2.1.1 제2항의 목적상, 조사대상 수출자 또는 생산자가 유지하고 있는 기록이 수출국에서 일반적으로 인정된 회계원칙에 따르고 있고 고려 중에 있는 상품의 생산 및 판매와 관련되는 비용을 합리적으로 반영하고 있는 경우, 비용은 일반적으로 조사대상 수출자 또는 생산자가 유지하고 있는 기록에 기초하여 산출된다. 당국은 조사기간 중 수출자 또는 생산자가 제시한 증거를 포함, 비용의 적절한 할당에 관한 모든 입수가능한 증거를 고려한다. 단, 이러한 비용의 할당은 특히 적절한 분할상환 및 감가상각기간의 설정, 자본지출 및 다른 개발비용에 대한 공제와 관련하여 수출자 또는 생산자에 의하여 전례적으로 활용되어 온 것이어야 한다. 이 호에 따른 비용할당에 아직 반영되지 못했을 경우, 현재 및/또는 미래의 생산에 혜택을 주는 일회성비용항목 또는 생산개시 가동으로 인하여 조사기간중 비용이 영향을 받는 경우는 비용이 적절히 조정된다(생산개시 가동에 따른 조정은 생산개시 기간의 마지막 시점에서의 비용을 반영하거나. 그러한 기간이 조사기간을 넘었을 경우 조사기간 동안 당국이 합리적으로 고려할 수 있는 가장 최근의 비용을 반영한다).

2.2.2 제2항의 목적상 관리, 판매 및 일반비용 그리고 이윤의 금액은 조사대상 수출자 또는 생산자에 의한 동종상품의 정상적인 거래에서의 생산 및 판매에 관한 실제자료에 기초한다. 이러한 금액이 이에 기초하여 결정될 수 없을 경우에는 아래에 기초하여 결정될 수 있다.

(1) 당해 수출자 또는 생산자에 의하여 원산지국의 국내시장에서 동일한 일반적인 부류의 상품의 생산 및 판매와 관련하여 발생되고 실현된 실제금액, (2) 조사대상인 다른 수출자 또는 생산자에 의하여 원산지국의 국내시장에서 동종상품의 생산 및 판매와 관련하여 발생되고 실현된 실제금액의 가중평균, (3) 그 밖의 합리적인 방법. 단, 이러한 방법으로 확정된 이윤액은 원산지국의 국내시장에서 다른 수출

자 또는 생산자에 의하여 동일한 일반적인 부류의 상품의 판매에 대하여 정상적으로 실현된 이윤을 초과하여서는 아니된다.

2.3 수출가격이 존재하지 아니하거나 수출가격이 수출자 및 수입자 또는 제3자 간의 제휴나 보상약정으로 인하여 믿을 수 없다고 관계당국에 보여지는 경우, 수출가격은 수입품이 독립구매자에게 최초로 재판매되는 가격을 기초로 구성될 수 있으며, 또는 독립구매자에게 재판매되지 않거나 수입된 상태로 재판매되지 아니하는 경우에도 당국이 결정할 수 있는 합리적인 기초에 의하여 구성될 수 있다.

2.4 수출가격과 정상가격 간에 공정한 비교를 한다. 이러한 비교는 동일한 거래단계, 일반적으로는 공장도단계에서 그리고 가능한 한 같은 시기에 이루어진 판매에 대하여 행하여진다. 제반판매조건, 과세, 거래단계, 수량, 물리적 특성의 차이와 가격비교에 영향을 미친다고 증명된 그 밖의 차이점들을 포함하여 가격비교에 영향을 미치는 차이점들에 대해서 각각의 경우에 그 내용에 따라 적절히 고려한다(위의 요소들 중 일부는 중첩될 수 있는 것으로 양해하고 당국은 이 규정에 따라 이미 이루어진 조정이 중복되지 않도록 보장한다). 제3항에 언급된 경우에 있어서, 수입과 재판매 사이에 발생하는 관세 및 조세를 포함한 비용 및 발생한 이윤이 또한 고려되어야 한다. 이러한 경우에 가격비교가 영향을 받을 때에는 당국은 구성수출가격의 거래단계와 동일한 거래단계에서 정상가격을 설정하거나 또는 이 항에 따라 정당화된 적절한 고려를 한다. 당국은 공정한 가격비교를 위해 어떠한 정보가 필요한지를 당해 당사자에게 알리며, 이러한 당사자에게 불합리한 입증책임을 지워서는 아니된다.

2.4.1 제4항에 의한 비교시 화폐단위의 변경이 요구되는 경우 이러한 변경은 판매일자(일반적으로, 판매일자는 계약일, 구매주문일, 주문확인일 혹은 송장작성일 중 실제적인 판매조건이 설정된 일자이다)의 환율을 사용하여 이루어져야 한다. 단, 선물시장에서의 외환의 판매가 관련 수출판매와 직접 연계되어 있는 경우에는 선물판매환율이 사용된다. 환율변동은 무시되고, 조사시 당국은 조사기간 중 환율의 지속적인 움직임을 반영하기 위하여 수출자에게 최소 60일의 수출가격 조정기간을 부여한다.

2.4.2 제4항의 공정비교를 규율하는 규정에 따라 일반적으로 조사기간 동안의 덤핑마진의 존재를 가중평균 정상가격과 모든 비교가능한 수출거래가격의 가중평균과의 비교에 기초하거나 또는 각각의 거래에 기초한 정상가격과 수출가격의 비교에 의하여 입증된다. 당국이 상이한 구매자, 지역, 또는 기간별로 현저히 다른 수출가격의 양태를 발견하고, 가중평균의 비교 또는 거래별 비교 사용으로 이러한 차이점이 적절히 고려될 수 없는 이유에 대한 설명이 제시되는 경우에는 가중평균에 기초하여 결정된 정상가격이 개별수출거래가격에 비교될 수 있다.

2.5 상품이 원산지국으로부터 직접 수입되지 않고 중개국을 통하여 수입회원국에 수출되는 경우, 수출국으로부터 수입회원국으로 판매되는 상품의 가격은 일반적으로

수출국의 비교가능한 가격과 비교된다. 그러나 예를 들어 수출국을 통해 단순히 환적되거나 이러한 상품이 수출국에서 생산되지 아니하거나 수출국의 비교가능가격이 존재하지 아니하는 경우, 원산지국에서의 가격과 비교될 수 없다.

2.6 이 협정 전체를 통해 "동종상품"이라는 용어는 동일한 상품, 즉 고려 중에 있는 상품과 모든 면에서 같은 상품을 의미하며, 그러한 상품이 없는 경우 비록 모든 면에서 같지는 않으나 고려 중에 있는 상품과 매우 유사한 특성을 갖고 있는 다른 상품을 의미하는 것으로 해석된다.

2.7. 이 조는 1994년도 GATT 부속서 1의 제6조 제1항에 대한 제2차 보충규정을 저해하지 아니한다.

※ 사례연구

EU의 인도산 Cotton-type Bed Linen에 대한 덤핑관세부과 사례[2)]

Ⅰ. 문제의 제기

1. 사례의 개요

1996년 7월 30일, 유럽면화생산자협회("Eurocotton")는 인도로부터 수입되는 cotton-type bed linen에 대한 반덤핑관세부과신청서를 유럽연합에 제출하였다. 이에 따라 유럽연합은 1996년 9월 13일 상기 사항과 관련된 조사개시를 공표하였다. 이 조사와 관련하여 유럽연합은 1995년 7월 1일부터 1996년 6월 30일까지를 덤핑조사기간으로 정하고, 피해조사기간은 1992년부터 1996년 6월 30일까지로 정하였다. 유럽연합은 동 제품과 관련된 인도의 생산 및 수출업자가 많은 관계로 표본을 추출하여 조사하는 방법을 사용하기로 하였다.

유럽연합은 인도의 모든 생산업자들에 대하여 구성가격에 근거한 정상가격을 사용하였다. 위와 같이 구성가격을 산정하기 위해 인도의 Bombay Dyeing을 대표적인 생산업자로 선정하여 이 업체의 판매관리비 및 이익률을 다른 인도업체들에게도 동등하게 적용하였다. 덤핑마진은 품목별 가중평균구성가격과 각각의 가중평균수출가격

2) 본 사례는 -EU vs INDIA - Bed Linen 사건 - (DS141, 2001. 3. 12.- 상소기구)에 기초한 것임.

을 비교하여 산정하였으며, 이는 각각의 생산자별로 다르게 산출되었다. 유럽연합은 관련산업의 생산이 감소하고 있고 이익률이 감소하며 가격이 떨어지는 등의 피해가 존재하고 이의 중대한 원인은 수입물량의 증가와 덤핑가격으로 인해 발생하였다고 판정하였다. 따라서 유럽연합은 1997년 6월 14일에 잠정적 반덤핑관세를 부과하였으며, 최종 반덤핑관세의 부과방침은 1997년 11월 28일에 공표되었다. 피해마진은 모든 경우에 덤핑마진을 초과하는 것으로 결정되었으며, 최종 반덤핑관세는 2.6%에서 24.7%로 결정되었다.[3)]

1998년 8월 3일, 분쟁해결규칙 및 절차에 관한 양해("DSU")의 제4조, 1994년도 관세 및 무역에 관한 일반협정("GATT 1994")의 제23조 및 1994년도 관세 및 무역에 관한 일반협정 제6조의 이행에 관한 협정("반덤핑협정")의 제17조에 근거하여, 인도는 cotton-type bed linen 제품에 대한 유럽연합의 최종 덤핑관세부과 조치인 1997년 11월 28일의 Commission Regulation No.2398/97에 대하여 유럽연합과 협의(Consultation)를 요구하였고, 1998년 8월 17일 파키스탄도 인도가 제기한 이 협의에 참여할 것을 요청하였다.[4)]

인도와 유럽연합은 1998년 9월 18일과 1999년 4월 15일 제네바에서 협의를 가졌으나 상호 만족할만한 결론에 도달하지 못하였고, 1999년 9월 7일에 인도는 GATT 1994의 제23조:2, DSU의 제6조 및 반덤핑협정 제17조에 의거하여 분쟁해결기구(DSB : Dispute Settlement Body)에 패널구성을 요구하였다. 1999년 10월 27일 분쟁해결기구(DSB)는 인도의 요구에 따라 패널을 설립하기에 이르렀고 이집트와 일본 및 미국도 제3국으로 참여할 것을 요구함에 따라 패널은 2000년 5월 10일과 11일 및 6월 6일에 인도와 유럽연합 및 제3국과 회의를 가졌다.

수차례의 회의 및 조사 후 패널은 2000년 10월 30일 보고서를 작성하였으며, 인도 및 유럽연합은 각각 일부 결정사항에 불복하여 상소하였고, 2001년 3월 1일 상소기구(the Appellate Body)는 최종보고서를 작성하고, 그 결정에 따라 이해당사 국가가 결정사항을 이행하기를 권고하였다.

---

3) 구성가격 : 정상가격 계산시 비교가능한 국내판매가격이 존재하지 않는 경우 덤핑률산정을 위한 수출가격과의 대비를 위해 구성한 가격을 말하는 것으로 실제 생산원가에 합리적인 수준의 관리비와 판매비, 그리고 기타 비용과 이윤을 합산한 가격

4) Understanding on Rules and Procedures Governing the Settlement of Disputes.

Ⅱ. 쟁점사항의 검토

이하에서는 주요 쟁점사항에 대한 양측의 주장과 패널 및 상소기구의 결정을 검토해 보고자 한다.

1. 이익금액의 결정(반덤핑협정 2.2.2조)

(1) 논쟁의 개요

정상가격을 구성가격(Constructed Value)에 근거하는 경우, 구성가격은 생산비용에 합리적 금액의 판매비, 일반관리비, 이윤을 합산한 가격에 의해 결정된다. 이때 합리적 금액의 판매비, 일반관리비, 이윤의 적용에 대하여 규정한 반덤핑협정 2.2.2조에 대한 해석과 관련된 논쟁이다.

(2) 반덤핑협정 2.2.2조 내용[5)]

제2항의 목적상 관리, 판매 및 일반비용 그리고 이윤의 금액은 조사대상 수출사 또는 생산자에 의한 동종상품의 정상적인 거래에서의 생산 및 판매에 관한 실제자료에 기초한다. 이러한 금액이 이에 기초하여 결정될 수 없을 경우에는 아래에 기초하여 결정될 수 있다.

i) 당해 수출자 또는 생산자에 의하여 원산지국의 국내시장에서 동일한 일반적인 부류의 상품의 생산 및 판매와 관련하여 발생되고 실현된 실제금액

ii) 조사대상인 다른 수출자 또는 생산자에 의하여 원산지국의 국내시장에서 동종상품의 생산 및 판매와 관련하여 발생되고 실현된 실제 금액의 가중평균

iii) 그밖의 합리적인 방법. 단, 이러한 방법으로 확정된 이윤액은 원산지국의 국내시장에서 다른 수출자 또는 생산자에 의하여 동일한 일반적인 부류의 상품의 판매에 대하여 정상적으로 실현된 이윤을 초과하여서는 아니된다.

---

5) Article 2.2.2 "For the purpose of paragraph 2, the amounts for administrative, selling and general costs and for profits shall be based on actual data pertaining to production and sales in the ordinary course of trade of the like product by the exporter or producer under investigation. When such amounts cannot be determined on this basis, the amounts may be determined on the basis of : (i) the actual amounts incurred and realised by the exporter or producer in question in respect of production and sales in the domestic market of the country of origin of the same general category of products; (ii) the weighted average of the actual amounts incurred and realised by other exporters or producers subject to investigation in respect of production and sales of the like product in the domestic market of the country of origin; (iii) any other reasonable method, provided that the amount for profit so established shall not exceed the profit normally realised by other exporters or producers on sales of products of the same general category in the domestic market of the country of origin."

(3) 논쟁의 내용

1) 2.2.2조의 선택조항의 순서와 관련된 논쟁[6)]

① 인도의 주장

인도의 입장은 합리적인 이익금액을 결정하는 2.2.2조를 적용함에 있어서 (i)조항은 (ii)조항보다 우선적으로 적용되어야 한다는 것이다. 즉 2.2.2조의 (i)~(iii)조항은 선행조항이 적용되지 못할 경우 후행조항을 적용해야 하는 순차적인 성격이라는 것이다. 유럽연합은 2.2.2조 (i)이 적용가능함에도 불구하고 2.2.2조 (ii)를 적용함으로써 협정을 위반한 것이다.

② 유럽연합의 주장

2.2.2조를 살펴보면 선택조항인 (i)~(iii)조는 순서가 부여되어 순차적으로 적용되어야 할 것이 아니라, 단지 여러 가지 옵션의 하나일 뿐이므로 어떤 조항이 다른 조항보다 우선권을 가지는 것이 아니다. 따라서 유럽연합이 (i)조항을 적용하지 않고 (ii)조항을 이용하여 이익액을 계산한 것은 덤핑과 관련된 협정을 위반한 것이 아니다.

③ WTO의 입장

2.2.2조는 구성가격을 계산하여 덤핑마진을 산출하는 경우 사용할 수 있는 방법에 대해 기술하고 있는바, (i), (ii)조는 그 방법에 대해, (iii)조는 기타 합리적인 방법도 사용가능하다고 나타나 있다. 결국, 대체적으로 사용할 수 있는 방법들은 모두 완전하지는 않은 것으로써 당국이 합리적이라고 생각하는 방법을 택하여 적용할 수 있는 것이다. 조항에 순차적으로 번호가 부여된 것은 조문을 나열하기 위한 방법일 뿐이지 이것이 순서를 부여하는 것은 아니다. 따라서 유럽연합이 동 규정을 위배하였다는 인

---

6) 2.2.2 제2항의 목적상 관리, 판매 및 일반비용 그리고 이윤의 금액은 조사대상 수출자 또는 생산자에 의한 동종상품의 정상적인 거래에서의 생산 및 판매에 관한 실제자료에 기초한다. 이러한 금액이 이에 기초하여 결정될 수 없을 경우에는 아래에 기초하여 결정될 수 있다.

(1) 당해 수출자 또는 생산자에 의하여 원산지국의 국내시장에서 동일한 일반적인 부류의 상품의 생산 및 판매와 관련하여 발생되고 실현된 실제금액

(2) 조사대상인 다른 수출자 또는 생산자에 의하여 원산지국의 국내시장에서 동종상품의 생산 및 판매와 관련하여 발생되고 실현된 실제금액의 가중평균

(3) 그 밖의 합리적인 방법. 단, 이러한 방법으로 확정된 이윤액은 원산지국의 국내시장에서 다른 수출자 또는 생산자에 의하여 동일한 일반적인 부류의 상품의 판매에 대하여 정상적으로 실현된 이윤을 초과하여서는 아니된다.

도의 주장은 인정되지 아니한다.

2) 2.2.2조(ii)의 다른 수출자 혹은 생산자("other exporters or producers")로부터의 자료와 관련된 논쟁

① 인도의 주장

인도의 주장은 유럽연합이 2.2.2[7](ii)조를 적용함에 있어서 하나 이상의 회사가 존재하지 않는 데도 불구하고 가중평균 개념을 사용하여 덤핑마진을 계산하였으므로 이는 관련 조항에 위배된다는 것이다. 즉, 2.2.2(ii)의 조문상에 존재하는 amounts와 exporters or producers가 복수로 되어 있다는 점에 주목하고, 해당 조문에 금액(amounts)의 가중평균을 사용하도록 되어 있으므로 단지 하나의 수출자 혹은 생산자가 존재하는 경우에는 본 규정이 적용될 여지가 없다는 것이다.

② 유럽연합의 주장

유럽연합이 의도적으로 하나의 회사만을 선택하여 계산한 것도 아니고, 복수의 형태라는 것이 단수도 포함하는 것이므로, 피치 못할 환경에서 적용된 하나의 회사에 대한 가중평균은 타당한 것이다.

③ WTO의 입장

패널은 유럽연합의 적용이 옳다는 입장이었고, 상소기구(The Appellate Body)는 이에 반대하여 인도의 주장이 타당하다고 결론내렸다. 즉, 상소기구의 관점으로는 2.2.2(ii)조의 가중평균이라는 구문은 다른 수출자 혹은 생산자라는 구문이 복수 형태를 띄는 것이 단수형을 포함한다고 보지 않았다. 무엇보다 SG&A 및 이익률의 평균금액이라는 개념은 분명히 단지 하나의 생산자 혹은 수출자만이 존재하는 경우에는 적용될 수 없다는 것이다. 더불어, 가중평균이라는 단어는 이러한 관점을 더욱 확고히 하는 것이므로, 가중평균은 하나의 수출자 혹은 생산자만 존재하는 경우에는 산출될 수 없다는 것이다. 실제로 이 상소에 관한 청문회에서 유럽연합은 가중평균이라는 문구는 하나 이상의 생산자 혹은 수출자가 존재하는 경우에만 성립할 수 있음을 인정하

7) 2.2 수출국의 국내시장 내에 통상적인 거래에 의한 동종상품의 판매가 존재하지 아니하는 경우, 또는 수출국 국내시장의 특별한 시장 상황 또는 소규모의 판매 때문에 적절한 비교를 할 수 없는 경우, 덤핑마진은 동종상품의 적절한 제3국 수출시 비교가능한 가격으로서 대표적인 경우 동 가격 또는 원산지국에서의 생산비용에 합리적인 금액의 관리비, 판매비, 일반비용과 이윤을 합산한 가격과의 비교에 의하여 결정된다.

였다. 결국, 2.2.2(ii)조를 적용하는 데 있어서 패널은 실제로 몇몇 상황에서 가중평균을 문맥에 맞지 않게 사용하였다. 따라서 상소기구는 패널의 결정을 보류하고, AD Agreement 2.2.2(ii)조는 생산자 혹은 수출자가 둘 이상일 경우에만 적용가능하도록 결정하고 유럽연합이 이를 시정하도록 조치하였다.

3) 2.2.2조(ii)의 발생하고 실현된("incurred and realized") 생산 및 매출액에 관련된 논쟁

① 인도의 주장

인도는 유럽연합이 2.2.2(ii)를 적용함에 있어서 모든 거래에서 발생하고 실현된 생산 및 매출액을 사용한 것이 아니라, 정상적인 거래("ordinary course of trade")를 통하여 생산 혹은 판매된 금액을 사용하였으므로 관련 조항에 위배된다고 주장했다. 즉, 유럽연합이 2.2.2(ii)조를 적용할 때 모든 거래를 포함하여 계산한 것이 아니고 정상적 거래(원가 이상으로 매출된 거래)의 매출만 포함한 것은 문제가 된다는 것이다.

② 유럽연합의 주장

유럽연합에 따르면 정상적이지 않은 거래를 제외한 이유는 SG&A를 계산시에는 동 거래들은 대표성이 없기 때문이며, 이익금액을 계산할 경우에도 대표성이 없고 이익이 나지 않기 때문이라는 것이다. 또한 2.2조에도 나타나 있듯이 정상적이지 않은 거래는 이윤이 나지 않고 대표성이 없기 때문에 신뢰할 수 없다는 게 유럽연합의 주장이다.

③ WTO의 입장

패널은 회원국이 정상적이지 않은 거래를 제외할 의무가 있다고 보지는 않는다. 그러나 만약 구성가격을 산출할 때 정상적이지 않은 거래를 포함할 경우, 원가보다 낮은 매출액을 가지는 거래를 포함하는 구성가격은 결국 원가와 같아질 수 있는 가능성이 있기 때문에, 구성가격을 무의미하게 만들고 2.2조의 규정에도 위배된다는 것이다. 그러므로 그러한 정상적이지 않은 거래를 구성가격 산출시 포함하는 것은 합리적이지 않다는 게 패널의 결론이었다. 인도는 위의 패널의 결정에 다시 반박하여 상소기구에 제소하였다. 인도의 주장은 조문에 따르면 이익은 발생하였거나 실현된 금액에 기초하여 계산되는 것이지 반드시 이익이 나는 거래만을 사용해야 한다는 것이 아니라는 것이다. 이 상소와 관련하여 상소기구는 2.2.2(ii)조가 다른 수출자 혹은 생산자로부터 실제로 발생하였고 실현된 금액의 가중평균액이라고 정의한 것에 주목하고 실제로 발생하였고 실현되었다는 정의에는 어떠한 예외나 한정도 존재하지 않으므로 실제로 발생하였고 실현된 금액이라는 의미는 수출국내의 유사제품의 생산 및 판매와 관련된 수출자 및 생산자가 실제로 발생한 SG&A 혹은 실제로 실현된 이익 혹은 손실을 뜻하는 것이라고 보았다. 2.2.2(ii)조는 실제로 발생하였고 실현된 금액 중의 일부를 제외시키는 것을 허용하지 않는다. 이에 따라 가중평균의 계산은 그 금액이 정상적인 거래에서 발생하였는지의 여부에 관계없이 실제로 발생한 금액을 모두 포함해야 한다는 것이다. 따라서 회원국은 2.2.2(ii)조에 따라 정상적인 거래로 판매되지 않은 거래라 하더라도 가중평균을 계산할 때는 모두 포함시켜야 한다는 것이다. 위와 같은 문맥적 적용을 위해 위원회는 2.2.2조의 서두에 나와 있는 SG&A와 이익률의 계산방법에 주목하고 2.2.2(ii)에 나와 있는 방법은 세 가지 방안 중의 하나로써, 2.2.2조에 기술한 방법이 사용될 수 없는 경우에만 적용할 수 있는 방법이라는 해석을 내렸다. 이 원칙적 방법에 관하여 2.2.2조는 다음과 같이 정의하고 있다.

[2항의 목적상, 판매 및 관리에 관한 비용(SG&A)과 이익(Profit)은 조사대상 수출자 및 생산자의 동종제품의 정상적인 거래로 인한 생산 및 판매와 관련하여 발생한 실제 데이터에 기초해야 한다.]

2.2.2(ii)조와는 반대로 2.2.2조의 서두에는 실제 데이터가 정상적인 거래로부터 발생한 것임을 강조하고 있다. 그러므로 덤핑협정은 SG&A 및 이익률 계산시 정상적인 거래로부터 발생하지 않은 자료는 제외시키도록 규정하고 있는 것이다. 2.2.2(ii)조항은 정상적이지 않은 거래를 제외하는 규정을 두고 있지 않다. 이 요구사항은 2.2.2(ii)조의 문맥이나 내용을 고려할 때 2.2.2조의 서두에서의 규정을 정당화시켜주지 않는다. 그러므로 회원국들이 2.2.2(ii)조하에서 이익을 계산할 때 정상적인 경로로 판매되지 않은 생산자 및 수출자의 매출을 제외할 수 있다는 패널의 결정은 잘못된 것이라는 게 상소기구의 입장이다.

4) 2.2조의 합리성(reasonability)에 대한 논쟁

① 인도의 주장

인도는 유럽연합이 계산한 SG&A 및 이익금액은 합리적이지 않다고 주장한다. 2.2.2조의 세가지 방법 가운데 어떠한 방법을 사용하였든지간에 2.2[8]조는 그 결과는

8) Article 2.2 Cost of production in the country of origin plus a reasonable amount for administrative, selling and general costs and for profits.

합리적이어야 한다고 규정하고 있다는 것이다. 인도의 유사제품 생산업자의 평균 이익률은 7.04%이며 기타 일반적인 업체들의 이익률은 평균 5.41%이다. 또한 이집트와 파키스탄의 bed linen 생산업자들의 평균이익률은 6.1% 정도이다. 그리고 유럽연합 내의 유사산업 관련 업체들의 이익률은 5% 정도이다. 유럽연합이 하나의 회사의 수치만을 차용하여 산출한 이익률은 18.65%이다. 그러나 이 수치는 기타 다른 수치와 비교해 보거나 일반적인 bed linen 생산업체들의 이익률을 고려해 볼 때 터무니 없는 결과라는 것이다. 심지어 이 수치는 기타 조사대상국인 다른 두 나라의 수치에 비해 3배나 높게 나타난 것이다. 이러한 상황을 종합해 볼 때, 이 수치는 몹시 불합리한 것이라는 게 인도의 주장이다.

② 유럽연합의 주장

유럽연합의 입장은 2.2.2조는 계산방법의 합리성에 중점을 두어 열거한 조항이며, 만약 계산방법이 합리적이라면 그에 따른 결과도 합리적이라고 인정해야 한다는 것이다. 또한, 2.2.2(iii)에 규정된 바와 같이 이윤액은 원산지국의 국내시장에서 다른 수출자 혹은 생산자에 의한 동일한 일반적 부류의 상품판매에 대하여 정상적으로 실현된 이윤을 초과하여서는 아니된다라는 문구는 (iii)조항에만 해당되는 것이지 기타 (i) 내지 (ii)조항에 적용되는 것은 아니다.

③ WTO의 입장

2.2.2조에 나타나 있는 방법들은 2.2조에 따라 합리적인 금액산출을 위해 규정된 것이며 여기에는 합리성에 대한 특별한 규정이 없고 어떻게 합리성을 측정할 것인지에 대하여도 언급하고 있지 않다. 따라서 규정에 나타나 있는 대로 적용하여 금액을 산출하였다면 그것은 바로 2.2조에 규정된 합리성에 부합된다고 보아야 할 것이다.

2.2.2(iii)조에는 기타 합리적인 방법을 사용할 수 있음에 대해 언급하고 있는바, 이는 특정한 방법을 내포하고 있지 않다는 점에 주목할 필요가 있다. 또한 2.2.2조는 실제 데이터의 사용에 중점을 두고 있기 때문에 실제 데이터의 사용, 그 자체가 그 데이터의 합리성에 대한 확신을 줄 수 있다고 본다.

결론적으로, 2.2.2(ii)조를 정확하게 적용했다면 그 결과는 합리적인 것이고, 덤핑협정이 특정한 방법을 사용할 경우 그 합리성을 검증해야 한다고 규정하고 있지도 않기 때문에, 유럽연합은 규정을 위배하지 않았다고 본다.

2. Zeroing과 관련된 논쟁(반덤핑협정 2.4.2조)

(1) 논쟁의 개요

공정한 마진산정을 위해서는 조사대상제품을 모델별로 구분한 후 동일모델별로 수출가격과 정상가격을 비교하여 마진을 산정하여야 한다. 이때 특정 모델에서는 정상가격보다 수출가격이 높아서 (-)의 덤핑마진이 발생할 수 있는데 이 경우 (-)의 덤핑마진을 (-) 그대로 인정할 것인지 영(Zeroing)으로 취급해야 하는지가 논쟁의 대상이다.

(2) 반덤핑협정 2.4.2조의 내용[9)]

[제4항의 공정한 비교를 규율하는 규정에 따라 일반적으로 조사기간 동안의 덤핑마진의 존재는 가중평균[10)] 정상가격과 모든 비교가능한 수출거래가격의 가중평균과의 비교에 기초하거나 또는 각각의 거래에 기초한 정상가격과 수출가격의 비교에 의하여 입증된다. 당국이 상이한 구매자, 지역, 또는 기간별로 현저히 다른 수출가격의 양태를 발견하고, 가중평균의 비교 또는 거래별 비교 사용으로 이러한 차이점이 적절히 고려될 수 없는 이유에 대한 설명이 제시되는 경우에는 가중평균에 기초하여 결정된 정상가격이 개별수출거래가격에 비교될 수 있다.]

9) Article 2.4.2 "Subject to the provisions governing fair comparison in paragraph 4 the existence of margins of dumping during the investigation phase shall normally be established on the basis of a comparison of a weighted average normal value with a weighted average of prices of all comparable export transactions or by a comparison of normal value and export prices on a transaction-to-transaction basis. A normal value established on a weighted average basis may be compared to prices of individual export transactions if the authorities find a pattern of export prices which differ significantly among different purchasers, regions or time periods, and if an explanation is provided as to why such differences cannot be taken into account appropriately by the use of a weighted average-to-weighted average or transaction-to-transaction comparison."

10) 각 변량에 대응하는 무게(가중값)를 가하였을 때의 평균. 즉 변량으로서 취하는 값을 W1, W2, W3, W4, … Wn이라고 하고, 이에 대응하는 무게를 각각 X1, X2, X3, … Xn이라 할 때, 다음 식에 의해 계산되는 평균을 가중평균이라 한다.

$$\frac{w_1x_1+w_2x_2+...+w_nx_n}{w_1+w_2+...+w_n}$$

가령 어느 상품의 소매가격을 몇몇 판매점에 대하여 조사했을 때, 그 평균값으로서는 각 판매점의 소매가격(Wn)에 그 판매점의 판매량(Xn)을 무게를 대응시킨 가중평균을 채택하는 편이 단순평균에 의한 것보다 합리적이다.

(3) 논쟁의 내용

1) 인도의 주장

일반적으로 덤핑마진의 계산은 다음의 3가지 방법이 가능하다. 이를 살펴보면 (ⅰ) 가중평균수출가격과 가중평균정상가격의 비교, (ⅱ) 개별수출가격과 개별정상가격의 비교, (ⅲ) 개별수출가격과 가중평균정상가격과의 비교 방법을 들 수 있다.

인도의 주장은 유럽연합이 위 첫 번째 방법을 사용하면서 오류를 범했다는 것이다. 유럽연합이 가중평균 수출가격과 가중평균 정상가격을 모델 및 품목별로 비교하면서 일부 (-)의 덤핑마진이 산출된 모델을 0으로 가정하여 전체적인 덤핑마진을 산출하는 Zeroing을 사용하였다.

Zeroing은 다음과 같이 설명될 수 있다. 우선, 유럽연합은 조사 중인 제품(cotton-type bed linen)을 특정 품목과 유형으로 구분하였고, 각각의 품목별로 가중평균정상가격과 가중평균수출가격을 계산하여 비교하였다. 일부 품목에 있어서는 정상가격이 수출가격보다 높아서 (+)의 덤핑마진을 계산할 수 있었으나, 그렇지 않은 품목들은 정상가격이 수출가격보다 낮아서 (-)의 덤핑마진이 산출되었다. 그러므로, 덤핑이 이루어진 품목들은 (+)의 덤핑마진이 존재하고, 그렇지 않은 품목들은 (-)의 덤핑마진이 존재하는 것이다. 여기서 양과 음의 수치들은 해당 품목들의 수출가격이 정상가격보다 얼마만큼 크고 적은지를 나타내는 것이다. 유럽연합은 전체적인 덤핑마진을 계산하기 위해 이렇게 각 품목별로 산출된 덤핑마진을 더해서 총계를 구하는 방법을 사용하였다. 그러나, (-)의 덤핑마진이 발생한 품목들은 그 수치를 0으로 하여(이하 "Zeroing"이라 한다) 합계를 구하였다. 결과적으로 (+)의 덤핑마진과 0을 더하였고, 이 총합계를 모든 품목을 포함하는 수출가격의 누계로 나누어 전체적인 덤핑마진을 산출했던 것이다.

2.4.2조는 가중평균정상가격은 모든 비교가능한(all comparable) 수출거래의 가중평균가격과 비교되어야 한다고 규정하고 있다. 즉, (-)의 덤핑마진이 발생한다고 해서 이를 가중평균가격 계산에 제외할 수 없다는 것을 규정하는 것이다. 2.4.2조의 가중평균이라는 개념은 특정 금액을 제외할 수 있다는 것을 용납하지 않는다. 또한 Zeroing은 (-) 마진을 인정하는 방법보다 항상 고율의 덤핑마진이 산출되도록 하는 방법으로서 협정의 취지에 어긋난다.

이번 케이스의 경우 유럽연합은 (-)의 덤핑마진을 가지는 거래를 Zeroing함으로써 최종 가중평균 덤핑마진 계산시 모든 비교가능한 수출거래의 가중평균가격을 사용하지 않았다. 이는 가중평균을 계산할 때 개별수출가격을 조작한 것과 같은 것이다. 즉, 2.4.2조에 Zeroing을 금지한다는 명백한 규정이 존재하지 않는다고 해서 이를 인정한다는 의미는 아니다.

2) 유럽연합의 주장

유럽연합의 Zeroing방법은 덤핑에 해당하는 품목에만 덤핑마진을 적용한다는 관점에서 사용된 것이다. 따라서 덤핑이 발생하지 않는 품목의 경우에는 이를 영으로 처리하고 실제 덤핑에 해당되는 마진만 계산에 포함시키는 것이 적합하다. 유럽연합 에 따르면 2.4.2조는 모든 비교가능한("all comparable") 수출거래의 가격의 가중평균을 비교하도록 규정하고 있으며 이는 모든 수출거래의 가중평균을 비교하도록 규정하지 않았다는 것이다. 2.4.2조의 비교가능이라는 단어의 존재를 강조하여, 2.4.2조는 반대로 조사대상 제품에는 비교불가능한 품목들도 존재한다는 것을 인정한다고 볼 수 있으며 조사당국은 이러한 비교불가능한 각각의 품목별로 덤핑마진을 산출하고 이렇게 계산된 마진들을 차후에 합계하여 전체적인 덤핑마진을 계산해야 한다는 것이다. 그러므로 유럽연합은 2.4.2조에는 개별품목에 대한 덤핑마진의 구체적인 산출방법에 대해 규정하고 있지 않으므로, 전체적인 덤핑마진을 계산할 때 2단계의 방법을 사용하였는바 우선 개별품목별로 덤핑마진을 계산하고 이를 나중에 합하여 전체적인 덤핑마진을 산출하였다고 주장하였다. 이러한 연유로 덤핑마진 산출 시 Zeroing개념을 적용하는 것은 2.4.2조에 저촉되지 않는다는 것이다.

3) WTO의 입장

유럽연합의 입장은 2.4.2조가 the existence of margins of dumping이라는 복수형으로 규정하고 있으므로 전체마진은 한 가지 이상의 마진을 가중평균하여 계산해야 한다는 것이었다. 그러나, WTO의 입장은 덤핑마진이란 제품(the product)에 대하여 산출하는 것이지, 개별품목에 대하여 계산하는 것이 아니다. 규정이 복수형으로 나타나 있는 것은 일반적인 표현일 뿐이다. 또한 반덤핑협정 2.1조는 덤핑을 다음과 같이 규정하고 있다.[11)]

---

11) Article 2.1 For the purpose of this Agreement, a product is to be considered as being dumped, i.e. introduced into the commerce of another country at less than its normal value, if the export price of the product exported from one country to another is less than the comparable price, in the ordinary course of trade, for the like product when destined for consumption in the exporting country.

[이 협정의 목적에 따라서, 덤핑된 것으로 간주되는 제품은 다른 나라에 정상가격보다 낮게 수출된 것으로써, 통상적으로 수출가격이 수출국의 비교가능한 국내가격보다 적은 것이다.] 이 규정에 따르면 협정은 분명히 하나의 제품에 대하여 덤핑마진을 산출하는 것이고, 2.4.2조에서 사용하고 있는 덤핑마진은 하나의 제품에 대한 덤핑마진인 것이다.

유럽연합은 이 조사와 관련하여 제품을 아래와 같이 규정한 바 있다. [cotton-type bed linen은 순수 혹은 인조섬유 등과 혼합된 형태이며, bed linen은 침대보, 이불 등을 포함한다. …(중략)… 다양한 생산방법에 따른 각각의 제품유형이 존재할 수 있음에도 불구하고, 모든 제품유형들은 동일한 물리적 성질을 가지며 근본적으로 그 쓰임새가 같기 때문에 이 절차에 있어서는 하나의 제품을 구성한다.]

결국, 유럽연합은 분명히 cotton-type bed linen이라는 것을 이번 케이스의 조사대상제품으로 규정한 것이다. 제품을 이렇게 결정함으로 인해 유럽연합은 제품에 대한 범위를 이 정의에 부합되도록 적용하여야 할 것이다. 따라서 2.4.2조에 따라 유럽연합은 덤핑마진을 cotton-type bed linen이라는 제품에 대해서 계산해야 하는 것이지 다양한 모델이나 품목별로 산출할 수 있는 것이 아니다. 반덤핑협정 어디에도 덤핑마진을 모델이나 품목별로 산출하도록 규정되어 있지 않으며 그와는 반대로 모든 덤핑조사는 제품에 대한 덤핑마진의 계산을 규정하고 있는 것이다. 2.4.2조에는 덤핑마진 계산시 2단계의 방법을 써서 결과를 산출하거나, 유럽연합이 주장하는 바와 같이 모델이나 품목별로 덤핑마진을 산출하도록 규정하고 있지 않다. 어떤 방법을 사용하든지간에 덤핑마진은 반드시 조사대상 제품 전체에 대해서 산출되어야만 하는 것이다.

2.4.2조의 덤핑마진계산방법 중 이번 케이스에서 문제가 된 방법은 첫 번째 것으로서 덤핑마진은 가중평균 정상가격과 모든 비교가능한 수출거래의 가중평균 수출가격을 비교하는 방법으로 계산되어야 한다고 정의하고 있다. 이 방법에 의하면 조사당국은 모든 비교가능한 수출거래에 대하여 가중평균정상가격과 가중평균수출가격을 비교해야 한다. 여기서 주목해야 할 것은 2.4.2조가 얘기하는 것이 모든 비교가능한 거래라는 점이다. 위에서 설명했던 것과 같이 유럽연합은 덤핑마진을 계산하는 데 있어서 (-)의 덤핑마진이 산출된 몇몇 품목들의 마진을 0으로 하는 Zeroing을 사용하였다. 패널이 지적했던 바와 같이 유럽연합은 가중평균수출가격이 가중평균정상가격보다 높은 품목들을 수출가격과 정상가격이 같게 보는 Zeroing을 사용하였던 것이다.

(-)의 덤핑마진을 Zeroing함으로써, 유럽연합은 (-)의 덤핑마진이 발생한 품목들에 대하여 수출가격을 완전한 금액으로 인식하지 않았다. 즉, 가중평균수출가격을 가중평균정상가격까지 깎아내린 것이다. 이는 결과적으로 덤핑마진을 높게 계산하게 되었다. 그러므로 유럽연합은 모든 모델 및 품목을 포함하는 모든 거래에 대하여 가중평균수출가격과 가중평균정상가격을 비교해서 덤핑마진의 존재 여부를 파악해야 하는 규정을 제대로 따르지 않은 것이다. 더 나아가 Zeroing을 함으로써 2.4와 2.4.2조에서 규정하고 있는 수출가격과 정상가격의 공정한 비교(fair comparison)가 이루어지지 않은 것이다.

2.4.2조에는 가중평균정상가격과 모든 비교가능한 수출거래의 가중평균가격을 비교하도록 규정하고 있다. 비교가능의 일반적인 의미는 비교되어질 수 있다는 뜻이다. 비교가능한 수출거래라 함은 2.4.2조에서는 비교되어질 수 있는 수출거래를 의미한다.

유럽연합은 cotton-type bed linen의 다양한 품목들은 그 물리적인 성질이 매우 틀려서 비교가능하지 않다고 주장하고 있다. 그러나 이미 설명한 바와 같이 유럽연합은 스스로 cotton-type bed linen을 하나의 조사대상 제품으로 설정하였다. 게다가 cotton-type bed linen을 하나의 제품으로 설정하면서 다양한 품목들이 있지만 이 절차를 위해서는 동일한 물리적 성질과 근본적으로 동일한 사용목적을 가지므로 하나의 제품을 구성한다고 유럽연합은 주장하였다. 제품에 대한 정의를 그와 같이 내렸기 때문에, 유럽연합은 조사의 특정한 단계에서만 일부 품목의 성질이 다르기 때문에 비교가능하지 않다고 주장할 수 없는 것이다. 모든 유사제품으로 묶일 수 있는 모델 및 품목들은 반드시 비교가능한 것이며, 이러한 품목을 포함하는 수출거래는 2.4.2조하에서는 당연히 비교가능한 수출거래로 취급될 수 있는 것이다.

2.4.2조에 대한 Panel의 해석에 이의를 제기한 유럽연합은 추가적으로 그러한 해석은 회원국들이 조사대상제품 중 특정 품목에 대한 표적덤핑에 대해 방어할 수 없게 만든다고 주장하고 있다. 표적덤핑과 관련하여 2.4.2조의 두 번째 문장은 다음과 같이 규정하고 있다. [당국이 상이한 구매자, 지역, 또는 기간별로 현저히 다른 수출가격의 양태를 발견하고, 가중평균의 비교 또는 거래별 비교 사용으로 이러한 차이점이 적절히 고려 될 수 없는 이유에 대한 설명이 제시되는 경우에는 가중평균에 기초하여 결정된 정상가격이 개별수출거래가격에 비교될 수 있다.]

이 규정은 회원국들이 특정 구매자에 대한 표적덤핑, 특정 지역에 대한 표적덤핑,

특정 기간에 대한 표적덤핑과 관련한 반덤핑조사에 대해 규정하고 있다. 그러나, 2.4.2조의 두 번째 문장이나 다른 덤핑협정 어디에도 특정 모델이나 품목의 표적덤핑에 대해서는 규정하고 있지 않다. 따라서 유럽연합은 어떠한 규정이 특정 모델이나 품목에 대한 표적덤핑과 관련되어 있는지 증명하지 않으면서 특정 모델이나 품목에 대해 덤핑을 적용하려는 것은 타당하지 못한 것이다. 이상 논의한 바와 같이, 유럽연합이 덤핑마진계산시 (-)의 마진이 나타나는 일부 품목들을 Zeroing한 것은 2.4.2조[12]의 규정에 위배되는 것이다.

3. 피해요소 고려 범위(반덤핑협정 제3조 제4항)

인도는 EU가 제3조 제4항[13]에 규정된 피해 요소를 모두 검토하지 않았다고 주장하였으며 패널은 shall로 표현된 동 조항의 포함해야 한다는 의미는 나열된 요소는 모두 평가하여야 한다는 의무규정이라고 판단하였으며 EU는 동 조항에 나열된 요소를 모두 검토하기는커녕 수집하지도 못했으므로 협정을 위반한 것이라고 판단하였다.

4. 국내산업범위

EU는 피해를 산정함에 있어 국내산업자를 35개 기업으로 한정하고 이 가운데 17개 기업을 표본으로 선정하였다. 인도는 EU가 피해분석을 이들 17개 기업에 국한하여 일관성 있게 적용하지 않고 표본기업 외의 기업이나 국내산업자로 지정된 기업 외의 기업으로부터 입수한 자료도 이용하였다고 주장하였다.

패널은 피해 판정은 국내산업을 기준으로 하는 것이므로 피해 산정에 필요한 정보를 17개 표본기업 외의 국내산업이자(35개사)로부터 입수하는 것은 협정 위반이 아니라고 보았으나 국내산업자로 지정된 35개사 이외의 기업으로부터 입수한 정보에 의

---

12) 2.4.2 제4항의 공정비교를 규율하는 규정에 따라 일반적으로 조사기간 동안의 덤핑마진의 존재를 가중평균정상가격과 모든 비교가능한 수출거래가격의 가중평균과의 비교에 기초하거나 또는 각각의 거래에 기초한 정상가격과 수출가격의 비교에 의하여 입증된다. 당국이 상이한 구매자, 지역, 또는 기간별로 현저히 다른 수출가격의 양태를 발견하고, 가중평균의 비교 또는 거래별 비교 사용으로 이러한 차이점이 적절히 고려될 수 없는 이유에 대한 설명이 제시되는 경우에는 가중평균에 기초하여 결정된 정상가격이 개별수출거래가격에 비교될 수 있다.

13) 3.4 덤핑 수입품이 관련 국내산업에 미치는 영향의 검토는 판매, 이윤, 생산량, 시장점유율, 생산성, 투자수익률, 또는 설비가동률에서의 실제적이고 잠재적인 감소, 국내가격에 영향을 미치는 요소, 덤핑마진의 크기, 자금순화, 재고, 고용, 임금, 성장, 자본 또는 투자조달능력에 대한 실체적이며 잠재적인 부정적 영향 등 산업의 상태에 영향을 미치는 제반관련 경제적 요소 및 지표에 대한 평가를 포함한다. 위에 열거된 요소는 총망라적인 것이 아니며, 이러한 요소 중 하나 또는 여러 개가 반드시 결정적인 지침이 될 수는 없다.

존하는 것은 협정 제3조 제4항 위반이라고 판시하였다.

5. 개도국에 대한 특별고려(반덤핑협정 제15조)

반덤핑협정 제15조[14]는 선진회원국은 개발도상국을 특별히 고려하여 반덤핑관세를 부과하기 이전에 건설적인 구제가능성을 강구(explore)해야 한다고 규정하고 있다. 인도는 EU는 건설적인 구제를 고려하기는커녕 개발도상국으로서의 인도의 지위를 언급하지도 않았고 인도 상공회의소가 생산업체를 대표하여 가격인상 약속(price undertaking)을 제안하였는데도 EU가 충분한 고려도 하지 않고 기각하였다고 주장하고 이러한 EU의 태도는 제15조 위반이라고 주장하였다.

패널은 반덤핑협정 전체로 볼 때 적어도 산정된 덤핑마진 이하의 반덤핑관세 부과, 가격인상이 제15조에서 말하는 이 협정에 규정된 건설적인 구제에 해당된다고 보았으며 건설적 구제의 강구 시기는 반덤핑관세 확정 부과 이전이라고 보았다. 또한 강구한다는 것은 반덤핑조치 부과 이전에 이러한 구제조치가능성을 개방된 자세로 적극적으로 고려하는 것이라고 결론지었고 이러한 판단하에 사실관계를 살펴보았다. 패널은 인도 상공회의소의 가격인상 제안 서한은 마감일에 EU측에 전달되었으나 EU는 1주일 이상 지나서야 제안시기가 너무 늦었다고 간단히 회신하여 거절하였을 뿐 아니라 이러한 태도는 흔히 선진국이 취하는 전형적인 대응방식으로서 EU가 제15조 규정대로 개발도상국인 인도를 특별히 고려하였다고 볼 수 없다고 판시하였다.

Ⅲ. 결론 및 시사점

이상에서 인도산 Cotton-type bed linen에 대한 EU의 덤핑관세부과사례에 대하여 살펴보았다. 이번 사례는 그동안 반덤핑협정을 각 국가에 적용하는 과정에서 협정문 내용을 그 본질적인 취지에 벗어나 자국에 유리하게 해석하여 운용하던 관례에 대하여 WTO가 제동을 건 사례라고 할 수 있다.

특히 zeroing의 불법성을 확인한 점에서 의미를 갖는다. zeroing에 대한 동 판례는 유사한 관행을 실시하여 오던 다른 나라에도 심금을 울렸다. WTO 수립 이전에도 적지 않은 국가가 마이너스 덤핑마진을 0으로 처리하여 덤핑마진을 과다 산정하여 왔었다. 이번 판례는 zeroing을 명시적으로 반덤핑협정 위반임을 확인하였다. zeroing에

---

14) 15. 이 협정에 따라 반덤핑조치의 적용을 고려할 때 개발도상회원국의 특별한 상황에 대해서 선진국회원국의 특별한 고려가 있어야 한다는 것이 인정된다. 반덤핑관세의 적용이 개발도상회원국의 본질적 이익에 영향을 미치게 될 경우, 반덤핑관세를 적용하기 이전에 이 협정에 규정된 건설적인 구제가능성이 강구된다.

대한 동 판례는 US-Lumber final AD사건에서도 확인되었다. US-Sheet/Plat from Korea사건에서 미국은 조사기간을 둘로 분할한 후 두 기간의 덤핑마진을 각각 계산하고 이를 합산하였는데 합산시 마이너스로 나온 기간의 덤핑마진을 0으로 처리하였다. 이는 명백한 zeroing 행위이나 한국이 이에 대해 시비하지 않아 동 사건 패널은 zeroing 문제를 검토하지는 않았다.

덤핑마진은 (가격차이 요소를 조정한)정상가격에서 (역시 조정된)수출가격을 차감하여 산출하고 덤핑마진률은 그 차액을 수출가격으로 나누어 계산한다. 즉 덤핑마진률(%)={(조정후 정상가격 - 조정 후 수출가격)/조정 후 수출가격}/100이다.

덤핑마진을 위와 같이 계산함에 있어 개별적인 거래를 기준으로 할 것인가 아니면 개별거래의 가중평균을 기준으로 할 것인가가 문제가 된다. 정상가격과 수출가격을 비교함에 있어 각각의 개별적인 거래가격을 기초로 하느냐 아니면 각각의 가중평균가격을 기초로 하느냐에 따라 덤핑마진이 달라지기 때문이다.

개별거래방식을 이용한다는 것은 정상가격과 수입국에 판매된 가각의 개별수출가격을 비교하는 방법이다. 즉 수출국이 수입국에 10회의 판매가 있을 경우 정상가격과 각 회별 10개의 수출가격과 비교한다. 이 경우 10개의 서로 다른 덤핑마진이 나올 수 있다. 이 방법은 정상가격이 여러 개 존재할 경우 어느 것을 정상가격으로 채택하느냐가 문제가 되며 경우에 따라 조사 당국의 자의적인 운용으로 덤핑마진이 왜곡될 위험이 있다.

한편 가중평균방식을 이용하는 것은 정상가격, 즉 국내판매가격의 가중평균과 수출가격의 가중평균을 비교하는 방법이다. 단순평균이 아닌 가중평균을 이용하는 이유는 각 거래별로 판매량에 따른 중요도를 반영하기 위함이다. 반덤핑협정 제2조 제4항 제2호는 조사기간 중 덤핑마진 존재 여부를 통상적으로 정상가격의 가중평균과 모든 비교 가능한 수출거래가격의 가중평균을 비교하거나 각각의 거래별 가격에 의한 정상가격과 수출가격을 비교하도록 하고 있다. 아울러 두 방식을 이용하는 것이 적절하지 않을 경우 가중평균에 의한 정상가격과 개별수출거래가격의 비교를 예외적으로 인정하고 있다.

과거 미국은 정상가격의 가중평균과 개별거래의 수출가격을 비교, 덤핑마진을 계산하였고 전자가 후자보다 낮을 경우, 즉 마이너스 덤핑마진이 있을 경우에는 이를 0으로 계산, 덤핑마진이 수출자에게 불리하게 산출되는 결과를 야기하였다. 이러한 zeroing 관행은 현재 중단되었지만 이번 사건에서 볼 수 있는 바와 같이 가중평균을 계산하는 가운데 변형된 형태로 zeroing 방식이 여전히 사용되는 예가 있으며 동 판례는 이러한 관행이 불법임을 확인한 것이다. EU는 이 사건 이후 덤핑마진 산정방식을 변경하여 zeroing을 하지 않고 있으나 미국은 반덤핑관세 납부액을 확정하는 정산절차(연례 재심) 등 각종 재심(review)에서는 여전히 zeroing을 사용하고 있다. 2006년 5월 US-Zeroing(EU)사건 상소기구는 드디어 관세 정산 재심에서 zeroing을 적용한 사례(as applied)는 반덤핑협정 제9조 제3항, GATT Ⅳ조 제2항에 위반된다고 판시하였다.

이번 사례의 주요한 논쟁의 결론은 다음과 같다.

첫째, 반덤핑협정 2.2.2조와 관련하여 정상가격을 구성가격에 근거하는 경우에 판매관리비 및 이윤의 금액은 조사대상 수출자 또는 생산자에 의한 동종상품의 정상적인 거래에서의 실제자료에 기초하여야 하며 이에 기초할 수 없을 때에는 반덤핑협정 2.2.2(ⅰ)(ⅱ)(ⅲ)의 방법을 선택적으로 적용할 수 있다.

둘째, 반덤핑협정 2.2.2(ⅱ) 적용하는 경우에는 생산자 혹은 수출자가 둘 이상일 경우에만 적용하여야 하며 하나의 회사만 있는 경우에는 적용할 수 없다.

셋째, 반덤핑협정 2.2.2(ⅱ) 적용하는 경우에는 정상적인 거래뿐 아니라 원가 미만으로 판매된 비정상적 거래까지 모두 포함하는 거래에 대하여 발생되고 실현된 실제금액을 사용하여야 한다.

넷째, 반덤핑 2.2.2조는 만약 계산방법이 합리적이라면 그에 따른 결과도 합리적인 것으로 인정해야 한다.

다섯째, 반덤핑협정 2.4.2조와 관련하여 덤핑마진을 산정하는 세 가지 방법 중 가중평균 정상가격과 모든 비교가능한 수출거래가격의 가중평균과 비교하는 경우에 일부 품목에 (-)의 덤핑마진이 발생하는 경우에는 이를 Zeroing하면 안 되고 (-)의 덤핑마진 그대로를 인정하여 대상제품에 대한 덤핑마진률을 산정하여야 한다.

이상의 주요 쟁점에 대한 WTO의 입장은 그동안 반덤핑협정의 기본 취지에 벗어나 이론적 일관성 없이 혼란스럽게 적용해오던 여러 국가에게 경종의 의미를 갖는다. 특히 Zeroing방법은 세계 여러 국가에서 사용됨으로써 덤핑마진률을 실제보다 더 높이는 방법으로 악용되어 왔던 것이 사실이다. 이번 WTO의 판정을 계기로 수출주도국인 우리나라 입장에서는 이번 사례를 유럽연합뿐 아니라 미국을 포함한 여러 국가가 적극적으로 채택할 수 있도록 다각적인 노력을 기울여야 할 것으로 생각된다.

※ 사례연구

액체가성소다의 반덤핑 분쟁

Ⅰ. 사례개요

1993년 이후 미국, 중국, 벨기에 및 프랑스 각지의 공업용 액체가성소다 생산업체들은 해당 자국의 공급이 수요를 초과하자 해당 자국 가격보다 훨씬 낮은 가격으로 한국에 덤핑 수출하여 공업용 액체가성소다의 한국 내 국내시장가격도 대폭 인하됨으로써 해당 생산업체들이 피해를 보았으며, 나아가 여러 업체들이 생산 중단사태에까지 이르게 되어 해당 국내산업에 피해를 입게 되었다.

액체가성소다
(Liquid Caustic Soda 또는 Sodium Hydroxide)

액체가성소다(품목분류번호 : HSK 2815.12.0000)는 화학식이 NaOH인 약간의 점성을 지닌 무색, 무취의 액체로서 속칭 양잿물 또는 수산화나트륨이라고 하며, 공기 속에서 이산화탄소와 반응하여 표면에 탄산나트륨의 피막을 생성하는 화학물질을 말한다. 공업용으로 사용할 때는 대부분 수용액을 사용한다. 공업용 액체가성소다는 특수품위를 제외하고는 등급의 구분이 없고 최종용도는 다양하며 주요 용도로는 섬유염색원료, 화섬부문에서 펄프와 함께 레이온의 주원료, 비누세제 제조원료, 펄프제조공정상 표백제의 원료 및 산화방지 중화제의 원료 등으로 사용되고 있다.

또한 덤핑수입이 더 크게 증가할 것으로 예상되어 국내산업에 대한 피해의 우려도 있어 이에 한국소다공업협회는 공업용 액체소다의 수입에 대하여 덤핑방지관세 부과요청을 하였다. 그러나 산업피해 조사결과 덤핑수입으로 인해 실질적인 피해를 입은 것으로 보기에는 무리가 있다고 최종 판단하여 사건이 종결된 사례이다.

Ⅱ. 진행과정

한국소다공업협회는 미국, 중국, 벨기에 및 프랑스산 액체가성소다의 덤핑수입으로 인하여 국내산업이 실질적인 피해를 입었으며, 실질적인 피해의 우려도 있으므로 관세법에 의거하여 덤핑방지관세를 부과하여 줄 것을 1994년 4월 6일 무역위원회에 신청하였다.

이에 따라 무역위원회는 관세법에 의거 신청인의 제소자격, 신청서에 덤핑수입 및 산업피해사실 등에 관한 충분한 증거자료가 포함되었는지 여부, 덤핑률·산업피해사실 등이 경미한지 여부, 기타 조사개시를 기각할 만한 사유가 있는지 여부, 관세청 및 당시 상공자원부 등 관계기관의 의견 등을 검토하여 조사개시의 필요성 여부를 결정하였다.

무역위원회는 우선 신청인인 한국소다공업협회가 국내에서 액체가성소다를 생산하는 한화종합화학(주), 백광산업(주), 동양화학공업(주), 금양오츠카, 동진화성, 국도화학, 조흥화학 등 7개사를 모두 협회 회원사로 하고 있으며, 이들 7개사 모두가 동 덤핑방지관세 부과신청에 명시적으로 지지의사를 표시하고 있을 뿐만 아니라, 이들의 최근 6개월간 덤핑수입품 수입실적이 없고, 수출자와 특수관계도 없으므로 신청인의 제소자격에 문제가 없다고 판단하였다.

또한 신정인이 제출한 자료가 덤핑수입사실, 산업피해사실 능에 관한 충분한 증거를 포함하고 있으며, 미국, 중국, 벨기에 및 프랑스산 액체가성소다의 덤핑마진을 정확히 판단할 수는 없으나 덤핑의 가능성이 있다는 관세청의 검토의견이 있었으며, 수입물량은 국가별·기간별로 다르지만 전체 수입품 중에서 42.8% 내지 4.8%를 차지하고 있어 경미한 수준이라고 볼 수 없다고 판단하였다.

이에 무역위원회는 이상과 같은 검토결과와 아울러 관계기관인 관세청과 당시 상공자원부에서도 조사개시의 필요성이 있음을 인정하는 사실 등을 고려하여 1994년 5월 3일 덤핑조사개시를 결정하고, 조사대상 품목은 미국, 중국, 벨기에 및 프랑스로부터 수입되는 액체가성소다로 하며, 산업피해조사 대상기간은 1991년 1월 1일부터 판정시점까지 정보이용이 가능한 기간으로, 덤핑률조사 대상기간은 최근 8개월(1993. 8. 1~1994. 3. 31)간으로 결정하였다.

이러한 조사개시결정에 따라 1994년 5월 13일 당시 재무부는 이를 관보에 게재하였고 무역위원회는 미국, 중국, 벨기에 및 프랑스산 액체가성소다의 덤핑수입으로 인하여 국내산업이 실질적인 피해를 입었거나, 피해의 우려가 있거나, 또는 국내산업의 확립이 실질적으로 지연되었는지 여부를 결정하기 위하여 공고일로부터 산업피해조사를 개시하여 조사단원을 구성하였다.

1994년 5월 11일 조사대상품목의 생산자·수출자·수입자 및 수요자에 대한 질문서를 송부하였으며, 1994년 6월 12일 그에 대한 답변서를 회수하여 분석하였다. 이러한 서면조사와 더불어 생산자 현지방문 및 수입자·수요자 접촉을 통하여 이해관계인의 의견도 청취하였으며, 같은 기간 중에 당시 대한무역진흥공사 현지무역관을 통하여 수출국의 현황도 조사하였다.

한편 이러한 조사가 진행되는 동안 조사대상품목인 액체가성소다와 같은 세번의 품목으로 분류되고 있는 분석시약용 가성소다를 사용하던 수요자들은 분석시약용 가성소다의 농도가 0.5~4%로서 농도 50%의 공업용 액체가성소다와 농도가 다르며, 용도도 일반 공업용 가성소다와 달리 분석시약용으로만 사용되므로 조사대상품목과 동종·동질물품으로 분류될 수 없기 때문에 조사대상품목에서 제외시켜야 된다고 주장하였다.

결국 무역위원회는 농도가 10% 미만인 분석시약용 가성소다는 일반 공업용 가성소다와는 달리 특정한 목적에만 사용되는 고가의 제품으로서 상호 동종·동질물품이 될 수 없으므로 조사대상품목에서 제외하고 나머지 액체가성소다만을 조사대상품목으로 변경·결정하였으며, 당시 재무부에서 관보에 게재함으로써 일반인에게 공표되었다.

무역위원회는 조사대상품목의 변경으로 인하여 조사기간을 연장하면서 검토한 결과 미국, 중국, 벨기에 및 프랑스로부터 액체가성소다가 덤핑 수입되어 국내의 판매가격이 상당폭 인하되었으며, 이러한 가격인하로 국내산업의 경영상태가 악화되고 있는 것으로 나타나 국내산업이 덤핑수입의 영향으로 실질적인 피해를 입었다고 추정할 만한 충분한 증거가 있다고 보아 1994년 9월 9일 산업피해긍정 예비판정을 내렸다.

관세청도 덤핑수입 여부를 조사하여 1994년 8월 12일 미국, 중국, 벨기에 및 프랑스로부터 수입되는 액체가성소다가 국가별, 수출자 별로 84.9%~250.2%의 덤핑가격으로 수입된다고 예비판정을 내림으로써 당시 재무부는 무역위원회와 관세청의 예비판정을 근거로 1994년10월 28일부터 잠정덤핑방지관세를 부과하였다. 또한 관세청은 예비판정 이후 추가조사를 거쳐 1994년 11월 5일 예비판정과 동일한 수준의 덤핑률 최종판정을 내리게 되었다.

무역위원회는 예비판정의 결과를 토대로 하여 국내산업의 실질적 피해 여부를 최종판정하기 위하여 생산자 및 수입자·수요자에게 추가질문서를 송부하여 조사기간 중의 새로운 정보를 수집하고, 생산자 및 수입자·수요자 등과 개별접촉을 통하여 이해관계인의 의견을 수렴하였으며, 조사된 자료에 대한 이해관계인의 열람을 실시하고, 1994년 11월 1일 공청회를 개최하였다.

이러한 과정을 거쳐 1994년 12월 9일, 앞서 있었던 산업피해긍정 예비판정과는 달리 "미국, 중국, 벨기에 및 프랑스산 액체가성소다의 수입으로 인하여 동종상품을 생산하는 국내산업이 실질적인 피해를 입었거나 실질적인 피해우려가 있는 것이 아니며, 또한 국내산업 확립이 실질적으로 지연된 것도 아니다"라며 산업피해 부정 최종판정을 내리게 되어 사건을 종결하게 되었다.

Ⅲ. 주요 쟁점

미국, 중국, 벨기에 및 프랑스산 공업용 액체가성소다의 덤핑 분쟁사례의 주요 쟁점은 한마디로 덤핑수입으로 인하여 국내산업의 피해유무 여부와 덤핑수입으로 인하여 향후 해당 국내산업에 피해의 우려가 있느냐의 여부라고 할 수 있다.

1. 신청인(한국소다공업협회)의 주장

신청인(한국소다공업협회)은 과거 국내의 공업용 액체가성소다 생산업체들의 생산물량은 국내수요에 약간 못미처 그 부족분을 수입품으로 충당하여 왔으나, 1992년까지는 수입품이 국산품과 비슷한 가격으로 수입되어 왔으므로, 수입품이 가격면에서는 국내시장을 교란시키지는 않았으나, 1993년 이후 미국, 중국, 벨기에 및 프랑스 각지의 공업용 액체가성소다 생산업체들은 자국의 공급이 수요를 대폭 초과하자 이를 자국 가격의 1/2~1/6에도 못 미치는 가격으로 한국에 덤핑수출하고 있었으며, 그 덤핑률은 국가별로 133~643%에 이르고, 이에 따라 공업용 액체가성소다의 국내 시장가격도 대폭 인하됨으로써 신청인 소속업체들은 많은 피해를 보았다.

그 결과 당시 신규 진입한 (주)대림화학은 1993년 1월 동 제품의 생산을 중단하였고, (주)조흥화학은 1994년 중 동 제품의 생산을 중단할 예정으로 있었던 사실 등 여러 업체들이 생산 중단사태에까지 이르고 있다고 주장하였다.

또한 (주)한국비료, (주)한양화학 및 (주)럭키 등 신규로 진입하였던 업체들은 1994~1995년 연산 약 21만톤 상당의 설비를 추가로 증설함으로써 증가하고 있던 국내의 공업용 액체가성소다 수요에 부응하려 하였으나, 덤핑수입의 결과 새로운 생산라인의 도입이 난관에 봉착되었다.

당시 중국, 벨기에 및 프랑스 등지의 외국 수출자들은 상당한 유휴설비를 가지고 있었으며, 새로운 공장의 신·증설계획까지도 가지고 있었으므로, 1994년 이후에도 덤핑수입은 더 크게 증가할 것으로 예상되는 등 국내산업에 대한 피해의 우려도 상당히 크므로 본 공업용 액체가성소다의 수입에 대하여 덤핑방지관세를 부과하여 줄 것을 신청하였다.

2. 무역위원회의 검토와 의견

(1) 국내산업의 상태 검토

1) 생산능력과 생산실적 변화 검토

무역위원회는 우선 국내산업의 실질적인 피해를 판단하기 위하여 국내 공업용 액체가성소다의 생산능력을 검토하였다. 1991년 466,700톤에서 1992년 529,805톤, 1993년에는 539,100톤으로 전년 대비 각각 13.5%, 1.0%가 증가하였으며, 1994년 상반기에는 282,083톤으로 전년동기 대비 4.1%가 증가하였다.

생산실적은 1991년 389,549톤에서 1992년 496,595톤, 1993년 508,501톤으로 증가하였고 1994년 상반기에도 244,889톤으로 전년동기에 비해 0.7% 증가하였다. 가동률은 1991년 83.5%에서 1992년 93.7%, 1993년 94.3%로 높은 추세를 보이다가 1994년 상반기에는 86.8%로 하락하였는데, 이는 주된 생산자인 (주)한화종합화학이 1994년 2/4분기 공장보수를 이유로 생산을 감소시켰기 때문인 것으로 조사되었다.

2) 시장점유율 변화 검토

공업용 액체가성소다의 내수판매 물량은 1991년 384,098톤에서 1992년 484,236톤, 1993년 493,086톤으로 증가 한데 이어 1994년 상반기에도 261,656톤으로 전년동 기 대비 11.2% 증가하였으나 국산품의 국내시장 점유율은 1991년 80.7%에서 1992년 92.0%, 1994년 상반기 80.5%로 다소의 변동추세를 보였으며, 재고물량은 1991년 13,761톤에서 1992년 26,119톤, 1993년 41,533톤, 1994년에는 24,768톤의 증감현상을 보였다.

3) 가격변화 검토

국산 공업용 액체가성소다의 판매가격은 최종수요자 직판가격을 기준으로 볼 때 톤당 1991년 290,400원, 1992년 287,426원, 1993년 1/4분기 283,680원, 2/4분기 266,899원, 3/4분기 239,560원, 4/4분기 214,865원, 1994년 1/4분기 209,030원, 2/4분기 205,223원으로 지속적인 하락을 보이다가 1994년 3/4분기에 224,480원으로 상승 반전되었다.

4) 투자와 고용 및 임금상태 변화 검토

국내 공업용 액체가성소다산업에의 투자는 1991년 666억 원, 1992년 169억 원, 1993년 89억 원, 1994년 상반기 116억 원이었으며, 고용상태는 1991년 813명, 1992년 853명, 1993년 849명, 1994년 789명의 등락을 보였고, 생산직 근로자의 임금은 1991년에서 1993년 사이 연평균 6.2%가 상승하였다.

5) 경영수익 검토

국내 공업용 액체가성소다산업의 경영수익은 영업이익을 기준으로 볼 때 1991년 36,111백만 원에서 1992년에는 44,672백만 원으로 23.7% 증가하였으나 1993년과 1994년 상반기에는 각각 27,074백만 원과 1,124백만 원으로 전년동기 대비 39.4%와 3.3%의 감소추세를 나타냈으며, 경상이익도 같은 추세로 1991년 29,085백만 원에서 1992년 35,659백만 원으로 증가하였다가 1993년에는 16,350백만 원으로 54.1% 감소하였고, 1994년 상반기에는 2,753백만 원의 적자를 보였다.

(2) 무역위원회의 의견

1) 무역위원회 다수 의견

무역위원회는 이상과 같은 국내산업의 상태를 종합검토한 후 우선 국내산업의 생산 및 판매가 1991년 이후 1994년 상반기까지 큰 변동 없이 유지되었고, 가동률도 비교적 높은 수준에서 머물고 있으며, 비록 국내산업의 경영수익은 악화되고 있지만 이의 원인은 전반적인 국제시장가격 하락에 따른 국내 판매단가의 하락에 있다는 판단에 따라 국내 공업용 액체가성소다산업은 덤핑수입으로 인해 실질적인 피해를 입은 것으로 보기에는 무리가 있다고 최종 판단하였다.

2) 무역위원회 소수 의견

국내산업의 상태를 검토한 결과 조사대상품목의 동종·동질물품 문제와 국내산업의 범위 및 국내산업의 확립 여부에 대하여는 무역위원회의 다른 위원들처럼 견해를 같이 하였다. 그러나 국내산업의 상태를 분석해 볼 때 미국, 중국, 벨기에 및 프랑스산 공업용 액체가성소다의 수입이 시작된 1991년 이후 국내산업의 생산량, 가동률, 판매물량 등 몇몇 관련지표가 큰 변동 없이 유지되고 있기는 하나 특히 재고물량의 증가, 국산품의 국내시장점유율 감소 등의 측면에서는 동 덤핑수입으로 인하여 국내산업이 실질적으로 피해를 입었다고 보는 데는 무리가 없다고 보았다.

또한 같은 기간 동안의 덤핑수입동향을 보면 1991년 이후 수입물량이 계속 증가하고 있으며, 수입품의 국내시장점유율도 계속 증가하고 있고, 수입품의 국내판매가격도 국산품 판매가격보다 저가로서 수입품으로 인하여 국산품의 가격이 인하 또는 인상억제되었다고 보았다. 비록 1994년 하반기 들어 가격의 회복과 그에 따른 영업이익 등이 호전되고 있다는 징후가 보이기는 하지만 그러한 추세가 확실히 지속되리란 예측이 가능하지 않기 때문에 동 덤핑수입으로 인하여 국내산업이 피해를 입었다고 반론을 제기하였다.

Ⅳ. 시사점

미국, 중국, 벨기에 및 프랑스산 공업용 액체가성소다의 덤핑수입 분쟁사례에 있어서 무역위원회 위원들 간에 논란이 되었던 부분은 한마디로 덤핑수입으로 인하여 향후 산업피해의 우려가 있느냐의 여부이었다.

1991년부터 1994년까지 우리나라의 공업용 액체가성소다산업은 여러 가지 정황으로 살펴볼 때 완전한 산업확립단계였다고 판단되지만, 당시 국내 동종산업에는 신규로 진입하는 기업도 있었으며, 기업간 합병을 하는 등 여러 가지 시장형태가 선을 보이는 시기였다. 특히 일정규모 이상을 생산하는 업체는 시설증설을 도모하기도 하였다.

또한 당시의 국내산업상태가 일시적인 공급과잉상태는 나타났었지만 생산의 포화상태는 아니었으며, 더욱이 어느 한 기업이 시장을 좌지우지할 수 있는 상황은 아니었다고 판단된다. 다만 그 당시 국내에는 중국산 제품에 대하여 일정량의 장기구매를 추진하는 동종업체도 있었으며, 자체적으로 생산을 감축하거나 중단하는 기업들도 있었다. 이러한 상황 하에서 분명한 것은 외국산 제품의 수입으로 인하여 조사기간 동안에 피해가 있었다는 사실이다. 그럼에도 불구하고 최종판정에서는 산업피해 중에서 영업손실 등이 덤핑수입으로 인한 피해라는 예비판정결과를 뒤집었다.

최종판정시에는 국내산업의 경영수익악화가 전반적인 국제시장가격하락에 따른 국내판매 단가의 하락에 기인된 것이고, 국내산업이 덤핑수입으로 인해 실질적 피해를 입은 것으로 보기에는 무리가 있다고 보았으며 향후 피해의 우려 여부에 대해서도 명백한 증거가 없다는 사유로 덤핑방지관세 부과조치를 취하지 않았다. 예비판정시 인용되었던 산업피해의 사실은 최종 부정판정으로 말미암아 결국 무역위원회의 기록으로만 머무르게 되었다.

Chapter

10

관세평가협정의 이해

1. 개관
2. 협정문의 주요 내용

Chapter 10

관세평가협정의 이해

1. 개관

관세평가(customs valuation)란 수입상품의 과세가격을 결정하는 일련의 절차나 방법을 의미한다. 관세액을 책정하는 데 기준이 되는 것은 관세율과 과세가격(과세표준)이므로 과세가격의 적정한 평가는 관세의 적정한 부과와 직결된다. 관세의 적정한 부과를 위해서는 먼저 수입물품에 대한 과세가격이 정확하게 포착되어야 하므로 과세가격을 제2의 관세율이라고도 한다.

관세제도는 국가적으로 관세의 징수를 통한 재정수입의 확보와 함께 국내산업을 보호하는 산업정책적인 기능을 가지고 있다. 반면에 외국수출자의 입장에서는 관세는 넘어야 하는 무역장벽이기 때문에 가급적 과세가격이 낮게 책정되기를 원한다. 관세평가제도는 일부 개발도상국에서와 같이 관세수입이 국가재정수입에서 중요한 비중을 차지하는 경우에는 국가경제에 매우 큰 중요성을 가지며, 또 관세당국이 고액의 관세가 부과되도록 하는 경우는 하나의 보호무역장벽으로 이용될 수 있다.

한 국가의 수입상품의 과세가격이 저평가될 경우 국가의 관세수입이 감소하게 되며. 관세부담이 적어짐으로써 수입상품의 경쟁력을 향상시켜 국내산업에 나쁜 영향을 주게 된다. 반면에 과세가격이 고평가될 경우 수입자의 부담을 가중시켜 수입을 저지하는 효과를 주고, 관세수입이 증가할 수 있다.

이렇듯 과세가격의 평가를 달리함에 따라 당사자들의 이해관계가 달라지지만 전체적인 측면에서 보면 국제적인 차원에서뿐만 아니라, 개별국가의 차원에서도 부정적인 영향이 더 많다. 고평가든 저평가든 어느 경우에나 시장의 왜곡을 초래하고, 불공정한 무역이 되며, 수입자에 의한 국제이전가격조작을 통한 조세회피를 할 수 있는 여지를 제공할 수 있는 것이다. 따라서 각국에 의한 관세평가방법의 독자성을 존중하면서도 관세평가가 관세양허의 효과를 저해하지 않고 국제무역장벽이 되지 않도록 합리적이고, 객관적이며, 그리고 통일성 있는 관세평가제도를 위한 국제규범을 확립할 필요성이 있다.

관세평가협정은 동경라운드에서 체결된 9개 다자간 무역협정 중 하나로서 1981년 1월 1일 발효되었으며, 우리나라는 1981년 1월 6일에 가입하였다. WTO 관세평가협정은 기존의 관세평가협정은 일부 GATT 회원국만이 가입하고 있던 복수국간 협정으로서의 한계점을 지니고 있어 동 협정 적용대상을 확대시킬 필요성에 의해 우루과이라운드 협상 결과로 체계화되었다.

2. 협정문의 주요 내용

(1) 협정문의 구성

관세평가협정은 전문, 24개조항 및 3개 부속서로 구성되어 있다.

(2) 주요 내용

1) 관세평가규칙(제1조~제6조)

수입품의 관세가격은 거래가격으로 한다. 거래가격은 수입국에 수출 판매되는 상품에 대하여 실제로 지불했거나 지불할 가격을 기준으로 상품가격에는 포함되지 않으나 구매자가 부담한 금액 등으로 조정한 가격이다. 관세가격을 거래가격에 의해 결정할 수 없을 경우 아래 가격을 순차적으로 적용한다.

(i) 동일한 수입국에 수출을 위하여 판매되며 평가대상 상품과 동시 또는 거의 동시에 수출되는 동종동질상품의 거래가격

(ii) 해당상품과 동일 수입국에 수출을 위하여 판매되며, 평가대상 상품과 동시 또는 거의 동시에 수출되는 유사상품의 거래가격

(iii) 해당상품의 수입시 또는 수입과 거의 동시에 상품 판매자와 관련이 없는 구매자에게 판매되는 가격

(iv) 제조원가를 기초로 한 산정가격

상기에 따라 관세가격을 결정할 수 없는 경우 이 협정 및 1994년도 GATT 제7조 관세평가의 원칙과 일반규정에 부합되는 합리적 기준에 따라 수입국내에서

입수가능한 자료를 기초로 결정한다.

2) 특정 관세가격 결정방법의 금지(제7조)

신고가격이 의심스러운 경우 신고가격 자료나 서류의 진실성이나 정확성을 의심할 만한 사유가 있을 경우 세관당국은 수입자에게 추가자료 제출을 요구가능하며, 응답이 없거나 추가자료를 얻은 후에도 여전히 진실성이나 정확성을 의심할 만한 합리적인 이유가 있을 경우 거래가격에 의하여 관세가격을 결정하지 않고, 다른 방법으로 결정한다.

3) 분쟁해결(제19조)

WTO 분쟁해결절차를 적용한다.

4) 개도국 우대(제20조)

현행 관세평가협정의 당사자가 아닌 개도국에 대해서는 관세평가협정의 이행을 WTO협정이 효력을 발생한 날로부터 5년간 유예한다. 또한 선진국 회원국으로 하여금 개발도상회원국에 대해 기술적 지원을 해주어야 한다.

5) 관세평가에 관한 기술위원회 설치(부속서2)

협정의 해석 및 적용의 통일성 보장을 위해 관세협력이사회 후원하에 기술위원회를 설치하고, 회원국의 관세평가제도의 운영시 발생하는 문제점 조사, 해결방안에 관한 자문의견 제공, 협정 운영에 관한 연례보고서 작성 및 배포 등의 임무를 수행한다.

사례연구

농수산품 관세평가제도의 주요 쟁점과 운용사례[1)]

Ⅰ. 관세평가의 의의

우루과이라운드(이하 UR)에서 농수산품[2)] 시장을 개방하면서 국내외 가격차이에 해당하는 금액을 관세로 부과함에 따라 높은 관세부담이 발생하자 실제 거래가격을 숨기고 저가로 수입신고하는 사례도 크게 증가하였다. 이러한 사례의 증가는 매도인과 매수인 간 무역거래관계의 변화와도 밀접한 관련이 있다. 과거에는 무역이 관습과 문화가 다르고, 신용도 불확실한 '이방인'과의 특수한 거래라는 성격이 강했지만 점차 세계화된 시장에서 '익숙한 상대', '신용이 확실한 상대'와의 거래 성격이 강해짐에 따라 거래내용의 은폐가 보다 용이하게 된 것이다. 이러한 거래관계 변화는 무역대금의 결제 형태 변화를 보면 보다 분명하게 실감할 수 있다.

최근 수년간 우리나라 무역업자들이 무역거래에서 적용한 대금결제형태를 보면 신용장과 추심결제 방식이 송금방식으로 급속하게 변화하고 있다. 수입의 경우 건수를 기준으로 할 때 신용장과 추심방식은 2002년 36.6%(신용장 29.3%)에서 2005년에는 20.2%(신용장 16.6%)로 감소한 반면 송금방식은 같은 시기 45.2%에서 61.4%로 16.2%나 증가하였다. 이러한 대금결제 형태의 변화는 전반적으로 매도인과 매수인 간의 신뢰관계가 크게 향상되고 있음을 반영하는 것이 아닐 수 없다. 거래당사자 간 신뢰관계가 향상되는 원인은 여러 가지가 있을 것이나 급속히 늘어나고 있는 다국적 기업 간 내부거래를 포함한 관세법 제30조에서 정하고 있는 '거래관계에 영향을 미칠 수 있는' 특수관계자 간 거래의 증가, 장기간 거래관계의 지속에 따른 신뢰축적 등이 주된 요인이 되고 있다.

실제거래가격이 아닌 저가로 허위 수입(납세)신고를 하는 것은 관세포탈의 원인이

---

1) 본 사례에 대한 내용은 2006년 3월 11일 관세포럼 학술세미나에서 발표된 정재완 박사의 발제논문을 요약 인용하였음.

2) 농수산품의 범위를 어디까지로 볼 것인가는 관점에 따라 달라진다. 한국은행의 산업연관표에는 일체의 가공이 행하여지지 아니한 작물, 축산, 임산물, 수산물을 농림수산품으로 분류하고 가공이 이루어진 것은 음식료품으로 분류하고 있다. 따라서 쇠고기나 돼지고기 등의 육류와 쌀, 보리쌀, 커피, 차류 등은 모두 음식료품으로 분류된다. 부가가치세법에서는 농수산품을 가공식료품과 미가공식료품으로 나누어 미가공식료품에 대하여 부가가치세를 면제하고 있다. 본 연구에서는 논의되는 농수산품은 국내외 가격차이가 크고 관세율이 높은 품목을 주 대상으로 하고 있으므로 편의상 HS 제1류에서 제24류까지 해당하는 물품을 지칭하는 것으로 하였다.

되기 때문에 명백한 범칙(犯則)행위이고, 이에 대해서는 포탈세액과 가산세의 징수에 더하여 징역 또는 벌금 처벌이 과해진다. 그러나 처벌을 위해서는 '허위신고'라는 범죄행위를 입증할 증거가 있어야 하나, 매도인과 매수인의 긴밀한 신뢰관계를 토대로 이루어지는 이와 같은 범죄에서는 증거자료를 확보하기가 매우 어렵다. 결국 범칙이라는 의심은 충분하나 증거자료 확보의 문제로 불법적인 저가 농수산품의 수입에 대한 대응이 실효를 거두지 못한 것이 그간의 사정이었다. 이에 따라 생산자단체의 항의 또한 빈번하였고, 국회에서도 수차례 문제가 제기된 바 있다. 이러한 상황을 배경으로 2005년 9월부터 관세청은 저가 수입농수산품에 대해 일련의 과세가격 심사강화 조치를 한 바 있다. 명백히 '증거'가 확보되지 않았다 하더라도 과세가격 결정 시스템을 이용하여 불법적인 저가신고와 관세포탈을 차단하고자 하는 것이다.

과세가격 결정, 즉 관세평가는 무역업자의 조세부담 수준을 결정짓는 중요한 사안이고 그 결과가 무역에 미치는 영향도 상당하다. 세계무역기구(WTO)에서 평가위원회를 중심으로 이에대해 활발하게 논의가 이루어지는 이유도 여기에 있다. 한국의 농산물 관세평가에 대한 제도운영에 대한 본 사례연구에서는 관세청의 과세가격 심사강화 조치와 관련하여 제기되는 쟁점을 검토하고, 특수성이 강한 농수산품 관세평가의 발전방안을 모색하기 위한 것이다.

Ⅱ. 농수산품에 대한 관세평가 현황

1. 관세평가의 일반현황

무역거래를 하면서 수입자[3]가 부담하게 되는 비용에는 다양한 종류가 있다. 이 중에서 종가(從價) 관세부과의 기초가 되는 '수입물품의 거래가격'(transaction value)은 여러 가지 이유로, 서로 다른 시기에, 서로 다른 상대에게 지급되는 수입물품의 대가를 모두 합한 개념으로 구성되어 있다.[4] 이 거래가격을 정확하게 파악하는 것은 쉽지 않은 일이다. 물품수입의 원인이 다양하고, 수입물품에 대한 대가의 지불방법, 지불시기, 지불상대, 물품의 대가 이외에 수입과 관련하여 발생하는 각종 비용의 포함 여부 등 많은 요소에 따라 그 금액이 달라지기 때문이다. 성격상 거래가격은 당해 거래의 내용을 소상하게 알고 있는 구매자가 가장 정확하게 알 수 있다. 따라서 관세법은 관세평가를 위해 수입신고시 납세의무자에게 '가격신고'를 별도로 하도록 하여 이를 과

3) 통상 수입자가 납세의무자가 되고 있으므로 이하에서는 문맥의 필요에 따라 수입자와 납세의무자란 표현을 혼용하여 사용한다.
4) 관세법 제30조. 수입물품의 거래가격에 대한 자세한 내용은 정재완(2004. 7 : 48~53) 참조

세당국이 신고의 정확성 여부를 판단하는 심사 자료로 활용하도록 하고 있다.

관세평가 방법은 WTO 다자간협정의 하나인「1994년도 GATT 제7조의 시행에 관한 협정」(Agreement on Implementation of Article Ⅶ of the General Agreement on Tariff and Trade 1994 ; 통상 이를 '관세평가협정'이라 한다)에 규정되어 있다.[5] 우리나라 관세법은 이 관세평가협정 내용을 동법 제27조 내지 제37조로 수용하고 있다. 관세평가에서 과세가격은 당해 물품의 거래가격을 원칙(제1방법)으로 한다. 그러나 만일 이와 같은 거래가격이 없거나 있더라도 그 거래가격에 왜곡이 있다고 인정되는 경우에는 과세가격으로 인정된 바 있는 동종·동질인 다른 물품의 거래가격(제2방법), 동일하지는 않으나 유사한 다른 물품의 거래가격(제3방법), 당해 물품이나 동종·동질물품 또는 유사물품이 수입된 상태로 국내에서 판매된 가격에서 수수료·이윤 등을 공제하여 산출한 금액(제4방법), 당해 물품의 생산비·수출자의 이윤·거래를 위한 운송비 등을 합산하여 산출한 금액(제5방법), 또는 합리적 기준에 의해 결정된 금액(제6방법)을 과세가격으로 한다. 이들 여섯 가지 평가방법을 적용하는 데는 각각 일정한 요건이 충족되어야 한다. 과세가격 결정은 제1방법부터 순차적으로 그 적용가능성을 검토하되, 만일 요건이 충족되지 못하였으면 다음 순위의 평가방법을 적용하여야 한다. 다만 제4방법과 제5방법은 납세의무자가 원할 경우 그 순서를 바꾸어 제5방법을 우선 적용할 수 있다. 마지막 제6방법은 합리적 기준으로 평가하도록 하고 있으므로 이에 의해서도 과세가격이 결정되지 못하는 경우는 없는 것이다.

다같은 WTO 관세평가협정에 의해 관세의 과세가격을 결정하는 미국, EU, 일본 등의 경우 관세평가 현황을 보면 제1방법의 적용비율은 대체로 94%~95% 수준이다.[6] 세계관세기구(WCO)는 WTO 회원국들의 관세평가에서 제1방법 적용이 2005년 현재 대체로 97%~98% 수준인 것으로 파악하고 있다. 제1방법에 따라 당해 물품의 거래가격이 과세가격으로 인정될 수 있기 위해서는 다음 요건들이 충족되어야 한다.[7] 첫째, '우리나라에 수출판매'되는 물품에 대한 가격이어야 하고, 둘째 계량가능한 거래가격이 존재하여야 하며, 셋째 당해 거래가격이 다른 어떤 요인에 영향을 받아 왜곡된 것이 아니어야 하고, 넷째 필요한 경우 세관장이 실제의 거래가격을 확인하는 데 어려움이 없어야 한다.

---

5) 국제적으로는 GATT Valuation Agreement 또는 GATT Valuation Code로 불려진다.

6) WCO(2004 : 36~38)자료에 따르면 관세평가에서 제1방법 적용실적은 미국은 94%, EU 95%, 노르웨이 95%, 스웨덴 98%, 호주 99% 정도였다.

7) WTO 관세평가협정 제1조 참조

2. 농수산품에 대한 관세부과의 특성과 관세평가

(1) 농수산품 관세부과의 특성

UR 이후 농수산품에 대한 비관세장벽이 철폐되어 관세화되고, 농수산업에 대한 국내보조가 제한을 받게 됨에 따라 관세정책은 국내 농수산업보호의 핵심적 수단이 되었다.[8] 관세정책은 관세율의 수준과 관세부과 구조로서 구체화된다(정재완, 2004 : 35~74). 농수산품에 적용되는 관세정책의 특징은 ① 다중적(多重的)인 관세구조, ② 상대적 고관세(高關稅), ③ 높은 관세율 편차, 그리고 ④ 조제식품에 대한 상대적 저(低)관세율 적용으로 요약된다. 이러한 특징들이 농수산품의 과세가격을 불법적으로 낮게 허위신고하거나 변칙적인 수입통관을 시도하게 하는 중요한 원인으로 작용하고 있다. 이에 대해 살펴본다.

첫째, 농수산품에 대한 관세가 단일한 품목에 상황에 따라 여러 관세율이 서로 다르게 적용되는 다중(多重)구조라는 점이다. 물론 관세율이 단일하더라도 수입시기, 수입자, 당해 물품의 수출국가, 수입목적 등에 따라 양허관세의 적용 여부, 감면세 여부, 용도세율 적용 여부 등으로 인해 관세부담액은 달라질 수 있다. 그러나 농수산품의 경우는 같은 물품에 적용되는 관세율 자체가 여러 개인인 경우가 많다는 특징이 있다. 현재 농수산품에 적용되고 있는 관세율은 기본관세, 양허관세, 특별긴급관세, 계절관세,[9] 조정관세, 할당관세 등 6가지이다. 단일한 품목에 여러 관세율이 설정되어 있을 때 관세법 제50조의 규정은 그 중 하나의 관세율을 적용하도록 하고 있으나 농수산품의 경우는 예외적으로 단일품목에 여러 관세율이 적용될 수 있다. 따라서 같은 국가로부터 같은 업체가, 같은 목적으로, 같은 농수산품을 수입하더라도 관세율이 달리 적용될 수 있다. 대표적인 예가 시장접근물량이 설정된 품목이다. 시장접근물량이 설정된 품목은 「세계무역기구협정등에의한양허관세규정」(대통령령 제17839호, 2002. 12. 30) [별표 1의 나]에 수록되어 있다. 이들 품목에는 기본세율, 양허세율, 특별긴급관세율의 세 가지 관세율이 설정되어 있다. 이때 기본세율보다는 양허세율이 우선 적용되며, 양허세율 가운데 관세할당량(시장접근물량) 이내의 물량에 대해서는

---

8) 농수산품의 단순평균관세율은 1983년 18.04%에서 WTO가 출범한 후인 2000년 19.65%로 별차이가 없었으나, 가중평균관세율은 1983년 5.65%에서 2000년 9.68%로 큰 폭으로 상승하였다(박상태, 2002). 이는 수입제한 품목이던 농림수산물의 수입억제 수단으로 관세의 역할이 증가하였기 때문이다.

9) 계절관세는 한·칠레 FTA협정에 따라 칠레산 신선 포도(HSK 0806.10-0000)에 대해 적용된다. 2006년의 경우 1월에서 4월중 수입될 때는 33.1%가, 5월에서 12월중 수입될 때는 45%가 적용된다. 신선포도의 경우 북한산은 무관세, WTO 협정세율은 45%, 기본세율은 50%이다. 따라서 북한산 포도를 수입한다면 무관세가, 기타 국가에서 수입한다면(칠레 제외) 연중 45%의 관세율이 적용되는 것이다.

낮은 양허세율이, 관세할당량을 초과하는 물량으로 특별긴급관세가 부과되지 아니하는 물량에 대해서는 높은 양허세율이, 그리고 일정수량을 초과하거나 수입가격이 일정 수준보다 낮을 때 부과되는 특별긴급관세 해당 물량에 대해서는 양허세율보다 더욱 높은 특별긴급관세율이 적용된다.[10)]

이와 같이 단일품목에 여러 관세율이 적용되는 현상은 미국, 일본 등 다른 나라에서도 흔히 볼 수 있다. 통계적으로 보면 소득이 높은 국가의 평균관세율은 낮고, 소득이 낮은 국가의 평균관세율은 높은 경우가 많지만(P. Kowalski, 2005 : 10) 농수산품의 경우는 예외적으로 일본과 같이 소득이 높은 국가에서도 높은 관세율을 적용하는 경우가 많은 특징이 있다. 단일품목에 여러 관세율이 존재할 경우 어느 관세율을 적용하고 수입하였느냐는 수입물품의 가격경쟁력에 큰 영향을 미치므로 시장접근물량에 대한 관리에 있어 특별히 합리성, 공정성, 투명성이 요구된다.

둘째, 상대적으로 높은 관세율이 적용된다는 점이다. 농수산품에 대한 관세가 상대적으로 높은 것은 다른 나라의 농수산품에 대한 관세부과 수준과 비교하였을 때나, 국내로 수입되는 공산품에 대한 관세부과 수준과 비교하였을 때나 모두 그러하다. [표 10-1]은 UR에 따른 농산물에 대한 평균양허관세율의 국제비교표이다.

[표 10-1] UR에 따른 농산물에 대한 평균양허관세율 (단위 : %)

	한 국	미국	일본	EU	캐나다	OECD 평균
농산물평균	62	6	12	20	5	35.67
시장접근 물량내 평균	21	10	20	8	8	35.64
시장접근 물량외 평균	366	29	274	45	203	119.93

자료 : OECD(1999)

[표 10-1]을 보면 전체적으로 우리나라 농산물의 단순관세율 평균은 62%로 OECD 국가 평균 36%에 비해 크게 높다. 이는 공산품을 포함한 전체 양허세율 품목의 평균관세율 13.1%보다 크게 높은 것[11)]으로, 특히 시장접근물량 이외 수입물량의 경우는

10) 예를 들어 2006년의 경우 밀 전분(HS 1108.11-0000)은 227.4톤인 시장접근물량 이내의 것에 대해서는 8%의 양허세율이, 227.4톤을 초과하되 특별긴급관세(SSG) 발동물량인 2,028톤 이내에 해당되는 물량에 대해서는 시장접근물량초과 양허세율 50.9%가, 그리고 그 이상의 물량에 대해서는 특별긴급관세 67%가 적용된다,

11) 자료(P.V. Janod & G. Nicoletti, 2005)에 따르면 UR로 타결된 우리나라의 평균양허관세율(MFN

366%로 OECD국가 평균 120%보다 무려 3배 이상 높다. 그러나 시장접근물량 이내의 관세율 평균은 OECD평균 36%보다 오히려 낮은 21%에 불과하다. 한편 농수산품은 공산품에 비해 실행관세율과 실효관세율[12]이 모두 높게 나타난다. [표 10-2]는 이를 잘 보여준다.[13] 실행관세율이 높다는 것은 그만큼 불법적인 저가 가격신고의 유혹이 높아지는 원인으로 작용한다.

[표 10-2] 공산품 및 농수산품의 실행관세율 현황(2005년)

구분		HSK 품목수	실행관세율(%)	수입액(백만 원)
공산품(HS 25류~99류)		9,552	6.57	276,514,540
농수산품	HS 01~15	1,205	49.02	8,818,042
	HS 16~24	504	23.58	4,017,083
	소계	1,709	41.52	12,835,125
총계		11,261	11.96	289,349,655

자료 : 관세청

셋째, 농수산품에는 높은 관세율 편차가 나타나고 있다는 점이다. 앞서 다중관세율 구조를 살펴볼 때 단일한 품목에도 높은 관세율 편차가 발생하고 있지만 농수산품의 품목에 따른 관세율 편차도 매우 크다. 특히 완두콩(HS 0713), 밀(HS 1001) 등 19개 품목은 2006년 현재 관세율이 0~1%에 불과한 할당관세가 적용되고 있는 바, 이들을 기타 곡물(HS 1008, 1,067%), 백인삼(HS 1211, 1,005%), 매니옥(HS 0714, 887.4%) 등과 비교해 보면 그 편차가 매우 크다는 것을 알 수 있다. 또한 같은 농수산물일지라도 원산지별로 관세율이 크게 달리 나타나는데(정재호 · 이명헌, 2005 : 122~124),[14] 이는 고율관세 적용 농수산물의 수입대상국가가 특정국에 집중된 때문이다. 이와 같

Tariffs) 13.01%는 OECD국가 중 멕시코(14.71%) 다음으로 가장 높다. OECD국가들의 평균양허관세율 수준은 대체로 3%~6%이다.

12) 실행관세율은 관세법 제50조의 규정에 따라 실제로 적용되는 관세율을 의미한다. 실효관세율은 실행관세율에 따라 계산한 관세액을 감면세, 환급 등의 요건충족을 이유로 경감함에 따라 실제로 수입자의 부담이 된 관세율을 의미한다. 이 관세율은 혹자는 실적관세율이라고도 하는 바, 이는 관세부과가 국내 산업에 미치는 보호효과를 나타내는 실효보호관세율과는 다른 개념이다. 2005년중 전체 수입물품의 실효관세율은 2.5%였다.

13) [표 10-2]의 실행관세율 평균은 수입액을 가중하지 않고 이를 단순평균하여 관세율을 파악한 것이다.

14) 통계에 따르면 농수산품 중 곡류의 경우 원산지별 관세율은 중국, 브라질, 동남아시아 국가들이 421.54% ~ 829.29%로 높게 나타나고, 비곡류 농산물은 인도, 브라질 등이 249.22% ~ 350.41%로 높게 나타났다.

은 높은 관세율 편차는 농수산업의 구조조정에도 심대한 영향을 미치게 되는 것이지만 불법적인 저가 수입통관이 특정 농수산품, 그리고 특정 국가로부터 수입되는 농수산품에 집중되는 현상을 보이는 이유가 된다.

넷째, 같은 농수산품일지라도 식용으로 조제(preparations)된 경우 원상태 농수산품보다 현저하게 관세율이 낮게 된다는 점이다. 이것은 [표 10-2]를 보면 잘 나타난다. 관세율표 01류에서 15류에는 주로 원상태의 농수산품이, 16류에서 24류는 주로 조제된 농수산품이 분류되는데, 조제된 농산물의 실행관세율이 평균 25.44%나 낮게 나타나고 있는 것이다. 이러한 관세구조는 식료품산업보다 농·어업 보호를 우선함에 따른 것으로 곡류와 제분의 경우 중간재(원상태 농산물)에 부과되는 관세율을 고려하여 완제품(조제 식료품) 가격에서 투입재 가격을 차감한 부가가치의 변화를 측정한 실효보호관세율은 부(負)로 나타난다.[15] 이에 따라 농수산품을 단순혼합하여 편법적으로 '조제'한 것으로 변칙 수입하는 사례가 자주 발생하고 있다.[16]

(2) 불법적인 저가수입 농수산품에 대한 단속과 관세평가

국제적으로 농수산품의 교역량은 해마다 늘어나고 있다. 통계를 보면 교역량은 1994년에서 2004년 사이 세계적으로 매년 4.8%씩 성장하였는데, 가장 성장률이 높은 것은 개발도상국 간의 거래로 같은 기간 성장률은 연평균 7.5%에 달하였다(OECD, 2005.11 : 2~3). 우리나라의 경우도 UR 이후 농수산품의 수입이 크게 늘어났다. 1994년의 경우 농수산품(HS 01류~24류)의 수입은 5조 865억 원 규모였으나, 2005년에는 12조 8천억 원으로 증가하였다. 이러한 농수산품의 수입에서 특히 UR 이후 시장이 개방된 농수산품의 수입과 관련하여 시장접근물량을 초과하는 물량에 대한 수입에 있어 높은 관세부담을 회피하기 위해 수입신고 자체를 하지 않는 '직접밀수'를 하거나, 정상적으로 수입신고를 하되 거래가격을 실제보다 훨씬 낮은 가격으로 하는 '간접

---

15) 2002년 한국은행이 발표한 산업연관표를 연계하여 2002년 당시의 58개 교역재에 대한 실효보호관세율을 측정한 결과는 곡류 및 제분의 실효보호관세율은 단순평균이 -165%, 수입량을 고려한 가중평균이 -23.2%로 나타났다(장근호, 2005 : 151).

16) 2005년 12월 P사가 인천세관에 HS 2103호(관세율 : 조정관세 45%)의 '고춧가루 조제품'으로 수입신고한 물품은 세관당국의 분석결과 제시된 상태로는 고춧가루 39.58%, 곡분 33.91%, 포도당 8.9%, 소금 6.02%, MSG 등 11.59%로 이루어진 것이었으나 이를 1.25㎜채로 거른 다음 채를 통과하지 못한 물품을 다시 분석한 결과는 고춧가루 43.37%, 곡분 32.01%, 포도당 8.68%, 소금 3.91%, MSG 등 12.03%로 나타났다. 이와 같이 조제물품의 입자가 굵은 것을 포함하여 수입한 것은 일단 통관이 된 다음 채를 통과하지 못하는 물품을 분리하여 '고춧가루 조제품'이 아닌 '고춧가루'로 시판하기 위한 것으로 확인되었다. 품목분류기준상 HS 2103호에 포함될 수 있는 것은 고춧가루 함량이 40% 미만일 경우이고, 40% 이상인 때는 양허관세 270%인 HS 0904호에 분류되는 점을 고려하여 의도적으로 혼합비율을 조정한 것이다.

밀수'가 다수 나타나게 되었다.

직접밀수의 경우 통관절차 자체를 회피한 것이므로 관세를 전혀 부담하지 않게 되는 것이고, 간접밀수의 경우는 통관절차를 거치며 부분적으로라도 관세를 부담하는 것이다. 다 같은 관세포탈이란 사건이지만 직접밀수의 경우 해당물품을 몰수(몰수가 불가능할 때는 추징금 부과)하고 징역 또는 벌금의 처벌함에 비해, 간접밀수는 해당 물품을 몰수하지 않고 징역 또는 벌금처벌과 함께 해당 세액을 추징한다(관세법 제269조, 제270조, 제282조). 관세청통계에 의하면 직접밀수보다 간접밀수 단속규모가 해마다 크게 늘어나고 있음을 알 수 있다. 그러나 간접밀수의 경우 당해 수입신고가격이 허위신고라는 명백한 증거가 확보되어야 하나, 이와 같은 증거의 확보가 매우 어렵다. 저가 허위신고의 경우 통상 농수산품 수입업자와 외국의 매도인이 담합하여 거래대금을 환치기[17] 등의 수법으로 이면(裏面) 결제하면서 수입신고를 할 때 관련 서류는 허위로 작성하여 제출하는 것이 일반적이므로 실제 거래내용을 과세관청의 조사요원이 정확하게 파악하기가 어려운 것이다.

한편, 농수산품의 과세가격 결정방법 적용에 있어서도 제1방법을 부인하고 제2방법 내지 제6방법으로 적용한 실적은 거의 전무하였다. 전반적으로 관세평가가 제1방법에 의하고 있기도 하나 농수산품의 경우 특히 수입자가 생산지, 생산시기, 품질 등을 이유로 신고가격이 정당함을 주장할 경우 그 가격이 정당하지 아니함을 확인하여 제1방법을 부인하는 평가기법이 정립되지 못하였고, 또한 신고가격을 부인한다 하더라도 동종·동질물품 또는 유사물품의 거래가격으로 세관장이 '인정'한 거래가격이 없었기 때문에 제2방법과 제3방법을 적용하기가 사실상 불가능하였기 때문이다. 이러한 사유로 인해 농수산품의 수입가격이 수출국의 현지 도매가격보다 훨씬 낮기도 하는 상황이 연출되었다. 불법적인 저가수입이라는 '심증'은 있었으나 '물증'이 없다는 이유로 불법이 용인되는 모순이 발생한 것이다. 그 결과 고(高)관세를 통한 농·어업의 보호라는 관세정책의 실효성이 제한되는 결과를 가져왔다.

---

17) 환치기란 불법적인 국제송금 방법으로, 국내 은행계좌에 원화를 입금하고 입금액에 상당하는 외화를 외국에서 제3자에게 지급하거나 그 반대로 제3자가 외국에서 현지화폐로 입금한 금액상당액을 국내에서 원화로 영수하는 것을 말한다.

3. 농수산품 관세평가상 주요 쟁점

(1) 농수산품 관세평가상 제기되는 주요 쟁점

1) 동종 · 동질 및 유사물품의 판단문제

먼저 농수산품에 대한 동종·동질 또는 유사물품 판단의 문제이다. 예를 들어 A와 B가 다같이 고추를 수입하였을 때 이들이 수입한 고추가 동종·동질물품이거나 유사물품이라고 판단할 수 있을 것인가 하는 것이다. 앞서 언급한 바 있지만 농수산품은 생산지, 생산시기, 품종, 고르기나 흠집여부등에 따라 품질이 달라지고 거래가격도 차이가 나기 때문에 지금까지 동종·동질물품 또는 유사물품 판단가능성이 흔히 부인되어 왔다. 만일 이와 같이 동종·동질 또는 유사물품 인정가능성이 없다면 다른 물품의 거래가격을 기초로 과세가격을 결정하는 것은 불가능하게 될 것이다.

WTO 관세평가협정은 동종·동질물품을 '물리적 특성, 품질 및 성가(reputation)를 포함하여 모든 면에서 동일한(외양상 경미한 차이는 인정) 상품'을, 유사물품은 '모든 면에서 동일하지는 않더라도 동일한 기능을 수행할 수 있게 하고 상업적으로 상호 교환가능한 만큼 유사한 구성요소를 갖는 상품'을 의미한다고 규정하고 있다.[18] 농수산품이라 하여 예외를 인정하고 있는 것은 아니다. 따라서 당연히 농수산품의 경우도 동종·동질물품이 존재할 수 있다. 예를 들어 어떤 과수원에서 같은 품종의 사과를 같은 해 가을에 수확하여 씨알의 굵기, 색상, 흠집 등을 고려하여 구분 포장하였을 때 같은 등급의 사과는 동일가격으로 거래될 것이므로 관세 평가목적상 동종·동질물품으로 인정하지 못할 이유가 없는 것이다. 물리적 특성, 품질, 성가(聲價)를 포함하여 상거래상 모든 면에서 동일하게 취급될 것이기 때문이다.

유사물품의 경우는 인정범위가 더 넓어질 수 있다. 상업적으로 상호 교환할 만큼 유사한 구성요소라 할 때 예를 들어 '2005년 10월에 생산된 같은 품종의 여주쌀 1등급품'이라 할 때 생산지, 생산시기, 품종, 등급 등이 일치한다면 실제 시장의 상거래에서도 같은 가격으로 동일하게 취급되고 있으므로 어느 농민이 생산한 쌀이든 관세평가상 유사물품으로 인정되는 데 문제가 없는 것이다. 즉, 상거래에 영향을 미치는 요소가 동일 또는 유사하게 충족될 때 농수산품이라 하여 동종·동질물품 또는 유사물품으로 판단하는 것이 불가능한 것은 아니다. 다만 통상 공산품에 비하여 고려하여야 할 요소가 더 많다는 점에서 차이가 있을 것이다. 관세청의 표준 품명·규격 제정은 이 점을 감안하여 농수산품 시장에서의 광범위한 조사를 통해 개별 농수산품이 구분

18) WTO 관세평가협정 제15조 2(a), (b)

거래되는 요소를 추출하여 표준화한 것이다.

WTO 관세평가협정에서는 평가대상이 된 상품을 생산한 국가에서 생산되지 않은 상품은 기본적으로 동종·동질물품 또는 유사물품으로 간주될 수 없다[19]고만 규정하고 있다. 농수산품의 경우 여기에 더하여 거래가격에 영향을 미치는 요소 등이 더욱 다양하므로 품명·규격표준화에 이를 반영한 것이다. 따라서 적어도 수입물품의 표준품명·규격이 일치하는 경우 동종·동질물품 혹은 유사물품으로 판단함에 무리가 없을 것이다.[20] 미국 관세청의 관세평가 사례를 보면 상어알인 캐비어에 대해 '상업적으로 상호 대체가 가능한' 유사물품으로 판단한 사례가 있고,[21] 아스파라거스에 대해서도 '동일 또는 유사한 물품'으로 과세가격을 결정한 사례가 있다.[22] 둘 다 농수산품임에도 제2방법 또는 제3방법을 적용하여 과세처분한 것이다.

2) 신고가격의 부인과 제3의 거래가격으로 과세하는 문제

다음으로 '신고가격을 부인하고 다른 거래가격으로 과세'함의 적법성 문제이다. WTO 관세평가협정에서 과세의 원칙은 실거래가격을 기초로 하고 있다. 그런데 수입자가 실거래가격이라고 납세신고를 하였음에도 그 신고가격이 부인될 수 있는 법리는 무엇인가? 관세법 제30조 제3항에는 신고가격을 부인하고 제2방법 내지 제6방법을 적용하게 되는 요건을 ① 당해 물품의 처분 또는 사용에 제한이 있는 경우, ② 거래의 성립 또는 가격결정이 금액으로 계산할 수 없는 조건 또는 사정에 의해 영향을 받은 경우, ③ 수입 후의 전매나 처분 또는 사용에 따른 수익의 일부가 직·간접적으로 판매자에게 귀속되는 경우, ④ 판매자와 구매자 간 특수관계가 있고 그 관계가 당해 물품의 가격에 영향을 미친 경우 등 네 가지로 규정하고 있다. 따라서 위의 네 가지 요건 중 하나라도 관련이 있을 경우 원칙적으로 신고가격은 부인된다.

그러나 자료제출 요구 등은 이 조항이 아니라 관세법 제30조 제4항과 제5항의 소위 '합리적 의심(Reasonable doubts)'에서 출발하는 일련의 절차이다. 세관당국은 수입자의 납세신고가격의 정확성이나 진실성에 관하여 합리적 의심을 갖는 경우 이를 입증할 수 있는 자료의 제출을 요구할 수 있고, 이 경우 이를 소명하는 입증책임은 수입자에게 귀속된다. WTO 관세평가협정에는 이에 관한 규정이 포함되지 않았으나,

19) WTO 관세평가협정 제15조 2(d)

20) 만일 표준 품명·규격 자체가 적절하지 못하여 부당한 과세가 되었다는 주장이 제기된다면 이는 동일성 또는 유사성의 문제가 아니라'필수규격의 적절성'이라는 사실관계에 관한 문제가 될 것이다.

21) 미국관세청 예규 545308(1995. 1. 19)

22) 미국관세청 예규 545755(1995. 5. 18)

후에 여러 개발도상국들의 요구에 따라(B.M. Hoekman & M.M. Kostecki, 2001 : 159~162) WTO에서 "세관당국이 신고가격의 진실성 및 정확성에 대하여 의심할 사유가 있는 경우"에 대한 결정사항[23]'으로 이를 인정하였고, 관세법 제30조 제4항과 제5항은 이를 수용한 것이다.

이와 관련하여 세관장이 자료의 제출을 요구할 수 있는 경우는 관세법시행령 제24조에 열거되어 있다. 여기에서 주요 사유는 동 조항 제1항 제1호의 납세의무자가 신고한 가격이 동종·동질물품 또는 유사물품의 가격과 현저한 차이가 있는 경우와, 제3호의 국제거래시세가 공표되는 물품으로서 신고가격이 그 국제거래시세와 현저한 차이가 있는 경우가 될 것이다. 제1호의 동종·동질물품 또는 유사물품이란 정상적으로 과세 처리된, 즉 후술하는 소위 '인정된 거래가격'이 있는 동종·동질물품 또는 유사물품이라 본다. 그런데 어느 정도의 가격차이를 '현저한 가격차이'로 볼 것인지에 대해서 명시적인 기준 수치가 있는 것이 아니다.

WTO 관세평가 협정에서는 특수관계자와의 거래에 대한 과세가격 결정에서 당해 거래가격이 객관적인 거래가격과 매우 근접함을 수입자가 입증하는 경우에는 이러한 거래가격을 인정하도록 규정하고 있고,[24] '매우 근접' 여부를 결정할 때는 수입상품의 성격, 산업 자체의 성격, 상품이 수입되는 계절 및 가격차이의 상업적 중요성 여부를 포함하여 고려하여야 하며, 각각의 경우에 고정된 비율과 같은 획일적인 기준을 적용하는 것은 불가능하다고 규정하고 있다.[25] 이 규정은 농수산품 신고가격의 적정성 판단에서도 유추 적용이 가능할 것으로 본다. 세관장이 소명자료를 요구한 경우로서 신고가격이 부인될 수 있는 것은 납세의무자가 요구된 자료를 제출하지 아니한 경우와, 제출된 자료로서 신고가격의 정당함이 충분히 입증되지 아니한 경우이다.

먼저 세관당국이 요구한 자료를 부분적으로나 전부 제출하지 아니한 경우 신고가격은 부인될 것이다. 그런데 현실적으로 저가로 수입신고된 농수산품에 대해 세관당국이 당해 신고가격의 정당성을 입증할 자료의 제출을 요구하면 수입자는 대부분의 자료를 그 즉시 '만들어' 제출하고 있다. 물론 자료를 만드는 과정에서 외국 수출자도 참여하여 외형상 신고가격이 실거래가격인 것으로 자료를 만들어 제출하는 것이다.

---

23) Cases where customs administrations have reasons to doubt the truth or accuracy of the declared value(1994 WTO 각료회의 결정), 1995. 5. 12. WTO 관세평가위원회 채택(Decisions 6.1)
24) WTO 관세평가협정 제1조 2(b)
25) WTO 관세평가협정 부속서 1, 제1조의 주 paragraph 1(b). 관세법에서는 특수관계가 거래가격에 영향을 미친 경우를 판단함에 있어 기준을 비교가격의 100분의 10 이하인 경우로 하고 있다(관세법시행규칙 제5조).

그러나 세관당국이 제출된 자료가 이와 같이 임의로 조작된 것이라 심증은 가질지라도 이를 입증하기가 어려운 것이 현실이다. 만일 '조작'이 확인된다면 이는 범칙사건화 될 것이다.

한편, 관세법 제30조 제5항에는 수입자가 자료를 모두 제출한 경우에도 제출한 자료만으로 신고가격을 과세가격으로 인정하기 곤란한 경우에는 신고가격을 부인하고 제2방법 내지 제6방법으로 과세가격을 결정하도록 하고 있다. 구체적으로 어떤 경우에 과세가격으로 인정하기 어려운가에 대해서는 관세법에서 명시한 바가 없고, WTO 관세평가위원회 결정사항도 '세관당국이 소명자료를 제출받은 후에도 여전히 신고가격의 정확성이나 진실성을 의심할만한 사유가 있는 경우' 신고가격을 부인할 수 있다고 규정하고 있을 뿐이다. 따라서 평가대상 농수산품이 후술하는 '인정된 거래가격'이나 담보기준가격으로 운용되고 있는 당해 물품의 국제시세 등에 비추어 현저히 저가 신고된 것이고, 제출된 소명자료로 그 저가신고 사유가 납득할 수 있는 것이 아니라면 신고가격은 부인될 수 있을 것이다. 실제 관세행정실무의 조지사항에서노 이와 같은 내용이 포함되어 있다.

이와는 별개로 수입자가 제출한 자료가 일반적으로 인정된 회계원칙(GAAP)[26]에 일치되게 작성되지 아니한 때에도 신고가격은 부인될 수 있다. WTO 관세평가협정에는 세관당국이 국내에서 일반적으로 인정된 회계원칙에 일치되게 작성된 정보를 활용하도록 규정하고 있다.[27] 따라서 수입자가 GAAP를 준수하는 회계조직을 갖추고 있는지를 확인하여 만일 갖추지 않고 있거나, 갖추고 있더라도 그 회계조직의 기록내용과 신고내용이 일치하지 아니할 경우 신고가격은 거래가격으로 인정되지 아니할 수 있는 것이다(김기인, 1995 : 59~65, 2005 : 330~333).

3) 인정된 거래가격의 문제

마지막으로 '인정된 거래가격'의 문제이다. WTO 관세평가협정이나 WCO의 각종 문서에서도 어떤 거래가격을 '인정된(accepted)' 거래가격으로 보아야 하는가에 대해 따로 언급하고 있지는 않다. 이는 관세평가의 문제에 앞서 신고납부제도를 적용함에

26) GAAP(General Accepted Accounting Principles). 우리나라의 경우 금융감독위원회가 제정·시행하고 준칙 등 하위규정과 운영은 금융감독위원회 산하의 증권선물위원회가 하고 있다. 회계기준으로는 기업회계기준을 모태로 하여 업종별 회계처리준칙과 연결제무제표준칙 등이 있고 그 하위규정으로 기업회계기준에 관한 해석 등이 있다. 세무회계는 기업이 제공한 재무회계정보를 바탕으로 세법에 의한 과세표준 등을 산출하기 위한 것으로 세법에 그 절차와 방법이 규정되어 있다. 황규영(2006), pp.22~25 참조

27) WTO 관세평가협정 ANNEX 1, 주해, 총설 4.1

따라 발생하는 특수한 문제라 보아야 한다. '인정된 거래가격'에 관하여 서로 다른 세 가지 견해가 있다. 먼저, 세관장이 수입신고를 수리한 것이면 그 신고가격은 인정된 거래가격으로 보아야 한다는 견해이다. 그러나 이 견해는 신고납부 방식을 따르는 현행 관세법 체계상 받아들이기 어렵다고 보여진다. 신고납부 방식은 납세의무자가 과세가격과 관세율을 스스로 확정하여 납세신고를 하고, 해당 세액을 납부하는 것이다. 판례도 '신고납세 방식의 조세에 있어서 과세관청이 납세의무자의 신고에 따라 세액을 수령하는 것은 사실행위에 불과할 뿐 이를 확인적 부과처분으로 볼 수 없다'고 하고 있다.[28)]

관세법 제38조 제2항에도 '세관장이 납세신고를 받은 때에는 수입신고서상의 기재사항과 관세법의 규정에 의한 확인사항 등을 심사하되, 신고한 세액에 대하여는 수입신고를 수리한 후에 이를 심사한다.'라 명시하고 있다. 그런데 관세청의 통계에 따르면 현실적으로 수입신고건 중 세관의 심사(사전 혹은 사후)가 이루어지는 것은 2005년 현재 전체의 1.7% 수준이다. 수입신고건수가 이미 년간 500만건에 이르고, 해마다 크게 늘어남에 따라 상대적으로 심사비율은 해마다 줄어들고 있다. 결국 나머지는 납세의 정확성 여부에 대해 세관당국의 판단이 유보된 상태에서 관세부과의 제척기간이 도래하여 더 이상 세액의 정확 여부를 확인하지 않게 된다.

관세부과의 제척기간이 도래하였다 함은 과세관청이 더 이상 납세의 부정확 등을 이유로 하여 당해 건에 대해 경정을 통한 과세처분을 할 수 없다는 의미일 뿐이고, 그것이 납세의 기초가 된 사실관계나 법률적 판단을 세관장이 정당한 것이라고 인정한 것으로 볼 수는 없는 것이다.[29)] 농수산품의 경우 높은 관세율로 인해 실제로(actually) 지급하였거나 지급할 가격이 아니라 임의로 정한 낮은 가격으로 납세신고를 하고 통관하는 것이 성행하고 있는 상황에서 단지 다수의 수입통관 건이 그와 같이 낮은 가격이었다 하여 이를 '인정된 거래가격'으로 보아 가격비교의 대상으로 삼거나 과세근거로 삼는다면 실질과세의 원칙에도 어긋나는 것이 될 것이다. 따라서 수입신고가 수리된 건이 다수 존재한다 하더라도 이들 수입신고 수리건의 신고가격을 그대로 '인정'된 거래가격으로 볼 수는 없을 것이다.

두 번째 견해는 세관장의 세액심사(관세조사 포함)나 범칙조사를 받은 경우 그 결과로 경정이 있었으면 경정된 금액이, 경정이 없었으면 그 신고가격을 인정된 거래가격으로 보아야 한다는 것이다.[30)] 즉, 과세관청의 심사나 조사가 행해진 경우에는 당

---

28) 대법원 1997.7.22. 선고 96누8321 판결, 대법원 1996.12.6. 선고 95누11184 판결 등
29) 대법원 1993.8.27.선고 93누5437 판결 참조

해 건에 대해 '인정'과정이 있었다고 보는 것이다. 이 견해는 타당한 일면이 있다고 본다. 다만 세액심사나 범칙조사 등은 그것이 행정처분의 성격을 가지는 것이 아니라 할 것이고,[31] 관세법상 관세조사[32]가 있을 때는 사전통지와 조사 결과를 납세의무자에게 통지해 주도록 하고 있으나(관세법 제115조) 이는 범칙사건 조사와 관세조사에 국한하고 있고, 이 경우에도 일정한 사유가 있으면 통보를 생략할 수 있도록 하고 있기 때문에 그와 같은 심사나 조사가 있었는지 판단 내지 입증하기 어려운 문제가 있다. 또한 심사나 조사가 있었다 하더라도 그것이 납부세액에 대한 정확성 또는 진실성에 대한 것이었는지도 불분명한 경우가 많다. 통상 심사나 범칙조사는 이를 행하는 주체가 위법 또는 부당성이 있다고 판단하는 부문에 대해서만 실시할 뿐 기타 다른 사항에 대해서는 관심을 갖지 아니한다. 따라서 이를테면 품목분류의 정확성 여부를 심사하였다 하여 납부세액의 정확성까지 확인받은 것으로 간주할 수는 없을 것이다. 이점 에서 이 견해는 한계가 있다.

세 번째 견해는 세관장의 세액심사나 범칙조사가 있고, 그 결과 세관상이 석극적으로 인정한 거래가격만이 관세평가의 목적상 인정된 거래가격으로 보아야 한다는 것이다. 세관장의 '인정'이라는 별도 절차가 필요하며 이러한 절차가 없은 경우에는 비록 심사나 조사가 있었다 하더라도 당해 수입신고 가격을 인정된 거래가격으로 보지 아니한다는 것이다. 실제의 조치사항에는 이 세 번째 견해에 따라 인정된 거래가격을 파악하고 있고 이를 인정가격자료 데이터베이스에 등재하여 과세에 활용하고 있다. 여기에서의 문제는 이 경우 세관장이 과세목적 달성을 위해 의도적으로 높은 거래가격만을 '인정'하여 등록할 수 있고,[33] 이렇게 할 경우 이는 관세평가협정의 정신과 일치하지 아니하는 수입억제를 위한 수단으로 전락할 수 있다는 점(OECD, 2005)이다. 따라서 실제의 조치사항에서는 성실한 납세가 인정된 건에 대해서는 이를 모두 인정된 거래가격으로서 데이터베이스에 등록하도록 하고, 성실납세 여부가 불명확할 때는 신고수리를 할 때 과세가격의 정당성 여부에 대해서는 그 판단을 유보하였음을 세관

30) 이러한 주장에서 간혹 상급기관에 의한'감사'도 포함하는 견해가 있으나 감사는 하급기관 공무원들의 행위 자체를 주된 대상으로 하고 있다는 점에서 심사나 조사와는 성격이 다르다.

31) 대법원 1977.6.28.선고 76누294 판결, 대법원 1989.6.15.선고 88누6436 판결, 대법원 1990.3.27.선고 88누4591 판결 등

32) 관세조사란 관세의 결정 또는 경정을 위한 조사 등 부과처분을 위하여 납세자를 방문하여 조사하는 것을 말한다(관세법 제110조 제2항 제2호). 이는 여러 심사활동중'납세자 방문조사'를 특히 구분하여 의미하는 것으로 범죄여부를 조사하는 범칙조사와는 별개이다.

33) 일단 인정된 가격으로 등록될 경우 이를 이용하여 과세가격을 결정할 때는 관세법상 평가원칙에 따라 거래내용 등이 같은 물품이 둘 이상 있고, 그 가격이 둘 이상 있는 때에는 가장 낮은 가격을 기초로 과세가격을 결정하여야 한다.

기재란에 기재하여 수입신고필증을 교부하도록 하고 있다.

(2) 농수산품에 대한 관세평가 강화를 위한 제도운영 방향

농수산품에 대한 관세평가에 대하여는 WTO 관세평가협정에서 별도의 규정을 두고 있는 것이 아니고, WTO나 WCO 차원에서 심층연구나 논의를 별도로 한 사례도 없다. 미국 등 일부 국가에서 약간의 사례가 발견될 뿐이다. 우리나라와 같이 농수산품의 국내외 가격차이가 크고, 고율관세가 부과되는 국가가 그리 많지 않기 때문일 것이다. 현재 시행되고 있는 관세청의 각종 조치는 면밀한 법적 타당성을 검토한 뒤에 이루어진 것보다는 정책적인 판단에 따라 이루어진 것이 적지 않다. 앞으로 사법적 판단 등을 거치면서 이들 조치의 법적 타당성 여부에 대해 검증이 이루어질 것으로 보나, 불법적인 저가 농수산품의 수입 방지는 반드시 해결하여야 하는 과제이므로 여기에서는 이를 위한 몇 가지 추가적 방안을 제시할 수 있을 것이다.

1) 농산품 표준품목과 규격의 제정

첫째, 농수산품의 정확한 관세평가를 위해서는 우선 평가대상이 되는 물품 자체가 상호 비교가능할 수 있어야 한다. 이를 위해 필요한 것이 품목분류기준을 세분화하고, 표준 품명·규격의 적용을 확대하는 것이다. 냉동고추의 사례에서와 같이 수입신고 당시 제시되는 성상이나 물품의 혼합 정도에 따라 품목분류가 달라져 관세율 차이가 크게 나는 물품의 경우 HS의 호(Heading)나 주, 혹은 해설서에 명확한 규정이 없을 때는 HS 품목분류 원칙을 벗어나지 않는 한도 내에서 세분화된 품목분류기준을 적극 제정하여 적용함이 바람직하다. 다수의 농수산품이 저장, 가공, 혼합 등의 상태에 따라 관세율이 큰 차이가 나는데 품목분류의 기준이 분명하지 않음에 따라 편법적인 수입을 하는 사례가 적지 않다. 또 이와 관련하여 과세당국과 납세자 간 마찰도 자주 발생하고 있다. 이는 분류기준의 명확화로 해결하여야 할 사안이다. 이러한 조치는 통관의 투명성 확보에 특히 의미가 있다고 본다. 아울러 신고가격의 적정성을 파악할 수 있기 위해서는 동종·동질 또는 유사물품의 거래가격과 비교가 불가피하다. 이를 위해서는 농수산품의 수입통관이 표준 품명·규격에 따라 이루어지도록 조치할 필요가 있다. 즉, 내외가격차이가 크고 관세율이 높은 농수산품은 최대한 표준 품명과 규격을 정하여 이를 신고단계에서 정확하게 적용하는 것이 바람직하다는 것이다.

2) 농수산품 국제시장 거래가격정보의 확보

둘째, 농수산품 국제시장 거래가격정보의 적정한 확보와 활용이다. 개인이나 기업의 국제경영활동이 해가 갈수록 활발해 지면서 무역거래 내용이 매우 복잡해지고 있고, 필요에 따라 거래가격을 얼마든지 조작하여 수입신고할 수 있는 것이 현실이다. 따라서 주요 수입대상국 농수산품의 국제시장 거래가격을 파악하여 관세평가에 활용할 필요성도 그만큼 높아지게 되었다. 거래가격에 대한 정확한 정보의 입수는 사후심사의 정확성을 높이고, 나아가 과세와 관련한 쟁송에서 신고가격을 부인하고 제2방법 이하를 적용한 과세처분의 정당성을 법원으로부터 인정받는데 중요한 근거가 될 수 있다.[34] 따라서 농수산품 수입규모가 큰 곳에는 현지 주재관의 파견 등으로 정확한 가격자료를 신속하게 입수하여 활용하도록 함이 바람직할 것이다.

3) 심사 처분성의 부여

셋째, 심사에 대한 처분성의 부여이다. 현재 과세관청이 행하고 있는 심사의 종류는 사전심사, 사후심사, 기획심사, 종합심사 등 여러 가지가 있다. 신고납부제하에서 과세관청의 명확한 의사표명 여부는 납세자에게는 법적 안정성 부여측면에서, 과세관청에게는 행정의 효율화 측면에서 중요한 의미가 있다고 본다. 따라서 일단 이러한 심사를 할 때는 가급적 납세자에게 어떤 사안에 대하여 심사한다는 것을 명확하게 통지하고, 심사가 종료되었을 때도 그 결과를 납세자에게 통지하는 것으로 절차를 구체적으로 정해둘 필요가 있다고 본다. 심사결과 최종 판단이 어려울 때는 '유보'를 통지할 수도 있을 것이다. 이는 과세가격 결정뿐 아니라 품목분류에서도 마찬가지로, 납세자와 과세관청간분쟁 소지를 줄이는 데 기여할 것이다. 한편 과세가격 활용에 있어 심사 결과 '인정된 거래가격'과 범칙조사 결과 파악된 '거래가격'은 구분되어야 한다. 범칙조사는 관세포탈이라는 범죄의사 유무에 대한 조사에 초점이 있는 것으로 과세가격 결정을 위한 평가와는 성격이 크게 다르다. 따라서 범칙조사 결과 납세신고와는 다른 실제 거래가격이 파악되었다 하더라도 이것은 적어도 범의(犯意)가 확인된 부분일 것인바, 과세가격은 여기에 더하여 범의가 확인되지 아니한 부분도 포함될 수 있는 것이다.

---

34) 부산고등법원 2005.8.31. 선고 2005노188 판결 및 대법원 2005.11.10. 선고 2005도6753 판결 참고. 이 판결에서 피고인은 생강을 톤당 520불로 수입하였고 동 가격이 실제 수입가격이라 주장하였다. 그러나, 법원은 세관측이 조사를 통해 제출한 자료를 기초로 같은 무렵 국제시장에서의 생강 거래가격이 톤당 994불 내지 1,242불이었으므로 톤당 520불로 수입함은 불가능하였던 것으로 보아 피고인의 주장을 받아들이지 아니하였고, 따라서 수입가격이 톤당 1,200불이라는 세관측의 주장을 인정하였다.

4) 법 규정의 명확화

넷째, 법 규정의 명확화이다. 과세가격 결정과 관련한 관세법령 중 그 내용이 포괄적이거나 불분명한 일부 규정들을 명확하게 할 필요가 있다고 본다. 먼저 비교가격[35]과의 현저한 차이에 대한 명확한 규정이다. 납세의무자가 거래가격으로 가격신고를 한 경우 그 가격을 과세가격으로 인정하기 곤란하다고 보아 신고가격이 사실과 같음을 증명할 수 있는 사유로 관세법 시행령 제24조 제1항에서 '비교가격과 현저한 차이'를 규정하고 있다. 이때 농수산품의 경우 어느 정도를 현저한 차이로 볼 것인지를 명확하게 하는 것이 필요하다고 본다. 세관장이 재량행위로 판단함에 있어 일정한 기준을 정해 두는 것이 다수 세관에서의 통일적 행정에 유용할 것이기 때문이다. 마찬가지로 관세법 제30조 제5항에서 납세의무자가 제출한 자료만으로 신고가격을 과세가격으로 인정하기 곤란한 경우에 대해서도 일정한 판단기준을 정해 두는 것이 필요하다고 본다. 아울러 GAAP 또는 세무회계를 준수하는 조직을 갖추고 있는지 여부에 대한 판단방법도 법령에 구체적으로 정해 두는 것이 필요하다.

5) 인정된 거래가격의 확보

다섯째, '인정된 거래가격'의 적극적인 확보이다. 전반적으로 농수산품에 대해 불법적인 저가 신고가 관행화되다시피 한 상황에서 실제 거래가격을 정확히 파악한 '인정된 거래가격'을 확보하기가 쉽지 않다. 관세청은 현재 통관실적, 수출국의 도매가격 등을 기초로 만든 품목별 담보기준가격을 시달하여 이를 기초로 신고가격이 정당함을 입증할 자료의 제출을 요구하고, 또 신고가격이 동 담보기준가격 이상일 때는 심사후 인정된 거래가격으로 등록하여 과세가격 결정에 활용하고 있다. 아울러 농림부, 해양수산부, 산림청 등 관계부처와 협조하여 저가신고 행태가 심한 일부 품목을 '정상적인 가격'으로 시범 수입하여 이 가격을 인정가격으로 등록하여 활용하고 있다. 다만, UR에 따라 시장이 개방된 품목으로 시장접근물량이 설정된 농수산품에 대해 국영기업인 농수산물유통공사가 수입하는 것은 여러 요인이 작용하여 일반적인 시장거래가격보다 높은 가격으로 수입되고 있다고 판단하여 동사의 수입가격은 인정된 거래가격으로서 과세가격으로 직접 활용하지는 않고 있다. 따라서 시장접근물량에 대한 수입절차의 개선을 통해 농산물유통공사가 수입하는 거래가격도 그 자체가 인정된

35) 신고가격을 부인하는 이유가 되는 비교가격이 곧 과세가격이 되는 것은 아니다. 신고가격이 부인되었을 때 새로운 과세가격은 어디까지나 관세법 제31조 내지 제35조에서 정한 방법에 따라 결정되어야 한다.

거래가격이 될 수 있도록 함이 필요하다. 인정된 거래가격은 어느 정도 수입질서가 확립된 다음에는 앞서 언급한 납부세액에 대한 심사 활동을 통해 지속적으로 확보되어야 할 것이고,[36] 이 경우 담보기준가격 제도 운영은 불필요하게 될 것이다.

6) 관세평가 적용기법의 개발

여섯째, 제2방법 내지 제6방법 적용기법의 개발이다. 지금까지의 관세평가 사례를 보면 제2방법과 제3방법을 적용하여 과세가격을 결정한 사례는 아주 드물고, 제6방법 적용사례도 그리 많지 않다. 신고가격을 인정하지 아니한 농수산품에 대해서는 결국 제2방법 내지 제4방법이나, 제6방법으로 과세하여야 하는데, 특히 제6방법을 적용함에 있어 합리적 기준의 개념을 적극적으로 해석하는 기법 개발이 필요하다고 본다. 이를테면 현행 시스템에서 농수산물유통공사의 수입거래가격을 합리적으로 조정, 이를 기초로 과세가격을 결정하는 것이다.

7) 협의에 의한 과세절차의 진행

일곱째, 협의에 의한 과세절차의 진행이다. 앞서 검토한 바와 같이 농수산품의 과세는 공산품과 달리 동종·동질물품 또는 유사물품에 대한 판단 등에 있어 고려하여야 할 요소가 많다. 따라서 납세의무자의 신고가격에 대한 검토와, 신고가격을 인정하지 않고 제2방법 내지 제6방법을 적용하여 과세함에 있어 과세관청은 납세의무자와 충분한 협의를 할 필요가 있다. 납세의무자로 하여금 소명할 수 있는 기회를 충분히 부여하고, 대화를 통해 문제를 풀어가는 것이다. 이는 농수산품에 대한 통관질서가 확립될 때까지 특히 중요한 것으로 불필요한 마찰과 쟁송 제기로 인한 낭비를 줄이는 데 큰 의미가 있을 것으로 본다.

8) 과세가격의 심사 강화

여덟째, 수출용원재료인 농수산품에 대한 과세가격 심사의 강화이다. 수출용원재료에 대해서는 궁극적으로 제품 제조 가공후 수출하였을 때 납부한 세액이 전액 환급된다는 점을 고려하여 가격신고를 생략하도록 하고 있다. 그러나 수출용원재료로 수입하였다 하더라도 내수용으로 사용함에 아무런 제약이 없다는 점에서 이 부문에 대한 적정한 심사 강화가 필요하다. 아울러 원재료인 농수산품의 혼합 등에 따라 관세율 차이가 크게 날 수 있기 때문에 과다 환급 방지를 위해 조제식료품 수출의 경우 수출

36) 인정된 거래가격 자료가 과세가격에 유용하게 활용될 수 있는 시한은 선적일을 기준으로 최대 3개월까지이다(관세법시행규칙 제7조 참조).

용원재료의 정확성 여부에 대한 심사강화도 필요하다고 본다.

9) 과세방법의 전환

아홉째, 농수산품에 대한 과세방법의 전환이다. 현재 농수산물 중 일부 품목에 대해 종량세가 적용되고 있으나 높은 종가 관세율이 적용되는 품목은 최대한 종량세나 혼합세 혹은 선택세로 전환하여 과세하는 것이 바람직하다고 본다. 농수산품에 대해 불법적인 저가 신고문제는 살펴보면 종가세 과세체제에서 비롯되기 때문이다. 양허세율인 종가세 품목의 종량세 전환은 국제적인 동의가 필요한 만큼 WTO의 DDA협상에서 이를 고려할 필요가 있다고 본다.

Chapter

11

선적전 검사협정의 이해

1. 개관
2. 협정의 주요 내용

Chapter 11

선적전 검사협정의 이해

1. 개관

선적전 검사(Preshipment Inspection)는 선적화물의 가격, 수량 및 품질 등 해외로부터 주문받은 상품의 세부사항을 검사하기 위해 전문민간기업(또는 '독립기관')을 고용하는 관행을 말한다. 선적전 검사는 개발도상국의 정부에 의해 활용되는 것으로, 그 목적은 국가의 재정적 권익 예를 들면 자본도피, 상업적 부정행위, 탈세 등의 방지와 같은 이익을 보호하고 불충분한 행정적 하부구조를 보완하는 것이다.

선적전 검사는 다국적기업이나 수출입업자들이 거래가격의 조작 등을 통해 외화도피, 탈세 등 부당이득을 취하는 경우가 빈번히 발생하여 이를 막기 위해 일부 수입개도국들이 선적 전에 수입물품의 품질, 가격 등의 적정성 여부를 검토하는 선적전 검사제도를 도입하였다. 국제거래에서의 상품검사의 일종으로서 수입국의 요청으로 수출국 내에서 민간검사회사에 의해 행해지고 있는바, UR협상 이전에 국제무역상의 관행으로 발전하였으나 선진국들은 동 제도의 자의적 운영시 심각한 무역왜곡효과가 발생할 수 있다고 보고 이를 배제하기 위해 동 제도에 대한 다자간 규범의 제정을 주장하여 논의되기에 이르렀고, 우루과이라운드 협상 결과 WTO 선적전 검사협정이 제정되었다.

선적전 검사에 관한 협정은 정부에 의해 위임된 선적전 검사기관의 활동이 GATT의 원칙 및 의무의 대상이 된다는 점을 규정하고 있다. 선적전 검사를 사용하는 정부가 부담하는 의무는 비차별성, 투명성, 영업비밀정보의 보호, 부당한 지연의 기피, 가격확인 조사를 위한 특정한 지침의 사용, 검사기관의 이해상충 회피 등을 포함하고 있다. 선적전 검사를 사용하는 국가들에 대한 수출국의 의무는 국내법 및 규제의 적용에 있어 비차별성, 법률 및 규제의 신속한 공고 및 요청시 기술지원의 제공 등이 포함되고 있다.

선적전 검사협정은 독립적인 검토절차를 확립하고 있다. 이는 검사기관들을 대표하는 기구와 수출국을 대표하는 기구에 의해 공동으로 운영되고 있다. 이의 목적은 수출업자와 검사기관 간 분쟁을 해결하는 것이다.

2. 협정의 주요 내용

(1) 협정문의 구성

선적전검사협정은 전문 및 본문 9개조항으로 구성되어 있다. 적용범위 및 정의, 사용회원국의 의무, 수출회원국의 의무, 독립적 검토절차, 협정 시행을 위한 국내법령의 통보, 협정의 검토, 협의, 분쟁해결 및 협정의 이행관련 최종 조항 등을 포함하고 있다.

(2) 주요 내용

1) 사용회원국(PSI 운용 개도국) 및 수출회원국의 의무를 동시에 규정(제2조 및 제3조)

사용회원국의 의무는 제도의 무차별 적용, 투명성 유지, 객관적인 절차와 기준사용, 비밀영업정보의 보호, 부당한 선적검사 지연방지의무, 이의제기 절차 보장, 최소가치 이하의 선적에 대한 예외보장의무 등이다. 수출회원국의 의무는 무차별 적용, 투명성 보장, 기술지원 제공의무 등이다.

2) 독립적 검토절차(제4조)

선적전 검사기관과 수출 자간의 분쟁을 상호 해결하도록 장려한다. 그러나 각 당사자는 불만의 제출 후 2일 경과 후 분쟁을 독립적 검토에 회부가능하며, 독립적 검토절차는 선적전 검사기관을 대표하는 단체와 수출자를 대표하는 단체가 공동으로 구성하는 독립기관에 의해 운영된다.

3) 통보(제5조)

협정 발효시 선적전 검사와 관련한 회원 국내 모든 법률 및 규정뿐 아니라 이 협정을 시행하는 자국의 법률과 규정의 사본을 WTO 사무국에 제출하여야 한다.

4) 검토(제6조)

각 WTO 협정발효로부터 2년째 되는 연도의 말, 그리고 그 이후 매 3년마다 협정의 규정, 이행 및 운영에 관하여 검토하고 각료회의는 동 검토 결과에 따라 협정규정 개정이 가능하다.

5) 분쟁해결(제8조)

WTO 분쟁해결절차를 적용한다.

사례연구

한국의 수출화물 선적전 물품확인제도 사례

Ⅰ. 수출화물 선적전 물품확인제도의 필요성

- 관세청은 최근 간소화된 수출절차를 악용, 부정환급 등을 목적으로 수출검사한 물품을 타물품으로 교체 선적하는 등의 부정수출행위를 원천적으로 근절하고 미국행 해상화물에 대한 CSI제도를 성공적으로 수행하기 위해 선적전 물품확인제도를 운영할 필요가 있음.
- 우범우려가 있는 물품은 선박 또는 항공기에 적재하기 전 현품을 확인할 수 있도록 하는 『선적전물품확인제도』를 마련, 2003년 5월 1일부터 우선 CSI협정이 체결되어 있는 미국행 해상화물부터 시행하고 있음.
- 이 제도에 의하면 성실수출업체의 경우는 수출검사가 생략될 수 있어 신속통관을 도모하고 비용도 절감할 수 있으나, 우범우려물품(우범화물선별기법에 의해 선별된 물품)의 경우 신고사항과의 일치 여부를 선적 전에 확인하도록 함에 따라 부정수출행위를 사전에 방지하고 단속에 있어서도 보다 실효성을 확보할 수 있게 됨.
- 관세청은 동 제도의 시행이 물류흐름에 지장을 주지 않도록 하기 위해 물품확인대상을 최소화(시행이전 0.6% → 0.1%)하고, 컨테이너 X-Ray투시기 등 과학검색장비를 최대한 활용하여 물품확인시간을 단축함으로써 부대비용도 최소화할 수 있음.

- 다만, 선박회사 및 화주 등이 이 제도에 적응할 수 있도록 하기 위해 우선 미국행 해상화물에 대하여만 적용하여 선적 24시간 이전까지 적하목록을 제출토록 하고, 기타화물에 대하여는 시행시기 및 적하목록 제출시기 등을 관련기관 및 단체와 충분한 협의 후 시행.

Ⅱ. 수출화물선적전물품확인제도 운영 절차

- 현행 출항익일 24:00까지 제출하도록 한 출항적하목록을 항로별로 별도 정한 선적전 일정시점까지(미국행 해상화물에 대하여는 선적전 24시간 이전까지) 제출토록 하여 우범화물로 선별된 화물은 선박이나 항공기에 적재하기 전 확인할 수 있도록 하여 부정수출을 방지코자 함.
  - 현행 : 수출신고 → 검사 → 수출신고수리 → 선적 → 출항 → 적하목록 제출
  - 변경 : 수출신고(자동수리) → 적하목록 제출 → 물품확인(우범화물) → 선적 → 출항

Ⅲ. 부정수출 주요 사례

- **폐지수출을 의류수출로 허위신고한 사례**
  - 2003년 1월 유령 수출업체를 설립한 일당이 수출신고시는 의류제품으로 신고(신고금액 372억 원 상당)하고 실제로는 폐신문지 18톤을 부정수출한 뒤 수출업체를 지원하기 위한 관세환급금 약 7억 5천만 원 상당을 환급받으려 하는 것을 서울세관에서 적발
- **훔친차량을 가전제품, 차량부품 등으로 허위신고후 수출한 사례**
  - 2003년 1월 H무역회사는 도난차량을 매집한 후 수출신고서에는 가전제품, 차량부품, 중고차량 등으로 허위기재하고 실제로는 훔친 차량을 적재한 후 동남아시아 등지로 수출하다 경찰청에 의해 적발
- **모조액세서리를 수출하고 금세공품 수출로 허위신고**
  - 일부업체가 금괴를 수출용원자재료 수입하거나 국내 대기업으로부터 구입하여 시중에 유출한 후 실제 수출시는 모조 액세서리를 수출하고 수출신고서에는 금세공품으로 신고한 후 관세를 환급받으려다 세관에 적발

선적전물품확인제도 절차도

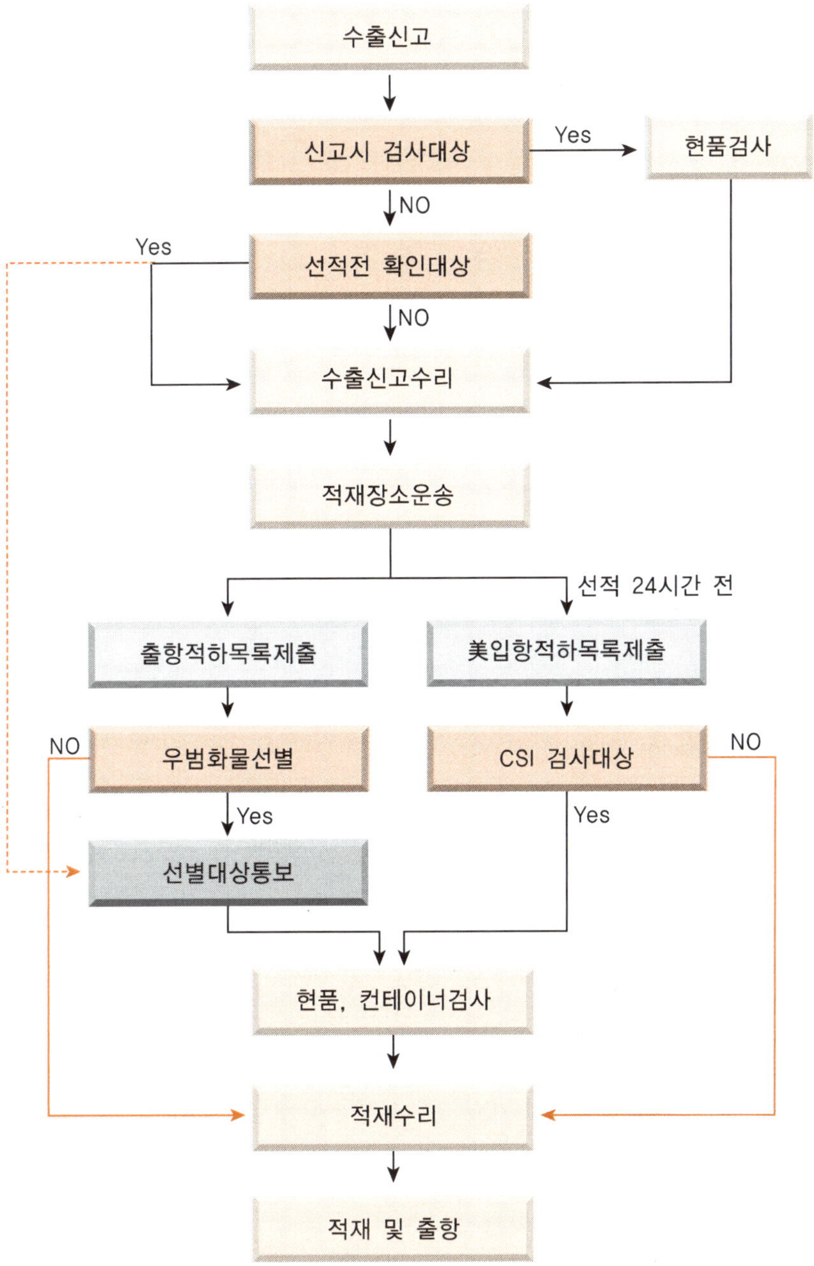

※ 사례연구

WTO 선적전 검사제도와 한국의 선적전 검사 분쟁조정제도 사례

Ⅰ. 선적전 검사 사례

1. WTO 협정하의 선적전 검사제도

(1) 선적전 검사절차

물품의 선적전에 수출업체는 가까운 물품검사기관 또는 그 지방사무소에 통보를 하여 물품의 검사장소와 시간 등을 지정받아 현품을 검사받는다. 이때 수출업자는 검사신청에 필요한 검사신청서, 계약서, 견적송장, 신용장 등의 필요서류를 검사기관에 제출한다.

검사기관은 서류의 검토와 상품에 대한 물리적 검사에 있어서 품질・수량・가격 등에서 이상이 없으면 수입국 정부에 무하자보고서 또는 무사고결정보고서(CRF : Clean Report of Findings)를 발급한다. 이 보고서는 선적 중인 동 물품의 품질 및 수량 등이 수입허가서의 내용과 부합하며 그 허가서에 기재되어 있는 거래가격이 적정하여 수락가능하다는 내용이 포함된다. 한편, 이 보고서는 수출업자에게도 제공된다. 선적전 검사절차를 간략하게 정리하면 다음의 그림과 같다.

일반적인 선적전 검사절차

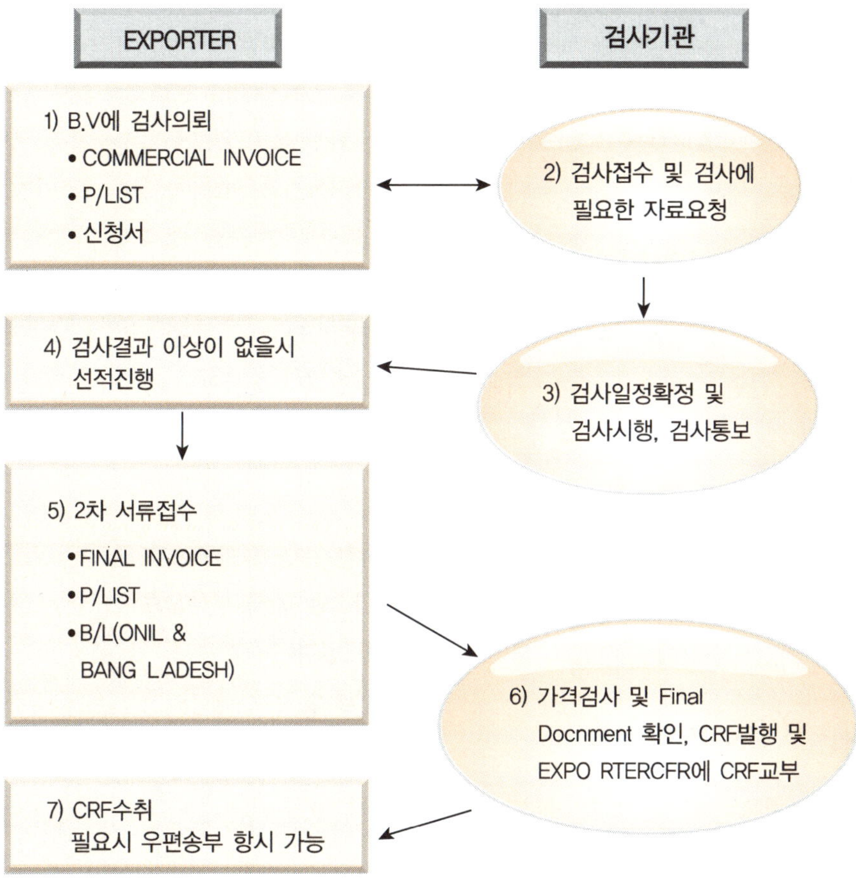

(2) 검사시 주의점

컨테이너의 경우 반드시 검시기관의 선전적 검사를 받아야 하고 컨테이너에 물품 입하시부터 적하 그리고 밀봉까지 검사기관 검사자 입회하에 검사가 수행되어야 한다.

중고품의 경우 수입자의 신고에 의해 수입승인이 이루어지고 검사를 실시하는데 중고품의 경우는 수입제한이 되는 경우가 많으므로 주의가 필요하다.

식품, 의약품 등은 유효기간이 정해지는데 수출시 유효기간이 50% 이상 남아 있어야 수출이 가능하다.

검사신청 시기는 보통 검사예정일 5일전까지로 제한되는데 이는 하루에 처리할 수 있는 검사건수에 제한이 있기 때문이다.

(3) 가격비교

검사기관의 가격비교는 수출업자의 송장가격을 기초로 거래조건, 수량, 품질, 상품의 스팩, 포장내용, 추가 서비스 등을 포함하여 이루어진다. 따라서 검사기관의 가격판정이 공정하게 이루어지기 위해서 수출업자는 송장에 구매커미션, 확정커미션 등을 기재해야 하고 최종송장(final invoice)의 경우 상품의 명세를 아이템마다 따로 기재해야 하고 원산지, 무게, 운송수단, FOB금액, 운임, 기타 비용 등을 개별적으로 기재해야 한다. 한편, 일반적으로 적용되는 대량거래할인이나 현금할인 등의 가격할인 종류를 양식에 표시하는 것이 좋다.

(4) 검사결과통보

검사 완료시 과거에는 무하자보고서(CRF)를 직접 은행에 제출해야 했지만, 최근에는 검사기관이 전 세계적으로 구축해 놓은 네트워크를 통해 전산으로 전송되고 있으며 검사증명은 송장에 검사완료 레이블을 붙이고 있다.

2. 선적전 검사제도의 영향[1)]

(1) 국제무역제도 운영에 공헌

① 관세평가의 기준보완

선적전 검사는 이용국에게 수출국 내의 상품가격에 영향을 주는 요소 및 상품가격에 관한 최신정보를 제공함으로써 이용국의 관세평가의 적정성을 증진시킨다.

관세평가의 가장 기본적이고 원칙적인 기준은 수입국에 수출하기 위해 판매되는 상품에 대하여 실제로 지급했거나 지급할 금액인 거래가격이다. 그러나 수입품이 수입업자에게 판매되지 않거나 계약상의 어떤 조건 또는 특수관계자 간에 거래되어 그 상품의 거래가격이 결정되지 못하면 그 상품에 대하여는 동종·동질상품 또는 유사상품의 거래가격을 기준으로 하여 과세가격이 평가된다. 이상의 기준에 의해 과세가격을 평가할 수 없을 때에는 그 상품이 수입통관된 후 국내에서 판매되는 가격을 과세가격으로 결정하고 외국 제조업자의 원가계산서에 근거한 산정가격을 과세가격으

---

1) 선적전 검사제도 영향에 관한 내용은 김정회, "세계무역기구(WTO)체제하의 선적전검사", 국제상학, 제10권 기념호, 1995, pp.265~295의 내용을 참조하였음.

로 결정하는 것을 순위로 하여 순차적으로 후순위의 방법을 적용한다.

이상의 관세평가기준을 분석해 볼 때, 관세평가기준은 원칙상 수입국 내의 입수가능한 정보에 입각해야 하지만 수입품의 제조원가를 기초로 하는 산정가격만큼은 수출국의 자발적인 협조가 있어야 가능하다. 그러나 개도국의 경우 세관의 시설이나 능력부족으로 인해 사기행위와 송장상 허위금액 기재행위를 방지하지 못한 채 통관절차가 이루어지므로 수입국 내에서 정확한 정보를 확보하기가 어려운 실정이다. 때문에 수출국의 상품가격에 관한 최신정보인 송장가격은 관세평가기준으로서 그 의의가 있다. 선적전 검사는 개발도상국에게 관세평가를 정확하게 하는 기준을 보완해 주는 것이다.

② 이전가격 문제

선적전 검사가 국제무역제도 운영에 기여하는 또 다른 이유는 선진국과 개발도상국의 수출업사와 수입입자 사이에 발생할 수 있는 이전가격 문제에 효과적으로 대처할 수 있기 때문이다. 이전가격 문제는 일반적으로 한 당사자가 상대방으로부터 지시통제를 받고 회계보고를 할 의무가 있으며 간섭의 정도가 심화되어 있는 계약관계에 있는 특수관계자 간 거래에서 많이 발생한다.

선적전 검사는 특수관계자 간의 거래나 실제 상품과 송장가격 사이의 차이에 관한 기초판단자료를 충분히 제공하여 공제가격과 산정가격 산출에 따른 부담을 상당히 덜어주게 된다.

선적전 검사는 가격검증을 통하여 개발도상국에게 관세평가체제의 통일화에 동참하는 기회를 갖게 하고 선진 수출국에게 상품과 송장가격의 일치성을 보장해 준다.

③ 무역자동화의 신뢰성 제고

국제무역거래는 교역량이 증가함에 따라 무역관련서류를 작성하는 데 소요되는 비용과 시간이 점차 증가할 뿐만 아니라 전통적 문서전달 방식에 한계를 노출시킨다. 때문에 비용을 절감하고 시간을 절약하며 물적유통을 용이하게 하기 위해 무역자동화를 통한 국제적으로 표준화된 자료의 중요성은 더욱 증대한다. 그러나 무역자동화에 입각하여 작성된 표준화된 자료는 송장상 허위금액기재와 사기행위를 선별하는데 문제가 있다. 표준화된 자료는 실제거래금액과 세관신고금액이 일치하는 것으로 가장한 허구적인 정보를 선별할 수 없다.

선적전 검사는 수출국 내에서 제출된 자료를 통해 정보를 충분히 분석하게 해 주고

자료의 통제도 가능하게 하므로 사기행위를 방지하고 자료의 신뢰성을 보장해 줄 수 있다. 자동화된 환경 속에서 수출국 내의 상품검사는 송장기재 사항뿐만 아니라 품질과 수량의 진실성도 보장해 주고 가격에 관한 자료는 수입국 내 통관신고가격의 타당성도 확인해 준다. 따라서 전 세계적으로 이용이 확대되고 있는 선적전 검사증명서는 자동화된 자료가 현실적으로 신뢰성이 있음을 보증하여 국제교역의 신속성을 도모할 뿐만 아니라 국제무역제도 운영에도 공헌한다.

(2) 합리적 무역관행의 수립

① 경제적 불법행위의 예방

선적전 검사는 상품이 선적되기 전 송장상 허위금액 기재행위를 예방하기 위한 유일한 조치이다. 송장상 허위금액 기재행위는 송장상 과도금액 기재행위와 송장상 과소금액 기재행위로 구분된다.

수출입절차상 수출업자는 송장상 과도금액(over-invoicing)을 기재하기도 한다. 즉, 송장에 기재된 상품의 성질과 품질 및 수량은 정확하지만 그 가격은 실제금액보다 많은 액수를 기재하는 경우이다. 한편, 수출입절차상 수출업자는 송장상 과소금액(under-invoicing)을 기재하기도 한다. 즉, 상품을 수입하는 수입업자가 수출업자에게 송장금액을 원래 금액보다 더 낮추어서 기재해 달라고 요청하는 경우이다. 또한 송장에는 상품의 성질과 단위가격을 정확하게 표기하였으나 실제 수량은 줄여서 또는 늘려서 기록하기도 한다.

이러한 행위는 관세평가를 목적으로 하여 수입업자가 수입품의 정확한 관세액 전액 지급을 회피하여 수입국의 관세수입을 탈취하려는 방법이다.

이러한 송장상 금액의 허위기재행위를 방지하고 외화자원을 보호하기 위한 개발도상국의 능력에는 한계가 있다. 따라서 개발도상국들은 상당한 외화를 절약하고 사기행위와 자본유출 등의 경제적 불법행위를 예방하고 대처하기 위하여 선전적 검사를 이용한다.

② 상업상 위험 제거

선적전 검사는 무역에 관련된 통상적인 표준과 통례적인 관행 및 관습에 기초하여 행해지므로 통상적으로 발생하는 상업상 위험으로 인한 손실을 방지한다. 즉, 선적전 검사는 상품이 계약에 일치하였는지 여부에 관한 수출업자와 수입업자 간 분쟁을 방지해 준다. 또한, 선적전 검사는 적화의 멸실이나 손상이 발생한 시점과 위험발생 시점에 관한 보험자와 피보험자 간의 분쟁도 방지해 준다.

③ 수입관련비용의 절감

선적전 검사제도의 도입에 따라 수입통관 절차를 신속하게 진행시킬 수 있는 장점이 있다. 실제로 인도네시아의 경우 1995년 선적전 검사제도 도입과 함께 선적서류 간소화 및 항만사용료 인하조치를 취하였는데 이에 따라 수출입관련 비용을 20% 이상 절감하였고 통관소요시간을 종전의 21일 내지 30일에서 2일 내지 3일로 대폭 단축시켰을 뿐만 아니라 전체적으로 세관행정업무의 약 75%를 경감시킨 것으로 조사되었다.

(3) 비관세장벽으로 작용

앞에서 언급한 선적전 검사제도의 여러 장점에도 불구하고 선적전 검사제도를 시행하는 국가로 상품을 수출하는 수출국들은 선적검사가 검증되지 않은 자료에 기초하여 가격검증을 자의적으로 하며 선적을 지연시키고 비용을 증가시키고 영업상 비밀을 누출시킬 가능성과 이의 및 분쟁해결 절차가 미흡하다는 등을 근거로 하여 선적전 검사가 현실적으로 무역을 제한하거나 왜곡시키는 비관세장벽으로 작용한다고 비판하였다.

① 자의적인 가격규제

가격검증은 선적전 검사에 있어서 가장 핵심이다. 가격검증의 목적은 송장금액의 과도기재 또는 과소기재를 방지하는 데 있다. 그러나 현실적으로는 선적전 검사기업이 송장상 기재가격 구성에 대한 증거와 상관없이 일정한 범위를 벗어난 가격을 거부하는 것이 흔하다. 수출업자가 기재한 가격이 지나치게 높거나 또는 지나치게 낮다고 판단되면 선적전 검사기업은 수입국 정부가 관세분류를 위해 요구하는 무사고 결정보고서(CRF)를 발행하지 않는다.

선적전 검사기업에 의한 가격검증 활동이 갖는 법적인 문제점은 민간기업의 자율적인 가격결정권을 침해하고 있으며 "계약은 준수되어야 한다"는 계약법의 기본원칙을 위반하고 자유로운 계약체결에 의한 시장가격의 적절성을 손상시키는 데 있다. 즉, 수출업자와 수입업자가 자율적으로 체결한 계약에 의한 상품가격 결정에 민간기업이 임의로 간섭함으로써 무역거래의 법률원칙과 경제원리가 무시되고 있는 것이다.

② 선적지연과 관리비용의 증가

선적전 검사는 시간이 오래 걸리고 지루하며 많은 비용이 소요되는 절차이다. 송장이 요구되는 시점부터 선적전 검사기업은 수출업자와 계속하여 접촉하게 된다. 한편 가격비교를 하게 되면 수출업자는 송장사본, 가격할당, 가격목록, 본선인도가격, 운임환급액 및 수수료 등에 관한 명세를 제출해야 한다. 수출업자는 또한 자신이 결정한 가격이 어떻게 결정하였는지 실제로 입증해야 한다. 이밖에 상품가격은 품질 및 수량과 연결되기 때문에 상품이 계약에서 요구하는 바를 충속시키고 있음을 입증하기 위하여 실제 상품검사도 하게 된다.

이러한 절차를 거쳐야 하는 선적전 검사는 수출업자에게 많은 시간을 소비하게 하는데 실제로 미국국제무역위원회(USITC)의 보고서에 의하면 선적화물의 40%가 평균 20일이나 지연되었다고 한다. 이러한 지연에 의해 발생하는 비용과 함께 선적전 검사의 이행을 위해 필요한 서류작업과 개인시간의 소비도 추가비용을 발생시킨다.

③ 영업비밀정보의 누출가능성

선적전 검사기업은 영업비밀정보를 수출업자의 정당한 상업상 이익을 저해시킬 가능성이 있게 되면 공개를 요구할 수 없다. 그러나 가격검증을 철저히 하려면 영업에 관한 수많은 정보들이 필요하게 되어 선적전 검사기업은 수출업자에게 가격 및 영업에 관련된 기업정보를 요구하게 되는데 이 정보들 중에서 일부는 영업비밀정보에 해당될 가능성이 매우 높다. 또한 선적전 검사기업은 영업비밀정보의 상업적 기준을 고려하지 않으며 비밀보호에 대한 엄격한 기준도 마련하고 있지 못한 실정이다.

3. WTO PSI에 따른 한국의 분쟁조정제도 2)

(1) 근거법규

선적전 검사기관이 행하는 가격판정, 수량판정, 관세율 적용 등에 있어서 수출업자가 불만이 생기게 되고 이에 대해 선적전 검사기관에 이의신청을 할 경우에도 수입국정부의 기준이라는 이유로 책임을 회피하는 경우가 빈발하므로 선적전 검사기관과 수출자 간의 분쟁을 공정하게 판단할 수 있는 제도적 장치가 필요하기 때문에 선적전 검사와 관련한 분쟁조정 등에 관한 근거법규를 마련하였다.

대외무역법시행령 제116조(권한의 위임·위탁) 제12항 제1호, 제2호의 규정에 의

2) 본 분쟁조정제도에 관한 내용은 서정일, "WTO 선적전검사에 다른 한국의 PSI 조정제도에 관한 고찰", 무역학회지, 제28권, 제3호, 2003년, pp.261~289, pp.281~284의 내용을 참조하였음.

하여 산업자원부장관의 조정위원회의 구성·운영 등에 관한 권한을 대한상사중재원에 위탁하여 분쟁조정제도를 시행하고 있다. 또한 동 시행령 제104조에서는 선적전 검사중재기관으로 대한상사중재원을 지정하여 중재법의 규정에 따른 중재를 하도록 하였다.

(2) 분쟁조정위원회의 구성

대외무역법 제42조 제2항의 규정에 의하여 수출자와 선적전 검사기관 사이에 발생하는 분쟁을 해결하기 위하여 분쟁조정위원회를 구성하여 조정한다. 이때 산업자원부장관은 조정위원회의 조정위원후보를 위촉하여 조정위원 후보자 명부를 작성·유지하여야 하는데 조정위원 후보자는 선적전 검사기관을 대표하는 단체인 한국검수검정협회, 무역거래자를 대표하는 단체인 한국무역협회 및 대한상공회의소에서 추천한 총 60인 이내로 구성하여 분쟁을 조정한다. 조정위원회는 3인의 조정위원으로 구성한다(대외무역법시행령 제96조 제1항). 조정위원회의 조정위원 구성은 조정위원후보자명부에 등재된 조정위원후보 중에서 관련 대표단체의 추천을 받아 산업자원부장관이 위촉하며, 조정위원회의 위원장은 그 중에서 산업자원부장관이 추천한 자가 된다.

조정의 결과에 이해관계가 있는 자는 조정위원이 될 수 없다. 그러나 당사자가 그러한 사정을 알면서도 이의를 제기하지 아니한 경우에는 그러하지 아니하다. 조정위원으로 지명된 자는 자신의 공정성 또는 독립성에 관하여 이의가 제기될 우려가 있는 때에는 이를 조정위원회에 통지하여야 한다. 이 경우 조정위원회는 결정에 의하여 조정위원회의 변경 여부를 결정하여야 한다.

조정위원회의 결정에 의하여 조정위원의 재위촉이 필요한 경우 및 조정위원이 조정의 역할을 거부하거나 이를 수행할 수 없는 경우에는 조정위원회의 구성에 따른 예에 따라 새로운 조정위원을 위촉하여야 한다.

(3) 분쟁조정신청통지

선적전 검사와 관련한 분쟁이 발생한 때에는 당사자의 일방 또는 쌍방은 중재원장에게 분쟁의 조정을 신청할 수 있다. 이 경우에 분쟁조정신청인이 수출자인 경우에는 미리 분쟁 당사자인 선적전 검사기관에 이의를 제기하여 이에 대한 당해 선적검사기관의 검토결과가 표시된 후 분쟁조정을 신청하여야 한다. 조정을 신청하고자 하는 자는 조정비용의 예납과 함께 조정신청서 5부를 대한상사중재원장에게 제출하여야 한다. 대한상사중재원장은 조정의 신청을 접수하였을 때에는 이를 당사자에게 서면으로 통지한다. 접수된 사항의 추가 또는 변경하고자 하는 때에도 또한 같다.

(4) 조정위원회의 회의

조정위원회의 위원장은 조정위원회의 회의를 소집하고 그 의장이 된다. 위원장이 회의를 소집하고자 할 때에는 회의의 일시·장소 및 부의사항을 정하여 회의개시 2일 전에 각 조정위원에게 통지하여야 한다. 다만, 긴급한 사정 등 불가피한 사정이 있는 경우에는 그러하지 아니하다. 조정위원회의 회의는 조정위원 2인 이상의 찬성으로 의결하며 조정위원회의 회의는 공개하지 아니한다. 조정위원회는 분쟁의 원만한 해결을 위하여 필요한 경우에는 조정위원이 분쟁당사자의 의견을 듣거나 필요한 조사를 할 수 있다.

또한 조정위원회는 분쟁에 관한 외부 전문가의 기술적인 조언을 받을 수 있으며 이에 필요한 경비는 분쟁당사자에게 부담하게 할 수 있으며, 조정위원회는 분쟁의 해결을 위하여 필요한 경우에는 당사자들에게 서류 및 정보를 제출하게 할 수 있다.

(5) 답변 및 반대신청

조정신청통지를 받은 조정의 피신청인은 3일 이내에 중재원에 서면으로 이에 대한 의견을 제출할 수 있다. 피신청인은 조정위원회가 구성된 때에는 3일 이내에 반대신청을 할 수 있다. 다만, 반대신청이 정상적인 조정절차를 방해한다고 인정되는 경우 조정위원회는 직권으로 이를 허가하지 아니할 수 있다. 피신청인의 반대신청은 신청인의 조정신청과 병합하여 심리한다.

(6) 조정위원회 구성, 조정안 작성 및 통지

지식경제부장관은 조정신청을 받은 때에는 7일 내에 조정위원회를 구성하고 조정위원회 구성 후 20일 내에 조정안을 작성하여 당사자에게 제시하도록 하여야 한다. 다만, 조정위원이 조정을 거부하거나 질병 등의 사유로 업무수행이 불가능한 경우 등 불가피한 사정에 의하여 조정안을 기간 내에 작성할 수 없는 경우는 7일 이내의 기간을 정하여 그 기간을 연장할 수 있다. 조정안이 작성된 때에는 조정위원회는 이를 당사자에게 통지하여야 하며 조정안의 통지를 받은 분쟁당사자는 7일 이내에 조정안에 대한 수락 여부를 조정위원회의 통지하여야 한다.

(7) 조정비용

조정비용은 신청요금·경비 및 수당으로 구분한다. 조정신청을 하고자 하는 신청인은 조정비용을 중재원에 예납하여야 한다. 당사자의 신청에 의한 경우 조정위원 및 간사의 소용경비, 증인 또는 감정인의 소용경비, 검사 또는 조사경비, 통역 또는 번역경비 등 조정에 소요되는 일체의 경비는 당해 당사자가 부담한다. 다만 그 경비가 조정위원회의 요청에 의한 것일 경우에는 당사자 간에 따로 정함이 없는 경우 신청인이 부담한다. 예납액이 부족한 경우 중재원장은 신청인에게 추가예납을 요청할 수 있다. 당사자가 조정비용의 예납요청을 받은 날로부터 3일 이내에 이를 이행하지 않는 때에는 조정위원회는 조정절차를 정지하거나 종료할 수 있다. 다만, 일방의 당사자가 다른 당사자가 지급하여야 할 조정비용을 지급한 경우에는 그러하지 아니하다. 조정이 종료된 때에는 예납된 조정비용을 정산하고 잔액이 있는 경우는 이를 당사자에게 반환하여야 한다.

4. 선적전 검사의 실제

SGS(Societe General De Survaillance)의 선적전 검사는 1965년 수입국 정부대행 선적전 검사업무(CISS : Comprehensive Import Supervision Services)를 최초로 시작하였다. 초창기에는 품질 및 수량검사, 수입국의 외환관리를 위한 가격검증을 실시하는 정도였으나 현재는 관세부과를 목적으로 하는 상품분류 및 가격검정서비스도 제공하고 있다. 최근 들어 여러 검정업체들이 선적전 검사분야에 참여하고 있으나 SGS는 이 분야의 지도적 위치를 확보하고 있다.

SGS의 선적전 검사에는 수입국 정부의 요청에 따라 품질 및 수량검사, 수출시장가격산정, 과세표준가격산정, 관세품목 분류 그리고 수입금지 또는 제한품목 확인 서비스 등이 포함되고 검사결과는 SGS의 검사확인서(Report of Findings)에 기재된다. SGS의 CISS검사는 다음과 같은 목적으로 이루어진다.

① 정확한 수입관세 및 조세산정(관세품목 분류와 가격에 관한 SGS 자료에 근거)
② 수출국 국내산업이나 수출자 또는 수입자 사이의 불공정한 경쟁 방지(수입규정과 관세상품분류 및 가격을 공정하게 적용)
③ 무역진흥(수입국 통관업무 신속, 단순화로 투자유치 촉진)
④ 수입국의 외환관리(가격과다 청구 및 품질과 수량의 불일치 예방)

WTO의 선적전 검사 협약에 의하면 검사회사가 WTO 회원국 간의 수출입 상품을 검사하는 경우 WTO가 정하는 선적전 검사규정을 준수해야 한다고 명시하고 있으므로 SGS는 WTO가 규정한 선적전 검사협약을 철저히 준수해야 한다. 만약 수출업자가 SGS가 WTO 선적전 검사협약을 위배한다고 판단하면 검사 실시 해당국가의 SGS 사무실에 이의를 제기할 수 있다. 문제가 해결되지 않았을 때는 WTO가 규정한 독립심의기관(Independent Review)에 재차 문제를 제기할 수 있다. 한편, SGS는 국제검정업체연맹(IFIA : International Federation of Inspection Agencies) 회원으로 수입국 정부가 주도하는 선적전 검사에 관한 IFIA의 규정을 준수한다. IFIA 규정은 WTO 가입 여부에 관계없이 전 세계 모든 국가의 선적전 검사에 적용된다. SGS 검사비는 수입자 또는 수입국 정부가 부담한다. 그러나 다음의 경우에는 검사비를 수출업자에게 청구할 수 있다.

① 검사원이 검사장소에 도착하였으나 고객의 사유로 인한 검사 미준비로 검사를 실시하지 못한 경우

② 수출자와 합의하에 검사를 실시하였으나 SGS가 수입국으로부터 검사지시서(IO : Inspection Order) 또는 수입허가서(IL : Import License)를 받지 못한 경우

③ 그 외 선적전 검사과정에서 발생되는 제비용, 즉 포장해체와 재포장비용, 검량계기사용, 샘플 및 공장에서의 시험 등은 고객의 비용이다. SGS의 CISS 검사의 구체적인 절차는 다음과 같다.

1. SGS
   ① 수입국의 검사지시서(1.0.)도착
   ② 고객(수출자)에게 검사신청서 (RFI) 송부
   ③ 예비 가격검토

2. 고객(수출자)
   검사신청서를 기재하여 검사신청 구비서류와 함께 SGS에 제출(SGS 검사신청서 양식을 받지 못한 경우, 본 안내서 제6장 별첨양식 또는 별도의 유사 양식을 사용하여 검사 신청할 수 있음)

3. SGS
   ① 검사일 확정
   ② 검사 실시
   ③ 공급자 또는 수출자에게 검사결과 통지

4. 고객(수출자)
   ① 검사 만족통지를 받으면, 고객은 선적 이행 가능함(SGS에 의문사항 확인)
   ② SGS에 최종(2차) 서류 제출

5. SGS
   ① 최종가격 검증, 관세품목분류 및 수입국 규제사항 확인
   ② 서류 및 제반 검사내용이 만족되면 CRF 또는 Label 발급
   ③ 대금결제를 위해 고객(수출자)에게 CRF 또는 Label 송부
   ④ 수입자 통관절차를 위하여, 수입국 SGS 사무소에 CRF Data를 송신(EDT)

- CRF : Clean Report Finding(무사고결정보고서)
- 2번째 단계에서 수출업자가 제출하는 서류내역 : 검사신청서, 거래신고서, 견적송장, 견적포장명세서, 계약증빙서류, 기술사양서 또는 카탈로그, 신용장사본, 수출승인서, 검사장소 약도 등
- 4번째 단계에서 수출업자가 제출하는 서류내역 : 검사보고서 사본, 최종송장 사본, 공급업자의 최종송장 사본, 제조업자의 최종송장 사본, 선적선하증권 또는 항공운송장 사본 등

Chapter

12

원산지규정협정의 이해

1. 개관
2. 협정의 주요 내용

Chapter 12

원산지규정협정의 이해

1. 개관

원산지규정이란 국제무역에서 거래되는 물품의 생산·제조국을 판정하기 위한 제반 법률 및 규정 또는 판례 그리고 관련 행성석 절차를 동틀어 일컫는 것으로 일반적으로 특정 국가가 특정 제품의 원산지로 인정받기 위해 필요한 세부적인 요건과 통관과정 등에서 상기요건의 충족 여부를 밝히는 원산지 확인절차 및 여타 부대조건 등으로 구성되어 있다. 따라서 그 자체로서는 국제교역을 제한하는 효과를 가질 수 없는 중립적 성격을 띠고 있다.

그러나 원산지규정은 각국별로 상이하며, 그 자체의 불명료성, 복잡성 및 차별성으로 인하여 실질적으로는 무역장벽으로 기능하고 있다. 즉 지역경제 통합의 경우 원산지 규정은 수출국의 보다 엄격한 식별을 통하여 경제적 통합이 가져오는 경제적 효과를 공고히 하고자 하는 데 사용되고 있다. 또한 반덤핑관세나 상계관세의 부과, 쿼터 적용 등 원산지의 식별이 수반되는 제반 무역관련조치에 부속되어 간접적인 수입제한 조치로서의 효과를 발휘하고 있다.

현재 국제적으로 사용되고 있는 원산지인정 기준으로서는 세번변경기준, 부가가치기준, 주요공정기준 등이 있으며 그 적용목적에 따라 특혜원산지규정과 비특혜원산지 규정으로 구분될 수 있다.

WTO의 원산지규정협정(ARO : Agreement on Rules of Origin)에는 특혜원산지규정에 관해서는 언급을 하고 있지 않으며 비특혜원산지에 관한 일반적 규정만이 제정되어 있다. 그 적용범위는 GATT 제1조 제1항의 최혜국원칙이 적용되지 않는 특혜관세제도를 제외한 일반적인 교역에 있어서 상품의 원산지국가를 결정하는 것으로 그 범위가 한정되어 있다. 즉 GATT 제1조, 제2조, 제3조, 제11조, 제13조의 MFN원칙,

제6조의 반덤핑 및 상계관세, 제9조의 원산지표시요건, 제19조의 세이프가드 및 여타 모든 차별적인 수량규제나 할당관세 등의 적용과 같이 비특혜적인 통상정책 수단의 적용 그리고 정부조달 및 무역통계의 작성에 관하여 적용될 뿐인 것이다.

원산지판정기준으로서는 완전변형기준과 실질변형기준이 있는데, 특히 원산지판정기준으로서 실질적 변형(substantial transformation)의 기준의 적용에 있어 실질적 변형의 발생 여부를 판단하는 주된 기준은 세번변경기준(HS기준)이며, 보조적으로 부가가치기준과 주요공정기준을 사용하기로 하고 있다. 한편 비특혜원산지에 관한 세계적인 통일규정을 만들기 위한 작업이 세계관세기구(WCO)와 WTO의 공동작업으로 1995년도부터 진행되어 오고 있으나 각국의 첨예한 이해관계의 대립으로 인하여 원래 협상 완료시한이었던 1998년 7월 20일에 타결되지 못하고 현재까지도 협상이 진행되고 있다.

각국의 원산지규정의 상이성, 불명료성, 복잡성 및 차별적 적용가능성으로 인해 무역장벽적 효과가 발생하고 있다. 이렇듯 원산지규정은 매우 복잡하고 각국 간의 서로 다른 이해관계 때문에 국제무역에 있어서 제2차적 장벽으로 작용하고 있다.

2. 협정의 주요 내용

(1) 협정문의 구성

원산지규정협정은 전문, 4부 9개조항 및 2개 부속서로 구성되어 있다.

1) 제1부 : 정의 및 적용 범위
2) 제2부 : 원산지규정의 적용에 관한 규율
3) 제3부 : 통보, 검토, 협의 및 분쟁해결에 관한 절차 규정
4) 제4부 : 원산지규정의 조화
5) 부속서1 : 원산지규정에 관한 기술위원회
6) 부속서2 : 특혜원산지규정에 관한 공동선언

(2) 주요 내용

1) 적용범위(제1조)

1994년 이후 작성될 통일 원산지규정과 과도기간 동안 각국이 준수해야 할 원산지

규정 관련 규칙의 적용범위는 비특혜 무역부문으로 한정하고 있다. 구체적인 적용범위는 최혜국대우원칙(GATT 제1, 2, 3, 11 및 13조), 반덤핑 및 상계관세(제6조), 긴급수입제한조치(제19조), 원산지표시 요건(제9조) 및 모든 차별적인 수량제한 또는 관세쿼터 등의 적용과 같이 비특혜적인 무역정책수단에 사용되는 원산지 규정 등이다. 가장 큰 쟁점 중의 하나였던 특혜무역 원산지규정은 EU 및 캐나다 등의 제안에 따라 적용대상에서 제외되었으나 부속서의 공동성명에서는 특혜원산지 규정의 적용에 있어서도 본 협정상의 원칙에 입각해야 한다고 선언하였다.

2) 과도기간중의 규율(제2조)

원산지규정의 조화작업 계획이 완료될 때까지 각 회원국은 아래 사항을 보장하여야 한다.

① 원산지 판정 요건은 명백하게 규정
② 무역상의 목적 달성을 위한 식·산섭석 수난으로서의 원산지규정 사용 금지
③ 원산지규정의 적용을 통한 국제무역의 제한, 왜곡 또는 교란을 금지
④ 원산지규정은 일관적이고 통일적이며, 공정하고, 합리적인 방식으로 실시
⑤ 원산지규정은 적극적인 기준(positive standard)에 기초
⑥ 원산지규정에 관한 법령, 사법 결정 및 행정판정은 공표
⑦ 원산지판정은 요청이 있은 후 가능한 조속히, 늦어도 150일 이내에 내려야 하며 제반조건이 비교가능한 상태로 유지될 경우 동 판정은 3년간 유효
⑧ 원산지규정 도입 또는 변경시 소급적용 금지
⑨ 비밀보장을 조건으로 제시된 모든 정보의 비공개원칙

3) 실무기구 설치(제4조)

회원국 대표로 구성되는 원산지규정위원회(Committee on Rules of Origin)를 설치하며, 또한 관세협력이사회(CCC : Customs Cooperation Council)의 후원하에 있는 원산지규정에 관한 기술위원회(Technical Committee on Rules of Origin)를 설치한다.

4) 회원국의 원산지규정 제출의무(제5조)

각 회원국은 WTO협정 발효 후 90일 이내에 유효한 자국의 원산지규정, 사법결정 및 행정판정을 WTO 사무국에 제출해야 하고, 기존규정 수정 또는 새로운 원산지규정의 도입시 이들의 효력 발생 60일 이전에 공표하여야 한다.

5) 원산지규정의 조화(제3조 및 제9조)

WTO협정 발효 이후 가능한 조속히 관세협력이사회와 함께 원산지규정의 조화작업을 개시하며, 개시 후 3년 이내에 완결한다. 원산지규정위원회와 기술위원회가 구체적인 작업을 수행한다. 조화된 원산지규정 이행관련 준수원칙은 특혜무역을 제외하고 적용목적에 상관없이 동등하게 적용하며, 원산지는 완전생산국가 또는 실질적 변형이 발생한 공정이 이루어진 국가에 부여한다. 원산지규정의 객관성 및 이해·예측가능성을 제고하고, 무역왜곡 효과를 배제하며, 적극적인 기준에 의한 서술 등에 의한다.

6) 협의 및 분쟁해결(제7~8조)

WTO 분쟁해결절차를 적용한다.

※ 사례연구

원산지표시 위반행위 사례 분석

Ⅰ. 사례개요

우리나라의 (주)남원무역은 중국산 마사를 수입하여 유럽연합(EU)에 단순 재수출하는 과정에서 대한상공회의소로부터 원산지를 한국산으로 허위 신고하여 증명서를 발급받아 2001년 1월 이후 이탈리아, 프랑스, 벨기에 등에 18차례 수출하였다. 2001년 8월 16일 이탈리아 세관당국에 원산지증명서 허위발급 사실이 적발되어 전량 통관보류 조치를 당한 이후에도 동일한 수법으로 3차례 수출한 사실이 있었다.

이와 관련하여 EU 집행위원회는 2001년 12월 6일 우리나라 산업자원부에 (주)남원무역의 원산지증명서 허위발급 경위 등에 관한 조사를 요청하였고, 2002년 1월 9일

무역위원회는 산업자원부로부터 받은 관련서류를 토대로 조사를 시작하였다.

무역위원회의 조사결과 13차례에 걸쳐 원산지증명서를 한국산으로 허위발급받은 사실이 확인되었다. 무역위원회는 원산지 허위발급 행위 자체는 수출입질서 저해행위 위반이므로 과징금 1,500만 원을 부과하고 시정조치를 명하였는데 이는 1987년 무역위원회가 출범한 이래 최초로 과징금을 직접 부과·징수한 사례이다.

Ⅱ. 주요 내용과 의결요지

1. 주요 내용

중국산 마사를 수입하여 EU에 수출하는 과정에서 (주)남원무역(이하 피신청인)이 대한상공회의소로부터 13차례에 걸쳐 원산지증명서를 한국산으로 허위발급받았고, 상품 포장박스에 원산지를 "MADE IN KOREA"로 허위표시하였다.

(1) 수출입질서 저해행위 - 원산지증명서 허위발급 여부

EU 집행위원회의 원산지증명서 허위발급 경위 조사 요청에 의하여 조사개시를 한 결과 피신청인은 중국산 마사를 수입하여 EU에 재수출하는 과정에서 대한상공회의소로부터 13차례 걸쳐 원산지증명서를 한국산으로 허위발급받은 사실이 발견되었으며, 2001년 1월 이후 18차례에 걸쳐 이탈리아, 프랑스 등 EU 국가에 수출한 사실이 관세청 확인 결과 사실로 나타났다. 또한 2001년 8월 16일 이탈리아 세관당국에 동 사실이 적발되어 전량 통관보류 조치를 당한 후에도 동일한 수법으로 3차례나 수출한 사실이 확인되었다.

(2) 원산지표시 위반행위 - 원산지 허위표시 여부

원산지증명서 허위발급 외에도 2001년 10월 27일 수출건에 대해서는 포장박스에 원산지를 "MADE IN KOREA"로 표시함으로써 중국산을 한국산으로 원산지를 허위로 표시한 것이 드러남에 따라 EU 집행위원회의 주장이 사실로 조사되었다.

2. 의결요지

(1) 수출입질서 저해행위 – 원산지증명서 허위발급행위

불공정 무역행위조사 및 산업피해구제에 관한 법률 제4조
(불공정무역행위의 금지)

누구든지 다음 각 1호에 해당하는 행위(이하 "불공정무역행위")를 하여서는 아니된다.
3. 그밖에 수출입질서를 저해할 우려가 있는 행위

불공정 무역행위조사 및 산업피해구제에 관한 법률 시행령 제2조
(불공정무역행위)

불공정 무역행위조사 및 산업피해구제에 관한 법률 제4조 제3호에서 "수출입질서를 저해할 우려가 있는 행위로서 대통령령이 정하는 행위"라 함은 다음 각호의 1에 해당하는 행위를 말한다.
4. 수출입거래의 이행에 관한 다음 각목의 1에 해당하는 행위
가. 선하증권 등 선적서류를 허위로 발행하거나 위조·변조하는 행위

무역위원회는 피신청인의 원산지증명서 허위발급 행위에 대하여 과징금 1,500만 원을 부과하고, 시정조치를 명할 것을 의결하였다. 이러한 행위는 「불공정 무역행위조사 및 산업피해구제에 관한 법률」 제4조 제3호 및 동법시행령 제2조 제4호에서 금지하고 있는 불공정한 무역행위로서 피신청인의 원산지증명서 허위발급 행위가 명백히 고의로 이루어진 점과 향후 유사 사례의 재발 방지 및 대외신뢰도를 확립할 필요성 등을 감안하여 엄중하게 제재할 필요가 있다고 무역위원회는 판단하였다.

이에 따라 무역위원회는 「불공정 무역행위조사 및 산업피해구제에 관한 법률」 제11조의 규정에 따라 원산지증명서 허위발급 등 수출입질서 저해행위에 대한 과징금 금액을 거래금액의 100분의 2에 의결 당일 한국은행이 발표하는 기준환율을 적용한 액수를 최고한도로 하여 피신청인에 대하여 과징금 1,500만 원을 부과할 것을 의결하였다.

불공정무역행위조사 및 산업피해구제에 관한 법률 제11조(과징금)

① 무역위원회는 제4조 제1호 또는 제3호의 규정에 해당하는 불공정무역행위가 있다고 판정하는 때에는 당해 행위자에 대하여 대통령령이 정하는 거래금액에 100분의 2를 곱한 금액을 초과하지 아니하는 범위 내에서 과징금을 부과할 수 있다. 다만, 거래금액이 없거나 거래금액의 산정이 곤란한 경우로서 대통령령이 정하는 경우에는 5억 원을 초과하지 아니하는 범위 내에서 과징금을 부과할 수 있다.
② 제1항의 규정에 의하여 과징금을 부과하는 경우에는 산업자원부장관의 의견을 들어야 한다.
③ 무역위원회는 제4조 제2호의 규정에 해당하는 불공정무역행위가 있다고 판정하는 때에는 당해 행위자에 대한 과징금의 부과를 산업자원부장관에게 건의할 수 있다.
④ 제1항의 규정에 의한 과징금의 부과기준은 대통령령으로 정한다.

이와 동시에 무역위원회는 「불공정 무역행위조사 및 산업피해구제에 관한 법률」의 규정에 의거하여 시정조치를 병과할 것을 의결하였다.

(2) 원산지표시 위반행위 – 원산지허위표시 행위

불공정 무역행위조사 및 산업피해구제에 관한 법률 제4조 (불공정무역행위의 금지)

누구든지 다음 각 1호에 해당하는 행위(이하 "불공정무역행위"라 한다)를 하여서는 아니 된다.

2. 다음 각목의 1에 해당하는 물품 등을 수출 또는 수입하는 행위
   가. 원산지를 허위로 표시하거나 이를 오인하게 하는 표시를 한 물품 등
   나. 원산지표시를 손상하거나 변경한 물품 등
   다. 원산지표시를 하지 아니한 원산지표시대상물품

무역위원회는 피신청인의 원산지 허위표시 행위에 대하여 산업자원부장관에게 과징금 3천만 원 부과를 건의할 것을 의결하였다. 이러한 행위는 「불공정 무역행위조사 및 산업피해구제에 관한 법률」 제4조 제2호에서 금지하고 있는 불공정 무역행위로서

피신청인의 원산지 허위표시 행위가 비록 1회에 불과하지만 원산지증명서 허위발급 행위와 결합하여 명백히 고의적으로 이루어진 점과 향후 유사 사례의 재발을 방지하여 대외신용도를 확립할 필요성 등을 감안하여 제재할 필요가 있다고 무역위원회는 판단하였다.

이에 따라 무역위원회는 「불공정 무역행위조사 및 산업피해구제에 관한 법률」 제11조(과징금)의 규정에 따라 피신청인의 원산지 허위표시 행위에 대하여 과징금 3천만원을 부과할 것을 산업자원부장관에게 건의하기로 의결하였다.

Ⅱ. 조치결과

중국산 마사 및 마직물에 대한 한국산 원산지 표시행위는 실질적 변형을 거치지 않으므로 대외무역법 제23조 제3항, 제39조 제1항의 원산지규정의 원산지규정 위법행위에 해당된다.

대외무역법 제23조(수출입물품 등의 원산지의 표시)

③ 무역거래자 또는 물품 등의 판매업자는 다음 각호의 1에 해당하는 행위를 하여서는 아니된다. 다만 제3호의 경우에는 무역거래자에 한한다.

1. 원산지를 허위로 표시하거나 이를 오인하게 하는 표시를 하는 행위
2. 원산지표시를 손상하거나 변경하는 행위
3. 원산지표시대상물품에 대하여 원산지표시를 하지 아니하는 행위

본 사례는 EU 집행위원회가 조사를 의뢰한 것으로 향후 정부조치가 대 EU 무역거래신뢰도 확립의 시금석으로 작용할 수 있을 것이다. 피신청인은 대외무역법 제39조에 의거 형사처벌로서 과징금 3,000만 원을 부과하는 한편 동법 제55조의 형사처벌을 위해 검찰에 고발하였다.

대외무역법 제39조(불공정한 수출입행위의 금지)

① 누구든지 다음 각호의 1에 해당하는 행위를 하거나 다른 자로 하여금 이를 행하도록 하여서는 아니된다.

2. 다음 각목의 1에 해당하는 물품 등을 수출 또는 수입하는 행위
   가. 원산지를 허위로 표시하거나 이를 오인하게 하는 표시를 하는 행위
   나. 원산지표시를 손상하거나 변경하는 행위
   다. 원산지표시대상물품에 대하여 원산지표시를 하지 아니하는 행위

대외무역법 제55조(벌칙)

다음 각호의 1에 해당하는 자는 3년 이하 징역 또는 3천만 원 이하의 벌금에 처한다.

7. 제23조 제3항 제1호 또는 제2호의 규정에 위반한 무역거래자 또는 물품 등의 판매자

Ⅲ. 평가

무역위원회는 「불공정 무역행위조사 및 산업피해구제에 관한 법률」에 의거하여 그동안 과징금을 독자적으로 부과 · 징수할 수 있는 권한을 가지고 있으면서도 이를 충분히 활용하지 못하고, 산업자원부에 과징금 부과를 건의하거나 시정조치에만 머무르는 등 소극적인 입장에서 벗어나지 못하였다. 이 사례는 무역위원회가 1987년 출범한 이래 최초로 과징금을 직접 부과 · 징수한 사례로서 이를 계기로 새롭게 무역위원회 고유의 독립적인 과징금 징수체계를 갖추게 되었다는 점이다.

Chapter

13

보조금과 상계조치협정의 이해

1. 협정 배경
2. 협정 개요
3. 협정의 주요 내용

Chapter 13

보조금과 상계조치협정의 이해

1. 협정 배경

보조금이란 정책당국이 특정한 정책목표를 달성하기 위하여 산업 및 기업활동에 제공하는 각종 지원을 의미한다. 이러한 보조금의 사용은 원칙적으로는 각국 정부의 고유권한이라고 할 수 있다. 그러나 어떤 종류의 보조금은 특정 산업이나 기업의 경쟁력 구조를 인위적으로 변화시키며 그 결과 상당한 정도의 수출촉진이나 수입억제 등의 무역왜곡효과(trade distortion effect)를 초래함으로써 타국의 경쟁산업이나 기업에게 피해를 야기할 수 있다. 이와 같은 이유로 보조금의 지급행위는 일찍부터 국제적인 규제의 대상이 되어 왔으나 보조금의 개념에 대한 명확한 정의 및 상계관세조치의 부과를 위한 기준과 절차의 투명성이 결여되어 그동안 이를 둘러싸고 국제적인 분쟁이 끊이지 않았다.

WTO 보조금 및 상계조치협정(ASCM)이 발효되기 전에는 GATT 제6조, 16조 및 동경라운드에서 채택된 보조금 및 상계관세협약에 의해 보조금이 규율되었다. 그러나 주요 선진국들은 상계관세제도를 자국산업의 보호수단으로 사용하여 왔고 많은 국가들이 각종 형태의 산업지원금 등을 계속 지급하였으며, 규제대상 보조금의 범위와 상계관세조치의 발동절차 등이 명확하지 않아 각국의 경쟁적 보조금지원과 이에 대한 상계관세 부과로 국제분쟁이 빈발하였다. 또한 선진국들을 중심으로 상계관세제도를 자국산업의 보호수단으로 남용하는 사례가 증가하였다.

이에 따라 무역에 영향을 미치는 보조금 및 상계조치에 관련된 GATT 규정 및 동경라운드 협정의 개선을 추진하게 되었으며, 이러한 배경과 문제의식 속에서 추진된 보조금 및 상계조치 협정은 보조금의 범위와 기준을 명확히 하고, 상계관세의 발동절차를 분명히 규정함으로써 각국의 보조금 지급과 관련된 분쟁을 완화하고자 하는 데서 출발하였다.

2. 협정 개요

1995년 1월 1일 발효된 WTO 보조금 및 상계조치에 관한 협정(SCM)은 과거 GATT 협정과는 달리 보조금의 정의를 보다 명확히 규정하고 분류함으로써 무역왜곡을 초래하는 보조금에 대한 규율을 보다 강화하였다. 그러나 동 협정은 제조업 부문의 보조금만을 다루고 있다.

보조금협정은 보조금을 정부의 직·간접적인 자금지원으로서 이에 따른 혜택이 발생하는 경우로 정의하고, 무역왜곡 정도에 따라 보조금을 금지보조금(prohibited subsidies), 상계조치가능보조금(actionable subsidies), 허용보조금(non-actionable subsidies)으로 분류하고 있다. 수출보조금 및 수입대체보조금은 무역왜곡 정도가 가장 큰 금지보조금에 해당되며 원천적으로 사용이 금지되어 있다. 상계조치가능보조금은 특정한 산업, 기업 또는 지역에 공여됨으로써 타 회원국의 이익에 부정적 효과를 가져오는 보조금이다. 이 경우 상대국은 WTO 분쟁해결절차 또는 자국법에 따라 대응조치(counter measures)를 취할 수 있다.

허용보조금은 일정한 객관적 기준에 따라 일반적으로 공여되어 특정성(specificity)이 없는 보조금이다. 또한 특정성이 있더라도 연구개발보조금, 환경보조금, 지역개발 관련 보조금은 일정 요건하에서 허용보조금에 해당된다.

3. 협정의 주요 내용

(1) 협정의 구성

WTO 보조금 및 상계조치협정은 11부 32개조항 및 7개의 부속서로 구성되어 있다.

(2) 정의(제1조)

제1조에서 규율하고 있는 보조금의 성립요건은, 첫째 회원국의 영역 내에서 정부의 재정적 기여가 있거나 또는 GATT 제16조에 명시된 가격 및 소득지지가 있어야 하며, 둘째, 이로 인하여 수혜자에게 혜택이 부과되어야 하는 조건들이 충족되어야 한다.

즉 정부의 재정적 기여나 가격 및 소득지지가 아닌 정부의 조치는 보조금규율의 대상이 아니며, 또한 비록 이와 같은 형태의 지원이 있을지라도 수혜자에게 혜택이 부여되지 않으면 보조금으로 정의될 수 없다는 것이다.

정부의 재정적 기여란 공공계정상의 부담을 의미한다. 공공계정상의 부담은 무상지원, 채무감면, 대출, 지분참여 등과 같이 민간에게 자금이 직접 이전되거나 대출보증과 같이 민간에게 자금이 잠재적으로 이전되거나 민간의 채무를 대신 부담하거나 세액공제와 같이 정부가 세입을 포기하거나 일반 사회간접시설 이외에 정부가 민간에게 재화나 용역을 제공하거나 또는 민간으로부터 재화를 구매하는 경우에 발생한다. 단 정부의 공공계정에 부담을 발생시키지 않고 정부가 민간활동에 개입하는 것은 보조금에 해당되지 않으나 정부의 재정적 부담이 직접적으로 발생하지 않더라도 정부의 지시를 받은 민간기관의 계정에 부담이 발생하게 되면 정부의 재정적 기여에 해당된다.

WTO 보조금 및 상계조치협정에서는 수혜자의 혜택 개념이 새로 도입되면서 보조금에 대한 정의가 새로이 확립되었다. 수혜자의 혜택 개념을 적용하게 되면 정부의 공공계정에 반드시 부담이 발생하지 않더라도 정부의 우대조치로 인해 기업이 혜택을 받으면 보조금이 존재하게 된다. 수혜자에 대한 혜택은 정부의 재정적 기여의 방법에 따라서 다르게 나타나는데 정부의 지분참여 부문에 있어서 민간투자가의 통상적인 투자관행에서 벗어나지 않으면 혜택이 발생하지 않는 것으로 본다. 즉 정부가 당해 기업으로부터 직접 구입한 주식의 가격이 일반투자가가 당해 기업으로부터 구입한 주식의 시장가격과 차이가 나지 않으면 혜택은 발생하지 않는다. 이때 재무상태가 불량하여 주식의 시장가격이 형성되지 않는 기업에 대한 정부의 지분참여는 주로 해당기업의 투자수익률과 동종업체의 전국평균투자수익률의 차이를 근거로 하여 기업에 대한 혜택부여 여부를 결정하게 된다.

(3) 특정성(제2조)

협정 제2조는 특정성(specificity)에 관하여 규정하고 있다. 보조금 공여에 있어서 특정성의 존재유무는 보조금을 지급하는 데 있어서 "정부가 특정 조치의 수혜범위를 제한하고 있는가"하는 사전적인 제한성의 문제와 사후적으로"대상기업들이 동 조치를 공평하게 이용하였는가" 하는 실질적인 이용가능성의 문제를 말하고 있다. 보조금이 특정성을 띄어 타 회원국의 경제적 이익에 불리한 효과를 발생시켰다면 그 회원국은 사후적으로 상계조치를 부과할 수 있게 되는 것이다. 바꾸어 말하면 보조금이 특정성을 띄지 않을 경우에는 동 보조금의 공여로 인해 비록 타 회원국의 경제적 이익에 불리한 효과가 초래된다고 할지라도 쌍무간 또는 WTO 다자간 채널을 통해서 대응조치를 취할 수 없게 되는 것이다.

사전적인 제한성을 언급하고 있는 제2조 1항 (a) 및 (b)는 공여기관 또는 관련 법률이 보조금의 지급을 법률상 또는 사실상 관할지역 내에 있는 어떤 기업이나 산업 또는 기업군이나 산업군에 대하여 명백히 제한하면 특정성이 존재한다. 이때 "어떤 기업"이란 관할지역 내에 "모든 기업"이 아닌 어떤 수의 기업이나 산업을 망라하는 개념이다. 따라서 관할지역 내의 모든 기업을 대상으로 하여 보조금을 공여하면 특정성 문제가 발생하지 않는다.

보조금의 수혜대상을 몇 개의 특정 기업에 국한되게 되면 특정성이 발생한다. 그러나 산업이나 산업군의 범위가 어느 정도로 제한되면 특정성의 문제가 발생하는가에 대해서는 아직까지 산업분류체계 등을 이용한 객관적인 기준이 설정되어 있지 않지만 특정성에 영향을 줄 수 있는 모든 요인들을 동시에 고려하여 종합적으로 결정하고 있다.

정부가 사전적으로 그 수혜범위에 제한을 두지 않고 보조금을 공여하더라도 사후적으로 일부 기업이나 산업에 의해 보조금이 주로 사용되거나 또는 정부가 공여대상을 선별적으로 결정하면 사실상 특정성이 있는 것으로 판단된다. 보조금협정 특정성 조항(제2조 제1항(c))에는 보조금의 사후적이고 실질적인 이용가능성에 관하여 규정하고 있는데, ① 몇 개의 제한된 기업이 보조금을 사용하는 경우, ② 몇 개의 기업에 의해 보조금이 주로 사용된 경우, ③ 몇 개의 기업에게만 비례적이지 않게 보조금이 많이 공여되는 경우, ④ 공여기관이 선별적으로 보조금 공여를 결정하는 경우 등에 있어서는 사후적으로 특정성의 문제가 발생하게 된다. 이런 경우 특정성 유무에 대한 판단은 보조금이 집행되는 기간과 보조금을 공여받는 기업이나 산업의 경제적 활동의 다양성까지를 종합적으로 고려하야야만 한다.

또한 특정성 문제에 있어서 특정 지역에 관해서도 규정하고 있는데(보조금협정 제2조 제2항), 공여기관이 관할지역 내의 특정지역에 있는 어떤 기업에게 보조금을 제공하면 특정성이 존재하는 것으로 간주하고 있으며 보조금협정 제3조에서 규정하고 있는 금지보조금(prohibited subsidy)은 예외 없이 특정성을 지니고 있기 때문에 이해관계회원국에 의해서 상계조치의 대상이 된다고 규정하고 있다.

(4) 보조금의 유형

WTO 보조금 및 상계조치협정은 보조금체계를 금지보조금, 조치가능보조금, 조치불능보조금으로 분류하였다. 금지보조금은 원천적으로 사용할 수 없고, 조치가능보조금은 사용은 할 수 있으나 타 회원국에 부정적인 효과를 주면 상계조치의 대상이 되며, 조치불능보조금은 상계조치에 구애됨이 없이 사용할 수 있다. 또한 각 보조금은 유형별로 구제(remedy)절차를 달리함으로써 WTO 다자간 채널을 통한 분쟁해결의 과정을 보다 명확히 하고 있다.

1) 금지보조금(제3조 및 부속서1)

금지보조금은 수출보조금과 수입대체보조금으로 구분된다. 수출보조금은 보조금협정 부속서1에 명시된 수출보조금 예시목록을 포함하여 유일한 또는 여러 가지 다른 조건 중의 하나로서 법률상 또는 사실상 수출성과에 따라 공여되는 보조금을 말한다(보조금협정 제3조 제1항 (a)). 수출보조금은 보조금의 지급이 법률적으로는 수출성과와 직접 관련이 없으나 실제로 예상되는 수출 또는 실제의 수출이나 수출로 인해 발생되는 소득과 연관되어 있는 경우를 포함한다. 수출성과란 기본적으로 수출에 근거한 활동을 의미하며, 수출에 약간이라도 관계되는 모든 활동을 포함하는 개념은 아니다. 수출기업에게 보조금이 제공된다는 사실만을 가지고서 동 보조금을 수출보조금으로 분류할 수는 없다. 어떤 다른 조건보다도 수출실적에 기초하거나 또는 수출의무를 이행하는 조건으로 지급되는 보조금이 수출보조금이다.

수입대체보조금은 동경라운드의 보조금 및 상계조치협약에서 국내보조금으로 분류되었으나 WTO 보조금 및 상계조치협정에서는 금지보조금으로 분류하고 있다. 수입대체보조금은 유일한 또는 다른 여러 가지 조건 중의 하나로서 수입물품 대신에 국내물품을 사용하는 경우에 공여되는 보조금이다(보조금협정 제3조 제1항(b). 국산품 사용의무를 부과하거나 국산품 사용을 촉진하거나 또는 수입대체 등을 조건부로 하여 보조금을 제공하면 수입대체보조금이 되는 것이다.

2) 조치가능보조금(제5조 및 6조)

WTO 보조금 및 상계조치협정은 엄격하게 조치가능보조금을 정의하고 있지는 않다. 제1조에서 보조금을 일반적으로 정의하면서 어떠한 보조금이 조치가능한지의 여부 결정은 주로 피해, 혜택의 무효화 혹은 침해, 심각한 손상 등을 포함하는 보조금의 무역효과(trade effects)에 초점을 맞추는 태도를 취하고 있기 때문이다.

WTO 회원국은 보조금의 정의와 특정성을 만족시키는 보조금을 통하여 타회원국의 이익에 불리한 효과(adverse effects)를 초래해서는 안 되며, 만약 특정성이 있는 보조금을 공여한 결과 타회원국의 이익에 불리한 효과를 초래한 경우에는 상계조치가 가능하다라고 규정하고 있다(보조금협정 제5조).

특정 회원국은 타회원국이 정부의 비용을 기준으로 하여 보조금률이 5%를 초과하는 보조금을 사용하거나 특정 산업이나 기업의 영업손실을 보전하기 위하여 보조금을 공여하거나 또는 직접적으로 채무감면을 해주는 사실을 알았을 때에 제소할 수 있다. 이때 피제소국은 보조금의 공여로 인하여 국내시장에서 수입이 저하되거나 제3국시장에서 타회원국의 수출을 저해하거나 가격인하, 가격억제 및 하락을 초래하거나 또는 세계시장점유율이 증가하지 않았음을 입증하여야만 보조금을 계속 사용할 수 있다. 특정 회원국이 보조금을 공여함으로써 타회원국의 이익에 불리한 효과를 미치는 경우에는 일반적으로 피해를 입은 국가가 불리한 효과에 대하여 입증을 하여야 하는데, 심각한 손상의 경우에는 피해국이 아니라 보조금 공여국이 타회원국에게 피해를 주지 않았음을 입증해야 하기 때문에 사전적인 금지성격을 일부 가지고 있다고 볼 수 있다.

심각한 손상의 존재 여부에 대해 제소할 경우 증거로서 사용할 수 있는 조건은 첫째, 상품가액(ad valorem) 기준으로 기업에 대한 또는 특정 물품에 대한 총보조율이 5%를 초과하면 심각한 손상이 있는 것으로 간주된다. 이때 보조금액의 계산은 "수혜자의 수익" 개념이 아니라 "정부의 비용"을 기준으로 이루어진다(보조금협정 제6조 제1항(a) 및 부속서4).

둘째, 특정 산업에서 발생하는 영업손실을 보전하기 위하여 정부가 보조금을 공여하면 심각한손상이 있는 것으로 간주된다. 사양산업의 퇴출을 방지하기 위해 정부가 영업손실보전용으로 자금을 직접 공여하는 경우에는 심각한 손상이 존재하게 되는 것이다(보조금협정 제6조 제1항(b)).

셋째, 특정 기업에서 발생하는 영업손실을 보전하기 위하여 정부가 보조금을 공여하면 심각한 손상이 있는 것으로 간주된다. 단 비반복적인 1회의 조치로서 심각한 사회문제를 방지하고 또한 장기적으로 문제를 해결하기 위해 필요한 시간을 확보하기 위한 목적으로 보조금이 공여되는 경우에는 심각한 손상에서 제외된다(보조금협정 제6조 제1항(c)).

넷째, 정부가 보유하고 있는 채권을 면제시켜 주거나 채무상환을 위해 무상지원을 하는 등 정부가 직접적으로 채무를 감면시켜주는 경우에도 심각한 손상이 있는 것으로 간주된다(보조금협정 제6조 제1항(d)).

심각한 손상의 발생과 관련하여 신속하고 정확한 판단을 위하여 심각한 손상과 관련한 정보 개발절차에 관하여 규정하고 있는 부속서5(annex V)에서 정보개발절차를 별도로 규정하고 있다.

3) 조치불능보조금

WTO 보조금 및 상계조치협정은 보조금규율의 통상적 적용이 면제되는 일정한 유형의 보조금을 규정하고 있다. 처음 공식적으로 도입된 조치불능보조금은 타회원국에게 심각하게 불리한 효과가 초래되는 것과 같은 예외적인 경우를 제외하고는 보조금 지급을 사용할 수 있으나 우루과이라운드 협상 결과 연구개발보조금, 지역개발보조금 및 환경보조금으로 한정되었다.

특정성이 결여되어 일반적으로 이용가능한 보조금을 의미하며, 특정성이 있다하더라도 연구개발, 지역개발 및 환경보호를 목적으로 하는 보조금은 보조금 협정상 조치불능보조금에 해당된다. 연구개발보조금은 특정 부분에 대한 연구개발을 목적으로 기업 또는 기업과 계약을 맺고 있는 고등교육기관이나 연구소가 행하는 산업적 연구의 경우에 정부가 연구비용의 75%까지, 상업화 이전단계의 경쟁 전 개발활동에 대하여 정부가 개발비용의 50%까지 보조금을 무상지원할 수 있다. 지역개발을 위한 보조금은 일반적인 지역개발계획에 의거하여 회원국 영역 내의 낙후지역에 대하여 주어지는 지원(assistance to disadvantaged region)으로서 수혜자격을 갖춘 지역 내에서 비특정적으로 공여되는 보조금을 말한다. 환경보조금은 기업에 대한 보다 많은 제약과 재정적 부담을 초래하는 새로운 법률상 환경요건에 기존시설을 적응시키는 것을 촉진하기 위하여 지급되는 보조금이다. 최소한 2년 이상 운영되고 있는 공장이나 건물 같은 기존 설비를 새로운 환경관련법이나 규정에 적응시키기 위한 비반복적인 1회의 지원으로서 개선비용의 20%까지 무상지원할 수 있는 보조금이다. 그러나 이들 보조금이 공여 후 타회원국의 경제적 이익에 심각하게 불리한 효과를 주게 되면 상계조치가 취해질 수 있다.

사례연구

하이닉스 반도체 상계관세 분쟁

Ⅰ. 사례개요

1997년말 외환위기를 극복하고 부실기업을 정리하기 위해 우리 정부는 시장에서 기업구조조정이 원활히 이루어질수 있도록 하는 다양한 정책수단들을 활용하여 왔다. 기업이나 산업의 경쟁력 강화를 위해 정부가 어떠한 정책을 운영하느냐 하는 것은 각국의 고유한 권한이라 할 수 있다. 그러나 이러한 정책은 특정 산업이나 기업의 경쟁력을 인위적으로 변화시켜 수출촉진이나 수입억제 등의 무역왜곡효과를 초래하기도 한다. 이러한 이유에서 WTO에서는 타국의 경쟁산업이나 기업에 피해를 줄 수 있는 보조금을 규제대상으로 규정하여 WTO 보조금 및 상계조치협정에서 규율하고 있다.

그러나 2001년 9월에 발효된 기업구조조정촉진법에 의한 기업구조조정 조치는 법적 근거를 갖춘 순수한 채권금융기관의 행위로 원칙적으로는 보조금협정의 규율대상이 아닐 것이다. 다만 예외적으로 정부가 100% 지분을 보유하고 있는 산업은행 등과 같은 국책은행의 행위와 순수민간은행이라 하더라도 정부에 부여된 기능의 일부를 정부가 당해 민간기관으로 하여금 행하도록 위임 또는 지시한 경우에는 설사 형식적으로는 민간기관의 행위라 할지라도 보조금협정의 규율대상이 될 수 있다.

최근 하이닉스반도체에 대한 미국과 유럽연합(EU)의 상계관세 조사에서 미국과 EU는 우리 정부가 하이닉스에 대한 구제금융을 금융기관에 지시하였다는 근거하에 고율의 상계관세를 부과하였다. 미국, EU에 이어 일본도 하이닉스의 DRAM반도체에 대해 국가보조금을 받아 부당하게 낮은 가격으로 일본에 수출하고 있는 것으로 보고 상계관세를 부과하려 하고 있다.

WTO에서 보조금에 대한 정의는 정부의 재정적 기여로 인해 수혜자에게 혜택이 발생하면 보조금이 존재하는 것으로 규정하고 있다. 하이닉스 유동성 문제의 발생 배경으로 과다부채, 채무상환집중, 초단기호황 등을 들 수 있다. 2001년 10월말 하이닉스에 대해 기업구조조정촉진법을 적용하여 채무조정, 출자전환 등 경영정상화를 추진하였다. 이에 미국과 EU는 보조금 행위가 있었던 것으로 판정하고, 하이닉스에 대해서 매우 높은 수준의 상계관세율을 결정하였다. 미국은 최종판정에서 하이닉스반도체에 대해 44.29%의 상계관세율을 결정하였고, EU에서는 최종판정에서 34.8%의 상계관세율을 확정하였다. 하이닉스반도체에 대해서 고율의 상계관세 부과가 결정된 이유는 보조금으로 인정된 지원의 대부분이 IMF 외환위기 이후의 기업구조조정과 관련된 조치들이기 때문이다. 하이닉스반도체의 구조조정 과정에서 채권단이 결정한 각종 지원조치들에 대해 정부의 개입을 인정함으로써 이들이 보조금으로 간주된 것이다.

보조금 분쟁의 주된 이슈는 기업구조조정 과정에서 이루어진 채권금융기관의 지원에 정부의 지시와 개입이 있었느냐와 일상적인 산업지원제도 중 정부보조금으로 인정되는 부분이 있느냐로 요약할 수 있다. 우리나라는 1997년 외환위기 이후 이루어진 강도 높은 개혁조치들로 시장경제시스템이 정착된 만큼 국제규범에 저촉되는 정부개입은 없었으며, 앞으로도 없을 것이라는 주장을 펼치고 있으나 미국과 EU는 이를 인정하지 않고 있다. 우리나라는 이 건을 미국에 대해 2003년 6월 30일, EU에 대해 2003년 8월 25일 각각 WTO에 제소하였다.

Ⅱ. 진행과정

2001년에 침체된 세계 반도체경기가 좀처럼 본격적인 회복세를 보이지 않자 2002년 중반 이후 미국과 EU의 D램 반도체 기업들이 우리나라 D램 업체들을 상대로 보조금 및 상계관세 조사를 실시하는 등 통상압력을 심화시키기 시작하였다. 그 결과 미국과 EU는 보조금 행위가 있었던 것으로 판정하고, 하이닉스반도체에 대해서 매우 높은 수준의 상계관세율을 결정하였다.

EU에서는 2002년 6월 독일 오피니언이 제소를 함으로써 7월부터 조사가 시작되어 2003년 4월 예비판정에서 하이닉스에 33%의 마진률을 결정하였고, 2003년 7월 24일 최종판정에서는 하이닉스에 34.8%의 상계관세율을 확정하였다.

미국에서는 2002년 11월 마이크론이 제소를 하여 2003년 4월 예비판정에서는 하이닉스에 57.37%의 보조금률을 결정하였고, 6월의 최종판정에서 44.29%의 상계관세율을 확정하였다. 이후 7월에 미국제무역위원회(USITC)에서 산업피해가 있었다는 판정이 내려짐으로써 상계관세 부과가 결정되었다.

1. 미국의 진행과정

(1) 경위

미국은 2002년 11월 유일한 D램 생산업체인 마이크론사의 상계관세 제소에 따라 우리 정부의 보조금 지급과 자국의 산업피해 여부를 조사하기 시작하였다. 보조금 조사대상기간은 2001년 1월 1일부터 2002년 6월 30일이었다. 이에 대응하여 우리 정부는 관계부처 및 업계 공동으로 양자협의 개최, 서면조사에 대한 답변을 통해 우리 입장을 전달하였다.

미국은 2003년 3월 31일 한국산 D램에 대한 보조금 혐의를 인정하고, 하이닉스에 57.37%의 보조금률이 있었다는 예비판정 결과를 발표하였다. 현장 실사 후 2003년 6월 미 상무부가 확정한 최종판정에서는 보조금률이 다소 하락하였으나 하이닉스는 44.29%라는 여전히 높은 보조금률을 부과하였다. 2003년 7월에는 미국제무역위원회가 미국 산업이 실질적인 피해를 입었다는 판정을 내림으로써 상계관세 부과가 확정되었다.

(2) 미국의 쟁점

미국의 한국산 D램에 대한 보조금 조사는 금융, 조세, 정책자금, 연구개발(R&D) 등 재정적 지원의 가능성이 있는 거의 모든 분야를 망라하고 있다. 그러나 실제 보조금 판정에서 의미 있는 보조금으로 인정된 것은 대부분 하이닉스 구조조정 과정에서 제공된 금융지원이었다. 특이할 만한 사실은 같은 혐의로 조사를 받고 있었던 구조조정 대상이 되지 않은 삼성전자의 경우 0.04%의 미미한 보조금률 판정을 받았다.

특히 이슈가 된 것은 채권단 등 금융기관의 자금지원 과정에서 정부가 개입하였는지의 여부였다. 기업구조조정을 위한 금융기관의 자금제공은 당연히 해당 기업에만 주어지기 때문에 이것이 보조금으로 간주되려면 신용제공에서 정부가 실질적으로 개입하였다는 사실이 입증되어야 한다. 즉, 정부가 개입함으로써 시장에서 상업은행들이 상업적 판단에 의거하여 행하는 결정에 비해 유리한 조건의 자금이 제공되었다면 그 차이가 정부보조금으로 간주되어야 한다는 것이다.

우리나라의 경우 기업구조조정과 금융구조조정이 동시에 진행되면서 상당수 금융기관들에 공적 자금이 투입되었다. 따라서 지분구조로 보면 하이닉스의 주채권은행인 외환은행을 위시하여 대부분의 금융기관들에 정부가 지분관계로 연결되어 있다.

정부의 신용공여 개입 여부에 대해 양국은 첨예하게 대립되는 의견을 개진하였다. 미국 상무부는 정부가 지분을 보유하고 있을 뿐만 아니라 실질적으로 해당 기관들의 의사결정에 개입하였다고 주장하였다. 우리나라는 공적 자금 투입으로 정부가 금융기관의 지분을 부득이하게 보유하였지만 이들의 일상적인 영업행위에 대해서 전혀 관여하지 않았다고 주장하였다. 따라서 하이닉스를 비롯한 모든 구조조정 대상기업들에 대한 금융기관들의 의사결정은 상업적 판단에 의한 것이라는 주장이다.

2. EU의 진행과정

EU집행위원회는 2002년 6월 독일의 D램 생산업체인 인피니온사의 상계관세 제소에 따라 우리 정부의 보조금 지급과 자국산업의 피해 여부를 조사하였다. 보조금 대상기간은 2001년 1월 1일부터 2001년 12월 31일이었다. 우리 정부는 관계부처 및 업계와 공동으로 양자협의 개최, EU집행위원회 서면조사에 대한 답변서 제출, 민간사절단 파견 등을 통하여 외환위기 이후의 정책변화를 적극 설명함과 아울러 금융·세제 등 어떠한 형태의 보조금 지급이 없다는 사실을 강조하였다.

그동안 EU집행위원회는 하이닉스에 대한 채권단의 구조조정 조치에 정부개입이 있었는지 그리고 이에 따른 산업피해가 있었는지 여부를 중점적으로 조사하였다. 2003년 4월 24일 EU집행위원회는 한국산 D램에 대한 보조금 혐의를 인정하고, 예비판정 결과를 발표하였다. 같은 혐의로 조사를 받았던 삼성전자의 경우 0.92%의 미미한 보조금률 판정을 받았으나 하이닉스의 경우 33%라는 높은 보조금률 예비판정을 받았다. 그후 2003년 6월 20일 EU집행위원회는 하이닉스에 대한 추가자료 조사를 통하여 34.9%의 보조금률로 상향조정하였다. 2003년 7월 24일 EU 각료회의에서 최종판정 결과 34.8%의 상계관세로 확정하였다.

Ⅲ. 각국의 입장

1. 미국의 입장

한국정부는 1998년까지 반도체산업을 전략산업으로 간주하고 신용공여를 지시하였다. 1999년 1월부터 2002년 6월까지의 기간 동안에도 하이닉스 및 현대그룹소속 기업들에 대한 신용공여 및 재정적 보조를 지시하였으며 이러한 지원은 특정성이 있다.

산업은행과 기업은행은 정부기관으로 간주되며, 정부기관 고려사항은 정부소유권, 독립된 이사회에의 정부참여 정도, 활동에 대한 정부의 영향 정도, 정부정책의 수행 여부, 법규를 기반으로 하고 있는지의 여부 등으로 판단할 수 있다. 민간은행들의 경우 하이닉스에 융자 및 기타 지원을 제공할 것을 지시하였다. 한국정부의 활동이 하이닉스와 현대그룹에 속한 기업에 대한 지원에 특별히 집중되었다. 그동안 상무부가 행한 철강과 관련된 많은 조사에서 한국정부의 개입이 있는 것으로 결정되었다.

하이닉스는 2000년부터 2002년 6월까지 신용불능 상태에 있었음에도 불구하고 정부가 소유하거나 실질적으로 관리하고 있는 은행들이 대규모의 자금지원을 한 것은 정부의 지원에 해당된다. 즉 금융기관들의 자율적인 상업적 판단에 의거한 지원으로 볼 수 없다.

시티은행의 참여가 여타 은행들의 결정을 시장에서의 상업적 판단에 의거된 것이라는 주장을 뒷받침하지 못한다. 당시 상황에서 외국채권자들에게 선택의 여지가 별로 없었고, 시티은행은 자회사인 Salomon Smith Barney Inc.(SSB)와 함께 하이닉스의 자문회사라는 특수관계에 있었기 때문이다.

하이닉스는 파산할 경우 한국의 노동 및 금융시장에 엄청난 파급효과를 초래할 수 있다는 점에서 한국정부의 전략기업 중 하나이며, 이런 맥락에서 하이닉스에 대한 지원을 정부 최고위층이 언급한 바도 있다.

한국의 정책에는 재벌기업들의 구조조정에 대한 지원이 포함되어 있고, 하이닉스가 속한 현대그룹은 가장 큰 재벌그룹이었다. 이 부분에 대해서는 한국정부와 하이닉스도 반박하지 않고 있다. 하이닉스는 한국 주력산업에 속한 기업으로 인식되어 생존보장을 위한 적극적인 조치들이 취해졌으며, 이들은 2002년 말과 2001년 초의 경제장관회의에서 여러 차례 논의되었다.

한국정부는 채권자회의에서 정부소유 또는 관리은행들의 주도적인 역할을 통해 하이닉스에 대한 채무재조정에 개입하였다. 민간은행의 하이닉스에 대한 대출결정에도 정부가 관여하였다는 증거로는 국민은행/주택은행이 미국 증권거래위원회에 제출한 서류, 언론보도 등을 들 수 있다.

한편 미국 상무부는 한국이 행한 금융개혁과 구조조정의 시장지향성을 충분히 인정하지 않고, 한국정부가 계속적으로 은행 및 금융권의 대출 결정에 실질적으로 관여하였다고 판정하였다. 과거 상무부 조사결과도 한국정부의 개입을 입증하는 중요한 논거로 제시된 바 있다. 또한 하이닉스의 주채권은행인 외환은행에 정부지분이 많고, 산업은행이 정부기관이라는 점에서 이들 대출결정 과정에서 한국정부가 개입하였을 개연성을 인정했다.

2. EU의 입장

한국정부는 다수의 금융기관에 직접 지휘 및 소유주로서의 참여는 물론 정부지분을 오히려 상승시켰으며, 한국정부가 주장하는 여러 개혁으로 인해 정부의 영향력 행사가 제한되는 일은 없었다. 채권은행들이 반도체산업의 투자 여부 결정에 있어 상업적 이해만을 고려한 것이 아니다. 채권은행들은 한국정부의 반복된 금융시장 개입으로 자신들의 투자가 정부로부터 보장받을 것이라고 생각했다.

합리적인 시장중심의 투자행위가 정부개입에 의해 변질된 것이 사건의 핵심문제이며, 특히 한국정부에 있어서 반도체산업은 전략적 산업으로서 이러한 산업에 속한 회사에 대해 정부가 특별히 보조금을 제공하고 있음을 인정했다.

3. 한국의 입장

한국정부는 은행들의 대출정책 및 결정에 관여하지 않았으며, 조사대상기간 중에는 법적으로도 허용되지 않았다. 1993년의 한국산 철강판재류 사례에서의 결정을 이번 건에 자동적으로 원용하면 안 된다. 이는 1997년 외환위기 이후 한국 금융시장에는 근본적인 변화가 이루어졌으므로 개혁 이전의 사례를 개혁 이후에 적용하는 것은 적절하지 않기 때문이다. 지금까지의 사례 중 1998년에서 2000년까지의 사례검토에서는 아직까지 충분히 사실관계가 확인이 안되었으며, 2001년과 2002년 기간에 대해서는 조사한 전례가 전혀 없다.

이 건은 미국 상무부가 외환위기 이후의 개혁을 검토하는 최초의 사례이다. 2002년과 2002년에 대해서는 처음으로 결과를 내 놓아야 하고, 1998년과 2000년 기간에 대해서는 재검토가 필요하다.

외환위기 이후 한국 금융시장에서 이루어진 개혁의 주요 내용은 다음과 같다. IMF는 자금지원과 함께 경제개혁을 요구하였으며, 한국정부는 금융시장을 더욱 시장중심적이고, 확실한 감독이 이루어지도록 개혁을 추진하였다. 금융기관의 퇴출과 합병이 이루어져 상업적 은행 개수가 1997년 26개에서 2000년 15개로 축소되었다. 1998년 은행법 개정을 통해 금융시장이 외국자본에 완전 개방되어 1999년 Newbridge Capital이 제일은행 지분 51%를 취득하고, 독일 Commerz은행이 외환은행 최대 주주가 되었다. 외국인의 공기업에 대한 투자도 대부분 허용되었으며, 2001년 한국 주식시장의 외국인비율은 30%, 은행부문의 외국인지분은 20%에 달하였다.

독립감사위원회와 자율적 이사회를 구성하여 시장기능을 정립하고, 1998년 금융감독위원회를 구성하여 감독기능을 강화하였다. 대출상환능력 평가에서 미래지향적 가이드라인을 채택함과 동시에 공시요구 위반시의 벌금을 인상하였다. 2000년 11월 시행명령을 통해 재정경제부 및 금융감독위원회 직원들의 은행 영업에 대한 간섭을 금지하였다.

금융개혁에서는 한국정부와 IMF가 공동으로 계획을 세우고, 제도를 만들고, 그 과정을 감독하였다. 2002년 2월까지 재정경제부 내에 IMF 한국사무소가 있었으며, 이 모든 과정에서 IMF가 증인이 될 수 있다.

기업개혁과 구조조정에서는 약간의 어려움이 있었지만 금융부문에서의 변화는 매우 성공적이었다. 즉 BIS 자본적정비율 8% 초과, 영업이익률, 자산수익률(ROA), 자기자본이익률(ROE) 상승, 은행들의 외국자본 유치성공, 1999년 신한은행의 해외주식예탁증서(GDR)의 성공적 발행 등이다. 이러한 한국의 금융개혁과 구조조정은 그 동안 상무부의 관심을 별로 받지 못하였다. 거의 모든 상계관세 사례들은 외환위기 이전의 조사대상 기간이었다. 게다가 외환위기 이후의 개혁은 IMF와의 공동노력으로 이루어진 것이다.

따라서 외환위기 이후 금융기관의 의사결정에 정부가 개입하였다는 주장은 사실에 입각한 것이 아니다. 정부는 금융기관의 건전성 감독만을 하고, 신규대출과 기존대출 재조정을 포함한 내부 경영에는 간섭하지 않는다. 특수은행, 정부가 최대주주인 은행, 공적 자금을 투입한 은행의 경우에도 일상적인 경영에는 간섭하지 않는다.

2000년 총리 훈령을 발동하여 금융기관의 일상적인 활동에 대한 정부관리의 간섭을 금지시켰다. 2000년 1월 개정된 예금자보호법에 의해 은행에 문제가 생기면 직원들이 책임을 져야 한다. 따라서 대출결정 등에서 상업적 고려에 의한 결정을 할 수밖에 없다.

금융기관 구조조정의 과정에서 공적 자금이 투입되어 일시적으로 정부지분이 높아졌지만 은행들의 대출을 포함한 일상적인 영업활동에 정부가 개입하는 경우는 없다. 서울보증보험에 대한 감독 역시 다른 보험회사와 동일하며, 외환은행의 최대주주는 독일 Commerzbank(32.55%)이다.

정부가 은행에 지분참여를 할 때 작성하는 양해각서(MOU)에 자율적인 경영으로 목표를 달성하겠다는 점, 정부는 일상적인 경영과 업무에 관여하지 않는다는 점 등을 명기하고 있다. 외환은행을 포함한 상업적 은행들의 임원은 이사회에서 결정하며, 조사기간 중 외부전문가가 포함된 은행장선임위원회를 통한 새로운 CEO 선출방식을 도입하여 정부개입을 배제시키고 있다. 산업은행도 민간 상업적 은행과의 경쟁에 적극적으로 참여하는 방향으로 변신하기 위한 노력을 지속적으로 해왔다. 이러한 변화의 일환으로 대출대상을 설비구매에만 국한하던 것에서 영업목적만을 위한 것으로까지 확대하였다. 민간 상업적 은행과의 경쟁에서 경쟁력을 높이는 데에 주력하면서 인프라투자를 위한 대출에 최우선순위를 주고, 21세기 전망이 좋은 산업들에 대한 대출도 증가시켰다.

산업은행은 특별법에 의해 설립되었기 때문에 은행법을 따르지 않지만 지불준비금, 지불준비율 등 은행운영과 관련하여서는 은행법을 따르며, 은행감독 측면에서는 일반 상업적 은행으로 간주된다. 또한 대출한도, 회계규칙, 투자제한 등에서는 산업은행법 시행령이 일반 은행법과 동일하다.

Ⅳ. WTO 상소기구에서의 판정

1. WTO 상소기구로의 제소와 경과

WTO 분쟁해결기구(DSB)는 한국과 미국, EU 간의 협의를 통한 해결을 모색토록 하였으나 모두 실패하였고 한국은 2003년 8월과 11일에 미국과 EU와의 분쟁에 대한 패널 설치를 요청하였다.[1)]

2004년 12월 미국과의 분쟁에 대한 패널 판정이 내려졌으며 패널 보고서는 미국 측이 우리나라 정부개입 여부 및 보조금지급의 특정성(specificity)을 입증하지 못하였다는 이유로 미국의 주장을 기각함으로써 한국이 승소하였다. 그러나 패널은 이상의 판정과 관계없이 미국의 산업피해 주장은 인정하였다.

그러나 미국은 이 분쟁에 대한 패널의 판정에 불복하여 WTO 상소기구에 올렸으며 상소심은 혜택 부여 및 특정성에 대한 패널의 판정을 번복하는 내용의 보고서를 2005년 6월 발표하였다. WTO 분쟁해결절차 규정에 의하여 한국이 취할 수 있는 법적 조치는 더 이상 없으며 상소기구의 판정으로써 하이닉스 보조금 문제에 대한 한국과 미국 사이의 분쟁은 완전히 종료되었다.

상소심 판정의 주요 내용은 한국정부가 하이닉스에 대하여 일정한 혜택을 부여하였다는 주장을 인정하였고 정부가 지급한 보조금에 특정성을 입증할 수 없다는 패널 판정을 뒤집은 것으로 요약될 수 있다. 그러나 미국이 취한 상계관세조치가 WTO 보조금 협정에 합치하는지에 대해서는 판정하지 않았다.

반면, EU와의 분쟁은 2005년 4월 한국의 부분 승소로 마무리되었다. 패널 보고서에 의하면 EU가 보조금지급 행위라고 주장한 신디케이트론, 수출신용보험 공여, 산업은행 회사채 신속 인수, 채무만기 연장, 채무출자전환 등의 일부 금융행위를 보조금으로 볼 수 없다고 판정하였으며 EU의 상계관세 계산법이나 산업피해판정 부문에서

---

1) 본 내용은 강문성・김연곤,"WTO 하이닉스 보조금분쟁 패소 판정의 내용과 향후 과제", KIEP세계경제, 2005, 8, 대외경제정책연구원, pp.23~33의 내용을 일부 참조하였음.

도 일부 EU의 주장을 기각하였다.

2. WTO 상소기구 판정의 주요 내용

WTO 상소기구의 최종 판정의 주요 내용은 보조금 협정문 1.1(a)(1)(iv)에 있는 "entrust"와 "direct"에 대한 패널의 해석에 문제가 있었음을 지적한 것과 그 결과 혜택 부여 및 그 특정성에 대한 패널의 판정을 번복한 것이라고 할 수 있다.

첫째, 상소기구는 "entrust"와 "direct"의 개념에 대하여 패널이 지나치게 협소(too narrow)한 해석을 내렸다고 지적하고 있다. 즉, 상소기구의 해석에 의하면 정부가 민간기구에게 책임을 부여하게 되면 "위임(entrustment)"이 발생하며 정부의 공권력이 민간기구에게 영향력을 행사하는 상황은 "지시(direction)"에 해당된다고 할 수 있다. 또한, 이러한 해석을 바탕으로 상소기구는 개별적인 증거는 전체적으로 검토되어야 함을 지적하면서 개별적인 증거를 분리하여 검토한 패널의 방법이 잘못되었다고 결론내리고 있다.

둘째, 혜택 부여와 그 특정성에 대한 문제는 "entrust"와 "direct"에 대한 해석과 관련되어 있으므로 패널의 해석에 대한 상소기구의 문제점 지적 및 해석의 변경은 곧 혜택 부여와 그 특정성에 대한 패널 판정의 번복을 의미한다고 명시하고 있다. 따라서 패널 판정의 주요 요점이라고 할 수 있는 "혜택 부여와 그 특정성에 관한 미국 상무부의 판정이 보조금 협정에 합치하지 않는다"는 결론은 번복되었다.

한편, 상소기구는 혜택 부여와 그 특정성에 대한 한국정부의 주장을 추가적으로 분석하기에는 패널의 조사결과나 그와 관련된 명백한 사실들이 불충분하기 때문에 하이닉스에 대한 미국정부의 상계관세조치가 WTO 보조금 협정에 합치하는지에 대해서는 어떠한 의견도 제시하지 않았다.

V. 시사점

미국과 EU는 우리나라 반도체산업의 구조조정을 문제 삼아 하이닉스에 고율의 상계관세 부과를 결정하였고, 우리나라는 이를 WTO에 제소하였다. 하이닉스 분쟁의 주된 이슈는 기업구조조정 과정에서 이루어진 채권금융기관의 지원에 정부의 지시와 개입이 있었느냐와 일상적인 산업지원제도 중 정부보조금으로 인정되는 부분이 있느냐로 요약할 수 있다.

우리나라는 1997년 말 외환위기 이후 막대한 공적 자금을 투입하여 금융기관 구조조정을 추진하였으며, 이를 기반으로 광범위한 기업구조조정이 이루어졌다. 또한 시장기능에 의한 상시적인 구조조정시스템 구축에도 주력하여 기업구조조정과 관련된 각종 법률을 제정하고 개정하였다. 다만 기업구조조정 과정에서 정부가 지분을 가졌거나 공적 자금이 투입된 금융기관들이 중요한 역할을 한 것은 사실이다. 바로 이 부분이 직접적인 분쟁 쟁점으로 대두된 것이다.

그러나 이들 조치들은 외환위기 극복 차원에서 IMF와 협의하여 추진된 IMF 구조조정 프로그램에 의거하여 이루어진 측면도 있는바, 미국과 EU의 주장이 정당하다면 IMF와 WTO의 규범이 서로 상충하는 모순이 나타나게 된다. 더욱이 반도체 부문은 국가 간의 경쟁이 치열하게 전개되고 있는 산업인 만큼 미국이나 EU가 통상마찰을 제기하는 이유에는 규범적인 측면뿐 아니라 경쟁국가의 기업들을 견제하려는 의도가 강하게 내포하고 있다는 점 역시 간과할 수 없다. 반도체산업은 세계적으로 공급과잉이 지속되고 있으므로 경기변동의 영향을 많이 받고, 신규 진입 또는 퇴출을 둘러싼 경쟁도 매우 심한데다 우리나라가 세계적인 경쟁력을 갖춰 시장을 주도하고 있기 때문이다.

그러나 이유가 어떠하든 하이닉스의 보조금 분쟁 결과는 향후 우리나라의 산업정책 방향 설정에 큰 영향을 미치게 될 것이다. 직접적으로는 반도체산업의 수출에 타격을 받음으로써 지속적인 발전에 차질을 초래할 수 있다. 또한 정부개입이 인정되어 상계관세가 부과되었기 때문에 외환위기 이후 진행된 여타 산업부문에서의 기업구조조정도 통상분쟁의 대상이 될 가능성이 있다.

이번 상소기구 판정의 핵심은 금융기관에 대한 정부의 위임(entrust) 및 지시(direct) 관행을 보조금 협정에 위배되는 행위로 판단했다는 점이다. 이는 향후 보조금 협상에 있어서 보조금 및 상계조치 규율을 강화하고 무역 및 기업 간 경쟁력을 왜곡하는 보조금을 더욱 철저히 규제될 것을 의미한다고 볼 수 있다. 따라서 정책적인 측면에서 이러한 환경변화에 따른 한국의 보조금 체계 개편은 시급한 과제라고 할 수 있다. 이에 대하여 다음과 같은 같은 정책적 대안들이 제시될 수 있을 것이다.

첫째, 가장 근본적으로 한국의 보조금 체계가 국내산업에 대한 피해를 최소화하면서 WTO의 규범을 최대한 준수하는 방향으로 개편되어야 할 것이다. 보조금 제도의 급속한 축소는 단기적인 경쟁력 약화 등의 문제점이 발생할 수 있기 때문이다.

둘째, 현재 시행되고 있는 보조금 체계의 효율적인 운영을 위한 방안이 고려되어야 할 것이다. 특히, 막대한 정부지출, 복잡한 보조금 체계, 보조금 지급대상 선정의 중립성 훼손 등의 부작용을 극복하기 위한 방안이 마련되어야 할 것이다.

셋째, 구체적인 보조금 체계 개편 방향은 전반적인 보조금 감축과 보조금 지급의 보편성 확보 등이 고려되어야 할 것이다. 현실적으로 경제성장과정에 있어서 국내 보조금의 규모와 대상이 팽창하는 것에 대한 별다른 문제제기가 없었다. 그 결과 방만한 보조금 체계를 효율적으로 축소하는 것은 당면한 과제 중의 하나가 되었다.

끝으로, 특정 부분에 대하여 보조금 혜택이 집중되는 방식보다는 전 산업에 혜택이 골고루 분산될 수 있는 보편성을 지닌 보조금 제도를 확립해야 할 것이다.

이런 점들을 감안하다면 하이닉스의 보조금 분쟁에 효율적으로 대처하고, 기업구조조정 및 산업지원과 관련한 정책 및 제도를 국제규범과 조화시킴으로써 통상마찰 여지를 최소화하는 방안마련은 산업정책 목표달성에 매우 중요한 의미를 가질 것이다. 더욱이 새로운 산업발전 패러다임 구축을 위해 시행되는 산업지원제도와 기업구조조정촉진법에 의거하여 이루어지는 상시적인 구조조정의 경우에는 국제규범과의 상충문제를 사전에 줄이고, 통상마찰이 일어날 경우의 파급효과를 최소화하는 것이 필요하다.

Chapter

14

세이프가드협정의 이해

1. 개관
2. 협정의 주요 내용

Chapter 14

세이프가드협정의 이해

1. 개관

긴급수입제한조치(Safeguard)는 외국상품의 수입이 급격히 증가하여 국내산업이 심삭한 피해를 받거나 받을 우려가 있을 때 소사를 실시하여 수입수량을 제한(quota)한다든지 관세율을 인상(tariff increase)하는 등의 구제조치를 취하는 제도이다

긴급수입제한조치는 넓게 해석하면 한 국가가 수입으로부터 발생하는 국제수지의 악화 및 국내산업에의 피해를 방지하기 위하여 사용하는 모든 무역제도적 장치를 의미한다. 즉 관세 및 비관세조치를 포함한 모든 무역장벽의 설치뿐만 아니라 산업구조조정 및 지원 등 산업정책을 통한 경쟁력 강화를 추진하기 위하여 실시되는 모든 무역정책을 일컫는 것이다. 그러나 국제무역에서 일반적으로 사용되는 좁은 의미의 긴급수입제한조치는 특정 물품의 수입이 급격히 증가해서 수입국의 전반적인 경제여건이나 국내경쟁산업에 피해를 주거나 또는 피해를 줄 우려가 있을 때 GATT 1994 제19조와 UR협상결과에 따라 1994년 제정된 WTO세이프가드협정(Agreement on Safeguards GATT 1994)에 근거하여 실시하는 WTO 회원국의 대응조치를 의미한다.

WTO세이프가드협정은 GATT 제19조를 적용함에 있어 종래 문제점으로 제기되었던 선별적 적용가능성 여부, 세이프가드조치와 유사한 회색지대 철폐, 심각한 피해에 관한 개념, 조사개시 통보 및 협의, 조사절차의 투명성 제고, 조치기간의 장기화문제 등에 관하여 UR협상에서 집중적인 논의를 거쳐 세이프가드협정을 제정하였다.

GATT 1994 제19조의 핵심규정은 제1항(a)로서 "회원국은 예측하지 못한 사태의 진전과 WTO협정에 의하여 회원국이 부담하는 의무(관세양허를 포함)를 이행한 결과, 특정 물품이 국내의 동종물품 또는 직접적 경쟁물품의 국내생산자에게 심각한 피해를 주거나 줄 우려가 있을 만큼 증가된 수량과 상황하에 자국 내에 수입되고 있을 때

에 그 회원국은 해당물품에 대한 손해를 방지 또는 구제하기 위하여 필요한 한도 및 기간 동안 협정상 의무의 전부 또는 일부를 정지하거나 양허를 철회 또는 수정할 수 있다"라고 규정하고 있다. 이를 요약하면, WTO회원국이 수입급증으로 인한 자국 내의 산업피해를 구제하기 위하여 일정한 발동요건과 절차에 의하여 수입수량을 제한하거나 양허의 철회를 통한 관세인상을 할 수 있다는 것이다. 그와 같은 규정이 수입규제조치와 관련된 GATT 1994의 다른 예외조항과 특이하게 구별되는 점은 세이프가드가 공정무역관행으로 발생한 국내산업피해구제조치이므로 다른 조항에 비해 그 적용규정이 매우 까다롭다는 것이다.

긴급수입제한조치(Safeguard)는 수입을 일시적으로 제한하여 피해를 입은 국내경쟁산업에게 적절한 조정기회를 부여함으로써 해당산업의 경쟁력을 향상시키고 자원의 효율적 이동을 촉진시키는 데에 그 의미가 있다고 할 수 있다. 국제무역장벽이 낮아짐에 따라 상이한 체제 간에 무역으로 발생할 수 있는 급격한 개혁을 방지하는 국경조치로 사용함으로써 특정 산업과 노동자들을 불가피한 심각한 피해로부터 보호하고 자유무역경쟁에 적응할 수 있는 적절한 시간을 부여하고자 하는 것이다.

2. 협정의 주요 내용

(1) 협정문의 구성

긴급수입제한조치 협정은 14개 조항 및 1개의 부속서로 구성되어 있다. 긴급수입제한조치 발동조건, 적용범위, 잠정조치, 존속기간, 특정 조치의 금지 및 철폐, 통보 및 협의, 위원회 설치 및 감시 등을 포함하고 있다.

(2) 긴급수입제한조치 발동조건(제2조)

특정 상품이 동종 또는 직접 경쟁적인 상품을 생산하는 국내산업에 심각한 피해를 초래하거나 초래할 우려가 있을 정도로 증가된 물량이 수입되고 있다고 회원국이 판정한 경우 발동가능하다. 세이프가드조치는 미리 제정된 조사절차에 따라 조사당국이 조사절차를 거쳐 특정 물품의 수입이 국내 생산에 비해 절대적 또는 상대적으로 증가함으로써 동종 물품 또는 직접 경쟁관계에 있는 국내산업에 심각한 피해 또는 피해 우려가 있다고 판정하는 경우 원산국에 관계없이 무차별적으로 적용하도록 발동요건과 적용원칙을 정하였다.

(3) 사실상의 선별적용 인정(제5조)

긴급수입제한조치는 모든 수출국(원산지)에 대해 동등하게 적용되는 것이 원칙이지만 특정 회원국으로부터의 수입이 불균등한 비율로 증가하였고, 일탈의 사유가 정당화되고 일탈의 조건이 공평하다는 데에 대한 증명이 위원회에 제시되는 경우 긴급수입제한조치위원회 주관하에 특정 수출국에 대해 상기 쿼터할당 기준으로부터의 일탈이 가능함을 규정하고 있다. 수량제한의 경우 통계가 입수가능한 과거 대표적인 3년 동안의 평균 수입량이하 불가하며, 쿼터할당시 관련국과 합의를 모색하고, 합의가 어려울 경우 과거 총수입에서 차지한 비율에 따라 국별로 쿼터를 할당할 수 있다.

(4) 잠정긴급수입조치의 적용(제6조)

긴급수입제한조치가 지연됨으로서 회복하기 어려운 손상을 초래할 중대한 상황에서 회원국은 증가된 수입품이 심각한 피해를 초래하거나 심각한 피해를 초래할 우려가 명백한 경우, 예비판정에 따라 잠정적인 긴급수입제한조치 적용가능하며, 동 잠정조치는 200일 이내에서 일시적으로 허용하되 수량제한은 할 수 없고, 관세인상만 가능하다.

(5) 긴급수입제한조치의 존속기간(제7조)

긴급수입제한조치의 적용기간은 원칙적으로 4년을 초과할 수 없으나 잠정조치 적용기간과 긴급수입제한조치의 최초 적용기간 및 연장기간을 포함하여 최장 8년을 초과하는 것은 불가하다. 또한 WTO 협정 발효 이후에 취해진 긴급수입제한조치의 대상이었던 상품의 수입에 대하여는 최소한 2년간 긴급수입제한조치를 재적용하지 않는다.

(6) 긴급수입제한조치의 적용에 대한 보상면제(제8조)

긴급수입제한조치 적용제안 또는 조치연장 희망회원국은 동 조치에 의해 영향을 받는 수출회원국과 적절한 보상 방법에 대하여 협의해야 하며, 합의가 이루어지지 않을 경우 영향을 받는 수출회원국은 특정 기간 이내에 긴급수입제한조치를 적용한 회원국의 무역에 대하여 1994년도 GATT 양허 및 다른 의무의 적용 정지가 가능하다.

단, 긴급수입제한조치의 실효성을 높이기 위해 최초적용 후 3년간은 수출회원국에 의한 양허 또는 의무적용 정지의 권리는 행사되지 않는다. 즉 세이프가드조치를 발동 또는 연장하는 국가는 관련국과 보상수단에 대하여 협의할 수 있으며, 협의 개시일부터 90일 이내에 합의에 도달하지 못할 경우 영향을 받는 수출국은 일정기간 경과 후 발동국에 동등한 양허와 기타 의무의 적용을 정지할 수 있도록 하였다.

(7) 개도국 우대조치(제9조)

개도국은 긴급수입제한조치의 적용기간을 최장 2년까지 연장할 수 있는 권리를 가지며, 수입시장점유율이 3%를 초과하지 않는 개도국의 점유율의 합이 관련상품 총수입의 9%를 넘지 않을 경우 개도국이 원산지인 상품에 대하여 긴급수입제한조치를 적용할 수 없다.

(8) 기존 긴급수입제한조치의 종료시한 명시(제10조)

긴급수입제한조치의 최초 적용된 날로부터 8년 이내, 또는 협정발효 후 5년 이내 중 늦게 도래하는 시한 이내에 종료되어야 한다.

(9) 특정 조치 또는 회색조치 철폐(제11조)

수출자율규제, 시장질서유지협정 또는 그 밖의 유사한 조치들의 적용을 금지한다. 동 조치에는 2개국 또는 그 이상의 회원국 간 체결된 협정, 약정 및 양해에 따른 조치뿐 아니라 단일회원국에 의한 조치도 포함한다. 각국이 현재 발동 중인 회색조치의 단계적 폐지는 WTO 협정 발효일로부터 180일 이내에 긴급수입제한조치위원회에 제시되는 일정표에 따라 수행하며, 동 일정표는 수입회원국별로 존속기간이 연장되지 않는 한 WTO협정 발효일로부터 4년을 초과하지 않는 기간 내에 회색조치를 단계적으로 폐지하거나 본 협정과 일치시키도록 규정하고 있다. 즉 회원국은 수출자율규제 등 회색조치를 앞으로 할 수 없으며, WTO협정의 발효일 당시에 시행 중인 회색조치는 이 협정에 일치시키거나 철폐시켜야 한다. 회원국은 WTO협정 발효일부터 180일 이내에 세이프가드 위원회에 철폐에 관한 일정표를 제출하고 그에 따라 철폐하도록 하였다.

(10) 정보와 기회의 제공(제12조)

회원국은 조사개시결정, 피해판정, 세이프가드조치 적용 및 연장 결정시에는 긴급수입제한조치 위원회에 통고함과 아울러 적절한 정보를 제공하여야 한다. 또한 회원국은 관련 수출국가에 정보제공, 의견교환, 양국 간 협의를 할 수 있는 기회를 제공하여야 한다.

(11) WTO 분쟁해결절차 적용(제14조)

긴급수입제한조치 관련 분쟁은 분쟁해결양해(DSU)절차에 따라 해결한다.

※ 사례연구

한·중 마늘 세이프가드 분쟁

Ⅰ. 사례개요

우리나라의 통상교섭체제와 통상문제에 대한 우리의 인식이 갖고 있는 여러 가지 문제점들이 뚜렷이 드러난 사례가 발생했다. 바로 중국산 마늘에 대한 세이프가드(safeguard) 연장조치 불가 파문과 관련된 이른바 한·중 마늘분쟁이다.

2000년 6월 1일 우리 정부가 중국산 냉동·초산 마늘에 대하여 2003년 5월까지 관세를 30%에서 315%로 대폭 인상하는 세이프가드조치를 발동했다. 한국정부의 이 조치에 대해 중국정부는 한국산 휴대폰과 폴리에틸렌 제품의 수입을 금지하는 보복조치를 취하였다. 이어서 열린 한·중 마늘협상에서 한국정부는 2000년부터 2002년까지 매년 중국산 마늘 30,000여 톤을 30~50%의 낮은 관세율로 수입하고, 세이프가드조치의 시한을 2002년 말까지로 단축하기로 합의하였다. 그리고 중국정부는 한국산 휴대폰과 폴리에틸렌에 대한 수입금지조치를 취소하기로 하였다.

2000년 6월에 있었던 한·중 마늘협상의 결과가 다시 통상문제로 비화되기 시작한 것은 2002년 6월 28일 농협이 산업자원부 산하 무역위원회(KTC)에 마늘 세이프가드의 연장을 신청하면서부터였다. 무역위원회가 연장을 위해 필요한 심의를 시작할 무렵 한·중 마늘협상의 미공개 부속서에 2003년 1월부터 마늘 수입을 자유화한다는 합의조항이 들어 있음이 알려졌기 때문이다.

따라서 한·중 마늘협정에 따라 세이프가드조치의 연장이 불가능하게 된 것이다. 이러한 사실을 알게 된 마늘 재배농가를 비롯한 농민단체들이 강력히 반발하기 시작했고, 정부의 통상협상과 관련된 비난들이 언론에 집중적으로 보도되기 시작했다. 마늘파문이 확대되자 정부는 당시 통상교섭본부장과 농림부 차관보를 사퇴시켰고, 2003년부터 5년간 1조 8,000억 원을 투입하는 이른바 '마늘산업종합대책'을 내놓았다. 그리고 무역위원회는 농협의 마늘 세이프가드 연장요구를 한·중 마늘협정과 마늘산업 구조조정정책 실시를 이유로 기각하였다.

한·중 마늘협상의 파문은 통상교섭체제가 비밀주의, 부처 간 이익다툼과 책임회피, 국제적 압력에 대한 취약성, 통상전문가 양성의 불가능 등 심각한 문제점들을 안고 있는 우리나라 통상교섭체제 및 통상문제 인식에 많은 문제점들을 드러내는 계기가 되었다.

세이프가드(Safeguard)란?

세이프가드란 넓은 의미로 국제수지를 방어하고 국내산업의 피해를 방지하기 위하여 사용되는 모든 무역제도적 장치를 의미하는 것이다. 즉 관세 및 비관세조치를 포함한 모든 무역장벽의 설치뿐만 아니라, 산업조정 및 지원 등 산업정책을 통한 경쟁력강화를 추진하기 위하여 실시되는 제반 무역정책으로 산업피해구제제도 중의 하나이다.

세이프가드제도는 국내산업의 구조조정에 필요한 일정기간 동안 외국 경쟁사로부터 국내산업을 보호하는 것을 허용하는 '일시적 구제조치'(temporary relief)와 시장개방에 따른 국내산업피해를 우려하여 WTO 가입을 꺼리는 국가들로 하여금 다자간 무역체제에의 참여를 촉구하는 '안전장치'(safety valve)로서의 기능을 한다.

GATT 규범은 원래 국제 간의 무역자유화를 촉진하기 위하여 회원국 간에 수량제한을 금지하는 의무(GATT 제11조)를 부과하고 관세장벽을 인정하되 점차 인하하는 방식을 원칙으로 하고 있다. 하지만 특수한 상황에서 GATT 제19조에 '특별제품에 있어서의 긴급조치' 조항을 도입하여 GATT 가맹국은 수입급증으로 인한 자국 내의 산업피해를 구제하기 위하여 일정한 발동요건과 절차에 따라 수입수량을 제한하거나 양허의 철회를 통한 관세인상을 할 수 있도록 하였다.

WTO에서 세이프가드조치의 근거가 되는 것은 GATT 제19조와 세이프가드협정이다. 양 규정을 종합적으로 검토해 보면, 세이프가드의 발동요건은 (i) 예측하지 못한 상황의 발생, (ii) GATT협약국으로서의 의무이행, (iii) 국내생산에 비해 절대적 또는 상대적인 수입의 증가, (iv) 동종 및 직접적인 경쟁상품을 생산하는 국내산업에 심각한 피해가 있거나 피해의 위협이 존재, (v) 수입증가와 국내산업의 피해 간에 인과관계의 존재로 요약할 수 있다. 따라서 이들 요건이 충족될 경우 수입국은 필요한 범위 내에서 세이프가드조치를 발동할 수 있는데(협정 제5조 제1항), 일반적으로 조치의 형태로는 수량제한조치나 관세인상조치 등의 수입구제조치와 보조금지원 등의 구조조정지원조치가 이용된다.

Ⅱ. 진행과정

우루과이라운드 협상 이후 우리의 농림축산물시장이 더 큰 폭으로 개방됨에 따라 중국산 농산물의 수입이 증가하였다. 특히 시장접근물량으로 수입되는 마늘, 고추, 양파 등의 양념채소류는 물론 사료용 옥수수, 한약재류, 땅콩, 참깨, 고추, 고사리 등 중국산 농산물은 값싼 생산비와 인건비, 지리적 인접성 등의 요인으로 수입이 매년 증가 추세를 보였나. 마늘의 경우 우루과이라운드 협상에서 신선, 냉장, 건조 및 일시저장마늘 등의 보통마늘의 경우 최소시장접근 물량 내에서는 50%의 관세를 부과하고, 최소시장접근 물량을 초과하여 수입되는 물량에 대해서는 1995년을 기준으로 396%의 고율의 관세를 부과한 반면에 냉동마늘과 초산조제마늘에 대해서는 협상 당시 국내수요가 없거나 미미할 것으로 판단하여 30%의 낮은 관세율을 허용하였다.

WTO체제가 출범된 이후 양국 간의 현저한 가격차이로 인하여 최소시장접근물량을 초과하는 물량에 대한 높은 관세율에도 불구하고 신선/냉장 및 건조마늘의 수입은 계속적으로 증가해 왔고, 특히 냉동마늘과 초산조제마늘의 경우 1999년에는 1996년 대비 각각 9배와 4배가량 증가하여 전체 마늘수입은 5배 이상 늘어났다. 이와 같은 마늘수입의 급증으로 인하여 수입마늘의 국내시장 점유율은 1996년 3.3%에서 1999년(1월~9월) 12.2%로 크게 증가하게 되었다.

중국산 마늘의 수입급증으로 인하여 국내의 마늘생산농가가 피해를 입게 됨에 따라 생산자를 대표한 농협중앙회가 1999년 9월 말 무역위원회에 산업피해조사를 신청했으며, 무역위원회는 중국산 수입마늘에 대한 피해조사를 착수하여 1999년 10월 27일 잠정긴급관세의 부과를 건의하여 1999년 11월 18일 재정경제부가 2000년 6월 4일까지 200일 동안 냉동마늘과 초산조제마늘에 대하여 수입관세를 30%에서 315%로 인상하는 잠정긴급관세를 부과하기로 결정하였다.

재정경제부가 부과한 긴급관세의 내용을 살펴보면, 2000년 6월 1일부터 2003년 5월 31일까지 3년 동안 깐마늘의 경우 376%의 기본관세에 추가하여 60%(또는 300원

/kg)의 긴급관세를 부과했고(총 436% 또는 2,180원/kg), 냉동 및 초산조제마늘의 경우 30%의 기본관세에 추가하여 285%(또는 1,707원/kg)의 긴급관세를 부과했다(총 315% 또는 1,887원/kg). 이는 중국 측의 입장을 고려하여 WTO가 규정한 국내외가격차(냉동마늘 344%, 초산조제마늘 449%)보다 낮은 수준(30%+285%)인 315%에서 결정한 것이다.

중국산 마늘에 대한 긴급관세부과 내역

구분	제1차 연도 (2000. 6. 1~2001. 5. 31)	제2차 연도 (2001. 6. 1~2002. 5. 31)	제3차 연도 (2002. 6. 1~2003. 5. 31)
신선 · 냉장마늘 중 깐마늘	60% 또는 300원/kg 중 고액(율)	58% 또는 288원/kg 중 고액(율)	56% 또는 276원/kg 중 고액(율)
냉동마늘	285% 또는 1,707원/kg 중 고액(율)	274% 또는 1,639원/kg 중 고액(율)	263% 또는 1,571원/kg 중 고액(율)
초산조제마늘	285% 또는 1,707원/kg 중 고액(율)	274% 또는 1,639원/kg 중 고액(율)	263% 또는 1,571원/kg 중 고액(율)

무역위원회의 피해조사 결과 구제조치가 지연될 경우에는 국내 마늘생산농가에 회복할 수 없는 어려움이 초래될 수 있다는 예비판정에 근거하여 잠정긴급수입제한조치를 취할 때 중국정부에게 이 사실을 통보하였으며, 2000년 1월 12일 개최된 공청회 내용과 최종 판정사항도 통보되었다.

우리 정부가 중국산 마늘의 수입증가로 인하여 산업피해의 긍정판정을 내린 이후 중국정부가 구제조치를 위하여 협상을 요청함에 따라 서울(2000. 4. 24)과 북경(2000. 5. 17)에서 각각 개최되었다. 우리 정부는 다른 중국산 농산물의 시장접근기회를 부여해 주기 위하여 옥수수, 참깨 등의 수입확대와 현행 조정관세가 부과되는 품목에 대한 관세의 인하방안을 제시하였으나 우리의 제안을 중국 정부가 거절함으로써 협상이 결렬되었다.

우리 정부는 2000년 5월 26일에 WTO에 세이프가드조치의 발동을 통보하고, 6월 1일 중국산 냉동마늘과 초산조제마늘에 대하여 3년간 긴급관세를 연장하는 조치를 취하였다. 이에 대하여 중국 정부는 한국의 마늘에 대한 산업피해구제조치와 긴급관세 부과를 차별적인 보호무역조치라고 간주하고 보복조치의 일환으로 한국이 중국에 수출하고 있는 휴대폰과 폴리에틸렌에 대해 2000년 6월 7일부터 수입금지조치를 내렸다. 1999년말 당시 우리나라의 중국산 마늘의 총수입액은 898만 달러인 데 비하여 중국의 한국산 휴대용 무선전화기 및 폴리에틸렌에 대한 수입총액은 5억 달러에 이르고 있었다.

이에 따라 한국과 중국의 양국대표가 마늘로 인해 발생된 무역분쟁을 해결하기 위하여 협상을 벌인 결과 중국이 한국산 휴대폰 및 폴리에틸렌의 수입중단조치를 해제하는 대신에 한국은 2000년도의 저율관세(30%)를 적용한 중국산 냉동마늘 및 초산조제마늘의 수입쿼터를 2만1백5톤으로 정했다.

이에 따라 향후 3년간 최소시장접근 물량과 매년 2만 톤이 저율관세 적용물량으로 정해져 2000년 최소시장접근 물량 1만 2천 톤은 통마늘, 건조마늘 등으로 기본관세율 50%로 수입되고, 나머지 2만 톤은 민간에 의하여 냉동 및 초산조제마늘로 30%의 저율관세로 수입하기로 합의하였고, 휴대폰과 폴리에틸린에 대한 수입금지조치가 해제되었다.

한 · 중 마늘분쟁일지

일자	내용
1999. 9. 30	농협중앙회, 중국산 수입마늘에 대한 산업피해구제조사 신청
1999. 10. 11	무역위원회, 중국산 수입마늘에 대한 피해조사 착수
1999. 10. 27	무역위원회, 중국산 수입마늘에 대한 잠정긴급관세부과 건의
1999. 11. 18	재정경제부, 수입마늘에 대한 잠정긴급관세조치 시행 (2000. 6. 4까지 200일간 수입관세를 30%에서 315% 인상)
2000. 1. 12	무역위원회, 마늘산업피해구제신청 관련 공청회 개최
2000. 2. 2	무역위원회, 마늘에 대한 잠정긴급관세 부과를 긍정적으로 판정
2000. 3. 15	무역위원회, 산업피해구제조치를 재정경제부에게 건의
2000. 3. 17	재정경제부, 중국산 수입마늘에 대한 긴급관세부과를 공식인정
2000. 4. 24~26	긴급관세부과에 따른 한 · 중 간 1차협상개최(서울)
2000. 5. 17~20	긴급관세부과에 따른 한 · 중 간 2차협상개최(북경)
2000. 5. 31	재정경제부, 긴급관세부과를 최종적으로 결정
2000. 6. 1	중국산 냉동마늘과 초산조제마늘에 대해 긴급관세율을 3년간 315% 부과
2000. 6. 7	중국, 한국산 휴대전화와 폴리에틸렌에 대해 잠정수입금지조치
2000. 6. 29	한 · 중 마늘협상(북경)
2000. 7. 7	한 · 중 마늘협상합의서 문안 합의
2000. 7. 15	한 · 중 마늘협상합의서 문안 가서명
2000. 7. 31	한 · 중 마늘협상합의서 문안에 최종서명

2000. 8. 2	합의서 정식발효
2002. 6. 28	농협, 무역위원회에 세이프가드조치 연장 신청
2002. 7. 24	경제장관회의에서 마늘산업 종합대책 결정
2002. 7. 29,	무역위원회 세이프가드 연장조치 신청 기각

분쟁타결 이후 농협이 2002년 6월 28일 무역위원회에 마늘 세이프가드조치 연장을 신청하였는데, 무역위원회가 연장을 위해 필요한 심의를 시작할 무렵 한・중 마늘협상의 미공개 부속서에 2003년 1월부터 마늘수입을 자유화한다는 합의조항이 들어 있음이 알려졌고, 한・중 마늘협정에 따라 세이프가드조치의 연장이 불가능하게 되었다.

이러한 사실을 알게 된 마늘 재배 농가를 비롯한 농민단체들이 강력히 반발하기 시작했고, 정부의 통상협상과 관련된 비난들이 언론에 집중적으로 보도되기 시작하였다. 마늘파문이 확대되자 정부는 2003년부터 5년간 1조 8,000억 원을 투입하는 이른바 '마늘산업종합대책'을 내놓았고, 무역위원회는 농협의 마늘 세이프가드 연장요구를 한・중 마늘협정과 마늘산업 구조조정정책 실시를 이유로 기각하였다.

Ⅲ. 피해판정의 주요 쟁점

무역위원회는 1999년 9월 30일 농협중앙회의 산업피해구제 신청에 의하여 같은 해 10월 11일 피해조사의 개시를 결정하고 (i) 수입품과 국산품 간의 동종 또는 직접적인 경쟁관계 여부, (ii) 국내산업의 범위, (iii) 수입증가 및 예상치 못한 상황의 발생 여부, (iv) 국내산업의 심각한 피해 또는 피해우려 여부, (v) 수입증가와 심각한 피해 또는 피해우려 간의 인과관계 성립 여부 등에 대한 사항들을 검토내용에 포함시켰다.

무역위원회는 2000년 2월 2일 중국마늘의 수입증가로 인하여 동종 또는 직접적인 경쟁관계에 있는 물품을 생산하는 국내산업이 심각한 피해를 받고 있는 것으로 심의・의결하였다.

1. 동종 또는 직접적인 경쟁관계에 있는 물품

수입품의 수입증가로 인하여 국내산업이 심각한 피해를 받고 있는지 여부를 판단하기 위하여 무역위원회는 우선 수입품이 국내생산품과 '동종의 물품 또는 직접적인 경쟁관계에 있는 물품'인지 여부를 검토하였으며, 그 결과 수입품 중 신선・냉장마늘은 국산품과 물리적 특성, 성분, 용도 등에서 매우 유사한 특성을 갖고 있어 동종물품이며, 수입품 중 냉동마늘, 건조마늘, 일시저장마늘 및 초산조제마늘은 신선·냉장마늘을 단순 가공한 것에 불과하여 상업적인 용도에 있어서 상호 대체사용이 가능하므로 국산품과 직접적인 경쟁관계에 있는 물품으로 판단하였다.

2. 예상하지 못한 상황의 발생

예상하지 못한 상황의 발생(unforeseen development)이란 관세양허협상 이후 발생된 상황으로서 양허국가의 협상자가 협상당시 예측할 수 있었거나 예측하였어야 할 것으로 기대하는 것이 불합리한 상황을 말하는 것이다. '예상하지 못한 상황의 발생'에 대한 개념이 모호하고 해석상의 오류가 발생할 수 있기 때문에 우루과이라운드 협상에서는 이에 대한 협의가 없었다. 한국의 유제품 세이프가드조치에 대해 WTO상소기구는 최종판정에서 '예기치 못한 상황의 발생'은 세이프가드조치시 조사당국이 국내산업의 상황에 비추어 평가해야 할 사항으로 WTO 패널의 검토범위가 아니라고 판정한 바 있다.

우루과이라운드 협상 당시 냉동마늘과 초산조제마늘에 대하여 우리나라는 당시 국내수요가 미미할 것으로 판단하여 30%의 저율관세를 허용함으로써 다자간협상의 원칙인 무역자유화에 부응하였다. 하지만 외환위기로 인하여 국내의 기업환경이 어려워지고 낮은 수입관세를 이용하여 이들 마늘을 가공하여 판매하려는 기업이 늘어나게 되었다. 또한 중국산 마늘의 70% 정도를 생산하는 산동성이 이들 수요를 겨냥하여 시장성이 있는 작물로 마늘재배를 적극적으로 육성하고, 냉동설비의 설치를 통하여 한국에 대한 수출정책을 주도함으로써 협상 당시 예기치 못한 결과를 초래하게 되었다.

우루과이라운드 협상 당시에는 국내에서 유통되는 마늘의 대부분이 통마늘상태로 유통되었으나, 최근에는 깐마늘 상태로 유통되는 비중이 증가하는 상태이다. 이에 따라 수입마늘도 깐마늘 상태로 수입되는 경향이 있어 상대적으로 인건비에서 경쟁력이 있는 중국산 깐마늘의 수입이 늘어나게 되었다. 이와 같은 국내 마늘유통거래의 변화와 깐마늘의 수입증가에 대해 예상했어야 하는 것은 불합리한 것이라고 무역위원회는 판단하였다.

3. 수입의 증가

GATT(1947)협정 제19조 제1항은 세이프가드조치의 발동요건으로 '증가된 수량의 수입'이라는 개념을 사용하고 있다. WTO 세이프가드협정에서는 수입증가의 개념을 수입의 절대적·상대적 증가로 규정하였으며, 다만 수입의 상대적 증가는 국내생산에 대비한 상대적 증가를 의미하는 것으로 이해되고 있다. 한국의 경우 수입증가를 일정기간 동안의 수입이 절대적으로 증가하거나 국내생산과 비교하여 상대적으로 증가하는 것을 의미하며, 수입증가 여부는 제소 전 3년 이상의 기간을 대상으로 조사하도록 되어 있다.

WTO체제 이후 마늘의 수입현황을 살펴보면, 신선/냉장마늘의 수입은 1996년 4,156톤에서 1998년에는 25,623톤, 1999년에는 14,355톤으로 나타났으며, 냉동마늘의 수입은 1996년 2,023톤에서 1999년에는 18,598톤으로, 초산조제마늘의 수입은 1996년 888톤에서 1999년에는 3,631톤으로 증가하였다. 결국 1999년도 중국산 전체 마늘의 수입량은 조사대상기간인 1996년 대비 5배 이상 증가했으며, 수입마늘의 국내시장 점유율도 1996년 3.3%에서 1999년 12.2%로 증가하였다.

반면 국내 마늘의 생산량은 1996년 455,955톤에서 1999년도에는 483,778톤으로 그 증가율은 6% 수준에 불과하였다. 이러한 결과로 미루어 볼 때 중국산 마늘수입은 절대적으로 뿐만 아니라 상대적으로도 크게 증가했다고 무역위원회는 판단하였다.

4. 심각한 피해의 발생 또는 발생의 우려

무역위원회는 국내산업이 심각한 피해를 받고 있는지의 여부를 판단하기 위하여 수입품의 국내시장점유율, 가격, 생산 및 재고, 판매, 이윤 및 손실, 생산성, 가동률, 고용, 투자 등의 변화를 중심으로 국내산업의 상태를 종합적으로 검토한 결과 수입증가에 따른 마늘재배농가의 피해 또는 피해우려와 관련하여 피해조사기간 중 (i) 수입마늘의 국내시장 점유율이 증가하였고, (ii) 국내마늘가격이 하락하였으며, (iii) 국산마늘재고량이 전년동기에 비해 증가하였고, (iv) 국내산 마늘의 판매액이 감소하였으며, (v) 단위면적당 마늘산업의 순수익이 감소하는 추세를 보이는 등 국내산업이 심각한 피해를 받고 있다고 판단하였다.

5. 수입의 증가와 심각한 피해발생의 인과관계

무역위원회는 수입증가가 국내가격의 하락이나 정상적인 계절별 가격상승을 억제하는데 영향을 미쳤는지를 검토하기 위하여 과거 5년간 평균가격지수와 최근의 가격지수를 비교·분석하였다. 분석결과 가격지수의 월별 변화의 경우 생산시기인 6월에 마늘가격이 가장 낮은 반면, 이후 저장비용 등으로 인하여 가격이 상승하는 계절적인 변동을 나타내었다. 하지만 1998년 6월에서 1999년 9월까지의 가격지수변화는 1998년 12월 이후 오히려 급락하는 결과를 나타내 과거 5년간의 가격지수와 다른 결과를 보였다. 따라서 무역위원회는 동 기간 중 마늘의 수입증가가 국산마늘의 판매에 영향을 미친 것으로 판단하였다.

또한 무역위원회는 1999년 6월 이후의 마늘가격하락에는 수입증가와 함께 생산증가도 동시에 영향을 주었을 것으로 보았으며, 이로 인한 국내 마늘가격이 하락하여 농가피해액이 3,500억 원이 이르는 것으로 판정을 내렸다. 이 시기에 수입된 물량의 대부분이 국산 마늘가격의 30% 수준에 불과한 냉동 및 초산조제마늘인 점을 고려할 때 수입증가와 국내가격 하락 간의 인과관계를 부인하기 어렵다는 점을 강조하였다.

Ⅳ. 시사점

1. 분쟁사례로 본 통상교섭체제 문제점

마늘분쟁 사례를 보면 우리나라 통상교섭체제의 문제점을 보다 분명히 파악할 수 있다. 우선 대외협상결과를 국민에게 투명하게 알리지 않는 비밀주의 관행이다. 중국과의 마늘협상에서 2003년 1월부터 수입을 자유화한다는 비밀합의가 미공개 부속서에 포함되어 있었다는 사실은 매우 충격적이었다. 그런데 우리 정부는 지금껏 대외협상의 결과를 공개하지 않는 것을 당연한 일로 생각해 오고 있다. 대외협상의 결과를 공개해야 하는 의무가 법적으로 명시되어 있지도 않을 뿐더러 자세한 내용을 공개하지 않는 것을 당연시하고 있다. 협상담당자들의 입장에서는 비밀주의가 편리한 도구일 수 있을 것이다. 그러나 대외협상의 결과가 국민생활과 이익에 직결돼 있다는 현실을 감안할 때, 협상결과를 비밀로 한다는 것은 있을 수 없는 일이다.

부처 간 이해관계의 조정이 이루어지지 않아 대외협상의 전략 마련이나 협상결과에 대한 대응책 마련이 효과적으로 이루어지기 어렵다는 것 또한 문제점이다. 마늘분쟁 사례에서 드러난 것처럼 관련 부처들은 책임회피와 책임전가에 급급하다. 사실 이 문제는 현재 우리나라가 택하고 있는 외교통상형 통상교섭체제와 관련이 있다. 외교통상부는 대외교섭을 주도하지만 국내적으로 아무런 경제정책 조정기능이 없다. 따라서 경제부처들이 외교통상부의 말을 들으려 하지 않는다. 통상교섭본부장의 어정쩡한 위치도 문제이다. 대외적으로는 통상장관의 지위를 갖지만 국내적으로는 차관급에 해당되는 통상교섭본부장이 경제부처들과 이익집단들의 강력한 저항에 맞서 이해관계를 조정한다는 것은 불가능하다. 따라서 대외협상의 과정에 부처 간 이익다툼이 표출되고 협상결과에 대한 책임전가 행위가 빈번하게 발생한다.

외교통상형 통상교섭체제가 드러낸 또 다른 문제점은 통상전문가의 양성이 어렵다는 사실이다. 외교통상부는 순환근무제를 실시하고 있다. 직원들이 부서와 지역을 정기적으로 순환하면서 근무하는 것이다. 따라서 통상교섭본부에 오랫동안 머물면서 통상전문가로 성장하기가 어렵다. 마늘 파문이 발생했을 때도 불과 2년 전 협상을 담당했던 사람들이 다른 부서나 지역으로 뿔뿔이 흩어져 근무하고 있는 사실이 드러났다. 이러한 체제는 전문가 양성도 어렵게 하고 책임감을 갖고 협상에 임하는 것도 방해하고 있다.

2. 시사점

한·중 마늘분쟁과 마늘협상 파문은 우리나라 통상교섭 체제의 재정비로 이어져야 한다. 현행 통상교섭체제의 문제점들이 뚜렷이 노출되었기 때문이다. 우선 통상교섭본부에 힘을 실어 주어야 할 것이다. 대통령 직속의 통상전담기구를 만들어 통상교섭과 이와 관련된 정책조정기능을 담당하도록 해야 한다. 대외통상교섭에 있어서 중요하고도 어려운 일은 국내 이익집단 및 관련 부처들의 이해관계를 조정하는 일이므로 통상교섭본부가 그러한 일을 수행하기 위해서는 그에 합당한 권한과 책임을 주어야 할 것이다. 또한 산업자원부 산하에 있는 무역위원회도 독립적인 준사법기관으로 만들어 위상을 격상시켜야 할 것이다.

둘째, 통상협상의 결과는 반드시 관보에 게재하여 공개하도록 해야 할 것이다. 관보를 통해 공개되지 않은 협상결과는 법적인 효력을 갖지 못하도록 규정해야 한다. 국내법이 효력을 발휘하기 위해서는 관보에 게재되어 공포되어야 한다. 그런데 국내법과 동일한 효력을 가지는 국제협정이 공포도 되지 않고 효력을 발휘한다는 것은 있을 수 없는 일이다. 특히 오늘날과 같이 통상문제가 국민들의 이익과 생활에 직접적인 영향을 미치는 경우 더욱 그러하다. 더욱이 협상결과의 공개의무가 협상담당자들로 하여금 협상테이블에서 상대방에 대하여 유리한 입장에 놓이게 할 수 있다는 점을 고려하면, 통상협상결과의 관보게재를 통한 공개제도는 반드시 실현되어야 할 것이다.

마지막으로 통상문제의 해결은 WTO 및 국내의 통상법을 준수하면서 이루어져야 한다는 점이다. 즉 통상문제에 대한 원칙주의, 법치주의적 접근이 필요하다. 우리나라는 항상 규칙에 기초한 다자적 세계통상체제의 설립을 선호하고 그 필요성을 강조해 왔다. 그럼에도 불구하고 우리 스스로 그러한 주장에 어울리는 행동을 보여 주지는 못했다. 앞으로 우리나라는 통상문제의 해결에 있어서 국내외 통상법을 엄격히 준수하는 원칙주의 통상국가로서 행동하고 그러한 이미지를 키워나가야 할 것이다.

※ 사례연구

한국의 수입혼합분유 세이프가드발동 사례[1)]

Ⅰ. 개관

본 분쟁은 세이프가드협정과 관련된 것이기에 그 개념부터 살펴보자. 세이프가드(safeguard : SG)는 넓게 해석하면 한 국가가 수입으로부터 발생하는 국제수지의 악화 및 국내산업에의 피해를 방지하기 위하여 사용하는 무역의 제도적 장치를 의미한다. 즉, 관세 및 비관세조치를 포함한 무역장벽의 설치뿐만 아니라, 산업구조조정 및 지원 등 산업정책을 통한 경쟁력 강화를 추진하기 위하여 실시되는 모든 무역정책을 일컫는 것이다.

그러나 국제무역에서 일반적으로 사용되는 좁은 의미의 세이프가드는 특정 물품의 수입이 급격히 증가해서 수입국의 전반적인 경제여건이나 국내 경쟁산업에 피해를 주거나 또는 피해를 줄 우려가 있을 때 WTO의 GATT 1994 제19조 및 세이프가드협정에 근거하여 실시하는 WTO회원국의 대응조치를 의미하며, 일명 긴급수입제한조치라고도 한다. 그러므로 세이프가드협정은 GATT1994 제19조의 세이프가드조치에 대한 구체적 규칙을 정한 것으로서 제19조의 이행협정이라 할 수 있으며 모든 회원국들에게 예외 없이 포괄적으로 기능하며, 미국의 통상법 제201조 및 우리나라의 관세법을 비롯하여 각국의 국내법에는 세이프가드조항들이 삽입되어 있다.

세이프가드협정과 관련된 DS98분쟁은 WTO '세이프가드협정'이 발표된 이후 최초

---

1) 본 사례는 DISPUTE SETTLEMENT: DISPUTE DS98, Korea- Definitive Safeguard Measure on Imports of Certain Dairy Products로 다루어진 사례임.

로 패널 및 상소기구 판정이 이루어진 사건이라는 점에서 의의가 크다. 이미 예전부터 세이프가드협정에 대한 상당한 인식을 하고 있었고 또한 거듭 발전해 왔지만 조문 자체의 불확실성과 모호성 때문에 이를 보충할 필요가 있었다. 따라서 본 분쟁은 GATT1994 제19조가 세이프가드협정에 의해 발전된 후 세분화된 규정들의 적용과 해석에 관련한 최초의 평결이 이루어짐으로써 보다 구체적인 지침을 제공하고 있는 선례라는 점에서 주목할 만하다.

Ⅱ. 분쟁의 배경

1996년 5월 2일 축산업협동조합중앙회는 1993년 1월부터 실시된 "유제품"[2]의 수입자유화 이후 네덜란드, 벨기에, 스웨덴 등으로부터 동 물품의 수입이 증가하여 국내 낙농업 및 분유산업에 심각한 피해를 주거나 줄 우려가 있으므로, 동 물품의 관세품목 재분류, 4년간의 관세인상 또는 10,000톤 이내의 수입물량제한을 요청하는 내용의 산업피해조사신청서를 무역위원회에 제출하였다.

무역위원회는 관계법령에 의거 신청인의 신청자격, 수입의 증가 여부, 신청서 및 증빙자료를 검토하였다. 신청인의 축산업협동조합중앙회는 축산업협동조합법에 의하여 설립된 단체로서 분유 및 우유생산업자를 회원조합 및 조합원으로 하는 생산자단체이며, 동 중앙회의 회원조합 및 조합원이 국내 우유의 43.7%, 국내분유의 23.8%를 생산하므로 대외무역법시행령 제64조의 규정에 적합한 신청인의 자격을 갖추었다. 그리고 조사대상물품의 수입은 1993년부터 1996년 2월까지 절대적으로 증가하고 있으며, 신청인이 제출한 자료가 수입증가로 인한 심각한 피해 등을 인정할 만한 사실을 포함하고 있으므로 유제품에 대한 산업피해조사를 개시하기로 결정하였다. 이에 따라, 무역위원회는 1996년 5월 28일 동 조사개시결정 내용을 관보에 게재하고, 산업피해조사를 개시하였다.

무역위원회는 조사개시와 동시에 조사단을 구성하였으며, 질문서 발송 및 답변서 회수를 통한 검토 분석, 그리고 현지방문조사 등을 실시하였다. 또한 대한무역투자진흥공사를 통하여 유제품 주요 수출국인 네덜란드, 벨기에, 스웨덴 등의 유제품 산업

---

2) 유제품은 한국의 관세·통계통합품목분류표상 HSK 0404.90.0000 및 HSK 1901.90.2000에 해당하는 물품으로서, 분유에 유장분말 또는 맥아농축액 등을 혼합한 물품이다. 유제품의 품명은 우유조제품 또는 탈지유조제품 등이며, 일명 모조분유, 혼합분유 등으로 불리워진다. 수입유제품은 국산원유 및 분유를 대체하여 발효유, 아이스크림, 과자, 빵 등의 제조원료로 사용된다. 한편, 유제품은 그동안 국제교역상 거래가 되지 않던 품목이었으나, UR협상 결과 순수분유에 대해 고율관세(211.2%)가 부과되자 이를 회피하기 위하여 수출자가 저율관세(40%)인 유제품을 제조 및 수출하게 되었다.

현황을 조사하였으며, 관계부처인 농림부와 보건복지부에 의견을 문의하기도 했다. 이러한 조사과정을 거쳐 수집하고 정리한 자료를 근거로 하여 조사보고서(초안)를 작성하였고, 1996년 8월 12일부터 이해관계인에게 공개하였다. 무역위원회는 1996년 8월 20일 조사보고서(초안)를 기초로 하여 신청인 측, 수입자·수요자 측, 수출국 정부 측, 관련협회 대표들이 참석한 가운데 공청회를 개최하였고, 여기서 제시된 이해관계인들의 의견과 자료를 조사보고서(초안)에 추가하여 최종 산업피해조사보고서를 작성하였다. 국내산업이 수입증가로 인해 심각한 피해를 입고 있다고 판정하고 이러한 국내산업의 피해는 주무부처 및 신청인의 지속적인 경쟁력 제고대책을 수립하고 시행함에 의해서도 개선되지 않고 있으므로 산업피해구제제도를 통해 적절한 구제조치가 취해져야 한다고 판단하였다. 즉 각각의 "구제조치수단"[3]별로 당해 산업에 미치는 영향, 국민경제에 미치는 효과, 다자간 및 양자간 통상차원의 영향과 국내적인 제약요인 등에 대해 검토한 후, 국내산업의 상태 및 경쟁력 수준 등을 종합적으로 고려할 때 국내산업의 피해를 구제하기 위해서 4년간의 수입유제품에 대해 수입수량제한조치를 실시하는 것이 가장 적합한 것으로 판정하였다.

무역위원회는 수입유제품에 대한 피해구제조치의 시행을 1996년 12월 농림부장관에게 건의하였다. 건의를 받은 농림부장관은 구제조치를 시행하기로 최종 결정하고,[4] 산업자원부와 협의하여 이를 실시하였다. 한국정부는 세이프가드협정의 규정에 따라 산업피해조사단계별로 조사개시 사실을 통보하였고 산업피해 긍정판정시 그 내용을 통보하였으며, 구제조치 최종결정시에도 동 사실을 WTO세이프가드위원회에 통보하였다.

Ⅲ. 무역위원회 조사결과 및 판정

1. 동종 또는 직접경쟁관계에 있는 물품

수입증가로 인하여 국내산업이 심각한 피해를 받고 있는지 여부를 판단하기 위해서는 우선 수입품이 국내생산품과 동종 또는 직접경쟁관계에 있는 물품인지 여부를 검토하여야 한다. '동종물품' 여부는 물리적 특성과 품질 및 소비자의 평판을 포함한 모든 면에서 동일하거나 경미한 차이가 있을 뿐 실질적으로 동일한 물품인지 검토하여야 한다. 또한 '직접경쟁관계에 있는 물품'인지에 관해서는 기능이 같거나 상업적인

---

3) 구제조치수단에는 관세인상, 수입수량제한 및 국내산업 구조조정지원조치 등이 있다.
4) 동 제한물량은 구제조치 첫 해 연간 20,521톤(1993. 7~1996. 6)으로 하고, 두 번째 해부터 첫 해 제한물량의 5.7%씩 증가시키도록 하였다. 조치기간은 4년(1997. 3~2001. 2)으로 하였다.

용도에 있어서 상호대체사용이 가능한 물품인지 여부를 검토하여야 한다.

무역위원회는 수입유제품과 국산원유 및 분유는 가공유, 발효유, 아이스크림 등의 제조에 원료로 투입할 수 있고, 수요자가 국산 원유 및 분유를 대체하여 수입유제품 구매를 늘린 사실이 확인되므로 수입유제품과 국산원유 및 분유는 직접적인 경쟁관계에 있다고 판단하였다.

2. 국내산업의 범위

무역위원회는 산업피해조사의 대상이 되는 국내산업을 수입유제품과 직접적인 경쟁관계에 있는 원유와 분유를 생산하는 원유생산산업과 분유생산산업으로 보았다. 한편 분유생산자의 경우 분유 이외의 유제품도 생산하고, 유제품수입을 겸하고 있는 것으로 조사되었으므로, 분유 이외의 유제품 생산부분과 수입부분을 제외한 분유생산부분만이 국내산업 범위에 속하는 것으로 판단하였다.

3. 수입수량의 증가 여부

유제품 수입은 1993년 3,217톤에서 1994년 15,561톤으로 전년 대비 384% 증가하였고, 1995년에는 28,000톤으로 전년 대비 80% 증가하였으며, 1996년 1월부터 6월까지 전년 동기 대비 16.9%가 증가하여 수입이 절대적으로 증가하고 있는 것으로 판단하였다. 수입품 상대적 증가 여부와 관련하여서는, 1994년의 경우 국내원유생산이 전년 대비 3.2% 증가한 데 비해 수입량은 384% 증가하였고, 1995년에는 원유생산량이 전년 대비 4.2% 증가한 데 비해 수입량은 80% 증가하였다. 1996년 6개월 동안은 마찬가지로 4.4%의 생산량증가에 대하여 수입량이 16.9% 증가하여 유제품 수입이 국내생산에 비해 상대적으로 증가한 것으로 판단하였다.

4. 국내산업의 심각한 피해 또는 피해우려 검토

무역위원회는 국내산업의 상태를 종합적으로 검토해 볼 때, 수입유제품의 국내시장점유율이 상승하였고, 국산품 판매가 감소하였으며, 국산분유재고가 크게 증가하였다고 밝혔다. 뿐만 아니라 국내산업을 대표하는 축협의 경상이익이 흑자에서 적자로 반전되었고, 1996년 6월말 현재 부채비율이 1,000% 이상인 개별 축협이 7개, 자본이 완전히 잠식된 축협이 6개에 달하고 있으며, 낙농가 수가 지속적으로 감소하고 있다고 보고했다. 또한 분유산업은 영업손실폭, 경상손실폭이 크게 증가하고 있고, 분유제조원가는 상승하는 반면 분유판매가격은 하락하여 1994년 이래 원가 미만 판매되고 있다고 밝혔다.

5. 수입증가와 심각한 피해 간의 인과관계 검토

유제품 수입증가와 국내산업의 심각한 피해 간에 인과관계가 성립하는지 여부를 판단하기 위하여 수입유제품의 국내시장점유율,[5] 국산분유와 수입분유의 가격비교,[6] 수입유제품이 국산원유 및 분유 매출에 미친 영향[7] 및 수입증가 이외의 요인이 국내산업에 미친 영향 등을 검토하였다. 이러한 지표를 종합한 결과 유제품의 수입증가와 국내산업의 심각한 피해 간에 인과관계가 성립하는 것으로 판단하였다.

Ⅳ. 절차적 진행

한국정부는 1997년 1월 21일 WTO세이프가드위원회에 혼합분유에 대한 세이프가드조치 적용을 통보하고, 1997년 2월 4·5일 EU, 호주, 뉴질랜드 등과 양사협의를 진행하였으나 합의에 실패하였다. 이에 따라 한국은 쿼터형식으로 1997년 3월 7일부터 2001년 2월 28일까지 4년 동안 긴급수입제한조치를 정식 시행하였다. 이후 EU는 한국의 조치내용에 대한 상세한 추가정보를 요구하는 등의 불만을 표시하였고, 1997년 8월 한국의 세이프가드조치가 GATT 제19조 및 WTO세이프가드협정에 위반된다고 주장하며 WTO에 제소하였다.

동 분쟁에서는 한국이 발동한 세이프가드조치의 적법성 여부가 핵심사항이다. EU가 한국의 세이프가드조치가 GATT와 WTO협정에 위배된다고 주장하며 동 조치의 철회를 주장한 반면, 한국은 그러한 협정이 규정하고 있는 모든 의무를 준수하였으므로 철회할 수 없다고 주장하였다.

한국과 EU 양측은 분쟁해결절차에 따라 1997년 9월과 10월 양자협의를 가졌으나, 양측의 입장 대립으로 합의점을 찾지 못하고 양측의 입장을 상호 확인하는 수준에서 종료되고 말았다. 그 후, 1997년 10월 EU가 종전입장을 변경하여 한국이 수입쿼터를 증량하면 동 분쟁을 종결할 의사가 있음을 표명함에 따라, 양측은 11월 구체적인 쿼

---

5) 수입유제품의 국내시장점유율은 1993년 1.6%. 1994년 7.0%, 1995년 12.2%, 1996년 1~6월 14.1%로 증가함.

6) 수입유제품은 국산분유에 비해 1993년부터 1996년 6월까지 각각 2,714원/kg, 2,796원/kg, 2,808원/kg, 2,023원/kg 정도 낮은 가격에 판매되었다.

7) 수입유제품의 국내시장점유율이 증가하면서, 국산분유 판매가격은 1993년 5,354원/kg에서 1996년 4,994원/kg으로 하락하여 유제품 수입증가가 국산분유 판매가격을 하락시킨 것으로 판단하였다.

터물량조정협상에 착수하였다. 그러나 EU 내부 의결과정에서 네덜란드, 프랑스, 영국 등 주요 이해당사국들의 반대에 부딪쳐 양측의 합의는 이루어지지 못했다. 이에 따라 EU는 1998년 6월 WTO 분쟁해결기구에 패널 설치를 요청하였고, 8월 Ole Lundby(위원장), Leora Blumberg, Luz Elena Reyes de la Torre 등 3인의 위원으로 구성된 패널을 구성하였다. 11월, 12월 및 1999년 3월 등 세 차례에 걸쳐 분쟁당사국이 참여한 가운데 회의를 개최하여 양측의 입장을 청취하였으며, 1999년 6월 최종보고서를 제출하였다.

패널보고서 회람 이후, 양자는 1999년 9월 각각 패널판정의 일부 법률적 해석에 이의를 제기하고 WTO 상소기구에 상소하였다. 11월 분쟁당사국들이 참여한 가운데 회의를 개최하여 각각의 입장을 청취하고, 1999년 12월 한국의 패소를 최종 확정하는 상소보고서를 제출하였다. 이에 따라 2000년 5월 20일 한국정부가 DSB의 권고에 따라 혼합분유에 대한 세이프가드조치를 철회함으로써 마무리된다.

절차적 진행 : 사건일지[8]

일지	절차적 진행	주요 내용
1997. 3	한국, SG 조치 시행	• KTC의 국내산업 피해판정에 따른 수입규제(쿼터)
1997. 8. 12	EU, WTO 제소	
1998. 1. 9	패널설치 요청(1차)	
1998. 1. 22	패널설치 보류 요청	
1998. 6. 10	패널설치 요청(2차)	
1998. 7. 23	패널설치	
1998. 8. 14	패널 구성	• Mr. Ole Lundby(의장), Mr. Leora Blumberg, Ms. Luz Elena Reyes de la Torre
1999. 6. 21	패널판정 및 패널보고서 회람	• 한국 패소
1999. 9. 15	한국, 상소	
1999. 11. 10	상소판정 보류	
1999. 12. 14	상소판정	• 한국 패소 : 패널의 평결을 대부분 인정
2000. 1. 12	패널 · 상소보고서 채택	
2000. 5. 20	이행 완료	• 혼합분유에 대한 세이프가드조치 철회

주 : 1) SG는 세이프가드(Safeguard)를 의미함.
2) KTC는 한국무역위원회(Korean Trade Commission)를 의미함.

8) WTO무역분쟁의 추이와 한국관련 분쟁사안에 대한 종합평가 및 정책시사점 p.87.

V. 쟁점사항 및 평결

먼저 한국-수입혼합분유사건을 진행함에 있어, 입증책임(burden of proof)과 관련하여 패널은 제소국으로서 EC가 한국의 세이프가드조치가 협정에 '일견(prima facie)' 위반된다는 것을 입증할 책임을 가지며, 그러한 입증책임의 소재는 패널절차 도중 바뀌지 않는다고 평결하였다. 이러한 입증책임과 관련하여 한국은 상소심에서 제소국의 입증책임에 대해, 피소국의 반박에 대한 검토에 앞서 패널이 제소국의 일견 입증에 대한 평결을 하여야 하는 것으로 주장하였다. 그러나 상소기구는 세이프가드협정이나 DSU에서 패널이 피소국의 변론과 증거를 검토하기에 앞서 제소국에 의한 일견 입증에 대한 명시적 결정을 하도록 규정하는 바가 없다고 평결하여 한국의 주장을 기각하였다.

검토기준(Standard of Review)은 패널이 관련 당사국의 주무기관에 의한 판정을 심사함에 있어 어떠한 기준을 적용해야 하는지에 대한 기준을 말한다. 세이프가드협정에 관한 분쟁의 문맥에서 검토기준에 대해 패널은 주무당국에 의한 판정을 객관적으로 평가해야 하며, 그러한 평가는 모든 사실관계 자료들을 심사하였는지, 사실에 입각하여 결론을 도출한 방식에 대해 적절하게 설명이 이루어졌는지 등을 평결해야 한다.

패널의 WTO협정의 해석과 관련하여 기본원칙으로 채택되고 있는 국제법상의 일반원칙, 특히 비엔나조약법협약(Vienna Convention on the Law of Treaties)에서의 조약 해석에 관한 조항 제31조와 제32조가 세이프가드협정에 대해서도 적용된다는 것을 확인하고 있다.

한국은 동 사건을 EC가 제소함에 있어 상업적 이해가 거의 없으므로 제소할 권한이 없다고 주장했다. 이에 대해 패널은 DSU에서 회원국이 관련 사안에 대한 경제적 이해를 가지는 경우에만 제소할 수 있다는 규정이 없음에 주목하고 'EC-바나나사건[9]'에서의 상소기구 평결을 들어 동 주장을 기각하였다.

이러한 절차적·제도적 쟁점하에 동 분쟁은 다음과 같은 세이프가드협정 관련 법적 쟁점이 있다.

---

9) 1993년 7월 1일에 도입된 EC 이사회규정과 후속법령 및 행정조치들에 의해 설립된 EC의 바나나 수입, 판매 및 분배에 관한 제도가 전통적 ACP국가(African, Caribbean and Pacific countries), 비전통적 ACP국가 및 제3국들에 따라 각각 상이한 기준을 적용함으로써 주요 바나나 수출국인 라틴아메리카 국가들에 비하여 ACP국가 및 BFA국가(바나나협정에 가입한 국가 중 EC로부터 지정쿼터를 받은 4개 국가 : 코스타리카, 콜롬비아, 니카라과, 베네수엘라)들에 대하여 특혜를 주고 있다는 이유로 에콰도르, 과테말라, 온두라스, 멕시코 및 미국이 EC를 상대로 WTO에 제소한 사건

1. GATT-1994 제19.1조 : 예기치 못한 사태의 진전

EC는 동 사건에서 한국정부가 수입증가의 요인이 GATT 1994 제19조에 명시된 '예기치 못한 사태의 진전(unforeseen development)'에 의한 것이 아니라는 점을 검토하지 않았으므로 동 조항의 의무를 위반하였다고 주장하였다. 한국은 이러한 주장에 대해 WTO체제에서는 세이프가드협정이 세이프가드조치의 적용과 관련한 전적인 규범을 제시하고 있으므로 GATT 1994 제19조에 대한 검토는 불필요하다고 반박하였다.

동 쟁점의 평결에 있어 패널은 조약 해석에 있어서의 조항의 유효성 원칙을 지적하면서, GATT 1994 제19.1조 조항이 세이프가드협정 제2.1조와 상충하는 바가 없으므로 일반적으로 적용가능하다고 평결하였다. 그러나 '예기치 못한 사태의 진전' 부분의 적용과 관련한 해석에서 패널은 동 조항이 세이프가드조치의 채택을 위해 충족하여야 하는 조건의 일부가 아니라 단순히 그러한 조치가 필요한 상황에 대한 설명을 기술하는 데 불과한 것으로 판단하였다. 따라서 특별한 의무사항을 규정하지 못하는 그러한 설명부분이 신설된 세이프가드협정에 반영되지 않은 것으로 결론지었다.

그러나 상소기구는 예기치 못한 사태의 진전의 세이프가드 발동요건 여부와 관련하여 GATT 1994 제19조와 WTO 세이프가드협정 간에는 아무런 상충관계도 존재하지 않는다고 하였다. 이에 따라 위의 조문을 독립적인 조건으로 보지는 않으나, 세이프가드조치를 취하고자 할 때에 실제적인 문제로서 입증하여야 할 조건과 같은 것이라고 판정함으로써 패널의 판정에 오류가 있음을 지적하였다. 즉 상소기구는 제19.1조의 예기치 못한 사태의 진전은 수입국에게 독립된 조건을 부과하는 것은 아니나 세이프가드조치가 동 규정에 합치되게 적용되도록 사실관계 차원에서 증명되어야 하는 상황을 의미하는 것이라고 평결하였다.

2. 세이프가드협정 제2.1조 : under such conditions의 해석

세이프가드협정 제2.1조는 세이프가드 발동 요건으로, 조치의 적용을 위한 기준에 대해 "회원국은 아래에 명시된 규정에 따라 특정 상품이 동종 또는 직접경쟁제품을 생산하는 국내산업에 심각한 피해를 초래하거나 초래할 우려가 있을 정도(under such conditions)로 국내 생산에 비해 절대적 또는 상대적으로 증가된 물량과 조건하에 자기나라의 영토 내로 수입되고 있다고 판정한 경우에만, 그 제품에 대하여 세이프가드조치를 취할 수 있다"고 규정하고 있다.

EC는 상기 조항을 해석하면서 'under such conditions'을 가격과 연관지어 해석하였다. 따라서 한국에 대해 관련 제품의 수입가격을 검토하지 못한 점을 들어 동 조항의 위반을 주장하였다. 패널은 이러한 주장을 기각하면서 'under such conditions' 이란 문구는 수입국이 수입증가의 영향에 대해 적절한 평가를 해야 할 의무가 있음을 일반적으로 언급하고 있는 것에 불과하기 때문에 세이프가드조치시 검토해야할 추가적인 요건은 아니라고 평결하였다.

3. 세이프가드협정 제4.2조 : 심각한 피해

세이프가드협정 제4.2조에서는 심각한 피해를 판정하기 위해 검토하여야 하는 요소들에 대해서 "증가된 수입품이 이 협정의 조건에 따라 국내산업에 심각한 피해를 초래하였거나 심각한 피해를 초래할 우려가 있는지의 여부를 판정하기 위한 조사에 있어서 주무당국은 동 산업의 상황에 영향을 미치는 객관적이고 계량가능한 성격의 모든 관련 요소를 평가하며, 특히 관련 제품의 절대적 및 상대적인 수입증가율 및 증가량, 증가된 수입품이 국내시장에서 차지하는 점유율, 판매, 생산, 생산성, 가동률, 이윤 및 손실, 그리고 고용의 수준에 있어서의 변화를 평가한다"라고 규정하고 있다.

이러한 동 조항의 적용에 있어 패널은 한국이 위에서 열거된 요소 중 가동률과 생산성에 대한 검토를 하지 않은 것은 동 조항의 위반이라고 판정하였다. 또한 한국이 구체적 설명 없이 국내시장 전체가 아닌 일부분에 대해서만 피해 여부를 검토한 점, 상기 요소들의 고려에 있어 충분한 논거가 제시되지 못한 점 등을 들어 패널은 동 조항에 대한 위반판정을 내렸다. 이에 대해 한국은 산업피해조사보고서의 조사내용을 통해 피해발생은 충분히 입증되었다고 주장하고, 세이프가드협정 제4.2조에서 설명하고 있는 지표가 필수적인 조사사항이 아니며, 조사대상 산업의 특성을 감안하여 적절한 고려가 가능하다고 밝혔다. 그러나 상소기구는 분쟁당사국의 의도에 상관없이 패널이 유용하다고 판단하는 경우 자유롭게 증거자료를 채택할 수 있고, 어떤 증거자료에 무게를 두느냐도 패널의 권한사항임을 밝혔다. 또한 EC는 2차 서면입장서에서 산업피해조사보고서를 이용한 것은 단순히 증거자료 혹은 보조자료의 활용일 뿐 새로운 법적 쟁점을 제기하는 것이 아니라고 판정하였다.

4. 세이프가드협정 제5.1조 : 정당성에 대한 사유 설명의무

세이프가드조치의 적용과 관련하여 제5.1조에서는 "회원국은 심각한 피해를 방지하거나 구제하고 조정을 촉진하는 데 필요한 범위 내에서만 세이프가드조치를 적용한다. 수량제한이 사용되는 경우 이러한 조치는, 다른 수준이 심각한 피해를 방지 또는 구제하는 데 필요하다는 명백한 정당성이 제시되지 아니하는 한 통계가 입수가능한 과거 대표적인 3년간의 평균수입량인 최근 기간의 수준 이하로 수입량을 감소하여서는 아니 된다. 회원국은 이러한 목적달성에 가장 적합한 조치를 선택하여야 한다" 라고 규정하고 있다.

상기 조항을 적용함에 있어 패널은 우선 회원국이, 세이프가드조치를 전체적으로 파악했을 때, 심각한 피해를 방지하거나 구조조정을 원활하게 하기 위해 필요한 수준 이상으로 제한적이지 않은 조치를 채택하도록 하여야 한다고 평결하였다. 한편 패널은 세이프가드조치의 구성은 기본적으로 네 가지 요소, : 대상제품의 범위(product coverage), 형태(form), 지속기간(duration), 수준(level)으로 파악될 수 있다고 제시하고 있다. 이는 상소기구에 의해서 채택되고 있다. 더욱이 상소기구는 필요한 범위 내에서만 조치를 부과한다는 원칙은 조치의 형태, 수량제한, 관세 혹은 관세율 할당에 상관없이 적용된다고 확인하고 있다.

한편 패널은 상기 조항의 두 번째 문장을 해석함에 있어 회원국이 세이프가드조치 적용에 대한 결정 또는 그러한 권고를 함에 있어 관련 사실관계를 어떤 식으로 고려하였는지 여부와 적용된 조치가 심각한 피해를 치유하기 위해 필요하다고 판정한 사유에 대해 설명하여야 한다고 판단하였다. 그러나 한국은 피해 판정시 고려된 관련 요소들을 열거만 하였지 동 요소들을 어떻게 고려하였는지 설명을 하지 않았다. 따라서 패널은 한국의 피해판정 및 세이프가드조치가 제5.1조를 위반하였다고 평결하였다.

이후 상소기구에 의해서 다소 포괄적인 회원국의 설명 의무에 대한 패널의 이러한 해석은 상소기구에 의해 일부 수정되었고 한국의 주장에 어느 정도 동의를 했다. 그러나 회원국이 통계가 입수가능한 과거 대표적인 3년간의 평균수입량 수준 이하로 수입량을 감소시키는 수량제한 형태의 세이프가드조치를 채택하는 경우 외에는 그와 같은 명백한 정당성에 대한 설명이 제시되어야 한다는 데 동의하지 않았다.

5. 세이프가드협정 제12조 : 통보와 협의

세이프가드협정 제12조에는 다음과 같은 5개 사항에 대한 통보를 의무화하고 있다.

ⅰ. 심각한 피해 또는 심각한 피해의 우려와 관련한 조사과정의 개시 및 그 사유
ⅱ. 증가된 수입품으로 인한 심각한 피해 또는 심각한 피해의 우려 관한 판정
ⅲ. 세이프가드조치의 적용 또는 연장에 관한 결정에 대해서 세이프가드위원회에 통보하도록 규정(이상 제12.1조)
ⅳ. 확정된 조치가 시행되기 전에 제안된 세이프가드조치와 심각한 피해 판정에 대한 근거에 대해서도 통보하도록 의무화(제12.2조와 제12.3조)
ⅴ. 잠정세이프가드조치에 대해서도 통보의무를 규정(제12.4조)

먼저 패널은 국내에서 공표되어야 하는 내용에 대한 기준과 세이프가드위원회에 통보되어야 하는 내용에 대한 기준에는 차이가 있다고 평결하였다. 따라서 WTO에 통보하는 정보의 양은 제안된 세이프가드조치와 관련하여 중대한 이해를 가지는 회원국들에게 유용할 수 있도록 충분하여야 한다고 평결하였다. 이러한 해석을 적용함에 있어 제12.1조 (b)하의 심각한 피해에 대한 증거를 제시하는 경우 통보국이 판단하기에 충분하다고 고려되는 정보를 포함하면 된다고 평결하였다.

그러나 이처럼 통보국의 주관적인 기준에 입각한 패널의 평결은 상소기구에 의해서 번복되었다. 상소기구는 제12.2조의 심각한 피해의 증거에 대한 구체적인 내용은 제4.2조를 참조하여야 한다고 판정하였다. 즉 제12.2조하에서 심각한 피해의 증거를 통보하는 데 있어, 회원국은 최소한 제12.2조에서 모든 관련된 정보의 최소요건으로 제시되는 모든 요소들과 세이프가드 조사시에 심각한 피해 판정을 위해 고려하도록 규정되어 있는 모든 요소들을 포함하여야 한다고 평결하였다. 한편, 이러한 통보는 주무당국의 보고서에 기재될 모든 세부적인 내용을 포함하여야만 하지는 않으나, 최소한 제12.2조와 제4.2조에 열거된 모든 요소들을 다루어야 한다고 평결하였다.

또한 패널은 통보시점에 대해서는 제12조가 특정한 시간적 제약을 제시하지 않고 있다는 데 주목하면서, 국어가 WTO 공용어가 아닌 회원국의 경우 추가적인 시간이 소요될 수 있다는 점을 지적했다.

한국의 세이프가드 통보에 대한 판정[10)]

WTO 통보 시기/문서	통보 내용	패널 판정
1996. 6. 11(1996. 7. 1 회람) : G/SG/N/6/KOR/2	1996년 5월 17일, 무역위원회 조사개시 결정	• 조사개시에 대한 국내 공표일 5월 28일로부터 통보까지 14일이 경과된 것은 제12.1조(a)의 즉각적 통보 의무 위반
1996. 12. 2(1996. 12. 6 회람) : G/SG/N/8/KOR/1	1996년 10월 23일, 무역위원회 산업피해 판정	• 패널은 한국이 판단하기에 충분한 피해의 증거를 통보하였다고 평결함 • 상소기구에 의해 번복
1997. 1. 21(1997. 1. 27 회람) : G/SG/N/10/KOR/1	1996년 12월 6일, 세이프가드조치 부과 결정	• 조치 부과 결정일 12월 6일로부터 통보까지 6주 이상이 경과된 것은 제12.1조(a)의 즉각적 통보 의무 위반
1997. 3. 24(1997. 4. 1 회람) : G/SG/N/10/KOR/1Suppl.1	1997년 3월 1일, 농림부장관의 조치 시행 결정	• 제12.1조(a)의 즉각적 통보위무 위반

Ⅵ. 요약 및 평가

1. 요약

종합적으로 볼 때, 패널 및 상소기구는 한국의 혼합분유 수입에 대한 세이프가드조치 발동이 WTO세이프가드협정에서 규정하고 있는 요건에 합치하지 않는다고 판정함으로써 한국의 패소를 공식화했다. 혼합분유 수입으로 인한 국내산업피해 여부 판정 시, 세이프가드협정 제4조 제2항의 요건에 대한 검토가 불충분하고, 수량제한조치 선택시 긴급수입제한으로 인한 피해를 치유하는 이상으로 수입을 제약하지 않는다는 것에 대한 입증이 불충분하다고 평결하였다. 특히 패널은 한국의 세이프가드조치는 심각한 피해의 입증에 있어 세이프가드협정 제4조 제2(a)항의 규정, 적절한 구제조치의 결정에 있어 세이프가드협정 제5조의 규정, WTO에 대한 통보의 적시성이 미흡하여 세이프가드협정 제12조의 규정 등과 불일치한다고 평결하였다. 그리고 WTO세이프가드협정에 일치하지 않는 조치를 시행한 범위 안에서 EU의 이익을 무효화 내지 침해하였다고 판정하였다. 본 분쟁을 통해 다음과 같은 결론을 내릴 수 있으며, 앞으로 이러한 패배를 교훈삼아 향후 일어날 분쟁에 대해서는 좀 더 치밀한 전략이 필요하겠다.

---

10) WTO 농산물무역분쟁 사례연구 p.308.

(1) 제소의 법적 근거와 청구

회원국은 패널요청서에 법적 청구를 비교적 자세히 기술하여야 하며, 특히 위반주장의 근거가 되는 조문과 항 및 호를 정확히 기술해야 할 의무가 있다. 법적 쟁점과 제소사유가 명확하지 못한 경우 피소국은 적절한 항변사유를 찾지 못할 것인데, 이는 WTO분쟁해결정신과 적법절차 및 공정성의 일반원칙에도 반하는 것이라 할 수 있다. 그러나 협정 조문의 열거가 불충분하다고 판정했음에도 불구하고 상소기구는 패널설치 요청이 불충분하다는 한국의 청구를 기각하였음을 유의하여야 한다. 이는 불충분한 패널설치 요청에 의해 패널심리과정에서 한국이 침해 또는 불이익을 받았다는 것을 입증하지 못했기 때문이다. 물론 법적 쟁점 및 제소사유의 불충분성으로 피소국이 불이익을 받았다는 것을 입증한다는 것이 쉬운 일이 아닐 것이며, 이러한 입증 부분에 있어서 더 치밀하고 전략적인 접근이 필요하다.

(2) 보고서의 중요성 – 치밀한 준비

패널 과정에서 한국은 EC의 주장을 반박하기 위해 KTC(본 내용에서 한국무역위원회라 밝힘)의 '사업피해조사보고서'(이하 보고서라 함)를 패널에 제출하였다. 그리고 한국은 보고서의 미비한 점을 보완하고자 산업피해중간보고서, WTO통보문, 추가적인 보완자료 등을 제출하였으나 WTO패널은 동 자료를 보조적 자료로만 활용할 뿐 최종판단은 보고서만을 토대로 하였다. EC는 초기에 한국이 WTO에 통보한 내용에 대해서먼 이의를 제기하였으나, 한국이 보고서를 패널에 제출한 이후부터는 자신의 입장을 지지하기 위해 보고서를 원용하였다. 패널 또한 보고서에 포함된 사실과 내용에 입각하여 사실 확인을 했으며, 그 결과 패널은 한국이 세이프가드협정에 의거하여 주장하는 증거로서가 아닌 단순히 분쟁배경으로서의 보고서를 제출하였다고 하였다. 패널과 상소기구는 보고서를 부적절하게 원용하였다는 한국의 주장을 기각하였다. WTO 협정상 세이프가드조치의 적법성 여부는 동 조치를 취하게 된 사유의 적절성과 타당성에 있고, 수입국이 조치의 발동과정에서 WTO에 통보한 내용은 합치성 여부를 판정하는 첫 번째 증거라 할 수 있다. 따라서 본 분쟁은 패널진행과정에서 패널에 제출된 보고서의 중요성을 상기시킨 사건일 것이다. 이 분쟁을 토대로 하여 이후 세이프가드조치의 발동과정에서 WTO에 통보하는 내용과 패널절차 과정에서 제출하는 보고서의 내용은 엄선된 객관적 자료를 토대로 경제학적 뿐만 아니라 통계학적·통상법적인 측면까지 자세히 검토하여 작성할 필요가 있겠다.

(3) 예기치 못한 사태의 진전

패널은 GATT 1994 제19.1조의 '예기치 못한 사태의 진전'은 별도의 독자적인 법적 의무를 부과하는 것이 아니라 세이프가드조치가 필요한 상황에 대한 설명을 기술하는 데 불과하다고 하였다. 그러나 상소기구는 세이프가드협정과 동 조항의 모든 규정에 부합되게, 즉 사실관계 차원에서 증명되어야 하는 상황에서 세이프가드조치가 취해져야 한다면서 상기 패널의 판정을 번복하고 말았다. '예기치 못한 사태의 진전'에 관한 상소기구의 판정은 심각한 피해가 예기치 못한 사태의 진전의 결과라는 것을 세이프가드조치를 취하는 수입국이 입증해야 한다는 것을 의미한다. 따라서 향후 세이프가드조치의 발동요건을 충족하는 것이 어려울 것이며, 이는 우리나라뿐만 아니라 다른 국가 또한 마찬가지 입장일 것이다.

2. 평가

이번 분쟁으로 인해 우리나라는 비록 패소했지만 역으로 생각하면 우리도 분쟁에서 이길 수 있다는 결론이 나온다. 우리나라 무역량이 세계적인 비중에서 조금씩 늘어나면서 그만큼 분쟁도 과거에 비해 잦아지고 있다. 특히 세이프가드와 관련하여 우리나라에 긴급수입제한조치를 시행하는 인도나, 국내사양산업을 위해 비교적 많은 세이프가드를 취하는 미국에 대해 동 요건의 충족 여부를 적극적으로 제기할 수 있다. 미국의 경우 미국경제의 지속적인 불황은 국내산업보호를 위한 반덤핑, 상계관세, 세이프가드 등 산업피해구제제도에 대한 의존도를 높일 것이며, 상대국의 시장개방 또는 시장점유율 확대를 위한 공격적 통상정책을 부추길 것으로 예상되고 우리나라 또한 예외는 아닐 것이다. 또한 패널까지 가진 않았던 중국과의 마늘분쟁에 있어서, 중국산 마늘에 대한 한국의 긴급수입제한조치에 대한 중국의 보복조치 관련 문제는 2000년에 관세할당 물량의 잔량인 10,300톤을 한국이 도입한다는 협의하에 해결이 되었다. 그러나 중국은 한국에 대해 비공식적으로 무역역조의 시정을 요구했다. 또한 최근에 이슈가 되고 있는 중국산 김치에서 발견된 기생충알사건도 어쩌면 긴급수입제한조치와 같은 행태의 무역 분쟁으로 이어질 여지가 있다. 물론 최혜국대우의 예외라 할 수 있는 GATT 제20조인 일반적 예외조항을 볼 때 국민의 건강의 보호를 위하여 조치를 취할 수가 있을지 모르지만, 좀 더 명확한 데이터의 수집과 치밀한 접근을 통하여, 그리고 동 분쟁인 혼합분유관련 분쟁에서의 패배원인을 분석하여 적용한다면 중국과의 통상마찰도 어느 정도 유리하게 진행할 수 있으리라고 본다.

Chapter

15

서비스무역협정에 관한 이해

1. 협정 배경
2. 서비스무역에 관한 협정(GATS)의 서비스공급 형태
3. 협정의 주요 내용

Chapter 15

서비스무역협정에 관한 이해

1. 협정 배경

1970년대 후반 이후 세계경제에 미치는 서비스산업과 서비스교역의 영향이 증가하자 각국은 국내 서비스산업의 경쟁력 제고를 위한 투자와 정책개발에 주목하기 시작하였다. 그러나 서비스교역에 관한 국제규범의 부재가 무역분쟁의 소지로 작용할 가능성이 높다는 인식이 널리 퍼지게 되었다. 동경라운드가 종료된 이후 1980년대 초반부터 서비스교역에 관한 국제적 논의의 필요성이 제기되어 1982년 개최된 GATT각료회의에서는 서비스교역에 관한 의제를 다루기로 결정하기도 하였다. 그러나 당시만 해도 개도국의 반발이 매우 심했기 때문에 이러한 노력은 단순히 서비스교역에 관한 정보교환과 작업반의 설치에 머무는 수준으로 그쳤다. 그러나 서비스산업과 서비스교역이 갖는 경제적 비중이 상품무역 못지 않게 증가하면서 1986년 시작된 우루과이라운드 다자간 무역협상에서는 서비스교역을 대상으로 하는 본격적인 규범화 논의가 시작되었다.

서비스교역에 관한 논의가 본격화된 것은 UR이 시작된 2년 뒤인 몬트리올 각료회의 때부터였다. 그때까지도 서비스교역에 대한 정의와 서비스산업의 포괄범위에 대해 근본적인 문제가 해결되지 않아 답보상태에 머물렀던 서비스협상은 서비스교역에 관련된 독자적인 규범 제정, 추가규정이 필요한 서비스분야에 대한 부속서 제정, 시장개방을 위한 약속협상 등으로 나누어 진행하기로 결정하면서 각 분야별 논의를 진행시켰다. 이 후 서비스협상은 많은 진전을 보였으며 1993년 12월 15일 종결된 UR의 결과를 담고 있는 최종의정서가 채택되고 다음해 4월 15일 마라케쉬에서 각국 대표가 이에 서명함으로써 서비스무역에 관한 일반협정(GATS : General Agreement on Trade in Services)이 정식으로 확정되었다.

2. 서비스무역에 관한 협정(GATS)의 서비스공급 형태

서비스무역협정(GATS)은 국제적으로 교역이 이루어지고 있는 모든 서비스를 다룬다. 서비스무역협정은 국제적으로 서비스가 공급되는 형태를 다음 네 가지로 정의하고 있다.

(1) cross-border supply(국경 간 공급)

서비스수요자(소비자)와 서비스공급자(생산자)의 이동 없이 서비스만 이동되는 형태로 국제전화와 같이 한 국가에서 다른 국가로 공급되는 서비스를 말한다.

(2) consumption abroad(해외소비)

서비스수요자의 서비스공급자로의 이동 형태로 관광과 같이 소비자나 기업이 다른 국가에서 이용하는 서비스를 말한다.

(3) commercial presence(상업적 주재)

서비스공급자의 서비스수요자로의 이동 형태로 외국은행 영업과 같은 외국회사가 다른 국가에 자회사나 지사를 설립하여 공급하는 서비스를 말한다.

(4) presence of natural persons(자연인의 이동)

서비스공급자의 서비스수요자로의 이동 형태로 상업적 주재와의 구분은 주체가 법인과 자연인 간의 차이이며, 패션모델, 컨설턴트와 같이 개인이 다른 국가로 이동하여 공급하는 서비스 형태를 말한다.

3. 협정의 주요 내용

(1) 협정의 구성

GATS는 WTO 출범당시 모두 6부, 29개 조문으로 구성된 본문과 8개의 부속서 및 8개의 각료결정, 1개의 양해 및 각국별 양허표로 구성되어 있었다. GATS는 상품무역 분야에 있어서 GATT가 차지하는 지위에 해당하는 다자간 무역협정이나 비가시적이며, 측정할 수 없는 서비스의 본질적 특성 때문에 GATT 규범과는 구조적으로 구별되는 특징을 가지고 있다. 그러한 특징 중 가장 대표적인 것이 내국민대우의 법적 지위라 할 수 있다. GATT에서는 양허가 된 품목에 대해서 동시에 적용되는 것이 원칙인 반면, GATS에서는 다자간 협상을 통해 시장접근과 내국민대우가 양허된 서비스분야에 한해서 회원국에게 적용되는 의무를 구성하기 때문이다.

(2) GATS의 정의 및 적용범위(제1조)

GATS에서는 서비스에 관해서도 적극적인 정의를 내리지 않고 있다. 다만 소극적으로 GATS가 적용되지 않는 서비스의 범위를 설정하고 있다. GATS I 제1조 3항 (b)는 정부의 권한을 행사함에 있어서 공급되는 서비스를 GATS상의 서비스 개념에서 제외하고 있다.

'정부의 권한을 행사함에 있어서 공급되는 서비스'라 함은 상업적 기초에서 공급되지 아니하며 하나 또는 그 이상의 서비스공급자와의 경쟁하에 공급되지 아니하는 모든 서비스를 뜻한다. 즉, 각 회원국의 행정당국에 의해 제공되는 독점서비스에는 GATS가 적용되지 아니한다. 이와 유사하게 적용범위에서 제외되는 것으로는 GATS 제13조 제1항에 규정되어 있는 정부조달의 경우가 있다. 정부의 목적으로 구매되며, 상업적인 재판매 또는 상업적 판매를 위한 서비스공급에 사용할 목적이 아닌 정부기관의 서비스 조달을 규율하는 법률, 규정 또는 요건에 대해서는 최혜국대우, 시장접근 및 내국인대우에 관한 의무가 부과되지 않는다. 또한 GATS에는 서비스교역도 적극적인 정의를 내리지 않고 국경 간 서비스 이동을 유형화하여 규정하는 방식을 취하고 있다. GATS 제1조 2항은 서비스교역을 네 가지 유형의 서비스공급으로 정의하고 있다.

(3) GATS의 적용대상(제1조)

회원국의 조치(measures)에 관하여 GATS상 적극적인 정의는 없지만 해당 범위에 '중앙, 지역 또는 지방의 정부 및 당국, 그리고 중앙, 지역 또는 지방의 정부 또는 당국에 의해 위임된 권한을 행사하는 비정부기구에 의해 취해진 조치'를 회원국의 조치에 포함시키고 있다. 조치는 법률, 규정, 규칙, 절차, 결정, 행정행위 또는 그 밖의 형태의 여부에 관계없이 회원국에 의해 취해지는 모든 형태의 조치를 의미하며, "서비스교역에 영향을 미치는 조치"는 최소한 ① 서비스의 구매, 지불 또는 이용, ② 서비스의 공급과 관련하여, 일반적으로 공중에게 제공되도록 회원국의 요구하는 서비스에 대한 접근과 이용, ③ 다른 회원국의 영토 내에서 서비스를 공급하기 위한 상업적 주재를 포함한 회원국의 자연인의 주재를 포함한다.

(4) GATS의 주요 원칙

1) 최혜국대우원칙(제2조)

대표적인 GATS의 원칙은 GATT하에서와 같이 무조건부 최혜국대우이다. 최혜국대우를 규정한 GATS 제2조 1항에서는 “이 협정의 대상인 조치에 관하여, 각 회원국은 다른 회원국의 서비스와 서비스공급자에게 자신이 다른 국가의 동종서비스와 서비스공급자에게 부여하는 것보다 불리하지 않는 대우를 즉시 그리고 무조건적으로 부여하여야 한다.”라고 규정하고 있다.

그러나 GATS에서는 GATT의 최혜국대우와는 다르게 GATS 제2조 2항에서 회원국이 “최혜국대우 면제에 관한 부속서”에 면제되는 조치를 열거하고, 또한 이 부속서의 조건을 충족시키는 경우에는 최혜국대우 면제조치를 유지하는 것을 허용하고 있다. 또한 GATS 제2조 3항에는 예외를 한 가지 더 규정하고 있는데, 현지에서 생산되고 또한 소비되는 서비스의 인접접경지대에 국한된 교환을 촉진하기 위하여 인접국에 부여되는 혜택은 최혜국대우 의무로부터 면제됨을 규정하고 있다.

2) 투명성 보장원칙(제3조)

투명성 보장원칙은 서비스교역의 성격상 최혜국대우 못지 않게 중요한 역할을 맡고 있다. 사소한 법제도의 변화에도 민감하게 영향을 받을 수 있는 서비스교역의 성격 때문에 법제도의 변경이 신속히 공개되지 않을 경우 서비스공급에 심각한 장애를 초래할 경우도 발생할 수 있다. 이러한 점을 고려하여 공정한 경쟁을 보장한다는 차원에서 요구되는 원칙이 투명성 보장원칙이다. 각 회원국은 본 협정의 운영에 관련되거나 영향을 미치는 일반적으로 적용되는 모든 관련 조치를 신속히 공표하며, 긴급상황의 경우를 제외하고는 늦어도 발효 전까지 공표한다. 특정 회원국이 서명국인 서비스무역에 관련되거나 영향을 미치는 국제협정도 또한 공표되어야 한다.

3) 개도국 참여증대(제4조)

GATS 제4조는 개발도상국의 세계서비스교역의 참여 증대를 보장하기 위한 원칙을 규정한다. GATS 제3부와 제4부에 따라 회원국들이 교섭한 구체적 약속을 통하여 다음과 같이 개발도상회원국의 세계무역에의 참여 증진이 촉진된다. 우선, 상업적인 기초에서의 기술접근 등을 통하여 개발도상회원국의 국내 서비스능력과 그 효율성 및 경쟁력이 강화되어야 한다. 둘째, 유통망과 정보망에 대한 개발도상회원국의 접근이 개선되어야 한다. 셋째, 개발도상회원국이 수출관심을 가지고 있는 분야 및 공급유형에서 시장접근이 자유화되어야 한다.

최빈회원국은 이행에 관하여 특별한 우선권을 부여받아야 한다. 특별한 경제상황과 개발, 무역 및 재정의 필요에 비추어 최빈개도국은 교섭된 구체적 약속을 수락함에 있어서 자신의 심각한 어려움이 특별히 고려되어야 한다.

(5) 구체적 약속

GATS 제3부 구체적 약속은 제16조(시장접근), 제17조(내국민대우), 제18조(추가적 자유화약속)로 구성되어 있다. 시장접근 및 내국민대우원칙은 양허표에 기재된 분야에서 그리고 명시된 조건과 제한하에서 적용된다.

1) 시장접근(제16조)

GATS 제1조에 명시된 서비스공급의 형태를 통한 시장접근과 관련하여, 각 회원국은 타회원국의 서비스 및 서비스공급자에 대해 자국의 양허표상에 합의되고 명시된 제한 및 조건하에서 규정된 대우보다 불리한 대우를 하여서는 안 된다.

2) 내국민대우(제17조)

자국의 양허표에 기재된 분야에 있어서, 그리고 양허표에 명시된 조건 및 제한하에서 각 회원국은 타회원국의 서비스 및 서비스공급자에게 서비스공급에 영향을 미치는 모든 조치와 관련하여 자국의 동종 서비스와 서비스공급자들에게 부여하는 대우보다 불리하지 아니한 대우를 부여해야 한다. 상품무역과는 달리 서비스무역은 국경조치보다는 국내규제조치에 의하여 통제된다. 서비스무역은 상품무역과 달리 국가 사이에서의 서비스공급만을 의미하지 않기 때문이다. 즉 관광의 경우처럼 한 국가에서 다른 국가 국민에 대한 서비스의 제공, 외국 건설회사의 경우처럼 한 국가 내에 외국 서비스공급자의 상업적 주재를 통한 서비스의 제공 등의 경우가 중요한 의미를 갖는다.

사례연구

미국 온라인 도박서비스의 공급제한 분쟁사례[1)]

Ⅰ. 개관

WTO가 출범한 이래 WTO는 다양한 측면에서 발전을 이루어왔다. 국제무역의 법규나 관행은 국제경제 분야의 국제법 법리의 확립이라는 측면에서 큰 결실을 이루었고 국제법의 발전에 매우 중요한 역할을 하고 있다. 특히 WTO 분쟁해결기구는 수많은 분쟁을 해결하면서 GATT에서 확립된 법리를 재확인하고 불충분했던 법리들은 그 논리를 보완하여 확립하는 데 매우 큰 공헌을 하고 있는 것이 사실이다. 그럼에도 불구하고 WTO 분쟁해결기구의 사법적 성과는 각각의 분쟁에 따라 판단의 기준이 달라 판단의 일관성을 유지하지 못함으로써 혼란을 제공하는 등 비난의 대상이 되고 있음은 숨길 수 없다.

온라인 도박을 금지하는 미국정책에 대하여 엔티과 앤 발부다(Antigua and Barbuda : 이하 엔티과)[2)]가 제소한 온라인 도박금지조치와 관련한 미국 온라인 도박분쟁[3)]은 WTO 분쟁해결기구가 서비스무역에 관한 일반협정(General Agreement of Trade in Services : 이하 GATS)[4)] 제14조에 의거하여 시장접근에 대한 예외규정을 판결한 최초의 사례이다. WTO 분쟁해결기구는 GATS상의 일반적 예외를 분석하는 데 있어 규제조치의 정당성을 판단하는 사법적 기준이나, 법리축적이 되어 있지 못한 상황이라는 인식하에 상품과 서비스의 질적 특성이 매우 상이하지만 상품교역에 대한 일반적 예외와 서비스교역에 대한 일반적 예외의 규정상 용어와 목적의 유사성을 고려하여 그간의 상품관련 분쟁사례를 통해 축적되어온 법리들을 적용·해석하였다. 그럼에도 불구하고 본 사건은 WTO 분쟁해결기구의 해석은 그간 확립되어온 WTO 판

1) 본 사례는 이은섭·박은진(2009)의 논문을 참조로 하였음.

2) 엔티과 앤 발부다(Antigua and Barbuda)는 카리브해동부의 소(小)앤틸리스제도에 있는 나라로, 1667년 영국의 식민지가 되었고 이후 영국령 리워드 제도, 영국 속령, 영국령 서인도 연방, 영국 자유연합주에 속했다가 1981년 7월 11월 영국연방의 일원으로 정식 독립하였다. 천연자원이 절대적으로 부족한 국가로 관광산업 활성화를 위해 인터넷 도박산업을 활성화함으로써 승인된 카지노는 1,300 이상의 고용을 창출하였고, 대략 6,800만 달러 이상의 국내수입을 얻고 있다, Available at http://100.naver.com/100.nhn?docid=232213.

3) Appellate Body Report, United States-Measures Affecting the Cross-Border Supply of Gambling and Betting Services, WT/DS285/AR/R (Apr. 7, 2005) [hereinafter US-Gambling AB Report].

4) General Agreement on Trade in Service, Apr. 15, 1994, Marrakesh Agreement Establishing the World Trade Organization, Annex 1B, Legal Instruments-Results of the Uruguay Round, 33 I.L.M. 1124 (1994) [hereinafter GATS 협정].

례법상의 입장을 고수하지 못하였고, 향후 유사한 분쟁이 발생할 경우 WTO 분쟁해결기구에게 판단의 지침을 시사하기보다는 오히려 혼란을 가중시키게 되었다는 비난을 받아오고 있다.

본 사례연구는 이러한 비판을 고려하여 서비스교역을 규율하고 있는 GATS상의 의무와 예외원칙을 먼저 살펴보고, 다음으로 GATS 제14조와 GATT 제20조의 용어와 목적이 유사하다는 인식하에, GATT 체제의 일반적 예외에서의 해석 법리를 적용·해석한 사례들을 중심으로 미국과 엔티과 간 온라인 도박분쟁의 패널 및 항소기구의 판결상의 문제점을 살펴봄으로써 WTO 분쟁해결시스템상의 선례구속의 원칙과 관련한 문제점이 무엇이고, 나아가 그에 대한 대안은 무엇인지에 초점을 두고 검토해 나갈 것이다.

Ⅱ. WTO상의 서비스무역

WTO 회원국들은 GATT[5] 국제무역규범을 통해 상품교역의 자유화를 장려하고자 하는 권리와 의무를 형성해 나간다. 한편, WTO 회원국들의 서비스교역의 자유화를 위해 고안된 GATS는 교역의 자유화를 실현하고자 하는 근본적인 목적적 측면에서는 GATT 국제무역규범과 유사하다 할 수 있다.[6] 그러나 특정 예외규정과 함께 전반적인 분야에 대해 내국민대우와 수량제한의 의무를 적용하고 있는 이른바 "negative list" 또는 "top-down" 접근을 채택하고 있는 GATT와는 달리 GATS는 회원국들로 하여금 서비스영역을 개방함에 있어 내국민대우 또는 시장접근을 허용하고자 하는 분야를 자의적으로 선택할 수 있도록 하는 이른바 "positive list" 또는 "bottom-up" 접근을 채택하고 있는 것으로 보아 그 구조적 측면에서는 두 규범 간에 상이성이 존재한다고 할 수 있다.[7] GATS가 GATT의 시장개방의 의무와는 달리 "positive list" 또는 "bottom-up" 접근을 채택하고 있는 이유는 무형의 상품인 서비스는 유형의 상품과는 달리 국경에서의 물리적인 통제나 관세와 같은 합법적인 수입제한수단이 적용될 수 없기 때문에 수량제한이나 외국인에 대한 차별대우를 완전히 배제하는 경우 각 회원국은 자국의 정당한 사유에 의한 수입제한을 시행할 수 없다는 서비스 자체의 질

---

5) General Agreement on Traiffs and Trade, Oct. 30, 1947, 61 Stat. A-11, 55 U.N.T.S. 194 [hereinafter GATT 협정].

6) GATS 협정 전문. GATS 구조와 원칙은 전문에 명시되어 있는 바와 같이, "국가정책목표를 적절히 존중하는 한편, 모든 참여국의 권리와 의무간의 전반적인 균형"을 확보하기 위한 목적으로 고안되었다.

7) Tania Voon, "A New Approach to Audiovisual Products in the WTO : Rebalancing GATT and GATS", 14 UCLA Environmental Law Review, Vol. 14, 2007, p.18.

적 특성을 고려한 것으로 판단된다.

1. GATS 협정상의 의무

GATS 협정상 회원국이 갖는 의무는 제2부 일반적 의무(general obligations)와 제3부 구체적 의무(specific commitments)로 구분할 수 있다. 제2부 일반적 의무와 규율은 각국의 양허표에 따른 자유화의 추진계획과는 관계없이 GATS협정이 규율하는 모든 서비스분야에 적용되는 의무를 말하는 반면, 제3부 구체적 의무는 각 회원국이 양허표에 기재한 서비스분야에 한하여 적용되는 의무를 말한다.

자세히 살펴보면, GATS 협정상의 일반적 의무에는 대표적으로 최혜국대우의 원칙과 투명성의 원칙이 있다. GATS 제2조 최혜국대우원칙은 "회원국이 다른 회원국의 서비스와 서비스공급자에게 그 밖의 국가의 동종서비스와 서비스공급자에 대하여 부여하는 대우보다 불리하지 아니한 대우를 즉시(immediately) 그리고 무조건적으로(unconditionally) 부여하도록" 명시하고 있다. 그러나 GATS는 최혜국대우원칙과 관련하여 GATT와는 달리 광범위한 예외를 인정하고 있는 바, 회원국은 '제2조의 면제에 관한 부속서'에 의무면제를 기재함으로써 그 적용을 배제할 수 있도록 하고 있다. GATS 제3조와 제3조의 2는 서비스무역의 예측가능성을 제고하고 투명성을 보장하기 위하여 투명성의 원칙을 3단계로 구분하고 있다. 첫째, 각 회원국은 협정의 운영에 관련되거나 영향을 미치는 일반적으로 적용되는 모든 관련 조치를 신속히 공표해야 하는 공표(publish)의 의무가 있고, 둘째 각 회원국은 서비스무역 이사회에 이 협정에 따라 자국의 구체적 약속의 대상이 되는 서비스무역에 중대한 영향을 주는 법률, 규정 또는 행정지침의 새로운 도입 또는 수정에 관하여 통보해야 하는 통보(inform)의 의무가 있으며, 셋째, 각 회원국은 그 밖의 회원국에게 일반적으로 적용되는 자국의 모든 조치에 대한 특정정보의 요청이 있을 경우, 구체적인 정보를 다른 회원국에게 제공하기 위해 문의처를 설립(inquiry points)할 의무가 있다.[8] 다만 정보의 공개가 법집행을 방해하거나, 공익에 반하거나, 공기업 또는 사기업 여부를 불문하고 특정 기업의 정당한 상업적 이익을 저해 할 경우에 한하여, 회원국은 그러한 비밀정보를 다른 회원국에게 제공할 의무가 없다고 하여 일정한 경우에 대해서는 비밀정보의 공개의무를 투명성원칙에 대한 예외로 인정하고 있다.[9]

---

8) GATS 협정 제3조 4항; Mitsuo Matsushita, Thomas J. Schoenbaum & Petros C. Mavroidis, The World Trade Organization Law, Practice, and Policy, Oxford University Press, 2006, pp.626-627.

9) GATS 협정 제3조의 2

다음으로 GATS 협정상의 구체적인 의무에는 대표적으로 시장접근의 원칙과 내국민대우의 원칙이 있다. GATS 체제에서도 GATT와 마찬가지로 서비스시장의 개방은 법률적으로 볼 때 외국의 서비스 또는 서비스공급자에게 자국의 서비스시장에 대한 접근을 허용하고,[10] 시장접근이 허용된 서비스나 서비스공급자에게 내국민과 동일한 대우를 해주는 것을 의미하는 시장접근과 내국민대우를 통하여 이루어질 수 있다. 그러나 GATT와는 달리 GATS체제에서는 시장접근과 내국민대우가 모든 회원국이 즉각적이고 무조건적으로 시행하여야 하는 일반적 의무로 보지 않으며, 각 회원국이 양허표에 기재한 서비스분야에 한하여 이 두 원칙을 준수할 의무가 발생하도록 하는 "positive list" 접근과 서비스무역의 자유화를 위한 가장 효율적인 수단이 될 수 있는 이 두 원칙에 대하여 양허표에 기재한 경우에 한하여 제한적 조치를 시행할 수 있도록 하는 "negative list" 접근을 채택하고 있다.[11]

서비스무역에 있어서의 장벽은 많은 경우 국내규제에 내재되어 있어 내국민대우원칙이 상품무역에서와 같은 방식이 적용될 수 없다. 따라서 GATS 체제에서는 내국민대우를 시장접근과 마찬가지로 일반적 의무에 포함하지 않고 있고, 이는 내국민대우를 일반적 의무로 규정짓고 있는 GATT와는 근본적으로 다른 점이라 할 것이다.

2. GATS 협정상의 일반적 예외

(1) 일반적 예외의 의의

국가의 주권행사뿐 아니라 국가의 생존권, 국가안보 등을 침해하면서까지 자유무역의 의무를 지우는 것은 곤란하다는 회원국들의 이해를 반영하여[12] GATT 협정은 회원국들 간의 상호 유용한 무역체제 조성과 자유무역을 장려하고자 하는 목적에도 불구하고 사회질서, 국민건강, 국가안보 등과 같은 국가의 생존권 또는 주권을 이유로 하는 규제조치를 취할 수 있도록 허용하는 "일반적 예외(general exception)" 조항을 포함하게 되었다.[13] 이러한 취지에서 GATS 제14조는 GATT 제20조[14]와 유사한 일반적 예외를 규정하여 공중도덕(public morals) 혹은 공공질서(public order)를 위

---

10) GATS 협정 제16조 시장접근 규정

11) GATS 협정 제16조 1항; GATS 협정 제17조 내국민대우 규정

12) Kelly Ann Tran, "The WTO Appellate Body Gambles on the Future of the GATS : Analyzing the Internet Gambling Dispute Between Antigua and the United States Before the World Trade Organization", Appalachian Journal of Law, Vol. 6, 2006, p.169.

13) *Id., cited by* John H. Jackson, William J. Davey & Alan O. Sykes, Legal Problem of International Economic Relations, 1995, p.911.

14) GATT 협정 제20조 일반적 예외

해 필요한 경우,[15] 인간, 동·식물의 생명 및 건강보호 등을 위해 필요한 경우,[16] 법률의 준수를 확보하기 위해 필요한 경우[17]에는 정부의 규제를 허용하고 있다.

그럼에도 불구하고 점진적인 자유화를 근본적인 목적으로 하는 WTO상의 의무를 위반하는 조치들이 경제적 측면을 고려한 조치임에도 불구하고 일반적 예외의 조치로써 광범위하게 인정되어진다면 동 조항은 일종의 보호무역주의의 수단으로써 악용 또는 남용되어 질 수 있다. 따라서 GATS 제14조는 GATT 제20조와 동일한 방식으로 일정한 조건하에서 협정에서 요구되는 일반적 의무로부터의 이탈 내지 면제를 허용하고 있다.

GATS상의 본질적인 의무를 위반하는 조치가 제14조를 원용함으로써 그 정당성을 규명하고자 하는 회원국은 GATT 제20조의 정당성을 규명하는 방식과 동일한 방식으로 당해 조치가 이른바 이원적 분석(tow step test)을 충족하는 조치라는 점을 증명하여야 한다.[18] 우선 당해 조치가 동 조항 내에 열거된 각 개별조항의 요건에 해당하는 조치이고, 예외사유상의 목적달성을 위해 필요한 조치여야 하며 다른 합리적으로 이용가능한 대안 조치가 없는 필수불가결한 조치인지를 증명해야 한다. 다음으로 조치가 "자의적 또는 정당화될 수 없는 차별의 수단"이 되거나, 서비스무역에 대한 "위정된 제한을 구성하는 방식"으로 적용되지 않았다는 점을 증명해야 한다.[19] 이와 같은 이원적 분석을 통하여 당해 조치가 GATS 제14조 일반적 예외로부터 필수불가결한, 정당한 조치라는 점이 증명되고 서비스무역제한조치를 취할 수 있도록 허용된다면, 이에 대해서는 무역제한에 따른 보상이나 양허의 정지 등과 같은 보복조치의 문제는 수반되지 않는다.[20]

---

15) GATS 협정 제14조 1항
16) GATS 협정 제14조 2항
17) GATS 협정 제14조 3항
18) Nicolas F. Diebold, "The Morals and Order Exceptions in WTO Law : Balancing the Toothless Tiger and the Undermining mole, Journal of International Economic Law", Vol. 11, 2008, p.46.
19) *Id.* p.133.
20) 김성준, 『WTO법의 형성과 전망-제4권 GATS, TRIPS, DSU』, (주)삼성출판사, 1996, p.167.

(1) 일반적 예외의 원용요건

1) 공중도덕의 보호와 공공질서의 유지를 위한 조치

GATS 제14조 (a)항[21]은 공중도덕과 공공질서를 위한 조치를 취할 수 있도록 허용하고 있고 국제무역관계에 있어 그들의 역할은 점점 더 중요해지고 있다.[22] GATT와 GATS 일반적 예외조항 모두에서 포함하고 있는 "공중도덕" 규정은 이들 협정들에 내재된 자유무역화의 의무에 대한 예외를 인정받을 수 있다.

공중도덕 조항은 GATT 제20조에도 반영되어 있는 사항[23]으로 별다른 이견 없이 GATS에 반영되었으나, 공공질서 조항은 제20조에 반영되어 있지 않은 사항으로 이에 관해서는 많은 논란이 제기되어 왔다. 그러나 공공질서 예외의 남용에 대해 우려한 미국과 인력이동에 따른 사회체제의 손상이나 붕괴를 우려한 싱가포르, 말레이시아 등 아세안 국가들의 주장에 의해 공공질서 예외요건의 원용을 위한 기준이 GATS 제14조 주석 5[24]에 반영되게 되었다. 공공질서는 GATS 주석 5와 연관시켜 해석하였을 때, "공공정책과 법률에 반영되어 있는 사회의 근본적인 이익의 유지"라고 정의될 수 있겠으나, 공중도덕이 구체적으로 무엇을 의미하는지에 대해서는 아직까지도 명확하게 정의되지 못하고 있다. 대부분의 WTO 회원국이 제시하여온 바로는 공중도덕은 "음주 또는 특정 식음과 관련한 종교적 가치뿐만 아니라 인권, 노동권, 여성의 인권, 표현의 자유, 포르노그라피(pornography), 교육과 사회복지와 관련한 문화적 가치를 포함한 모든 것을 의미"할 수 있다고 정의내리고 있으나 대다수의 학자들은 사실상 공중도덕을 음주, 도박, 포르노그라피, 그리고 불법약품 등과 같은 문제들까지 포괄하는 것으로 확대 정의한다는 것은 비효과적일 것이라고 주장하고 있다. 이는 공중도덕 예외의 범위를 한정할 필요성을 인식하고 있음에도 불구하고 공공도덕 예외의 정의를 불필요하게 확대한다면 자유무역규정과의 충돌을 피할 수 없게 된다는 것이 그 이유이다.

21) GATS 협정 제14조 (a)항 공중도덕을 보호하거나 또는 공공질서를 유지하기 위하여 필요한 조치
22) Jeremy C. Marwell, "Trade and Morality : The WTO Public Morals Exception after Gambling", New York University Law Review, Vol. 81, 2006, p.808.
23) GATT 제20조 (a)항 공중도덕을 보호하기 위하여 필요한 조치
24) GATS 제14조 주석 5, 공공질서 예외는 사회의 근본적인 이익에 대하여 진정하고도 충분히 심각한 위협이 제기되는 경우에만 원용될 수 있다.

2) 국내법규의 이행을 위한 조치

GATS 제14조 (c)항[25]은 "본 협정의 규정에 위배되지 않는 국내법과 규정의 준수를 확고히 하기 위한 조치"를 취할 수 있도록 허용하고 있다. 즉, 시장접근, 내국민대우, 최혜국대우 등 GATS 협정이 규정하는 사항과 불일치하지 않는 "법률이나 규정의 준수"를 확보하기 위한 조치는 예외를 인정받을 수는 것이다. 동 조항은 GATT 제20조 (d)항[26]에서 상당부분 유사하게 규정하고 있는 조항으로 특정 규제조치의 근본적인 목적과 성격, 내용 등이 국가 간 차별 또는 내·외국인 간 차별을 위한 것이 아니고 당해 규제조치의 이행과정에서 불가피하게 차별적 요소가 부가되는 조치인 경우에는 일반적 예외사유로 인정되는 것이다.[27]

3) "필요한" 조치

"필요한"의 의미는 단순히 '관련된다(relating to)'는 의미부터 '필수불가결(indispensable)하다'는 의미까지 이르는 매우 광범위한 범위를 포함한다. 한국-쇠고기 사건에서는 "필요한"의 의미를 '기여하는(making a contribution to)'이나 '관련되는(relating to)'이라는 단순한 의미보다는 '필수불가결한(indispensable)'의 의미로 파악해야 한다고 보았고, 미국-가솔린 사건에서는 "필요한"의 의미에 대해 문제되는 조치 외에 위배 정도가 덜 하거나 위배되지 않는 다른 정책 수단이 이용가능할 경우에는 "필요한" 것으로 인정될 수 없다고 보았다. 이처럼 "필요한"이 구체적으로 무엇을 의미하는지에 대하여 다양한 기준이 제시되어 왔으나, 아직까지도 GATT/WTO의 분쟁해결기구에서는 일관성 있는 해석기준을 제시하지 못하고 있다. 현재까지 관련 분쟁해결사례를 통해 제시되어온 바로는 대체로 국제무역에 대하여 미치는 효과나 영향이 최소한으로 그쳐야 하고, 합리적으로 이용할 수 있는 다른 대안적 수단이 없는 최후의 수단으로서의 조치가 "필요한" 조치로 인정되고 있다. 일반적 예외를 원용하여 당해 조치의 정당성을 규명하고자 하는 회원국은 WTO상의 의무와 일치하지 않는 조치를 취하기 이전에 GATT/WTO상의 의무와 일치할 수 있는 모든 대안적 수단을 모색하고 소모해야 할 의무가 있으며 WTO상의 의무와 일치하는 합리적으로 이용가능한 어떠한 대안적 수단이 없다거나 혹은 합리적으로 이용가능한 대안적 수단이 있

25) GATS 협정 제14조 (c)항. 이 협정의 규정과 불일치하지 않는 법률이나 규정의 준수를 확보하기 위하여 필요한 조치

26) GATT 제20조 (d)항. 본 협정의 규정에 반하지 않는 법률 또는 규칙의 준수를 보장하기 위하여 필요한 조치

27) 최승환, 『국제경제법』, 서울 : 법영사, 2002, p.423.

다 하더라도 기술적 혹은 재정적으로 조치의 시행이 불가능하다는 점을 입증해야할 책임을 가진다.

Ⅲ. 사법적 해석 – GATT의 예외원칙과의 비교를 중심으로

1. 미국 온라인 도박분쟁

본 사건은 2003년 3월, 엔티과가 미연방 및 주(州)의 반(反)도박 규정은 GATS의 제 규정을 위반하는 조치라고 주장하며 WTO에 소를 제기한 사건이다. 가장 주목할 만한 사항은, 본 사건은 WTO 분쟁해결기구가 GATS 제14조 일반적 예외에 의거하여 시장접근에 대한 예외규정을 판결한 첫 번째 사례라는 점이다. 당사국들은 분쟁해결을 위한 협의에 실패하였고 엔티과는 사건해결을 위해 WTO 분쟁해결기구에 패널설치를 요청하였다.

미국은 자국의 양허표 10.D에 "기타오락서비스(스포츠는 제외)"라고 기재함으로써 국경 간 서비스 공급에 대하여 완전한 시장접근을 약속한 바 있다. 엔티과는 문제가 되었던 미국의 반(反)도박 규정, Wire Act,[28] Travel Act,[29] 그리고 Illegal Gambling Business Act : 이하 IGBA)[30]와 기타 주법은 도박과 배팅서비스의 국경 간 공급을 완전히 금지(total prohibition)하고 있으며 양허표상에 기재되어 있는 시장접근 규정을 위반한다고 주장하였다.[31] 미국은 GATS 규정의 위반에 대한 항변으로 자국의 온라인 도박과 관련한 조치가 양허표상의 의무를 위반한다 하더라도 당해 조치는 공중도덕의 보호와 공공질서의 유지를 위해 필요한 조치로써 제14조 (a)항에 의해 정당화되고, 국내 법률의 준수를 보장하기 위해 필요한 조치로써 제14조 (c)항에 의해 정당화되며, 조치의 적용 또한 제14조 전문을 충족한다고 주장하였다. 미국은 GATS 제14조 일반적 예외를 원용하고 있는 당사국으로써 자국의 문제되는 조치가 일반적 예외의 요건들을 충족시킨다는 것을 입증할 책임을 가진다.

미국은 원격공급(remote supply)을 통한 도박과 내기서비스는 공중도덕을 보호하고 공공질서를 유지하는 데 있어 중요한 문제를 야기한다고 주장하였다. 특히, 원격

---

28) Wire Act, 18 U.S.C. § 1084. 동 법은 도박 혹은 배팅사업에 종사하거나, 전신통신시설을 통하여 고의적으로 주간(州間), 외국간 도박 혹은 베팅 혹은 그러한 정보를 전송하는 것을 금지한다.

29) Travel Act, 18 U.S.C. § 1952 (2000). 동 법은 조직폭력 혹은 불법적 사업에 조력할 목적으로 주간(州間), 외국간 여행 또는 설비사용을 금지하고 있다. 특히 불법적 활동으로 무엇보다도 불법도박을 언급하고 있다.

30) IGBA, 18 U.S.C. § 1955 (2000). 동 법은 조직화된 도박에 초점을 맞추고 있다. 불법도박활동이 조직범죄를 활성화시키고 있다고 보고 주간(州間) 무역 영향을 미치는 행위를 규제하기 위한 법안이다.

31) US-Gambling Panel Report, *supra* note 48, para. 3.30.

공급을 통한 온라인 도박은 도박 사이트들의 성인인증과 관련한 문제로 인해 청소년들에게 무제한적인 접근의 기회를 제공하게 되고, 조직범죄의 돈세탁으로도 악용될 가능성이 있다는 것이 미국의 주장이다. 엔티과는 미국이 도박과 배팅서비스의 주요 소비국이라는 사실을 근거로 단지 원격공급을 통한 온라인 도박의 금지만으로 미국이 보호하고자 하는 목적을 달성할 수 있을 것인가를 문제시 여겼고, 미국의 규제조치가 국내 공급업자들에게는 적용되지 않은 사실을 확인함으로써 국외공급업자들에 대한 차별적 의도가 증명될 수 있다고 주장하였다.

패널은 GATS 제14조와 GATT 제20조의 목적과 문맥의 유사성을 고려하여 GATS 제14조를 해석함에 있어 GATT 제20조를 적용 · 해석한 선례판결과 같은 이원적 분석을 통하여 GATS의 일반적 예외요건을 충족하는지 여부를 판단할 필요가 있음을 언급하였다. 패널은 우선 문제된 조치가 공중도덕의 보호와 공공질서의 유지를 위한 목적을 가지는지 여부를 조사하였다. 패널은 "공중도덕"과 "공공질서"의 개념은 "그 당시 지배하고 있는 사회적, 문화적, 도덕적, 그리고 종교적 가치를 포함한 다양한 요소에 의해, 시간과 장소에 의해 달라질 수 있고", 회원국은 자국의 경제규모와 경제체제에 따라 자국의 영토 내에서 "공중도덕"과 "공공질서"의 개념을 정의하고, 적용해야 한다고 판단하였다. 본 사건에서 패널은 사전적 개념에 근거하여, "공중도덕"의 개념은 "공동체 또는 국가에 의해 유지되는 옳고 그란 행위의 기준"을 의미하고, "공공질서"의 개념은 주석 5와 관련하여 "공공정책과 법률에 반영되어 있는 사회의 근본적인 이익의 유지"를 의미한다고 판단하였다. 패널은 미국의 반(反)도박 규정들은 돈세탁, 조직범죄, 미성년도박, 병적인 도박과 관련한 문제를 다루기 위한 것이라고 본다는 의회의 성명을 고려하여, 미국의 도박관련 규정들은 미성년도박과 조직범죄를 다루는데 기여하고 있다고 판단하였다. 나아가 패널은 미국의 조직범죄와 관련한 문제는 GATS 주석 5의 엄격한 기준을 충분히 충족시킬 만한 위험성을 내포하고 있으므로 제14조 주석 5를 충족시킨다고 판단하였다.[32] 결과적으로 미국의 규제조치는 조치의 목적적 관점에서는 GATS 제14조 (a)항을 충족시키는 것이다. 그러나 미국은 WTO상의 의무와 일치하지 않는 규제조치를 시행하기 이전에, WTO상의 의무와 일치할 수 있는 "합리적으로 이용가능한" 대안을 모색하기 위한 협상의 요청에 대한 엔티과와의 제안을 거절하였음을 지적하였다. 다음으로 패널은 문제되는 조치의 적용이 GATS 제

32) 패널은 조직범죄와 관련한 문제는 공공질서의 유지를 위해 필요한 범주에 속하고, 미성년도박과 병적인 도박과 관련한 문제는 공중도덕과 관련한 문제이며, 돈세탁과 사기와 관련한 문제는 공공질서뿐만 아니라 공중도덕과도 관련성을 가지는 문제임을 지적하였다. *See id.* para. 6.469.

14조 전문요건을 충족하는지 즉, 조치가 자의적 또는 차별적으로 적용되지 않았는지 여부를 조사하였다. 패널은 미국의 문제되는 규정, 특히 Interstate Horseracing Act (이하 : IHA)[33]가 국내 · 외 공급업자 간 비차별적 방식으로 적용되었다는 것을 증명하지 못하였다고 판결하였다.[34]

항소기구는 패널의 주요 판결을 파기하였다. 항소기구는 우선 문제된 조치의 목적이 공중도덕의 보호와 공공질서의 유지를 위한 것인지와 관련하여, 미국의 규제조치가 보호하고자 하는 이익은 "공중도덕과 공공질서"의 범주에 속하는 것이고, GATS 제14조 주석 5를 충족한다는 패널의 판결은 지지하였다.[35] 반면, 항소기구는 패널의 "필요성" 분석을 재검토하였고 미국이 WTO상의 의무와 일치하지 않는 규제조치를 시행하기 이전에, WTO상의 의무와 일치할 수 있는 "합리적으로 이용가능한" 대안이 없다는 것을 증명할 책임을 가지기는 하지만, 대안적 조치가 단순히 이론상으로나 가능할 경우 혹은 회원국에게 과도한 부담을 안겨주는 경우와 같은 비실용적 의무(impractical burden)를 전가하는 것은 아니라고 언급하였다. 이에 따라 항소기구는 조치의 목적을 달성하기 위해 협의된 해결방안에 도달할 목적으로 단지 절차적 의무(procedure burden)로써 엔티과와의 협상에 임했어야 한다는 패널의 판결을 번복하였다. 다음으로 항소기구는 문제되는 조치의 적용이 GATS 제14조 전문요건을 충족하는지 여부를 검토하였고, 미국의 반(反)도박규정 Wire Act, Travel Act, IGBA가 국내 · 외 공급업자 간에 차별을 구성하는 방식으로 적용되었다는 패널의 판결에는 동의하지 않았지만 특히, IHA의 경우에는 비차별적 방식으로 적용되었다는 것을 증명하지 못함으로써 전문의 요건을 충족하는 못한다고 판단하였다. 결국 항소기구의 판결은 패널의 판결을 부분적으로만 수용한 것이다.

---

33) Interstate Horseracing Act, 57 U.S.C. §§ 3001-3007. § 3002 정의 : 주간장외 노름은 다른 주에서 일어난 경마결과와 관련하여 한 주에서 인정되는 법적 노름을 의미하고, 이는 그 어떤 승자차지도박 판돈의 결합뿐만 아니라 승자차지도박을 포함한다. 이러한 승자차지도박은 그것이 합법으로 인정되는 주에서 한 주의 개인에 의해 전화 또는 기타 전자매체를 통해 주문되고 전송된 동일한 또는 기타 주의 장외노름제도에 의해 인정되는 것을 말한다.

34) US-Gambling Panel Report, *supra* note 48, para. 6.607. 패널은 미국의 IHA의 문면상으로는 미국내 경마에 대한 원격 배팅서비스를 허용하고 있는 것으로 이해될 수 있다고 판단하였다.

35) US-Gambling AB Report, *supra* note 2, para. 298.

2. 적용 및 해석상의 문제점

패널은 분쟁의 사실부분에 대한 객관적 평가를 수행하여야 한다. 항소기구는 패널이 GATS 일반적 예외를 분석함에 있어 분쟁의 사실부분에 대한 객관적 평가를 적절히 수행하지 못하였다고 판단하였고, 결국 패널의 주요 판결들을 번복하였는데, 이러한 항소기구의 분석방법에는 몇 가지 문제점이 있다. 항소기구는 원격공급을 통한 도박에 대한 미국의 규제조치가 "공중도덕과 공공질서" 차원에서 이루어진 것으로 제14조에 의한 일반적 예외로 인정되어질 수 있다고 판단하였는데 이러한 판결을 하는 데 있어 항소기구는 GATT 제20조와 관련한 그간의 WTO 선례판결들을 고수하지 않았다. 또한 미국의 규제조치가 제14조 개별조항과 필요성의 요건을 충족하고, 전문을 충족시킨다는 항소기구의 이원적 분석은 적절하지 못한 것이다.

(1) GATS 협정상의 "주석 5"

패널과 항소기구는 제14조를 구성하는 요소 중 하나인 주석 5를 적절히 해석하지 못하였고, 이는 결과적으로 조항 전체의 문맥을 검토하지 않는 것이다. 주석은 본문의 중요한 요소로써 그 자체만으로도 본문과 같은 영향력과 구속력을 가진다. 그러나 패널의 분석과정에서 주석 5는 단 한 번 언급되어졌고, 주석 5와 관련한 패널의 판결은 항소기구에 의해 지지되어졌다. 제14조 주석 5는 공공질서를 위한 예외는 "사회의 근본적인 이익에 대하여 진정하고도 충분히 심각한 위협이 제기되는 경우"에만 원용될 수 있다는 엄격한 원용 요건을 규정하고 있다.

항소기구는 우선 문제되는 조치가 제14조 (a)항을 충족하는지를 판단한 다음, 주석 5의 엄격한 원용 요건을 충족하는지 여부도 판단했어야만 한다. 비록 GATS 제14조와 GATT 제20조의 목적과 문맥이 유사하다하더라도 GATT 제20조는 주석 5와 같은 어떠한 부가적 요건도 포함하지 않고 있다. 이는 GATS 초안자들이 GATS 예외를 원용하는 데 있어 더욱 엄격한 요건을 설정할 의도였다는 것을 암시하는 것이다.

패널은 단지 조항 그 자체에만 근거하여 조치가 공중도덕과 공공질서를 위해 고안되었다는 입증책임을 만족시킨다고 판단하는 것으로 분석을 종료하지 않았어야 한다. 패널은 미국에 의해 확인된 우려들이 주석 5에 규정된 요건을 충족하는지 여부는 간과하였고, 결국 사실부분에 대한 객관적 평가를 완전히 수행하지 않은 것이다. 주석 5가 공중도덕에 대해서는 언급하고 있지 않다는 것은 단지 공공질서의 문제만을 언급하고 있다는 것을 말한다. 그러나 패널은 공중도덕과 공공질서가 각각 별개의 개념을 가지기는 하지만, 사실상 두 용어가 내포하고 있는 의미는 동일하다고 판단하였다.

뿐만 아니라 항소기구는 패널이 주석 5에 규정된 요건과 관련한 독립적이고, 명확한 판결을 요구하지 않은 것으로 판단하여 주석 5를 고려한 두 용어 구별의 중요성을 평가하지 않았다.[36] 이는 향후 회원국들이 주석의 엄격한 요건을 충족시키기 위해 요구되어지는 증거의 유형 또는 증거력을 판단하는데 대한 어려움을 가중시키게 될 것이다.

(2) 필요성 요건

미국의 규제조치가 "필요한" 것이라는 패널과 항소기구의 판단은 적절하지 못한 것이다. 일반적 예외규정에서 요구하고 있는 "필요성"의 객관적 기준 즉, WTO의 의무와 일치하는 합리적으로 이용가능한 대안이 존재하지 않아야 한다는 것은 본질적인 WTO상의 의무로부터 쉽게 이탈할 수 없도록 의도하고자 하는 회원국들의 이해를 반영한 것이라 볼 수 있다.[37] WTO 선례판결인 미국-가솔린사건,[38] 미국-새우사건,[39] 그리고 한국 쇠고기사건[40]에서 분쟁해결기구는 "필요성"과 관련한 엄격한 해석기준을 수립한 바 있고, 항소기구는 이러한 그간의 사법적 판결들을 근거로 "필요성"을 판단했어야 한다.

1) 입증의 책임

항소기구는 "필요성"을 판단하는 데 있어 일련의 요소[41]들을 적절하게 비교하지 못하였다. 그 첫 번째는 규제조치가 추구하고자 하는 목적의 실현에 어느 정도 기여를 하는가 하는 것이다. 본 사건에서 미국은 온라인 도박의 규제조치는 공중도덕의 보호와 공공질서의 유지를 위해 필요한 것이라고 주장하였다.[42] 그러나 패널은 단지 원격공급을 통한 도박과 배팅서비스와 관련한 우려를 확인하였을 뿐, 반(反)도박규정

36) US-Gambling AB Report, *supra* note 2, para. 298.

37) *See* John P. Gaffney, "Due Process in the World Trade Organization : The Need for Procedural Justice in the Dispute Settlement System", American University International Review. Vol. 14, 1999, pp.1182-1183.

38) Appellate Body Report, United States-Standards for Reformulated and Conventional Gasoline, WT/DS2/AB/R (Apr. 29, 1996) [hereinafter US-Gasoline AB Report].

39) Appellate Body Report, United States-Import Prohibition of Certain Shrimp and Shrimp Products, WT/DS58/AB/R (Oct. 12, 1998) [hereinafter US-Shrimp AB Report].

40) Korea-Beef AB Report, *supra* note 40.

41) Korea-쇠고기사건에서 항소기구가 설립한 기준에 따르면, "필요성"의 판단 여부는 "① 특정 조치가 보호하고자 하는 이익이나 가치의 중요성, ② 문제되는 조치가 추구하고자 하는 목적의 실현에 어느정도 기여를 하는가, ③ 문제되는 조치의 무역에 대한 효과" 등을 포함한 일련의 요소들을 비교검토 해야 한다. *See* Korea-Beef AB Report, *supra* note 40, para. 178.

42) US-Gambling Panel Report, *supra* note 48, at 6.521.

들이 추구하고자 하는 목적의 실현에 어느 정도로 기여를 하는지에 대해서는 분석하지 않았다.

한국-쇠고기사건에서 패널은 "필요한" 것으로 받아들여지기 위해서는 GATT상의 의무와 일치하지 않는 조치를 취한 회원국이 WTO상의 의무와 일치하는 어떠한 합리적으로 이용가능한 대안이 없다는 것을 증명할 책임을 가진다고 판결한 바 있다. 본 사건에서 패널은 한국-쇠고기사건에서 설립한 필요성 판단의 기준을 근거로 미국이 WTO상의 의무와 일치하는 모든 합리적으로 이용가능한 조치들을 모색하고 소모하였는지를 검토하였다. 그러나 패널이 "합리적으로 이용가능한 대안조치"에 초점을 두지 않았다는 이유로 패널의 판결에는 결함이 있음을 지적한 항소기구의 판결은 적절하지 못하였다. 항소기구의 판결은 WTO상의 의무와 일치하지 않는 조치를 위한 회원국이 WTO상의 의무와 일치하는 어떠한 합리적으로 이용가능한 대안이 없다는 것을 증명할 책임을 가진다는 한국-쇠고기사건과 같은 그간의 WTO 판결들에서 확립된 사법적 해석들을 벗어난다. 입증책임과 관련한 WTO 분쟁해결기구의 판결들에 근거하면, 본 사건에서 항소기구는 합리적으로 이용가능한 대안을 모색해야 할 미국의 책임을 엔티과에게로 부당하게 전가한 것으로 보여진다.

2) 최소 무역제한적 조치

"필요성"을 판단하는 데 있어 고려해야 할 또 다른 요소는 국제무역에 대한 효과이다. 엔티과는 미국의 반(反)도박규정들은 도박과 베팅서비스의 국경 간 공급을 완전히 금지하고 있고, 무역에 상당한 영향을 미치는 효과를 가진다고 주장하였다. 미국은 비원격(non-remote)수단과 같은 보다 덜 위험한 수단을 통해 서비스에 대한 접근을 허용함으로써 보다 더 위험한 원격(remote) 수단을 통한 서비스에 대한 접근을 금지할 수 있는 권리를 가진다고 주장함으로써 미국의 규제조치에 대해 항변하였다. 그러나 미국의 규제조치가 공중도덕의 보호와 공공질서의 유지와 같은 사회적 우려에 근거한 정당한 목적을 가진다 하더라도 미국은 그러한 정책적 목적을 달성하기 위한 대안을 모색하기 보다는 오히려 가장 무역을 제한할 수 있는 수단을 선택한 것이다.

패널은 미국의 반(反)도박규정들이 무역에 상당한 제한적 영향을 미친다는 점은 인정하였지만,[43] 그들이 가지는 국제무역에 대한 제한적 효과에 대해서는 검토하지 않았다. 뿐만 아니라 항소기구도 그러한 패널의 판결에 대해 그 이상의 언급은 하지 않았고, 결국 패널뿐 아니라 항소기구도 "필요성"을 판단하는 데 있어 문제된 조치의

43) US-Gambling Panel Report, *supra* note 48, paras. 6.492-6.495.

국제무역에 대한 제한적 효과를 간과한 것이라 볼 수 있다.

(3) 전문요건

미국-가솔린사건과 미국-새우사건의 패널은 전문은 문제된 조치가 적용되는 방식을 다루고 있음을 지적한 바 있다.[44] 전문은 문제되는 조치가 유사한 상황에 있는 국가 간에 자의적 또는 정당화될 수 없는 차별의 수단 또는 서비스무역에 대한 위장된 제한을 구성하는 방식으로 적용되지 않을 것을 요구한다.[45] GATT 제20조를 적용·해석한 그간의 WTO 판결에 따르면, 본 사건에서 미국의 온라인 도박제한은 제14조 전문요건을 충족시킨다는 항소기구의 판결은 적절하지 못한 것이다.[46]

본 사건에서 항소기구는 미국의 반(反)도박규정들이 자의적 또는 정당화될 수 없는 차별을 구성하는 방식으로 적용되지 않았다는 판결을 하는 데 있어 WTO 선례판결을 고수하지 않았다. 미국-가솔린사건에서 미국은 협력약정(cooperative agreements)을 체결하려는 노력을 하지 않았으므로 문제되는 조치가 GATT 제20조 전문요건을 충족하지 못한다는 WTO 판결과 같이,[47] 항소기구는 WTO상의 의무와 일치하는 방식으로 관련 문제를 다룰 수 있는 대안이 있는지를 판단하기 위해 양자적 혹은 다자적 협의의 요청에 대한 안티구아의 제안을 거절한 미국에 대해 정당화되지 않는 차별을 구성한다고 판결했어야 한다.

미국-새우사건[48]에서, 미국은 비록 협상에 실패하였지만 규제조치를 취하기 이전에 협력약정을 체결하고자 신의성실의 노력을 하였다는 점을 증명한 바 있다. 또한 정당화될 수 없는 혹은 자의적인 차별에 해당하는지 여부를 판단하기 위해 우선 협의를 이루기 위한 신의성실(good faith)의 노력을 시도했는지 살펴보아야 하고, 협의를 이루기 위한 진지한 노력 없이 규제조치가 이루어졌다면 당해 조치는 GATT 제20조의 남용·오용에 해당한다고 지적함으로써 신의성실의 노력을 강조한 미국-새우사건에 의해, 협의를 단순한 절차적 의무로 판단한 항소기구 판결이 적절하지 못하였음

---

44) Appellate Body Report, United States-Import Prohibition of Certain Shrimp and Shrimp Products : Recourse to Article 21.5 of the DSU by Malaysia, WT/DS58/AB/RW (Oct. 22, 2001). [hereinafter US-Shrimp (21.5) AB Report].

45) GATS 협정 제14조 다음의 조치가 유사한 상황에 있는 국가 간에 자의적 또는 정당화될 수 없는 차별의 수단이 되거나 혹은 서비스무역에 대한 위장된 제한을 구성하는 방식으로 적용되지 아니한다는 요건을 조건으로, 이 협정의 어떠한 규정도 이러한 조치를 채택하거나 시행하는 것을 방해하는 것으로 해석되지 아니한다.

46) *See* US-Gambling Panel Report, *supra* note 48, para. 6.537.

47) *See* US-Gasoline AB Report, *supra* note 2, para. 25.

48) US-Shrimp (21.5) AB Report, *supra* note 102.

을 알 수 있다. WTO의 선례판결들에 근거하면, 협의를 체결하고자 하는 신의성실의 노력은 전문을 충족시키기 위한 하나의 요건으로 보여진다.

미국-가솔린사건에서, 항소기구는 미국이 국외정유업자에 대한 추가비용을 경시함으로써 전문요건의 위반에 해당한다고 판단한 바 있다. 그러나 미국은 미국의 반(反)도박규정들이 엔티과에 소재한 도박기업에 미치는 경제적 영향을 경시하였다. 미국은 이미 엔티과의 경제가 도박산업에 크게 의존하고 있다는 사실을 인지하고 있고, 결과적으로 반(反)도박규정들은 엔티과에 엄청난 경제적 손실을 야기하게 될 것이라는 사실을 예측할 수 있었다.[49] 만약 미국의 규제목적이 경제적 측면이 아니라 공중도덕과 사회질서 차원에서 이루어진 것이라면, 미국이 경제적 위협을 가하고 무역규제조치를 취하기 이전에 보호하고자 하는 목적에 대한 강한 의지를 표명했을 것이다.

또한 특히, 미국의 IHA와 같은 규정은 자의적 또는 정당화될 수 없는 차별을 구성하고 있고, 결과적으로 공중도덕과 공공질서를 보호하고자 하는 정책적 목적을 손상시키고 있다. 사실상 IHA는 전화 또는 컴퓨터를 통한 경마내기서비스를 허용하고 있지만 이는 단지 미 주(州) 내에서만 합법적인 것으로 제한하고 있고, 이는 국외기업들에 대한 명백한 차별이라는 것을 증명한다.[50] 경마를 포함한 내기는 결국 도박행위이고, "공중도덕"에 미치는 영향은 다른 유형의 도박과 다르지 않다. 미국이 도박의 위험으로부터 자국 내 시민들을 보호하기 위한 법률을 제정할 권리를 가지기는 하지만, 국내기업들을 보호하기 위하여 국외기업들에 대한 위장된 차별을 구성할 권리를 가지지는 않는다. IHA는 미국이 국제무역에 미치는 효과에 대해 경시하였다는 점을 증명하고, 안티구아와 협상했어야 할 의무에 대한 불이행함으로써 결국 미국이 신의성실의 노력을 하지 않았다는 것을 증명한다. 따라서 미국의 규제조치가 제14조 전문요건을 충족한다는 항소기구의 판결은 적절하지 못한 것이다.

IV. 문제점 및 해결방안

미국의 온라인 도박분쟁은 GATS 제14조의 일반적 예외규정에 의해 시장접근에 대한 예외규정을 판결한 첫 번째 사건이다. WTO 분쟁해결기구는 GATS의 예외조치의 정당성을 판단하기 위한 사법적 기준이나, 법적 축적이 되어 있지 못한 상황이라는 점을 인식하여 GATS 제14조를 해석함에 있어 GATT 제20조 일반적 예외와 관련한

49) Camel Sileo, "Online Casion Pursues Long-Odds Lawsuit", Trial, Vol. 98, 2005. 엔티과의 경제는 세계최대의 도박 및 베팅서비스의 소비국인 미국에 의존하고 있다. 따라서 미국의 국경 간 도박에 대한 금지조치는 엔티과에게 엄청난 영향을 미친다.

50) US-Gambling Panel Report, *supra* note 48, para. 6.595.

그간의 분쟁들을 관련시켜 검토하는 것이 유용할 것이라고 판단하였다. 이는 두 조항 모두 동일한 "필요한"의 개념을 사용하고 있고 각각의 전문에 유사한 요건을 규정하고 있으며, 결국 그 목적 또한 상당부분 유사하다는 판단에서 비롯된 것으로 보인다. 그러나 문제는 GATT 제20조와 관련한 그간의 WTO 판결들을 적용 · 해석한, 본 사건에 대한 항소기구 판결에는 다음과 같은 이유로 결함이 있는 점이다. 첫째, 항소기구의 해석은 제14조 주석 5의 용어를 고려하지 않았고, 둘째 항소기구의 분석은 필요성의 정의를 과도하게 확대한 것이며, 셋째 전문의 요건을 적절히 판단하지 못하였다는 것이 그것이다. 항소기구가 WTO 선례판결들과 일치성이 없는, 상당한 혼란의 여지가 있는 판결을 하게 된 그 근원적인 이유는 WTO 분쟁해결시스템이 사실상 선례구속의 체제임에도 불구하고 WTO 선례판결들이 사법적 구속력을 가지지 않고 있다는 점에서 찾을 수 있을 것이다.[51] WTO가 WTO 분쟁해결절차에 있어 기존의 패널과 항소기구 보고서의 구속력을 명확하게 언급하지 않는 한, WTO 분쟁해결기구는 유사한 해석상의 문제와 일관성이 없는 판결들에 직면하게 될 것이다. 또한 WTO 분쟁해석상의 불구속력, 그리고 일관성 없는 판결을 포함한 문제들을 해결하기 위해서는 WTO 협정의 용어를 더욱 명확히 하기 위한 WTO 회원국들의 가이드라인의 마련이 요구된다.

1. 선례판결에 대한 구속력

현재 WTO는 사실상(de facto) 선례구속의 시스템이기는 하지만, WTO는 WTO 분쟁해결기구의 일관성 없는 판결을 예방하게 위해 WTO의 선례판결에 대한 구속력을 명확하게 언급할 필요가 있다. 사실상 선례구속의 원칙은 이미 항소기구 보고서에서 일반화되어 있다. 이는 현 WTO 분쟁해결시스템은 이미 선례판결이 "구속력 있는 성질"을 가지고 있고, 중요한 선례적 가치를 가지고 있음을 인지하고 있다는 점을 암시한다. 만약 본 사건과 같이 WTO 분쟁해결기구가 그간의 판결들을 고수해야 할 어떠한 합법적 의무도 없다면, WTO 분쟁해결기구는 충분한 법리 없이 선례판결을 더욱 확대해석하거나 벗어나게 될 것이다.[52]

---

51) *See* Jose Felgueroso, "TRIPS and the Dispute Settlement Understanding the First Six Years", American Intellectual Property Law Association Quarterly Journal, Vol. 30, 2002, pp.223-224. 법적(de jure) 선례구속의 원칙과 사실상(de facto) 선례구석의 원칙을 구별할 필요가 있다. 사실상 선례구속의 원칙은 예컨대 재판소의 경향, 재판소의 정의(justice)의 개념 또는 일관성과 한결성에 대한 재판소의 기준과 같은 합법적인 요소에 의존한다.

52) See Raj Bhala, "The Power of the Past : Towards De Jure Stare Decisis in WTO Adjudication

현재까지 WTO 분쟁해결기구는 선례판결을 고수해야만 하는 어떠한 합법적 의무도 가지지 않기 때문에 엔티과는 항소기구의 편향된 판결을 경험하게 되었을 것이다. WTO는 WTO 선례판결에 대한 법적(de jure) 구속력의 정도를 명확히 언급해야 한다. WTO가 선례에서 적용된 이론의 구속력을 명확히 언급한다면 WTO는 더욱 공정하고, 예측가능하며, 신뢰할 수 있는 분쟁해결시스템을 형성함으로써 더욱 용이해 질 수 있을 것이다. 더불어, 안전성과 예측가능성을 제공함으로써 WTO 분쟁해결절차에 있어 제1세계의 정치력 혹은 경제력을 행사하제 못하도록 제한할 수 있을 것이고, 결국 제1세계와 제3세계 국가들 간의 동등한 무역의 장(場)을 제공하게 될 것이다.[53]

2. 용어의 명확화

GATS상의 본질적 의무에 대한 일반적 예외는 제14조에서 제시되고 있다. 제14조는 "공중도덕을 보호하거나 혹은 공공질서를 유지하기 위해 필요한", "인간, 동물 또는 식물의 생명 또는 건강을 보호하기 위해 필요한", 또는 "협정의 규정과 불일치하지 아니하는 법률이나 규정의 준수를 확보하기 위해 필요"할 것을 요구하고 있다. 또한 GATT상의 본질적 의무에 대한 일반적 예외는 제20조에서 제시되고 있는데, 제20조는 "공중도덕을 보호하기 위해 필요한", 또는 "인간, 동물 또는 식물의 생명 또는 건강을 보호하기 위해 필요한", 또는 "협정의 규정과 불일치하지 아니하는 법률이나 규정의 준수를 확보하기 위해 필요"할 것을 요구하고 있다. 이와 같이 모든 일반적 예외조항들은 "필요한" 용어로부터 시작되고 있다. "필요한"이 구체적으로 무엇을 의미하는지에 대하여 다양한 기준이 제시되어왔으나, 아직까지도 WTO 분쟁해결기구는 일관성 있는 해석기준을 제시하지 못하고 있다. WTO 각각의 회원국이 조치의 "필요성"에 대한 자유재량의 기준을 설정하기보다는 TBT(Technical Barriers to Trade)[54]에서 설정된 국제표준과 같이, "필요성" 용어의 국제적으로 통일된 기준을 설정하기

(Part Three of Trilogy)", George Wahsington Journal of International Law and Economics, Vol. 33, 2001, p.900. 선례구속의 원칙은 사법권의 악행(activism), 사법권의 횡포에 대한 방어책의 역할을 한다. 사법권의 자의적인 판결을 피하기 위해 법원은 엄격한 규정을 따라야만 한다.

53) *See* Theodore R. Posner & Timothy M. Reif, "Homage to a Bull Moose : Applying Lessons of History th Meet the Challenges of Globalization", Fordham International Law Journal Vol. 24, 2000, p.502. 무역 약국의 경제는 무역 강국에 대한 시장접근에 의존하고 있으므로, 무역 강국과 무역 약국간의 무역불균형이 존재한다. 이러한 무역불균형은 무역 강국이 세계무역 규정들을 구체화할 수 있기 때문에 발생하게 된다.

54) *See* World Trade Org., Technical Barriers to Trade : Technical Explanation, Technical Information on Technical Barriers to Trade. TBT 협정은 회원국들에게 통일된 평가절차를 제공하고 있는 국제기구에 대한 참여를 장려한다.

위한 WTO 회원국들의 가이드 마련이 절실하다.

V. 결론

WTO 출범 이래 GATT 협정상의 일반적 예외와 관련하여 많은 분쟁들이 WTO 분쟁해결기구에 제소되어 왔으며 일반적 예외는 근본적인 자유무역의 의무로부터의 이탈을 허용함으로써 WTO 회원국들의 국가의 생존권 내지는 주권과 같은 기본가치를 추구할 권리를 보장하는 중요한 역할을 하고 있다. 그럼에도 불구하고 국가의 생존권 내지는 주권을 이유로 하는 모든 상황에 대해 무역 제한적 조치를 취할 수 있도록 허용된다면 사실상 WTO의 존재의 의미를 상당부분 상실하게 될 것이다. 일반적 예외와 관련하여 WTO 분쟁해결기구가 확립하여온 대부분의 법리들은 일반적 예외의 정당성을 규명하기 위한 요건들과 관련되고 있으며, GATT 체제이래로 "필요성"과 "전문"과 관련한 이원적 분석은 회원국들의 일반적 예외 의무를 판단하는 중요한 기준이자, 불공정 무역관행으로부터 국제질서를 보장하는 안전장치(safety valve)로서의 역할을 해왔다. 따라서 일반적 예외에 관한 법리의 문제는 GATT에서 뿐만 아니라 GATS에서도 중요한 이슈가 될 수밖에 없다.

미국 온라인 도박분쟁사건에서 WTO 분쟁해결기구는 GATS상의 일반적 예외를 분석하는 데 있어 상품과 서비스의 질적 특성이 매우 상이하기 하지만 상품교역에 대한 일반적 예외와 서비스교역에 대한 일반적 예외의 용어와 목적이 유사성을 고려하여 그간의 사례를 통해 축적되어온 법리들을 적용하였다. 이는 두 조항 모두 동일한 "필요한"의 개념을 사용하고 있고 각각의 전문에 유사한 요건을 규정하고 있으며 그 목적 또한 상당부분 유사하다는 점을 고려하여 GATS 제14조를 해석함에 있어서 GATT의 일반적 예외를 규정한 제20조와 관련시켜 검토할 필요가 있다는 판단에서 비롯된 것으로 보인다. 그러나 문제는 WTO 판례를 통해 분쟁해결기구가 보여준 입장들을 살펴보면 각각의 사례에 따라 판단의 기준으로 여러 판단요소를 제시하고 있고, 그 판단 또한 일관성 가지지 못하고 있다는 점이다. 이는 WTO 분쟁해결시스템은 일종의 미완의 체제로서 사실상 선례구속의 체제이지만 법적 구속력을 명확하게 언급하지 않고 있다는 점에서 그 이유를 찾을 수 있을 것이다.

WTO 분쟁해결기구는 WTO 판례들에 대한 법적 구속력을 명확히 확립해야 할 것이며, WTO 분쟁해결시스템의 구속력을 명확히 언급함으로써 WTO 회원국들에게 WTO 판결의 안전성과 더불어 예측가능성을 제공하게 될 것이며, 나아가 다자간 자유무역체제를 더욱 강화하게 될 것이다.

Chapter

16

무역관련 지적재산권 협정의 이해

1. 개관
2. 협정 배경
3. 협정의 주요 내용

Chapter 16

무역관련 지적재산권 협정의 이해

1. 개관

오늘날 경제활동에 있어서 무형자산의 중요성이 점점 증대되고 있다. 무형자산은 발명, 의장(design), 기술 및 예술적 창작활동의 결과 등으로 포괄적으로 지적재산(intellectual property)으로 불려지고 있다. 지적재산 가운데 특별히 법적인 보호를 받도록 되어 있는 것은 발명품, 상표, 의장, 출판물, 집적회로의 배치설계 및 상거래기밀 등(TRIPs협정 제1조 제2항)이며, 일반적인 재산권과 같이 양도권, 지분권 및 포괄적 지배권을 갖게 되고 지적재산권 소유자는 법적으로 배타적 지위를 부여받게 된다.

법체계에 따르면 지적재산권을 크게 나누어 산업재산권, 저작권 및 신지적재산권 분야로 분류되며 성질에 따라 창작보호 및 공정경쟁보호로 나누어진다. 산업재산권은 다시 특허권(실용신안권 포함), 의장권, 상표권 등으로 구분되며, 저작권은 저작권과 저작인접권으로 분류된다. 신지적재산권은 산업재산권과 저작권의 성격을 동시에 포함하고 있는 산업저작권, 동・식물 및 미생물관련 생명공학기술 및 반도체집적회로의 배치설계기술에 관련한 첨단산업재산권, 영업비밀과 같은 정보재산권 등을 포괄한다.

지적재산권 보호를 위한 국가 간 공통된 법적 체계들은 오래 전부터 존재해 왔다. 대표적인 것으로 파리협약(Paris Convention, 1883년 발효)은 특허, 상표 및 다른 산업재산권(industrial property rights)을 다루고 있으며, 베른협약(Berne Convention, 1886년 발효)은 저작권을 규율하고 있다. 최근에는 특히 지적재산권과 관련된 상품과 서비스의 무역이 급증함에 따라 세계경제에서 지적재산권보호의 중요성이 증대하고 있으며, 지적재산권을 적절하고 충분히 보호하지 못하면 자유무역을 왜곡할 수 있다는 면에서 많은 국가들이 무역과 관련된 지적재산권의 보호에 큰 관심을 기울이고 있다. 이에 따라 무역협상 의제에 지적재산권보호 문제가 빈번히 올랐으며, 그 결과 UR

협상에 있어서 새로운 분야의 하나로 무역관련 지적재산권협정(TRIPs)이 이루어져 1995년 1월 1일 발효되었다.

경제적인 측면에서 지적재산권보호제도는 두 가지 목적을 촉진하기 위한 제도적 체계를 제공하고 있다. 첫째, 특허 및 저작권법은 지적재산의 창출, 개발자에게 특정의 배타적(독점적) 권리를 부여함으로써, 지적창조활동을 장려하고 새로운 기술의 발전과 새로운 지식의 발견에 자원의 효과적인 활용을 촉진하고 궁극적으로 경제발전을 위한 지적기반구조를 확충하고 제고할 것을 목적으로 하고 있다. 둘째, 상표와 지리적 표시와 같은 상품의 서비스의 표시를 통하여 상행위(business)가 공공의 신뢰를 유지할 수 있도록 하고 공정경쟁을 촉진하는 것이다.

특히 국제경제활동에서 지적재산의 중요성이 증대됨에 따라 국제무역과 관련된 불충분하고 부적절한 지적재산권보호는 국제무역에 상당한 왜곡을 초래할 것이다. 즉 각국의 지적재산권보호제도가 외국의 이익을 차별하거나 또는 국제적으로 일반적으로 합의된 원칙과 절차에서 크게 벗어나는 경우에서 볼 수 있듯이 지적재산권에 대한 부적절한 보호는 지적재산권을 침해한 상품의 제조와 유통을 초래하여 새로운 상품의 개발 유인과 그러한 활동에 자원배분을 위축시키는 등 지적재산보유자의 권리의 획득과 강화에 시간과 비용이 소요되어 자유무역과 정상적인 경제활동에 직접적으로 부정적인 영향을 미칠 것이다. 한편 지적재산권은 새로운 기술과 지식의 독점적 이용을 어느 정도 허용하는 것이기 때문에 제3자에 의한 활용과 경쟁을 억제하며 따라서 선진국들에 의해 창출된 지적재산을 활용해오던 개발도상국들로부터 선진국으로의 국제적인 소득재분배가 예상된다는 측면에서 개발도상국들은 자신들이 새로운 지적재산권제도의 부담을 지게 될 것으로 우려하고 있다.

2. 협정 배경

지적재산권 자체의 교역비중이 증대하고 국제교역에 있어서 지적재산권이 상품의 경쟁력을 결정하는 중요한 요소로 등장함에 따라 선진국들이 지적재산권의 보호를 자국의 무역수지 및 국제경쟁력에 직접적으로 영향을 미치는 문제로 인식하게 되었다. 이에 따라 미국 등 선진국들의 강력한 주장으로 1986년 9월 UR협상 출범시 지적재산권을 협상분야로 채택하여 지적재산권 보호가 정당한 무역에 장애가 되지 않도록 GATT규정을 명료화하고 새로운 규칙과 규율을 마련하였으며, 위조상품의 국제교역문제를 취급할 다자규범을 개발하기에 이르렀다. 그 결과 무역관련 지적재산권협정(Trade related Intellectual Property Rights : TRIPs)이 탄생하게 되었다.

TRIPs 협정은 일부 문제를 남겨 놓고 있으나 무역관련 지적재산권 보호의 중요한 기준을 확립한 것으로 평가되고 있다. 동 협정은 법적으로 인지되고 있는 모든 범위의 지적재산권에 관한 보호를 포괄하여 원칙적으로 파리협약, 베른협약과 같은 기존의 조약에서의 보호수준을 높였다. 특히 TRIPs는 지적재산권에 관한 MFN 대우를 명시적으로 의무화한 최초의 협정으로 WTO 회원국들이 국내법에서 보장해야 하는 보호와 권리의 수준을 구체적으로 명시하고 있으며, 권리침해시 권리의 강화절차에 관한 구체적인 규정과 분쟁해결 절차를 포함하고 있다. 동 협정의 위반시에는 관세양허의 중지 또는 다른 무역분야에서 WTO 혜택의 중단을 통한 교차보복을 할 수 있도록 하고 있다.

3. 협정의 주요 내용

(1) 협정의 구성

무역관련 지적재산권협정(TRIPs)은 7부 73개조항으로 구성되어 있다.

(2) 일반규정 및 기본원칙

1) 지적재산권 관련 기존 국제협약의 규정 수용(제1~2조)

파리협약, 베른협약, 로마협약, 워싱턴조약 등 기존 국제협약의 규정을 수용한다.

2) 내국민대우(제3조)

회원국은 지적재산권보호에 있어서 내국민에 대우하는 것에 비하여 불리하지 않은 대우를 다른 회원국의 국민에게 부여해야 한다. 단 파리협약, 베른협약, 로마협약, 직접회로에 관한 협약에서 예외적으로 내국민대우를 적용하지 않는 경우는 제외된다.

3) 최혜국대우(제4조)

지적재산권의 보호와 관련하여 한 회원국이 다른 회원국에게 부여하는 모든 이익, 혜택, 특전, 또는 면책 등은 즉시 그리고 무조건적으로 모든 회원국에게도 부여해야 한다. 지적재산권에 관한 국제협약에서는 내국민대우만 있고 최혜국대우는 없다. 무역관련협정이기 때문에 최혜국대우 원칙이 인정되고 있다.

4) 권리소진(제6조)

권리소진(exhaustion)에 관한 문제는 협정상 분쟁해결절차의 대상이 되지 않음을 명시하고, 권리소진을 인정할 수 있게 함으로써 사용허가(license)를 받은 기술 및 상표를 사용하여 만든 제품을 사용허가를 준 국가에 역수출하거나 제3국에 수출하는 것이 가능하다.

(3) 지재권의 취득, 범위 및 사용에 관한 기준

1) 저작권 및 저작인접권(제9~14조)

문학, 예술창작물 외에도 컴퓨터 프로그램, 데이터베이스(DB) 등 자료 편집물도 저작물로서 보호대상에 포함한다. 단, 컴퓨터 프로그램은 프로그램 표현 자체만 보호하고, 프로그램을 구성하고 있는 사고, 절차, 운용방법, 수학적 개념 자체는 보호하지 않는다. 자연인의 수명기준이 아닐 경우 승인된 발행 후 50년 또는 작품 제작 후 50년을 보호기간으로 하며, 컴퓨터 프로그램, 영상저작물 및 음반의 저작권자에게 대여를 허가, 금지할 수 있는 배타적 대여권을 부여한다. 음반 제작자 및 실연가의 저작인접권을 50년간 보호하고, 방송기관의 저작인접권을 20년간 보호한다. 또한 음반에 대한 저작인접권은 원칙적으로 베른협약 제18조를 준용한다고 규정함으로써 소급보호를 인정한다.

2) 상표(제15~21조)

상표는 식별력을 가져야 하며, 성명, 문자, 숫자, 도형 및 색채로 구성된다고 규정하여 색채상표를 인정하고 있으며, 상표에 대한 최초의 국제적으로 합의된 정의를 제공하고 있다. 상품 및 서비스에 대해 파리협약 제6조의 2를 적용토록 함으로써 등록되지 않은 상표라고 하더라도 널리 알려진 유명상표는 보호하며, 상표의 보호기간은 7년 이상으로 하되, 무한정 갱신가능하며, 정당한 사유 없이 3년 이상 사용하지 않는 경우 취소가능하다.

3) 지리적 표시(제22~24조)

상품의 특정 품질, 명성 및 기타 특성이 생산지(기후, 풍토)와 밀접한 관련이 있을 경우 동 생산지를 알리는 표시, 예를 들면 보르도 포도주를 지적재산권으로 보호한다. 상품의 원산지에 대해 대중의 오인을 유발할 수 있는 지리적 표시의 사용 또는 불공정 행위를 구성하는 지리적 표시의 사용을 금지한다. 포도주와 주류(wines and spirits)의 지리적 표시에 대해서는 추가적인 보호를 규정하여 원산지를 허위로 표시하지 않고, ~종류, ~유형, ~양식, ~모조품 등으로 표현하는 행위가 대중의 오인을 초래하지 않는 경우에도 금지한다. 포도주와 주류의 지리적 표시의 보호증대를 목적으로 하는 국제협상을 개시한다. 그러나 상품, 서비스, 포도주의 일반 명칭이 되었거나 예를 들면 샴페인, 꼬냑 또는 선의로 타국에서 장기간 사용하고 있던 지리적 표시는 보호의 예외로 인정가능하다.

4) 의장(제25~26조)

새롭거나 독창성이 있는(new or original) 독립적으로 창작된 의장은 최소한 10년간 보호하며, 직물의장에 대해서는 그 특성을 감안, 심사와 공고 절차를 가능한 간소화한다.

5) 특허(제27조~제34조)

신규성, 진보성 및 산업상 이용가능성을 가진 모든 기술분야의 물질과 제법에 대해 특허를 인정하되 ① 공공질서 또는 공서양속 보호, 공중보건보호, 환경보호에 위반되는 발명, ② 인간, 동물의 치료를 위한 진단방법, 요법 및 외과적 방법, ③ 식물변종은 특허 또는 특별법으로 보호해야 하는 것을 제외한 식물, 동물 생산을 위한 생물학적 제법 등은 특허 대상에서 제외 가능하다. 특허는 발명지, 기술분야, 제품의 수입 또는 국내생산 여부에 따른 차별 없이 허용하며, 특허권은 출원일로부터 최소 20년간 존속한다.

합리적 기간 내에 합리적인 상업적 조건하에 권리자로부터 승인을 받을 수 없는 경우, 국가비상사태 또는 극도의 긴급상황, 공공의 비상업적 사용에 해당하는 경우 권리자의 승인 없이 특허대상의 다른 사용을 허용하는 강제실시권이 발동가능하다. 단, 강제실시권을 발동하여 생산한 제품은 주로 국내 시장공급에만 사용하며, 권리자에게는 적절한 보상을 필요로 한다.

6) 집적회로(IC) 배치설계(제35조~제38조)

집적회로에 대한 1989년 워싱턴조약 내용의 대부분을 수용하고, 배치설계, 배치설계가 포함된 집적회로 또는 이것이 내장된 제품도 보호대상으로 포함한다. IC 배치설계권을 침해한 줄 모르고 IC칩을 구매한 사람이 제조·유통·수출하는 행위는 불법이 아닌 것으로 간주하여 선의의 구매자에 대한 보호를 규정하고 있다. 단, 권리자가 침해사실을 선의의 구매자에게 통보한 이후에는 이러한 행위를 하는 것이 불법이나 이런 경우에도 기 주문품과 재고품은 합리적인 사용료를 지급한 후 계속 이용가능하다. 배치설계에 대해서는 특허권과 유사한 강제실시권가 발동가능하며, 배치설계는 등록출원일 또는 최초의 상업적 이용일로부터 최소 10년간 보호한다.

7) 미공개정보의 보호(제39조)

불공정 경쟁행위를 방지하는 과정에서 비밀인 것, 상업적 가치를 갖는 것, 권리자가 비밀로 유지하기 위한 합리적인 조치를 취한 요건을 갖춘 정보는 보호한다. 또한 의약품 또는 농약품 판매허가시 제출된 미공개 실험결과를 불공정한 상업적 사용으로부터 보호한다.

8) 사용허가(licence) 계약에 있어서 반경쟁 관행의 통제(제40조)

관련시장의 경쟁에 부정적 영향을 주는 지적재산권의 남용을 구성하는 사용허가 계약을 방지, 통제하기 위한 조치가 가능하며, 상대국 국민이 자국의 반경쟁 관행 통제 법률을 위반하였을 경우 협의 요청가능하다.

(4) 지적재산권의 시행(제41~61조)

각국은 효과적이고, 공정하며, 공평한 ① 침해금지명령, 손해배상, 침해상품의 처분·폐기 등 민사적·행정적 절차, ② 지적재산권의 침해발생 방지 또는 증거보전을 위한 잠정조치, ③ 저작권 및 상표권 침해상품에 대해서는 세관당국에 의한 반출의 정지를 청구할 수 있는 국경조치, 동 국경조치는 특허, 의장, 배치설계, 미공개정보 등 기타 지적재산권에 대해서도 적용가능하며, 기타 지적재산권에 대해 국경조치를 발동할 경우 수출입업자를 보호하기 위해 공탁금 예치 후 통관 허용, ④ 고의로 상표 또는 저작권을 상업적 규모로 침해하는 경우에 적용될 형사 절차와 처벌과 같은 시행절차를 마련해야 한다. 단, 이러한 절차가 무역에 장애가 되거나 남용되어서는 안 된다

(5) 지적재산권의 취득, 유지 및 관련 당사자 간 절차(제62조)

지적재산권의 취득 또는 유지는 합리적 절차 및 형식의 준수가 필요하고, 합리적 기간 내 허용 보장한다. 각종 이의제기, 취소 및 폐지절차는 공정하고 공평하게 규율

한다.

(6) 분쟁의 방지 및 해결(제63~64조)

각 회원국은 자국의 관련법령, 사법적 판결 및 행정 결정에 대한 투명성을 보장한다. 관련법령을 자국 내에서 공표 또는 공개하고, 지적재산권 위원회에 통보한다. 지적재산권에 관한 분쟁해결은 WTO의 분쟁해결절차를 적용한다.

(7) 경과조치(제65~67조)

각국의 경제발전 단계별로 협정발효부터 협정내용 이행까지 선진국은 1년, 계획경제로부터 시장경제로 이행 중인 국가를 포함한 개도국은 5년, 최빈개도국은 11년의 경과기간을 부여한다.

(8) 제도규정, 최종조항(제68조~제73조)

무역관련 지적재산권협정의 운영을 위해 무역관련 지적재산권위원회를 설치하며, 지적재산권위원회는 5년 경과기간 종료 후 협정의 이행을 검토, 그 후에는 2년마다 협정을 검토한다. 협정 발효일에 존재하는 기존대상물에도 지적재산권협정의 규정을 적용하며, 특히 저작물 및 음반에 대하여는 베른협약에 따른 원칙적 소급보호를 부여한다. 단, 국가안보를 위한 예외조치를 허용한다.

사례연구

미국과 인도의 의약품 및 농화학제품에 대한 특허보호 분쟁

Ⅰ. 사례개요

인도는 의약품 및 농화학물질에 대한 물질특허 보호규정을 공표되지 아니하고 인도 특허법에 위반한 행정규칙에 두게 되었고, 미국은 이에 대해 이러한 인도의 조치는 특허의 대상이 되지만 아직 개발되거나 시판되지 아니한 의약품 등에 대한 보호를 의미하는 파이프라인 보호규정(TRIPS 제70조 제8항 및 제9항)을 위반하는 것이라고 패널에 제소하였고, 절차진행 중 예비적으로 인도의 이러한 행정규칙에 의한 특허 출원의 보호는 투명성 원칙(제63조)에 위배하는 것이라고 주장하였다. 이에 대하여 인도는 투명성 원칙에 대한 예비적 주장은 너무 늦은 시기에 제출된 주장으로 패널의 위임사항이 아니며, 이행방법의 권고 또한 패널의 위임사항이 아니므로 각하할 것을 요구하였고, 인도가 위 규정상의 의무에 위반한 사실을 부인하였다.

그러나 패널은 인도가 제70조 제8항, 제9항 상의 의무를 위배하였으며, 미국의 제63조 투명성 의무의 주장은 별개의 독립된 주장이 아니라 인도의 반론에 대한 직접적 답변이므로 패널의 위임사항에 포함되며 또한 패널은 임의적으로 이행방법을 권고할 수도 있으므로 이는 각하할 것은 아니라고 하였다.

이에 대해 항소기구는 인도의 제70조 제8항, 제9항의 의무위반은 인정하였으나 패널의 협정 해석기준에 오류가 있었다고 밝히고, 또한 패널이 DSU의 실체 규정을 변경할 수는 없다는 이유로 늦은 시기에 제출된 투명성의 원칙은 패널의 위임사항이 아니라고 결론지었다.

인도의 의약품 및 농화학제품에 대한 특허보호 분쟁 사례는 TRIPS 제64조 제1항에서 동 협정에 특별한 규정이 있는 경우를 제외하고는 TRIPS 관련분쟁을 GATT 제22조, 제23조의 규정에 의하도록 하고 있는 바, 이 규정에 의해 TRIPS관련 분쟁이 최초로 WTO분쟁해결 절차에 회부된 사례라는 데 그 의의가 있다.

제63조(투명성)

1. 이 협정의 대상(지적재산권의 취득가능성, 범위, 취득, 시행 및 남용의 방지)에 관하여 회원국이 시행하는 법과 규정, 그리고 일반적으로 적용되는 최종사법판결이나 행정결정은 회원국 정부 및 권리자가 그 내용을 알 수 있도록 하는 방법으로, 자기나라 언어로 공표되며, 이러한 공표가 실제적으로 가능하지 아니한 경우에는 공개적으로 입수가능하도록 한다. 이 협정의 대상에 관한 회원국의 정부 혹은 정부기관 간에 시행되는 협정도 공표된다.
2. 회원국은 무역관련지적재산권위원회가 이 협정의 운영을 검토하는 것을 지원하기 위해 제1항에서 언급된 법과 규정을 동 위원회에 통보한다. 동 위원회는 이 의무를 수행함에 있어서 회원국에 대한 부담을 최소화하도록 노력하며, 세계지적재산권기구와 이러한 법과 규정을 포함하는 공동 등록소를 설치하는 데 합의할 경우, 지적재산권위원회에 직접 이러한 법과 규정을 통보하는 의무를 면제하는 결정을 할 수 있다. 동 위원회는 또한 이와 관련하여 파리협약(1967년) 제6조의 3의 규정에 근거한 이 협정상의 통보의무와 관련된 모든 조치를 고려한다.
3. 각 회원국은 다른 회원국으로부터의 서면요구에 대하여 제1항에 언급된 종류의 정

보를 제공할 준비가 되어 있어야 한다. 지적재산권분야에 있어서 특정한 사법판결이나 행정결정 또는 양자협정이 이 협정에 따른 자기 나라의 권리에 영향을 미친다고 믿을만한 이유가 있는 회원국은 또한 서면으로 이러한 특정한 판결, 행정결정 또는 양자협정에 접근할 수 있도록 또는 충분히 상세한 정도로 정보를 제공하도록 요구할 수 있다.

4. 제1항에서 제3항까지의 어느 규정도 회원국에게 법의 집행을 방해하거나 달리 공익에 반하거나 또는 특정한 공기업 또는 사기업의 정당한 상업적 이익을 저해할 비밀정보의 공개를 요구하는 것은 아니다.

제70조(기존 대상물의 보호)

7. 등록이 보호의 조건인 지적재산권의 경우, 당해 회원국에 대한 이 협정적용일 현재 계류 중인 출원은 이 협정의 규정에 의한 강화된 보호신청을 위해 수정할 수 있도록 허용된다. 이러한 수정은 새로운 대상을 포함할 수 없다.

8. 세계무역기구협정 발효일 현재, 회원국이 제27조에 의한 의무에 부합되는 의약 및 농약물질에 대한 특허보호를 허용하지 아니하는 경우, 동 회원국은
   가. 제6부의 규정에도 불구하고, 세계무역기구협정의 발효일로부터 이러한 발명에 관한 특허출원을 할 수 있는 수단을 제공하고,
   나. 이 협정 적용일자 현재 이 협정에 규정되어 있는 특허가능기준을 동 기준이 회원국에 출원된 날짜에 적용되고 있는 것처럼 또는 우선권 주장이 가능하여 이 우선권이 주장되는 경우에는 우선권 주장일에 적용되고 있는 것처럼 이 출원에 적용하며,
   다. 이들 출원 중 나호에 언급된 보호기준을 충족하는 출원에 대해, 특허부여일로부터 그리고 이 협정 제33조에 따라 출원일로부터 기산되는 특허기간의 잔여기간 동안 이 협정에 따른 특허보호를 부여한다.

9. 제8항 가호에 따라 물질이 일방회원국 내에서 특허출원의 대상이 되는 경우, 제6부의 규정에도 불구하고, 그 회원국 내에서 판매허가를 득한 후 5년간 또는 그 회원국내에서 물질특허가 부여되거나 거절된 시기까지 중 짧은 것으로 동 시기까지 배타적인 판매권이 부여된다. 단, 세계무역기구협정의 발효 이후, 다른 회원국 내에서 그 물질에 대한 특허가 출원되고, 특허가 부여되고, 동 다른 회원국 내에서 판매허가를 득한 경우에 한한다.

Ⅱ. 진행과정

의약품 및 농화학제품에 대한 특허보호 분쟁은 당사국으로 미국이 제소국, 인도가 피제소국, 그리고 EC가 제3참가국이었다. 1970년 인도 특허법 제5절은 식품이나 의약품으로 사용될 목적으로 생산되거나 사용될 수 있는 물질에 관하여는 물질특허는

허용하지 아니하고, 단지 이러한 물질들에 대한 제법특허(The method or process of manufacture patents)만을 허용하고 있었다. 그러므로 인도는 이 사안에서는 적용될 수 없는 제27조 제3항의 특정의 예외규정과 TRIPS 제65조 4항과 제70조 8항의 경과규정에 해당하는 경우를 제외하고는 어떠한 발명(물질의 제법을 포함한 모든 기술적 분야(in all fields of technology)에 대해서도 특허가 허용되도록 한 TRIPS 제27조에 부합하는 의약품 및 농화학물질에 대한 특허보호의무를 이행하지 아니한 것이다.

제27조(특허대상)

1. 제2항 및 제3항의 규정을 조건으로 모든 기술분야에서 물질 또는 제법에 관한 어떠한 발명도 신규성, 진보성 및 산업상 이용가능성이 있으면 특허획득이 가능하다(Re.5). 제65조 제4항, 제70조 제8항 및 이 조의 제3항을 조건으로 발명지, 기술분야, 제품의 수입 또는 국내생산 여부에 따른 차별 없이 특허가 허여되고 특허권이 향유된다(Remark 5). 이 조의 목적상 진보성, 산업상 이용가능성이라는 용어는 회원국에 의해 각각 비자명성, 유용성이라는 용어와 동의어로 간주될 수 있다.
2. 회원국은 회원국 영토 내에서의 발명의 상업적 이용의 금지가 인간, 동물 또는 식물의 생명 또는 건강의 보호를 포함, 필요한 경우 공공질서 또는 공서양속을 보호하거나, 또는 환경에의 심각한 피해를 회피하기 위하여 동 발명을 특허대상에서 제외할 수 있다. 단, 이러한 제외는 동 이용이 자기 나라 법에 의해 금지되어 있다는 이유만으로 취해서는 아니 된다.
3. 회원국은 또한 아래 사항을 특허 대상에서 제외할 수 있다.
   가. 인간 또는 동물의 치료를 위한 진단방법, 요법 및 외과적 방법
   나. 미생물 이외의 동물과 식물, 그리고 비생물학적 및 미생물학적 제법과는 다른 본질적으로 생물학적인 식물 또는 동물의 생산을 위한 제법. 그러나 회원국은 특허 또는 효과적인 독자적 제도 또는 양자의 혼합을 통해 식물변종의 보호를 규정한다. 이 호의 규정은 세계무역기구협정의 발효일로부터 4년 후 재검토된다.

1994년 12월 31일 인도 의회가 휴회 중인 동안 인도 대통령은 TRIPS 제70조 제8항과 제70조 9항에 부합하도록 1994년 수정특허법을 공표하였다. 수정특허법은 의약품 등으로 사용될 수 있는 물질 그 자체에 대한 물질특허를 내용으로 하고 있다. 이 법은 1970년 인도 특허법 제5절 및 제12절의 규정에도 불구하고 이러한 물질과 그에 따르는 제법에 대하여 특허청에 의한 특허가 허용되도록 하였다. 또한 이 법은 이 규정이

적용되는 특허물질에 관하여 일정한 조건하에서 배타적 판매권을 부여하도록 하였다. 이 수정특허법은 TRIPS 이사회에 통보되었다.

이 조례는 인도헌법 제123조에 의거한 것으로 회기 중이 아닌 경우 대통령이 임시적인 조치를 취하는 것이 요구되는 때 대통령에게 입법권이 주어지고 이 권한에 의한 입법은 국회 소집 후 6주 후에는 그 효력을 상실하도록 되어 있다. 이에 의해 위 조례는 1995년 3월 26일 그 효력을 상실하였고 인도 행정부는 위 조례에 관한 법률안을 의회에 제출하였으나 1996년 5월 10일 의회의 해산으로 무효화되었다. 결국 위 조례의 폐지는 공표되지도 아니하였고, TRIPS 이사회에 통보되지도 않았다.

현재 인도는 1970년 인도 특허법에 의하면 허용되지 아니하는 의약품 및 농화학물질에 대한 특허출원과 그 처리를 공표되지 않은 행정규칙(Administrative practice)에 의하여 허용하고 있다. 1995년 1월 1일부터 1997년 2월 15일 사이에 총 1,339건의 의약품 및 농화학물질 특허출원이 받아들여졌고, 인도는 이러한 일련의 출원행위 및 그 처리는 TRIPS 제70조 제8항과 제70조 제9항에 부합하는 의무이행을 위한 것이라고 주장한다. 현행 인도법령에 의하면 절차적으로나 실체적으로(특허출원이 TRIPS 제70조 제8항의(mail box 출원) 적용 하에서 제70조 제9항에 규정된 보호를 받을 적격이 있다 할 것이므로) 배타적 판매권을 부여하는 법적 근거는 없으며, 인도정부에 배타적 시장권리의 부여가 요청된 경우는 없었다.

Ⅲ. 주요 쟁점

1. 당사국의 주장

(1) 미국의 주장

① 인도는 TRIPS가 규정한 경과기간 중 의약품 및 농화학물질의 보호를 위한 제도수립을 하도록 한 제70조 제8항의 의무에 위반하였다.

② 그러한 제도는 그 경과기간 동안 mail box가 유지되었더라면 특허를 출원하였거나 출원하려고 했었을 사람들이 부여받을 수 있었던 특허부여일(the filing date)을 보장받을 수 있도록 되어야 한다.

③ 인도는 제70조 제8항에 의한 특허출원에 관하여 제63조의 투명성의 원칙에 위반하였다.

④ 인도는 1995년 1월 1일 이후 발생한 제70조 제9항에 의한 배타적 판매권부여제도의 수립의무를 위반하였다.

⑤ 패널은 인도에 대해 제70조 제9항의 배타적 판매권의 규정하에서 특허권자의 경쟁자들이 특허권자의 동의 없이 시장에 개입할 수 없도록 하는 조치를 함으로써 GATT상의 의무이행에 부합하도록 권고하여야 할 것이다.

⑥ 패널은 인도에 대해 파키스탄이 이러한 의무를 이행하기 위해 시행한 조치와 유사한 방법으로 의무를 이행할 것을 권고하여야 한다.

(2) 인도의 주장

① 인도의 의약품 및 농화학물질에 대한 특허출원방법은 TRIPS 제70조 제8항에 부합한다.

② 인도는 특정 물질이 권리보호의 제반 요건을 충족시키기 전에 제70조 제9항의 배타적 판매권을 제도적으로 확립할 의무는 없다.

③ 미국의 주장 중 ②와 ⑤는 DSU제 19조에서 패널이 특정 조치에 대하여 적법성 판단을 하도록 한 것에 위반하여 피제소국에게 의무이행의 방법을 주장한 것으로 이는 패널의 판단대상, 즉 위임사항이 아니다.

④ 미국의 주장 중 ③과 ⑥은 각하되어야 한다. 당사국의 실체적 주장은 최초 준비서면 제출시기 이후에는 예비적으로 또는 선택적으로도 제기되어서는 아니 되며, 이러한 주장들은 패널의 위임사항의 범위에 포함되어서는 아니 된다.

⑤ 제63조의 투명성의 원칙은 제65조 제2항의 경과기간 규정에 의해 인도에서는 2000년 1월 1일 이후에야 적용된다. 또한 기존의 특허출원의 방법들은 1970년 인도 특허법에 그 법적 기초를 갖는다.

2. 주요 쟁점

(1) 절차적 쟁점 – 패널의 위임사항(Terms of Reference)

1) 주장의 제출시기의 문제 – 투명성의 원칙에 관하여

본 사안에서 미국이 예비적 주장으로서 제출한 제63조의 투명성 원칙은 패널구성 요구서에서 언급되지도 않았고, 또한 최초의 준비서면(The first written submission)에서도 주장되지 않았으며, 미국이 상기 ⑥에서 주장한 이행권고의 요구는 패널의 최초 실체 협의 중 변론과정에서 처음으로 제기되었던 바, 당사국의 주장들은 적어도 최초의 준비서면 제출 시까지는 제기되어져야 함에도 이에 반하여 응소국에게 불리하도록 늦은 시기에 제출된 이러한 주장이 패널의 위임범위에 해당하는가의 여부가 문제된다.

2) 이행권고의 요구가 패널 위임사항이 될 수 있는가의 문제

미국의 주장 중 ②와 ⑤에서와 같이 제소국이 특정한 의무이행방법을 패널이 피제소국에게 권고하도록 요구할 수 있는가의 문제, 즉 이러한 이행권고가 패널의 위임사항에 해당하는가 여부가 문제되었다.

(2) 실체적 쟁점

1) 협정의 해석

패널은 이 사건의 실체적 쟁점이 되는 규정들을 해석함에 있어서 문언, 문맥뿐만 아니라 규정의 목적에 부합하도록 신의성실의 원칙에 입각한 해석을 하여야 할 것이라고 하고, 이때의 신의성실의 원칙은 곧 회원국의 정당한 기대를 보호하기 위한 것이라고 함으로써 제70조 제8항, 제9항, 제63조 등을 해석함에 있어서 정당한 기대개념을 도입하였다. 그러나 패널의 이러한 해석 기준에 대하여 인도는 정당한 기대개념은 비위반제소 부분에서 발전된 개념으로 협정위반이 문제가 된 경우에도 이를 도입하는 것은 부당한 것이라고 항소심에서 이의를 제기하였다.

2) TRIPS 제70조 제8항의 위반

① 제70조 제8항

회원국이 WTO 설립협정 발효일 현재 제27조의 의무에 부합되는 의약품 및 농화학물질에 대한 특허보호를 허용하고 있지 아니한 경우에도 동 회원국은 (a) 제6부의 규정에도 불구하고 WTO 설립협정의 발효일로부터 이러한 발명에 관한 특허출원을 할 수 있는 수단을 제공하여야 한다. (b) 동 협정 적용일자 현재 동 협정에 규정되어 있는 특허가능 기준을 동 기준이 이 회원국에 출원된 날짜에 적용되고 있는 것처럼 또는 우선권 주장이 가능하여 이 우선권이 주장되는 경우에는 우선권 주장일에 적용되고 있는 것처럼 이 출원에 적용하여야 한다. (c) 이들 출원 중 b호에서 언급된 보호기준을 충족하는 출원에 대해서는 특허부여일로부터, 그리고 동 협정 제33조에 따라 출원일로부터 기산되는 특허기간의 잔여기간 동안 동 협정에 따른 특허보호를 부여하여야 한다.

② 패널은 인도가 이와 같은 규정에 위반하였는가를 판단하기 위해서 우선 위 규정에 합치되는 의무이행에 대한 기준을 제시할 필요가 있었다.

③ 미국은 인도가 위 규정에 합치되는 의무이행을 위해서는 법률적 근거를 마련하

여야 하고 행정규칙(Administrative practice)은 적법한 이행수단이 될 수 없다고 주장하였는바 패널이 인도에게 반드시 행정규칙이 아닌 법률적 근거를 마련하도록 권고해야 하는가, 즉 행정규칙이 적절한 의무이행수단이 될 수 없는가도 논의되었다.

3) TRIPS 제63조 투명성의 원칙 위반의 문제

① 제63조 : 투명성의 원칙

② 미국은 인도가 제70조 제8항을 위반하지 않았다고, 즉 유효한 특허출원제도를 유지하고 있다고 패널이 판단할 것을 대비하여 예비적으로 이 주장을 제기하였다.

③ 즉, 인도가 행정규칙에 의해 유효한 특허출원제도를 유지한다고 하더라도 그러한 행정규칙은 제63조 제1항에서 규정하는 적절한 공표가 있었다고 볼 수 없고 또한 이러한 행정규칙은 인도 특허법 1970 제5부에 반하는 규정을 포함하고 있어 유효한 것이라고 볼 수 없으므로 투명성 이행의무에 위반한 것이라고 주장하였다.

4) TRIPS 제70조 제9항 : 배타적 판매권(Exclusive marketing right) 위반문제

① 제70조 제9항

제8항 a호에 의해 물질이 일방회원국 내에서 특허출원의 대상이 되는 경우, 제6부의 규정에도 불구하고 그 회원국 내에서 판매허가를 얻은 후 5년간 또는 그 회원국 내에서 물질특허가 부여되거나 거절된 시기까지 중 짧은 것으로 동 시기까지 배타적인 판매권이 부여된다. 단, 이는 WTO 설립협정 발효일 이후 다른 회원국 내에서 그 물질특허가 출원되고, 특허가 부여되고, 동 다른 회원국내에서 판매허가를 얻은 경우에 한한다.

② 인도에는 배타적 판매권을 인정할 법적 근거가 없다. 그러나 배타적 판매권의 요구가 없는 경우에도 이에 대한 법적 근거가 아직 제도적으로 마련되어 있지 아니하다는 것이 의무위반에 해당하는지가 문제되었다. 패널은 이러한 경우가 의무위반에 해당한다고 판단하기 위해서는 독점적 판매권의 보호를 적법하게 이행하는 것에 대한 기준을 제시하여야 했다. 특히 이 사안에서는 그 시작 기준이 문제가 되었다.

3. 패널의 판정

패널은 인도가 TRIPS 제70조 제8항 (a)에 대하여 예비적으로 제63조에 위반하고, 배타적 판매권을 규정한 제70조 제9항도 위반하였다고 판단하였다. 그러나 인도는 ① TRIPS 협정해석에 있어 '회원국의 정당한 기대'를 반드시 고려해야 하는지 여부, ② TRIPS 제70조 제8항 (a)의 회원국은 의약, 농화학물질의 특허출원 방법을 제공해야 한다는 것의 의미는 무엇인가, 즉 인도가 그를 위한 법적 근거를 구비하고 있는지 여부, ③ 패널이 인도 국내법을 잘못 판단했는지, 입증책임의 부담, 제70조 제8항 (a)의 이해의무가 있는지 여부에 잘못 판단한 것이 있는지 여부, ④ TRIPS 제70조 제9항의 발효 시부터 배타적 판매권을 부여하는 체제를 요구하는지 여부, ⑤ 패널의 위임사항과 관련하여 패널이 TRIPS 제70조 제8항에 관한 주장을 인용한 후, 예비적 주장인 TRIPS 제63조의 결론을 내는 데 잘못이 있었는지 여부 등에 관한 쟁점에 의문을 제기하며 항소하였다. 이에 상소기구에서는 인도는 TRIPS 제70조 제8항 (a)와 제70소 제9항에 위반하였으나 제63조 투명성의 원칙은 위임사항에 해당하지 않으므로 이에는 위반하지 않았다고 판정하였다.

Chapter

17

분쟁해결 및 절차에 관한 양해각서 협정의 이해

Chapter 17

분쟁해결 및 절차에 관한 양해각서 협정의 이해

1. 개요

분쟁을 해결할 수 있는 수단 없이 규범에 기초한 체제는 그 규범을 집행할 수 없기 때문에 무용지물이라 할 수 있다. 이러한 의미에서 WTO 분쟁해결절차는 법의 규칙을 강조하고 더욱 안정적이고 예측가능한 교역체제를 제공해 준다.

WTO의 분쟁해결절차를 규정하는 협정은 「분쟁해결 규칙과 절차에 관한 양해각서」(DSU : Understanding on Rules and Procedures Governing the Settlement of Disputes)이다. 이 양해각서는 총 27개 조항 및 4개의 부속서로 구성되어 있다. 제1조는 적용범위, 제2조는 시행기구인 분쟁해결기구(DSB : Dispute Settlement Body)의 설립, 제3조는 일반규정을 규정하고, 제4조부터는 해결절차에 관하여 규정하고 있다. 부속서 1은 이 규정이 적용되는 협정의 목록을 마련하였고, 부속서 2는 협정대상에 포함되는 특별 또는 추가 규칙 및 절차에 관하여, 부속서 3은 작업절차, 부속서 4는 전문가검토그룹에 관하여 규정하고 있다.

DSU에 나타난 WTO의 분쟁해결 특성은 과거 GATT체제에서는 분쟁해결에 관하여 GATT 규범 제22조와 제23조의 2개 조항만 있었으나 DSU에서는 분쟁해결 및 절차에 관하여 상세히 규정하고 있다.

DSB는 WTO의 분쟁해결을 시행하기 위하여 DSU에 의하여 새로이 설치된 기구로서 DSB는 WTO의 모든 회원국으로 구성되기 때문에 WTO의 일반이사회의 구성원들이 DSB를 구성하게 된다. 기존의 GATT 분쟁해결은 여러 개의 위원회와 이사회가 관련 분쟁을 단편적으로 다루어 왔는데 WTO의 분쟁해결은 모든 분쟁을 취급할 뿐만 아니라 패널(Panel)의 설치, 보고서 채택, 권고와 판정의 이행에 관한 감시, 보복조치의 허가 등 모든 기능을 수행하는 일관된 체계를 갖추고 있다. 또한 WTO는 분쟁해결기구와 별도로 상소기구(Appellate Body)를 설치하여 상소를 심의하게 된다. 상소기구는 7명으로 구성되며 이 중 3명이 구체적인 분쟁사건의 심리를 진행한다.

분쟁해결기구는 분쟁해결과 관련하여 매우 광범위한 기능을 수행한다. 대상협정은 상품무역뿐만 아니라 서비스, 지적재산권 등 모든 다자간 무역협정이 포함된다. 그리고 분쟁해결과 관련하여 패널의 설치, 구성, 보고서 채택, 결정 및 권고의 이행 감시, 허가 및 기타 의무 정지 허가 등 분쟁해결기관의 설치, 구성에서 분쟁해결의 진행, 그 결과의 이행 등 모든 것을 담당하고 있다.

2. 협정의 주요 내용

(1) 협정의 구성

분쟁해결협정(DSU)은 총 27개 조항 및 4개의 부속서로 구성되어 있다.

(2) 적용범위(제1조 및 부속서 1, 2)

WTO 설립협정 및 이에 부속된 다자간 무역협정상의 모든 분쟁해결에 적용한다. 반덤핑협정(AD), 기술장벽협정(TBT), 보조금 및 상계조치협정(SCM) 등에 별도로 규정된 분쟁해결절차는 본 분쟁해결 양해에 의한 분쟁해결절차의 특별 또는 추가적인 규칙과 절차에 따를 것을 조건으로 적용된다. 복수국 간 무역협정의 경우 동 협정회원국들이 분쟁해결절차를 결정하며, 동 결정에 의하여 WTO 분쟁해결절차의 적용이 가능하다.

(3) 분쟁해결기구(Dispute Settlement Body)의 설치(제2조)

DSB는 패널설치, 패널 및 상소기구보고서의 채택, 판정 및 권고의 이행상황 감독, 보복조치에 대한 허가 등의 권한을 보유하며 실질적으로는 WTO 일반이사회가 DSB로 기능을 담당하고 의사결정은 컨센서스(전원합의)에 의한다. DSB에 의한 분쟁해결절차는 협의단계, 제소단계, 상소단계, 집행단계의 4단계로 나누어진다.

(4) 일반규정(제3조)

분쟁해결제도의 목표는 분쟁에 대한 긍정적 해결책의 확보에 있다. 따라서 상호 수락할 수 있는 해결책이 선호되어야 한다. 상호 합의된 해결책이 없을 경우 협정에 부합하지 않는 조치의 철회가 분쟁해결제도의 첫 번째 목표이며 그러한 조치의 즉각적인 철회가 어려울 경우 잠정조치로서 보상을 제공하고 관련 협정상의 양허나 기타의무의 정지는 최후의 구제수단이다. 본 양해는 세계무역기구의 발효일 이후에 이루어진 새로운 협의요청에 대해서만 적용하며 세계무역기구 발효일 이전에 협의요청이 이루어진 분쟁의 경우 과거의 분쟁해결절차가 적용한다.

(5) 협의(제4조)

협의요청이 있을 때는 10일 이내에 동 요청에 답변하고 30일 이내에 협의 개시하여야 한다. 타방의 협의거부 또는 60일 이내 분쟁해결 실패시 패널 설치 요구가 가능하다. 제3국이 협의 참여 희망시 10일 이내에 동 의사를 협의당사국 및 DSB에 통고하여야 한다.

(6) 주선, 조정 및 중개(제5조)

주선, 조정 및 중개는 분쟁당사국이 합의할 경우 시간에 구애됨이 없이 분쟁해결절차의 전 기간에 걸쳐 자발적으로 개시 및 종료가 가능하다.

(7) 패널(제6조~제16조)

1) 패널의 설치

DSB에 패널(Panel) 설치요청이 상정되면 패널설치가 컨센서스(consensus)에 의해 부결되지 않는 한 패널이 설치된다. 패널은 5인으로 구성키로 합의되지 않는 한 3인으로 구성된다. 사무국이 패널위원의 지명을 제안하며, 분쟁 당사국은 불가피한 사유(compelling reasons)가 없는 한 동 지명을 수락할 의무가 있으며 선진국과 개도국간 분쟁시 개도국이 요청하는 경우 패널위원 중 적어도 1인은 개도국 인사를 포함하여야 한다.

패널 설치 후 20일 이내에 패널위임사항(terms of reference) 설정하고, 이해관계가 있는 제3국은 패널에 참여, 의견을 제시할 기회를 보유할 수 있으며 제소국이 다수일 경우에도 단일패널 설치가 가능하다.

2) 패널절차

분쟁당사자가 상호 만족할만한 해결책을 강구하는 데 실패하는 경우 패널은 조사결과를 서면보고서로 분쟁해결기구에 제출한다. 패널조사는 패널구성 및 위임사항 등에 관한 합의시점으로부터 최종보고서가 분쟁당사국에 제시되는 시점까지 원칙적으로 6개월 초과가 불가하다. 긴급한 경우 3개월 내에 완료되어야 하며, 불가피하게 연기되는 경우에도 9개월 초과 불가하다.

패널조사 과정에서 과학적·기술적 사안에 관한 검토를 위해 전문가검토그룹의 보고를 청취하며 패널심의는 비공개로 한다. 패널은 최종보고서 제출이전 분쟁당사국에 잠정보고서를 제시하여 일정기간 내에 견해 표명기회를 부여받는다(잠정 검토단계 설정).

3) 패널보고서의 채택

DSB는 회원국에 패널 최종보고서를 배부하고 20일 이상 검토기간을 부여한다. 일방 당사국이 DBS에 공식적으로 상소의사를 통보하거나 DSB가 컨센서스에 의해 패널보고서를 채택하지 않기로 결정하지 않는 한 동 보고서는 배부일로부터 60일 이내에 자동 채택된다.

(8) 상소심의(제17~19조)

상소업무를 관장하는 상설상소기구(Appellate Body)를 설치하고, 위원은 7인으로 구성하며, 그 중 3인이 특정 사안을 심의한다. 제3국이 아닌 분쟁당사국 일방만이 패널의 결정에 대해 상소가 가능하며 상소는 패널보고서상의 법률문제 및 패널에서 제기된 법률 해석에만 국한된다.

일반 당사국에 의한 상소의사의 공식 통보일로부터 상소기구에 의한 판정일까지는 원칙적으로 60일을 초과할 수 없으며, 어떠한 경우에도 90일 초과가 불가하다. 상소기구 보고서는 DSB가 채택하지 않을 것을 컨센서스에 의해 결정하지 않는 한 회원국들에게 배포된 후 30일 이내에 자동 채택되며 분쟁당사국은 동 보고서를 무조건 수락해야 한다.

(9) 분쟁해결기구의 결정시한(제20조)

원칙적으로 패널 설치일로부터 패널 또는 상소보고서의 채택을 심의하기까지는 상소하지 않는 경우 9개월, 상소하는 경우에는 12개월 초과가 불가하다.

(10) 권고 및 판정의 이행(제21조)

DSB의 패널 · 상소기구 보고서 채택 후 30일 이내에 분쟁당사국은 권고 및 결정의 이행의사를 통보해야 한다. 필요시 합리적 이행기간의 제시는 가능하나 패널설치일로부터 이행기간 종결까지 원칙적으로 15개월 초과가 불가하다. DSB는 채택된 권고나 결정의 이행을 계속해서 감시할 의무 부담을 갖는다.

(11) 보복조치(보상 및 양허의 정지)(제22조)

보상 및 양허나 기타 의무의 정지는 권고 및 결정사항이 이행되지 않을 경우 DSB의 승인을 받아 임시조치를 취할 수 있으며 DSB는 제소국의 요청을 기각할 것을 컨센서스에 의해 결정하지 않는 한 합리적 이행기간의 종료 후 30일 이내에 이를 승인하여야 한다.

보복은 동일한 분야에 우선적으로 적용하고 침해수준과 동등한 수준으로 적용하며 교차보복(cross retaliation)이 허용된다. 즉, 동일분야 적용이 비현실적이거나 효과적이지 못한 경우 여타 분야에도 적용이 가능하다.

(12) 다자간체제의 강화(제23조)

회원국이 관련 협정상의 의무위반이나 이익침해 등의 행위를 시정하고자 할 때 본 양해상의 분쟁해결 규칙과 절차를 따를 것을 의무화하여 회원국의 일방적 조치를 억제한다.

(13) 중재(제25조)

분쟁당사국의 상호 합의하에 중재의뢰를 허용한다.

(14) 협정상의 규정을 위반하지 않은 사안에 대한 분쟁(제26조)

협정상의 규정을 위배하지 않은 특정 조치로 인한 분쟁의 경우 패널이나 상소기구는 관련 회원국에게 상호 만족할 만한 조정(mutually satisfactory adjustment)을 하도록 권고한다.

(15) 최빈 개도국에 대한 특별절차(제24조)

분쟁해결절차의 모든 단계에서 최빈 개도국의 특수상황을 특별히 고려하고 제소국은 보상, 양허의 정지, 기타 의무적용의 정지요청을 자제하여야 한다.

Chapter 18

무역정책검토제도의 이해

1. 개요
2. 협정의 주요 내용

Chapter 18

무역정책검토제도의 이해

1. 개요

무역정책검토제도(TPRM : Trade Policy Review Mechanism)는 우루과이라운드 GATT 기능상화분야 협상에서 조기 합의됨에 따라 1989년 4월 GATT 이사회의 결정에 따라 1989년 12월부터 시행 중에 있다. 무역정책검토제도는 회원국의 무역정책에 대한 정기적인 검토를 통하여 개별국가의 무역정책 및 관행의 명료성을 높이고 이해증대를 도모하려는 데 목적이 있다. 무역정책검토제도는 개별국가의 정책방향을 제어함으로써 국제무역환경이 보호무역주의 추세로 가지 않도록 하는 데 중요한 역할을 수행하게 된다.

무역정책 검토업무를 실질적으로 담당하는 기관으로서 무역정책검토기구(TPRB : Trade Policy Review Body)를 설치하여 회원국의 무역정책을 검토하고 있다. 무역정책검토기구는 검토대상 회원국이 작성하여 제출한 보고서와 WTO 사무국이 수집한 정보를 기초로 작성한 보고서를 기본검토자료로 하여 시행된다. 무역정책검토기구는 다자간 무역체계에 영향을 미치는 국제무역환경의 진전에 대한 연례적인 검토를 하게 된다.

2. 협정의 주요 내용

(1) 협정의 구성

무역정책검토제도협정은 총 7개조로 구성되어 있다.

(2) 주요 내용

1) 목적(제1조)

다자간 무역협정(MTA)에 대한 준수를 확보하고, 회원국의 무역정책 및 관행에 대한 투명성 및 이에 대한 이해증진을 달성한다. 특정한 의무의 집행 또는 분쟁해결절차의 기초로 사용되거나 또는 회원국에게 새로운 정책약속을 부과하려는 의도는 아니다.

2) 국내적 투명성(제2조)

각 회원국은 무역정책사항에 대한 정부 의사결정의 투명성을 제고한다.

3) 검토기관 및 검토자료(제3~4조)

WTO 산하 무역정책검토기구(Trade Policy Review Body)가 검토 실시한다. 검토대상국 정부가 작성한 보고서와 WTO 사무국이 작성한 보고서를 기본 검토자료로 사용한다.

4) 검토대상국가 및 검토주기(제3조)

검토대상국의 무역규모에 따라 검토주기를 설정한다. 1~4위 교역국가인 미국, 일본, EC, 캐나다는 2년마다, 한국을 포함한 5~20위 교역국가는 4년, 기타국가는 6년을 주기로 각국의 무역정책을 검토한다. 최빈국가는 더 긴 기간을 설정할 수 있다. 예외적으로 어떤 국가의 무역정책이나 관행의 변경이 무역상대국에 중대한 영향을 미치는 경우에는 무역정책검토기구의 요청에 따라 차기 무역정책검토를 조기에 실시할 수 있다. 검토대상은 회원국의 관련 정책 및 관행을 포함하여 무역에 영향을 미치는 정책의 모든 요소이다.

5) 국제무역환경의 진전에 대한 검토(제7조)

무역정책검토기구는 다자간 무역환경의 진전에 대한 전반적인 연례 검토를 실시한다.

※ 사례연구

WTO 통상분쟁해결제도와 우리나라의 주요 통상분쟁사례

I. WTO 통상분쟁해결제도

1. 개요

WTO 통상분쟁해결제도는 각 회원국 사이에서 발생하는 통상분쟁에 대하여 다자간 국제규범의 적용을 보장함으로써 WTO 각종 협정의 권위를 강화하고, 효율성을 확보하는 수단이라고 할 수 있다. 즉, 어느 일방의 회원국(member)이 타 회원국의 조치로 인하여 WTO 협정하에서 자국에게 직접적으로 혹은 간접적으로 연관되는 이익의 침해를 받았을 경우, 해당 사안을 신속히 해결함으로써 WTO 협정의 효과적 능력 수행뿐만 아니라 회원국들의 권리와 의무 간의 적절한 균형을 유지해 주는 제도라 할 수 있다.

이렇듯 WTO체제와 GATT체제를 비교하여 본다면 WTO체제의 가장 큰 장점은 통상분쟁해결제도의 강화라고 할 수 있다. WTO체제가 종래의 상품무역에 관한 다자규범에 더하여 서비스무역과 무역관련 지적재산권에 관한 다자규범을 포괄함으로써 다자무역체제의 실체적 근간을 마련하였지만 무역에 있어서 회원국의 권리와 의무에 관한 분쟁이 공정하고 효과적으로 해결되지 않으면 WTO의 다자무역체제는 약화될 수밖에 없게 된다. 이러한 점에서 공정하고 효과적인 분쟁해결은 WTO체제의 원활한 발전에 중심적인 요소라 할 것이다.

WTO의 분쟁해결제도는 다자간 무역체제에 안정성과 예측가능성을 제공하는 핵심요소로서 WTO 협정하의 권리와 의무를 보존하고 기존의 제반 GATT 규범을 명확히 하고자 하는 데 그 의의가 있다고 하겠다. WTO 협정의 적용을 받는 분야에 있어서 협정상의 의무위반이 있는 경우에 대해서는 물론이고 협정을 위반하지 않는 조치라고 하더라도 그로 인하여 일방 회원국의 이익이 침해를 받은 경우에는 분쟁해결절차를 그의 광범위한 적용이 가능하다는 점이 특징이다.

따라서 WTO협정에 대한 신뢰도는 궁극적으로 분쟁해결절차의 효과적인 운영에 좌우된다 할 수 있으므로 다자간 무역체제에 대한 신뢰회복을 위해서도 분쟁해결절차의 중요성이 대단히 크다고 할 수 있다.

2. WTO 통상분쟁 해결절차

(1) 개요

WTO의 분쟁해결절차를 규정하는 협정은 「분쟁해결 규칙과 절차에 관한 양해각서」(DSU : Understanding on Rules and Procedures Governing the Settlement of Disputes)이다. 이 양해각서는 총 27개 조항 및 4개의 부속서로 구성되어 있다. 제1조는 적용범위, 제2조는 시행기구인 분쟁해결기구(DSB : Dispute Settlement Body)의 설립, 제3조는 일반규정을 규정하고, 제4조부터는 해결절차에 관하여 규정하고 있다. 부속서 1은 이 규정이 적용되는 협정의 목록을 마련하였고, 부속서 2는 협정대상에 포함되는 특별 또는 추가규칙 및 절차에 관하여 부속서 3은 작업절차, 부속서 4는 전문가검토그룹에 관하여 규정하고 있다.

WTO의 통상분쟁해결은 DSU에 근거하여 설립된 시행기구인 분쟁해결기구(DSB : Dispute Settlement Body)의 책임하에 있다. 다만 분쟁해결기구는 분쟁을 심의하기 위하여 전문가들로 구성된 패널을 설치하고 패널의 평결내용 또는 상소의 결과를 채택하거나 거부할 수 있는 권한만을 가지고 있다. 또한 분쟁해결기구는 패널의 판정결과 및 권고사항의 이행 여부를 감시하고, 분쟁에서 패소한 국가가 패널의 결정에 따르지 않을 때 보복조치를 승인할 수 있는 권한을 가지고 있다.

(2) 통상분쟁 해결절차

1) 제1단계(협의단계)

통상분쟁 당사국들이 어떠한 다른 조치를 취하기 이전에 그들 스스로 분쟁을 해결할 수 있도록 상호 간에 협의를 해야 한다. 협의 요청을 받은 당사국은 상호 간에 다른 합의가 없는 한 협의요청을 받은 후 10일 이내에 입장표명을 하여야 한다. 또한 분쟁당사국 간의 만족스러운 해결에 이르기 위하여 30일 이내에 성실하게 협의를 개시하여야 한다. 그러나 협의요청 후 10일 이내에 답변이 없거나 30일 이내에 협의가 개시되지 않을 경우 그리고 협의요청 후 60일이 지나도록 협의에 의한 분쟁이 해결되지 않을 경우 협의 요청국은 패널의 설치를 요구할 수 있게 된다.

2) 제2단계(제소단계 : 패널)

통상분쟁당사국 간의 합의에 실패한 경우 제소국은 패널의 설치를 요구할 수 있다. 패널의 구성은 협의가 실패한 후 제소국의 패널 설치 요청에 의하여 패널이 설치되어 45일 이내에 패널이 구성된다. 이때 중요한 것은 패널 설치시 분쟁당사국 중 피제소국이 패널설치를 거부할 때에는 패널이 설치되지 않는다는 점이다. 즉 피제소국은 패널설치를 한 차례 저지할 수 있다. 그러나 두 번째 패널설치 요청시 피제소국이 설치를 반대하더라도 패널은 설치되는데 이는 피제소국이 패널 설치를 더 이상 저지할 수 없다는 것이다.

패널(Panels)의 구성에 있어 패널은 재판소와 비슷하기도 하지만 좀 특수한 면을 지니고 있다. 패널리스트들은 대개 분쟁 당사국들과 협의를 통해 선출된다. 단 양측이 패널리스트의 선출에 합의하지 못하는 경우에만 예외적으로 WTO 사무총장이 임명하게 되어 있다.

패널은 서로 다른 국가의 3명 또는 5명의 전문가로 구성되며, 증거를 조사하여 누가 옳고 그른지를 결정한다. 패널의 구성과 관련하여 선진국과 개도국 사이의 분쟁시 개도국이 요청하는 경우 패널리스트 중 적어도 1인은 개도국의 인사를 포함하여야 하며, 또한 개도국이 취한 조치와 관련된 협의에 있어서 분쟁당사국들은 협의기간을 연장하도록 합의할 수 있다. 개도국을 상대로 하는 제소에 있어서 패널은 개도국이 사국의 주장을 정리하고 제시하는 데 필요한 충분한 기간을 부여하여야 하지만, 전체적인 분쟁해결기한을 초과하여서는 안 된다. 그리고 개도국이 분쟁당사국인 경우 패널은 대상협정에 명시되어 있는 개도국 우대에 관한 관련 규정이 분쟁해결절차에 어떠한 형태로 고려되었는지를 패널보고서에 명시하여야 한다

각 분쟁사례를 취급하기 위한 패널리스트들은 상설명단(permanent list)에 등재된 적격자들 중에서 선출하거나 또는 그 밖의 다른 곳에서 선출된다. 패널리스트들은 독립된 자격으로 근무하며, 그 어떤 정부로부터도 명령이나 지시를 받을 수 없다.

공식적으로 패널은 분쟁해결기구가 판정이나 권고를 하는 데에 도움을 준다. 다만 패널보고서가 분쟁해결기구에서 합의에 의해 거부될 수는 있으나, 그 결과가 번복되기는 대단히 어렵다. 또한 패널의 판결내용은 관련 협정에 기초해야 한다. 그리고 패널의 최종보고서는 규정상 6개월 이내에 분쟁당사국들에게 제출되어야 한다. 다만 부패성 물품 등을 포함한 긴급사안에 대해서는 최종시한이 3개월로 단축된다. 패널보고서는 총의에 의해서만 동 보고서의 채택을 거부할 수 있는 분쟁해결기구(DSB)에 제출되게 된다.

3) 제3단계(상소단계)

통상분쟁 당사국 중 일방 당사국은 패널의 결정에 대해 상소할 수 있으며, 가끔 양측 모두가 상소하기도 한다. 상소는 법률해석과 같이 법적 측면에 기초해야 한다. 즉 상소기구는 기존의 증거들을 재검토하거나 새로운 증거를 검토할 수 없다.

각각의 상소는 분쟁해결기구에 의해 설립되고 WTO회원국을 골고루 대표하는 상소기구(Appellate Body)의 상임위원 7인 중 3인의 위원에 의해 심리가 진행된다. 상소기구 위원들은 4년 임기로 종사하며, 법률 및 국제무역 분야에서 권위를 인정받는 인물이어야 하며 어떠한 정부와도 특별한 관계를 갖지 않아야 한다.

상소는 패널의 법적인 평결 및 결론을 지지, 수정, 철회할 수 있다. 통상적으로 상소는 60일을 초과할 수 없으며, 60일 이내에 상소보고서를 제출할 수 없다고 판단될 경우 최대 90일까지 가능하다. 상소기구의 검토 이후 분쟁해결기구는 30일 이내에 상소보고서를 채택하거나 기각해야 하며, 상소보고서의 기각은 컨센서스에 의해서만 가능하다.

4) 제4단계(집행단계 : 사안의 결정 및 이후 절차)

통상분쟁 해결사안이 결정되었다 하더라도 반드시 곧바로 이행을 하거나 보상 및 보복을 할 수 있는 것은 아니지만 그와 같은 취지는 적용된다. 즉 어느 국가가 잘못된 조치를 취했을 경우 당해 국가는 잘못된 조치를 신속히 바로잡아야 한다. 그리고 만일 해당 조치가 협정을 계속 위반할 경우 당해 국가는 보상을 제공하거나 일부 피해가 예상되는 적절한 벌칙을 감내해야 한다.

분쟁에 대한 판정이 내려지더라도 무역보복조치가 부과되기 이전에 많은 절차가 남아 있다. 이 단계에서의 우선적인 과제는 패소국이 자국의 정책을 판정결과 또는 권고사항에 일치시키는 일이다. 분쟁해결절차에 관한 양해는 "분쟁해결기구의 권고사항 또는 결정을 신속히 따르는 것이 모든 회원국들의 이익을 위한 분쟁의 효과적인 해결 보장에 필수적"이라고 강조하고 있다.

피제소국이 패소한 경우 패소국은 패널보고서 또는 상소보고서의 권고사항을 따라야 한다. 패소국은 이 보고서의 채택을 위해 30일 이내에 개최되는 분쟁해결기구 회의에서 판정결과에 따르겠다는 의사를 밝혀야 한다. 만일 바로 권고사항을 따르는 것이 불가능하다고 판명될 경우, 패소국이 권고사항을 이행할 수 있도록 '합리적 기간'이 주어진다. 그러나 합리적 기간 내의 이행에 실패할 경우 패소국은 상호 수용가능한 보상, 예를 들어 제소국 관심분야에서의 관세인하 등의 결정을 위해 제소국과 협상을 해야 한다.

합리적 기간만료 후 20일이 경과하였으나 만족스러운 보상에 합의하지 못한 경우 제소국은 피소국에 대해 양허 또는 대상협정상의 다른 의무를 일시 정지하는 등의 제한된 무역보복조치를 부과할 수 있도록 허용해 줄 것을 분쟁해결기구에 요청할 수 있다. 분쟁해결기구는 이 요청이 만장일치로 기각되지 않는 한 합리적 기간의 만료 이후 30일 이내에 보복조치를 허가해야 한다.

원칙적으로 무역보복조치는 해당분쟁과 동일한 분야에 대해 취해져야 한다. 만일 동일분야에 대한 보복조치가 비현실적이거나 효과적이지 않다면 동일한 협정상의 다른 분야에 대해 보복조치를 부과할 수 있다. 또한 동일 협정상의 다른 분야에 대한 보복조치가 비현실적 또는 효과적이지 않으며 그 상황이 충분히 심각하다고 판단될 경우에는 다른 대상협정하에서 보복조치를 취할 수 있다. 이는 효과적인 보복조치를 허용하는 동시에 무관한 분야까지 보복조치가 확대되는 것을 최소화하는 데 그 목적이 있다. 모든 분쟁에 있어서 분쟁해결기구(DSB)는 채택된 판정결과가 어떻게 이행되는가를 감시하여야 하며 미해결된 분쟁은 그 사안이 해결될 때까지 의제로 존속시키게 된다.

Ⅱ. 우리나라의 주요 통상분쟁사례

WTO가 1995년 출범한 이후 WTO분쟁해결제도를 통해 회원국 간 무역분쟁을 해결하려는 노력이 꾸준히 전개되어 왔다. 회원국들이 타 회원국을 WTO에 제소하는 건수가 매년 3~40여 건에 이르고 있으며, 1995년 1월 WTO 출범 후 2004년 5월말 현재까지 WTO에 제소된 총분쟁건수는 311건을 기록하고 있다. 우리나라와 관련된 분쟁건도 같은 기간 중 모두 22건에 이른다. 우리나라는 버드수정법 등 10건을 제소한 반면, 주세제도 등 12건을 제소당한 바 있다.

1. 우리나라가 상대국을 제소한 분쟁

[사례 1] 미국의 한국산 컬러TV 반덤핑 부과

(1) 경위

○ 1984. 2. 23　　미국, 한국산 컬러TV 덤핑 최종 판정
○ 1996. 1. 19　　미국, 한국산 컬러TV 우회덤핑조사 개시
○ 1997. 7. 10　　우리나라, 미국의 조치를 WTO에 제소

○ 1997. 11. 7　　우리나라, 패널설치 요청
○ 1997. 12　　미국, 우회덤핑조사 종결
○ 1998. 8. 27　　미국, 반덤핑 규제 철회

(2) WTO 제소사유

○ 한국산 컬러TV의 직수출 중단 및 삼성의 6년 연속 미소마진 판정에도 불구하고 반덤핑조치 계속 유지
○ '덤핑부재'를 이유로 한 반덤핑조치 철회 재심신청을 하였으나, 미국은 형식적인 요건 미비로 기각
○ 미 정부는 삼성의 1996년 철회신청에 대하여는 재심을 개시하였으나, 제소자측 압력에 의해 철회 지연
○ 한국산 컬러TV에 대한 일방적인 '우회덤핑' 조사

(3) 평가

○ 컬러TV 반덤핑 건은 우리 정부가 무역상대국의 불공정 무역행위를 WTO 분쟁해결절차에 회부하여 성공을 거둔 최초의 사례
○ 1984년부터 계속되어 온 미국의 부당한 반덤핑규제에 대해 WTO 분쟁해결 절차를 활용하여 해결한 통상외교의 대표적 성공사례

[사례 2] 미국의 스텐레스 스틸 반덤핑 부과

(1) 경위

○ 1999. 3~6　　미국, 한국산 스텐레스 후판(plate) 및 스텐레스 판재(sheet)에 대하여 각각 반덤핑관세 부과
○ 1999. 7. 30　　정부, 미국의 덤핑마진 계산방식이 WTO/반덤핑협정에 위반된다고 WTO에 제소
○ 1999. 9. 17　　양자협의 개최
○ 1999. 11. 17　　패널설치
○ 2000. 12. 14　　패널보고서 배포
○ 2001. 2. 1　　패널보고서 채택(미국 상소 포기)
○ 2001. 4　　이행기간 합의(7개월 : 2001. 9. 1까지)
○ 2001. 8　　이행 완료

(2) 주요 승소사항

○ 미국의 아래 덤핑마진 계산방식이 WTO 협정에 위반된다고 판정
- 수출가격 산정시 회수하지 못한 수출대금은 비용으로 처리
- 원화가격이 급격히 하락하였던 1997년 11월~12월을 전체 조사기간에서 분리하여 다른 방식으로 계산
- 스텐레스 판재의 국내판매의 경우 미화표시 거래내용을 원화표시 거래로 취급

(3) 평가

○ 덤핑마진 산정과 관련된 관행을 개선함으로써 반덤핑제소 남용 억제에 기여

[사례 3] 미국의 한국산 DRAM 반덤핑 부과

(1) 경위

○ 1993. 5. 10	미국, 한국산 DRAM 반덤핑관세부과조치 확정
○ 1996. 5	한국산 DRAM 3년 연속 미소마진(de minimis (2%) 이하) 판정받고 1996년 5월 규제철회 요청
○ 1997. 7. 16	미국, 덤핑 재발가능성이 없음이 입증되지 않았다는 이유로 반덤핑관세 존속 결정
○ 1997. 8. 15	우리 측, 미국의 조치를 WTO에 제소
○ 1997. 10. 9	양자협의 개최
○ 1998. 1. 16	패널설치
○ 1999. 1. 29	패널보고서 배포
○ 1999. 3. 19	패널보고서 채택
○ 1999. 5.	이행기간 합의(1999년 11월 19일까지)
○ 1999. 11. 19	미국, 반덤핑조치 재심(관련 규정을 개정하여 재심을 진행하였으나, 덤핑 조치를 계속 유지하기로 결정)
○ 2000. 4. 25	우리나라의 요청에 따라 이행적합성 패널설치
○ 2000. 10	미국이 반덤핑조치를 철회함에 따라 종결

(2) 주요 승소사항

○ 패널은 미국 상무부규정(CFR) 중 반덤핑 철회요건의 하나인 "장래 덤핑할 가능성이 없을 것(not likely)" 요건이 WTO 반덤핑협정에 합치하지 않으며, 동 규정을 근거로 내린 반덤핑조치 철회 거부 판정도 WTO 협정 위배라고 판정

(3) 평가

○ 우리나라가 GATT에 가입한 1968년 이래 우리 측의 제소로 패널이 설치된 첫 번째 분쟁에서 미국을 상대로 승소
  - 미국의 반덤핑제도 자체를 제소대상으로 삼아 승소한 것에 큰 의의

○ 상기 패널판정은 향후 미 상무부의 반덤핑 철회제도 운영에 큰 부담으로 작용
  - 미국으로부터 반덤핑관세를 부과받고 있는 우리 업체들이 향후 철회조사를 받을 경우 유리하게 작용할 것으로 평가

[사례 4] 필리핀의 한국합성수지 반덤핑 부과

(1) 경위

○ 2000. 9. 21	필리핀, 한국산 합성수지(PP resins) 제품에 대해 2.09%~39.42%의 반덤핑관세부과 결정
○ 2000. 12. 15	우리나라, 필리핀의 반덤핑조치를 WTO에 제소
○ 2001. 1. 19	양자협의 개최
○ 2001. 11. 8	필리핀의 조치 철회로 종결

(2) WTO 제소사유

○ 필리핀 반덤핑 판정의 절차적·실체적 하자(덤핑마진 계산, 산업피해 판정, 인과관계 입증) 존재
  - 덤핑마진 산정시 Zeroing(덤핑마진이 마이너스인 부분을 0으로 계산하여 평균덤핑마진을 과대 산정하는 방식) 의존
  - 판정기간 설정의 자의성 및 산업피해 입증 불충분

(3) 평가

○ 개도국의 수입규제에 대해서 적극적으로 대처함으로써 여타 개도국들의 보호주의적 수입규제 발동 억제에 기여

○ 우리 중소기업을 대상으로 한 수입규제조치에 대해 정부주도로 WTO 분쟁해결 절차를 수행함으로써 조치 철회 유도

[사례 5] 미국의 한국산 탄소강관 세이프가드

(1) 경 위

○ 2000. 3. 1 미국, 수입산 탄소강관에 대해 세이프가드조치 부과
○ 2000. 6. 13 우리나라, 미국의 조치를 WTO에 제소
○ 2000. 7. 28 양자협의 개최
○ 2000. 10. 23 패널설치
○ 2001. 10. 19 패널보고서 배포
○ 2001. 11. 19 미국, 상소
○ 2001. 11. 26 우리나라, 상소
○ 2002. 2. 15 상소기구보고서 배포
○ 2002. 3. 8 패널 및 상소기구보고서 채택
○ 2002. 4. 29 우리나라, 이행기간 결정을 중재에 회부
○ 2002. 7. 16~24 중재와는 별도로 한·미 간에 비공식협의 개최
○ 2002. 7. 24 이행기간을 6개월로 하는 등 이행문제 합의

(2) 주요 승소사항

○ 할당관세(TRQ)의 형태로 세이프가드 적용시 기존 수입추세를 반영토록 규정한 GATT 제13조 위배
○ 심각한 산업피해의 구제 또는 조정을 촉진하기 위하여 필요한 범위 내에서만 ("to the extent necessary") 조치를 적용하도록 한 규정에 위반하여 과도한 조치를 적용
○ 세이프가드 발동에 필요한 수입의 증가와 수입증가 외 요인을 충분히 구분하지 않아 수입증가와 심각한 피해와의 관계를 입증하지 못함.
○ 모든 수입국을 포함시킨 조사단계와 달리 적용단계에서 NAFTA 회원국을 제외한 것은 "Parallelism" 위반

(3) 평가

○ 미 탄소강관 분쟁은 과거의 유사한 세이프가드 분쟁인 미-Lamb Meat 분쟁,

미국 - Wheat Gluten 분쟁보다 한 단계 더 나아가 미국의 세이프가드 조사절차뿐만 아니라 조치 자체가 WTO협정에 비합치된다는 판정을 이끌어냄으로써 향후 세이프가드협정의 해석과 운용에 큰 기여를 한 것으로 평가

[사례 6] 미국 Byrd 수정법에 대한 공동제소

(1) 경위

○ 2000. 10. 28	Byrd 수정법 발효
○ 2000. 12. 21	9개국 WTO 공동제소 - 우리나라, EC, 일본, 호주, 브라질, 칠레, 인도, 인도네시아, 태국
○ 2001. 2. 6	양자협의 개최
○ 2001. 6. 1	캐나다, 멕시코 WTO 제소
○ 2001. 8. 23	9개국 공동제소 패널 설치
○ 2001. 9. 10	공동제소패널 및 캐나다, 멕시코건 패널 통합
○ 2001. 9. 21	Byrd 수정법 시행령 발효
○ 2001. 10. 25	패널 구성
○ 2002. 2. 5~6	1차 구두변론회의
○ 2002. 3. 12	2차 구두변론회의
○ 2002. 7. 17	패널 중간보고서 배포
○ 2002. 9. 16	패널 최종보고서 공식 배포
○ 2002. 10. 18	미국이 상소
○ 2003. 1. 16	WTO 상소기구, 패널의 주요 판정을 확인하는 최종 판정 발표

(2) 주요 승소사항

○ 상소기구는 공동제소국의 핵심 제소사유를 인정한 패널의 판정을 수용하여 Byrd 수정법이 WTO 협정에 위반된다고 판정

- 동 법은 WTO협정이 허용하지 않는 반덤핑 및 보조금에 대한 대응조치(반덤핑협정 제18.1조, 보조금·상계관세협정 제32.1조)를 도입

○ 그러나 상소기구는 동 법이 반덤핑 및 보조금 제소 적격기준(standing

threshold ; 반덤핑협정 제5.4조, 보조금・상계관세협정 제11.4조)을 왜곡했다는 원심패널의 판정은 번복함.

(3) 평가

○ 금번 판정으로 Byrd 수정법에 따른 미국 내 기업에 대한 관세수입금의 추가배분은 불가능하게 되었음.

○ 금번 판정으로 우리 정부가 WTO 출범 이후 단독 혹은 공동으로 제소한 7건의 WTO 분쟁 중 진행 중인 미철강 세이프가드를 제외한 6건은 모두 승소함.

미국 Byrd 수정법이란?

미국 민주당 Robert Byrd 상원의원 제안으로 2000년 10월 31일 발효된 법안으로써 2000년 10월 1일 이후 징수된 반덤핑관세 및 보조금에 대한 상계관세 수입을 당해 반덤핑 및 상계관세 제소자인 국내 생산자들에게 제조설비 구입, 연구개발비 등의 명목으로 지원하는 것을 주요 내용으로 하고 있다. 2002년도 한 해 동안 동 법의 시행으로 외국기업들에게 징수되어 미국기업들에게 배분된 총지원금은 3억 3천만 달러로 이 중 우리 기업에 대한 반덤핑 및 상계관세부과 징수액에서 지급된 액수는 약 2천9백만 달러이다.

[사례 7] 미국 철강 세이프가드(Safeguard)

(1) 경위

○ 2002. 3. 7 EU, WTO에 제소

○ 2002. 3. 20 한국 및 일본, 제소

○ 2002. 3. 26 중국, 제소

○ 2002. 4. 3 스위스, 제소

○ 2002. 4. 4 노르웨이, 제소

○ 2002. 4. 11 DSU 제4조상의 양자협의 개최(제네바)
- 참여국 : 한국, EU, 일본, 중국, 스위스, 노르웨이

○ 2002. 5. 21 브라질, 제소

○ 2002. 6. 24 EU, 한국, 일본 등 6개국 공동 WTO 분쟁 패널설치

○ 2002. 7. 8 뉴질랜드, 제소
○ 2002. 7. 15 7개국 공동제소건 패널 통합
○ 2002. 10. 29~31 1차 구두별론회의
○ 2002. 12. 9~11 2차 구두변론회의
○ 2003. 3. 21 중간보고서 배포

(2) WTO 제소사유

○ 1998년 이후 철강 수입이 감소추세가 명백함에도 불구하고 금번 조치가 취해진 점(세이프가드협정 제2.1조, 제4조 및 GATT 제19조 위반)
○ '동종 또는 직접적 경쟁 상품' 개념을 무시하고, 모든 판재류를 동일한 품목으로 간주하여 피해판정을 내린 점(세이프가드협정 제2.1조 위반)
○ 주요 수출국인 멕시코를 캐나다와 함께 FTA 체결 국가라는 이유로 조치 대상에서 제외한 점(GATT 제1조, 세이프가드협정 제2.1조 위반)

2. 우리나라가 피제소된 분쟁

[사례 1] 신공항건설공단(KOACA)의 정부조달 업체참여 제한

(1) 경위

○ 1999 .2. 16 미국, 인천공항건설공단이 정부조달협정(GPA) 대상임에도 불구하고 입찰절차를 GPA 규정에 따라 수행하지 않았다는 이유로 WTO 제소
○ 1999. 6. 16 패널설치
○ 2000. 4. 7 패널보고서 배포
○ 2000. 6. 19 패널보고서 채택(미국 상소 포기)

(2) 주요 승소사항

○ 인천국제공항건설공단은 정부조달협정상의 양허기관이 아니라고 판정
- 이에 따라 동 공단이 외국업체를 정부조달 대상에서 제외한 것은 WTO 정부조달협정 위반이 아니라고 판정

(3) 평가

○ 피제소 분쟁으로서 효과적인 법적 대응을 통해 승소

[사례 2] 쇠고기 수입제도(구분판매제도)

(1) 경위

○ 1999. 2. 4	미국은 우리나라의 수입쇠고기 관리제도 및 구분판매제도가 WTO 규정에 위반된다고 주장하면서 WTO에 제소(호주, 뉴질랜드, 캐나다 3자 참여)
○ 1999. 4. 19	호주, 독자 제소
○ 1999. 5. 26	양자타결 실패로 미국이 요청한 패널이 설치
○ 1999. 7. 26	호주가 요청한 패널과 통합
○ 2000. 7. 31	패널 최종보고서 배포
○ 2000. 9. 11	상소기구에 상소
○ 2000. 12. 11	상소기구 판정
○ 2001. 1. 10	패널 및 상소기구보고서 채택
○ 2001. 4. 19	이행기간 합의(8개월 : 2001년 9월10일까지)
○ 2001. 9. 10	이행완료(수입관리제도 및 구분판매제도 폐지)

(2) 패널 및 상소기구 판정 내용

○ 수입쇠고기 전문판매점 제도(쇠고기 구분판매제도) 등 수입쇠고기의 유통상 각종 제약은 GATT 제3조 내국민대우 조항에 위반

○ 한우산업에 대한 보조금은 상소심이 패널판정을 번복하여 WTO 위배 여부 판정을 보류함.

[사례 3] 혼합분유 세이프가드(Safeguard)

(1) 경위

○ 1997. 3. 17	농림부는 무역위원회의 국내산업 피해판정에 의거 혼합 분유에 대해 수입규제(쿼터) 조치 시행
○ 1997. 8	EU는 동 세이프가드조치가 WTO협정에 위반된다고 주장하고 WTO에 제소
○ 1998. 7. 23	패널설치
○ 1999. 6. 21	패널판정
○ 1999. 9. 15	우리측 상소

○ 1999. 12. 14 상소기구 판정
○ 2000. 1. 12 패널 및 상소기구보고서 채택
○ 2000. 5. 20 이행완료(혼합분유에 대한 세이프가드조치 철회)

(2) 패널 및 상소기구 판정내용

○ 우리나라의 혼합분유 세이프가드조치발동이 WTO/세이프가드협정에서 규정한 요건에 합치하지 않다고 판정
- 혼합분유 수입으로 인한 국내산업피해 여부 판정시 세이프가드협정 제4.2조의 요건에 대하여 검토가 불충분
- 수량제한(Quota) 조치 선택시 긴급수입제한으로 인한 피해를 치유하는 이상으로 수입을 제약하지 않는다는 것에 대한 입증 불충분

[사례 4] 주세제도에 관한 분쟁(주세분쟁)

(1) 경위

○ 1997. 4. 9 EU는 수입주류에 부과되는 주세가 국내산 소주에 비해 차별적이므로 WTO 협정에 위반된다고 주장하고 우리나라의 주세제도를 WTO에 제소
○ 1997. 5. 28 미국도 EU와 동일한 이유로 독자 제소
○ 1997. 10. 16 패널 설치
○ 1998. 9. 17 패널보고서 배포(우리 주세제도가 WTO에 불합치 판정)
○ 1998. 10. 20 우리측 상소 제기
○ 1999. 1. 18 상소기구보고서 배포(패널 판정지지)
○ 1999. 2. 17 상소기관보고서 및 패널보고서 채택
○ 1999. 4. 9 이행기간 중재요청(2000년 1월까지 이행기간 부여)
○ 1999. 11. 29 이행을 위해 주세법 개정
(소주, 위스키에 72%의 동일 주세율 적용)

(2) 패널판정 내용

○ 직접 경쟁관계 또는 대체관계에 있는 국내산 소주와 위스키 등 수입주류 간에 차등 주세를 부과하여 국내산 제품을 보호한 것은 GATT 제3조 「내국민대우」 의무 위반

Ⅲ. 시사점

GATT체제에서는 통상분쟁해결에 관한 명문화가 없었기 때문에 권고나 판정이 갖는 실제적 구속력의 문제가 항상 남아 있었으나 WTO 체제에서는 모든 협정이 '분쟁해결의 규칙과 절차에 관한 양해'에 따르도록 규정됨으로써 분쟁해결절차를 통합하여 실질적 구속력을 가질 수 있게 되었다. WTO 회원국 간의 통상분쟁에 관한 명문화된 협정이 있음으로 해서 GATT체제와 비교하여 볼 때 장시간이 소요되었던 분쟁해결과정이 신속하게 처리되었다. 또한 GATT체제에서는 판결이 단심에 그침으로써 결과에 승복하지 않는 경우가 발생했지만 WTO체제에서는 상소제도와 교차보복을 허용함으로써 권고와 판정의 구속력을 높였다.

그러나 세계 각국의 모든 대외무역이 WTO 통상분쟁해결제도 안에서 모두 해결될 수 있을지의 문제는 여전히 남아 있다. 즉, 선진국과 개도국 간에 통상분쟁이 일어날 경우 WTO의 통상분쟁해결제도가 얼마나 선진국이 배타적으로 가진 힘의 논리를 막아내느냐의 문제가 여전히 남아 있는 것이다. 실제로 '분쟁해결의 규칙과 절차에 관한 양해'에서 개도국에 대한 배려는 여타의 WTO 부속협정에 비해 매우 미흡한 수준에 있다. 따라서 WTO 통상분쟁해결제도는 선진국과 개도국이 모두 이익을 볼 수 있는 합리적인 통상분쟁 해결방식을 지속적으로 모색해야 할 것이다.

Chapter

19

정부조달협정에 관한 이해

1. 정부조달협정 배경
2. WTO 정부조달협정의 의의
3. 정부조달협정의 원칙
4. 정부조달협정의 주요 내용

Chapter 19

정부조달협정에 관한 이해

1. 정부조달협정(GPA : Government Procurement Agreement) 배경

정부조달협정은 1979년 동경라운드에서 체결된 9개 다자간 무역협정의 하나로서 1981년 23개국으로 출발하였다. 정부조달분야는 GATT의 내국민 대우원칙의 예외분야로서 자유국제무역 대상에서 제외되었으나, 정부조달규모의 증가와 각 국가의 전략적 이용가능성 때문에 세계 무역자유화의 범위에 포함시키려는 노력이 시작되었다.[1)]

1979년의 정부조달협정은 중앙정부기관의 일정액(하한 13만 SDR; 약 일억 오천만원) 이상에 적용되었고 지방정부, 통신, 전력, 상하수도, 운송분야 등 주요 공공부문과 서비스 및 건설구매는 제외되었다. 그러나 1993년의 정부조달협정 확장협상에서는 적용 대상 기관이 지방정부와 정부의 통제 및 영향력하의 기관까지 확대되고(한국통신공사도 포함) 범위도 물품에서 건설 및 서비스 조달계약까지 확대되었으며 우리나라는 1997년 1월부터 적용을 받는다.

우리나라는 지난 1979년부터 1990년까지 네 차례에 걸쳐 GATT-GPA에 가입신청

---

1) 정부조달협정은 원래 GATT 내국민대우원칙의 예외분야로 국제무역의 자유화가 이루어지지 않았던 분야였으며 1979년에 제정된 동경라운드하의 정부조달협정도 전체 정부조달시장 중 일부(중앙정부기관의 13만 SDR 이상의 물품구매)만을 규율하며, 지방정부나 통신, 전력, 상・하수도, 운송분야 등 주요 공공부분이나 서비스, 건설 구매 등은 포함되지 않았음. 현행 WTO 정부조달협정은 UR협상과 같은 맥락에서 구 협정의 범위를 확대하기 위한 확장협상을 통해 1993년 12월 새로이 체결되어 그 포괄범위가 중앙, 지방정부기관 및 통신, 전력기관 등 정부 영향력하의 공공기관의 물품, 서비스 및 건설구매로 확대됨. 정부조달협정은 실질적인 시장접근을 위한 내국민대우 및 무차별원칙과 양허의 실효성을 확보하기 위한 국제공개입찰을 주요 원칙으로 하고 있으며, 정부조달협정은 일반적인 분쟁해결절차와 함께 정부조달의 일회종료적 성격을 고려하여 신속한 구제수단을 제공하기 위한 독립적인 이의신청절차를 마련하였음. 협정 제3조의 내국민대우와 무차별원칙에도 불구하고, 각국의 양허표에는 상호주의(mutual reciprocity)적 규정이 많음.

을 했고 1991년 협정 적용 확대와 협정문 개선을 위한 협상에 참여하였다. 1992년 제1차 양허안을 GATT에 제출하였고, 1993년에는 2차 양허안, 1993년에는 최종양허안을 제출하였다. 1994년 4월 UR 최종안에 서명하여 GPA의 24번째 가입국이 되었다. 이 협정이 적용되는 기관은 42개의 중앙행정기관(13만 SDR 이상), 지방정부 6개 도시 및 9개 도(20만 SDR 이상), 23개 정부투자기관(물품 45만 SDR 이상)이다. 한국전기통신공사의 구매도 정부조달의 범주에 포함되어 WTO체제하에서 정보통신을 포함한 정부조달시장이 1997년부터 개방될 예정이다.

GATT-GPA는 WTO 설립을 위한 마라케쉬협정을 구성하는 4개의 부속서(Annex) 중에서 네 번째 부속서인 복수국가 간 무역협정(Plurilateral Trade Agreements)에 포함되어 있다. 네 개의 부속서 중에서 다른 부속서와는 달리 네 번째 부속서는 가입국가에만 적용된다. 정부조달협정에서 양허된 정부조달기관의 입찰에 내국민대우원칙을 통한 실질적인 시장접근을 도모하고 있으며 국제경쟁입찰원칙을 통한 경쟁의 실효성을 추구하고 있다. 국제입찰의 경우 상호호혜원리에 따라 가입국의 국민과 가입국에서 생산되는 물품과 용역에 대하여 내국민이나 국산품과 차별을 금지하고 있다. 이는 내국민대우와 무차별원칙으로 명시되어 있다. 관세 및 무역에 관한 일반협정(GATT)이 보다 포괄적인 세계무역기구(WTO)가 되면서 협정의 명칭도 WTO-GPA로 불린다.

2. WTO 정부조달협정의 의의

정부조달협정(Agreement on Government Procurement)은 1994년 4월 15일 모로코의 마라케쉬에서 서명된 WTO 설립협정에 부속된 복수국간 무역협정(Plurilateral Trade Agreements : PTA) 중의 하나이다. 복수국간 무역협정은 WTO의 설립협정의 불가분의 일부이며, 모든 회원국을 구속하는 기타 부속협정들과는 달리 이를 수락한 회원국에 대하여서만 적용되고, 이들에 대하여서만 WTO 설립협정의 일부가 된다. WTO 협정문은 크게 WTO설립협정, 다자간무역협정(Multilateral Trade Agreement : MTA), 복수국간 무역협정(Plurilateral Trade Agreement : PTA)으로 다음과 같이 구분된다.

첫째, WTO 설립협정은 전문 및 본문 16개 조문으로 되어 있으며 세계무역기구의 기능, 구조, 조직, 가입 및 탈퇴, 의결방법 등을 규정하고 있다.

둘째, 다자간무역협정은 WTO에 가입하기 위해서는 필수적으로 가입해야 한다. 다자간무역협정은 부속서 1, 부속서 2 및 부속서 3으로 구성되어 있다. 부속서 1은 상품교역에 대한 협정인 부속서 1A, 서비스교역에 대한 협정인 부속서 1B, 무역관련 지적재산권협정인 부속서 1C로 구성된다. 부속서 1A는 GATT 1994, 농산물 및 섬유에 대한 WTO로의 복귀협정, 동경라운드 MTN협정의 일부(기술장벽, 반덤핑관세, 관세평가, 수입허가절차, 보조금 및 상계관세에 관한 협정들), 새로운 협정(위생 및 검역조치, 원산지규정, TRIMS(무역관련 투자조치협정 : Trade-Related Investment Measures), 선적전 검사, 긴급수입제한조치에 대한 협정)로 구성된다. 부속서 1B는 서비스무역 일반협정(GATS : General Agreement on Trade in Service)」로 서비스 교역에 관한 제반 사항을 규율하고 있으며, 서문, 본문 29조 및 7개 부속서와 구체적 양허계획서가 포함되어 있다. 부속서 1C의 지적재산권에 관한 협정(TRIPS : Agreement on Trade-Related Aspects of Intellectual Property Rights, Including Trade in Counterfeit Goods)은 서문과 본문 7부 및 73조로 각각 구성되어 있다. 부속서 1은 상품과 서비스 국제거래의 자유화를 위한 협정으로 GATT 1994, GATS, TRIPS를 WTO의 3대 협약이라고 한다. 그리고 부속서 2는 국제통상거래에서 발생하는 분쟁에 대해 분쟁해결 규칙 및 절차에 관한 양해(DSU : Dispute Settlement Understanding)를, 부속서 3은 무역관련 투자조치협정(Trade Policy Review Mechanism : TPRM)이다.

셋째, 복수국간 무역협정은 그에 속한 각 협정에 별도로 가입한 국가에 대해서만 효력이 발생하며, 협정에 가입하지 않고는 WTO에 가입할 수 없는 부속서 1, 2, 3의 「다자간 무역협정」과는 독립된 별개의 협약이다. 복수국간 무역협정은 민간항공기 무역에 관한 협정(Agreement on Trade in Civil Aircraft), 「부조달협정(Agreement on Government Procurement : GPA), 국제낙농협정(International Dairy Arrangement), 우육협정(Arrangement regarding Bovine Meat) 등 4개 개별협정으로 구성되어 있다.

따라서 정부조달협정은 WTO 설립협정을 서명하고 비준한 국가 모두에 대하여 유효한 것이 아니라, 본 협정의 적용을 받겠다는 의사를 별도로 표시한 국가들에 대하여만 적용되고 있다. 우리나라는 이를 서명 · 비준함으로써 본 협정의 24번째 회원국이 되어, 1997년 1월 1일부터 이의 적용을 받게 되었다.

3. 정부조달협정의 원칙

정부조달협정인 WTO-GPA는 내국민대우와 무차별원칙을 기본으로 하고 있다. 따라서 정부조달에 관한 법률, 규정, 절차 그리고 관행은 자국산 물품과 서비스 또는 자국의 공급자와 서비스 제공자를 보호하기 위한 목적으로 제정, 채택되거나 국내외 물품과 서비스 또는 국내의 공급자와 서비스 제공자들에게 적용되어서도 안 된다. 또한 외국산 물품 또는 서비스 간에 또는 외국공급자 및 서비스 제공자들 간에 차별을 두어서도 안 된다.

또한 WTO-GPA는 정부조달에 관한 법률, 규정, 절차 그리고 관행의 투명성을 강조한다. 이러한 투명성의 확보를 위해 조달기관은 기술규격을 가급적 국제적 표준에 의해 작성하고 일정사항을 반드시 일정기간 이전에 공고해야 하며, 세계무역기구 공용어의 하나를 요약공고를 해야 한다.

그리고 조달이 진행되는 동안에 조달관련규정을 변경해서는 안 되며, 변경이 불가피한 경우에는 그에 대한 적절한 구제수단을 보장해야 한다. 그 이외에도 계약을 체결결과를 일정기간 내에 공개해야 하며 비경락자가 요청하는 경우에 그 사유를 서면으로 통지해야 한다.

4. 정부조달협정의 주요 내용

(1) WTO-GPA협정문 조항

참가국의 정부조달에 관한 법, 규정, 절차, 관행에 관한 다자간 체계에서 세계무역의 확대를 목표로 투명성 확보를 위한 합의사항 실시에 대한 의무와 권리를 명시하고 있다. 다음은 협정문 각 조항의 내용이다.

1) 대상 및 범위(Scope and Coverage)

제1조에서는 정부조달협정이 적용되는 대상과 범위를 규정하고 있다. 국내 대상기관의 조달에 관한 모든 법률, 규칙, 절차 또는 관행에 대해 적용한다. 물품 및 서비스의 어떠한 결합형태도 포함되며, 구매, 리스, 임차 및 할부구매 등 모든 계약수단을 통한 조달에 적용된다.

2) 조달계약가액의 평가원칙(Valuation of Contracts)

제2조에서 협정을 회피할 목적으로 임의의 금액평가방법 사용이 금지되어 있으며 특히 분할계약을 금지하고 있다. 구체적으로는 동일 회계연도 내 혹은 계약일 12개월 이내에 유사한 계약들은 단일가액으로 처리해야 한다. 이는 총구매액이 큰 조달을 일억 오천만원 이하로 분할하여 여러 번 구매함으로써 국제규범을 회피하려는 가능성을 금지한 조항이다.

3) 내국민대우 및 무차별원칙(National Treatment and Non-discrimination)

제3조의 내국민대우 원칙이 기본적인 사항이며 수입과 관련된 관세, 수수료부과 등 수입절차에 관해서는 적용되지 않는다. 즉, 국가 간 관세철폐까지 적용되는 것은 아니므로 우리나라의 조달정책은 관세 및 수출입정책과 연계되어야 한다.

4) 원산지규정(Rules of Origin)

제4조 원산지규정은 통상적인 교역활동 시 적용되는 원산지규정을 적용해서는 안 된다.

5) 개도국 특별대우 규정(Special and Differential Treatment for Developing Countries)

제5조 개도국 특별대우는 특히 저개발국의 경제개발, 재정, 무역에서 국제수지보호, 낙후지역과 산업의 경제개발, 정부조달에 전적으로 의존하는 산업보호 등을 목적으로 한다. 기술지원, 정보센터 등을 통하여 일정한 산업정책을 허용하고 있으나 우리나라는 저개발국으로 분류되기 어려워 본 조항을 이용할 수 있는 가능성은 매우 낮다.

6) 기술명세(Technical Specification)

제6조는 기술명세에 관한 조항으로 품질, 성능, 안전, 치수, 기호, 용어, 포장, 표시, 상표부착 등 조달물품과 서비스의 ① 특성(characteristics)을 규정하거나 ② 생산과정 및 방법 ③ 적합성 평가절차에 관련된 요구조건 등 조달기관이 규정하는 기술명세는 국제무역에 불필요한 장애를 초래하거나 그러한 효과를 갖도록 해서는 안 된다.

기술명세는 성능위주로, 국제표준에 의거하여, 국제표준이 없을 경우는 국가 기술규정, 공인된 국가표준에 따라 작성되어야 한다. 특정 상표, 상호, 특허, 디자인, 형태,

특정 원산지, 생산자, 서비스 제공자 등에 대한 요구나 언급이 있어서는 안 되며, "이와 동등한(or equivalent)" 등의 문구를 포함시켜야 한다. 경쟁을 해칠 수 있는 조언을 요구하거나 주어서는 안 된다. 제6조는 산업보호적인 조달정책을 위해서는 정밀하게 검토해야 할 사항이다. 참고로 기술기준은 강제표준으로서 국가의 전기통신 서비스 품질의 기준이 되며 통신망 현황에 따라 관리 운용되게 된다.

7) 입찰절차(Tendering Procedures)

각 당사자는 자기 나라 조달기관의 입찰절차가 무차별적으로 적용되고, 제7조부터 제16조까지에 포함된 규정과 일치하도록 보장한다. 조달기관은 어떠한 공급자에게도 경쟁을 배제하는 효과를 갖는 방법으로 특정 조달에 관한 정보를 제공하지 아니한다. 이 협정의 목적상 ① 공개 입찰절차는 모든 관심 있는 공급자가 입찰서를 제출할 수 있는 절차이다. ② 선택 입찰절차는 제10조 제3항 및 이 협정의 다른 관련규정에 따라 조달기관에 의하여 입찰서를 제출하도록 초청받은 공급자가 입찰서를 제출할 수 있는 절차이다.

8) 입찰자 자격요건(Qualifications of Suppliers)

조달기관은 공급자 자격심사 과정에서 다른 당사자의 공급자 간 또는 국내 공급자와 다른 당사자의 공급자 간에 차별을 두지 아니한다. 모든 입찰참가 자격조건은 기업의 당해계약 이행능력을 확보하는 데 필수적인 것으로 국한된다. 재정보증, 기술적 자격요건, 공급자의 재정적·상업적·기술적 능력을 입증하는 데 필요한 정보 및 자격요건 증빙자료를 포함하여 공급자에게 요구되는 입찰참가 조건은 국내 공급자보다 다른 당사자 공급자에게 불리하지 아니하며, 다른 당사자 공급자 간에 차별을 두지 아니한다. 공급자의 재정적·상업적·기술적 능력은 동 공급자의 조달기관이 속한 영토 내에서의 사업활동뿐만 아니라 전 세계적 사업활동에 근거하여, 공급조직들 간의 법적관계를 충분히 감안, 판단한다.

9) 입찰공고 및 입찰참여 초청(Invitation to Participate Regarding Intended Procurement)

조달기관은 제15조(제한입찰)에 달리 규정되어 있는 경우를 제외하고는 제2항과 제3항에 따라 모든 예정된 조달에 대한 참가초청을 공표한다. 동 공고는 부록 Ⅱ에 수록된 적절한 출판물을 통해 공표된다.

10) 입찰참가자 선정절차(Selection Procedures)

조달기관은 선택입찰절차에서 최적의 효과적인 국제경쟁을 보장하기 위하여, 조달제도의 효율적인 운영과 일치하는 한, 각 예정된 조달에 대하여 최대한 많은 수의 국내 공급자와 다른 당사자의 공급자를 입찰에 초청한다. 조달기관은 동 절차에 참여할 공급자를 공정하고 무차별적인 방법으로 선정한다.

11) 응찰 및 납품기한(Time-limits for Tendering and Delivery)

규정된 시한은 국내 공급자뿐만 아니라 다른 당사자의 공급자도 입찰절차가 종료되기 전에 입찰서를 준비, 제출할 수 있도록 하는 데 충분해야 한다. 이러한 시한을 결정함에 있어서 조달기관은 자신의 합리적인 필요에 일치하는 한, 예정된 조달의 복잡성, 예상되는 하청계약의 범위, 국내외 지점으로부터 우편으로 입찰서를 제출하는 데 통상 소요되는 시간과 같은 요소를 감안한다. 또한 각 당사자는 자기 나라의 조달기관이 입찰서 또는 입찰참가신청서 접수 마감 일자를 설정할 때 공표의 지연을 충분히 고려하도록 보장한다.

12) 입찰설명서(Tender Documentation)

13) 입찰서의 제출, 접수, 개찰 및 낙찰(Submission, Receipt and Opening of Tenders and Awarding of Contracts)

입찰서는 통상적으로 서면으로 직접 또는 우편으로 제출된다. 공개 또는 선택 입찰절차에 따라 조달기관에 의해 입수된 모든 입찰서는 개찰의 정규성을 보장하는 절차와 조건하에서 접수되고 개찰된다. 입찰서의 접수 및 개찰은 또한 이 협정의 내국민대우 및 무차별규정에 일치한다. 조달기관이 공공이익을 위하여 계약을 체결하지 않기로 결정하지 않는 한, 조달기관은 충분한 계약이행능력이 있다고 판정된 입찰자로서, 자국 상품이나 서비스 또는 타 당사국의 상품 또는 서비스 여부에 관계없이, 최저가격의 입찰서를 제시하거나, 또는 공고 또는 입찰설명서에 명시된 구체적 평가기준에 따라 가장 유리하다고 판정된 입찰서를 제출한 입찰자를 낙찰자로 선정한다. 낙찰은 입찰설명서에 명시된 기준과 필수 요건에 따라 실시된다.

14) 경쟁협상 입찰(Negotiation)

제14조 경쟁협상입찰은 각 공급자의 장·단점을 판별하기 위한 수단으로 주로 사

용되어야 하며, 공급자 간의 차별을 두어서는 안 된다.

15) 제한입찰(Limited Tendering)

제15조 제한입찰은 경쟁을 저해하거나 국내사업자나 산업을 보호하기 위해 이용되지만 않으면 다음 열 가지의 경우에 경쟁입찰, 지명입찰이 아닌 제한입찰이 적용될 수 있다. 그 열 가지 조건은 ① 응찰이 없거나 담합 혹은 본 협정이 규정하는 입찰참가조건에 부합되지 않는 입찰자가 입찰한 경우, ② 특허권 등과 같은 독점적 권리의 보호와 관련된 사유 혹은 기술적 이유로 특정 공급자 외에는 대체가 불가한 경우, ③ 긴급한 상황, ④ 기존의 품목과 호환성의 문제가 있는 경우, ⑤ 연구, 실험 등 독자적 개발을 위한 계약과정에서 최초의 시제품 조달, ⑥ 일반상품시장에서 구입할 수 없는 물품, ⑦ 파산 혹은 법정관리기업의 자산처분 시 예외적으로 유리한 경우, ⑧ 디자인 경연대회 우승자 낙찰계약이다. 나머지 세 항목은 건설부문과 관련되어 있다. 제15조는 조달기관이 주도적으로 상황을 설명하기보다는 국내산업계가 객관적 상황제시와 논리를 개발하여 조달기관에 통보하는 형태가 바람직할 것이다.

16) 상쇄구매의 제한규정(Offsets)

제16조 각 협정국들의 조달기관들은 공급자, 물품, 서비스에 대한 자격심사와 선정과정에서 또는 입찰서의 평가와 낙찰과정에서 상쇄구매(offsets)조건을 검토하거나 부과할 수 없음을 규정하고 있다. 정부조달협정에서의 상쇄구매란 국내개발의 촉진, 국산품 비율, 기술허가, 투자요건, 구상무역 등의 조치를 통해 국제수지를 개선하려는 모든 조치를 포함한다. 본 조항의 상쇄구매에 대하여 개도국들은 개발과 관련된 것을 포함한 일반 정책적인 고려와 관련하여 동 협정의 가입 시 국산화 비율의 적용요건과 같은 상쇄구매의 사용조건을 협상할 수 있다. 이러한 사용조건은 계약 낙찰의 기준으로 사용되어서는 안 되며, 조달과정에 참여할 자격심사용으로만 사용되어야 한다.

17) 미가입국의 공급자도 입찰참여 가능하도록 투명성 확보(Transparency)

제1항에서는 각 당사자는 조달기관이 이 협정의 당사자는 아니지만 자기 나라의 낙찰과정에서 투명성을 확보하기 위하여 아래와 같은 조치를 취하는 국가에 소재하는 공급자로부터의 입찰서를 경쟁 입찰절차로부터의 일탈 또는 이의신청절차에 접근을 포함하여 어떠한 조건하에서 받을 것인지를 명시하도록 권장한다. ① 제6조(기술규격)에 따라 자신의 계약을 명시하고, ② 세계무역기구 공용어로 공표되는 제9조 제

8항에 언급된 공고본(조달계획공고의 요약)에 이 협정 당사자인 국가 소재 공급자로부터 어떠한 조건에 따라 입찰서를 받을 것인지를 명시하는 것을 포함하여, 제9조에 언급된 조달공고를 공표하며, ③ 통상적으로 조달진행 중에는 자기 나라의 조달관련 규정을 변경하지 않을 것이라는 것과 변경이 불가피한 경우에는 만족할 만한 교정수단을 제공할 것을 보장한다.

제2항에서는 제1항 가호로부터 제1항 다호까지에 명시된 조건에 합치하는 이 협정의 당사자가 아닌 정부는 당사자에게 통보하면 위원회에 옵저버로 참가할 자격을 갖게 된다.

18) 조달기관의 정보제공의무(Information and Review as Regards Obligations of Entities)

제18조 조달기관의 의무에 관한 정보 및 검토에 관한 사항으로 구체적 조달절차에 관한 규정이다.

19) 협정가입국의 정보제공 의무(Information and Review as Regards Obligations of Parties)

제19조 회원국의 의무에 관한 정보 및 검토에 관한 사항으로 정부의 조달정책에 관한 규정이다.

20) 이의신청절차(Challenge Procedures)

우선 협의에 의해 공급자가 특정 조달과 관련하여 이 협정의 위반이 있었다고 이의를 제기하는 경우, 각 당사자는 동 공급자가 조달기관과 협의하여 자신의 이의신청에 대한 해결을 모색하도록 권장한다. 이러한 경우, 조달기관은 이의신청제도에 따른 교정조치의 확보를 저해하지 않는 방법으로, 그러한 이의신청을 공명하고 그리고 적시에 고려한다.

이의신청은 각 당사자는 공급자가 관심을 가지고 있거나 가졌던 조달과 관련하여 발생하는 이 협정의 위반혐의에 대해 이의를 제기할 수 있도록 하는, 무차별적이고, 적시의, 투명하고, 효과적인 절차를 마련한다.

21) 운영기구(Institution)

22) 분쟁해결 절차(Consultation and Dispute Settlement)

본장에서 명시적으로 규정된 경우를 제외하고는 세계무역기구협정하의 분쟁해결규칙및절차에관한양해(이하 "분쟁해결양해")의 규정이 적용될 수 있다.

23) 예외조항(Exceptions to the Agreement)

제23조 협정적용의 예외에서 무기, 탄약 또는 전쟁물자의 조달이나 국가안보 또는 국방목적(for national security or national defence purpose) 수행을 위한 조달에 관련된 규정이다. 이는 자국의 중대한 안보상의 이익(essential security interests)을 위하여 회원국이 필요하다고 판단하는 조치의 실시 또는 정보의 비공개를 방해하는 것으로 해석되지 아니한다. 또한 자국의 공중도덕 및 질서와 안녕(public morals, order of safety), 인간과 동・식물의 생명과 건강, 지적소유권 등의 보호를 위하여 필요하거나 또는 장애자, 자선단체(philanthropic institutions), 제소자에 의한 상품과 서비스의 보호를 위한 조치를 방해하는 것으로 해석되지 아니한다. 자의적이고 부당한 차별의 수단이나 국제무역을 제한하기 위한 위장수단으로 적용해서는 안 된다.

이러한 예외조항들은 각 협정국이 자국의 이익을 보호하기 위해 제도적 장벽이나 기술장벽 등을 교묘히 이용할 수 있는 여지가 많기 때문에 우리의 적극적인 논리개발과 제도적 대응이 필요한 부분이다. 국방이나 국가안보에 관한 사항은 여러 가지 측면에서 한국의 특수한 상황이 인정될 수 있을 것이다. 실제로 기간통신사업자에 대한 구조조정 등 통신정책 수립 시 일관된 네트워크의 확보가 국가안보에 중요하다는 논리가 외국의 기간사업자에 의해 제기된 적도 있다.

각국의 문화적 차이나 사회적 가치가 다르므로 공중도덕, 질서 등에 대해서는 국제적 규범의 일괄적용이 어려우므로 각국의 독특한 상황에 대한 파악과 논리개발이 요구된다. 자선단체 등에 대한 예외조항은 중소기업 정책과 같이 사회적 전반적 분배정책과 복지정책과의 연계 속에서 추진된다. 국제규범의 테두리에서 다양한 사회목표를 추구하여 정부조달의 사회적 측면을 정당화할 수 있는 근거가 된다. 그러나 이러한 예외조항을 국내 산업보호를 위해 이용하면 경쟁에 대한 압력이 제거되어 기업의 경쟁력을 악화시킬 수도 있다. 따라서 장기적이고 동태적인 의미에서 역효과를 초래할 수도 있기 때문에 정책수립과정에서 매우 조심스러운 접근이 필요하다.

24) 협정의 발효, 가입, 수정절차 및 경과조치 규정(Final Provisions)

제24조 중에서 주요 내용인 제3항과 제8항을 살펴보면 제3항에서 한국은 홍콩과

함께 1997년 1월 1일까지 본 협정의 적용이 연기되었다. 따라서 본 조항이 적용되기 전에 규칙, 절차 및 관행이 본 협정의 제반규정에 따르도록 국내법과 규정 및 절차를 변경해야 하고 그 변경사항과 운용상의 변경도 위원회에 통보하여야 한다. 제8항의 정보기술(IT) 부분에서는 협정이 기술진보에 불필요한 장애가 되지 않도록 필요한 경우 협정 수정협상을 포함하고 있다. 회원국은 정부조달에 있어서 정보기술 사용의 발전에 관하여 위원회와 정기적으로 협의하여야 한다. 특히, 정보기술의 사용이 투명한 절차를 통하여 공개적이고 비차별적이며 효율적인 정부조달을 촉진시키고, 협정의 적용을 받는 계약에 관하여 가능한 모든 정보를 명확히 보장하는 것을 목적으로 해야 한다.

사례연구

신공항건설공단의 정부조달업체 참여 제한 분쟁

Ⅰ. 사례개요

미국은 1999년 2월 16일 인천 신공항건설공단이 정부조달협정(GPA) 대상임에도 불구하고 입찰절차를 정부조달협정 규정에 따라 수행하지 않았다는 이유로 세계무역기구(WTO)에 제소하였다. 미국은 인천국제공항 건설사업 시행자인 인천 신공항건설공단이 입찰절차에서 외국기업을 차별한 것은 WTO 정부조달협정을 위반한 것이라고 WTO에 제소한 것이다. 그러나 WTO 분쟁해결기구는 인천 신공항건설공단이 협정의 적용대상에 포함하지 않을 수 있다고 결론지어 우리나라에 승소판결을 내린 패널보고서를 채택해 분쟁을 종결하였다.

우리나라는 1980년대 말부터 정부조달협정에의 가입을 위해 미국 등과 협상을 계속해오다가 결국 마라케쉬 각료회의에서 1994년 4월 15일 최종안을 조인함으로써 우리나라의 정부조달협정의 가입을 확정짓게 되었다. 우리나라의 경제규모에 비해서 조달시장이 너무 폐쇄되어 있다고 주장하던 미국이나 유럽의 국가들에게는 우리 조달시장의 개방은 많은 상품이나 용역수출의 기회를 제공하게 되었고 이에 따라 외국의 사업자들이 많은 대규모 국책사업에 참여할 수 있는 직접적인 계기가 되었다.

조달시장의 개방과 더불어 그동안 우리의 조달관행이 국제무대에서 특별히 문제가 되었던 적은 없었으나 인천국제공항의 구매행위와 관련하여 미국이 제기한 사건이 결국 WTO 패널에까지 이르게 된 것이다.

Ⅱ. 정부조달협정과 우리나라의 조달제도

1. 역사적 배경

우리나라의 정부조달협정이 GATT의 일부분이 된 것은 1979년의 동경라운드의 결과로서 된 것이다. 그 이후 GATT의 우루과이라운드 논의와 함께 조달협정에 관해서도 광범위한 논의가 계속 진행되었으며, 그 결과 마침내 새로운 정부조달협정이 1993년 12월 15일 WTO협정문의 부속서로서 채택되게 되었다. 한국은 사실상 정부조달협정에의 가입을 이미 오래전부터 검토해 왔으나 본격적으로 협정에 가입하게 된 것은 우루과이라운드 협상에서 마침내 한국의 가입이 약속되어 1994년 4월 15일 협정에 가입하게 된 것이다. 정부조달협정에 가입하게 됨에 따라 한국정부는 한국의 조달시장을 1997년 1월 1일부터 외국의 정부조달협정 가입국에게 개방하게 되었다.

2. 우리 정부의 개방내용

(1) 적용기관

우리나라는 WTO 정부조달협정 적용기관으로 42개 행정기관 및 그 보조기관, 특별지방행정기관 및 부속기관 등의 중앙정부와 서울특별시, 경기도 등 15개시・도의 지방행정정부 및 한국산업은행, 도로공사, 주택공사, 토지개발공사 등 정부투자기관관리기본법의 적용을 받는 23개 정부투자기관을 대상으로 하였다.

(2) 양허분야

예산회계법상의 수의계약 조달품목을 제외한 전 품목 및 서비스 분야에서는 UR/서비스협상에서 제출한 우리 양허안의 범위 내에서 GATT분류상의 회계, 컴퓨터, 경영, 컨설팅, 통신, 환경, 운송서비스 등 49개 업종분야, 건설 분야에서는 UR/서비스협상에서 제출한 우리 양허안의 범위 내에서 CPC(UN분류) 51군 8개 업종 중 7개 업종인 정지작업, 건축, 토목, 전문건설, 조립건축, 설비공사, 마감공사 등의 분야(CPC 511-517)를 양허하였다.

(3) 기준금액

중앙행정기관의 경우 물품과 서비스의 경우는 각각 13만 SDR, 건설의 경우는 500

만 SDR이었으며, 지방행정기관의 경우는 물품과 서비스의 경우는 각각 20만 SDR이며, 건설의 경우는 1,500만 SDR로 기준금액을 삼았다. 기타기관은 물품의 경우 45만 SDR이며, 건설의 경우는 1,500만 SDR이 기준금액이 된다. 서비스의 경우는 양허를 하지 않았다.

예외사항으로서는 공통예외사항으로서 재판매, 또는 판매를 위한 생산에 소요되는 물품, 서비스의 구매, 중소기업제품 단체수의 계약 등 일정 수의계약사항, 인공위성구매는 협정발효 후 5년간 예외로 설정하였다. 중앙행정기관에 대한 예외사항으로서는 국방부는 Positive List로 일부 품목만 양허하도록 하고, 조달청은 양허된 기관을 위한 구매에만 적용하도록 하며, 경찰청에 대해 치안의 확보를 위하여 필요한 물품의 구매를 제외하도록 하였다. 기타 농산물관련 구매도 제외하도록 하였다.

지방정부기관에 대한 예외는 특별히 인정하지 않았으며, 한전에 대해 일부 중전기 품목은 예외로 하고, 한국통신에 대해 일반통신제품 및 통신망장비의 구매는 제외하도록 하였다. 서비스 빛 선설부문에서는 UR에서 양허한 금융, 유통, 관광서비스는 제외하도록 하고, UR의 우리 서비스 양허안상의 투자제한, 자격요건 등 각종 제한사항이 동일하게 적용되도록 하였다.

3. WTO정부조달협정상의 내국민대우 및 무차별원칙

회원국은 타 회원국의 물품 및 서비스, 그리고 그 공급자 및 서비스제공자들에게 내국인에게 부여된 대우보다 불리하지 않은 대우를 제공하여야 하며, 타 회원국간에도 동등한 대우를 제공하여야 한다. 또 조달기관은 국내에 설립된 특정공급자 및 서비스제공자에 대해 외국과의 제휴, 또는 소유권의 정도를 기준으로 다른 국내공급자 및 서비스제공자보다 불리하게 대우하지 않도록 하고, 그 공급물품 및 서비스의 생산국이 다른 회원국일 경우에 그 생산국을 기준삼아 차별하지 않도록 하여야 한다.

이에 따라 우리나라에서도 현행 법령하에서는 정부조달계약에 관한 원칙으로서 기존의 당사자 간 상호대등의 원칙에 추가하여 WTO 정부조달협정 가입국의 국민 및 이들 국가에서 생산되는 물품 또는 용역에 대하여 내국민 및 내국생산물품 또는 용역과 차별되는 특약 또는 조건을 정하여서는 아니 된다고 함으로써 내국민대우 및 무차별원칙을 명시적으로 천명하기도 하였다.

특례조달계약에 관해서는 WTO 정부조달협정가입 여부를 불문하고 당해 외국에서 대한민국 국민에게 동등한 대우를 보장하는 경우에 그 외국의 국민에 대하여 특례규정을 적용하며, 그 범위 내에서 내·외국민 간 무차별의 원칙을 규정하고 있다.

4. 정부조달협정과 우리 법령상의 입찰방법의 투명성, 공정성

WTO 정부조달협정에서는 본 협정의 회원국들은 자국 조달기관의 입찰절차가 비차별적 방법으로 운용되도록 하여야 하며, 조달기관들은 경쟁을 배제하는 결과를 초래할 수 있는 정보를 특정인에게 제공하여서는 아니 된다. 본 협정은 입찰방법의 종류로서 공개입찰, 선별입찰, 제한입찰의 3가지를 규정하고 있다.

이 중 제한입찰은 외국공급자나 서비스제공자들 간의 차별수단으로 또는 국내 생산자나 서비스제공자의 보호수단으로 사용되지 않는 범위 내에서만 공개 혹은 선별입찰에 부쳤으나, 응찰이 없는 경우, 제출된 입찰서가 담합이 된 경우, 입찰의 필수요건을 따른 입찰서가 없거나 입찰참가조건에 부합되지 않은 공급자가 입찰한 경우, 예술품 또는 특허권보호와 관련한 이유 때문에 특정 공급자에게만 조달할 수 있으며, 적절한 대체품이 없는 경우, 긴급한 사유로 인한 조달로서 공개경쟁입찰에 의하면 필요한 기일 내에 조달이 불가능한 경우, 기존의 설비교환 또는 설비확장의 경우로 기존 공급자를 교체하면 기존 설비와 호환성이 문제되는 경우 조사, 실험, 연구, 개발 등을 위한 계약에 따라 개발된 원형이나 최초 생산품을 조달하는 경우 등에 한하여 허용된다. 제한입찰의 경우 조달기관은 조달기관명, 조달물품 또는 서비스의 가액 및 종류, 원산국, 수의계약적용사유에 관한 설명 등을 포함한 보고서를 작성하여 보관하여야 한다.

정부조달협정은 공개입찰과 선별입찰 중 어느 입찰방법을 택할 것인가에 대해서는 각 회원국 조달기관에 상당한 재량을 부여하고 있다. 즉, 다음의 실시요건을 충족하는 한 공개입찰이 아닌 선별입찰을 입찰방법으로 선택하여도 무관하다.

① 선별 입찰시 조달기관은 조달제도의 효율적인 운영에 지장이 없는 한, 각각의 조달에 대하여 국내외 공급자나 서비스제공자들이 최대한 입찰에 참여할 수 있도록 하고, 입찰에 참가할 공급자나 서비스제공자들을 공정하고 비차별적인 방법으로 선정하여야 한다.

② 상설 유자격공급자와 서비스제공자 목록을 유지하는 조달기관은 목록에 등재된 공급자나 서비스제공자들 중에서 입찰참가자를 선정할 수 있으며, 목록에 등재된 공급자나 서비스제공자들에게 동등한 기회를 보장하여야 한다.

③ 자격심사를 받지 않은 공급자나 서비스제공자라 하더라도 자격심사절차를 완료

할 충분한 시간이 있는 경우에는 입찰서를 제출할 수 있으며, 조달제도의 효율적인 운용에 지장을 주지 않는 한 그 참가자수를 제한할 수는 없다.

우리 정부조달제도에서는 일반경쟁입찰, 제한경쟁입찰, 지명경쟁입찰, 수의계약의 4가지 방법을 인정하고 있다. 대체로 보아 일반경쟁입찰은 WTO 정부조달협정에서의 공개입찰, 제한경쟁입찰과 지명경쟁입찰은 협정상의 선별입찰, 수의계약은 협정상의 제한입찰에 해당된다고 볼 수 있을 것이다.

일반경쟁입찰을 원칙으로 하고 제한된 조건하에 제한경쟁 및 지명경쟁입찰 방식과 수의계약방법을 예외적으로 인정한다는 종전의 원칙을 유지하되, WTO 정부조달협정에 의거하여 종전에 비해 제한경쟁 및 지명경쟁입찰의 허용범위를 다소 확대하였다.

5. 입찰공고

WTO 정부조달협정에서는 조달기관은 협정의 적용을 받는 모든 조달에 관해서 부속서에 등재된 출판물을 통하여 입찰참가초청을 하여야 하며, 모든 입찰참가초청은 조달공고의 형식으로 공표하여야 한다. 중앙정부기관의 입찰참가초청은 조달공고의 방법을 취하며, 여기에는 조달대상 물품이나 서비스의 종류 및 수량, 반복계약의 경우는 종류, 수량, 가능하다면 후속입찰공고의 예정시기 등을 상세하게 포함하여 제공하여야 한다.

국내조달의 경우에는 추정가격이 공사의 경우 3억 원, 물품제조의 경우 1억 원, 물품구매, 용역 기타의 경우 5천만 원 이상인 경우 관보 또는 일간신문에 공고하는 방법으로 입찰공고를 하고, 그 이외의 경우에는 관보 또는 일간신문에 게재하거나 게시판에 공고하는 방법으로 공고한다. 입찰공고에 있어서의 공고사항으로는 입찰에 부치는 사항, 입찰 또는 개찰의 장소와 일시, 공사입찰의 경우에는 현장설명의 장소, 일시 및 참가자격 등을 포함하도록 규정하고 있다.

또한 우리나라는 총공사비 추정금액이 100억 원 이상인 신규복합 공종공사에 대해서는 대형공사계약으로서 일괄입찰의 입찰자격을 제한할 수 있도록 규정하고 있다. 즉, 각 중앙관서의 장 또는 계약담당공무원은 일괄입찰에 참여할 수 있는 자격요건으로서 건설산업기본법 제9조의 규정에 의하여 당해 공사의 시공에 필요한 건설업의 등록을 필하도록 하고 있다.

Ⅲ. 분쟁의 주요 내용

1. 사건의 계기

신국제공항건설촉진법에 근거하여 그동안 영종도 신공항을 건설하는 데 필요한 구매업무를 수행해 오던 인천국제공항관리공단이 정부조달협정상의 절차와 규정을 위배하였다는 미국의 한 업체의 주장에 따라 미국정부는 한국정부에 1999년 2월 16일 공식 협의를 요청하게 되었고, 이후 일본과 유럽도 참여를 요청하였으나 우리 정부가 이를 거절하였다. 이후 미국과 한국정부는 1999년 3월 17일 협의를 진행하였으나 결렬되었으며, 결국 미국정부는 1999년 5월 11일 WTO 분쟁해결기구에 정식으로 패널의 설치를 요청하게 되었다.

분쟁의 주요 진행과정

○ 1999. 2. 16	미국, 인천공항건설공단이 정부조달협정(GPA) 대상임에도 불구하고 입찰절차를 GPA 규정에 따라 수행하지 않았다는 이유로 WTO 제소
○ 1999. 3. 17	한·미 양국 협의 진행(합의도출 실패)
○ 1999. 5. 11	한국, 패널설치 요청
○ 1999. 6. 16	패널설치
○ 2000. 4. 7	패널보고서 배포
○ 2000. 6. 19	패널보고서 채택(미국 상소 포기)

2. 양측주장의 요지

WTO의 분쟁해결기구에서는 우리나라 인천국제공항의 건설과 관련하여 야기된 미국과의 분쟁문제를 종결짓는 패널결과를 발표하였다. 본 분쟁에 대한 미국측의 주장을 간략히 요약해 보면, ① 신국제공항관리공단은 한국정부의 조달협정의 양허대상기관이며, ② 협정에서 규정하고 있는 40일 동안보다 짧은 입찰기간을 제시하였으며, ③ 입찰자격의 규정에서 외국입찰희망자는 한국 내에서 제조시설을 건축하거나 또는 구매하여야 하며, ④ 외국업체의 경우 반드시 국내업체를 참여토록 하고, ⑤ 이의신청절차를 명시하지 않은 점 등을 지적하면서 본 입찰과정은 협정의 위배라고 주장하게 되었다.

이에 대해 우리 정부에서는 기본적으로 인천국제공항의 조달을 담당하는 기관은 협정의 부속서의 해당기관이 아니라고 주장하고 미국의 주장을 기각해줄 것을 패널에 요청하게 되었다. 특히 미국이 신국제공항공단의 구매행위는 바로 우리나라의 건설교통부의 구매행위와 동일시 할 수 있는 것으로서 정부조달협정의 대상이라고 주장한 데 반해, 우리 정부에서는 국제공항관리공단이나 신국제공항공단은 건설교통부의 통제를 받지 않는 기관들로서 이들의 구매행위도 별도의 규정을 통해 독자적으로 구매를 결정하고 있다고 주장하였다.

3. 패널의 결정과 논거

WTO 패널에서는 본 사건의 가장 중요한 문제는 결국 국제공항관리공단이 1997년 1월 1일에 한국정부가 조달협정에 가입하여 효력을 발휘할 당시 과연 협정의 적용대상기관인가 하는 점과 인천공항관리공단을 이러한 국제공항관리공단의 승계인으로 볼 수 있을 것인가 하는 점을 집중분석한 결과 결국 미국이 주장하는 '통제(control)'라는 개념은 직접적으로 협정에서 명시되어 있는 것이 아니며, 양허대상기관은 양허부속서에서 직접적으로 제시되어야만 그 적용이 가능한 것으로 결론을 내리게 되었다.

WTO 패널은 나아가서 한국정부의 양허기관의 범위에 대한 부속서 1의 주석 1의 내용상 다소 불명확한 점이 있기는 하나, 유럽과의 협의과정이나 그 주석 1의 내용은 명백히 국제공항관리공단이나 그 이후의 신국제공항공단을 포함하지 않음을 알 수 있다고 결론지었다. 이와 같이 앞으로 우리의 조달행위가 점차 투명하고 공정한 조달절차가 될 것을 요구하는 목소리가 국제적으로 점차 커질 것이다.

Ⅳ. 시사점

우리나라의 조달시장은 많은 부분이 이미 미국이나 유럽 등의 국가들에게 개방되어 있다. 이러한 조달시장의 개방 폭은 앞으로 점점 확대될 것이며, 입찰절차나 제도도 점차 투명하고 공정한 절차가 되도록 국내외적인 견제와 감시가 보다 심해질 것으로 생각된다. 이러한 점에서 WTO 패널에서 신국제공항의 구매와 관련하여 행해진 결정은 과거와 같은 조달방법이 아니라 공정하고 투명한 룰을 통하여 가장 효율적이고 생산적인 조달제도를 정립하지 않고서는 결코 국제사회에서 인정을 받을 수 없다는 것을 명확하게 일깨워주는 좋은 교훈이라고 할 것이다.

또한 이미 정부조달협정의 가입으로 미국이나 유럽 등의 국가들이 우리 조달시장에 대해 많은 관심을 가지고 우리의 정부조달 행태가 투명하고 공정하게 이루어지는지를 면밀히 관찰해오고 있어 이에 대한 제도의 정비와 함께 조달의 효율성과 생산성을 높일 수 있는 제도를 발전시켜 나가야 할 것이다. 그리고 궁극적으로는 국내조달절차와 국제입찰에 의한 조달절차의 통일화작업도 필요할 것이다.

Chapter

20

미국 통상법의 이해

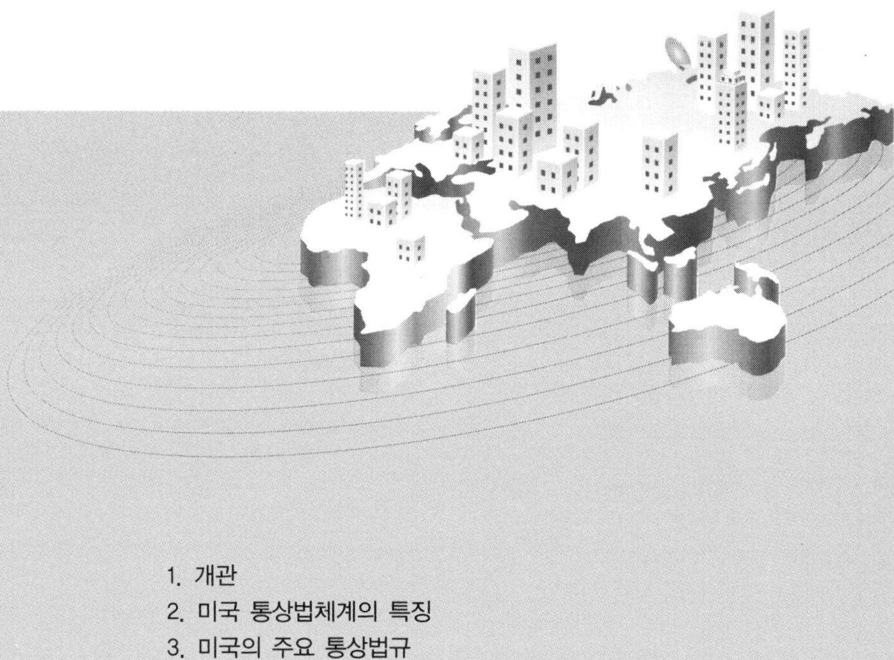

1. 개관
2. 미국 통상법체계의 특징
3. 미국의 주요 통상법규

Chapter 20

미국 통상법의 이해

1. 개관

미국의 통상법은 단일 통상법 체계가 아니라 대외통상과 관련된 일련의 법들로 구성되어 있으며, 미국의 대외무역과 직접적으로 또는 간접적으로 관련되는 법규들에 대한 일반적인 지칭을 말한다.

미국의 통상법규는 최초의 통상법이라 할 수 있는 1789년 관세법에서 출발한다. 1789년 관세법은 고관세를 부과를 목적으로 하는 보호무역적 성격을 바탕으로 한 법률이라 할 수 있다. 이후 미국의 역사상 최악의 관세법이라는 Smoot-Hawley법이 1930년에 입법화되었다. 이른바 1930년 관세법이다. 세계적인 대공황으로 국제경제가 위축되고 있는 상황하에서 미국은 Smoot-Hawley법으로 미국 역사상 가장 높은 관세율을 규정한 관세체계를 도입하게 되었고, 이같은 보호무역주의 조치에 대하여 교역국들은 자국산업의 보호를 위하여 동시에 관세인상 조치를 취하였다. 이에 따라 세계 교역량은 급감하여 세계경제가 침체하기 시작하였으며, 미국경제에도 심각한 불황을 겪게 되었다.

그러나 미국의 통상법은 세계무역의 감소와 같은 1930년 관세법의 후유증을 해소하기 위하여 정책의 현실을 반영하여 관세에 의한 규제에서 무역을 자유화하고, 수출을 확대하는 것에서 국내의 경제를 회복하고자 대통령에게 교역국과의 협상에 필요한 권한을 위임하는 1934년의 호혜통상협정법(Reciprocal Trade Agreements Act Of 1934)으로 이어진다. 이 협정법에 의거하여 대통령은 3년간에 걸쳐 타국의 2국 간 호혜적인 무역협정을 교섭하는 권한을 의회로부터 위임받아 독자적으로 관세를 50%까지 인하할 수 있게 되었으며, 이에 따라 미국의 관세가 대폭 낮아져서 교역량이 급증하는 계기가 되었고, 1939년까지 상호적인 무역협정의 교섭을 통하여 무역은 확대되었다.

제2차 세계대전에 의해 정상적인 무역거래는 중지되었으나 자유로운 국제거래를 기본으로 하는 1934년 호혜통상협정법의 이념은 전후의 무역의 기본이 되었다. 이후 미국의 통상법규는 1939년 호혜통상협정법이 1962년까지 수정·연장되었고, 1962년 통상확대법, 1974년 통상법, 1979년 통상협정법, 1984년 통상 및 관세법, 1988년 종합무역법, 1994년 UR협정법 제정 등으로 이어져 오늘에 이르고 있다.

이와 같은 미국의 통상법규는 통상규제의 완급에 따라 각 시대의 통상정책을 반영하고 있으며, 미국의 통상정책 수립 및 집행과정에서 중요한 역할을 수행하여 왔다. 미국의 통상법규들은 통상정책의 기본적인 틀을 제공해 주고 있으며, 이해관계자 간의 역학관계를 조정하는 역할도 수행하고 있다. 또한 행정부가 수립한 정책을 효율적으로 운영할 수 있도록 수단을 제공해 주는 한편 반대입장에 처한 세력들에 대해서는 보호벽 역할을 수행하고 있다.

2. 미국 통상법체계의 특징

미 헌법상 대외통상에 관한 모든 권한과 규제는 입법부인 의회가 관장하고 있다. 즉, 헌법상 모든 입법권은 하원과 상원으로 구성되는 의회에 있으며, 징세권은 하원이 가지고, 상원은 개정안을 제출하거나 양원 합동회의에서 이를 수정할 수 있다. 또한 의회는 조세, 관세, 수입세 및 소득세를 부과하고 징수할 권한을 가지며 외국과의 통상을 규제할 권한도 가진다. 그러나 국제교역이 점차 전문화·복잡화됨에 따라 의회는 1934년 이래 대외통상과 관련된 권한을 일정한 조건하에 한시적으로 대통령에게 위임해 오고 있다. 이에 근거하여 대통령은 대외무역협상권을 가지며, 의회의 위임 범위에서 외국과 쌍무협정 또는 UR과 같은 다자간협정을 체결할 수 있다. 따라서 미국의 통상관련법을 이해하기 위해서는 의회와 행정부 간의 관계뿐만 아니라 관련법의 입법 배경과 연혁의 이해가 선행되어야 한다.

한편, 미국의 법률체계는 우리나라의 체제와는 매우 상이하다. 즉 미국은 기존의 법률을 개정할 경우 우리나라와 같이 당해 법률의 개정안을 국회에 상정하여 개정하는 것이 아니라, 기존의 여러 통상법 관련 규정들을 종합적으로 개정·삭제·추가하는 내용을 담은 별도의 단일 법률을 제정하는 입법체제를 가지고 있다. 예를 들면 1994년 UR 이행법은 기존에 운영되어 왔던 통상관련법인 1930년의 관세법, 1974의 통상법, 1988년 종합무역법의 특정 조항을 개정 · 삭제 · 추가하는 형태를 가진 수많은 조항들로 구성된 법률인 것이다. 이러한 이유로 해서 미국 통상관련법의 이해에는 당해 통상법의 전반적인 내용뿐만 아니라 당해 통상법 특정 조항의 내용이 어떻게 변천되어 왔는가에 대한 고찰이 매우 중요하다. 예를 들면 우리에게 널리 알려진 1974년의 통상법 제301조는 1979년의 통상협정법, 1984년의 통상관세법, 1988년의 종합무역법, 1994년의 UR이행법 등을 통해 그 주요 내용이 계속 개정되어 왔다.

3. 미국의 주요 통상법규

(1) 1934년 호혜통상협정법

세계무역의 위축과 감소를 겪은 미국은 1930년 관세법의 후유증에 대한 반성으로 1934년 호혜통상협정법을 제정하게 되었다. 이 법은 1930년 관세법에 대한 국내외의 정면도전을 피함으로써 미국의 수출증가를 통한 국익을 강조하였던 실용적인 통상법이었다. 호혜통상협정법의 제정은 외국제품의 미국시장 진입규제와 미국제품의 외국시장 진출확대에 그 목적이 있으며, 여기에는 미국인의 실업 및 경기침체의 극복수단으로서의 의도가 내포되어 있었다.

또한 이 법에서는 최혜국 조항 도입과 함께 대통령에게 3년 동안 쌍무협상을 통하여 관세를 인하할 수 있는 권한을 부여하고, 이에 따라 1930년 관세법상의 관세율의 50%까지 인하할 수 있도록 하는 제한적인 관세인하 협상권을 대통령에게 위임하였다. 인하된 관세는 미국의 수출에 대해 차별적인 국가를 제외하고는 최혜국대우 원칙에 따라 제3국에게도 확대하여 적용할 수 있도록 하였다.

1934년 호혜통상협정법에 의하여 미국은 1934년부터 각국과 호혜통상협정을 체결하였다. 1934년부터 1939년까지의 기간 중 미국 행정부는 31차례 쌍무협정을 체결하였고, 이 협정에서 최혜국대우 원칙을 통해 관세인하의 범위를 확대한 결과 미국의 평균관세율은 59%에서 37%로 감소하게 되는 등 자유무역 분위기를 조성해 나갔다. 미국은 1939년까지 쌍무적인 통상협정과 관세율의 인하를 통하여 무역을 계속 확대해 갔지만 제2차 세계대전이 발발되자 정상적인 무역거래가 중지되었다. 그러나 자유무역을 기본으로 하는 1934년 호혜통상협정법의 이념은 추후 GATT의 기초가 되었으며, 전후 미국 통상정책의 지주로 남게 되었다.

1934년 호혜통상협정법은 관세책정에 관한 권한이 의회로부터 행정부로 이전되었다는 점과 이후 자유주의 통상정책의 추진 및 유지에 매우 중대한 영향을 미쳤다는 측면에서 높게 평가할 수 있는 미국의 통상법이라 할 수 있다.

(2) 1962년 통상확대법

1940년대의 후반기부터 1950년대에 걸쳐 무역의 자유화는 진행되었으나 보호무역의 흐름이 나타나기 시작하여 자유무역을 가속화시킬 필요성이 미국에서 제기되었다. 미 행정부는 무역자유화를 위해 대통령이 새로운 조치를 취할 수 있는 권한이 부여된 법의 제정을 요구하였고, 그 결과 제정된 법이 1962년의 통상확대법(Trade Expansion Act of 1962)이다.

통상확대법은 호혜통상협정법의 기본적 특징을 계승한 신통상법으로서 1950년대에 대두한 보호주의적 경향을 억제하고 무역자유화를 대규모로 추진하는 데 그 목적을 두고 있었다. 즉 미국의 경제성장을 촉진시키고 미국의 농업·공업·광업제품의 해외시장과 무역을 확대·유지시키며, 개방적이고 무차별적인 무역을 통하여 외국과의 경제적 유대관계를 강화시킴과 동시에 공산주의 국가의 경제침투를 저지시킬 목적으로 제정된 법이다.

1962년 통상확대법은 1934년 호혜통상협정법과 마찬가지로 대폭적인 관세인하를 단행하고 케네디 대통령에게 무역자유화를 위한 조치를 취할 수 있는 광범위한 권한을 부여하여 관세뿐만 아니라 비관세장벽과 유사관세장벽에 대한 양자 간 협상권한 및 다자간 협상권한도 부여하였다. 또한 이 법은 단순히 대통령에게 관세협상에 관한 위임시한만을 연장·갱신하는 것을 주내용으로 한 과거의 통상법과 달리 GATT체제하의 다자간통상협상에 미국이 참여하는 것을 명시적으로 인정한 최초의 통상법으로서 행정부의 협상권한에 관한 구체적 범위를 규정하고 있다.

(3) 1974년 통상법

1970년대는 국제경제체제에 큰 변화의 시기였다. 우선 1971년의 이른바 닉슨 쇼크로 달러와 금의 태환이 정지되었으며, 수입과징금이 도입되어 미국의 무역을 위축시켰다. 그 결과 국제금융질서인 브레튼우즈체제가 동요되었고, 2차례에 걸친 석유파동으로 인하여 각국 간의 불균형의 심화와 무역면의 경쟁격화로 통상마찰이 야기되었다. 이러한 상황에서 1974년 통상법(Trade Act of 1974)이 제정되었다.

1973년 4월에 닉슨 대통령은 그의 두 번째 통상법안을 의회에 제출하였다. 이 법은 수입으로 인한 피해구제, 공산국가에 대한 최혜국지위 정지, 그리고 무역수지조정을 위한 추징금의 부과 또는 이를 대체할 수입할당제의 실시조치 등의 보호무역적인 요소를 포함하고 있었다. 그러나 전체적으로는 대통령에게 전례 없는 권한을 위임하는 자유무역지향적 법이었다. 대통령에게 관세인하협정을 체결할 수 있는 5년 유효의 권한뿐만 아니라 미국 역사상 최초로 대통령에게 자유무역에 대한 모든 장벽을 조화·감소 또는 제거할 수 있는 외국과의 협상권한도 부여하였다.

이 법에서는 1973년부터 시작된 GATT의 동경라운드에 대비하여 대통령에게 협상권한을 부여하였는데, 대통령에게 위임된 사항은 관세인하뿐 아니라 이와는 별도로 비관세장벽협상을 위한 권한도 부여한 것이다. 또한 대통령에게 새롭게 위임된 비관세장벽협정 이행을 위하여 의회는 이 법 속에 특별한 절차를 규정하였는데, 그것이 후에 소위 신속처리절차(fast-track procedures)로 불려진 규정이다.

한편 이 법에서는 관세가 더 이상 무역의 주요 장애가 아니라는 이유로 관세위원회를 국제무역위원회(International Trade Commission : ITC)로 확내 개편하였고, 위원회 위원들의 임기를 6년에서 9년으로 연장하였다.

이와 함께 제201조에서는 과거의 면책조항을 세이프가드제도(safeguard)로 확립시켰다. 제201조는 GATT 제19조의 긴급수입제한조치 해당하는 미국 내 법규이다. 새로운 규정의 피해기준은 피해와 미국의 무역양허 간의 인과관계를 더 이상 요구하지 않으며, 산업체로 하여금 수입증가가 피해를 야기시키는 주요 원인이기보다는 심각한 피해의 상당한 원인임을 제시만 하면 되도록 과거 규정에 비해 완화되었다. 특히 이 법에서는 미국의 무역적자 해소를 위하여 상대국의 불공정무역관행을 제거하여 미국 기업의 해외시장진출을 지원하기 위한 목적으로 제301조가 신설되어 미국에 차별대우한 나라에 대해 대통령이 수입제한조치로써 보복할 수 있는 새로운 권한을 부여하였다.

제301조의 기본이념은 대통령에게 미국의 통상이익에 영향을 미치는 외국의 '불합리한' 그리고 '부당한' 무역관행에 대해 보복할 수 있는 광범위한 권한을 부여한다는 것이었으나, 1962년 통상확대법의 제252조와 유사한 1974년 통상법 제301조는 대통령이 과거 통상법규를 소극적으로 사용한 데 대한 의회의 불만을 반영하고 있기도 하였다. 이 조항은 관련산업에 유리하도록 제소절차를 변경시킴으로써 해당산업이 다양한 구제수단을 제공받을 수 있도록 하였으며, 소송을 시작할 수 있는 민간당사자의 권리를 도입하고 대통령이 거부하면 그에 대한 해명을 요구할 수 있도록 규정하고 있

다. 또한 불공정무역관행의 정의에 수입제한조치뿐만 아니라 외국의 정부보조금을 포함시키고 그 적용대상에 상품무역 외에도 서비스무역을 포함시킴으로써 1962년 통상확대법의 제252조 규정의 적용범위가 확대되었다.

(4) 1988년 종합무역 및 경쟁법

1988년 종합무역 및 경쟁법(Omnibus Trade and Competitiveness Act of 1988 : OTCA)은 행정부에 대해 부당하고 불공정한 통상정책 또는 관행을 지니고 있는 교역상대국을 조사하도록 의무를 지우고 이들과의 통상협상 및 협상결렬시 보복조치 발동을 의무화한 미국 통상법 입법 역사상 가장 보호무역주의 색채가 강한 법이다.

이 법의 제정배경은 다음과 같이 몇 가지로 요약할 수 있다. 첫째, 미국 경제여건의 악화이다. 미국은 1980년대 중반 이후 무역적자와 재정적자가 누적되어 이러한 문제를 해결하기 위한 방안의 하나로 이 법안의 입법이 가속화되었던 것이다.

둘째, 일본과 신흥공업국(Newly Industrializing Countries : NICS) 등의 급속한 미국시장진출 확대로 산업공동화 등 미국경제의 미래에 대한 불안감이 고조되었기 때문이다. 특히 1987년 10월 뉴욕 주가대폭락사태 이후 이러한 경제위기의식이 팽배되기 시작하였다.

셋째, 미국의 통상 및 산업정책에 대한 재검토의 필요성이 대두되었다. 제2차 세계대전 후의 세계무역질서는 GATT를 중심으로 한 다자간 무차별 자유무역이었으나 1980년 후반에는 세계경제의 다극화 현상으로 인해 각국 간의 이해관계가 복잡해져 미국으로서는 다자간 문제해결방식보다는 쌍무협상방식이 필요했으며, 미국 내 산업정책에 대한 재검토를 토대로 한 무역수지개선 및 경쟁력제고를 시현할 수 있는 법적 제도의 구축 필요성도 증대되었기 때문이다.

넷째, 미 의회는 이상과 같은 현안들을 해결하기 위해 통상, 산업, 국제금융 중 어느 한 분야에 대한 입법만으로는 미국의 경제여건개선에 도움이 될 수 없을 것으로 판단하여 포괄적 입법을 추진하게 된 것이다. 마지막으로 통상정책의 주도권에 대한 의회와 행정부 간, 그리고 각종 국내 이익집단 간의 이익다툼 등의 요인도 이 법의 제정에 커다란 요인으로 작용하였다.

총 10편 994개 조항으로 구성된 이 법은 거의 모든 경제부문을 총망라한 포괄적인 통상법으로서 미국 통상정책의 근본적 기조변화를 반영하고 있다. 미 의회의 절대적 지지를 얻고 발효된 이 법은 ① 미국 내 산업의 경쟁력을 향상시키고, ② 교역상대국의 불공정무역행위의 개선을 통해 자국의 무역적자를 감축시키며, ③ 해외시장개방을 강화하는 동시에 자국시장보호의 벽을 강화시킨다는 데 그 목적을 두고 있다. 이는 미국의 무역이 공정하다는 전제하에 교역상대국의 불공정무역관행을 규제하고, 상호주의 원칙하에 교역상대국에 대해 미국의 시장개방 정도와 동등한 수준의 개방을 요구해야 하며 다자간 교섭보다는 쌍무적 교섭을 중시한다는 논리에 입각한 것이다.

경제분야의 포괄입법인 OTCA에서는 미국의 주요 수입규제와 관련한 통상법 등에 대해서도 대폭적인 개정이 이루어졌는데, 이 법에서는 수퍼(Super) 제301조, 스페셜(Special) 제301조, 통신무역조항 등이 신설되어 미국 기업의 시장접근을 제약하는 외국 민간기업의 "체계적인 반경쟁적인 행위들(systematic anticompetitive activities)"에 대해서 USTR의 무역보복조치발동을 의무화하여 대통령의 재량권을 제한하고 외국시장에 대한 효과적인 시장개방조치를 강구하였다.

OTCA를 살펴보면, 첫째 제301조에서 불공정 무역관행에 대한 조사의 실시와 필요시 제재조치를 명령할 수 있는 권한을 대통령으로부터 USTR로 이선시켰다. 이러한 변화는 이익집단 등 외부의 압력에 대해 대통령보다 각료급관리가 더욱 노출되게 만들었으며, 이로 인하여 중대한 사안이 아닌 한 대통령이 직접 제301조의 실시에 관하여 관여할 기회가 축소되었다. 또한 반덤핑 조사시 라이프사이클이 짧은 상품에 대한 신속한 조사실시를 규정하여 수입품과 경쟁하는 미국 내 산업을 보호하기 위한 조치를 강화하였다.

둘째, 수퍼 제301조와 스페셜 제301조를 처음으로 도입하였다. 수퍼 제301조에서는 상대방 국가의 일관된 무역장벽이나 시장왜곡관행이 존재할 경우 USTR이 그러한 점을 시정하기 위해서 그 상대방 국가와 지속적인 협상을 벌여 나가게 되는 근거가 되는 규정으로 1990년까지 유효한 조항이었다. 이에 따르면 미국의 교역상대국이 자국에 대해 불공정무역관행을 실시하거나 불리한 통상정책을 채택하거나 또는 부당한 법률을 적용하는 경우 USTR로 하여금 우선협상대상국(Priority Foreign Country : PFCP)과 우선협상대상국관행(Priority Foreign Country Practice : PFP)으로 분류하도록 하고 있다. 분류에 포함된 국가는 3년 내에 문제의 관행을 제거하거나 보상 또는 관행의 완화조치를 취해야 하며, 이러한 관행의 완화는 그로 인해 미국의 해당국가에 대한 수출이 매년 점진적으로 증가할 것으로 예상되어야 한다. 그리고 분류에 포함된 국가가 문제의 관행을 제거하거나 보상 또는 관행의 완화조치를 취해야 하지 않을 경우 USTR이 보복조치를 취하도록 규정하고 있다.

이와 관련하여 이 법에서는 USTR에게 우선협상관행의 제거에 대한 상당한 진전의 입증자료로서 매년 국별무역장벽보고서(National Trade Estimate Report on Foreign Trade Barriers)를 의회에 송부하도록 규정하여 USTR의 대의회 보고의무를 강화시켰다.

한편 스페셜 제301조는 지적재산권을 충분히 보호해 주지 않고 있는 미국의 교역상대국에 대응하기 위해 제정된 조항으로 미국에 대한 불공정무역관행을 제거하기 위하여 상표권, 저작권, 특허권 등 지적재산권보호가 미흡한 국가를 우선협상대상국으로 지정하고 이 국가와 협상을 추진할 것을 명시한 규정이다. 이 조항은 수퍼 제301조와 유사하지만 수퍼 제301조와 근본적으로 다른 점은 수퍼 제301조에서는 USTR이 어떤 분야이든 간에 조사를 행할 수 있는 재량이 있지만, 스페셜 제301조는 지적재산권 분야에 대해서 USTR이 반드시 조사를 실시하고 우선협상대상국을 지정하도록 규정하고 있다는 점이다.

셋째, 통신무역조항이 신설되었다. 이 조항에서는 통신시장개방이 부진한 나라나 통신관련투자에 대한 규제조치를 완화하지 않는 나라를 우선협상대상국으로 지정하고 협상을 추진할 수 있도록 규정하고 있다. 이는 통신기기, 통신서비스, 통신관련투자 등도 지적재산권의 경우와 마찬가지로 기존의 제301조, 수퍼 제301조를 활용할 수 있음에도 불구하고 특별히 별도의 규정을 마련한 것이다.

이와 같이 통신분야의 보호를 위해 별도의 법률규정이 제정된 이유는 교역상대국의 통신기기 및 통신서비스시장 개방을 촉진하고 통신관련투자조치를 완화함으로써 미국의 통신기기와 통신서비스의 수출을 증대하며 미국 내의 해당산업의 고용증대와 소비자 서비스의 강화 그리고 미국의 기술적 우위를 유지하고자 하는 데 있다.

미국의 통신시장은 1980년 레이건 행정부의 각종 규제완화 조치에 의하여 완전히 개방되었고, 이에 따라 통신기기의 수입이 증가됨으로써 미국이 비교우위산업이라고 자부하던 통신기기부문에서 무역수지적자가 발생되어 그 적자규모가 매년 증가되어 왔기 때문에 외국의 불공정무역관행으로 인한 수입침투를 시정하고 통신산업을 보호하기 위한 목적도 이 조항의 제정동기 중의 하나이다.

넷째, 제201조의 적용을 완화하였다. 제201조의 적용과 관련하여 수입으로 인한 피해의 구제조치 신청시 대통령에게 산업조정계획의 실시를 사실상 강제화하였고, 피해의 가능성을 보다 구체적으로 예시하였으며, 또한 산업경쟁력 향상을 위한 대통령의 조정권한을 강화하는 한편 수입규제조치 기간도 5년에서 8년으로 연장하였다.

다섯째, 1930년 관세법 제337조 규정의 적용범위를 확대하였다. 이는 특허권 침해와 관련된 제소의 경우 국내산업의 피해를 제소자가 입증할 필요없이 단지 미국의 특허권을 침해하는 상품이 미국 내로 수입되었다는 사실만 입증하면 되도록 제소절차를 간소화한 것이다.

결국 OTCA는 과거 특정 산업의 수입규제에 목표를 두었던 고전적 보호무역주의와는 뚜렷이 구별되는 몇 가지 입법특징을 보이고 있다. 첫째, 이 법은 특정 분야의 보호조치 강화라기보다는 통상문제 해결의 절차나 정책결정과정에서 미국 측에 일방적으로 유리하게 하거나 자의적인 해석이 가능하도록 제정한 절차적 보호무역주의입법이다.

둘째, 이 법은 미국이 이 법의 각종 제301조 관련 조항들에 의거하여 교역상대국 시장을 개방하도록 하여 자국의 수출증대를 도모하는 등 확대균형을 지향하고 있는 입법이다.

셋째, OTCA는 그 명칭에서 알 수 있듯이 통상분야뿐만 아니라 지석소유권, 산업경쟁력, 환율문제 등에 관한 포괄적 내용을 집대성해 놓은 법으로서 미국 국내산업의 보호와 경쟁력의 제고, 그리고 무역상대국의 시장개방촉구를 통한 무역적자의 해소를 목표로 하고 있는 법이다.

넷째, 의회는 OTCA의 입법을 통하여 통상과 관련된 대통령의 권한을 약화시키고 의회의 영향력 강화를 도모하였다. 즉, 대통령의 통상관련권한 중 일부를 USTR로 이관하였고 보복조치 결정권한을 USTR에 줌으로써 대통령의 외교적 차원에서 행하는 배려 가능성을 배제하였고 이와 더불어 USTR의 對의회보고의무규정을 강화시켜 의회의 통상정책에 대한 영향력을 강화시켰다.

(5) 1994년도 UR 이행법

이 법은 1994년 4월 15일 공식적으로 종료된 UR 협상의 결과로 생성된 제반 무역협정을 미국의 국내법으로 승인하기 위한 목적으로 제정되었다. 다자주의에 입각한 분쟁해결절차를 갖춘 WTO체제의 출범에 즈음하여 쌍무적 차원에서 발동되는 제301조의 적법성 여부가 크게 논란이 되었다.그런데 이 법 제102조는 미국의 연방법이 UR 제협정에 우선한다는 것을 분명히 밝히고 제301조 규정을 계속 보유할 것임을 강조하였다. 특히 WTO법의 적용을 받지 않거나 부적절하게 다루어지는 사안들에 대해서는 행정부의 적극적인 제301조 사용을 지시하고 있다.

(6) 통상법 제301조, 슈퍼 제301조, 스페셜 제301조의 비교

미국의 통상법규 가운데 가장 많은 논란과 오해를 받고 있는 것이 바로 자유무역법의 항목에 속하는 법규들이다. 다른 나라들로 하여금 미국의 상품과 투자에 대해 그 시장을 개방하도록 경제적 압력을 행사할 수 있도록 규정한 법들로 이 가운데 특히 문제가 되는 것은 제301조와 이를 근간으로 파생된 수퍼 제301조, 스페셜 제301조 등을 예로 들 수 있다. 이러한 법규들은 외국 정부가 미국상품에 대해 그 수입을 규제하는 등 불공정무역관행이 이루어질 때 이를 시정하기 위해 미국 대통령이 필요한 조치를 취할 수 있도록 입안되어 있다.

1) 일반 제301조(미국종합무역법 내의 제301조~제309조를 의미)

통상법 제301조란 미국의 교역상대국이 자국에 대해 불공정 무역관행을 실시하거나 불리한 무역정책을 채택하거나, 혹은 부당한 법률을 적용하는 경우 미국무역대표부가 기존 무역협정의 정지 또는 파기, 무역협상 추진, 관세율 인상, 수입제한 등 보복조치를 단행할 수 있도록 광범위한 재량권을 부여한 법률조항이다. 미국 통상법 제301조는 교역상대국이 무역을 통하여 미국 산업이 피해를 받는다고 판단되면, 그 국가에 대해 미국이 일방적으로 보복조치를 취할 수 있고 보복대상도 제한이 없는 것으로 규정하고 있다. 여기서 미국산업의 피해란 산업시설의 조업단축, 유통단계상의 재고증가, 고용감소 및 불완전고용, 산업과 적정이윤의 감소 등을 의미한다.

미국 통상법 제301조는 자의적이고 광범위한 보복적 법률조항으로서 미국이 교역 상대국의 상품시장과 서비스시장 개방을 관철하기 위해 빈번히 활용하는 가장 강력한 비장의 무기로 사용하고 있다. 외국의 불공정 무역관행에 대한 일방적 조치를 허용하는 미국 통상법 제301조에 대하여 세계 각국은 이 규정이 WTO DSU(분쟁해결양해) 제23조에 명시적으로 위반된다고 주장하였다. 이에 대해 WTO 출범시 USTR 대표였던 MIckey Kantor는 제301조가 여전히 회원국이 아닌 나라들에 적용될 수 있으며, 또한 WTO가 규율하지 않는 부문에서 적용될 수 있다고 주장하였다. 그러나 문제는 WTO 회원국들에 대하여 WTO가 규율하는 분야에 대해서도 여전히 미국이 통상법 제301조를 들어 보복조치 등을 위협하고 있다는 사실이다. 이에 바나나분쟁으로 첨예하게 대립하던 EC가 미국의 통상법 제301조가 WTO 분쟁해결양해협정(DSU) 제23조 다자체제의 강화 규정에 위반된다고 주장하여 WTO에 제소한 바가 있었으나 기대한 성과를 거두지는 못했다. 즉,

2000년 1월 채택된 WTO 패널리포트는 미국 통상법 제301조가 WTO DSU 규정 위반이기는 하나, 미국이 UR 이행법 통과시 제301조 운용지침에서 WTO 규정과의 조화로운 운용을 약속하였고, 패널심리 과정에서 동 조항을 WTO 규정에 합치하도록 운영하겠다고 약속한 사항 등을 고려하여 미국 측의 손을 들어 주었다.

따라서 이제는 통상법 제301조를 이용하여 무역상대국에 직접적인 보복조치를 가한다기보다는 상대국의 무역정책 변경에 대한 압박수단으로 사용될 가능성이 높다고 하겠다. 미국 국내적으로는 의회와 행정부 간의 무역정책 결정에 관한 권한범위의 한계나 절차규정으로서의 기능을 가지며, 또한 무역상대국이나 외국기업의 불공정경쟁으로 인한 산업피해구제 등에 있어서 일련의 절차를 규정한 조항으로서의 성격을 갖고 있다.

2) 슈퍼 제301조(미국종합무역법 내의 제310조)

슈퍼 제301조는 미국 기업이 시장참여 기회를 제한받는 등 외국정부에 의해 차별을 받는 경우나 미국 기업의 설립기회가 주어지지 않는 경우 발동되며, 그 법적 근거는 1988년 제정된 미국 종합무역법 중 교역상대국에 대한 무차별 보복이 가능토록 한 제310조를 의미한다. 즉 슈퍼 제301조란 미국이 자국에 대한 교역상대국의 불공정한 무역관행을 제거하기 위하여 우선협상대상관행을 지정하고, 통상협상을 추진하거나 혹은 이를 거치지 않더라도 무역보복조치를 단행할 수 있도록 규정하고 있다.

이 조항은 법적용이 강화된 미국 통상법 제301조의 별칭으로서 1988년 8월에 개정된 1988년 미국종합무역 및 경쟁력강화법(Omnibus Trade and Competitiveness Act of 1988)에 규정되었다가 1994년 UR협정 이행법에 의하여 전면 개정되었다. 발동절차는 국별무역장벽보고서(NTE)가 발표된 후 180일 이내에 무역확대를 위한 우선 관심사항을 파악하고, 미국의 무역에 큰 영향을 끼칠 수 있는 부문을 선정하여 우선협상대상관행을 지정하고 의회에 이를 보고하며, USTR은 보고서 제출 후 21일 이내에 일반 제301조 절차를 개시할 것을 의무화하고 있다.

미국은 일본과의 수출물량축소 논쟁, 한국에서의 포괄적인 시장개방압력(농산물시장의 개방, 외국인 직접투다에 대한 규제완화, 국산화정책의 3개 분야) 등에서 슈퍼 제301조를 들어 무역보복조치를 위협한 바 있으며, 1997년 말 만료한 슈퍼 제301조를 1999년 3월 31일 이후 3년간 부활한다고 밝힌 바 있었으나 2004년 7월 현재는 효력을 상실하고 있다.

3) 행정명령 슈퍼 제301조(수퍼 제301조의 행정명령에 의한 부활)

행정명령을 통한 슈퍼 제301조는 수퍼 제301조의 시행과 동일한 효과를 낼 수 있도록 행정명령의 수단을 통해 기존의 1974 통상법 제301조의 시행 메커니즘을 강화한다는 의미로 해석할 수 있다. 따라서 이는 효력이 이미 종료된 1988년 통상법상의 일명 슈퍼 제301조를 법으로서 되살리거나 새 법을 제정한다는 의미는 아니다. 과거 수퍼 제301조는 1989~90년의 2년간, 1994~95년의 2년간 한시적으로 시행되었는데 1994~95년 2년 동안 부활된 수퍼 제301조가 이전의 수퍼 제301조와 다른 점은 국별무역장벽보고서(NTE) 발표로부터 우선협상관행 지정까지 소요되는 기간이 과거 1개월에서 6개월로 크게 연장되었다는 점이다.

또한 1988년 슈퍼 제301조처럼 특정 국가를 통채로 불공정 교역국(Priority Foreign Country)으로 지목하는 대신 특정한 관행에 초점을 맞추어 우선협상대상국관행(Priority Foreign Country Practices)을 지정하도록 규정되어 있다. 또한 1988년에는 USTR이 반드시 우선협상 대상국가를 지정하여야 했으나, 행정명령 슈퍼 제301조의에서는 쌍무협상이 진전되고 있거나 혹은 대통령의 지시가 있는 경우 PFCP를 지정하지 않아도 무방하다. 그리고 보복조치를 취하려고 할 때 WTO의 분쟁해결절차가 필요한 경우 동 절차를 거치도록 하였다. 이 때문에 Bayard and Elliott(1994: 45)는 클린턴의 슈퍼 제301조를 "한결 부드러워진" 슈퍼 제301조라고 평가한다.

4) 스페셜 제301조(1974년 통상법 제182조)

스페셜 제301조란 미국이 자국의 특허권 상표권, 저작권 등 지적재산권을 보호하기 위하여 이를 침해한 나라를 우선협상대상국이나 우선감시대상국, 감시대상국으로 지정하여 그 나라와 지적재산권 분야에 관한 협상을 하거나 필요한 무역상의 보복조치를 단행할 수 있도록 한 미국 종합무역법 제182조를 의미한다. 일반 제301조나 슈퍼 제301조가 모든 분야에 일반적 적용가능성을 갖는데 반하여, 스페셜 제301조는 지적재산권 분야에만 한정되는 조항이라 할 수 있다. 미국이 일반 제301조나 슈퍼 제301조의 적용으로도 협상을 통해 불공정 관행을 제거할 수 있음에도 불구하고 별도로 스페셜 제301조를 제정한 것은 지적재산권 분야가 특히 1980년대 들어 미국의 비교우위산업임을 확인하고, 그 보호를 강화하고 미국의 무역상의 이익을 공고히 하려는 데 그 목적이 있다.

미국의 1988년 종합무역법은 지적재산권에 대한 적절한 보호 또는 시장접근을 부인하는 국가에 대하여 미국 무역대표부가 우선협상대상국으로 지정한 국가에 대하여 제301조에 의한 직권조사를 의무화하고 있다. 그러나 통상법 제301조(b)(2)(A)에 의하면 비록 직권조사가 의무적이라 하여도 미국 무역대표부는 경제적 이익의 고려라는 예외조항을 두어 제301조에 따른 조사가 미국의 경제적 이익에 치명적 손해를 가할 것으로 판단되는 경우에는 조사를 개시하지 않을 수도 있도록 허용하고 있어, 그나마 제301조의 일방적 조치성을 약간은 누그러뜨린다고 할 수 있다.

사례연구

코닥-후지필름 분쟁과 미국통상법 제301조

Ⅰ. 사례개요

1. 개요

미국의 코닥사가 소비자 사진용 필름과 인화지의 일본지역에서의 판매가 다른 나라에서의 평균판매량에 비하여 현저하게 적은 것은 후지사 등이 일본시장 안에서 반경쟁적 행위를 조장한 탓이라고 주장하면서 미무역대표부(USTR)에 대하여 그 시정을 위한 통상법 제301조(Section 301 of Trade Act of 1974)상의 조사 및 조치의 발동을 요청하면서 시작된 분쟁이다.

분쟁에서 문제된 필름과 인화지는 소비자용 흑백 및 컬러필름과 인화지(Consumer Photographic Film and Paper)로 전문가들이 사용하는 특수한 필름 및 인화지는 제외되었다. 미국은 일본의 필름 및 인화지 시장의 유통구조가 폐쇄적이기 때문에 GATT 제6차 케네디라운드, 제7차 동경라운드 및 제8차 우루과이라운드에서 관세양허를 받았음에도 불구하고 수입품과 국산품 간의 경쟁관계 또는 경쟁적 지위를 침해당하였다고 주장하였다. 즉 일본에서는 후지사와 같은 필름 및 인화지의 생산업자가 대형 도매상들과 배타적으로 판매계약을 맺기 때문에 유통구조가 수직적으로 폐쇄되어 있고 코닥사와 같은 외국생산업자는 그러한 배타적인 유통구조 안으로 침투할 수가 없어 결국 소비자에게 접근하기 어렵다는 것이다. 이러한 일본의 폐쇄적인 시장관행인 소위 'keiretsu'는 결국 일본정부의 각종 조치로 인한 것이라고 미국은 주장하였다.

이에 대하여 일본 정부는 자국 안에서의 반경쟁행위는 일본 공정취인위원회(JFTC : Japan Fair Trade Commission)의 소관사항이므로 미국 정부와의 협의대상이 될 수 없다는 이유로 미무역대표부의 협의요청을 거부하였고, 이에 미국이 일본을 WTO에 제소하였다.

WTO 패널은 일본에 승소판정을 내렸고, 미국은 항소를 포기하였다. 분쟁의 최종 패널 보고서는 1998년 1월 30일 분쟁당사자들에게 각각 제출되었고, 1998년 3월 20일 WTO에 회람되었으며, 1998년 4월 22일 WTO의 분쟁해결기구(DSB)에 의하여 채택되었다.

2. 사례의 의의

본 분쟁사례에서는, 첫째 사적인 무역제한, 즉 정부의 관여의 정도와 관계없이 실질적으로 사기업의 반경쟁적 행위를 대상으로 한 WTO 분쟁이라는 점에서 그 의의가 있다. 물론 WTO 분쟁해결절차의 대상이 되기 위해서는 협정위반 제소/비위반제소를 불문하고 정부조치의 적용이 있을 것이 요구되기 때문에 미국은 후지사의 반경쟁적 행위가 일본정부에 의하여 비롯되거나 최소한 정부의 관여가 있다는 주장을 하였다.

WTO 패널은 어떠한 경우에 경쟁관련조치가 정부조치로 포섭될 수 있는지에 관한 기준을 제시하려고 노력하였다. 분명한 것은 반경쟁적 관행도 일정한 정도의 정부관여가 있는 경우에는 그것이 WTO 분쟁해결절차에 회부될 수 있다는 가능성을 열었다는 점이다.

둘째, 무역과 경쟁정책이 만나는 대표적인 분쟁이라는 점에서 WTO 분쟁해결절차에 이르게 된 역사적 배경이 매우 흥미롭다. 일본 필름시장 내의 수직적인 거래제한에 대하여 미국은 애초에 자국의 독점금지법을 역외 적용하는 방법으로 이 문제를 해결하려고 하였다. 그러나 독점금지법이 미국 수출기업의 이익보호라는 관점에서 외국시장 내 시장접근효과를 갖는 반경쟁적 관행을 규제하기 위하여 역외 적용될 때에는 많은 이론적·실무적 문제점이 드러난다.

우선 이론적으로는 이러한 경우 반경쟁적 효과는 외국시장 내에서 발생하는 것이지 소비자에게는 아무런 영향이 없기 때문에 전통적인 미국 독점금지법의 법리상 동법을 적용하는 데에는 한계가 있다. 또한 실무적으로도 단지 수출이익이 침해되었다는 이유만으로 독점금지법을 역외적용하려는 경우에 당해 외국이 미국의 독점금지법 역외적용에 협조할 리가 없다는 점이다. 독점금지법의 역외적용은 사실상 역외적용대상기업이 위치한 국가의 협조 없이는 효과를 기대하기가 어렵기 때문이다.

이러한 독점금지법 역외적용의 한계를 입법적으로 극복하기 위하여 미국은 1988년 통상법 제301조의 발동요건인 외국정부의 '불합리한 관행'에 외국정부가 자국 내의 사기업들이 조직적으로 행하는 반경쟁적인 관행을 묵인함으로써 미국 수출기업의 시장접근에 장애를 초래하는 경우를 포함시켰다.

일본정부는 경쟁정책과 관련된 사항은 WTO협정 범위에 속하지 않는 국내정책상의 문제일 뿐만 아니라 WTO체제가 출범한 이상 미통상법 제301조 절차상의 양자 간 협상에는 응하지 않겠다는 입장을 완강히 유지하였다.

더욱이 미통상법 제301조의 경쟁관련규정은 외국정부가 그 자국경쟁법을 발동하지 않고 묵인하는 경우에만 적용이 되므로 일본정부는 즉시 일본 공정취인위원회에서 자체조사를 개시한 후에 최종적으로 자국 경쟁법을 위반한 것이 없다는 결론을 내렸다.

이에 따라 통상법 제301조는 더 이상 힘을 발휘할 수 없게 되었고, 미국은 본질적으로는 사적인 반경쟁적 관행을 대상으로 하는 이 사건을 WTO 분쟁해결절차에 회부하게 된 것이다. 미국은 패널설치 이전에는 GATT 규범과 서비스무역협정(GATS)뿐만 아니라 경쟁제한관행에 관한 1960년 결정(Decision on Restrictive Business Practices)에 따라 일본기업의 경쟁제한관행(RBP)에 대한 협의를 요청하였으나 일본의 불응으로 절차는 개시되지 못하였다.

또한 본 분쟁에서 가장 중요한 쟁점은 경쟁관련 이슈를 GATT 제23조 제1항 b호상의 비위반청구 대상으로 삼을 수 있는 것인가 였는데 이론적으로는 이것이 가능하다는 점을 WTO 패널은 분명히 했다. 다만 일본이 전부 승소한 점에서도 드러났듯이 비위반청구를 통하여 승소하기는 곤란하다는 사실을 확인해 주었다.

분쟁과 관련된 조항

1. GATT 제23조 제1항 (b) – 무효화 또는 침해 조항

다른 체약국이 협정조항의 저촉 여부를 불문하고 어떤 조치를 취한 결과 어느 체약국이 GATT에 의하여 직접적 또는 간접적으로 자국에 발생하는 이익이 무효화 또는 침해되거나 이 협정의 목적달성이 저해된다고 인정되는 경우, 그 체약국은 다른 체약국에 대하여 서면으로 협의를 신청 또는 제안할 수 있다.

" ... If any contracting party should consider that any benefit accruing to it directly or indirectly under this Agreement is being nullified or impaired or that the attainment of any objective of the Agreement is being impeded as the result of (a) the failure of another contracting party to carry out its obligations under this Agreement, or (b) the application by another contracting party of any measure, whether or not it conflicts with the provisions of this Agreement, (emphasis added) or (c) the existence of any other situation, the contracting party may, with a view to the satisfactory adjustment of the matter, make written representations or proposals to the other contracting party or parties which it considers to be concerned. Any contracting party thus approached shall give sympathetic consideration to the representations or proposals made to it."

2. GATT 제3조 제4항 - 국내세 및 국내규범에 관한 내국민대우 조항

수입품의 국내에서의 판매, 판매를 위한 제공, 수입, 운송, 유통, 사용에 영향을 미치는 모든 법률, 규칙, 요건에 관하여 국내산업의 동종상품에 허용하고 있는 대우보다 불리한 대우를 해서는 아니된다.

"... The products of the territory of any contracting party imported into the territory of any other contracting party shall be accorded treatment no less favourable than that accorded to like products of national origin in respect of all laws, regulations and requirements affecting their internal sale, offering for sale, purchase, transportation, distribution or use."

3. GATT 제10조 제1항 - 무역규정의 공포 및 시행 조항

체약국에 의하여 효력이 부여되고 세관상 목적에 의한 상품의 분류 또는 평가, 관세율, 조세 기타 다른 의무, 요건, 수입 또는 수출의 제한 또는 금지, 지불의 이전, 상품의 판매, 유통, 운송, 보험, 저장, 검사, 전시, 공정, 혼합 또는 다른 용도에 영향을 주거나 관련되는, 일반적으로 적용되는 법률, 규칙, 판결과 행정지침은 정부들과 무역업자들에게 알릴 수 있도록 즉시 공표되어야 한다.

"... Laws, regulations, judicial decisions and administrative rulings of general application, made effective by any contracting party, pertaining to the classification or the valuation of products for customs purposes, or to rates of duty, taxes or other charges, or to requirements, restrictions or prohibitions of imports or exports or on the transfer of payments therefor, or affecting their sale, distribution, transportation, insurance, warehousing, inspection, exhibition, processing, mixing or other use, shall be published promptly in such a manner as to enable governments and traders to become acquainted with them."

Ⅱ. 주요 쟁점

1. 경쟁관련조치와 협정 비위반제소(GATT 제23조 제1항 b호)

GATT 제23조에 의하여 WTO 체제하에서 WTO 분쟁해결협정(DSU)을 원용할 수 있는 제소사유에는 협정위반조치로 대상협정상의 이익이 무효화 또는 침해되는 경우와 협정위반이 아닌 조치로 대상협정상의 이익이 무효화 또는 침해되거나 동 협정의 목적달성이 저해되는 경우 및 기타 상황의 존재로 인하여 대상협정상의 이익이 무효화 또는 침해되거나 동 협정의 목적달성이 저해되는 경우 등 3가지가 있다. 본 분쟁사례는 미국이 일본에서 행해지고 있는 반경쟁적 시장관행에 대하여 일본을 상대로 GATT 제23조 제1항 b호 상의 '비위반제소(Non-Violation Complaint)'를 제기한 분쟁이다.

(1) 비위반제소의 일반적 검토

GATT 제23조 제1항 b호의 규정이 대상협정에 적용되는 경우 패널 또는 항소기구는 일방 분쟁당사국의 협정위반 여부에 관계없이 특정 회원국의 조치가 직접적 또는 간접적으로 대상협정상의 자국이익을 무효화 또는 침해하거나 협정의 목적달성을 저해한다고 간주하는 경우에만 판정 및 권고를 내릴 수 있다. 제소가 협정 비위반으로 인한 분쟁에서 야기되었다고 일방 분쟁당사국이 주장하고 패널이나 항소기구가 그렇게 결정하는 경우에 한하여 WTO 분쟁해결협정이 적용되나 다음과 같은 조건이 부과된다.

① 협정 비위반으로 제소할 경우 제소국은 제소를 정당화하는 상세한 근거를 제시하여야 한다.

② 특정 조치가 대상협정에 위반되지 않으면서 대상협정상의 이익을 무효화 또는 침해하거나 대상협정상의 목적달성을 저해한다는 판정이 내려지는 경우, 동 조치를 철폐할 의무는 없으나 패널 또는 항소기구는 관련 당사국이 상호 만족스러운 해결방안을 모색하도록 권고하여야 한다.

③ 관련당사국은 상호합의하에 중재에 회부할 수 있는데, 중재절차에서 제시된 분쟁해결방법은 분쟁당사국을 기속하지 아니한다.

④ 이 경우 보상은 분쟁의 최종적인 해결책으로서 상호 만족스러운 조정의 일부가 될 수 있다.

(2) 비위반제소의 적용범위

비위반제소는 예외적인 구제수단으로서 그 적용범위는 신중히 결정해야 한다. 과거의 비위반제소 사건들은 대부분 관세양허를 한 품목에 대하여 그 이후에 GATT/WTO협정에 부합하는 보조금을 지급한 결과 관련 경쟁상품과의 경쟁관계를 침해한 경우에 문제되었다. 그러나 본 분쟁사례는 그러한 보조금을 지급한 경우가 아니고 비금전적인 방법에 의한 유통 또는 산업구조에 있어서의 정부의 조치가 문제되는 경우이다. 이 경우에도 비위반제소가 인정될 수 있는지 문제된다.

패널은 비재정적 보조(non-financial assistance)를 통한 기타의 정부조치에 대하여도 GATT 제23조 제1항 b호가 적용될 수 있다는 점을 분명히 하였다. 비위반제소에 관한 규정의 내재적인 모호함(inherent ambiguity) 때문에 과거 GATT 패널은 이에 대한 명확하고 통일된 규율을 확립해오는 데 어려움을 겪었다. 그러나 규정 자체가 모호하면 그 적용범위가 넓어지는 이점이 있으므로 체약국들은 자신들의 주장을 펼치기 위하여 비위반제소를 많이 이용해 왔다.

경쟁정책의 경우 GATT에서 명시적으로 규율하고 있지 않으므로 그에 관한 사례는 극히 적었으나 근래에 들어와서는 경쟁정책에 관한 국가 간 분쟁이 매우 중요한 문제로 부각되고 있다. 세계경제의 상호의존성이 높아지고 국제거래가 개별경제에 직접적인 영향력을 미치면서 경쟁정책은 더 이상 국내문제로만 볼 수 없게 되었다. 그리하여 본 사건을 계기로 GATT 제23조 제1항 b호상의 비위반제소를 자국의 경쟁정책을 관철시키기 위한 도구로 사용할 가능성이 높아졌다.

(3) 비위반제소의 요건

1) 조치의 적용 (Application of a measure)

① 조치의 의미와 그 범위

GATT 제23조 제1항 b호에서의 '조치'란 법률 또는 명령, 규칙보다는 넓은 의미이지만 정부관리나 정부의 요청에 의하여 민간단체가 작성한 보고서 등 정부와 단지 관련이 있다는 것만으로는 위 조항상의 '조치'라고 볼 수 없다. 본 사례와 관련해서는 일본 특유의 '행정지도(administrative guidance)'를 정부의 '조치'로 볼 수 있는지 문제된다.

패널은 일본의 행정지도가 정부의 조치인지 일반화하여 판단하기보다는 문제되는 각 '조치'를 개별적으로 검토하여 GATT 제23조 제1항 b호에 해당되는 조치인지 판단해야 한다고 보았다. 또한 정부의 정책이나 조치로 인정되기 위하여 반드시 실질적인 구속력이 있거나 사인으로 하여금 특정의 방향으로 행동하도록 의무를 부여하여야 할 필요는 없다고 한다.

그러나 패널은 Japan-Semi-conductors, Report of the Panel에서 "행정지도가 사인(私人)으로 하여금 정부의 입장에 크게 의존하게 하여 어떤 특정 방향으로 행동하게 하는 자극이나 동기를 부여한다면 그것은 정부의 조치로 볼 수 있다"는 1987년 일본-반도체분쟁에서 제시한 기준을 수용하면서 행정지도가 사인으로 하여금 특별한 방식으로 행동하도록 또는 행동하지 않도록 하는 유인 또는 억제동기를 창출하는 경우 그것은 정부조치로 간주될 수 있다고 하였다. 결국 '조치'의 의미는 넓게 해석할 것이며, 구속력이 없는 정부의 조치가 구속력이 있는 것과 마찬가지의 영향력을 갖고 있는지 살펴야 한다.

② 정부조치 대 사인의 조치

WTO협정의 위반 또는 비위반이 대상이 되는 조치는 정부의 조치이며, 사인의 행위는 그 규율범위에서 벗어난다. 이때 표면상으로는 사인의 행위로 보이나 실질적으로는 정부의 조치로 인정되는 경우가 있다. 과거의 GATT 사례에 의하면 어떤 조치가 사인에 의한 행위이더라도 동 조치에 대하여 정부가 충분히 개입하였다고 인정되는 경우에는 정부의 조치로 인정될 수 있다고 한다. 결국 개별적인 사안에서 구체적으로 판단해야 할 문제이다.

③ 정부조치 대 계속적 효과

GATT 제23조 제1항 b호는 현재 적용되는 조치로 인하여 이익이 무효화 또는 침해되었을 때 인정되는 구제수단이다. 따라서 철회되거나 폐지된 조치를 근거로 평결을 내릴 수 없다는 것이 원칙적인 GATT/WTO 패널의 입장이다. 매우 특별한 사정과 관련된 극소수의 사건에서 패널은 심리를 진행시켜 이미 존재하지 않거나 적용되고 있지 않는 조치와 관련된 청구에 대하여 평결을 내린 바 있다. 그러한 사건에서 대상조치는 전형적으로 아주 가까운 과거에 적용된 것이었다. 본 사안에서는 문제되는 조치가 여전히 효력을 갖는 유효한 조치인지 아니면 이미 폐지되어 효력이 없는 조치인지 당사국들 사이에서 다투어진다.

패널은 공식적으로는 철회되지 않은 '오래된 조치(old measure)'가 지속적인 행정지도(continuous administrative guidance)를 통하여 계속 적용되는 가능성을 배제할 수 없다고 판시하였다. 또한 대상조치가 공식적으로 폐지되더라도 그 기본정책

(underlying policy)은 지속적인 행정지도를 통하여 계속 적용될 수 있다고 보았다. 그러나 그러한 조치로 인하여 현재의 이익이 무효화 또는 침해되고 있다는 점은 결국 입증책임의 문제로 귀결되며, 본 분쟁에서는 문제되는 조치들이 계속적으로 효력을 갖는다고 주장하는 미국이 이를 입증해야 한다고 판단하였다.

2) GATT에 의하여 발생하는 이익(Benefit Accruing under the GATT)

① 일련의 다자간 협상에 의하여 발생하는 이익

본 분쟁에서 미국은 일본으로부터 케네디라운드 협상시에 흑백필름과 인화지에 대한 관세양허를, 동경라운드 협상시에 컬러 및 흑백필름과 인화지에 대한 관세양허를, 우루과이라운드 협상시에 컬러 및 흑백필름과 인화지에 대한 관세양허를 부여받은 결과 GATT 제23조 제1항 b호상의 일련의 다자간 협상에 의하여 발생하는 이익에 대한 합리적인 기대가 있다고 주장한다.

반면에 일본은 최후의 협상인 우루과이라운드 협상이 이전의 관세협상에서 발생한 합리적 기대를 대체하여 시장접근가치에 대한 새로운 균형을 반영하고 있으므로 미국의 합리적 기대는 우루과이라운드 협상 종결시 존재하는 관세양허로 인한 이익에 국한되어야 한다는 주장을 펼쳤다.

이에 대하여 패널은 동일한 실체문제에 대한 연속적인 조약규정 사이의 충돌을 해결하기 위한 규정인 조약법에 관한 비엔나협약 제30조를 분석하면서 동 조항은 본 분쟁에 적용되지 않는다고 판단하였다. 본 분쟁의 경우 먼저 인정된 관세양허와 후에 인정된 관세양허 사이에는 근본적으로 충돌되는 점이 없기 때문이다. 따라서 각 다자간 협상에서 인정된 관세양허는 개별적으로 시장진입환경의 개선에 대한 합리적인 기대를 도출시킨다는 미국의 주장은 패널의 입장에 부합된다.

조약법에 관한 비엔나협약 제30조 제3항

(Application of successive treaties relating to the same subject matter) "3. When all the parties to the earlier treaty are parties to the later treaty but the earlier treaty is not terminated or suspended in operation under article 59, the earlier treaty applies only to the extent that its provisions are compatible with those of the later treaty."

② 이익에 대한 합법적인 기대(Legitimate Expectations of a Benefit)

이익에 대한 합법적인 기대가 인정되기 위해서는 문제되는 조치를 관세양허협상이 타결되었을 당시에 합리적으로 예측할 수 없었어야 한다. 따라서 관세양허협상 이후에 도입된 조치의 경우에는 일단 제소국인 미국에게 이익에 대한 합법적인 기대가 있다고 인정되며, 피제소국인 일본에게 이를 번복할 책임이 있다. 반대로 관세양허협상 이전에 조치가 발동된 경우에는 제소국은 일단 이러한 조치가 공표된 날로부터 이를 알았다고 볼 수 있으므로 이익에 대한 합법적인 기대가 없다고 추정되며, 제소국이 이를 번복해야 할 책임을 부담한다.

이러한 기준은 어떻게 보면 명확해 보이지만 본 분쟁에서는 이를 판단하기가 쉽지 않다. 본 분쟁에서 미국은 대상조치가 투명성이 결여된 탓에 제소국이 관련양허 당시에는 양허시점 이전에 존재하였던 조치를 인식하지 못하였으며, 설사 양허시점 이전에 시행되고 있던 조치를 인식했더라도 본 분쟁의 경우 수입필름 및 인화시장에서 이들 조치가 미칠 효과와 그 의미에 대하여는 인식할 수 없었다고 주장하고 있기 때문이다. 그러나 이러한 주장은 다시 입증책임의 문제로 귀결되어 미국이 그러한 특별한 사정을 입증할 책임을 부담한다.

③ 다자간 협상에서 관세양허협상의 종료일

위와 같은 입증책임의 분배와 관련하여 관세양허협상의 종료일을 명확히 할 필요가 있다. 본 분쟁에서 문제되는 다자간협상의 관세양허협상 종료일은 다음과 같다.

- 케네디라운드 : 1967. 6. 30
- 동경라운드 : 1979. 4. 12(공식적인 협상의 종료일 : 1979. 6. 30)
- 우루과이라운드 : 1993. 12. 15(공식적인 협상의 종료일 : 1994. 4. 15)

3) 이익의 무효화 또는 침해 : 인과관계(Nullification or Impairment of benefit : Causality)

① 관세양허의 결과로 확립된 경쟁관계의 침해

WTO 회원국에 발생하는 이익(관세양허로부터 발생하는 개선된 시장접근)이 다른 WTO 회원국에 의한 조치의 적용결과로서 무효화되거나 침해되는 것을 의미한다. 즉 관세양허에 따른 수입품의 경쟁적 지위 및 그로 인한 이익이 합리적 예상 밖의 조치의 적용에 의하여 침해되고 있다는 것이 증명되어야 한다. 관세양허의 결과로서 국산품과 수입품 사이에 확립된 경쟁관계의 좌절을 무효화 또는 침해와 동일시하는 것은 비위반제소를 검토한 GATT 패널들에 의하여 일관되게 사용되어 왔다.

따라서 패널은 본 분쟁에서 미국은 일본정부의 조치가 일본에서의 국산 사진용 필름 및 인화지와 수입 사진용 필름 및 인화지 사이의 경쟁관계를 수입품에게 불리하게 좌절시켰다는 점을 입증해야 한다고 보았다.

② 인과관계의 정도

미국은 문제되는 조치로 인하여 이익이 무효화 또는 침해되었다는 점만 밝히면 된다고 주장함에 반하여 일본은 그 조치가 이익을 무효화하거나 침해한 유일한 원인임을 입증해야 한다고 주장하였다. 패널은 문제되는 조치가 유일한 조건임을 요하지 아니하나 그러한 조치로 인하여 이익이 무효화 또는 침해되었음을 입증하여야 한다고 밝혔다.

③ 원산지에 비차별적인 조치와 무효화 또는 침해와의 관련성

일본은 미국이 문제 삼은 모든 조치들이 원산지를 불문하고 적용되는 비차별적인 조치들이므로 수입품과 국산품 간의 경쟁관계를 침해할 수 없다고 주장하였다. 이에 대하여 미국은 표면적으로는 비차별적인 조치도 실질적으로는 차별적일 수 있다고 주장하였고, 패널은 미국의 입장을 받아들였다. 그러나 이러한 경우 제소국은 문제되는 표면적으로 비차별적인 조치가 어떻게 수입품에게 불리하게 경쟁관계를 침해하였는지 상세하게 밝힐 부담이 있다고 하였다.

④ 무효화 또는 침해에 대한 고의의 문제

분쟁당사국들은 문제되는 조치들의 목적의 측면에서 많이 다툰다. 즉, 미국은 그러한 조치들이 수입품에게 불리하도록 경쟁관계를 침해하는 데에 그 목적이 있다고 주장하고, 일본은 다른 정책적인 목적이 있다고 주장한다. 이익을 무효화 또는 침해하는 점에 대한 고의는 GATT 제23조 제1항 b호의 요건이 아니며 중요한 것은 그러한 조치가 궁극적으로 경쟁관계를 침해하였느냐 하는 점이다.

⑤ 조치들이 결합하여 인과관계에 미치는 영향

미국은 문제되는 조치들이 개별적으로 뿐만 아니라 결합하여서도 미국의 이익을 무효화 또는 침해하였다고 주장하며, 일본은 개별적인 조치들을 결합하여 이익의 무효화 또는 침해에 대한 인과관계를 검토할 수는 없다고 주장하였다.

패널은 미국의 입장에 서서 각각의 조치들이 개별적으로는 경쟁관계를 침해하는데

미미한 영향력밖에 가지지 아니하였더라도 이러한 조치들이 결합하면 경쟁관계를 침해하는 데에 보다 더 실질적인 영향력을 행사할 수 있다고 보았다. 그러나 문제되는 조치들을 결합하여 인과관계를 검토하는 방법은 신중하게 적용해야 할 문제라고 하였다.

2. 협정위반제소

(1) 내국민대우원칙(National Treatment) 위반(GATT 제3조 제4항)

1) 내국민대우원칙의 의의

내국민대우원칙이란 수입상품에 대하여 적용되는 내국세나 국내규제와 관련하여 국내상품에 대하여 부여하는 대우보다 불리하지 않은 대우를 해주어야 한다는 원칙이다. 이러한 내국민대우원칙은 최혜국대우원칙과 함께 GATT체제를 유지하는 무차별대우원칙으로서 모든 수입품을 공평하게 취급하되 국내제품은 유리하게 취급할 수도 있는 최혜국대우원칙에 비해 훨씬 더 넓은 개념이라고 할 수 있다.

GATT 제3조 제4항 위반을 고려함에 있어서 제1항의 일반원칙도 살펴보아야 하는가의 점에 대하여 패널은 제3조 제4항을 해석하기 위한 지침으로는 삼을 수 있더라도 제1항의 "국내생산을 보호하기 위한 방향으로 적용(afford(s) protection to domestic protection)"되었는지 여부는 따로 검토하지 않겠다고 판단하였다.

2) 법률, 규칙 또는 요건(Laws, Regulations or Requirements)

미국이 주장한 8종류의 유통구조에 대한 조치가 제3조 제4항의 "법률, 규칙 또는 요건"에 해당되는지 문제된다. 미국은 정부관리가 정부의 입장에서 정부의 정책을 추진하기 위하여 취한 조치는 이에 해당한다고 주장하나 일본은 문제되는 조치가 위 조항의 "법률, 규칙 또는 요건"에 해당하기 위해서는 그 조치에 따라야 할 법적 의무가 있거나 그 조치에 따르지 않는 경우에는 정부의 제재조치가 취해지거나 정부로부터 이익을 유보하는 조치가 뒤따라야 한다고 주장한다. 패널은 이에 대하여 명확한 판단은 회피하면서 일단은 일본의 조치가 제3조 제4항의 규율범위에 포함한다고 가정하였다.

3) 불리한 대우의 금지(No less favourable treatment)

"불리한 대우의 금지"의 의미가 문제되는 바, 이는 "경쟁적 조건의 평등(equality of competitive conditions)"을 보장하는 것을 의미한다. GATT 제23조 제1항 b호상의 이익의 무효화 또는 침해의 의미도 "경쟁관계를 침해하는 것(upsetting the competitive relationship)"으로 볼 수 있는 점에서 이와 일맥상통하는 의미이다. 다만 제3조 제4항에서는 일정한 시점에서의 수입품과 국산품의 경쟁관계를 비교하는 것이고, 제23조 제1항 b호에서는 수입품과 국산품의 경쟁관계를 다른 두 시점에서 비교하는 것이다. 즉 제23조 제1항 b호의 경우 관세양허를 받은 시점에서의 경쟁관계와 정부의 조치가 적용된 시점에서의 경쟁관계를 상호 비교하는 것이고, 따라서 정부의 조치가 취해짐으로써 수입품에 대하여 불리하게 경쟁관계가 변형되었고, 그에 대한 합리적 기대가 없었다면 이익의 무효화 또는 침해를 인정할 수 있는 것이다. 제3조 제4항의 경우에는 어떤 한 시점에서의 수입품과 국산품의 경쟁관계를 문제 삼는 것이다.

(2) 일반적으로 적용되는 행정지침의 공표의무 위반(GATT 제10조 제1항)

판매 또는 유통 등에 있어서 일반적으로 적용되는 행정지침 등을 즉각 공표하지 않은 경우에 본 조항에 위반하게 된다. 이때 "일반적 적용"의 의미가 문제되는 바, 특정의 개인이나 기업을 대상으로 하는 행정지침은 여기에 해당되지 아니한다. 나아가 미래사안에 적용될 수 있는 원칙이나 표준을 형성하거나 수정하는 개별적인 행정지침도 본 조항에서 공표를 요구하는 조치에 포함되는지 문제되는 바, 패널은 포함된다고 판단하였다. 다만 이를 주장하는 당사국인 미국이 미래사건에 적용될 수 있는 원칙이나 표준을 형성 또는 수정하는 개별적인 조치가 공표되지 않았다는 점에 대하여 충분히 입증을 해야 한다.

Ⅲ. 양국의 입장

1. GATT 제23조 제1항 b호 위반에 대하여

(1) 미국의 주장

1) 정부의 조치

문제되는 "조치"들은 모두 GATT 제23조 제1항 b호가 규율하는 정부의 조치이고, 현재까지도 효력을 유지하고 있는 유효한 조치들이다. 문제되는 조치들은 일본정부가 1960년대에 자본시장의 개방을 대비하여 유통구조를 국내산업에 유리하도록 재편성하기 위한 조치들이었다. 즉 일본정부는 계약조건을 표준화하고, 기업에 대한 프리미엄의 제공을 제한하는 방법으로 필름과 인화지 시장에서 유통구조를 수직적으로 통합시키고 도매상이 하나의 제조사의 상품을 독점적으로 취급하도록 유통구조를 재편성하였다.

① 1967년 외국인직접투자의 자율화에 대한 내각 결정은 정부의 조치이며, 위 결정이 1980년 12월 26일에 폐지되었다 하여도 유통구조에 대한 정책 및 반자율화 조치에 관한 결정부분은 현재까지도 효력이 있다. 1970년 사진용 필름의 거래조건의 합리화에 대한 지침은 행정지도로서 유효한 정부의 조치이며, 1971년 기본계획 및 1975년 카메라 및 필름산업의 유통구조의 체계화에 대한 편람은 일본 통상산업성 산하에 있는 유통구조개발센터에서 발간한 것이므로 정부의 조치에 해당된다.

② 1974년의 대형상점법과 1979년의 개정법이 GATT 제23조 제1항 b호에서 말하는 정부의 조치임에는 당사국들 사이에 서로 다투지 아니한다.

③ 선전에 대한 조치들은 디스카운트, 선물, 쿠폰, 기타 다른 광고방법을 사용하는 것을 제한하여 수입 필름과 인화지에 대하여 불리하게 경쟁관계를 침해하였는 바, 1982년 기업 간 공정거래에 대한 자기규율 규정의 제정과 공정거래촉진이사회의 설립은 일본공정거래위원회(JFTC)의 승인에 의하여 그 효력을 갖게 되므로 정부의 조치이다. 나머지 조치들도 모두 정부의 조치이다.

2) 관세양허협상에 의하여 미국에 발생하는 이익

① 케네디라운드 종료일 이전에 이루어진 1967년 외국인직접투자의 자율화에 대한 각료 결정과 1967년 기업에 대한 프리미엄을 규율하는 일본공정거래위원회의 고시는 케네디라운드 협상과정에서 합리적으로 예측할 수 없었다. 따라서 이에 대하여는 흑백 필름 및 인화지에 대하여 케네디라운드에 의하여 발생하는 시장진입환경의 개선에 대한 합법적인 기대가 있었다.

② 미국은 케네디라운드 종료일 이후에 발동된 조치들을 당연히 합리적으로 예측할 수 없었으며, 동경라운드, 우루과이라운드 이전에 발동된 조치라 하더라도 이들 조치의 실질적인 영향력에 대하여는 위 협상이 종료될 때까지도 합리적으로 예측할 수 없었다.

3) 이익의 무효화 또는 침해

상기의 조치들로 인하여 미국에게 관세양허협상들로부터 발생하는 이익, 즉 시장진입환경의 개선에 대한 합법적인 기대가 무효화되거나 침해되었다. 위의 조치들은 표면적으로는 수입품과 국산품을 차별하지 아니하는 것처럼 보이나 실질적으로는 수입품만을 불리하게 취급하여 경쟁관계를 침해하였다.

(2) 일본의 주장

1) 정부의 조치라는 주장에 대하여

① 미국이 주장하는 조치들은 일본 정부의 조치가 아니거나, 조치라고 인정할 수 있더라도 현재는 모두 효력이 없는 조치들이다. 또한 위 조치들은 수입품에 불리하게 경쟁관계를 침해하는 데 그 취지가 있는 것이 아니라 일본의 낙후된 유통구조를 현대화하고 효율적으로 개선하여, 개방된 새로운 사업환경에서 일본 기업들이 외국 기업들과 효과적으로 경쟁할 수 있도록 하는 데 그 목적이 있다.

② 1967년 외국인직접투자의 자율화에 대한 내각 결정은 1980년 12월 26일에 폐지되었고, 1967년 기업에 대한 프리미엄을 규율하는 일본공정거래위원회의 고시는 1996년 4월에 폐지되었으며, 1968년 산업구조이사회의 6번째와 1969년 7번째 중간보고서는 정부에 대하여 다양한 정책안을 보고한 자문기구의 보고서에 지나지 아니하고, 1969년 계약조건에 대한 조사보고서는 민간단체에 의한 조사, 분석, 정보제공을 위한 보고서이다.

1970년 사진용 필름의 거래조건의 합리화에 대한 지침은 일종의 행정지도라고 볼 수 있더라도 정부에 의한 이익 또는 의무부여가 연결되어 있지 아니하므로 정부의 조치로 볼 수 없고, 1971년 유통구조의 체계화를 위한 기본계획은 정부에 대한 자문기구의 보고서일 뿐이며, 1975년 카메라 및 필름산업의 유통구조의 체계화에 대한 편람은 일본 통상산업성에게 그 자문기구가 제공하는 정보와 건의사항일 뿐이므로 정부의 조치가 아니다.

③ 선전에 관한 조치들의 경우에도 1977년 소비자에 대한 프리미엄을 규율하는 일본공정거래위원회의 고시는 정부의 조치임에 다툼이 없으나 나머지 조치들은 설사 광의의 행정지도로 볼 수 있더라도 사인에게 어떤 방향으로 행동하도록 자극하거나 동기부여를 하지 않기 때문에 GATT 제23조 제1항 b호에서 요구하는 정부의 조치라고 볼 수 없다. 또한 1982년 기업 간 공정거래에 대한 자기규율규정의 제정과 공정거래촉진이사회의 설립은 사인의 행동이므로 정부의 조치로 볼 수 없다. 1987년 소매상의 공정거래규칙과 그 집행기관인 소매상 공정거래이사회는 자율적으로 설립된 것으로서 자기규율을 위한 것이며, 정부의 조치에 의한 것으로 볼 수 없다.

2) 관세양허협상에 의하여 미국에 발생하는 이익이라는 주장에 대하여

① 케네디라운드 종료일 이전에 발동된 유통구조에 대한 조치들과 관련하여 미국은 협상과정에서 이에 대하여 알 수 있었을 것이며, 그 이후에 발동된 조치들에 대하여도 합리적으로 예측할 수 있었다. 유통구조의 현대화와 개선에 대하여 케네디라운드 종료일 이전부터 일본 내에서는 활발한 토론이 전개되고 있었고, 이들 조치는 그 이전부터 수립, 논의된 정책의 연장선상에 있기 때문이다.

② 정부의 조치가 아닌 사인의 조치에 대하여는 미국이 합리적으로 이를 예측할 수 있었느냐는 문제되지 않는다.

③ 1987년 소매상의 공정거래규칙과 그 집행기관인 소매상 공정거래이사회에 대한 일본공정거래위원회의 승인은 카메라와 관련된 사진기구에 관한 것이므로 필름과 인화지와는 관계가 없고, 기존에 존재한 프리미엄법을 적용한 것에 불과하므로 미국에게 새로이 발생하는 이익이 없다.

3) 이익이 무효화 또는 침해되었다는 주장에 대하여

① 미국이 문제 삼는 조치들은 수입품과 국산품에 대하여 법적으로나 사실적으로 비차별적이고 원산지를 불문하고 적용되므로 미국이 주장하는 이익은 무효화 또는 침해되지 않았다.

② 미국의 주장에는 결정적으로 시간적 문제점이 있다. 즉 일본의 필름 및 인화지 시장은 그러한 조치들이 적용되기 전에 이미 수직적으로 통합되어 있었으며, 도매상이 어떤 제조사의 상품을 독점적으로 취급하는 관행도 그 이전에 이미 성립되어 있었다. 또한 일본뿐만 아니라 미국 및 다른 시장에서도 독점적 취급의 상관행은 널리 퍼져 있다.

③ 미국은 일본의 조치로 인하여 미국에게 발생하는 이익이 직접적 또는 간접적으로 침해되었다고 주장하나 구체적으로 어떠한 이익이 어떻게 침해되었는지에 대하여는 주장, 입증을 전혀 하지 않고 있다.

4) 일련의 조치들이 결합하여 GATT 제23조 제1항 b호의 요건을 충족시킨다는 주장에 대하여

미국이 문제 삼은 일련이 조치들은 거의 20년의 세월 동안 발동된 조치들로서 이들을 결합하여 이익의 무효화 또는 침해를 고려할 수는 없으며, 설사 고려한다 하더라도 각 조치는 개별적으로 수입품에 불리하게 경쟁관계를 침해하지 않으므로 이들을 결합한다고 하여 다른 결과가 발생할 수는 없다.

(3) 패널의 결정

패널은 문제되는 모든 조치에 대하여 개별적으로 정부의 조치인지, 다자간협상으로 인하여 미국에게 발생하는 이익이 있는지, 그러한 이익이 문제되는 조치로 인하여 무효화 또는 침해되었는지를 차례로 검토, 판단하였다. 패널은 미국이 자국의 이익이 무효화 또는 침해되었다는 점에 대하여 충분한 입증을 하지 못하였고, 근본적으로 일본의 수직적이고 폐쇄적인 유통구조와 시장구조는 그러한 조치들이 시행되기 이전부터 형성되어 있었다는 일본의 주장을 받아들였다. 코닥사는 시장점유율을 문제 삼아 코닥사의 미국 시장점유율은 80%인 데 비하여 일본에서의 시장점유율은 20%에 불과하다고 주장하였다. 그러나 패널은 그 점을 주목하여 후지사의 일본시장점유율이 80%인 것은 그에 비추어 타당하다는 결론에 이르렀다.

1) 유통구조에 대한 조치

① 1967년 기업에 대한 프리미엄을 규율하는 일본공정거래위원회의 고시는 GATT 제23조 제1항 b호에서 요구하는 정부의 조치이지만 현재는 그 효력이 없고, 미국은 흑백필름 및 인화지와 관련하여 케네디라운드 종료 이전에 위 조치를 합리적으로 예측할 수 있었으며, 이익을 무효화 또는 침해하였다고 인정할 만한 증거가 없다. 컬러필름과 인화지에 대하여는 정부의 조치라는 요건만 만족시켰다.

② 1967년 외국인직접투자의 자율화에 대한 내각 결정은 정부의 조치로 볼 수 있고, 미국이 흑백필름과 인화지와 관련하여 케네디라운드 종료일 전에 그러한 조치를 합리적으로 예측하였다고 볼 수 없으나 동경, 우루과이라운드 종료 전에는 예측이 가능하였으며, 이익이 무효화 또는 침해되었다는 점에 대한 입증이 없다.

③ 1968년 산업구조이사회의 6번째 중간보고서 "유통구조의 현대화에 대한 전망과 쟁점"에 대하여 미국이 흑백필름과 인화지와 관련하여 케네디라운드 종료 이전에 위 조치를 예측을 할 수 없었던 점은 인정되나 위 조치는 정부의 조치라고 볼 수 없고, 또 미국의 이익을 무효화 또는 침해하였다고 볼 수 없다. 컬러 필름과 인화지에 대하여는 어느 요건도 충족시키지 못하였다.

④ 1969년 산업구조이사회의 7번째 중간보고서 "유통활동의 체계화"도 위의 6번째

보고서와 같다.

⑤ 1969년 계약조건에 대한 조사보고서에 대하여 미국이 흑백필름과 인화지와 관련하여 케네디라운드 종료 이전에 위 조치를 예측을 할 수 없었던 점은 인정되나 위 조치는 정부의 조치라고 볼 수 없고, 또 미국의 이익을 무효화 또는 침해하였다고 볼 수 없다. 컬러필름과 인화지에 대하여는 어느 요건도 충족시키지 못하였다.

⑥ 1970년 사진용 필름의 거래조건의 합리화에 대한 지침은 정부의 조치로 볼 수 있고, 미국은 흑백필름과 인화지와 관련하여 케네디라운드 종료 이전에 위 조치를 예측할 수 없었으나 그에 대한 이익을 무효화 또는 침해하였다고 인정할 수 없으며, 컬러 필름과 인화지에 대하여는 위 지침이 정부의 조치라는 점만 입증하였다.

⑦ 1971년 유통구조의 체계화를 위한 기본 계획도 위와 같다.

⑧ 1975년 카메라 및 필름산업의 유통구조의 체계화에 대한 편람에 대하여 미국이 흑백필름과 인화지와 관련하여 케네디라운드 종료 이전에 위 조치를 예측을 할 수 없었던 점은 인정되나 위 조치는 정부의 조치라고 볼 수 없고, 또 미국의 이익을 무효화 또는 침해하였다고 볼 수 없다. 컬러필름과 인화지에 대하여는 어느 요건도 충족시키지 못하였다.

2) 대형상점에 대한 제한조치

1974년의 대형상점법과 1979의 대형상점법의 개정법은 정부의 조치이고, 법이 제정되기 전인 케네디, 동경라운드 종료 이전에는 미국이 위 법의 제정 및 개정에 대하여 합리적으로 예측할 수 없었으나 우루과이라운드 종료시에는 그의 존재에 대하여 알았다고 인정할 수 있고, 미국의 이익을 무효화 또는 침해하였다고 볼 수 없다.

3) 선전에 대한 제한조치

① 1967년 기업에 대한 프리미엄을 규율하는 일본공정거래위원회의 고시와 1967년 외국인직접투자의 자율화에 대한 각료결정은 앞에서 본 바와 같이 GATT 제23조 제1항 b호의 요건을 충족시키지 못한다.

② 1977년 소비자에 대한 프리미엄을 규율하는 일본공정거래위원회의 고시는 정부의 조치로 볼 수 있으며, 미국은 케네디라운드 종료시에는 흑백필름과 인화지에 대하여 위 조치를 예측할 수 없었으나 그에 대한 이익이 무효화 또는 침해당하

였다고 볼 수 없다. 컬러필름과 인화지에 대하여는 정부의 조치라는 하나의 요건만 충족시켰다.

③ 1981년 파견된 직원에 대한 일본공정거래위원회의 지침은 정부의 조치로서 미국은 케네디라운드 종료 이전에는 흑백필름과 인화지와 관련하여, 동경라운드 종료 이전에는 컬러 및 흑백필름, 인화지에 대하여 각 위 조치를 예측할 수 없었으나, 위 조치로 인하여 미국의 이익이 무효화되거나 침해당하였다고 볼 수 없다.

④ 1982년 기업 간 공정거래에 대한 자기규율 규정의 제정과 공정거래촉진이사회의 설립은 정부의 조치로 볼 수 있고, 미국은 케네디라운드 종료 이전에는 흑백필름과 인화지와 관련하여 동경라운드 종료 이전에는 컬러 및 흑백필름, 인화지에 대하여 각 위 조치를 예측할 수 없었으나 위 조치로 인하여 미국의 이익이 무효화되거나 침해당하였다고 볼 수 없다.

⑤ 1984년 컬러필름의 현상비 전시에 대한 자기규율 기준은 정부의 조치로 볼 수 있고, 미국은 동경라운드 종료 이전에는 컬러필름, 인화지에 대하여 위 조치를 예측할 수 없었으나 우루과이라운드와 관련하여서는 예측할 수 있었으며, 나아가 위 조치가 미국의 이익을 무효화하거나 침해하였다고 볼 수 없다.

⑥ 1987년 소매상의 공정거래규칙과 그 집행기관인 소매상 공정거래이사회에 대한 일본공정거래위원회의 승인은 정부의 조치이고, 미국은 케네디라운드 종료 이전에는 흑백필름과 인화지와 관련하여 동경라운드 종료 이전에는 컬러 및 흑백필름, 인화지에 대하여 각 위 조치를 예측할 수 없었으나 우루과이라운드 종료 시에는 컬러 및 흑백필름과 인화지에 대하여 위 조치를 예측할 수 있었고, 나아가 미국의 이익을 무효화하거나 침해하였다고 볼 수 없다.

4) 유통구조에 대한 조치들

대형상점에 대한 제한조치들, 선전에 대한 제한조치들이 결합하여 개별조치와는 별도로 미국의 시장진입환경의 개선에 대한 합법적인 기대를 침해할 가능성은 있으나 미국은 이에 대하여 입증을 하지 못하였으므로 결국 미국의 이익을 무효화하거나 침해하였다고 볼 수 없다.

2. GATT 제3조 제4항 위반에 대하여

(1) 미국의 주장

일본의 유통구조에 관한 8가지의 조치들은 별도로 GATT 제3조 제4항에서 보호되는 이익을 무효화 또는 침해한다. 즉 유통구조에 관한 8가지 조치들에 의하여 수입품은 국내산업의 동종상품에 허용하고 있는 대우보다 불리한 대우를 받고 있다. 미국은 일본의 "유통구조에 대한 조치들"이 일본의 자본시장개방에 대비하여 외국산업과의 경쟁으로부터 국내산업을 보호하는 것이 그 주목적이라고 주장한다.

1) 법률, 규칙 또는 요건

미국은 '유통구조 저해조치'들은 GATT 제3조 제4항에서 의미하는 '법률, 규칙 또는 요건'의 범위 안에 포함된다고 주장한다. 즉 정부관리들이 정부의 정책을 실시하기 위하여 정부의 입장에서 행한 조치들은 모두 이에 해당한다. 제3조 제4항의 취지는 정부의 정책과 그 적용 기타 모든 정부작용을 포함시키는 것이다.

2) 수입품에 대한 불리한 대우

일본의 유통구조에 관한 8가지 조치로 인하여 미국의 필름 및 인화지는 동종의 일본 상품에 비하여 일본시장에서 불리한 대우를 받고 있다.

(2) 일본의 주장

1) 법률, 규칙 또는 요건에 해당한다는 주장에 대하여

GATT 제3조 제4항의 요건을 만족시키기 위해서는 개인 또는 기업이 그러한 요구에 따라야 할 법적 의무가 있거나 문제되는 정부의 조치에 위반하는 경우에는 그에 상응하는 제재조치나 이익의 보류가 뒤따라야 한다.

2) 수입품에 대하여 불리한 대우를 하였다는 주장에 대하여

미국은 일본의 '조치들'이 미국 상품에 대하여 불리한 대우를 하였다는 점에 대하여 입증을 전혀 하지 못하였다.

(3) 패널의 결정

일본의 조치들이 '법률, 규칙 또는 요건'에 해당한다고 하더라도 미국은 그로 인하여 수입품에 대하여 불리하게 경쟁적 기회의 균등을 침해하였다는 점에 대하여 입증을 하지 못하였다고 판단하였다. 따라서 미국이 주장한 조치들은 GATT 제3조 제4항에 위반되지 아니한다.

3. GATT 제10조 제1항 위반에 대하여

(1) 미국의 주장

① 프리미엄법과 기타 관련되는 공정거래규정과 관계하여 일본정부가 향후 사안에 적용가능한 기준을 형성하거나 수정하는 일본공정거래위원회와 공정거래이사회의 집행례들을 공표하지 아니한 점은 GATT 제10조 제1항에 위배된다.

② 대형상점법 및 기타 관련되는 지방자치단체의 규칙들과 관계하여 일본정부가 통상산업부 지부, 지방자치단체로 하여금 대형상점법에 따라 대형상점을 새로 개업하거나 확장하려는 신청자가 정부의 검토에 회부하기 위하여 고지를 하기 전에 그 지역의 경쟁자들과 미리 협의하게 하는 '선 설명의무(prior explanation)'를 요구하는 점에 대한 지침을 공표하지 않은 점은 GATT 제10조 제1항에 위배된다.

③ 일본공정거래위원회 및 공정거래이사회는 공식적으로 그 집행례를 공표한 경우도 있지만 많은 경우 비공식적으로 행정지도를 통하여 향후 사안에 영향력을 미칠 수 있는 조치를 취해 왔고 그러한 조치들은 공표되지 않았기 때문에 투명성이 보장되지 않는다.

(2) 일본의 주장

① 일본은 프리미엄법과 대형상점법과 관련되는 모든 법률, 규칙, 판결, 행정규칙을 제때에 공표하여 정부들과 무역업자들에게 그에 대한 정보를 제공하였다.

② 일본 통상산업부는 1992년 1월에 공식적으로 '선 설명의무'를 폐지하는 명령을 발령하였고, 새로운 상점을 개점하기 위하여 필요한 고지절차는 1992년과 1994년에 공표되었다. 중앙정부는 지방정부가 이미 공표된 정책에 위반되는 조치를 취하는 경우 시정하거나 시정을 명하기 때문에 그러한 지방정부의 조치들은 GATT 제10조 제1항에서 규율하는 '체약국에 의하여 효력이 부여된 것'에 해당되지 아니한다.

(3) 패널의 결정

미국은 일본정부가 미래사안에서 적용될 가능성이 있는 기준을 형성하거나 수정하는 행정지침을 공표하지 않았다는 점에 대하여 입증을 다하지 못하였다. 또한 일본정부가 공식적으로 '선 설명의무'를 폐지한 사실은 인정되는 바, 미국은 지방정부 차원에서 이루어진 공표되지 않은 조치들이 미래사안에 적용될 수 있는 기준을 형성하거나 수정한다는 점 및 그러한 행정지침이 성질상 일반적으로 적용된다는 점에 대하여 충분한 입증을 하지 못하였다. 결국 미국의 주장은 이유 없고 문제되는 일본의 조치는 GATT 제10조 제1항에 위배되지 아니한다.

Ⅳ. 패널의 결정과 평가

1. 패널의 결정

패널은 미국의 모든 청구를 기각하였다. 즉 미국이 주장한 일본의 '유통구조에 대한 조치', '대형상점에 대한 제한조치', '선전 및 광고에 대한 제한조치'들은 개별적으로나 결합하여서나 GATT 제23조 제1항 b호에 위반되지 아니하며, '유통구조에 대한 조치'들은 별도로 GATT 제3조 제4항에도 위배되지 아니하며, 일본이 일반적으로 적용되는 행정지침에 대하여 공표를 하지 아니하여 GATT 제10조 제1항에 위배되었다는 점도 받아들이지 아니하였다.

미국은 이에 대하여 항소기구에 상소하지 아니하였다. 그 이유는 양당사국 사이에 주로 문제된 사항들이 항소기구의 심판대상인 법적인 쟁점에 대한 것이 아니라 사실관계에 관한 것이었기 때문이다.

2. 평가

본 분쟁사례에서 패소국인 미국이 전략적으로 항소를 하지 않았기 때문에 중요한 법률적 쟁점은 항소기구의 판단을 받지 않았고, 따라서 선례로서의 권위는 반감되었다.

미무역대표부(USTR)는 패소결과에도 불구하고 자국의 승리를 선언하였다. 일본이 소송 중에 제출한 주장들, 예를 들어 국산필름과 외국산필름을 차별하지 않고 있다는 주장 등을 일본의 새로운 약속으로 간주하여 그에 대한 집행 여부를 지속적으로 감시하겠다고 밝혔다. 따라서 추후에 일본이 이들 사항을 준수하지 아니하는 경우에는 다시 통상법 제301조 또는 WTO 사건으로 제기하겠다는 태도를 보이고 있다. 그러나 본 분쟁의 패소결과로 인하여 미국은 보다 신중하게 통상법 제301조 발동 여부와 WTO 제소 여부를 결정할 것으로 보인다.

이 사례를 통하여 분명히 드러난 것은 경쟁관련조치도 WTO 분쟁해결절차의 적용대상은 될 수 있지만 이를 통하여 만족스러운 결과를 얻을 가능성은 매우 희박하다는 점이다. 본 사례의 패널은 이익의 무효화 또는 침해에 대한 인과간계 인정 등에 매우 높은 정도의 증명을 요구한 결과, 향후 본 사건과 유사한 비위반제소를 꺼리게 하는 요인으로도 작용하게 될 것이다. 또한 이 사건 패널의 결정에 대하여는 중요한 쟁점을 모두 입증책임의 문제로 파악하여 중요한 법적 쟁점에 대한 구체적인 판단을 회피하였다는 비판이 가능하다.

따라서 사기업의 반경쟁적 관행을 규율하기 위하여 독점금지법의 적용을 위한 적극적 예양(positive comity)[1)]이나 WTO 차원에서의 시장접근규범의 도출 필요성이 제기되는 것이다. 즉 시장접근의 제한효과를 가져오는 각 국가의 반경쟁적 관행 중에서 수직적 거래제한의 형태를 갖는 배타적 거래제한관행을 규율하는 'Market Access Code'의 필요성이 소위 '경쟁개발어젠더(Competition Development Agenda)'의 대두와 함께 논의되는 것이다.

수직적인 거래제한은 경쟁정책의 측면에서 보았을 때 필연적으로 반경쟁적이라고 단정할 수는 없다. 따라서 각국의 경쟁법 및 무역과 경쟁정책이 조화되는 방향으로 규범화할 필요가 있으므로 향후 '경쟁 개발어젠더'의 전개는 계속적으로 각국의 관심대상이 될 것으로 보인다.

미무역대표부(USTR)는 경쟁정책적 측면에서는 국외뿐만 아니라 국내 경쟁법도 효과적으로 집행할 수 있는 기관이 아니다. 통상법 제301조는 반경쟁적인 사기업관행과 관련하여 미무역대표부에게 신빙성 있는 결론을 내리기 위해 필요한 조사역량도 부여하지 않고 미국의 무역 상대국들로부터 그러한 미무역대표부의 결론을 받아들일 것을 요구할 수 있는 기능도 부여하지 않고 있다.

나아가 경쟁제한적인 기업관행(Restrictive Business Practices)이 시장진입에 불리하게 영향을 미친다는 국제적인 컨센서스뿐만 아니라 그러한 관행을 국제규범으로 규율하거나 임시적으로 패널결정 사례를 통하여 규율해야 한다는 합의도 현재에는 형성되어 있지 않다. 따라서 GATT/WTO협정에 반하는 일방주의의 발현은 이러한 반경쟁적 관행의 무역제한적 효과를 이해하고 대처하는 데 적당한 방법이라고 할 수 없다.

또한 패널결정사례를 통하여 현존하는 GATT/WTO협정의 적용범위를 무리하게 확

---

1) 어떤 나라가 다른 나라의 반경쟁적인 행위에 의해서 피해를 입는 경우에 피해를 입은 국가가 자국의 경쟁법을 역외 적용하는 대신에 상대국에 대하여 반경쟁적 행위를 조사하여 적절한 조치를 취해줄 것을 요청함으로써 상대국의 사업관할권을 존중해 주는 것을 말함(경쟁법의 역외적용을 해결하기 위한 새로운 전략의 한 방법으로써 미국이 제안하는 방법의 하나임).

대하는 것도 이러한 관행에 대한 해결방법이라고 할 수 없다. 그러므로 반경쟁적인 관행을 규율하기 위해서는 다자간 규율의 제정이 최선의 방법이라고 할 수 있으나 이에 대한 국제적 컨센서스가 아직 형성되어 있지 않으므로 다자간 규율에 이르기까지는 많은 시간이 걸리리라 예상된다.

사례연구

통상법 제301조와 스페셜 제301조 보고서

미국통상법 제301조는 일반적으로는 통상법 제301조라고 통칭하고 있으나, 실제로는 미국종합무역법 제301~309조를 의미하는 일반 제301조, 제310조로 대표되는 슈퍼 제301조, 1974년 통상법 제182조로 대표되는 스페셜 제301조 등으로 구성되어 있다. 이 세 가지의 궁극적인 목표는 동일하겠지만,[2] 실제 발동요건이나 절차 등은 조금씩 다른 모습을 보이고 있다. 지적재산권보호와 관련한 미국 통상법이라 함은 1974년 통상법 제182조에 근거를 둔 스페셜 제301조와 미국 관세법 제337조를 주로 일컫는다. 미국 관세법 제337조란 미국에 수입되는 물품이 특히 미국의 특허권, 상표권, 저작권 등 지적재산권을 침해한 상품일 경우 이를 불공정 수입으로 간주하여 당해 물품의 수입금지 등 엄격한 제재조치를 취하는 조항을 의미한다.

우선 통상법 제301조란 미국의 교역상대국이 자국에 대해 불공정 무역관행을 실시하거나 불리한 무역정책을 채택하거나, 혹은 부당한 법률을 적용하는 경우 미국 무역대표부가 기존 무역협정의 정지 또는 파기, 무역협상 추진, 관세율 인상, 수입제한 등 보복조치를 단행할 수 있도록 광범위한 재량권을 부여한 법률조항이다. 통상법 제301조는 교역상대국과의 무역을 통하여 미국 산업이 피해를 받는다고 판단되면, 그 국가에 대해 미국이 일방적으로 보복조치를 취할 수 있고[3] 보복대상도 제한이 없는 것으로 규정하고 있다. 여기서 미국산업의 피해란 산업시설의 조업단축, 유통단계상의 재

2) 가장 기본적인 목적은 미국기업에 대한 무역상대국의 시장접근 기회 보장이라 할 수 있다

3) 바로 이러한 일방주의적 성격이 많은 비판의 대상이 되어 왔으며, 특히 WTO 출범 후 분쟁해결양해(Dispute Settlement Understanding : DSU)에서 다자주의를 규율하고 있는 DSU 제23조와의 충돌문제가 논의의 대상이 되어 왔다. 바나나분쟁으로 첨예하게 대립하던 EC가 이 문제를 WTO 분쟁해결기구에 제소하여 2000년 1월 패널리포트가 채택되었으며, 그 주된 내용은 미국이 동 제301조를 WTO규범에 합치되게 행사한다는 약속에 따라 한정적 합치 결정을 내렸다(WT/DS152 : 2000년 1월 27일 채택).

고증가, 고용감소 및 불완전고용, 산업과 적정이윤의 감소 등을 의미한다.

통상법 제301조는 자의적이고 광범위한 보복적 법률조항으로서 미국이 그 교역상대국의 상품시장과 서비스 시장개방을 관철시키기 위해 빈번히 활용하는 가장 강력한 비장의 무기로 사용하고 있다. 외국의 불공정 무역관행에 대한 일방적 조치를 허용하는 미국 통상법 제301조에 대하여 세계 각국은 이 규정이 WTO DSU 제23조에 명시적으로 위반된다고 주장하여 왔으며, 미국과 바나나분쟁으로 첨예하게 대립하던 EC가 이 문제를 WTO에 제소한 바가 있었으나 기대한 만큼의 성과를 거두지는 못하였다.

슈퍼 제301조는 미국 기업이 시장참여 기회를 제한받는 등 외국정부에 의해 차별을 받는 경우나 미국 기업의 설립기회가 주어지지 않는 경우 발동되며, 그 법적 근거는 1988년 제정된 미국 종합무역법에 의해 신설되어 교역상대국에 대한 무차별 보복이 가능토록 규정한 통상법 제310조를 의미한다. 즉, 슈퍼 제301조는 미국이 자국에 대한 교역상대국의 불공정한 무역관행을 제거하기 위하여 우선협상대상관행을 지정하고, 통상협상을 추진하거나 혹은 이를 거치지 않더라도 무역보복조치를 단행할 수 있도록 규정하고 있다.[4] 1997년말 만료한 슈퍼 제301조를 1999년 3월 31일 향후 3년간 부활한다고 밝힌 바 있었으나, 2002년 3월 이후 효력을 상실하고 있으며,[5] 최근 들어 미국의 대통령 선거 유세 과정에서 민주당 후보인 케리가 슈퍼 제301조의 부활을 예고한 바 있다.[6]

스페셜 제301조란 미국이 자국의 특허권, 상표권, 저작권 등 지적재산권을 보호하기 위하여 이를 침해한 나라를[7] 우선협상대상국이나 우선감시대상국, 감시대상국으로 지정하여 그 나라와 지적재산권 분야에 관한 협상을 하거나 필요한 무역상의 보복조치를 단행할 수 있도록 한 미국 통상법 제182조를 의미한다.

일반 제301조나 슈퍼 제301조가 모든 분야에 일반적 적용가능성을 갖는 데 반하여,

---

4) 실제 미국은 1980년대 우리나라에 지적재산권의 강력한 보호 요구를 하면서 이 조항을 많이 활용한 것으로 보인다.

5) 그러나 슈퍼 제301조는 필요에 따라 행정명령으로 언제든지 부활시킬 수 있다.

6) 케리 의원은 3월 26일 웨스트 버지니아주 휠링에서 연설을 통해 조지 부시 행정부가 중국 등의 불공정 무역행위를 방관해 왔다고 비난하면서 자신이 당선될 경우 2002년에 시효가 만료된 슈퍼 제301조를 부활시켜 불공정무역에 강력 대응할 것이라고 주장하였다. 그는 또"대통령이 되면 120일간 기존의 모든 무역협정의 이행 여부를 심사, 무역상대국에 협정 준수를 요구하고 이에 불응할 경우 필요한 조치를 취할 것"이라며"이 같은 조치가 끝나기 전엔 새 무역협정을 맺지 않을 것"이라고 말했다고 한다. 경향신문 2004년 3월 29일자 보도.

7) 구체적으로는 효율적인 지적재산권 보호를 부인하거나 지적재산권 보호와 관계된 미국인에게 공정하고 공평한 시장접근을 부인하는 국가 등을 말한다.

스페셜 제301조는 특히 지적재산권 분야에 한정되는 조항이라 할 수 있다. 미국이 일반 제301조나 슈퍼 제301조의 적용으로도 협상을 통해 불공정 관행을 제거할 수 있음에도 불구하고 별도로 스페셜 제301조를 제정한 것은 지적재산권 분야가 특히 1980년대 들어 미국의 비교우위산업임을 확인하고, 그 보호를 강화하고 미국의 무역상의 이익을 공고히 하려는 목적인 것으로 보인다.[8)]

미국의 1988년 종합무역법 제1303조와 제1304조는 지적재산권에 대한 적절한 보호 또는 시장접근을 부인하는 국가에 대하여 미국무역대표부가 우선협상대상국(PFC)으로 지정하고, 지정된 국가에 대하여는 제301조에 의한 직권조사를 의무화하고 있다. PFC 지정 후 30일 이내에 조사개시 여부 결정 및 6~9개월간 협의를 거쳐 보복조치 발동 여부를 결정한다.[9)] 결정에 따른 보복조치로는 무역상의 특혜정지, 관세부과나 기타 수입제한, 그리고 구속력 있는 협정의 체결 등을 할 수 있으며, 개도국의 경우 일반특혜관세(GSP) 부여를 제한하기도 한다. 지정과정에서 미국무역대표부는 해당국가가 우선협상대상국으로 지정된 전례가 있는지를 비롯하여 해당국가의 지적재산권 법령 및 관행의 역사를 고려하여야 하고 지적재산권에 대한 적절하고 효과적인 보호와 시행을 위한 노력 등을 평가하여야 한다.

그리고 미국무역대표부는 적절한 이유가 있다고 판단되면, 우선협상대상국가의 지정을 취소할 수 있으며, 추가로 지정할 수도 있다. 더욱 나아가 특정 국가가 WTO 무역관련지적재산권협정(TRIPs)을 준수하고 있다고 하더라도 지적재산권에 대한 적절한 보호를 하고 있지 않다고 무역대표부가 판단할 수도 있도록 되어 있는데, 이는 TRIPs 협정상 최소보호기준의 원칙[10)]과 충돌할 여지가 있다고 하겠다.

미국 관세법 제337조는 지적재산권의 보호만을 목적으로 한 것은 아니나, 그 주된 목적은 지적재산권 규정을 위반한 외국제품의 미국 내 반입을 금지시키는 것이라 할 수 있다. 관세법 제337조는 특정 제품의 미국 수입시 불공정한 경쟁방법과 불공정한 행위를 금지할 뿐만 아니라 미국의 지적재산권을 침해한 제품의 수입을 불법으로 규정하고 있다. 통상법 제301조가 교역상대 "국"의 불공정 무역행위를 규제하기 위함인데 반하여, 관세법 제337조는 교역상대국 "수출업체"의 불공정행위의 제재인 점에서 서로 다른 성격을 지니고 있다. 대표적인 불공정 사례로는 특허권,[11)] 상표권, 저작권

---

8) 미국은 이 무렵부터 특히 통상으로서의 지적재산권의 중요성을 인정하고 지적재산권의 국제적 보호에 많은 노력을 기울이게 된다.

9) 그러나 실제 적용에 있어서는 WTO에 제기되었던 미국 통상법 제301조 사건의 결과로 앞으로 WTO 회원국에 대해서는 WTO 분쟁해결 절차를 거치지 아니하고 보복절차에 들어가지는 못할 것이다.

10) WTO TRIPs 협정 제1조 1항 참조.

위반 등은 물론이고, 상품형태 모방, 위조 및 유사품 판매, 기만적 허위광고 등도 불공정 사례로 간주되고 있다.

11) 최근 한국과 일본 간에 논란이 된 PDP-TV 통관정지사건은 특허 침해가 확정되지는 않았으나, 침해 여부를 놓고 소송 중인 제품에 대하여 당국이 통관을 금지할 수 있는가가 문제가 되었으나, 양사는 향후 5년간 크로스 라이센싱을 하기로 합의하여 문제를 종결하였다. 미국 관세법 제337조 (e)(1)은 침해 여부를 놓고 ITC의 조사가 진행 중인 제품에 대해서도 침해라고 믿을만한 정당한 사유가 있다고 결정하는 경우에는 통관을 금지할 수 있다. 이 경우 수입자는 공탁금을 걸고(under bond) 통관할 수 있다.

참고문헌

국내문헌

강석중, 한국, 미국, 일본 및 대만의 통상법 비교 고찰, 한성대 사회과학연구소, 사회과학논집 제7집, 1993.

강흥중 · 이기희, 국제통상관계법, 도서출판 두남, 2001.

권영민, WTO체제 출범 이후의 무역분쟁 추이분석 및 사례연구, 한국경제연구원, 1998. 4.

김관호, 미국의 양자간 투자협정 – 한 · 미 투자협정의 의의 및 선망, 내외경세정연구원, 1998. 8.

김기수, WTO와 반덤핑관세, 세종연구소, 1995.

김성준, WTO법의 형성과 전망, 삼성출판사, 1997.

김성훈, 뉴라운드 농산물 협상의 과제, 통상법률, 2000. 2.

김완순 · 한복연, 국제경제기구론, 박영사, 1998.

김용환, 미국의 한국산 철강제품에 대한 덤핑관세부과 사례분석, 무역위원회, 무역구제 2001. 7.

김정수, 국제통상정책론(개정판), 박영사, 2003.

김정수, 한미투자협정과 스크린쿼터 : 양면게임 모델을 응용한 협상분석, 한국국제통상학회, 국제통상연구 제9권 제1호, 2004. 5.

김채형, 양자간 투자협정에 대한 미국의 정책, 한국국제지역학회, 국제지역연구, 제6권 제2호, 2002. 12.

김휴종, 스크린쿼터제와 한국 영화산업, 삼성경제연구소, Issue Paper, 1998.

노재봉, 무역개방시대의 문화예술–무분별한 지원책은 문화산업 경쟁력 떨어 뜨려, 문화예술 이천이년 십이월호, 2002. 12.

대외경제정책연구원, WTO출범과 신교역질서, KIEP, 1994.

박노형, GATT의 분쟁해결사례연구, 박영사, 1995.

박준범, 긴급상황에 대한 WTO사례분석, 무역위원회, 무역구제, 2001. 10.

박형래, 국제무역개론, 도서출판 두남, 2001.

박형래, 국제무역환경의 이해, 도서출판 두남, 2001.

박형래, 무역위원회의 반덤핑, 상계관세, 세이프가드 결정요인에 관한 실증적 연구, 한국무역학회, 무역학회지, 1997.

박형래, 미국의 산업피해구제제도와 미국 무역위원회의 피해판정요인 분석에 관한연구, 무역위원회, 무역구제 봄호, 2004. 4.

박형래·박영기, 국제무역환경론, 도서출판 두남, 2004.

법무부, UR 분쟁해결제도 연구, 법무부, 1994.

법무부, UR협정의 법적 고찰(상), 법무부, 1994.

법무부, UR협정의 법적 고찰(하), 법무부, 1994.

법무부, WTO 농산물 무역분쟁 사례연구, pp.95~115, 2003.

산업자원부 무역위원회, 산업피해구제관련 국제협정, 무역위원회자료 제2005-1호, 2005. 1.

서정두, 국제통상법, 삼영사, 1998.

서헌제, 통상문제와 법, 율곡출판사, 1994.

신유균, WTO체제와 주요국의 세이프가드제도, 도서출판 두남, 1997.

신유균, WTO체제와 주요국의 반덤핑제도, 한국무역경제, 1995.

신유균, WTO세이프가드협약에 대한 분석, 통상법률 제14호, 1997. 4.

신유균, 주요국의 세이프가드제도에 대한 고찰, 통상법률 제17호, 1997. 10.

안세동, 미국·중국·벨기에 및 프랑스산 액체가성소다의 반덤핑 사례분석, 무역위원회, 무역구제, 2001. 10.

염택진, 대EU 마사 및 마직물 수출요건(원산지표시 위반행위) 사례분석, 무역구제 가을호, 2002. 10.

영화진흥위원회, WTO 및 뉴라운드의 시장개방압력과 한국영화의 중장기 발전전략, 영화진흥위원회, 2000. 12.

외교통상부, 미래를 향한 WTO, 세계무역기구담당관실, 1995. 10.

외교통상부, WTO 바로알기, 2000.

외교통상부, WTO 이해하기, 2000.

외교통상부, 2000년 외국의 통상환경보고서, 2000. 12.

외교통상부, 2001년 외국의 통상환경보고서, 2001. 12.

외교통상부, 2002년 외국의 통상환경보고서, 2002. 12.

외교통상부, 2003년 외국의 통상환경보고서, 2003. 12.

외교통상부, 2004년 외국의 통상환경보고서, 2004. 12.

외교통상부, 한·미투자협정(BIT) 개관, 북미통상과, 2004. 7.

이은섭・박은진, GATS 의무에 대한 일반적 예외의 해석과 적용: -미국 온라인 도박서비스의 공급에 영향을 미치는 조치에 관한 사건을 중심으로- 무역학회지, Vol.34, No.1, 2009.

이장희, 국제통상과 WTO법, 아시아사회과학연구원, 1996.

이한기, 국제법강의, 박영사, 1990.

임정빈, WTO출범 이후의 농산물 무역 분쟁과 정책대응, 농촌경제연구원, 2000.

장승화, 양자간투자협정연구, 법무부, 2001. 12.

정상조, WTO체결 이후의 지적재산권문제, 통상법률 제14호, 1997.

정영진, 미・일 코닥-후지 필름분쟁 사례연구(상), 통상법률, 1998. 8.

정영진, 미・일 코닥-후지 필름분쟁 사례연구(하), 통상법률, 1998. 10.

조영정, 국제통상법의 이해, 무역경영사, 2000.

최세형, 신국제통상론, 도서출판 두남, 1999.

채 욱・서창배, WTO 무역분쟁의 추이와 한국관련 분쟁사안에 대한 종합평가 및 정책시사점, 대외경제정책연구원, 2001. 12.

최승환, 미국의 상계관세제도와 하이닉스 반도체사건, 무역위원회 정책토론회 자료집, 2004. 11. 10.

한국무역위원회, KTC Review, 각호.

한국무역협회, 주요 선진국의 수입규제총람, 한국무역협회, 1998.

한꿈통상법연구회, WTO분쟁사례연구, 한국무역협회, 1999.
'미국과 코스타리카의 면과 인조섬유분쟁 사건', 참조
'미국과 인디아의 의약품 및 농화학제품에 대한 특허보호 사건' 참조
'미국과 유럽연합의 유전자 변형생물체(GMO)사건' 인터넷자료 참조

한철수, 서비스산업 개방과 WTO, 비봉출판사, 1994.

한홍렬, 주요 선진국 무역규제의 불공정성에 관한 연구, 대한무역투자진흥공사, 1996. 12.

한홍렬, WTO 원산지규정 협상의 현황과 전망, 통상법률 제20호, 1999. 10.

외국문헌

Bourgeois, Jacques H. J., "Subsidies and International Trade", Kluwer Law and Taxation Publishers, 1991.

Darden, Michael P., U.S. Bilateral Investment Treaties, 5 Int'l Q. 62, 1993.

Dolzer, Rudolf and Stevens, Margarete, Bilateral Investment Treaties, ICSID, 1995.

Frank, W. S., Kenneth R. R., L. B. Wenger, *World Trade without Barriers*, Vol. I, Vol. II, Michie Butterworth Law Publishers, 1995.

GATT, "Guide To GATT Law and Practice", *GATT*, 1994.

GATT Secretariat, The Result of the Uruguay Round of Multilateral Trade Negotiations: General Agreement on Tariff and Trade(GATT 1947), June, 1994.

Jackson, John, H. *The World Trading System*, The MIT Press, 1989.

Michael K. Young 저, 왕상한 역, 미국통상법과 대외정책분석, 법문사, 1997.

Raj Bhala, World Trade Law, Lexis Law Publishing, 1998.

Schott, J. J., WTO 2000 : Setting the Course for World Trade, Washington, D. C., Institute for International Economics, 1996.

The International Agricultural Trade Research Consortium(1997), Implementation of the Uruguay Round Agreement on Agriculture and Issues for the Next Round of Agricultural Negotiations.

Thomas, V. Vakerics, David I. Wilson, Kenneth G. Weigel, Antidumping, countervailing Duty, and Other Trade Actions, Practical Law Institute, 1994.

Thurow, L. C., "Needed : A New System of Intellectual Property Rights", Havard Business Review, pp.95~103, 1997.

UNCTAD, Bilateral Investment Treaties in the Mid-1990s, UN, 1998.

UNCTAD, Fair and Equitable Treatment - UNCTAD Series on Issues in International Investment Agreements, UN, 1999.

UNCTAD, Most-Favoured-Nation Treatment - UNCTAD Series on Issues in International Investment Agreements, UN, 1999.

Vandevelde, Kenneth J., "The Bilateral Investment Treaty Program of the United States", Cornell International Law Journal, Vol. 21, 1998.

Whalley, John Collin Hamilton, *The Trading System after the Uruguay Round*, International Economic Institutes, 1996.

William H. Barringer, Competition Policy and Cross Border Dispute Resolution : Lessons Learned from the U.S.-Japan Film Dispute, George Mason Law Review, 1998.

WTO Panel Report, Costarica-Cotton and Man-made Fibre Underwear, WT/DS24/3, 1996.

Zysman John and Laura Tyson, "American Industry in International Competition",

Ithaca : Cornell Univ. Press, 1984.

대외경제정책연구원 http://www.kiep.go.kr
대외법률연구소 http://kiti.org
디지털말 http://www.digitalmal.co.kr
문화관광부 http://www.mct.go.kr
삼성경제연구소 http://www.seri.org
산업자원부 www.mocie.go.kr
스크린쿼터문화연대 http://screenquota.org
외교통상부 www.mofat.go.kr
연합뉴스 http://www.yonhapnews.net
영화진흥위원회 http://www.kofic.or.kr
외교통상부 http://www.mofat.go.kr
한국무역위원회 www.ktc.go.kr

찾아보기

ㄹ

ㅁ

ㅂ

ㅅ

ㅎ

저자약력

■ 박형래

- 동아대학교 법경대학 무역학과 졸업 (경영학사 1979)
- 고려대학교 대학원 무역학과 석사과정 졸업 (경영학 석사 1981)
- 고려대학교 대학원 무역학과 박사과정 졸업 (경영학 박사 1988)
- 고려대학교 경영대학 강사 및 고대기업경연연구소 연구원 (1984~1988)
- 강릉대학교 기획연구처장(1997~1998)
- 영국 Oxford University, Wolfson College, Summer Research (1997)
- 미국 University of Colorado-Boulder, Visiting Scholar (2001-2003) : LG연암문화재단 해외연구교수 지원
- International Atlantic Economic Society, Member(1999 ~ 2004 현재)
- 현 강릉대학교 사회과학대학 무역학과 교수
    산업자원부 무역위원회 정책평가위원
    한국무역통상학회지 편집위원장, 한국국제통상학회 사무국장, 부회장
    한국관세학회 회장 및 관세학회지 편집위원, 한국무역학회 부회장 및 편집위원장
    관세청 9급, 7급 공무원 공개시험 출제위원 및 선정위원
    관세청 5급 승진시험 출제위원, 행정고등고시 출제위원
    관세사 시험 출제위원

[주요 저서]

- 북한사회의 이해(공저), 집문당, 1997.
- 국제무역환경의 이해, 도서출판 두남, 2001.
- 국제무역환경론, 청락, 2004.
- 산업피해구제와 대외무역법, 도서출판 두남, 2006).
- 세계경제와 국제통상(공저), 무역경영사, 2000.
- 국제무역개론, 도서출판 두남, 2001.
- 관세론, 도서출판 두남, 2005.
- 한미 FTA 논쟁, 그 진실은?, 해남, 2006.

[주요 논문]

- 수입경쟁성과와 산업의 조정속도에 관한 실증적 연구 : 한국무역학회, 무역학회지 1994.
- "Strategic Trade Policy under Imperfect Competition" : Journal of Youngdong Industrial Research, KNU 1995.
- "Measuring the Impact of Economic Integration" : Journal of Youngdong Industrial Research, KNU 1996.
- 무역구조와 생산구조조정과의 연계성에 관한 연구 : 한국무역학회, 무역학회지 1995.
- 시장개방에 반응한 산업의 조정과정과 조정속도 결정요인에 관한 실증적 연구 :
    한국무역학회, 무역학회지 1996.
- 무역위원회의 긴급수입제한조치, 반덤핑관세, 상계관세조치의 의사결정과정에 관한 실증적 연구 :
    한국무역학회, 무역학회지 1996.
- 불완전경쟁하의 무역정책 효과에 관한 실증적 연구 : 한국무역학회, 무역학회지 1999.
- WTO협정과 농산물협상의 쟁점에 관한 연구, 한국관세학회, 관세학회지 2000.
- 국제무역요인의 시장성과에 관한 실증적 연구, 한국무역학회, 무역학회지 2001.
- WTO국제규범과 우리나라 반덤핑제도와의 조화, 한국관세학회, 관세학회지 2001외 40여 편.
- 다자간 투자규범과 개도국의 정책과제, 국제경영학회, 말레이시아 국제학술대회 2001.
- USITC의 대아시아 개도국 반덤핑, 상계관세조치의 의사결광과정에 관한연구, 한국무역학회,
    무역학회지 2004. 외 다수
- 병행수입의 최적 해외시장진입의 선택에 관한 연구, 2007, 한국관세학회지,
- 전자적 형태의 무체물 국제인터넷거래의 관세부과 쟁점과 과세모델, 2007.
- 국가별 지적재산권 보호 수준 결정 요인에 대한 실증 분석 -국가별 소득수준에 따른 차이를 중심으로-,
    국제통상학회 국제통상연구 2007.
- APEC회원국의 산업전문화와 교역규모의 관계에 대한 연구, 2007.
- 한국 반덤핑(Antidumping)제소 조치의 전략적 행동과 제소 철회 결정요인 분석에 관한 실증적 연구, 한국관세학회지,
    한국관세학회, 2008.
- APEC 회원국의 지적재산권 출원과 보호수준 분석 - EU와의 비교와 정책대안을 중심으로
    한국관세학회, 관세학회지, 2008.
- 중국 반덤핑 제소의 경제적 효과에 관한 연구, 한국무역학회 무역학회지, 2008.
- FTA협정에서의 원산지제도 쟁점과 정책방향, 한국무역통상학회, 무역통상학회지, 2007.
- The Effects of Foreign Antidumping on the Value of Korean Firms, The Journal of Customs and Trade, orea Research
    Society for Customs, 2009.
- A Study on the Optimal Passenger's Inspection Ratio, The Journal of Customs and Trade, Korea Research Society for
    Customs, 2009.

국제통상분쟁사례이해

2010년 9월 15일 1판 1쇄 발행
2019년 7월 15일 1판 2쇄 발행

저　자 | 박형래
발행인 | 이수영
발행처 | 도서출판 청람
서울시 마포구 독막로 288(대흥동, 세양상가 109호)
전　화 | 02)3272-2601~2
팩　스 | 02)3272-2603
이메일 | crbooks@daum.net
홈페이지 | http://www.crbooks.co.kr
등　록 | 2000년 8월 26일 제6-0509호

ISBN 978-89-5972-163-4 93320 [정가 28,000원]